中国混合所有制改革的探索与实践

2012—2022年

连维良◎主　编
徐善长◎副主编

人民出版社

责任编辑：韦玉莲

封面设计：林芝玉

图书在版编目（CIP）数据

中国混合所有制改革的探索与实践：2012—2022年／连维良主编；徐善长副主编 . ─北京：
　人民出版社，2023.4

ISBN 978－7－01－025536－1

I.①中…　 II.①连…②徐…　 III.①国有企业－混合所有制－企业改革－研究－中国－2012—2022

　IV.① F279.241

中国国家版本馆 CIP 数据核字（2023）第 047230 号

中国混合所有制改革的探索与实践

ZHONGGUO HUNHE SUOYOUZHI GAIGE DE TANSUO YU SHIJIAN

（2012—2022 年）

连维良　主　编

徐善长　副主编

人民出版社 出版发行

（100706　北京市东城区隆福寺街 99 号）

北京盛通印刷股份有限公司印刷　新华书店经销

2023 年 4 月第 1 版　2023 年 4 月北京第 1 次印刷

开本：880 毫米 ×1230 毫米 1/16　印张：36.75　插页：3

字数：820 千字

ISBN 978－7－01－025536－1　定价：268.00 元

邮购地址 100706　北京市东城区隆福寺街 99 号

人民东方图书销售中心　电话（010）65250042　65289539

中国混合所有制改革的探索与实践

（2012—2022 年）

编纂委员会

主　任

连维良　国家发展改革委党组成员、副主任

副主任

刘桂平　天津市委常委、常务副市长

吴　清　上海市委常委、常务副市长

马　欣　江苏省委常委、常务副省长

徐文光　浙江省委常委、常务副省长

费高云　安徽省委常委、常务副省长

任珠峰　江西省委常委、常务副省长

曾赞荣　山东省委常委、常务副省长

黄　敏　深圳市委常委、常务副市长

陈　勇　广州市委常委、常务副市长

郝照平　中国航空工业集团有限公司总经理

陈肇雄　中国电子科技集团有限公司董事长

雷鸣山　中国长江三峡集团有限公司董事长

刘烈宏　中国联合网络通信集团有限公司董事长

曾　毅　中国电子信息产业集团有限公司董事长

李凡荣　中国中化控股有限责任公司董事长

吕　军　中粮集团有限公司董事长

刘绍勇　中国东方航空集团有限公司原董事长

于旭波　中国通用技术（集团）控股有限责任公司董事长

戴和根　中国化学工程集团有限公司董事长

李耀强　中国盐业集团有限公司董事长

周育先　中国建材集团有限公司董事长

曹江林　中国农业发展集团有限公司董事长

刘敬桢　中国医药集团有限公司董事长

黄群慧　中国社会科学院经济所所长

韩保江　中央党校经济学教研部主任

张文魁　国务院发展研究中心企业所副所长、研究员

项安波　国务院发展研究中心企业所副所长、研究员

徐善长　国家发展改革委体改司司长

蒋　毅　国家发展改革委体改司副司长

王任飞　国家发展改革委体改司副司长

陈　雷　国家发展改革委体改司副司长

执笔人

丁　响　王　丹　王伟龙　王志伟　王　悦　李红娟

李金波　李政德　刘　方　刘现伟　许华勇　阮　征

张海军　张铭慎　张璐琴

东方航空物流股份有限公司

 公司简介

东方航空物流股份有限公司（以下简称"东航物流"）是一家现代化综合性航空物流企业，总部位于上海，其前身中国货运航空有限公司（以下简称"中货航"）是中国第一家专营货邮运输业务的航空公司，也是三大国有航空货运企业之一。2016年9月东航物流成为国家首批、民航首家混合所有制改革试点企业，并于2021年6月9日在上海证券交易所主板挂牌上市。

东航物流以"一个平台、两个服务提供商"（即"快供应链平台、高端物流解决方案服务提供商、航空物流地面综合服务提供商"）为战略引领，积极推进商业模式探索，加强核心能力建设。截至2022年三季度末，东航物流设有3家控股子公司、7家全资子公司，在册员工逾7000人。东航物流拥有13架全货机、自营17个面积合计150万平方米的全国枢纽机场地面货站，同时独家经营中国东方航空股份有限公司（以下简称"东航股份"）的700余架客机腹舱的货运业务。东航物流主营业务分为航空速运、地面综合服务和综合物流解决方案三大板块，集航空速运、货站操作、多式联运、仓储、跨境电商解决方案、同业项目供应链、定制化物流解决方案和产地直达解决方案等业务功能于一体，业务范围覆盖全货机运输、客机腹舱运输、航空地面操作代理、仓储业务、卡车运输、物流解决方案、货运代理环节。

多年来，东航物流积极履行社会责任，执行一系列应急救灾和重大运输保障任务。自新冠肺炎疫情发生以来，东航物流积极投身防疫抗疫和复工复产，保障国际和国内防疫抗疫物资运输，全力维护供应链和产业链稳定，同时以实际行动参与乡村振兴，积极践行绿色物流理念，在助力构建以国内大循环为主体、国际国内双循环相互促进的新发展格局中，全力塑造有追求、有实力、有担当的民族航空物流品牌。

主营业务

基于"天地合一"的物流基础服务资源整合、客户需求匹配、产品服务体系迭代升级，东航物流形成了以客户需求为导向的兼具标准化和差异化的"一站式"物流解决方案能力。

一、航空速运

东航物流运用全货机运输和客机腹舱运输两种方式为客户提供航空货运物流服务。截至2022年三季度末，东航物流拥有13架自有全货机，全货机航网通达全球14个国际城市。客机腹舱运输主要依托于东航股份的全球航线，通过天合联盟、代码共享与SPA协议，航线网络通达全球170个国家的1036个目的地。依托航空速运业务运输速度快、空间跨度大、运输安全、运行可靠性高、不受地理条件限制等竞争优势，东航物流打造了覆盖快运、特种货运和普货等不同运输时效和产品服务需求的航空速运产品体系。

二、地面综合服务

货站操作

依托全国范围内17个枢纽机场的自营货站和150万平方米的库区和操作场地，东航物流为上海、北京、昆明、西安、武汉等10个省份的12个机场提供包括航班进出港货物的组板、理货、中转、进出港单证信息处理等地面服务。

多式联运

为客户提供国际进出港货物的国内段卡车航班服务以及上海地区各货站间地面短驳等多式联运服务及其他延伸服务。

仓储业务

除普货仓储外，东航物流拥有国内少有的、可满足特殊性质货品仓储需求的机场内温控货物仓库（包含冷藏库、冷冻库及恒温库）、危险品仓库、贵重品仓库、活体动物仓库和超限货物仓库等多元化特种仓储资源，同时提供针对国际进出口货物进行报验、查验等操作的海关监管区仓储服务。

三、综合物流解决方案

跨境电商解决方案

针对电商卖家、电商平台、独立站和合作物流服务商的物流需求，依托位于浦东机场的航空跨境电商进出口集中监管库和国际航线运力资源，提供直邮清关、国内操作、集运库运营、国际航空运输等基础服务。同时通过整合资源，为卖家和平台客户提供跨境出口全程或"口岸+仓储"跨境出口物流服务。

产地直达解决方案

通过供应链服务和直采两种模式开展。供应链模式包含货物境外交运、报关、包机运输以及国内清关服务和送仓服务等业务环节，为大型贸易商和货运代理人提供定制化跨境生鲜物流解决方案服务；直采模式主要为满足电商平台、大型商超客户的采购需求，与境外水果/生鲜出口商直接签订采购协议，并且为客户提供跨境生鲜物流解决方案服务。

同业项目供应链

面向邮政、快递快运、航空货运代理等类型的同行业客户，提供包括出发港货站操作、航空运输、目的港货站操作、地面运输在内的标准化航空运输和地面综合服务，并根据部分客户需求提供自有航线和货站联动形成的"港到港"国际空运中转时效产品。

定制化物流解决方案

以高科技、集成电路、生物医药等行业客户的垂直领域定制化物流和供应链服务需求为导向，针对航空器材、生物医药制品、医疗器械和精密仪器等具有特殊包装、运输、储存和时效要求的航空物流需求，向客户提供提货、驳运、仓储、干线运输、关务、二次包装、保险等"一站式"综合物流服务。

企业优势

"天网+地网"组合优势

天网

东航物流以国际枢纽和区域枢纽机场为支点，构建高联通、广覆盖、超便捷的国内—国际航线网络，以上海为核心枢纽、广深为重要布局，逐步形成华东、华南两地运营的格局，打造了"欧美为主、亚太为辅"的高效国际航网结构和全面的天网体系。

全球航网：东航物流拥有的13架全货机以及独家经营的东航股份700余架客机的货运业务所构成的国内航网通达全国，国际航网通达全球170个国家的1036个目的地。

跨境生鲜快供应链航网：东航物流产地直达解决方案业务长期运营多条国际定期生鲜航班和"环RCEP生鲜快线"，逐步打造覆盖中国各大经济带并联通北美、中南美、东盟、日韩的跨境生鲜快供应链航网。同时首创南美车厘子"海空联运"等解决方案，保障进口供应链稳定。

地网

东航物流在全国范围内拥有广阔的地面服务综合网络，构建了"货站操作+仓储+配送"的地面综合服务体系，形成了行业内独特的物流服务模式。

枢纽机场货站：东航物流拥有的自营货站覆盖了具有高网络价值和辐射带动效应的国内核心航空货运枢纽区域。

临空物流产业园：东航物流推动机场红线外临空仓储园区资源的布局和临空物流产业园运营服务能力建设。以西北临空物流产业园为代表的产业园项目建成投产，上海浦东机场综合航空物流中心项目、郑州和宁波生鲜港等项目全力推进，将进一步提升公司相关业务实力，丰富临空物流产业园的业态和客户群体，加强红线内外基础设施的联动效应。

多式联运：东航物流通过多方战略合作，推动航空物流客户资源向航空物流枢纽集聚，加快与高铁快运、中欧班列、行包快运等铁路货运优质资源的衔接，进一步强化临空地面一体化物流服务，构筑空铁、空陆多式联运领域的竞争壁垒。

航空物流核心资源

航权时刻资源

东航物流旗下中货航是中国国内首家专营航空货邮业务的专业货运航空公司，经过20多年的专业化运营和市场深耕，获得并拥有丰富的航权时刻资源。

货站及仓储资源

东航物流拥有的货站操作场地和仓储面积达150万平方米，其中作为全球第三大航空货运枢纽的上海两场地具有明显的资源优势，拥有面积125万平方米的6个近机坪货站、1个货运中转站，也是浦东机场仅有的两家运营跨境电商集中监管库的企业之一。

品牌效应

东航物流凭借独特稀缺的资源优势、以客户价值为导向的服务标准、稳定可控的产业链服务能力，打造了"中国EAL"品牌，获得客户及业界的高度认可。东航物流连续多年荣膺各类行业奖项，包括中国物流业大奖"金飞马"奖、"中国物流十大管理创新奖"、"中国十大竞争力物流企业"、"中国品牌价值百强物流企业"等，并获得国内外航空公司颁发的各类荣誉。

客户资源

凭借丰富的管理经验、专业的服务能力、高效的物流效率、优质的品牌信誉及多年行业运营发展所建立的领先优势，东航物流客户覆盖面不断扩大，积累了优质、稳定、多元化的客户资源。

航空速运方面，客户群体不仅包括国内外大中型企业客户、货代公司、专业物流公司等，还与跨境电商平台、跨境电商物流企业等建立了业务合作关系。

地面综合服务方面，截至2022年上半年，东航物流为47家航空公司客户、251家国内代理人客户、320家国际代理人客户提供航空货邮地面代理服务。同时，通过与多地管委会和海关合作探索区港联动，积累了众多高新技术产业客户。

综合物流解决方案方面，东航物流不断深耕跨境电商、产地直达、定制化物流解决方案等细分行业市场，形成了以行业直客为主，涵盖生鲜商超、跨境电商、高科技、消费品、生物医药、精密仪器、航空器材等细分领域的稳定客户群。

运营资质认证和质量管理体系

运营资质认证

航空速运方面，东航物流通过了IATA的运行安全审计，具有15年专业航空货运IOSA注册运营人资格，其安全管理体系（SMS）通过了中国民航局的补充运行合格审定。

地面综合服务方面，东航物流获得了劳氏ISO 9001:2015质量体系认证、GB/T 19001-2016管理体系认证、IATA独立医药物流验证中心认证，具备国际民用航空业认证的冷链药品航空运输地面保障能力。东航物流药品货物处理程序严格遵从世界卫生组织的GDP（Good Distribution Practices）指引，并取得了GDP管理体系认证，是国内少有的具备为药品、鲜活物品等高附加值温控货物提供机场地面操作和仓储管理的全程冷链服务保障企业。

质量管理体系

东航物流建立了覆盖整个物流服务环节的质量管理体系，坚持以PDCA循环[即计划（Plan）、执行（Do）、检查（Check）与处理（Act）]为基本要素，推动公司服务质量持续提升，同时搭建了完善的营运安全管理和控制体系，保证了公司持续高水平的安全经营状态。

海外网络布局

东航物流设有18个境外分支机构，形成了覆盖北美、西欧、东南亚、东北亚重点国家和城市的海外营销机构、操作站点和地面代理网络体系，围绕服务国内国际双循环的新发展格局，为国内市场的产业和消费升级、自主可控供应链体系的打造持续赋能。未来东航物流将通过持续完善全球航网布局，最终实现全球物流服务集成。

数字化、智慧化赋能

东航物流以科技赋能为重要战略落脚点，依托数字化和智能化改造推动降本增效，将工业互联网、大数据、人工智能等前沿技术与公司业务场景结合，将业务、管理条线与科技创新和信息化、智能化升级结合，实现业务层信息化、作业层智能化、管理层协同化、决策层智慧化，驱动东航物流业务高质量发展。

公司简介

　　广东兴发铝业有限公司（以下简称"兴发铝业"）始建于1984年，在经历了创业、改制、上市、转型后，目前走向多元化产业链发展阶段，走出了许多民营企业"创业—守业—败业"的怪圈，成为现今中国著名的专业生产建筑铝型材、工业铝型材的大型企业，也是最早一批建设部铝合金型材定点生产基地。

　　1984年，伴着改革开放的春风，兴发铝业在广东南海的南庄镇应运而生。兴发创始人罗苏凭借当时先进的铝材生产线、高质量产品与灵活大胆的市场策略，迅速在行业内脱颖而出。1999年，兴发铝业顺应市场经济变化，加入乡镇集体企业改制潮流，从原有的集体企业改制为民营企业，经营利润节节攀升。2008年，兴发铝业审时度势，借力于资本市场快速发展壮大，在香港成功上市。2009年，为满足不断扩大的市场需求，佛山三水生产基地成功投产，同年在四川成都、江西宜春投建生产基地，2010年在河南沁阳投建生产基地，打开了西南、华东和华北市场，完成了兴发铝业市场的全国布局。

　　2011年，在市场整合、资源整合的激烈竞争中，兴发铝业成功牵手广东省著名国企——广东省广新控股集团有限公司，国有相对控股的混合所有制实践探索由此开启。

　　2018年，中国联塑集团控股有限公司入股兴发铝业，成为兴发铝业第二大股东。以双方市场渠道共性及长期的商业协同效应，开启兴发铝业混合所有制发展新篇章。

　　在控股股东广新集团及其他主要股东强有力的支撑和保障下，兴发铝业不断深化混合所有制改革，以坚持产品结构高端化为准则，以创新驱动带动公司转型升级，取得了良好的效果。10年来，不断深化优势互补这一混改根本要义，兴发铝业连续实现营业收入及净利润稳步双增长的良好态势。

　　2020年，坐落于佛山市三水工业园区、占地约240亩的第一代数字化工厂——广东兴发精密制造有限公司开始试产；2022年，位于浙江湖州、占地436亩的第二代数字化工厂——兴发新材（浙江）有限公司奠基，力争建成行业内的标杆数字化工厂。

　　目前，兴发铝业拥有七大产能基地，超过9000名员工，4万多种规格型号的产品。七大产能基地统一制订产品质量标准和服务标准，实现了生产在本土、用户在本土、服务在本土的零距离战略，形成行业内布局最完善的企业，产品覆盖全国市场并远销欧洲、澳洲、日本和东南亚等30余个国家和地区，成为中国专业制造铝型材的标杆企业。

　　未来，兴发铝业将打造成为集生产、研发、销售航空航天、轻量化交通及智能电子产品配件等工业新型铝合金及深加工于一体的综合性企业。

工程案例

迪拜哈利法塔（世界第一高楼）	上海东方明珠电视塔（世界第三高塔，塔高468米）
深圳京基金融中心（中国第五高楼，楼高441.8米）	广州西塔（中国第六高楼，楼高432米）
中国共产党党徽年号"彩虹桥"造型台	70周年阅兵红飘带工程
中国共产党历史展览馆	香港特别行政区政府总部大楼
广州新白云国际机场	北京大兴国际机场
上海浦东国际机场	阿里巴巴总部大楼
珠海港珠澳大桥	香港迪士尼乐园
北京人民大会堂	中国人民银行
腾讯滨海大厦	迪拜无限塔
万达广场	

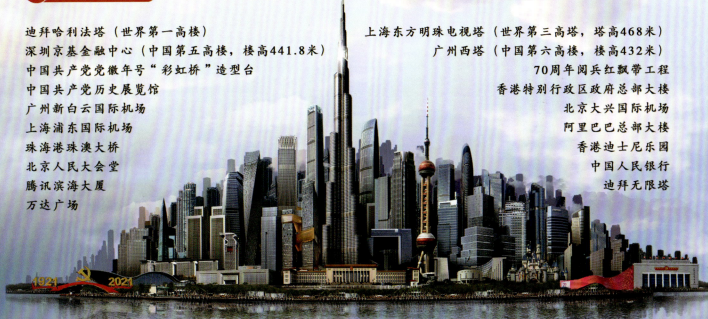

近年荣誉（部分）

2022
1. 2022中国制造业企业500强第486名
2. 2022年广东企业500强第146位
3. 2022年广东制造业企业100强第70位
4. 2022年佛山企业100强第23位
5. 2022年佛山市制造业100强第12位
6. 2022年佛山市企业100强科技创新TOP20（第13位）
7. 2022年佛山市数字化智能化示范车间
8. 佛山市数字化智能化示范工厂
9. 2023年佛山基地新增联合培养示范点企业

2021
1. 2021年度国家技术创新示范企业
2. 2021年国家制造业单项冠军示范企业
3. 2021年度国务院国资委国有重点企业管理标杆创建行动标杆企业
4. 2021年中国有色金属工业科学技术奖一等奖、二等奖
5. 2021年度全国有色金属行业先进集体
6. 2021年度中国制造业500强第485位
7. 2021年第21届中国专利优秀奖
8. 2021年度广东省制造业500强第60位
9. 2021年粤港清洁生产优秀伙伴
10. 2021年广东企业500强第165位
11. 2021年广东制造业企业100强第61位
12. 2021年广东创新企业100强第46位

2020
1. 2020年中国有色金属工业科学技术奖三等奖（全铝厢式运输车铝材开发与应用技术研究）
2. 2020年第二十一届中国专利优秀奖（一种新能源汽车电机外壳模具）
3. 全国有色金属行业先进集体
4. 2020年度广东省制造业企业500强第57位
5. 2020年度佛山高新区制造业单打冠军企业
6. 2020年度科技先锋奖、科技进步奖
7. 2020年度佛山三水区"亿元纳税大户"

2019
1. 2019年度广东省科学技术二等奖（铝合金型材无铬表面钝化技术开发及产业化）
2. 2019年度广东省高新技术产品
3. 2019年度粤港清洁生产优越伙伴（制造业）
4. 2019年度中国制造业企业500强第483名
5. 2019年度广东企业500强
6. 2019年度广东制造业企业500强第57位
7. 2019年度广东创新企业100强
8. 2019年度佛山市标杆高新技术企业

2018
1. 2018年国家认可实验室
2. 2018年高新技术企业
3. 2018年第二十届中国专利优秀奖（用于铝型材表面处理的稀土改性钛锆系化学钝化液及使用方法、一种高熵合金增强的铝基复合材料及其制备方法）
4. 2018年全国技术标准优秀奖一等奖（GB铝及铝合金阳极氧化膜与有机聚合物膜3个部分）
5. 2018年度改革开放40周年制造业"功勋企业"
6. 2018年度广东省守合同重信用企业
7. 2018年度广东企业500强
8. 2018年度佛山市清洁生产企业

2017
1. 2017年第一批国家绿色工厂
2. 2017年国家知识产权示范企业
3. 2017年度中国建筑铝型材20强企业第1名
4. 2017年海关高级认证企业
5. 2017年佛山脊梁企业

兴发铝业微信公众号

目　录

综　述　篇

政　策　篇

中央企业篇

地方企业篇

试 点 篇

案 例 篇

理 论 篇

综述篇

ZONGSHU PIAN

2012 年 11 月，举世瞩目的中国共产党第十八次全国代表大会胜利召开。2013 年 11 月，党的十八届三中全会对全面深化改革作出部署。会议明确指出，全面深化改革，必须立足于我国长期处于社会主义初级阶段这个最大实际，坚持发展仍是解决我国所有问题的关键这个重大战略判断，以经济建设为中心，发挥经济体制改革牵引作用，推动生产关系同生产力、上层建筑同经济基础相适应，推动经济社会持续健康发展。会议通过的《中共中央关于全面深化改革若干重大问题的决定》进一步强调，经济体制改革是全面深化改革的重点，必须坚持和完善基本经济制度，积极发展混合所有制经济；并阐明国有资本、集体资本、非公有资本等交叉持股、相互融合的混合所有制经济，是基本经济制度的重要实现形式，有利于国有资本放大功能、保值增值、提高竞争力，有利于各种所有制资本取长补短、相互促进、共同发展；允许更多国有经济和其他所有制经济发展成为混合所有制经济。自此，党的十八届三中全会、十九大、十九届四中全会、十九届五中全会等都对发展混合所有制经济、深化国有企业混合所有制改革提出明确任务和要求。

从 2012 年到 2022 年，从顶层设计到操作指引、从试点先行到全面铺开、从中央到地方、从国企到民企，新时代混合所有制改革蹄疾步稳、扎实推进，形成了中央层面前瞻谋划、各部委协同推进、国有企业积极响应、社会资本深度参与的多层次、多主体、多元化的生动局面。

10 年来，全国累计实施混改近万项，其中中央企业累计引入社会资本超过 2.5 万亿元，地方国企累计引入社会资本超过 7000 亿元。通过混改，中国特色现代企业制度得到了完善和发展，在公司治理中推动加强党的领导组织化、制度化、具体化，权责法定、权责透明、协调运转、有效制衡的治理机制加快形成，国有企业内部三项制度改革得以全面深化，一大批长期想解决而没有解决的重点难点问题得到有效解决。混合所有制改革有力推动国有企业成为公司治理新、经营机制新、布局结构新的市场主体。同时，混改拓宽了民营企业和民营经济的发展空间，传统上对民营资本开放不够的垄断性、战略性领域，通过混改向其敞开了大门，非公有制经济发展迎来更多新机遇，从而构成了国有企业和民营企业互利共赢、协同发展的双行线。在此基础上，国有资本和民营资本优势互补、强强联合，由此形成的一大批混合所有制企业，展示出显著的制度优势，成为争当世界一流企业的主力军，更有力地推动了产业升级和技术创新，提升了国有资本的保值增值和功能放大，促进了多种所有制经济融合协同发展。可以说，混合所有制改革取得的成效是显著的，发挥的作用是巨大的，产生的影响是深远的。

2022年10月16日，中国共产党第二十次全国代表大会胜利召开。大会报告指出，构建高水平社会主义市场经济体制，再次强调坚持"两个毫不动摇"，充分发挥"两个作用"，并提出改革的任务。这为深化混合所有制改革指明了方向和目标。按照完善治理、强化激励、突出主业、提高效率的要求，积极稳妥推进混合所有制改革，发展混合所有制经济，既是解放和发展生产力的有效路径，也是构建合理的生产关系的内在要求，更是全面贯彻新发展理念、构建新发展格局的重要基础。

第一章　混合所有制改革的时代背景

社会主义条件下发展市场经济是我们党的一个伟大创举。改革开放以来，社会主义市场经济体制在探索中建立并不断完善，其中一项重要内容，是推动国有企业和民营企业等各类市场主体向着符合社会主义市场经济运行规律的方向和要求改革发展，一方面不断探索推进国有企业改革，一方面不断发展非公有制经济。受益于经济体制改革的强大内驱动力，我国经济迅速起飞，国有企业和民营企业都取得了快速发展，成为国民经济的重要力量，共同为经济快速发展奇迹、社会长期稳定奇迹的实现作出了重大贡献。这就是推进混合所有制改革、发展混合所有制经济重要的现实基础。

一、国有企业通过深化改革持续提升竞争力

改革开放之前，国有企业实行计划管理，长期处于低效率的运行状态。1978 年，党的十一届三中全会拉开了改革开放的序幕，国有企业改革以增强企业活力为起点逐步推进，先后采取了放权让利、建立现代企业制度、规范国资监管体制等一系列改革举措，走过了一段不平凡的历程，与市场经济的融合日益紧密，取得了显著的改革成效。回顾党的十八大之前的国企改革，大体可以分为三个阶段。

（一）第一阶段（1978—1993 年）：以扩大经营自主权为重点转换国有企业经营机制

从具有重大历史转折意义的党的十一届三中全会到党的十四届三中全会，以扩大经营自主权为重点，通过放权让利、实行承包经营责任制、"利改税"、"拨改贷"、"转机制"、"破三铁"等改革举措，把国有企业推向市场，开始了国有企业改革的早期探索。改革开放以前，国有企业实行计划管理，资金统贷统还，物资统一调配，产品统收统销，就业统包统揽，盈亏都由国家负责，没有经营自主权，长期处于低效率的运行状态。1978 年，我国有 8.37 万家国有企业，贡献了中国工业总产值的 78%[①]，但多数处于亏损状态。1972 年，国有企业中亏损企业亏损总

[①]　26.47 万家集体企业贡献了余下的 22%。Gary Jefferson, *State-owned Enterprise in China: Reform, Performance, and Prospect*, Washinyton DC。

额与盈利企业盈利总额之比为 8 : 3，到 1976 年已经迅速上升到 19 : 5^①。1978 年 12 月召开的党的十一届三中全会提出让工农业企业有更多的经营管理自主权，应该坚决实行按经济规律办事等，吹响了中国经济体制改革的号角。1979 年 7 月，国务院下发《关于扩大国营工业企业经营管理自主权的若干规定》《关于国营企业实行利润留成的规定》等 5 个扩大国营企业经营自主权的文件，此后，全国有 28 个省、市、自治区在 6600 家工业企业中进一步进行试点。1980 年 1 月，国务院批转了国家经委、财政部制定的《国营工业企业利润留成试行办法》，进一步细化了"让利"的具体办法。

1984 年 10 月，党的十二届三中全会通过的《中共中央关于经济体制改革的决定》指出，增强企业的活力，特别是增强全民所有制大中型企业的活力，是以城市为重点的整个经济体制改革的中心环节。之后，改革的重点逐渐从农村转向城市，经济体制改革以搞活国有企业为中心环节全面展开。针对当时国有企业政企不分的弊端，国家先后实施了"拨改贷"、"两步利改税"、推行承包制、进行股份制试点等一系列改革，调整了国家与企业的责权利关系，进一步明确了企业的利益主体地位，调动了企业和职工的生产经营积极性，增强了企业活力，为企业进入市场奠定了初步基础。经过改革，国有企业积极转换经营机制，经济效益显著提高。我国国有企业工业总产值从 1978 年的 3289 亿元提高到 1991 年的 14954 亿元，国有独立核算工业企业利税总额从 1978 年的 791 亿元增长到 1991 年的 1661 亿元。

（二）第二阶段（1993—2002 年）：以制度创新为重点建立现代企业制度

从党的十四届三中全会到党的十六大，以制度创新为重点，采取建立现代企业制度、"抓大放小"、行业性重组调整、国有企业改革脱困三年攻坚等一系列改革措施，国有企业改革取得了实质性突破。20 世纪 90 年代初期，国有企业的活力相比于计划体制下的已经明显增强，但改革的效果未能持续，并面临新的挑战。一方面，进入 90 年代，随着多种所有制经济的发展和中国短缺经济的终结，国有企业受到外部市场和政策环境变化及企业内部机制调整的双重挤压，面临严重的发展瓶颈。仅 1994 年，国有工业企业亏损率就达到 36.8%，同期对 12.4 万户国企清产核资的统计显示，资产负债率实际高达 84.1%。另一方面，1992 年恢复关贸总协定缔约国地位的实质性谈判（GATT），面对加入世界贸易组织后将面临的全球竞争，国企亟须提升竞争力以做好准备。同时，随着国企改革推进，各方面越来越认识到，政策性调整解决不了企业制度落后形成的弊端，改革只有通过制度的创新才能解决原来计划经济框架下深层次的矛盾，必须要着眼于解决政企不分的体制问题，使企业拥有法人财产权，真正从政府的附属部门转变为自负盈亏、独立承担民事责任的经营主体。

1993 年 11 月，党的十四届三中全会明确，国有企业改革的方向是建立产权清晰、权责明确、政企分开、管理科学的现代企业制度，使企业成为自主经营、自负盈亏、自我发展、自我约束的法人实体和市场竞争主体，强调"国有企业实行公司制是建立现代企业制度的有益探

① 张文魁、袁东明等：《国有企业改革与中国经济增长》，中国财政经济出版社 2015 年版，第 45 页。

索，具备条件的国有大中型企业要根据自己的不同情况，分别改组成国有独资公司、有限责任公司或股份有限公司。一般小型国有企业，有的可以实行承包经营、租赁经营，有的可以改组为股份合作制，也可以出售给集体或个人"。1997 年 9 月，党的十五大强调"要着眼于搞好整个国有经济，抓好大的，放活小的，对国有企业实施战略性改组"，并明确提出"要从战略上调整国有经济布局。对关系国民经济命脉的重要行业和关键领域，国有经济必须占支配地位"。1999 年 9 月，党的第十五届四中全会通过了《中共中央关于国有企业改革和发展若干重大问题的决定》，进一步强调，要增强国有经济在国民经济中的控制力；从战略上调整国有经济布局和改组国有企业。同时要求"从战略上调整国有经济布局，要同产业结构的优化升级和所有制结构的调整完善结合起来，坚持有进有退，有所为有所不为"。这一时期国企改革较为艰苦，但也取得了卓著的成效。在国有大中型企业推进建立现代企业制度试点，采取改组、联合、兼并、租赁、承包经营和股份合作制、出售等形式放开搞活国有中小企业。特别是 1998—2000 年，在党中央、国务院正确领导下，国有企业实施了改革脱困三年攻坚，通过债转股、技改贴息、政策性关闭破产等一系列政策措施，减轻企业负担，推动企业技术进步和产业升级，促进国有企业优胜劣汰，国有企业的亏损总额大幅降低，占 GDP 的比重由 1.3% 下降到 0.5%，资产负债率则由 1998 年的 64% 持续下降到 2006 年的 56%，实现了国有企业的整体扭亏为盈，为国有企业持续快速健康发展打下了坚实基础。

（三）第三阶段（2002—2012 年）：以规范国有资产管理为重点深化国企改革

从党的十六大为开端到党的十八大，以规范国有资产管理为重点，通过设立各级国资委、建立国资监管体制，国有企业、国有资产监管机构、政府宏观管理部门的权责边界进一步被厘清，董事会建设进一步深化，国有企业市场主体地位进一步明确。国企改革脱困三年攻坚后，国有企业实现了快速发展，开始了建立现代企业制度实践，但很多企业的治理体制不完善，内部人控制的局面未根本改变，在国企改制过程中出现了国有资产流失，所有者缺位问题暴露出来。随着国有企业所有权和经营权的分离，企业控制权逐渐成为各方面关注的重点，改革的思路也转向国有企业中控制权的行使——国有出资人是否到位。国有资产出资人的问题不解决，就难以解决国有资产流失的问题，更难以真正建立现代企业制度。因此，成立一个机构来统一行使国有资产所有者的职能，成为各方面的共识。针对这些长期制约国有企业改革发展的体制性矛盾和问题，2002 年党的十六大提出深化国有资产管理体制改革的重大任务，明确提出"国家要制定法律法规，建立中央政府和地方政府分别代表国家履行出资人职责，享有所有者权益，权利、义务和责任相统一，管资产和管人、管事相结合的国有资产管理体制"。根据这一决定，从 2003 年开始，从中央到地方的国有资产监督管理委员会相继成立，作为政府特设机构代表同级政府行使国有资产出资人职能。各级国资委的成立，结束了此前政府各部门"九龙治水"的局面，初步实现了出资人职能的一体化和集中化。此后，由国有出资人主导推动了改制上市和股权分置改革、董事会建设、业绩考核和薪酬激励制度改革等一系列改革举措，国有企业效益效率显著提升。截至 2012 年，全国国有及国有控股企业（不含国有金融类企业）总资产 89.5 万亿元、净资产 32 万亿元、营业收入 42.4 万亿元、利润总额 2.2 万元、应交税费 3.4 万亿元，分别为 2003 年的 5.1 倍、5.2 倍、4.3 倍、3.1 倍和 4.1 倍。2012 年《财富》世界 500 强，中国大陆（含香港）共入围 73 家，超过日本，仅次于美国，位居世界第二位。其中，国有企业 66 家，取得了长足的进步。

回顾党的十八大之前国有企业改革的历程，虽然针对每个阶段国有企业存在的主要矛盾和矛盾的主要方面，采取不同的改革举措，但始终都是围绕推动国有经济和市场经济更好结合的主线推进的。在这样的逻辑主线下，还存在两条清晰的演进脉络，即"权"和"利"的实现。一方面，从早期的放权让利、实行承包经营责任制、"利改税"、"拨改贷"、"转机制"、"破三铁"等，把国有企业推向市场，到建立现代企业制度、推动企业所有权和经营权相分离，使企业成为自主经营、自负盈亏、自我发展、自我约束的法人实体和市场竞争主体，再到建立国资监管，强化国有企业控制权，推动国有出资人履职到位，其演进脉络始终围绕着"权"，从放开经营权演进到产权层面的改革；另一方面，从早期国企内部推进以厂长负责制、工效挂钩、劳动合同制为内容的企业领导、分配、用工等管理制度改革，到推行人事、劳动、分配制度"三项制度"改革，建立国有企业高管薪酬制度，再到实施业绩考核和薪酬激励制度改革，建立经营业绩考核体系，规范国有企业中长期激励机制，实施员工持股和股权激励等，这些改革举措始终沿着"利"的逻辑积极推进，通过经营机制和激励机制设计，实现激励相容，充分调动企业各级人员的积极性，促进企业活力效益和竞争力的提升。可以说，推动国有经济和市场经济更好结合的一条逻辑主线，以及"权"和"利"更好实现的两条演进脉络，贯穿了国企改革始终。

二、民营企业在市场竞争中不断发展壮大

改革开放以来，在党的方针政策指引下，我国民营经济快速发展，从无到有、从小到大、由弱变强，影响力不断增强，成为我国国民经济的重要组成部分。回顾党的十八大之前民营经济发展历程，大致也可以分为三个阶段。

（一）第一阶段（1978—1993 年）：政策逐渐松动，民营企业重登历史舞台

1978 年，党的十一届三中全会的召开拉开改革开放的大幕，会议提出以经济建设为中心，破除所有制问题上的传统观念束缚，为非公有制经济发展打开了大门。1978 年后，家庭联产承包责任制在全国推广，大大激发了农民的生产积极性，农业产量大幅提升，农民收入和储蓄开始增加，富余劳动力从农业中分离出来，个体户开始出现，并且催生了乡镇企业的崛起。1979 年 2 月，中共中央、国务院批转了第一个关于发展个体经济的报告，允许"各地可根据市场需要，在取得有关业务主管部门同意后，批准一些有正式户口的闲散劳动力从事维修、服务和手工业者个体劳动"，城市地区的个体工商户应运而生。1980 年 12 月，温州章华妹取得了全国第一张个体工商户的营业执照，标志着国家首次承认了个体户存在的合法性。1982 年 9 月，党的十二大提出"鼓励和支持劳动者个体经济作为公有制经济的必要的、有益的补充"。

同年 12 月，五届全国人大通过的宪法明确"国家保护个体经济的合法权利和利益"。个体经济第一次被写入宪法，这是对社会主义只能建立单一的公有制经济模式的一个重大突破。1987年，党的十三大进一步提出"私营经济也是公有制经济必要和有益的补充"。1988 年 6 月，《私营企业暂行条例》正式实施。自此，个体和私营经济发展进入了法制轨道。这一时期，国家对民营经济发展采取了稳妥的、有限度的政策支持，民营经济取得了一定发展，据统计，截至1992 年，全国个体经济从业人员从 1978 年的 14 万人快速增加到的 2467.7 万人，私营企业第一次被纳入官方统计数据，达到 13.9 万户，但基本还是处于初始发展阶段，呈现出规模体量较小、管理比较粗放、具有一定政策性投机等特征，很多企业还处于"鸡毛换糖""小打小闹"的水平。各地在发展中进行了一些积极探索，形成了各具特色的发展模式。苏南地区通过发展乡镇企业、搞集体经济，走出一条先工业化再市场化的发展路径，创造了民营经济发展的"苏南模式"，到 1989 年，苏南乡镇企业创造的价值在农村社会总产值中已经占到了 60%。温州则通过发展个体私营企业，通过市场化促进工业化，创造了民营经济发展的"温州模式"。这两种模式颇具代表性，对经济发展产生了巨大的影响。

（二）第二阶段（1993—2002 年）：南方谈话打破思想枷锁，民营经济迎来快速成长

从 1988 年下半年到 1991 年，受社会政治环境的影响特别是姓"社"姓"资"的争论，民营经济陷入低潮，出现较大回落。1992 年，邓小平同志视察南方并发表"南方谈话"，明确提出"三个有利于"标准，解决了"姓社姓资"和"市场经济是不是社会主义"争论的干扰，给私营企业家和个体户吃了一颗定心丸，我国的民营经济再次迎来快速发展，进入了一个繁荣的"创业期"。1992 年 10 月，党的十四大明确"我国经济体制改革的目标是建立社会主义市场经济体制"。1993 年 11 月，党的十四届三中全会指出"国家要为各种所有制经济平等参与市场竞争创造条件，对各类企业一视同仁"，为民营经济发展创造了更加宽松的外部环境。1997 年 9 月，党的十五大把"公有制为主体、多种所有制经济共同发展"确立为我国社会主义初级阶段的一项基本经济制度，明确提出"非公有制经济是社会主义市场经济的重要组成部分"。1999 年 3 月，九届全国人大二次会议通过的宪法修正案，再次明确"在法律范围内的个体经济、私营经济等非公有制经济，是社会主义市场经济的重要组成部分"，"国家保护个体经济、私营经济的合法权利和利益"，民营经济的地位被宪法确认，民营经济的发展有了坚实的法律基础。在一系列政策的支持下，民营经济释放了巨大活力，创业者的积极性被充分调动起来。1992 年，一批体制内人员下海，辞职下海的有 12 万人，未辞职投身商海的超过 1000 万人，创业成为时代的鲜明烙印。20 世纪 90 年代末，在政府政策激励下，大量留学人员纷纷归国创业，带回了新技术、新的管理经验和经营理念，2000 多名留学人员在全国 50 余家科技创业园创办企业，成为我国高科技民营企业发展新的重要增长点。民营经济还积极参与国有企业"抓大放小"的改革，通过兼并和收购国有小企业，快速成长起来。截至 2002 年，全国个体工商户达 2377.5 万户，从业人员 4742.9 万人，较 1992 年分别增长 59% 和 92%；私营企业 243.5万户，从业人员 3247.5 万人，较 1992 年分别增长 16.5 倍和 13.7 倍；非公有制经济增加值占

GDP 达到 1/3 左右，从业人员占全国城镇从业人员超过 60%，投资占全社会投资的比重已超过 50%。①

（三）第三阶段（2002—2012 年）："两个毫不动摇"进一步肯定民营经济地位，民营企业发展逐步走向成熟

随着我国社会主义基本经济制度的确立，各种所有制平等竞争、相互促进的新格局逐步形成，民营经济更加注重竞争力的提升，非公有制经济政策理论再次创新并不断完善，民营企业发展逐步走向成熟。2002 年 11 月，党的十六大首次提出"两个毫不动摇"，"必须毫不动摇地巩固和发展公有制经济""必须毫不动摇地鼓励、支持和引导非公有制经济发展"，同时提出"一个统一"，"坚持公有制为主体，促进非公有制经济发展，统一于社会主义现代化建设的进程中，不能把两者对立起来。各种所有制经济完全可以在市场竞争中发挥各自优势，相互促进，共同发展"。2003 年 10 月，党的十六届三中全会进一步明确："放宽市场准入，允许非公有资本进入法律法规未禁入的基础设施、公用事业及其他行业和领域。非公有制企业在投融资、税收、土地使用和对外贸易等方面，与其他企业享受同等待遇。"2007 年 3 月，十届全国人大三次会议通过《物权法》，第一次以法律形式明确对公有财产和私有财产给予平等保护。2005 年 2 月，国务院颁布了《关于鼓励支持和引导个体私营等非公有制经济发展的若干意见》，提出 36 条政策举措（被称为"非公经济 36 条"）。这是国务院出台的第一份以促进民营经济发展为主题的政策性文件。2010 年 5 月，国务院又颁发了《关于鼓励和引导民间投资健康发展的若干意见》，内容也包含 36 条（又称为"新 36 条"），这是第一份专门针对民间投资的政策文件。两个文件的出台，对民营经济公平参与市场竞争和消除市场投资壁垒起到了重要的推动作用。随着政策红利的释放，民营经济加快转型升级，在我国国民经济中占据了举足轻重的地位。截至 2012 年底，以个体私营为主的非公有制经济占 GDP 的比重，由 1979 年的不足 1% 增长到 60% 左右。2012 年，民营企业进出口总额占我国进出口总额的 31.6%，进出口增速遥遥领先于外资、国企等其他企业类型，已经成为我国吸纳就业的主要渠道、规模最大的投资主体、参与国际竞争的重要力量。

回顾民营经济发展历程，中国改革开放每前进一步，都有民营经济发展的身影，并在政策和法律方面形成较为清晰的发展脉络。政策方面，从党的十二大"鼓励和支持劳动者个体经济作为公有制经济的必要的、有益的补充"、党的十三大"私营经济也是公有制经济必要和有益的补充"，到党的十四届三中全会"国家要为各种所有制经济平等参与市场竞争创造条件"、党的十五大"非公有制经济是社会主义市场经济的重要组成部分"，再到党的十六大"坚持两个毫不动摇"；法律方面，从宪法明确"国家保护个体经济的合法权利和利益"、出台《私营企业暂行条例》，到宪法再次声明"国家保护个体经济、私营经济的合法权利和利益"，再到《物权法》明确对公有财产和私有财产给予平等保护，我们党对民营经济的认识不断深化，重视程度

---

① 黄孟复主编：《中国民营经济史·大事记》，社会科学文献出版社 2009 年版，第 13—16 页。

不断提高，保护和支持举措不断加强，政策要求也在不断明确，为民营经济发展提供了一个长期稳定的制度环境、政策环境和法律保障。民营经济在国民经济中的比重不断提高，发挥着举足轻重的作用。

三、发展混合所有制经济是新时代坚持公有制主体地位的必然选择

党的十八大前夕，国有企业、民营企业蓬勃发展，形成了数量众多、具有一定活力和竞争力的市场主体，形成了发展混合所有制经济的良好基础。党的十八大以来，中国特色社会主义进入新时代，我国进入高质量发展阶段。习近平总书记在党的十八届三中全会上强调，发展混合所有制经济，是基本经济制度的重要实现形式，是新形势下坚持公有制主体地位，增强国有经济活力、控制力、影响力的一个有效途径和必然选择。为什么把发展混合所有制经济提到如此重要的位置？可以从以下三个方面来理解。

（一）混合所有制经济是长期坚持"两个毫不动摇"的必然要求和结果

坚持"两个毫不动摇"，是我们党立足我国的基本国情，总结社会主义建设的经验教训，坚持不懈地探索适应社会主义初级阶段要求的所有制结构，不断丰富基本经济制度内涵的重要成果。党的十八届三中全会在"两个毫不动摇"的基础上提出了"两个都是"，即公有制经济和非公有制经济都是社会主义市场经济的重要组成部分，都是我国经济社会发展的重要基础；并且提出国有资本、集体资本、非公有制资本等交叉持股、相互融合的混合所有制经济，是基本经济制度的重要实现形式。这是我们党对多年来坚持和发展基本经济制度成功经验的高度概括。改革开放以来，正是因为坚持"两个毫不动摇"，充分调动公有制经济和非公有制经济两个方面的积极性，发挥两个方面的优势，从而促进公有制经济、非公有制经济都得到了充分的发展。如前所述，在2012年的时点上，国有企业通过深化改革竞争力持续提升，民营企业在市场竞争中不断发展壮大。一方面，公有制经济、非公有制经济具有各自独特优势；另一方面，以资本为纽带，实现各自优势互补，形成共赢、多赢局面，因此，发展混合所有制经济具有坚实的现实基础。

进入新时代，我国发展的环境、条件、目标、要求等都发生了新的变化，坚持和发展中国特色社会主义，实现全面建成社会主义现代化强国的目标，更加需要始终牢牢坚持"两个毫不动摇"，更好发挥公有制经济和非公有制经济两方面优势。推进混合所有制改革，发展混合所有制经济，一方面推动国有企业通过引入非国有资本等方式，强化国有经济在战略安全、产业引领、国计民生、公共服务等领域的控制力，提升在充分竞争领域的竞争力，放大国有资本功能，有利于巩固和发展公有制经济，创新公有制的实现形式和体制机制，更好适应社会主义市场经济发展和市场经济运行规律要求；另一方面推动民营企业参与混合所有制改革，破除了民营经济在一些行业的准入壁垒，畅通了劳动、资本、土地、数据、技术等要素在不同所有制企业间的流通渠道，有利于鼓励、支持、引导非公有制经济发展，促进增长、增加就业、改善民

生、推进创新，增强经济的活力。更有深层次意义的是，这有利于充分发挥国有企业规模、资金、信用、规范，以及民营企业灵活高效市场化管理经营等优势，能够形成优势互补、相互促进、共同发展。发展混合所有制经济是新时代调动公有制经济和非公有制经济积极性，发挥两方面优势的重要实现途径，是长期坚持"两个毫不动摇"的必然要求。

（二）混合所有制经济是国有经济和市场经济更好结合的有效方式

混合所有制企业是一种新的企业财产组织形式，在企业治理、经营、管理、文化等方面都产生了重大变化，能够充分发挥国有企业、民营企业的各自优势，产生"1+1>2"的效果。改革开放以来，国有企业改革始终是围绕着推动国有经济和市场经济更好结合的逻辑主线，以及"权——产权改革"和"利——激励改革"两条演进脉络推进的。混合所有制经济是通过国有企业、民营企业的资本连接，一头连着国有企业，一头连着民营企业，不仅是国有经济和市场经济有机结合的重要载体，而且是推进国有经济和市场经济更好结合的有效方式。混合所有制改革，通过把具有市场化"基因"的非国有资本引进来，推动国有企业开展治理机制、选人用人、薪酬体系等一系列改革举措，实现市场化经营，是产权改革和经营激励改革的深化，有利于推动国有经济和市场经济更好结合。在产权改革方面，混合所有制改革是实现国有企业股东多元化的重要形式，特别是非国有股东的引入，有利于更好构建合理均衡的股权结构，更好发挥非国有积极股东的作用，打破国有股东之间"一团和气"的局面，实现公司治理的有效制衡。在激励改革方面，在引入非国有资本的同时，也有助于把非国有资本的市场化经营机制引入企业当中，在"引资"的同时实现了"引制"，推动国有企业通过内部市场化和激励机制建设，更大限度激发企业员工的活力动力。可以说，混合所有制改革，在产权改革和激励改革方面都有着新的突破，是推动国有经济和市场经济更好结合逻辑主线的进一步深化。

党的十八大之前，我国已经对发展混合所有制经济进行了有益探索，并且取得显著成效。1993年党的十四届三中全会第一次提出"财产混合所有"。1997年党的十五大明确混合所有制经济的概念，指出"公有制经济不仅包括国有经济和集体经济，还包括混合所有制经济中的国有成分和集体成分"。1999年党的十五届四中全会提出，"国有大中型尤其是优势企业，宜于实行股份制的，要通过规范上市、中外合资和企业互相参股等形式，改为股份制企业，发展混合所有制经济"。2003年党的十六届三中全会强调"大力发展国有资本、集体资本和非公有资本等参股的混合所有制经济"。2007年党的十七大提出，"以现代产权制度为基础，发展混合所有制经济"。可以看出，中央对混合所有制经济的认识不断深化，对发展混合所有制经济的要求不断明确。随着国有企业改革的持续深化，国有经济和非国有经济的合作越来越频繁，逐渐出现了中外合资企业、股份制企业、上市公司等混合所有制经济形式。特别是20世纪90年代以来，民营经济的发展壮大，逐步形成国有大中型企业"国有大股东＋分散民营小股东"实现"混合"、国有企业改制上市成为公众公司实现"混合"等多种方式。进入21世纪，我国混合所有制经济进入加快发展阶段。截至2012年底，国有控股上市公司共953家，占A股上市公司总数量的38.5%；市值合计13.7万亿元，占A股上市公司总市值的51.4%。国有控股的混合所有制企业不仅成为我国 A 股上市公司的主要力量，而且是我国各类企业中最优质的的主体。由此可见，混合所有制经济对于推动国有经济和市场经济更好结合，不仅有着坚实的理论基础，而且有着丰富的实践探索，展现出了旺盛的生命力。

（三）混合所有制改革是发展混合所有制经济的关键举措

发展混合所有制经济，需要通过深化混合所有制改革来实现。这是由国有企业、民营企业存在的现实困难和问题，并亟须有效解决这些困难和问题而决定的。

国有企业方面主要表现为"大而不强、全而不优"。一是布局结构不合理。国有经济战线过长、行业过散问题突出。按照国民经济行业分类，国有经济在 20 个国民经济行业大类中涉足 93 个，在 398 个国民经济行业中涉足 380 多个，行业覆盖面达 95.5%。二是效益效率不高。国有企业以较低成本使用了大量土地、资金、人才等资源，但运营效率偏低。数据显示，国有企业占用了 2/3 以上的银行信贷资源，但产出只有 1/3 左右。根据统计，2012 年，规模以上工业国有企业总资产收益率、净资产收益率分别为 4.9%、12.6%，低于私营企业的 13.2%、28.9% 和外资企业的 8.1%、18.6%。三是治理不完善。一些国有企业尤其是垄断行业的大型和特大型国有企业，没有进行真正的公司制股份制改造；部分经过股份制改造的国有企业，也普遍存在着国有股"一股独大"、股权结构不合理、法人治理结构不完善、内部人控制等问题。四是经营激励机制不健全。一些企业内部分配制度存在平均主义现象，缺乏有效的激励手段，中长期激励建设滞后，紧缺人才、管理层工资收入低于市场价位，缺乏技术、管理等生产要素参与分配的有效机制，人才流失较为严重。五是国资监管还有待完善。"管人管事管资产"的国资监管体制已经逐渐成为制约国有企业改革发展的障碍。国有资产监管"一管到底"，甚至深入到国有企业内部运营层面，存在监管过多、过细、越位的问题。

民营企业方面主要表现为"两高、三不足"。一是准入壁垒较高。受计划经济、国有观念、惯性思维及政策因素等多方面制约，在石化、电信、航空、军工、电力、银行等众多高利润产业部门，基本由国有经济垄断，民营企业进入这些产业部门仍然困难重重。在政府采购中，一些招投标常常通过设置一些与业务能力无关的企业规模门槛、业绩门槛等将民营企业排除在外。二是融资成本较高。金融机构对民营企业仍存在所有者歧视，国有企业享受政策隐性担保，金融机构更愿意为其提供充足且廉价的资金支持，这对民营企业造成了挤出，即使民营企业能够获取资金支持，其成本也远高于国有企业。三是市场和政策环境优化不足。一些地方存在产权保护力度不够、政府信用缺失、政策执行落实不到位等问题，仍然存在重视公有产权保护、轻视私有产权保护的现象。一些涉企政策相互之间缺乏协同、没有实施细则，存在"一刀切"现象，民营企业往往无所适从。四是管理能力不足。一些民营企业尤其是中小民营企业内部法人治理结构不完善，制度规定不健全，现代企业制度未完全建立，合规意识不强，隐藏了较大经营风险，制约了企业健康发展。五是转型升级能力不强。不少中小民营企业主要从事传统行业和劳动密集型产业，处于产业链、价值链低端，亟须转型升级。有的片面以为转型升级就是铺摊子、上规模，或是脱离主业，从而陷入转型升级的误区。

解决国有企业、民营企业面临的上述问题，行之有效的办法是深化混合所有制改革，因为混合所有制改革以产权改革为基础，推动企业加快完善有效制衡的公司治理机制，倒逼国资监管加快向"管资本"转变。通过引入非国有资本，改革企业股权结构高度集中的现状，构建更加多元的股权结构，让所有者"到位"，促使企业健全治理结构和治理制度，形成有效制衡的公司治理机制，更好发挥董事会经营决策主体作用。同时，通过混改，国有企业从国有独资全资企业转变为混合所有制企业，企业的股东主体多元化，不同股东主体诉求不同，倒逼国资监管机构加快从"管人管事管资产"向"管资本"转变。混合所有制改革以激励改革为重点推动国有企业加快转换经营机制、建立中长期激励制度，充分激发人的积极性。通过混改，国有企业嫁接外部股东的市场化优势，充分借鉴外部股东在市场化经营机制和中长期激励制度建设中的经验做法，有助于改变其经营机制僵化和动力不足的现状，完善激励和约束机制，调动人的积极性和创造力。混合所有制改革有利于破解民营企业发展准入难、融资难、管理不规范等难题，促进非公有制经济健康发展。民营企业通过参与国有企业混合所有制改革，以国有控股混合所有制企业的形式可以间接参与或进入石化、电信、航空等垄断领域，打破了准入壁垒。新的企业所有制形式既有国企成分，也有民企成分，弥补了民企在融资方面与国企的差距。同时，通过混改，有利于民企吸收借鉴国企较为完备的管理制度体系安排，改善自身管理不规范问题，有利于促进非公有制经济发展。混合所有制改革充分发挥不同所有制企业优势，强化企业战略协同，进一步提高企业竞争力。国有企业在规模、资金、信用、规范等方面具有优势，民营企业则具有国有企业缺乏的市场化经营、中长期激励等灵活高效的企业经营管理经验。混合所有制改革有利于推进国有企业和民营企业优势互补。通过混改，企业引入在产业链、供应链、价值链上下游具有战略协同效应的外部战略投资者，不仅获得了资金、企业治理经营的经验，而且一定程度上获得了外部战略投资者在产业链、供应链、价值链的战略资源，更有利于形成战略协同效应，提升企业的竞争力。混合所有制改革促进国有经济布局优化和结构调整，有效放大国有资本功能。混合所有制改革是推进国有经济布局优化和结构调整的重要手段。混合所有制改革既包括国有企业引入非国有资本，也包括国有企业投资入股非国有企业。按照有进有退、有所为有所不为的要求，通过混合所有制改革，推动国有企业通过控股、参股或引入非国有资本等方式，撬动非国有资本，强化在战略安全、产业引领、国计民生、公共服务等领域的控制力，提升在充分竞争领域的竞争力，实现国有资本的保值增值和功能放大。综上所述，混合所有制改革成功推进，会推动混合所有制经济的快速发展，从而形成更多高质量的市场主体，奠定国民经济发展的坚实基础。

第二章 混合所有制改革的生动实践

按照党中央、国务院的重大战略部署，10 年来，混合所有制改革作为国企改革的重要突破口，按照完善治理、强化激励、突出主业、提高效率的要求稳步推进，形成了丰富生动的改革实践。

一、新时代对国有企业改革提出的新要求

党的十八大以来，从 2012 年到 2022 年，中国企业改革进入第四个阶段，以周密的顶层设计为重点全面谋划推动全方位的企业改革。习近平总书记亲自谋划、亲自部署、亲自推动国有企业改革，更加注重顶层设计以及改革的系统性、整体性、协同性，提出了一系列重要论述，形成了国企改革顶层设计的"1+N"政策文件体系。在这一时期，国有企业党的建设全面加强，公司治理结构进一步完善，混合所有制改革取得重大进展，国有资本运作积累了重要经验，国有经济的活力、控制力、影响力、抗风险能力显著增强。

（一）中央对深化国企改革作出全面部署

新时代国企改革仍然是经济体制改革的中心环节。2012 年 11 月，党的十八大强调，深化国有企业改革，完善各类国有资产管理体制，推动国有资本更多投向关系国家安全和国民经济命脉的重要行业和关键领域，不断增强国有经济活力、控制力、影响力。2013 年 11 月，党的十八届三中全会进一步提出："完善国有资产管理体制，以管资本为主加强国有资产监管""推动国有企业完善现代企业制度""以规范经营决策、资产保值增值、公平参与竞争、提高企业效率、增强企业活力、承担社会责任为重点，进一步深化国有企业改革"。2017 年 10 月，党的十九大强调，要完善各类国有资产管理体制，改革国有资本授权经营体制，加快国有经济布局优化、结构调整、战略性重组，促进国有资产保值增值，推动国有资本做强做优做大，有效防止国有资产流失。2019 年 10 月，党的十九届四中全会强调，深化国有企业改革，完善中国特色现代企业制度。形成以管资本为主的国有资产监管体制，有效发挥国有资本投资、运营公司功能作用。2020 年 10 月，党的十九届五中全会强调，深化国资国企改革，做强做优做大国

有资本和国有企业。加快国有经济布局优化和结构调整，发挥国有经济战略支撑作用。加快完善中国特色现代企业制度。健全管资本为主的国有资产监管体制，深化国有资本投资、运营公司改革。在 2016 年国有企业党建工作会议上，习近平总书记特别强调，坚持党对国有企业的领导是重大政治原则，必须一以贯之；建立现代企业制度是国有企业改革的方向，也必须一以贯之。要坚持有利于国有资产保值增值，有利于提高国有经济竞争力，有利于放大国有资本功能的方针，推动国有企业深化改革，提高经营管理水平，加强国有资产监管，坚定不移把国有企业做强做优做大。为更好统筹推动国有企业改革，2014 年 10 月，国务院国企改革领导小组成立，加强对全国国有企业改革工作组织领导和指导把关，先后召开 30 余次全体会议和多次专题会议，统筹研究和协调解决国企改革中的重大问题和难点问题。这一系列部署和工作安排为深化国有企业改革提供了政策保障。

（二）国有企业改革"1+N"政策体系

落实党中央、国务院决策部署，逐步形成了国有企业改革"1+N"政策体系。2015 年 8 月 24 日，中共中央、国务院印发《关于深化国有企业改革的指导意见》（中发〔2015〕22 号，简称《指导意见》），作为深化国企改革"1+N"政策体系的"1"，是新时期指导和推进国有企业改革的纲领性文件。以《指导意见》为引领，陆续配套印发了 30 余项专项意见或方案，形成国企改革"1+N"政策体系，共同构成深化国企改革的设计图，新时期全面深化国有企业改革的主体制度框架初步确立。各地结合实际出台落地文件超过 900 个。

《指导意见》针对国有企业存在的一些突出矛盾和问题，明确了"坚持和完善基本经济制度、坚持社会主义市场经济改革方向、坚持增强活力和强化监管相结合、坚持党对国有企业的领导、坚持积极稳妥统筹推进"等基本原则，提出了"到 2020 年在国有企业改革重要领域和关键环节取得决定性成果，形成更加符合我国基本经济制度和社会主义市场经济发展要求的国有资产管理体制、现代企业制度、市场化经营机制，国有资本布局结构更趋合理，造就一大批德才兼备、善于经营、充满活力的优秀企业家，培育一大批具有创新能力和国际竞争力的国有骨干企业，国有经济活力、控制力、影响力、抗风险能力明显增强"的主要目标，明确了分类推进国有企业改革、完善现代企业制度、完善国有资产管理体制、发展混合所有制经济、强化监督防止国有资产流失、加强和改进党对国有企业的领导、为国有企业改革创造良好环境条件等任务举措。

2020 年，按照党中央、国务院决策部署，全面实施国企改革三年行动。国企改革三年行动作为落实国有企业改革"1+N"政策体系和顶层设计的具体施工图，是对党的十八大以来各项国企改革重大举措的再深化，在完善中国特色现代企业制度、推进国有经济布局优化和结构调整、积极稳妥深化混合所有制改革、健全市场化经营机制、加快形成以管资本为主的国有资产监管体制、加强国有企业党的领导和党的建设等方面提出了具体任务举措。通过实施三年行动，在形成更加成熟更加定型的中国特色现代企业制度和以管资本为主的国资监管体制、推动国有经济布局优化和结构调整、提高国有企业活力和效率等方面取得明显成效，切实增强了国有经济竞争力、创新力、控制力、影响力、抗风险能力。

国有企业改革"1+N"政策体系

文件类别	文件名称	发布时间
"1"	《中共中央　国务院关于深化国有企业改革的指导意见》	2015年8月
"N"	《国务院关于国有企业发展混合所有制经济的意见》	2015年9月
	《国务院关于改革和完善国有资产管理体制的若干意见》	2015年10月
	关于印发《关于鼓励和规范国有企业投资项目引入非国有资本的指导意见》的通知	2015年10月
	《国务院办公厅关于加强和改进企业国有资产监督防止国有资产流失的意见》	2015年11月
	关于印发《关于国有企业功能界定与分类的指导意见》的通知	2015年12月
	《企业国有资产交易监督管理办法》	2016年6月
	《国务院办公厅关于推动中央企业结构调整与重组的指导意见》	2016年7月
	《国务院办公厅关于建立国有企业违规经营投资责任追究制度的意见》	2016年8月
	关于印发《关于国有控股混合所有制企业开展员工持股试点的意见》的通知	2016年8月
	关于印发《关于完善中央企业功能分类考核的实施方案》	2016年8月
	《国务院办公厅关于进一步完善国有企业法人治理结构的指导意见》	2017年4月
	《国务院办公厅关于转发国务院国资委以管资本为主推进职能转变方案的通知》	2017年4月
	《国务院办公厅关于印发中央企业公司制改制工作实施方案的通知》	2017年7月
	关于印发《沈阳机床厂综合改革方案》的通知	2017年11月
	《关于深化混合所有制改革试点若干政策的意见》	2017年11月
	《国务院关于改革国有企业工资决定机制的意见》	2018年5月
	《上市公司国有股权监督管理办法》	2018年5月
	《国务院关于推进国有资本投资、运营公司改革试点的实施意见》	2018年7月
	中共中央办公厅　国务院办公厅印发《关于推进中央党政机关和事业单位经营性国有资产集中统一监管试点的实施意见》的通知	2018年7月
	中共中央办公厅　国务院办公厅印发《关于加强国有企业净资产负债约束的指导意见》的通知	2018年8月
	关于印发《国企改革"双百行动"工作方案》的通知	2018年8月
	《国务院关于印发改革国有资本授权经营体制方案的通知》	2019年4月
	《国企改革三年行动方案（2020—2022年)》	2020年8月
	《关于中央企业在完善公司治理中加强党的领导的意见》	2021年3月
	《国家发展改革委　国务院国资委关于深化国有企业混合所有制改革的实施意见》	2022年4月

（三）混合所有制改革是国企改革的重要突破口

2016年12月，习近平总书记在中央经济工作会议上强调，混合所有制改革是国企改革的重要突破口。实际上，从党的十八届三中全会开始，伴随着国有企业改革的深入推进，推进混合所有制改革、发展混合所有制经济成为国企改革的重要内容。中央全会多次对混合所有制改革作出部署安排。2013 年 11 月，党的十八届三中全会提出，积极发展混合所有制经济。国有资本、集体资本、非公有资本等交叉持股、相互融合的混合所有制经济，是基本经济制度的重要实现形式，有利于国有资本放大功能、保值增值、提高竞争力，有利于各种所有制资本取长补短、相互促进、共同发展。2017 年 10 月，党的十九大进一步强调，深化国有企业改革，发展混合所有制经济，培育具有全球竞争力的世界一流企业。2019 年 10 月，党的十九届四中全会要求，探索公有制多种实现形式，发展混合所有制经济，增强国有经济竞争力、创新力、控制力、影响力、抗风险能力。2020 年 10 月，党的十九届五中全会提出，加快完善中国特色现代企业制度，深化国有企业混合所有制改革。从 2014 年起，在历次中央经济工作会议上，习近平总书记都对混合所有制改革作出重要指示，强调混合所有制改革是国企改革的重要突破口，要严格按照完善治理、强化激励、突出主业、提高效率的原则要求推进，并要求在电力、石油、天然气、铁路、民航、电信、军工等重点领域开展试点迈出实质性步伐。由此可见，党中央、国务院关于推进混合所有制改革、发展混合所有制经济的要求始终是明确的，混合所有制改革成为企业改革发展的重要组成部分。

二、新时代混合所有制改革历程

2012 年以来，混合所有制改革经历了顶层设计、重点突破、全面深化三个阶段。

（一）第一阶段：顶层设计期（2012—2015 年）

2013 年 11 月，党的十八届三中全会提出，积极发展混合所有制经济，强调混合所有制经济是基本经济制度的重要实现形式，是新形势下坚持公有制主体地位，增强国有经济活力、控制力、影响力的一个有效途径和必然选择。在之后的中央经济工作会议上，习近平总书记对推进混合所有制改革、发展混合所有制经济作出明确部署安排。在 2014 年中央经济工作会议上，习近平总书记强调，发展混合所有制经济，提高国有资本利用效率，同时要严格程序、明确范围，做到公开公正透明，不能"一混了之"，也不是"一混就灵"，切实防止国有资产流失，并要求研究制定推动混合所有制改革具体政策措施。

2015 年 8 月，中共中央、国务院印发《关于深化国有企业改革的指导意见》，这份纲领性文件指明了发展混合所有制经济的目标和方向，那就是"以促进国有企业转换经营机制，放大国有资本功能，提高国有资本配置和运行效率，实现各种所有制资本取长补短、相互促进、共同发展为目标，稳妥推动国有企业发展混合所有制经济"。文件明确，鼓励非国有资本通过出资入股、收购股权、认购可转债、股权置换等多种方式参与国有企业改制重组或国有控股上市公司增资扩股以及企业经营管理，鼓励国有资本通过投资入股、联合投资、重组等多种方式与非国有企业进行股权融合、战略合作、资源整合，探索实行混合所有制企业员工持股，支持对企业经营业绩和持续发展有直接或较大影响的科研人员、经营管理人员和业务骨干等持股。

2015 年 9 月，国务院印发《关于国有企业发展混合所有制经济的意见》（国发〔2015〕54 号），进一步明确了国有企业发展混合所有制经济的总体要求、核心思路、配套措施，并提出了组织实施的工作要求。《意见》提出，国有企业发展混合所有制经济，要坚持政府引导、市场运作，坚持完善制度、保护产权，坚持严格程序、规范操作，坚持宜改则改、稳妥推进，切实保护混合所有制企业各类出资人的产权权益，调动各类资本参与发展混合所有制经济的积极性。《意见》进一步强调"三因三宜三不"原则，即充分发挥市场机制作用，坚持因地施策、因业施策、因企施策，宜独则独、宜控则控、宜参则参，不搞拉郎配，不搞全覆盖，不设时间表，一企一策，成熟一个推进一个，确保改革规范有序进行。《意见》提出分类分层推进国有企业混合所有制改革的实施路径，主业处于充分竞争行业和领域的商业类国有企业，充分运用整体上市等方式，积极引入其他国有资本或各类非国有资本实现股权多元化。主业处于关系国家安全、国民经济命脉的重要行业和关键领域，主要承担重大专项任务的商业类国有企业，要保持国有资本控股地位，支持非国有资本参股。公益类国有企业，加强分类指导，推进具备条件的企业实现投资主体多元化，鼓励非国有企业参与经营。《意见》明确开展不同领域混合所有制改革试点示范的工作要求，提出结合电力、石油、天然气、铁路、民航、电信、军工等领域改革，开展放开竞争性业务、推进混合所有制改革试点示范。

这一阶段，中央明确混合所有制经济是基本经济制度的重要实现形式，并通过出台顶层政策文件统一思想、明确目标，进一步对推进国有企业混合所有制改革、发展混合所有制经济提出了任务要求。不同于党的十八大之前的实践探索，混合所有制改革作为新时代深化国有企业改革的战略任务，由中央顶层统筹谋划、自上而下高位推进，具备新时代的鲜明特征。

（二）第二阶段：重点突破期（2016—2019 年）

落实党中央、国务院战略部署，从 2016 年起，经国务院国有企业改革领导小组研究同意，国家发展改革委牵头推进电力、石油、天然气、铁路、民航、电信、军工七大重点领域国有企业混合所有制改革试点。这些领域都属于垄断行业性质。试点从最难啃的"硬骨头"入手，先后推出四批混改试点，向全社会释放积极的改革信号。

第一批混改试点：2016 年 10 月确定第一批 9 家混改试点名单。第一批试点均为央企集团下属子企业，集中在电力、铁路、民航、军工四大领域，其中，电力 2 家、铁路 1 家、民航 2 家、军工 4 家。既有存量的国有企业引入社会资本实施混合所有制改革，也有国资与民资、外资等合资新设混合所有制企业，还有通过上市公司平台加速资产证券化的混改项目。从试点数量可以看出，对试点选择是审慎严谨的，力求少而精，因为涉及的都是具有垄断性质的领域，旨在通过率先在自然垄断及行政垄断色彩较浓的部分重要领域开展试点示范，允许、引入更多的非公有资本发展混合所有制经济，推动这些领域内的国有企业实现产权主体多元化，形成有利于参与市场竞争的产权架构、治理结构和运行机制，进而打破行业垄断，为混改推进探索积累宝贵经验。

第二批混改试点：2017 年 3 月启动第二批 10 家混改试点，将混改试点范围拓展到其他行业和领域。其中，电信1家、电力1家、铁路1家、民航2家、军工2家、盐业1家，充分竞争领域2家。第二批试点大多数都是存量国有企业引入社会资本的混改项目，与电信、电力、盐业等行业体制改革紧密衔接。

第三批混改试点：2017年11月实施第三批31家混改试点，包括10家央企子企业和21家地方国有企业，央企试点还是集中在石油天然气、电力、军工领域，地方试点涉及的行业既有石油天然气、电力、盐业、铁路、民航等重点领域，也包括钢铁、农业、环保、规划设计、制造等充分竞争领域。总体看，前三批试点集中在电力、石油、天然气、铁路、民航、电信、军工七大重要领域，试点推进立足于"稳""效""绩"工作要求，不追求数量和速度，坚持稳慎有序、成熟一个推进一个。

第四批混改试点：2019年5月启动第四批160家试点。在前三批混改试点经验基础上，第四批试点定位为扩面、深化，进一步发挥试点先行先试，对面上混合所有制改革的示范、突破、带动作用，不再局限于七大重要领域，也包括具有较强示范意义的其他领域国有企业，以及已实现股权混合拟进一步在完善治理上深化改革的国有控股企业，既有石油、电力、民航、电信、军工等重点行业领域企业，也有互联网、软件及信息技术服务、新能源、新材料和节能环保等战略性新兴领域企业。

2021—2022年，结合四批混改试点推进实际情况，经国务院国企改革领导小组同意，国家发展改革委对少数试点作了调整，又增补了一些新的试点，完成调整后，四批混改试点一共是178家。通过梯次展开、压茬推进，四批混改试点起到了示范、引领作用，有力带动了全国混合所有制改革实践。

（三）第三阶段：全面深化期（2020—2022年）

经过混改试点不断探索，混合所有制改革的政策积累和实践经验不断丰富，以"国企改革三年行动"启动实施为标志，混合所有制改革进入由点到面的全面深化期。一是面上推开国有企业混合所有制改革。按照国企改革三年行动有关要求，中央企业集团对所出资企业混合所有制改革进行研究评估，指导具备条件的企业"一企一策"制定方案，成熟一个推进一个。地方国有企业集团结合实际推进混合所有制改革，并对商业类、公益类子企业分类深化混合所有制改革。支持引导国有股东持股比例高于50%的国有控股上市公司，引入持股5%及以上的战略投资者作为积极股东参与公司治理。为进一步规范全国面上国有企业混合所有制改革，在总结混合所有制改革试点及实践经验基础上，印发实施《关于深化国有企业混合所有制改革的实施意见》，在混资本、优治理、改机制、强监管等方面提出具体的任务要求，更好指导全国面上混合所有制改革向纵深推进。截至2021年底，按"穿透式"口径（即一级企业法人混改后，其下属各级企业均统计为混改企业），中央各级子企业中混改企业占比73.52%，地方国企混改企业占比59%。党的十八大以来，中央企业以市场化方式引入社会资本年均在2000亿元左右，累计引入社会资本超过2.5万亿元，非公有资本权益在央企所有者权益中占比达到38%。二是民营企业引入国有资本开展混合所有制改革。混合所有制改革既包括以国有企业为主体引入民营资本推进改革，也包括以民营企业为主体引入国有资本推进改革，不同的形式、不同的途径，都是强强联合、优势互补。近年来，战略性新兴产业及"卡脖子"关键技术环节的民营企业越来越多地寻求与国有企业开展股权融合、战略合作、资源整合，通过构建国资相对控股或战略参股的股权结构，促进国有资本的资源、资金、规范管理优势与民营资本的人才、技术及市场机制优势融合互补，形成各类资本优势互补、利益联结的良性产业生态。三是以增量混合所有制改革支撑服务国家重大战略。如新能源领域的分布式光伏，国有资本、社会资本合作开发力度较大，有力推动"双碳"战略落地。又如数字经济领域，国有资本和社会资本通过各种模式，在基础设施层、网络层、应用层加强战略合作，助力数字中国建设。再如制造业领域组建战略联盟、创新联合体，民生服务领域通过特许经营、委托经营等强化合作、提升供给服务质量，对建设制造强国、壮大实体经济、保障改善民生等都起到了积极作用。四是以深化混合所有制改革促进区域经济振兴发展。混合所有制改革通过推动市场主体特别是国有企业竞争力的提升，促进振兴区域经济发展。在系统总结交流东北地区和有关中央企业通过混合所有制改革为东北振兴增动力添活力的成效经验基础上，出台实施深化东北地区国有资产混合所有制改革的政策文件，推动东北地区混合所有制改革积力成势、乘势而上"再动员、再出发、再深化"。天津市以混合所有制改革为突破口，坚持因业施策、因企施策、一企一策，依托混改大力推进国有企业市场化改革、全面优化企业股权结构和治理机制、主动化解企业债务风险。同时，以混改为契机，通过引入一批世界 500 强、中国 500 强等实力雄厚的战略投资者，积极在智能制造、工业互联网、生物医药、数字经济等产业链、价值链中高端领域集中布局，促进国有资本布局优化和结构调整，有力推动地方经济转型升级。

三、新时代混合所有制改革实践路径

按照党中央、国务院决策部署，混合所有制改革经过 10 年的发展和实践，从基本要求、遵循方针到政策配套、具体操作，形成了一条清晰的实践路径，有力保证了混合所有制改革沿着正确的方向推进。

（一）坚持混改基本要求

坚持党的领导。坚持党对国有企业的领导是重大政治原则，必须一以贯之；建立现代企业制度是国有企业改革的方向，也必须一以贯之。推进国有企业混合所有制改革，必须牢牢把握"两个一以贯之"要求，把建立党的组织、开展党的工作作为混合所有制改革的前提，坚持党的建设同步谋划、党的组织及工作机构同步设置、党组织负责人及党务工作人员同步配备、党的工作同步开展，做到体制对接、机制对接、制度对接和工作对接，把加强党的领导和完善公司治理统一起来，做到"混合所有制改革推进到哪里，党的领导和党的建设就加强到哪里"。

坚持"两个毫不动摇"。公有制为主体、多种所有制经济共同发展的基本经济制度，是中国特色社会主义制度的重要支柱，也是社会主义市场经济体制的根基。公有制经济和非公有制

经济都是社会主义市场经济的重要组成部分，都是我国经济社会发展的重要基础。必须毫不动摇巩固和发展公有制经济，坚持公有制主体地位，发挥国有经济主导作用，不断增强国有经济活力、控制力、影响力。必须毫不动摇鼓励、支持、引导非公有制经济发展，激发非公有制经济活力和创造力。

坚持"三因三宜三不"。新时代混合所有制改革坚持宜改则改、稳妥推进的原则。对通过实行股份制、上市等途径已经实行混合所有制的国有企业，要着力在完善现代企业制度、提高资本运行效率上下功夫；对适宜继续推进混合所有制改革的国有企业，要充分发挥市场机制作用，坚持因地施策、因业施策、因企施策，宜独则独、宜控则控、宜参则参，不搞拉郎配，不搞全覆盖，不设时间表，一企一策，成熟一个推进一个，确保改革规范有序进行。尊重基层创新实践，形成一批可复制、可推广的成功做法。

坚持以"混"促"改"。尊重市场经济规律和企业发展规律，以企业为主体，充分发挥市场机制作用，把引资本与转机制结合起来，把产权多元化与完善企业法人治理结构结合起来。通过高质量"混资本"、高水平"改机制"，加快完善中国特色现代企业制度，发挥混合所有制的独特优势，切实提升混合所有制企业的活力、效益和竞争力，为构建新发展格局提供有力的微观支撑。

坚持规范操作。以保护产权、维护契约、统一市场、平等交换、公平竞争、有效监管为基本导向，切实保护混合所有制企业各类出资人的产权权益，调动各类资本参与发展混合所有制经济的积极性。坚持依法依规，进一步健全国有资产交易规则，科学评估国有资产价值，完善市场定价机制，切实做到规则公开、过程公开、结果公开。强化交易主体和交易过程监管，防止暗箱操作、低价贱卖、利益输送、化公为私、逃废债务，杜绝国有资产流失。

（二）坚持"完善治理、强化激励、突出主业、提高效率"

习近平总书记在 2016 年中央经济工作会议上强调，要按照"完善治理、强化激励、突出主业、提高效率"的要求推进混合所有制改革。这成为新时代推进国有企业混合所有制改革的原则方针和工作遵循，既是混合所有制改革的核心要义，也是检验改革成效的重要标准。

完善治理。公司治理是在企业所有权和经营权相分离的情况下，为解决企业委托代理问题，对企业运行权利的一系列制度性安排。有效制衡的公司治理是现代企业制度的核心。混合所有制改革遵循的"完善治理"，就是要在股权结构多元化、制衡化的基础上，推进法人治理结构规范化，通过协调运转、有效制衡的公司法人治理结构，使混合所有制经济的优势充分发挥出来。完善治理是核心，也是基础，一定意义上，这是新时代混合所有制改革区别于以往的最本质特征。完善治理就意味着要打破企业"一股独大"的局面，要杜绝"一混了之"的错误倾向，要跨越资本混合的初级状态，通过引入持有一定分量股份的战略投资者，赋予其实质性话语权，深度参与公司治理，形成多元股东有效制衡的机制。

强化激励。人是生产力中最活跃的因素。人力资本是企业发展的核心要素。激发企业内生活力和动力，关键是要激发人的积极性，其核心举措在于构建激励约束并重的激励机制。混合所有制改革遵循的"强化激励"，就是要建立符合社会主义市场经济原则的激励体系，完善市场导向的选人用人机制和薪酬分配制度，构建有效的中长期激励约束机制，把企业家、科技骨干、管理骨干和广大职工的积极性和创造力真正激发出来。

突出主业。主业突出是成功企业的鲜明特征。混合所有制改革遵循的"突出主业"，就是要强化战略协同，通过加减乘除、多管齐下等方式，集中精力资源坚守主业、发展主业、做强做优做大核心主业，不断优化产品和服务结构，加快从非主业领域、缺乏竞争优势的领域及一般产业的低端环节退出，推动产业链、价值链关键业务重组整合升级，不断提高供给质量，提升混合所有制企业核心竞争力。

提高效率。效率效益是衡量企业改革成功与否的关键。混合所有制改革遵循的"提高效率"，就是要推动企业"瘦身健体"、提质增效、转型升级，全面提高劳动生产率，提升企业经营效益，实现国有资本保值增值，放大国有资本功能，做强做优做大国有资本和国有企业。"混"与"改"都是手段，最终都要落实到解放和发展生产力、提高企业效率效益上。

（三）坚持政策配套

国企混合所有制改革是一项复杂的系统工程，涉及国有企业、国有资产、国有资本等多个层面改革。推动混改行稳致远、取得长期的良好成效，需要配套政策大力支持并发挥重要作用。实践中，随着国有企业改革的深化和混合所有制改革的推进，在混改试点、公司治理、工资决定机制、中长期激励、国有资本授权经营和规范国有资产交易等混合所有制改革的重要方面和关键环节，都形成了一系列配套改革政策作为支撑（下面列出的政策文件均是公开发布的）。

混改试点方面。为进一步推进混改试点落地实施，2017年11月，国家发展改革委会同财政部、人力资源和社会保障部、原国土资源部、国务院国资委、税务总局、证监会、国防科工局等7个职能部门，联合印发了《关于深化混合所有制改革试点若干政策的意见》（发改经体〔2017〕2057号），就混改试点企业集中反映的国有资产定价、土地变更处置、员工持股、工资总额管理等重点难点问题，提出了解决思路和方案。特别是《意见》提出混改试点开展员工持股的企业数量不受《关于国有控股混合所有制企业开展员工持股试点的意见》（国资发改革〔2016〕133号）规定的数量限制。

完善法人治理方面。混合所有制改革的核心关键在于完善治理。2017年4月，国务院办公厅印发《关于进一步完善国有企业法人治理结构的指导意见》（国办发〔2017〕36号），从理顺出资人职责、加强董事会建设、维护经理层经营自主权、完善监督问责机制、坚持党的领导等方面，进一步细化具体化"产权清晰、权责明确、政企分开、管理科学"的现代企业制度要求。

工资制度方面。随着国企改革特别是混合所有制改革的深化，工资决定机制已经难以适应国企改革发展需要，2018年5月，国务院印发《关于改革国有企业工资决定机制的意见》（国发〔2018〕16号），就改革工资总额决定机制及管理方式、完善国有企业内部工资分配管理、健全工资分配监管等作出明确规范，进一步调动国有企业职工的积极性、主动性、创造性。

中长期激励方面。为进一步激发员工的积极性和创造性，2016 年 2 月，财政部、科技部、国务院国资委联合印发《国有科技型企业股权和分红激励暂行办法》（财资〔2016〕4 号），对国有科技型企业实施股权激励和分红激励作出明确规定。2016 年 8 月，国务院国资委、财政部、证监会联合印发《关于国有控股混合所有制企业开展员工持股试点的意见》（国资发改革〔2016〕133 号），对国有控股混合所有制企业开展员工持股试点提出了工作要求。2018 年 9 月，财政部、科技部、国资委联合印发《关于扩大国有科技型企业股权和分红激励暂行办法实施范围等有关事项的通知》（财资〔2018〕54 号），将可适用的企业范围进一步扩大。

国有资本授权经营体制方面。混合所有制改革需要国资监管机构加快推进以管资本为主的职能转变。2019 年 4 月，《国务院关于印发改革国有资本授权经营体制方案的通知》（国发〔2019〕9 号）公开发布，明确了优化出资人代表机构履职方式、分类开展授权放权、加强企业行权能力建设、完善监督监管体系、坚持和加强党的全面领导等内容，对以管资本为主加强国有资产监管、切实保障国有资本规范有序运行和做强做优做大提出了工作要求。

国有资产交易监督管理方面。混合所有制改革的第一步就是引入外部战略投资者，涉及国有资产定价和交易。为规范企业国有资产交易行为，防止国有资产流失，2016 年 6 月，国务院国资委、财政部印发《企业国有资产交易监督管理办法》（国资委　财政部令第 32 号），对国有及国有控股、国有实际控制企业的产权转让、增加资本及重大资产转让行为提出了具体工作要求。2018 年 5 月，国务院国资委、财政部、证监会印发《上市公司国有股权监督管理办法》（国资委　财政部　证监会令第 36 号），对包括国有股东所持上市公司股份的非公开协议转让、无偿划转、间接转让、国有股东发行可交换公司债券、资产重组等行为作出明确规定。

四、新时代混合所有制改革实践模式

党的十八大以来，按照党中央、国务院决策部署，在各方面共同努力下，混合所有制改革经历了 10 年波澜壮阔的改革实践。中央企业混改百花齐放、各具特色，地方国企混改活力十足，在集团混改方面取得突破，民营企业参与混改劲头十足，涌现出了许多鲜活的案例和典型做法，经归纳，大致有七大类 26 种实践模式。这些实践模式是混合所有制改革在实践中显示勃勃生机的生动体现，也是推动混合所有制改革进一步走深走实的重要借鉴。

（一）坚持"三高"标准引入战略投资者

混合所有制改革的第一步就是引入战略投资者，一定意义上，这是决定改革成败的首要环节。按照"高协同性、高认同感、高匹配度"的"三高"战略投资者标准，国有企业在实施混合所有制改革过程中形成了不同的"混资本"模式。

1.引入单一社会资本模式

企业通过引入产业链高度协同的单一社会资本实施混合所有制改革，将国有资本的人才、品牌优势与社会资本的渠道、市场优势有机结合实现共赢。如黑龙江龙煤集团下属盛安民用爆破器材有限责任公司，2020年初引入社会资本抚顺隆烨化工有限公司实施混合所有制改革，龙煤集团持股49%，抚顺隆烨持股51%。控股股东抚顺隆烨迅速调整了严重亏损的鹤岗、鸡西分公司产能，并对双鸭山乳化炸药生产线进行改造，新建青化数码电子雷管生产线，全面盘活主营业务。盛安民用爆破器材公司在2020年改革当年就实现扭亏为盈，现已发展为黑龙江民爆头部企业。

2. 引入多战略渠道模式

通过引入多个行业领域的头部企业作为战略投资者，创造性延伸拓展上下游产业链、价值链，最大限度释放产业链整体价值。如第二批混改试点中国联通股份有限公司，2017年8月引入腾讯、百度、京东、阿里、苏宁、滴滴、中国人寿等14家处于行业领先且与联通具有协同效应的互联网公司、垂直行业、金融企业及产业基金作为战略投资者，以数字化赋能传统电信业务，在电信产业链上下游的5G布局、业务拓展、技术应用和跨界融合等多方面实现战略突破。2021年，中国联通主营业务同比增长7.4%，归母净利润同比增长14.2%，资产负债率较2016年下降22.8个百分点，新兴ICT收入占主营收入比例较2016年提高近13个百分点。

3. 引入多家战略投资者搭建平台模式

通过引入行业内上下游具有自身优势和特点的多个战略投资者，共同打造服务行业的共享生态圈。如中国宝武集团发起设立的第三方钢铁服务平台"欧冶云商"，2017年首轮引入本钢集团、首钢基金、普洛斯、建信信托、沙钢集团和三井物产等6家战略投资者，2019年第二轮引入太钢集团、广西盛隆、建龙重工、中外运、国有企业结构调整基金、中信证券、招商局创投及盐城海兴等8家战略投资者。在战略投资者赋能下，欧冶云商合作钢厂超过300家，合作仓库超过2000家，合作车辆超过2万辆，中小用户超过10万家，已经形成钢铁生态圈集聚效应，成为运用混合所有制改革搭建第三方服务平台的典范。

4. 引入国家产业基金模式

通过引入背景清晰的基金参与混合所有制改革，导入市场化机制，激发企业活力。如沈阳鼓风机集团于2021年末引入"先进制造产业投资基金"，持股39.13%，重新组建董事会，沈阳国资、先进制造产业投资基金管理人分别推进2名董事，员工董事1名，相应落实董事会重大决策、选人用人、薪酬分配等法定职权，发挥基金在公司治理和财务管理上的优势和作用，积极推进体制机制改革。2022年上半年，沈鼓集团营业收入、利润总额分别同比增长20.5%和70.9%，全员劳动生产率增长29.8%，产品订货增长23.3%，改革成效逐步显现。

5. "引资+员工持股"模式

在引入战略投资者时同步实施核心骨干员工持股、科技型企业股权激励、上市公司限制性股票及期权激励等中长期激励，绑定影响公司持续健康发展的"关键少数"，构建资本所有者和劳动者的利益共同体。如第三批混改试点中国能源建设集团湖南省电力设计院有限公司，在引入湘投控股、三峡资本、中天科技、华汇集团等战略投资者时同步开展骨干员工持股，将骨干的个人持股数额和岗位等级紧密关联，"岗变股变"，并区分客观、主观、公司、个人等各类退股情形下的时间、价格等核心条款，畅通股权进入、流转及退出通道，员工干事创业热情迸发，劳动生产率大幅增长。

（二）坚持多种形式引入国有资本

随着新一轮科技革命和产业变革深入发展，叠加新冠肺炎疫情影响及国际形势变化，不少民营企业为克服经营困难、突破发展瓶颈，主动寻求与国有企业开展股权融合、战略合作、资源整合，进一步丰富了混合所有制改革的实现形式。

1. 引入国企赋能模式

通过引入具有战略协同效应和突出竞争优势的国有企业实现优势互补，共同做大蛋糕、做强企业，实现共赢。如三元动力锂电池行业"独角兽"孚能科技，于2018年引入中国国新控股有限公司投资37.1亿元、持股28.8%，成为仅次于创始人团队的第二大股东。利用中国国新在新能源领域的投资资源及渠道优势，孚能科技降低了采购成本、提升了供应链安全性，还成功获取戴姆勒、吉利等优质客户资源，动力电池产能从江西赣州迅速拓展至江苏及海外，软包动力电池领域装机量连续三年保持全国第一。2020年7月，孚能科技作为"动力电池第一股"，成功登陆科创板。

2. 引入国企纾困模式

通过引入实力雄厚的国有企业发展混合所有制经济，帮助民营企业补充营运资金、摆脱经营困境。今年6月，河南建业集团向河南省铁路建设投资集团有限公司转让29.01%股份，并发出一笔年限为"2+1"的可换股债券。通过引入河南省铁建集团，建业集团不仅能够发挥其在河南房地产行业深耕多年积累的品牌口碑及营销优势，而且能省下高昂的拿地成本，直接开发铁建集团已有的土地储备，通过可持续售卖的项目盘活岌岌可危的现金流，避免债务逾期。铁建集团也需要建业集团的专业开发能力，加速地产业务板块发展。

3. 引入国资解危模式

通过引入适宜的国有企业解除控制权变更危局，巩固企业持续健康发展。如，2017年，股权较为分散的万科股份有限公司遭遇股权危机，为防止控制权旁落，深圳地铁集团出资664亿元成为万科第一大股东，积极探索"管资本"方式参与公司治理。一方面，尊重万科作为上市公司的独立市场主体地位，坚持所有权和经营权相分离，不干预公司日常经营管理，尊重企业家精神；另一方面，注重国有资本回报，保障国有资本安全，遵照法律法规和公司章程规定行使股东权利、履行股东义务，强化对委派高级管理人员的履职监管，规范融入万科长期以来行之有效的现代法人治理机制。截至2021年，深圳地铁集团累计从万科获得分红162.2亿元，万科也保持了每年不低于19%的净资产收益率，稳居《财富》500强前列。

（三）坚持多元合理股权结构

企业通过引入战略投资者打破"一股独大"，形成更为多元、合理的股权架构，有利于健全完善权责法定、权责透明、协调运转、有效制衡的现代公司治理机制。

1. 国资相对控股模式

对充分竞争领域的商业类国有企业，可通过引入合适的战略投资者全面构建多股东制衡的股权结构，实质性改善公司治理。如中国东方航空集团下属物流板块，通过引入物流供应链领域的头部企业联想控股、普洛斯、德邦物流、绿地集团，同步开展骨干员工持股，由国资100%控股变为国资持股45%、4家战略投资者持股45%、员工持股平台持股10%，2020年完成首发上市后，东航物流的股权结构进一步优化，对标上市公司治理要求持续优化公司治理，提高治理效能。

2."2+3>1"模式

通过引入两个协同性强的战略投资者，形成较为制衡的"三角"股权架构，避免任何一方独大，充分发挥战略投资者的作用，有效改善公司治理。如第四批混改试点企业重庆商社（集团）有限公司，于2019年引入物美集团、步步高集团，股权结构由重庆市国资委持股100%变更为重庆国资委持股45%、物美集团持股45%、步步高集团持股10%。完成股权混合的重庆商社，在华北、华东、西北及华南的市场影响力及控制力得到显著增强，零售物流产业链、供应链合作迅速升级，企业效率和活力有效提升。

3. 旗鼓相当模式

通过形成国有资本持股50%、社会资本持股50%的股权结构，引入具有相当话语权的战略投资者赋能企业、完善治理。如第四批混改试点企业招商局资本投资有限公司，2020年4月引入普洛斯中国，双方各持股50%。完成引资后，招商资本不再作为招商局集团控股子公司管理，而是按照国资参股管理要求，由派出董事落实股权意志、行使股东权利。由此，招商资本进一步优化公司治理，落实董事会重大事项决策、高管聘任、绩效考核等法定职权，经营业绩全面提升，混改当年即实现营业收入同比增长12%、归母净利润增长93%的显著成效。

4. 社会资本控股模式

对充分竞争领域的国有企业，可通过实施混合所有制改革由国资控股变为国资参股，全面导入社会资本的渠道、资源及机制优势，提升企业效率效益。如东北制药集团于2018年通过定向增发引入民营企业辽宁方大集团，由国资控股变成了民资控股、国资参股。方大集团控股后，从治理机制、业绩评价、运营管理、风险防控、激励约束等方面全面深化市场化改革，推动东北制造降本增效，取得了显著成效。

5. 特殊管理股模式

在混合所有制企业的公司章程中明确设立特殊管理股，明确特定股东对关系国家安全和公共利益的特定事项可行使一票否决权。如第二批混改试点重庆长电联合能源有限公司，由中国长江三峡集团联合聚龙电力、乌江电力、长兴电力等地方国资及民营资本共同出资设立。鉴于其主营的区域增量配售电业务关系国家安全和公共利益，长电联合在公司章程中设置了特殊管理股，具体由中国长江三峡集团行使，可对涉及党的方针政策、公众利益等少数特定事项行使一票否决权。

（四）坚持完善公司治理

围绕董事会这一公司治理的核心机构持续深化改革，切实提高决策的科学性、高效性，充分发挥各方股东优势，有效保障各方股东权益，是企业在混合所有制改革过程中着力探索的内容。

1. 董事会充分制衡模式

通过科学设置各类董事席位，相应明确权责，最大限度发挥董事的专业化技能及优势，形成高效科学的决策机制。例如，2019年7月从中集集团分拆出来并在香港联交所主板上市的中集车辆，董事会共有9名成员，其中，只有控股股东中集集团委派了1名执行董事、首席执行官，剩余8名董事均为非执行董事（包括3名独立非执行董事），中集集团董事会的战略与投资委员会主席、提名委员会主席、薪酬委员会主席、审计委员会主席均来自非执行董事。执行董事、非执行董事及独立董事共同构成了分工明确、权责制衡的董事会，成为公司经营效益长期稳健向好的治理保障。

2. 社会资本推荐董事长模式

由持有相当股权但不控股的社会资本股东委派董事长，更好发挥社会资本的专业化人才优势。如中国通用技术（集团）控股有限公司下属子企业通用环球医疗集团有限公司，2012年引入中信资本、聚宝龙两家战略投资者，通用技术、中信资本、聚宝龙分别持股51%、41%、8%，分别享有委派3名、2名和1名董事的权力。控股股东通用技术虽在董事会持有半数席位，但考虑到第二大股东中信资本董事长张懿宸在医疗领域的专业认知及业界口碑，同意由第二大股东中信资本推选张懿宸担任环球医疗董事长，领导公司深耕医疗行业，帮助公司实现港股上市，打开国际化经营局面，实现跨越式发展。

（五）坚持转换经营机制

"转机制"是混合所有制改革的"重头戏"，也是集中体现战略投资者无形价值和机制优势、决定混合所有制企业长期健康发展的关键环节。

1. 分类授权

结合混合所有制企业的股权结构、所处领域等特点，分类进行授权，实施更加灵活高效的差异化监管，确保企业发展活力。如，国家开发投资集团对其持股不足50%、非国有股东占有董事席位或具有独立董事提名权的投资企业探索实施差异化监管，在决策机制、管控内容、信息披露、监督约束等四个方面探索有别于国有及国有控股企业的差异化监管，同时坚持加强党的建设、坚持实施以治理型管控为主的管控模式、坚持牢牢守住不发生重大风险事故和国有资产流失的底线三条工作原则，取得了显著成效。其下属投资入股的多个实施差异化监管的混合所有制企业，在经营业绩、市场开拓、业务协同等方面均得到长足发展，实现了各类所有制资本的优势互补和融合发展。

2. 探索派出专职董事

适应企业分类监管和发挥企业家精神的需要，分类分层做实市场化选人用人机制，持续优化公司治理结构。如深圳市国资委创新性地通过政府购买服务，委托深圳投资控股公司下属人力资源专业公司开展专职外部董事的市场化选聘，由下属财务公司设计并实施针对专职外部董事的业绩考核及薪酬激励体系，确保选聘到位、激励到位、作用发挥到位。通过市场化选聘专职外部董事的方式，深圳市属国有企业建立起外部董事占多数，内部董事、专职外部董事和兼职外部董事合理搭配、专业互补的董事会，决策质量大幅提升，且有效实现了"管资本"的要求。

3. 委托经营模式

将资本层面的合作与经营管理层面的委托结合起来，充分发挥社会资本灵活的市场化机制优势和高质量管理效能。如兖矿国际焦化有限公司于 2018 年 6 月引入钢铁冶炼行业的龙头民营企业永锋集团，兖矿、永锋各持国际焦化公司 50% 股权，同时，兖矿将所持 50% 股权对应的经营管理权委托给永锋，由永锋委派经营团队开展经营管理，实质性改善了国际焦化公司的经营管理效益。实施混改后，国际焦化公司迅速走出长期亏损泥潭，资产负债率由改革前的 160.4% 骤降至 2020 年底的 43%，成功偿还了 12.7 亿元贷款，累计实现利润近 14 亿元。

4. 充分授权管理层模式

明确混合所有制企业股东会、董事会及经理层之间的权责边界，建立并实施规范明晰的授权管理体系，形成扁平化、清晰化、高效率的决策执行体系。如 2012 年由中车长春轨道客车股份有限公司和成都新筑路桥机械股份有限公司合资设立的成都长客新筑轨道交通装备有限公司，中车方面持股 20%，成都方面持股 80%，合资协议中明确中车方面推荐总经理和总工程师，成都方面推荐财务总监。成都长客按照董事会对经理层分层授权、经理层对内设执行机构分级授权的原则，清晰界定分层分级授权的主体、对象及权限，将经营管理事项细分为基础类、财务类、业务类，形成三大类二十四小类事项组成的授权管理体系，充分发挥国有资本的技术管理优势及民营资本的市场机制优势，将权责明确、管理科学等现代企业制度落到实处。

（六）坚持聚焦主业实现转型升级

通过资产剥离、股权划转等方式，从与主业关联度不大、经营效益不佳、竞争力不足的领域及时退出、轻装上阵，引导混合所有制企业聚焦主业实现转型发展。

1. 资产注入上市公司模式

通过资产注入、资产置换、换股吸收合并、借壳买壳等方式，实现国有企业整体资产证券化，放大国有资产功能，优化国有资本配置。如第一批混改试点内蒙古第一机械集团有限公司，以控股的上市子公司"北方创业"为资本运作平台，通过发行股份及支付部分现金等方式，以 9.71 元 / 股的发行价格将母公司内蒙古一机所有的军品科研、工艺、检验测试、核心零部件制造、总装总调等经营性资产及负债、长期股权等整体购入，实现了内蒙古一机军品资产整体上市，资产证券化率达到 83%，国有控股股东持股比例由改革前的 23.36% 增至改革后的

51.68%，注入的 32.87 亿元军工资产实现市值倍增。

2. 同业整合模式

主动引入同行业头部企业，通过强强联合、优势互补共同做强做优核心主业。如中粮包装抓住 2013—2015 年国内金属包装行业下降周期的机遇，主动引入包装行业头部民营企业奥瑞金包装。2015 年 11 月，中粮香港出让中粮包装 27% 股份给奥瑞金包装实施混改，中粮包装的股权结构调整为：中粮香港持股 33.1%，奥瑞金包装持股 27%，公众投资持股 39.9%。奥瑞金包装取得两名董事会席位。引入奥瑞金包装后，中粮包装与奥瑞金包装的业务优势、客户资源、区域布局等均实现深度整合，不仅有效改善了包装行业竞争格局，提升了行业集中度，也实现了做大蛋糕、合作共赢。

3. 非主业剥离模式

新引入的战略投资者往往能够督促混合所有制企业专注核心主业做强做优，尽快从长期亏损、不具备竞争优势的领域退出，实现轻装上阵。如第一批混改试点合肥江航飞机装备股份有限公司，引入国资、民资实施混合所有制改革，同步开展科技型企业股权激励和职业经理人选聘。在实施混合所有制改革的过程中，经战略投资者与国资股东深入协商，合肥江航果断分两批退出了汽车零部件、制冷配件、举升机、立体停车库等非主业业务，相应剥离清理 8 家子公司，全面聚焦军工核心主业。2020 年，"江航装备"成功登陆科创板，成为军工央企第一股，市值突破百亿元。

（七）坚持制度化、长效化激励机制

激励机制是国有企业长期存在的"短板"弱项，也是国企混合所有制改革要着力破解的体制机制难题。说到底，企业要有活力，关键在于用改革的思路和方法持续激发内部骨干和员工的活力和创造力。

1. 员工持股

以同股同权、增量入股的原则，按照公开公平、规范操作的方式，绑定关系企业持续健康发展的研发、技术、管理等"关键少数"，构建资本所有者和劳动者共同体。如第三批混改试点企业江西旅游集团，提出"带着风险金打工"的中长期激励约束思路，在引入战略投资者时同步开展核心员工持股，形成江西国资持股 34.65%、4 家战略投资者合计持股 58.43%、核心骨干持股 6.92% 的股权结构。江西旅游明确"岗位持股、岗变股变、绩效考核、人离股转"的操作规程，以合伙人管理办法、《江西省旅游集团核心骨干持股合伙人经营管理谴责追责制度》作为刚性约束，将核心持股团队的行为规范与集团改革发展要求量化对标，持续挖掘持股人员潜能，促进江西旅游经营效益持续增长，迅速成长为国内旅游行业头部企业。

2. 超额利润分享

对于非上市公司而言，在确保公司利益的前提下将新增利润的一部分分给创造超额利润的员工，从而激发员工的积极性，实现激励相容。如中国建材集团下属的香港上市公司中国联合水泥集团，在实践中摸索形成了一套行之有效的超额利润分享制度：一是制定净利润目标

"两个不低于"门槛，即不低于上年度行业平均利润水平、不低于上年度本企业利润；二是计算分享额度有一个简单公式：（经审计后净利润−指标）×15%−按考核办法应兑现的奖励额；三是确定超额利润分享额的分配比例"118"，即主要负责人 10%、班子其他成员 10%、员工 80%；四是封顶机制确保不突破工资总额调控线，最高不超过本人上年度薪酬的 50%；五是建立否决机制三条原则，即利润低于年度行业平均水平，利润低于本地区同类企业平均水平，年内出现安全、质量、环保、稳定等否决事项。实施超额利润分享后，中国联合水泥集团的营收、利润等指标均实现大幅增长，全体员工的积极性主动性得到有效激发。

3. 跟投机制

在开拓投资周期较长、业务发展前景不明朗以及具有较高风险和不确定性的创新业务时，可以探索核心员工跟投激励机制。对资金周转要求高、资金利用风险较高的地产类企业，在开发新项目时也可以选择员工跟投。中国电子科技集团下属的科技型上市公司海康威视，于 2016 年开始在互联网视频（萤石）、汽车电子、海康机器人及其他 6 项创新业务上，实施"六四股比、两类计划、出资双选、动态优化、五年锁定"的核心员工跟投方案，即海康威视和核心员工按照 6∶4 的股权比例共同组建创新业务子公司，相关中高层管理人员和核心骨干强制跟投各类创新业务，创新业务子公司的部分核心员工跟投自己参与的某一特定创新业务，高级别关键人才出资跟投获得股权，其他员工可采用非出资跟投获得股权增值权，跟投平台通过增资及再分配实现股权动态调整，核心员工跟投后需至少在创新公司工作 5 年。通过跟投机制，海康威视的创新业务取得快速发展，对公司营收、利润的贡献不断扩大。

4. 上市公司股权激励

对于已经上市的企业，可根据《国有控股上市公司（境内）实施股权激励试行办法》《上市公司股权激励管理办法》等相关政策规定，相应开展股票期权、股票增值权、限制性股票等股权激励举措。如，招商局集团下属从事城市综合开发运营的招商局蛇口工业区控股股份有限公司，于 2016 年实施上市公司股权激励方案，将公司总股本的 0.624% 股票期权分批授予核心员工，首批完成 252 人授予计划，并预留 10% 的股票期权额度用于后续公司新晋升、新收购兼并公司高级管理人员的激励。在授予股份限制上，严格遵守激励对象"个人获授的股权激励预期价值不高于授予时薪酬总水平（含股权激励预期价值）30%"的规定。在行权限制上，规定两年的行权限制期，期满后如满足相关业绩条件，可分三年三次匀速生效，每次可生效 1/3，解锁后行权有效期为 1 年。在业绩生效条件上，选取净资产收益率（ROE）、净利润三年复合增长率、EVA 考核目标 3 个指标。实施股票期权激励，有效调动了招商蛇口管理层和核心员工的主人翁精神，帮助公司经营业绩实现跨越式增长。

第三章　混合所有制改革的实际成效

10 年来，经过政府、企业和股东、全社会的共同努力，混合所有制改革取得了显著成效。一大批国有企业通过实施混改，法人治理结构得到实质性完善，激励约束机制得以真正落实，规范的现代企业制度加速构建形成，企业运行效率与核心竞争力得到持续提升。一批民营企业通过实施混改，企业实力得到显著增强，规范程度大幅提升，可持续发展能力进一步夯实。各种所有制资本通过混改实现取长补短、相互促进，国有资本不仅实现了在传统领域的保值增值，还增强了在新经济和战略新兴领域的控制力和影响力，切实放大了国有资本功能，同时民营资本的发展空间显著扩大，能够进入传统上难以进入的垄断性、战略性领域。伴随着混合所有制改革的持续推进，涌现出一批混合所有制的行业领航者、市场开拓者、产业链链长、创新链旗手、供应链先锋，产生了良好的示范和带动作用，进一步彰显了混合所有制经济的制度生命力和市场活力。

一、累累硕果：10 年混改扎实推进

党的十八大以来，混合所有制改革在全国范围内由点及面全方位铺开，累计实施混改近万项。其中，中央企业累计引入社会资本超过 2.5 万亿元，中央企业所有制权益中的占比达 38%。地方国企累计引入社会资本超 7000 亿元，超过 20 个省（自治区、直辖市）及计划单列市按照"一企一策"开展了国企集团层面混合所有制改革。10 年来，无论是国家在重点领域开展的混改试点，还是从央企到地方国企集团广泛开展的混改实践，改革成效有目共睹，国有企业核心竞争力不断提升，混合所有制经济稳步发展。

（一）重点领域混改试点成效显著

从 2016 年到 2022 年，国家重点推进的四批 178 家混改试点中，按照"完善治理、强化激励、突出主业、提高效率"十六字方针的要求，有 91 家企业完成了"混资本、改机制"，总计引资近 1600 亿元，绝大多数试点企业改革后面貌焕然一新，在企业治理、机制改革、员工激励、效率提升等方方面面取得了实实在在的成效。

1. 完善治理实质突破，"三建立三提高"优化管理决策

一是真正建立起有效制衡、协调运转的董事会结构。试点企业以优化股权结构为切入口，引资后社会股东平均持股比例达到 41.7%，其中非国有股东平均持股比例达到 28.1%；同时，有 91.1% 的试点在董事会中有社会股东委派的董事，其中 59.34% 的试点中社会股东委派的董事占比超过 1/3，81.32% 的试点在董事会中有非国有股东委派的董事。二是真正建立起董事会选聘经理层的制度。77.91% 的试点实现了经理层由市场化聘任并接受董事会管理；70.11% 的试点实施了"董事会授权总经理组阁"。三是真正建立起党委领导下各治理主体协调高效运转的制度。81.4% 的试点党委委员在董事会占交叉的比例超过 50%，81.8% 的试点在重大经营管理事项及前置研究讨论的具体程序上设置了有别于国有独资、全资企业的制度。四是董事组成更趋专业化，真正提高了决策科学性。79.55% 的试点在董事会中引入了法律、财务、行业专家，56.04% 的试点董事会下设了战略、审计等职能的专门委员会，切实提高了董事会的决策质量。五是对董事会和董事授权更趋合理，真正提高了决策时效性。69.32% 的试点引资后股东会授权给董事会的投资决策授权增加，其中近 1/3 的试点在董事会授权范围内，经董事会批准的企业年度投资计划内的主业投资项目不再需要事前报国有控股股东批准。此外，66.29% 的试点国有控股股东委派的股权董事可以在权限内自主投票，有效发挥股权董事的积极性，提高了决策效率。六是董事会和经理层权责边界更趋明确，真正提高了经理层直面市场的自主决策效率。超过 70% 的试点建立了董事会对经理层的授权机制，切实保障了经理层合理的自主经营权，做到权责利对等。

2. 强化激励点面结合，"一多一少"激发活力

一是以市场为方向改革选人用人机制，真正实现"人尽其才"。试点企业普遍重视在改革过程中建立市场化的人力资源配置机制，超过 50% 的试点混改过程中针对中层实施了竞聘上岗，超过 80% 的试点实现了员工有序退出，"能进能出、能上能下"起到了立竿见影的效果。二是以强考核硬挂钩为目标改革考核评价机制，真正实现绩优多得。试点企业注重根据岗位重要性和业绩贡献对标市场薪酬水平，85.23% 的试点经理层总薪酬中绩效薪酬占比超过 50%，70.45% 的试点中层同岗位同层级间最高和最低薪酬的差距倍数超过 1 倍。三是以核心骨干为重点运用激励工具，真正有效发挥"关键少数"的示范带头作用。73.03% 的试点在引资后实施了激励计划，其中 65.63% 的试点采用了员工持股的方式对管理、科研、销售等骨干员工实施绑定，其核心技术人员持股占员工持股比重平均达到 33.21%，有效发挥了"关键少数"的示范和带头作用，提升了全体员工的工作动力。三项制度的切实落地真正突破了国企改革的"最后一公里"，试点企业员工的主人翁意识显著提高，工作热情与主观能动性得以提升，76.47% 的试点中核心员工流失率下降，平均下降了 2.77 个百分点，此前国有企业特别是国有科技型企业长期存在的人才流失情况得到大幅改观。

3. 突出主业引导聚焦，"一降一升"凸显可持续发展能力

一方面，试点企业风险水平显著下降。在混改过程中，试点企业积极"瘦身健体"、处理历史遗留问题，资产负债率平均下降了 12.66 个百分点，速动比率平均上升了 33 个百分点，资产负债表健康水平显著改善。另一方面，资本回报水平稳步提升。试点企业引资后重视战略重塑，在将优势资源和资产集中到核心主业的同时，不断做精做深主业，40.1%的试点净资产收益率提升超过 1 个百分点，体现出企业核心竞争力和可持续发展能力的改善。

4. 提高效率跨越发展，"两高一低"夯实竞争力

一是盈利指标显著提高。实力和活力的提升提高了企业的盈利水平，77.27%的试点营业收入实现增长，其平均年复合增长率超过 36%，64.18%的试点引资后净利率有所提升，其中 46.51%的试点净利率提升超过 2 个百分点。二是人均效能指标显著提升。盈利能力的提升和成本费用的控制带来了生产运营效率的切实改善，77.27%的试点实现了人均营业收入增长，平均年均增长达到 49 万元 / 人，53.03%的试点引资后全员劳动生产率上升超过 3 万元 / 人。三是费用指标显著下降。试点企业引资后普遍重视提质增效、严控成本，58.21%的试点管理费用率下降，其中 41.03%的试点年均下降超过 1 个百分点，61.19%的试点人事费用率下降，其中 56.1%的年均下降超过 1 个百分点。

5. 国有资本保值增值，"做强做优做大"提振改革信心

一是混改后企业普遍实现了"做大蛋糕"。在具有最新估值水平的 58 家试点企业中，估值水平较引资时平均增值了 3.26 倍；试点中有 15 家企业引资后实现了上市，上市后最新估值水平较引资时平均增长了 4.5 倍。二是国有资本权益实现显著增值。试点企业引资时交易价格较资产评估值平均高出 77.42%，实现国有资本保值；在具有最新估值水平的试点企业中，国有资本权益平均增加超过 163.99%，其中 14 家上市公司中国有资本权益合计从 589 亿元增加到 1061 亿元，实现国有资本持续增值。三是国有资本在做大的同时实现了做强做优。以试点中 15 家上市公司为例，融资规模超过 322.4 亿元，国有资本以平均 49.7%的持股比例调动的总市值超过 3197 亿元，显著提高了国有资本的影响力；更为重要的是，其中 8 家上市公司截至最近时点的市盈率和市净率均高于同业可比上市公司平均水平，扭转了国有控股上市公司估值水平普遍低于非国有控股的现状，充分彰显了资本市场对国企混改效果的认可和信心，实现了国有资本做强做优。

6. 创新发展显著提速，有力支撑国家战略

一是试点企业更加重视打造长期核心竞争力，研发投入显著增加。混改试点中，63.64%的试点引资后增加了研发投入，其中 63.64%的试点研发强度平均增加了 13.27 个百分点。二是更加重视技术产业化，技术成果不断涌现。试点引资前后发明专利数量平均增加了 45.33 项，在新增发明专利中，平均有 56.36%的专利形成了主营业务收入，78.48%的企业认为混改对企业核心技术创新能力有实质提升。三是在国家"卡脖子"技术攻关中发挥的重要作用进一步增强。39 家试点所从事的技术研发中具备"卡脖子"意义的关键核心技术，其中 89.74%的企业从在混改引资以来已经取得不同程度的进展。

（二）面上混改效果充分显现

随着国资国企改革的深入推进，混改作为重要突破口和重要抓手，在全国各地、从央企到地方国企，更广泛地开展了实践探索，取得了积极成效。为了对更广范围内非试点企业的混改成效进行摸底，课题组针对 59 家央企共选择近 10 年完成混改引资的 200 家企业样本进行了问卷调查和统计分析，涉及农林牧渔等十六大类行业，其中工业企业约占 39%，样本选择覆盖了员工持股、"双百行动"、科改示范行动等各类国企改革试点企业。调查结果显示，改革成效同样是普遍和显著的，改革释放的红利产生了良好的示范效应。

第一，企业活力普遍提升，生产运营指标实现"三改善"。调查显示，通过实施混合所有制改革，企业建立健全了权责对等、有效制衡、协调运转的公司法人治理结构，落实了市场化的激励约束机制，实现了提质增效，活力得以显著增强，生产运营效率普遍提升。一是盈利能力普遍改善。样本企业引资前后营业收入年平均增长率达到 22.95%，净利率平均提高了 7.02 个百分点，净资产收益率平均提高了 3.58 个百分点，其中工业企业所属样本三项指标分别达到 26.91%、14.76 个百分点和 7.10 个百分点，均高于全国规模以上工业企业同期水平。二是风险水平普遍改善。样本企业 2021 年平均资产负债率下降到 44.54%，其中工业企业所属样本平均资产负债率为 48.18%，低于全国规模以上工业企业同期资产负债率 56.5% 的水平。三是效能指标普遍改善。样本劳动生产率平均提高了 24.42%，2021 年营业收入达到 711.00 万元 / 人，其中工业企业所属样本的为 705.36 万元 / 人，高于全国规模以上工业企业同期的 134.6 万元 / 人的水平。

第二，企业核心竞争力普遍提升，深耕主业助力产业"三变革"。调查显示，混改后在更强的实力和竞争力驱动下，很多企业沿着产业链、供应链、创新链寻找增长点，推动了行业的深刻变革，促进了产业的转型升级。一是加速行业整合与产业协同，推动了产业链升级变革。47 家样本在混改中引入同行业的战略投资者，通过同业资源和市场整合，增强了企业整体实力，并积极布局高附加值环节，弥补了产业链的空白；58 家样本注重引入产业链上下游的战略投资者，通过协同效应，实现稳链强链，并开拓出新产业甚至新产业"支链"。二是催生新模式新业态，推动了供应链现代化变革。58 家样本混改后着力打造供应链新模式，促进大中小企业更好地构建紧密协作、融合发展的产业生态，其中多家样本将供应链两端企业联合起来，将新兴技术应用于传统企业，提高了效率，形成了传统产业与新兴产业齐头并进、相互赋能的发展格局。三是促进跨界合作，推动了创新链整合变革。36 家样本借助混改实现跨行业企业之间的"混搭"，激发创新活力，创造出新的机会，达到"1+1>2"的效果，其中多家样本混改后注重在 5G、人工智能、工业互联网等战略新兴领域提高供应链自主可控能力，通过创新实现自立自强。

第三，国有资本布局持续优化，实现资本功能"三促进"。调查显示，混改后企业效率的提升和产业的高质量发展，为更好地发挥国有资本的功能提供了强有力的支撑。一是促进了国有资本的功能放大。通过实施混合所有制改革，样本企业共吸引了近 2500 亿元的社会资本进入，实现了国有资本功能放大，并带动非公有资本协同发展。二是促进了国有资本的增值。41.06% 的样本中，较企业引资时的估值水平，截至最近的估值水平增值超过 1 倍，43.17% 的案例中，引资前后国有资本权益增加超过 50%，实现了国有资本的保值增值，其中工业企业所属样本中国有资本权益增长了 39.93%，高于全国规模以上工业企业同期净资产规模增长 9.5% 的水平。三是促进了国有资本发挥影响力、控制力。超过 73 家样本企业混改后盘活了体制机制，显著提高了对新经济领域的适应能力并拥有越来越多的话语权，强化了国有资本在新经济领域的影响力；与此同时，超过 36 家样本企业通过合资新设的方式携手各类资本进入战略新兴领域，强化了国有资本在战略新兴产业中的控制力。

二、多层次多维度：混改带来实质性变化

10 年来，混合所有制改革的稳步推进带来了多层次的变化。在企业层面，混改推动各类企业构建起具有中国特色的现代企业制度，以此为基础加快发展，实现企业在实力、活力、效率和竞争力等多维度的全方位提升。在产业层面，混改产生了显著的溢出效应，伴随着混改中的同业整合、上下游协同、跨行业跨领域合作、技术模式业态创新，涌现出一批优势企业，在产业链重塑、供应链现代化、创新链整合打通等多维度发挥着愈发重要的作用，推动了产业转型升级。在资本层面，混改放大了国有资本的功能，更在企业的效率提升和产业的重塑升级过程中，实现了资本的保值增值，进一步提升了国有资本的影响力和控制力，充分体现出混合所有制和社会主义市场经济体制的制度优势。

（一）国有企业的活力、效率和竞争力得以有效改善和全面提升

"完善治理、强化激励、突出主业、提高效率"十六字方针既是国企混改的目标，也是衡量改革成效的标尺。以此评价 10 年来的混改实践，改革在企业层面的成效具有显著性和普遍性，体现为企业活力、效率和竞争力的大幅提升，对夯实社会主义基本经济制度的微观基础具有重要意义。

1. 企业治理全面重塑，市场主体地位大幅提高

国企混改后普遍实现了公司治理体制的系统性重塑。一是显著优化了股权结构，初步建立起有效制衡、协调运转的董事会结构。对 207 家央企混改案例统计显示，引资后社会股东平均持股比例达到 35.72%，其中非国有股东持股比例达到 27.14%；同时，有 83.57% 的案例在董事会中有社会股东委派的董事，其中 61.84% 的社会股东委派的董事占比接近 1/3，此外，有 83.57% 的案例在董事会中有非国有股东委派的董事，实质性改变了传统国有企业在股权结构和董事会构成上"一股独大"的局面。二是实现单一投资者持股占有一定分量，有效发挥"积极投资者"作用。调研显示，第二大股东持股比例平均达到 21.35%，引资后控股股东和第二大股东持股比例的差异倍数下降到 3.03 倍，在此基础上，非国有股东发挥"积极投资者"作用，例如，45.41% 的企业中，非国有股东在实践中行使过总经理的提名权。三是董事会组成更趋专业化，董事会决策的科学性显著提升。调研显示，76.33% 的企业在董事会中引入了法律、财务、行业专家，其中，有 104 家企业董事会下设了战略、审计等职能的专门委员会。

国企引资后重视在完善公司治理中加强党的领导，实现了党委领导下各治理主体的协调高

效运转。在调查的 207 家央企混改案例中，41.55% 的企业党委委员在董事会占交叉的比例超过 1/3，82.13% 的企业建立了专门的党建工作制度，其中有 22.94% 的企业在重大经营管理事项及前置研究讨论的具体程序上设置了有别于国有独资、全资企业的制度，混合所有制企业在实践中将混合经济制度优势更好转化为企业治理效能。

治理体制的根本性变革为全面落实董事会职权、保障经营层自主经营权提供了有力支撑，使得企业真正建立起以市场化为导向的体制机制。董事会合理授权与董事专业化有机结合，健全了以董事会为核心的决策机制，使企业决策的科学性和效率显著提升。对 207 家央企混改案例的统计显示，有 47.34% 的企业引资后股东会给董事会的投资决策授权有所增加；17.87% 的在董事会授权范围内，经董事会批准的企业年度投资计划内的主业投资项目不再需要事前报国有控股股东批准；对于仍需报送集团批准的事项，25.12% 的企业引资后集团决策速度较引资前有显著提升。董事行业经验多元化、能力结构互补、内外部相结合，与董事会的专业化相互支撑，形成了以董事会为核心、"放得下，接得住" 的决策机制，大幅提高了混合所有制企业的决策效率，大幅降低了因授权不到位、专业性不足导致的决策失误风险。此外，57.00% 的案例探索国有控股股东委派的股权董事在一定授权内根据个人最佳商业判断投票，71.01% 的案例引资后经理层获得的授权有所增加，在实现权责利相匹配的同时，提升了董事、经理层的积极性和责任感，提高了企业的决策效率和应对市场竞争的反应速度。例如，东方风电在引资后建立了由 9 名董事构成的董事会，其中社会股东推荐风电行业专家担任董事 1 名，此外 3 名独立董事中 1 名为行业协会专家、1 名为高校财务专家、1 名为发电端企业专家，与此同时，东方电气集团重构了东方风电新的 "三重一大" 决策制度，明确边界，将决策清单事项大幅精简为 18 类 86 项，部分事项决策流程大幅压缩。通过分类管理和分权、授权，决策时间从 2019 年的平均 75 天缩短到 2021 年的 35 天。

同时，治理体制改革后，董事会和经理层权责边界进一步明确，完善了以经理层为主导的生产经营机制，确保企业能够直面市场自主决策。董事会聘任制下，经理层以业绩为导向的 "能上能下" 机制更加明确。据统计，207 家央企混改案例中，47.83% 的案例探索了 "董事会授权总经理组阁制"，16.16% 的存在经理层因业绩不达标退出管理序列的情况。例如，宁波中远海运物流混改后，控股股东中远海运集团直接对企业经理层下达了授权清单，在人事管理、投融资、资产处置等方面给予了该公司更大的权限，宁波中远海运物流总经理充分行使对公司副职的提名权和否决权，组建了混改后的公司经营管理班子，企业凝聚力和行动力显著提升。总之，混改通过外部引资本推动内部改机制，从体制机制上破解了国有企业内部管理行政化的问题，从根本上强化了混合所有制企业的市场主体地位和作用。

2. 强化激励点面结合落到实处，企业内在活力有效激发

混改引资后实现转机制，成为国企改革的关键一步，为完善激励约束机制构建起坚实基础。国企在混改后普遍注重三项制度改革，尤其是广泛建立起市场化的选人用人机制。对 207 家央企混改案例的统计显示，76.81% 的企业混改过程中针对中层实施了竞聘上岗，86.47% 的企业混改后对业绩考核不合格或不胜任的中层及员工进行了岗位调整，85.02% 的企业实现了员工的有序退出。实践证明,混改促进了人力资源的有效配置,市场化选人用人机制起到了立竿见影的激励效果。例如,南航物流先后三次实施管理层岗位公开选聘,通过竞争上岗选拔管理层干部53名,并大力推进末等调整和不胜任退出,对领导班子考核结果为"一般"且排名末位的单位实行原有班子"全体起立",有的退出管理岗位,有的降级使用。同时,优化调整机构编制,清理无效岗位、合并同类岗位,推进各分支机构业务流程优化,2019年以来共优化退出1418人,全员劳动生产率3年增长3倍,人工成本利润率增长6倍。在改革人事制度的同时,混改企业还进一步建立了刚性高效的考核评价机制,实现薪酬市场化分配、绩优多得。对207家央企混改案例的统计显示,79.23%的企业开始打破传统的职级薪酬体制,探索按照业绩考核和同业对标水平制定经理层薪酬标准,并与绩效考核直接挂钩,实现收入"能多能少"。87.92%的企业年度绩效薪酬在经理层总薪酬占比超过三成,52.66%的企业经理层最高和最低薪酬的差距倍数超过1倍,33.33%的企业中层同岗位同层级间最高和最低薪酬的差距倍数超过2倍。例如,厦门新能源科技公司混改后设立了业务提成奖,实行攻坚项目抢单制,年度工资人均增长率为14.24%,最高增幅为90.61%,最低为-46.48%,员工工资收入根据业绩合理拉开,一般员工最高收入人员是最低收入人员的4.6倍。

在落实三项制度改革的基础上,混改企业积极运用多种激励工具,建立起管用有效的激励约束机制,重点对关键岗位和核心骨干实施激励,以"关键少数"带动全体员工的工作热情。对207家央企混改案例的统计显示,60.87%的企业在引资后实施了激励计划,其中,57.94%的采用了员工持股的方式对管理、科研、销售等骨干员工实施绑定,13.49%的采用了科技型企业分红和股权激励实施股权激励的企业中,核心技术人员持股占所有员工持股的比重平均达到了38.29%,成为激励的主体。例如,有研科技集团推动所属混合所有制企业探索多种激励手段,其中,有研新材2017年实施限制性股权激励计划,对127名骨干授予限制性股票830万股,并连续三年达成解锁条件成就,2021年实施超额利润分享计划,涉及员工总数超过200名;国合通测对155名骨干员工实施员工持股;有研半导体对160名骨干员工实施股权激励;有研粉材对109名骨干实施股权激励;有研工研院持续实施科技成果转化项目分红激励措施,2018—2021年,激励对象累计123人,激励金额超过1300万元。

有效的激励约束机制使混改企业员工精神面貌焕然一新,创新创业热情得以充分激发。一是企业员工主人翁意识显著增强。分配制度改革让员工切实分享了改革红利,提升了主人翁意识,增强了工作热情与主观能动性。例如,东方电气成都公司混改后,全体员工秉持着"公司损失就是个人损失,公司利益就是个人利益"的精神,从各个环节提效率、防风险,2020年完成应收账款回收7378万元,应收账款降低33%,企业资产负债率降低至26.25%,较2019年下降32.58个百分点;通过拓展供应商以及价格谈判,年直接采购成本下降超过1000万元,同时对供应商质量协议管理及索赔进行强化,目前已与38家供应商开展质保延长协商,71%的供应商质保期达8年。二是核心员工流失率降低,科研人员创新活力提升。选取的207家央企混改案例中,核心员工流失率平均下降了1.01个百分点,此前国有企业特别是国有科技型企业长期存在的人才流失情况得到大幅改观。例如,北京神舟航天软件技术混改完成后,形成了员工与企业"同命运、共荣辱"的氛围，实施员工持股后，干部员工的精神面貌有了很大改观，对公司改革发展的支持度和参与度明显提升，人员队伍更加稳定，骨干员工的流失率不足1%。有效的激励机制调动了科研人员的积极性和创造性，技术研发与管理得到大幅提升，有效激发创新活力。三是企业研发投入显著提升。61.35%的企业引资后研发强度增加，平均增加了14.98%。92家企业所从事的技术研发中具备"卡脖子"意义的关键核心技术，其中90.22%的企业在混改引资以来已经取得不同程度的进展。

3. 突出主业实现战略聚焦，走专业化道路提升核心竞争力

国企在混改后战略目标更加聚焦，集中精力围绕核心主业打造市场竞争优势。许多国企由于历史原因形成了多主业扩张的局面，在规模快速增长的同时，不仅分散了精力和资源，更积累了巨大风险。新时代混改在引资过程中，企业股东更加注重对企业战略的再定位、再聚焦，使企业进一步明确定位与发展方向，促使其基于自身优势重新定位核心主业，并围绕着核心主业做精做专。例如，中国铁物曾经大力发展钢贸业务，累计固化和沉淀资金高达200亿元，造成企业2013—2015年连续三年大幅亏损，生产经营面临严重困难。混改后，中国铁物调整发展战略，围绕铁路重点推进产业链、供应链关键业务协同整合，在巩固发展铁路用油、钢轨、铁路建设工程服务等领域市场领军地位的同时，在轮轨保护技术、高速打磨技术、重载轨枕生产等领域积极填补国内空白，形成了涵盖油品、轨道、装备、铁建工程服务、工业、物流、国际和相关多元等方面的业务体系。2016年11月，中国铁物结束连续47个月的亏损，至今连续五年保持盈利，彻底实现扭亏为盈。

在聚焦主营业务的同时，很多企业借混改之机，积极运用配套政策，彻底解决历史遗留问题，甩掉包袱轻装前进。例如，华强科技在实施混改的同时，积极全面清理低效无效资产和非主业包袱，开展"三供一业"分离移交工作，共计投入1237万元，完成823户供水供电、923户物业的分离改造及移交，家属区生活环境和物业管理质量有了大幅提升，彻底剥离办社会职能；同时盘活闲置资产，优化资源配置，协调政府收储老厂区的多处闲置土地房屋，盘活资产2220万元，彻底解决了闲置资产问题。

战略目标的进一步明确和进一步聚焦，让企业真正走上专业化发展道路，使风险水平显著降低，竞争力进一步提升。一方面，企业在混改中通过"瘦身健体"积极处置低效无效资产，提高了资产负债表的质量，大幅降低了风险水平。对207家央企混改案例的统计显示，47.34%的案例引资后资产负债率下降，平均下降了16.86个百分点。例如，中国航发湖南南方宇航混改初期资产负债率达到83.70%，严重制约企业发展壮大，连续两年亏损。引资后，新老股东的合作与南方宇航的特点形成了共赢合力，通过控股权转移、发展环境转换，将南方宇航军品业务不突出的生存劣势转变为民品业务军民融合的发展优势，转型成为以军为本、以民为主的军民融合企业。混改完成当年，南方宇航资产负债率下降至65%左右，恢复了融资能力，有效解决了南方宇航负债偏高、盈利能力较弱的难题。另一方面，企业在围绕主营业务"聚焦＋减负"过程中，实现了优势资源和资产在核心主业的集中，有助于精力集中、重点突破。例如，巴山滤材在混改过程中，通过"瘦身健体"、精准帮扶、战略聚焦等一系列改革，先后清理亏损投资企业 6 家，组织机构从 16 个压减至 6 个，人员由 813 人减少至 432 人，处理低效无效资产约 4000 万元。引入战略投资者后，企业充分发挥协同优势，双方成立事业部，引入电源产品，为公司拓宽产业升级新领域。通过资源整合，军品销售收入实现了年均 20%以上增长，民品聚焦重点行业，市场份额占到 60% 以上，持续优化产品结构，保证了利润的持续增长。

4. 提高效率推动跨越发展，为培育一流企业打下坚实基础

混改成效持续释放，企业生产运营指标普遍向好。一是盈利指标显著改善。对 207 家央企混改案例的统计显示，59.42% 的企业混改后利润总额平均年增长率超过 8%，31.88% 的净利率提升超过了 3 个百分点。例如，招商资本混改后，主要经营指标增长显著：2021 年实现营业收入 25.2 亿元，较混改前的 2019 年增长 243%；实现归母净利润 13.5 亿元，较 2019 年增长 350%；净资产回报率为 15.5%，较 2019 年提升 10.9 个百分点；2021 年全年设立基金 19 只，实现募资 260 亿元，数量创历年之最，2021 年末签约资产管理规模首次突破 3000 亿元，较 2019 年底复合增速达 10.5%。二是费用指标显著下降。9.66% 的企业在混改后财务费用率下降超过 1 个百分点，17.39% 的管理费用率下降超过 3 个百分点，19.32% 的人事费用率下降超过 3 个百分点。例如，中智关爱通混改后全面落实"能上能下、能进能出"的市场化用工机制，2019—2021 年，累计有 3 名管理人员因考核末等和不胜任退出，累计有 90 名员工解除劳动合同。公司的人事费用率从 2019 年的 50.69% 降低到 2021 年的 22.37%。三是人均效能指标显著提升。60.39% 的企业混改后全员劳动生产率上升超过 5 个百分点。例如，东方风电混改后决策效率和质量的提升，推动企业整体系统运行效率大幅提升，2021 年劳动生产率提升 35 个百分点，达到 46.8 万元 / 人。

混改后企业生产运营效率大幅提升，涌现出一批扭亏为盈、赶超行业一流的标杆企业。国企混改的成效不仅体现在财务指标的普遍提升，更体现在生产运营效率的显著提升，需要通过对标行业水平，从而彰显企业市场竞争力的改善。对 207 家央企混改案例的统计显示，85.02% 的企业混改后在所在行业的关键运营指标达到行业平均水平，其中 42.05% 的达到了行业领先水平。例如，中粮家佳康在混改前受制于初创阶段自身能力不足、体制机制不灵活等原因，主要运营指标与行业先进水平有较大差距，处于持续亏损状态。混改后，在管理层和战略投资者的共同努力下，不断提升养殖效率，降低养殖成本，优化运营效率，生猪产业链运营质量显著提升：以生猪养殖头均完全成本指标为例，混改前较行业龙头差距超过 2 元 / 公斤，混改后差距持续缩小，近两年已跃升至行业领先水平。

（二）产业链、供应链实现有效整合，产业转型升级获得强劲助力

国有企业一直在产业链、供应链体系中发挥着保链稳链的责任担当，对于维护产业链、供应链安全，强化产业链、供应链建设，进而实现产业稳定运行，起到独特且难以替代的重要作用。国有企业混合所有制改革已成为提升产业链、供应链现代化水平，推动产业转型升级不可或缺的力量。

1.推动行业整合与产业协同，实现产业链升级再造

混改加速了同业整合，促使企业补齐产业链短板，向更高附加值环节延伸。一些企业在混改中引入同行业的战略投资者，通过同业资源和市场整合，增强了企业整体实力，以更大的市场规模为支撑，以更强的创新力为保障，积极布局高附加值环节，弥补了产业链的空白。例如，核技术是我国核产业链的短板，也是国家需攻关的重点领域关键技术。中广核技以混改为契机，围绕"A+"战略，一方面以加速器研发与制造为核心推动行业整合，中、低能（0.5—15MeV）工业电子加速器在国内市场占有率超过了 70%；另一方面拓展医疗健康业务，引进 IBA 多室质子治疗系统，布局中能回旋加速器生产医用同位素，正式进入核医疗及同位素领域，推动核技术应用向高端布局，形成了进口替代。

混改促进上下游产业协同，推动产业链融合创新，培育打造新兴产业。许多企业注重引入产业链上下游的战略投资者，通过协同效应，实现稳链强链，并开拓出新产业甚至新产业"支链"。例如，中国通号所属研究设计院参股成立混合所有制企业中关村芯海择优科技公司，搭建线上工业芯片公共服务平台，建设线下产业服务平台，提供一站式全生命周期产业服务，进一步满足日益增长的电力应用、轨道交通、市政应用的芯片需求，加速提供全方位的芯片解决方案，实现大数据、国产芯片等领域与轨道交通产业链的深度融合。思极位置公司引入与业务匹配度高、紧密协同的战略投资者，在卫星通信、导航地图、车联网、工业互联网等领域形成了横向和纵向的产业协同，规划设计了"3281"高精度时空智能服务产业体系架构，拓展出高精度时空位置服务的细分产业链。

混改提升了企业影响力控制力，牵引带动全产业提质升级。一些具有行业优势地位的国企，通过混改实现战略和资源赋能，迅速跃居行业领先地位，通过积极争当产业链"链长"，主动推动产业链变革。例如，东方氢能混改后围绕"1+3+N"区域布局战略，加速产业链整合步伐，并引领产业链上下游转型升级。一方面，立足成渝市场，参股设立东方电气氢能(成都)有限公司，打造绿色氢都；另一方面，通过在北上广三个燃料电池汽车示范城市群投资布局，推动公司冷链物流、重卡、环卫、渣土车的推广应用，进一步拓宽应用场景，同时在多区域结合市场需求、因地制宜深入推进新能源产业发展。

2.催生新模式新业态，助力打造现代产业体系

混改助力打造供应链新模式，促进大中小企业更好地构建紧密协作、融合发展的产业生态。供应链是现代产业体系的基本框架，是推动制造业高质量发展的主战场，建立和完善优质企业培育体系，不断孵化出优质的市场主体，从而形成大中小企业紧密协作的局面，对于打造现代产业体系，保障产业链、供应链安全格外重要。国有企业普遍具有较强实力，但在传统体制机制束缚下，"引领和带动"中小企业的动力不足。国企混改后正是将各类资本、各类企业有机融合，通过发挥各类所有制优势，能够更好地满足大中小企业的市场需求，促进上下游企业协同发展。例如，长期以来，由于存在产业端和资金端的信息壁垒，中小企业始终面临融资贵、融资难的问题，尤其是应收账款占比高，在当下严重影响了中小企业的发展。中企云链是由中国中车牵头，联合多家央企、金融机构、国资以及民营企业，以混合所有制形式设立的产业互联网企业，通过构建平台业务模式，基于科技赋能打破产业端和资金端的信息壁垒，打造了"N+N+N"的供应链金融平台模式，有效盘活大企业优质信用，解决中小企业融资难题，促进了供应链上大中小企业协同发展、降本增效，2021年成为业内首家交易额突破万亿元的独立第三方供应链金融科技平台。

混改推动供应链转型，催生新业态，形成了传统产业与新兴产业齐头并进、相互赋能的发展格局。提升供应链自主可控能力，是我国建设制造强国的必然选择。通过混改，有助于推动处于供应链上游的具有较强资源掌控力的传统企业与处于下游、具有较强科技水平和先进制造能力的新产业企业融合发展，能够有效巩固和提升产业链、供应链水平。国有大型制造业企业通常处于供应链上游，近年来面临转型升级的压力，但转型动力不足；同时，一些新兴企业掌握新技术，但缺少应用场景。通过混改将供应链两端企业联合起来，形成的混合所有制企业可以将新兴技术应用于传统企业，提高了效率，降低了成本，并通过不断迭代，加快发展，实现了相互赋能。例如，面对国有传统工矿企业数字化转型的强烈需求，顶尖设计院中冶赛迪联合人工智能领先企业创新工场组建混合所有制企业创新奇智，结合人工智能和业务流程再造，打造"技术产品"+"行业场景"双轮驱动模式，利用最前沿的人工智能技术为企业提供 AI 相关产品及商业解决方案，通过 AI 赋能助力企业提升商业效率和价值，推动传统工矿企业的数字化转型。

3. 混改促进跨界合作，整合打通创新链

混改为跨行业合作提供了绝佳契机，跨界组合迸发出无穷创新活力，有助于打造形成高附加值产品市场。混改实现了跨行业企业之间的"混搭"，不同行业、不同类型的企业间往往能够"碰撞"涌现出新的创意，创造出新的机会，达到"1+1>2"的效果。例如，东航物流混改后促进了高端农业和航空物流两个行业的协同联动，企业在跨境电商、生鲜贸易等领域全方位对接联想，投资生态布局中航空物流高相关板块资源，以业务先行、资本跟进的方式实现板块互动及战略协同，包括与佳沃鑫荣懋、佳沃股份、燕文物流等开展深度业务合作，促进了生鲜消费升级。以西部地区为例，生鲜消费升级表现为居民在追求生活品质的同时，人们对海鲜、鲜花等跨区域品类产生了更多消费需求，生鲜品购买多样性陡增。

提升供应链自主可控的能力，就需要补短锻长，通过创新实现自立自强。混改促进了这种跨领域的融合创新，尤其在5G、人工智能、工业互联网等战略新兴领域，提升了企业的创新实力。例如，中国联通以混改为契机，与腾讯等战略投资者在云计算、ICT、网络安全领域开展合作，进入了高质量发展的新阶段。2021年，中国联通主营业务收入同比增长7.4%，ICT新兴业务收入占主营收入比例达到18.5%，较2016年提升近13个百分点。联通全面推进5G应用"扬帆"行动计划，获得工信部"绽放杯"奖项94项；全面推进"双千兆"网络部署，建成全球网速最快的5G SA 网络。

（三）各类资本优势互补，实现国有资本做强做优做大

党的十九大报告明确提出"推动国有资本做强做优做大"。《中共中央关于制定国民经济和

社会发展第十四个五年规划和二〇三五年远景目标的建议》则进一步提出"深化国资国企改革，做强做优做大国有资本和国有企业"，更加明确了党中央、国务院对于国资国企改革的目标与方向，"做强做优做大"的主体不仅是作为公有制实现形式的国有企业，还包括作为公有制实体的国有资本，两者缺一不可、不可偏废。混合所有制改革，资本是纽带，资本的混合是改革的前提，混改的成效真实反映出资本混合、优势互补的效果。可以说，混改企业效率的提升和产业的高质量发展，实现了国有资本的功能放大，促进国有资本和非国有资本共同增值，提升了国有资本的影响力、控制力，真正实现了国有资本做强做优做大。

1. 放大了国有资本的功能作用，强化了其地位影响

通过实施混合所有制改革，国企吸引大量社会资本进入，实现了国有资本功能放大，并带动非公有资本协同发展。一是国有企业以国有资本带动民营资本协同发展，通过杠杆效应放大了国有资本的功能作用，强化了其地位影响。例如，中国建材集团以 409 亿元国有资本，吸引了 1692 亿元的社会资本，撬动了 6482 亿元的总资产，连续 11 年入围世界 500 强，2021 年排名第 177 位。2021 年集团实现净利润 287 亿元、同比增长 43%，利润总额 398 亿元、同比增长 30%，营业收入 4153 亿元、同比增长 5%。中粮集团所属 17 家专业化公司中，有 14 家通过不同形式引入社会资本完成混合所有制改革，引入约 330 亿元外部资本及 9 亿元员工出资。2021 年集团实现营业收入 6649 亿元，利润总额 238 亿元，均较 2012 年增长超过 230%，连续 28 年入围世界 500 强，2022 年跃升至第 91 位，在入选榜单的全球粮食企业中位居首位，显著放大了国有资本功能，保障国家粮食安全能力进一步提升。二是混改引资建立起对企业的长期增长预期，通过彰显潜在价值实现了国有资本增值。混改过程中通过战略重塑、体制机制改革的推进，帮助战略投资者建立起对企业的长期、稳定的增长预期，通过挖掘企业潜在价值，在引资时点已经实现了国有资本增值。例如，中广核风电公司混改引资过程中，把握国家"碳达峰、碳中和"战略目标下新能源行业估值抬升的有利时机，深挖中广核集团境内新能源资产投资亮点，实现投前估值 619.8 亿元，引入外部权益资金约 305.3 亿元，引战估值市净率达到 1.7 倍，市盈率超过 17 倍，显著优于同行业发电央企引战估值。三是国有资本和社会资本强强联合、优势互补，进一步释放改革红利，实现国有资本显著增值。混改后，企业实力普遍得到进一步提升，实现各类资本的多赢和国有资本的保值增值。例如，华润啤酒混改引入高端品牌喜力啤酒，为华润啤酒营业额和利润增长打开了巨大提升空间，整体利润显著增长推动华润啤酒市值屡创新高，2019 年底，混改完成第一年，华润啤酒市值达 1398 亿港元，较年初增长 500 亿港元；截至 2020 年底，混改完成不足 2 年，华润啤酒市值突破 2000 亿港元，较年初又增长 600 亿港元，华润集团持股大幅增值，国有资本实现大幅保值增值。

2. 国有经济布局进一步优化，结构调整更加合理

习近平总书记指出："加快国有经济布局优化、结构调整、战略性重组。"党的十八大以来，国有经济布局结构进一步优化，不断向关系国民经济命脉和国家安全、国计民生、科技创新、战略性新兴产业等领域集中，但仍存在不少问题。例如，国有企业行业分布依然较宽，业务重叠和重复投资问题仍旧存在，在半导体、信息科技等战略新兴领域布局严重不足等，制约了国有企业创新能力的提升。新时期，要更好地发挥国有企业主力军作用，鼓励行业龙头向上游延伸，调整发展战略重心，不断优化产业结构，重点向战略性、前沿性、创新性产业方向布局发展。混改通过引入更具有市场活力的战略投资者，在国有经济布局优化和结构调整方面具有天然优势。

混改推动国有企业迅速进入新产业领域，大大降低了开拓新市场新业务的成本与风险。受历史因素影响，国有企业在新经济领域的布局有限、竞争力普遍不强。混合所有制改革在实现国有资本和社会资本之间的优势互补和战略协同的同时，显著提高了企业对新经济领域的适应能力，得以在新经济领域立足并享有越来越多的话语权，从而强化了国有资本在新经济领域的影响力。例如，面临信息不对称性、市场不确定性导致传统钢铁产业链效率低、成本高的问题，中国宝武于 2015 年整合原有电子商务优质资源成立了欧冶云商。面临所有制成分和股权结构单一、治理结构不完善、员工激励机制不到位等竞争劣势，欧冶云商混改引进业内大型品牌钢厂、战略投资者以及财务投资者，整合业内力量定位成为第三方产业互联网平台，并通过数字化赋能传统产业，促进智慧营销和数字消费发展，构建线上和线下协同、业务和数据协同的新业态，不断增强与各股东方的战略协同来拓展公司业务规模，实现企业经营绩效的迅速增长。2019 年，欧冶云商实现 GMV 交易量 2.3 亿吨，同比增长 92%；2020 年实现 GMV 交易量 3.6 亿吨，同比增长 56%，其市场份额和行业渗透率在稳步提升。目前，欧冶云商投后估值超过 100 亿元，与首轮融资相比增长 2.35 倍，不仅实现了国有资产保值增值，更伴随着欧冶云商跃居行业龙头地位，显著扩大了国有资本在互联网行业的话语权和影响力。

发展混合所有制经济助力国有资本与非公有资本携手进入战略新兴领域，更好地发挥协同效应。随着新一轮的科技革命和产业变革，新业态、新模式、新市场不断涌现，国家因势利导地推出产业政策，在战略新兴领域加快布局、政策落地过程中，仅依靠国有资本或社会资本都是不够的，而以混合所有制的形式，实现国有资本和社会资本之间的优势互补和战略协同，吸引各方积极参与，提供技术、资金、人才等多方面资源，能够强化国有资本在战略新兴产业中的引领作用，推动产业结构升级、培育新兴产业优势，构建我国在国际新兴产业市场中的竞争优势。例如，国投集团以引导基金放大社会资本，打造出若干条连接政府战略意图和市场资源配置的资本纽带，在引导重大科技成果转化、实现关键核心技术突破等方面展现出国资应有的引领带动作用。以 200 亿元规模的先进制造产业投资基金一期为例，国家财政出资 60 亿元，带动社会资本跟投金额突破 1200 亿元，国家出资的放大效用超过 20 倍。

（四）混改从实践上印证了社会主义市场经济体制的活力

实践充分证明，混合所有制改革，无论是实现企业自身发展，还是推动产业转型升级，或是促进资本放大增值，乃至落实国家发展战略，都取得了实实在在的成绩。可以说，混改取得的成效是显著的、发挥的作用是巨大的、产生的影响是深远的。

混合所有制是以产权制度为基础、结合各方优势所形成的企业制度，是大型国有企业股权结构改革的现实选择，是培育具有全球竞争力世界一流企业的重要途径。国有企业和民营企业是社会主义市场经济中最主要的两种微观企业形态，在经济发展过程中这两种不同所有制的企业必然会发生相互融合，形成新型的所有制企业，因此混合所有制是中国企业发展壮大历史进程中建立现代企业制度的必经之路和现实选择。多年来国企混改的实践充分证明，混合所有制是一种具有"杂交优势"的企业制度。通过将不同所有制形式资本进行联结与融合，实现"混资本"，通过将国有资本的战略定力、平台实力和非国有资本灵活高效的机制活力相结合，并有效将各方在资源、资金、技术、管理、市场、人才等方面的禀赋进行集聚，实现"集优势"；在此基础上，共同搭建科学合理先进的认知体系和管理理念，实现"融认知"；进而将理念的改革转化为公司治理结构的改革、体制机制的改革，又再带来公司生产经营行为的改革创新，实现发展方式转变、经济结构优化、增长动力转换，实现"活机制"，最终实现企业效益和价值的提升，增强企业核心竞争力和可持续发展。混合所有制所体现出的制度优势，正是培育具有全球竞争力世界一流企业的必备特征，因此，可以说，混合所有制改革是培育具有全球竞争力世界一流企业的重要途径。

国企在混改中，通过实施以三项制度改革为代表的一系列改革举措实现企业经营体制与管理机制的转型，是打通国企改革"最后一公里"的关键举措，充分体现出中国特色社会主义市场经济制度优势，是夯实社会主义基本经济制度微观基础的必由之路。改革服务于发展，通过国企混改突破传统体制机制束缚，最终在劳动、人事、分配三项制度上取得突破，在混合所有制企业中全面建立灵活高效的市场化经营机制，增强市场化经营发展活力，才能使国有企业的市场主体地位得到进一步明确，活力和竞争力显著提升，夯实了社会主义基本经济制度的微观基础。

完善治理与加强党建相结合的中国特色现代企业制度，是切实提升企业竞争力、实现可持续发展的根本保障。一方面，混合所有制改革以完善治理为核心目标，混合所有制企业通过规范公司治理结构和完善制度体系，实现自身的高效管理、决策的科学制定、风险的合理控制，进而实现改革发展的总体目标。因此，混合所有制改革是尊重市场经济规律和企业发展规律的充分体现，是发挥市场机制作用的重要保障，是引导企业成为市场主体、提高资金、技术、人才等要素配置效率，更好适应市场竞争的必要手段。另一方面，在混合所有制企业中坚持强化党的建设和引领必不可少。通过加强党组织建设，充分发挥党组织和党员在混合所有制企业的带头模范作用，更好地服务企业发展大局。因此，通过混改，实现了加强党的领导和完善公司治理的统一，是贯彻落实"两个一以贯之"要求、进一步夯实中国特色现代企业制度、持续增强企业核心竞争力的根本手段。

国企混改实践展现了公平与效率有效结合的中国特色社会主义经济体制分配制度的优越性。国有企业通过推进混合所有制改革，充分发挥不同所有制资本的优势，实现经营机制的市场化对接，并通过探索按生产要素贡献分配的制度，在有效激发企业家精神的同时，广泛调动拥有人力资本的广大骨干员工的积极性，缩小国民收入初次分配差距，同时通过混合所有制企业向国有和民营股东分配利润，共享发展成果，有利于促进社会主义共同富裕，体现社会主义制度的优越性。

第四章　混合所有制改革的前景展望

经过 10 年的改革实践，混合所有制改革逐步走向纵深，不仅打开了国企改革的新局面，而且有力促进了民营企业发展，还充分发挥了国企和民企各自优势，形成了一批具有国际竞争力的领军企业，夯实了社会主义市场经济的微观基础，在坚持和完善基本经济制度、探索公有制多种实现形式等方面发挥了重要作用。展望未来，当前和今后一个时期，我国发展仍然处于重要战略机遇期，但机遇和挑战都有新的发展变化，在危机中育先机，于变局中开新局，从优势中积胜势，迫切需要以更大力度、更大范围、更深层次推进混合所有制改革、发展混合所有制经济，推动各类所有制经济取长补短、相互促进、共同发展，为全面建设社会主义现代化国家提供坚强支撑。

一、混合所有制改革面临的新形势新要求

在新冠肺炎疫情冲击下，百年变局加速演进，新一轮科技革命和产业变革带来的机遇和挑战前所未有，我国经济发展环境、条件、任务等都发生深刻变化，混合所有制改革也面临着一系列新形势新要求。

（一）高水平社会主义市场经济体制提出新要求，需要通过混改加快培育高质量市场主体

习近平总书记强调："在社会主义条件下发展市场经济，是我们党的一个伟大创举。我国经济发展获得巨大成功的一个关键因素，就是我们既发挥了市场经济的长处，又发挥了社会主义制度的优越性。"2020 年召开的党的十九届五中全会强调，全面深化改革，构建高水平社会主义市场经济体制，对今后加快完善社会主义市场经济体制提出了明确的目标要求。高水平的社会主义市场经济体制是能够将社会主义制度优越性与市场经济优越性有机结合的经济体制。建设高水平的社会主义市场经济体制必须要有一批与之相适应的高质量市场主体。高质量市场主体是能够充分发挥社会主义制度优越性和市场经济优越性，具有较强核心竞争力的市场主体。前面提到，当前我国国有企业和民营企业已经取得蓬勃发展，且各有优势、各具特色，但

离"高质量"的标准还有一定差距，存在着一些突出的矛盾和问题。推进混合所有制改革、发展混合所有制经济，不仅有利于国有资本放大功能、保值增值、提高竞争力，而且有利于民营企业壮大发展，还有利于发挥国企和民企各自优势，推动各种所有制经济取长补短、相互促进、共同发展，促进社会主义制度的优越性与市场经济的优越性在微观层面更好结合，培育一批具有竞争力的高质量市场主体，为构建高水平社会主义市场经济体制起到支撑作用。

（二）抢抓科技革命和产业变革战略机遇提出新要求，需要通过混改激发企业创新活力和潜力

世界范围内的新科技革命正在蓬勃兴起，以互联网、大数据、人工智能、云计算、区块链等为代表的科技进步和数字生产力，正在与农业、工业、服务业等产业结合，改变生产方式，重塑行业格局。国际科技领域的竞争也更加激烈。美国频频打压我科技龙头企业，对我实施科技遏制甚至推行科技脱钩，欧洲相关国家、日本等国对我国企业海外并购科技企业、获取科技资源也频频设限。我国高技术产业发展已经从学习、模仿的发展模式进入跟跑、并跑、领跑"三跑并存"的新阶段，仍有部分关键核心技术受制于人，存在着"卡脖子"风险。如何抓住机遇、整合资源、理顺体制，打赢这场关乎国运的科技竞赛是新形势下中国必须面对的一个重大问题。抢抓科技革命战略机遇，从宏观层面来讲，要加快健全社会主义市场经济条件下关键核心技术攻关新型举国体制，形成长周期、大资本的持续投入，打通基础研究、应用研究、产业转化的创新链条。从微观层面来讲，需要加快培育一批遵循市场规律、服务国家战略、重视基础研究和应用基础研究的企业组织来具体执行。我国国有企业有着大量的基础技术沉淀，随着近年来国有经济布局优化和结构调整的持续推进，国有资本正在加大相关领域的投入。但也要看到，在应用研究、产业转化阶段，越是创新活动密集的领域，资金的需求和投资的风险也越大，也越需要通过市场化机制发挥人的主观能动性和创造性。在新形势下以更大的力度推进混合所有制改革，一方面，通过混改撬动更多社会资本投资创新领域，打开社会资本投资高新科技成果转化的渠道；另一方面，通过混改推动企业加快完善市场化经营机制，特别是通过实行骨干员工持股、上市公司股权激励、科技型企业股权和分红激励等中长期激励手段来吸引人才、留住人才、用好人才，充分调动广大科研人员的积极性主动性，增强企业创新动能，夯实企业创新主体地位。这是抢抓科技革命战略机遇、破解"卡脖子"难题的重要方式和必然选择。

（三）更高水平的开放型经济新体制提出新要求，需要通过混改有效对接和规避国际经贸规则

中国开放的大门不会关闭，只会越开越大。过去40多年中国经济发展是在开放条件下取得的，未来中国经济实现高质量发展也必须在更加开放条件下进行。近年来，我国积极构建更高水平的开放型经济新体制，坚定维护多边贸易体制，参与世贸组织改革，推动《区域全面经济伙伴关系协定》（RCEP）生效实施，正在积极推动加入《全面与进步跨太平洋伙伴关系协定》（CPTPP）。顺利加入CPTPP，对内可以深化改革、对外可以更好参与国际战略博弈，是构建

更高水平开放型经济新体制的重要举措。2021 年 9 月 16 日，我国正式提出申请加入 CPTPP。CPTPP 对缔约国国有企业提出了一系列规制要求。CPTPP 中的国有企业指的是主要从事商业活动的企业，在该企业中"政府直接拥有超过 50% 的股本，或通过所有权益（间接）控制超过 50% 的投票权的行使，或有权任命董事会或其他类似管理机构的大多数成员"。CPTPP 对缔约国国有企业的经营活动，制定了商业考虑和非歧视义务、非商业援助、透明度等规则。① 这些新的规则与我国深化国有企业改革的大方向是一致的。对于一般竞争领域，可以通过推动混合所有制改革进行有效对接和规避。一方面，要以更大的力度推进一般竞争领域国有企业混合所有制改革，能接受商业考虑和非歧视义务、非商业援助、透明度的要求的可参可控、宜参则参、宜控则控，减少符合 CPTPP "国有企业"定义条款的企业范围；另一方面，推动国有资本加大在一般竞争性领域的投资力度，通过参股的形式赋能民企，发展混合所有制经济，并以混合所有制企业形式积极稳妥开拓全球市场，最大限度规避 CPTPP 以及美国等西方国家在经贸规则方面对我国有企业的歧视性条款。

二、深化混合所有制改革尚需解决的深层次问题

混合所有制所构建的"新机制"与国有企业传统的体制机制存在一定差异，因而"新机制"的落地生根需要一定的适应过程和时间跨度。10 年来，混合所有制改革在理论、政策、实践层面都取得了积极进展，但也存在着一些需要解决的深层次问题。

（一）在认识维度上，深化混改还面临着"三个误区"

10 年来，混合所有制改革始终是按照"完善治理、强化激励、突出主业、提高效率"十六字方针扎实推进，但实践中仍存在一些认识方面的误区。一是对混合所有制改革的本质要求认识有误区。部分人简单把资本层面的混合当成混改，仍然存在"一混了之"、"混"而不"改"的认识，认为面上国企 60%—70% 以上都已经实现资本混合了，混合所有制企业量大面广，混改已经基本完成了。这是对混改认识上的误区。前期调研中，不少省市反映本地区国企混改面已经达到了 60% 以上，但单一非公有资本股权比例达到 5% 以上的极少，甚至达到 3% 以上的也很少，公司治理没有实质性变化，这种不能算作真正的混改。混改的初心是在财产组织形式实现混合基础之上推动企业体制机制层面的变革，要求通过引资本与转机制的结合，推动企业完善现代法人治理、健全市场化机制，真正成为独立市场主体，不断释放活力、增强竞争

---

① "非歧视待遇和商业考虑因素"条款：要求国有企业的经营活动要基于商业考虑因素，给予其他缔约方企业非歧视待遇。"非商业性支持"条款：要求缔约方不得向国有企业提供非商业支持，对另一缔约方的利益造成不利影响或损害；而且，缔约方的政府企业或国有企业也不能对其他任何国有企业提供非商业支持，对其他缔约方的利益产生"不利影响"，或对其他缔约方的国内产业造成"损害"。"透明度"条款：要求缔约方在协定生效后 6 个月内，向其他缔约方或在官网上公布所有企业名单，并每年更新这一名单。经另一缔约方书面请求，应全面提供国有企业的详细信息，如股权结构、任职官员、审计报告、贷款或支持、收费情形等。

力。二是对混合所有制改革的内涵认识有误区。部分人对混合所有制改革的理解较为狭隘，认为混合所有制改革仅是针对国有企业而言，指的是国有企业通过引入非国有资本，推进企业内部市场化改革。这只是混改的一个方面。党的十八届三中全会以来，中央提出的国有企业混合所有制改革，主要是国企引入非国有资本进行混改，提升国企效率和竞争力。当时有少数国企参股、控股民企这种情况被称为"反向混改"。近几年，国企通过混改投资入股民企的实践逐渐增加，混合所有制改革已经成为国有经济布局优化和结构调整的重要手段，民企要求参加混改的呼声很高，希望通过混改引入国有资本，在享受政策、融资项目以及规范管理方面获取支持，混合所有制改革的内涵得到了丰富和发展。三是对混合所有制经济作为主要经济形态的方向认识有误区。党的十八届三中全会强调，发展混合所有制经济，是基本经济制度的重要实现形式，是新形势下坚持公有制主体地位、增强国有经济活力、控制力、影响力的一个有效途径和必然选择。国有经济在资本规模、资源优势、技术和管理规范方面具备较强实力，民营经济则在产权明晰、市场机制灵活、高效率、高效益等方面具有优势。当前，已经到了充分发挥两种所有制经济优势，从而进一步解放和发展生产力的阶段。作为坚持公有制主体地位、做强做优做大国有资本和国有企业的必然选择，推进混合所有制改革、发展混合所有制经济既是坚持"两个毫不动摇"的必然结果，也是增强微观主体活力、加快构建新发展格局的有力支撑，遵循生产关系适应生产力发展规律的客观要求，是长远大计而非权宜之计，具有历史的必然性。

（二）在实践维度上，党的领导实质性融入公司治理的路径仍有待深入探索

习近平总书记在 2016 年国有企业党建工作会议上强调，坚持党对国有企业的领导是重大政治原则，必须一以贯之；建立现代企业制度是国有企业改革的方向，也必须一以贯之。坚持"两个一以贯之"，将党的领导融入公司治理，是混合所有制企业建设中国特色现代企业制度的重要内容。2021 年 5 月，中共中央办公厅印发了《关于中央企业在完善公司治理中加强党的领导的意见》，对中央企业进一步把加强党的领导和完善公司治理统一起来、加快完善中国特色现代企业制度作出部署。《关于深化国有企业混合所有制改革的实施意见》进一步对混合所有制企业将党的领导融入公司治理各方面提出具体要求，明确国有资本控股的混合所有制企业党委（党组）前置研究讨论重大经营事项要把关到位，重点看决策事项是否符合党的理论和路线方针，是否贯彻党中央决策部署和落实国家发展战略，是否有利于促进企业高质量发展、增强企业竞争力、实现国有资产保值增值，是否有利于维护社会公众利益和职工群众合法权益。改革实践中，虽然已经探索形成了党委前置研究事项清单动态调整、党建与经营深度融合、党建工作要求标准执行等经验做法，但受制于行业、企业特殊性，广泛复制推广仍有一定障碍，仍然需要在具体实践层面进行有效探索，对国有控股的混合所有制企业，真正做到将党的领导融入公司治理，厘清党组织与其他治理主体权责边界，避免出现党组织直接成为生产经营决策指挥中心，或者党的领导弱化、党务业务"两张皮"现象；对国有参股的混合所有制企业，探索党组织融入公司治理的新路径新模式，发挥党组织政治引领作用和战斗堡垒作用。

（三）在政策维度上，混合所有制企业必须实施差异化监管

混合所有制企业引入非公有制股东参与公司治理，财产组织形式发生了重大变化，已经是新的企业。实践中，虽然近年来各级国资监管机构以管资本为主推进职能转变，改革国有资本授权经营体制，但国资监管机构和国资股东仍然习惯按照传统国有企业的管理方式对混改企业进行管理，一些举措仍没有跳出"管企业"的路径依赖，一些领域仍然管得过多过细，一些属于企业董事会的职权没有真正落实，国资监管机构对企业干部人事、投资决策、薪酬管理等经营事项的行政性管控和干预过多，监管要求向下属企业延伸问题较为突出，管理手段主要倚重传统文件、会议、检查等方式，企业普遍缺乏经营自主权，内生动力活力不足。目前差异化监管已经成为混合所有制企业的普遍呼声，认为国资监管机构和国资股东应适应企业组织形式的变化，在政策上更符合混改的实际需求。混改企业提出应制定差异化监管清单，在规划投资、资产处置、人事管理、薪酬分配、业绩考核、外事管理等方面根据混改企业实际情况实施差异化管理，不再实施超出股东权限范围的行政性审批和管控，通过给予混改企业更多授权和自主空间，持续巩固改革成果。虽然《关于深化国有企业混合所有制改革的实施意见》对混改企业差异化管理作出了一些部署安排，强调对混合所有制企业实施基于出资比例、有别于一般国有企业的更加灵活高效的管理；地方层面、混改企业也探索出台了有关政策和办法，例如，山东省国资委颁布《关于省属国有相对控股混合所有制企业差异化管控的指导意见（试行）》，对差异化监管明确政策规定；央企层面，国家开发投资集团对持股比例低于50%的相对控股混合所有制企业，在人事、投资、运营、财务等方面落实差异化监管，工资总额试行集团内单列，集团不再审定，符合条件的非金融类投资、年度担保预算总额内的担保事项等，由企业自行决定；但是在国家层面没有出台混合所有制企业差异化管理的专项政策的情况下，深化混合所有制改革、发展混合所有制经济仍面临着国资管理政策的不适应的问题。为此，需要出台专项政策，对混合所有制企业差异化监管的目标和原则、差异化管理重点内容和保障措施提出明确政策要求，更为有效指导混改企业深化改革，规范混改企业发展。

三、混合所有制改革展望

企业兴则国家兴，企业强则国家强。展望未来，深化混合所有制改革、发展混合所有制经济，推动各类所有制经济取长补短、相互促进、共同发展，是生产关系适应生产力发展的必然要求，是在危机中育先机，于变局中开新局的关键举措，必将在全面建设社会主义现代化国家、实现第二个百年奋斗目标进程中实现更大发展、发挥更大作用。

一是混合所有制改革是坚持和完善社会主义基本经济制度的内在要求。党的十八届三中全会强调，公有制经济和非公有制经济都是社会主义市场经济的重要组成部分，都是我国经济社会发展的重要基础；国有资本、集体资本、非公有制资本等交叉持股、相互融合的混合所有制经济，是基本经济制度的重要实现形式。长期以来，我们坚持"两个毫不动摇"，注重充分调

动公有制经济和非公有制经济两个方面的积极性，发挥两个方面的优势。在高水平社会主义市场经济中，公有制经济与非公有制经济不是泾渭分明的二元体制，而是相互融合、交叉持股、优势互补、共同发展的混合所有制经济。这种体制不是"国进民退"或"民进国退"的简单零和博弈，而是"国民共进"、相得益彰、共同做大蛋糕的多赢均衡。推进混合所有制改革，发展混合所有制经济，一方面推动国有企业通过控股、参股民营企业或引入非国有资本等方式，强化国有经济在战略安全、产业引领、国计民生、公共服务等领域的控制力，提升在充分竞争领域的竞争力，放大国有资本功能，有利于巩固和发展公有制经济；另一方面推动民营企业参与混合所有制改革，破除了民营经济在一些行业的准入壁垒，畅通生产要素在不同所有制企业间的流通渠道，有利于鼓励、支持、引导非公有制经济发展。同时，还有利于发挥国有企业规模、资金、信用、规范，以及民营企业灵活高效市场化管理经营等优势，能够形成优势互补、相互促进、共同发展。这是新时代坚持和完善社会主义基本经济制度，探索公有制实现形式，充分调动公有制经济和非公有制经济积极性、发挥两方面优势的内在要求。

二是混合所有制改革为构建新发展格局提供重要的微观支撑。构建国内大循环为主体、国内国际双循环相互促进的新发展格局，是以习近平同志为核心的党中央根据我国发展阶段、环境、条件变化，审时度势作出的重大决策，是事关全局的系统性、深层次变革，是立足当前、着眼长远的战略谋划。构建新发展格局的重要力量是企业。作为企业改革领域的重要改革，混合所有制改革为构建新发展格局提供重要的微观支撑。从国内大循环看，推进混合所有制改革、发展混合所有制经济将有效激活中国经济这个复杂体系的基本运行单元——市场主体的活力，使其能在推动资源要素优化配置、促进市场发育和竞争、提高全要素生产率方面发挥更大的能动作用，使其成为推动中国经济深层次改革、高水平创新、内循环畅通的重要力量。从国际双循环来看，深入推进混合所有制改革、发展混合所有制经济是推动中国经济对接高标准经贸规则、更好参与国际经济竞争与合作的关键举措，也是应对美国等西方国家对我"科技脱钩""规则之围"的重要突破口。

三是混合所有制改革是加快建设世界一流企业的关键举措。世界一流企业是国家经济实力、科技实力、国际竞争力的重要体现，是引领全球产业发展和技术创新的关键力量。我国国有企业和民营企业不断发展壮大，已经形成了一批具有国际竞争力的行业领军企业，具备建设世界一流企业的基础。混合所有制改革集成了国有企业、民营企业等不同所有制的比较优势，极大调动不同产权主体投身于企业创新发展的积极性，有助于企业发展壮大，有助于抢抓新一轮科技革命和产业变革重大机遇，有助于加快建设世界一流企业。从更深层次看，混合所有制将国有资本的长期主义与社会资本的利益导向有机结合起来，是中国企业赶超世界先进企业的制度密码。一方面，国家资本的存在可以赋予企业更加明晰的战略目标、更加崇高的发展愿景、更加健康的企业文化，使企业更具社会性，更好履行社会责任，越来越成为企业竞争力的重要来源；另一方面，社会资本的参与，则让企业有了更加自觉的竞争意识、更加务实的发展动力、更加活跃的创新动能，驱动企业更好参与国际竞争。二者的有机结合有助于企业实现基业长青，真正打造一批"产品卓越、品牌卓著、创新领先、治理现代"世界一流企业。

四是混合所有制改革是扎实推进共同富裕的有效途径。共同富裕是社会主义的本质要求，是中国式现代化的重要特征。党中央明确分阶段促进实现共同富裕的目标，到"十四五"末，全体人民共同富裕迈出坚实步伐；到2035年，全体人民共同富裕取得更为明显的实质性进展。着眼于共同富裕的目标要求，必须要在社会主义市场经济体制上进行一些重要的制度安排，推进混合所有制改革、发展混合所有制经济应是其重要手段之一。人是生产力中最为能动的因素。随着新一轮科技革命和产业变革的蓬勃兴起，知识型、技能型员工在推动企业创新发展中的作用越来越大，在价值分配中的分量也越来越重。推进混合所有制改革、发展混合所有制经济，一方面，要求强化激励，在企业内部建立健全符合社会主义市场经济原则的激励机制，充分激发企业"关键少数"的能动性、创造性，同时通过混改实现企业效益效率的提升，改善企业全体员工收入水平；另一方面，通过混合所有制改革，实现国有资本做强做优做大，通过划转部分国有资本充实社会保障基金、国有资本收益上缴公共财政等，让全体人民分享经济增长的红利，厚植共同富裕的物质基础。

政策篇

ZHENGCE PIAN

党的十八大以来，混合所有制改革作为党中央、国务院的一项重大战略部署，"自上而下"规范有序推进。混合所有制改革是一项复杂的系统工程，涉及企业、资产、资本等多个层面，也关系公司治理、经营机制、激励制度、国有资产监管、产权交易等多个环节，改革的深化和实践的推进，需要政策的规范指引与制度的配套支持。2012—2022 年，遵循顶层设计、试点突破、全面深化的实践要求，混合所有制改革的政策制度相应发展演进，有力支撑了混合所有制经济的发展。

一、混合所有制改革政策概述

党中央、国务院高度重视国有企业混合所有制改革。习近平总书记多次作出重要论述和指示要求。作为中央的一项重大战略部署，混合所有制改革政策不断丰富、完善。

（一）党的十八届三中全会提出明确要求

2013 年 11 月，党的十八届三中全会通过《中共中央关于全面深化改革若干重大问题的决定》，再次强调坚持和完善基本经济制度，并提出积极发展混合所有制经济。国有资本、集体资本、非公有资本等交叉持股、相互融合的混合所有制经济，是基本经济制度的重要实现形式，有利于国有资本放大功能、保值增值、提高竞争力，有利于各种所有制资本取长补短、相互促进、共同发展。允许更多国有经济和其他所有制经济发展成为混合所有制经济。国有资本投资项目允许非国有资本参股。允许混合所有制经济实行企业员工持股，形成资本所有者和劳动者利益共同体。习近平总书记在《中共中央关于全面深化改革若干重大问题的决定》的起草说明中提出，"积极发展混合所有制经济是新形势下坚持公有制主体地位，增强国有经济活力、控制力、影响力的一个有效途径和必然选择"。

我国国有企业改革发展不断取得重大进展，总体上已经同市场经济相融合，运行质量和效益明显提升，国有经济的活力、控制力、影响力、抗风险能力显著增强。与此同时，我国民营经济持续发展壮大，是我国经济制度的内在要素，是社会主义市场经济发展的重要成果，是推动社会主义市场经济发展的重要力量。作为一种新的资本组织形式，混合所有制经济适应了现阶段生产力发展需要，既能牵引带动国有企业治理体系和经营机制的系统性重塑，推动国有经济布局优化和结构调整，又能促进非公有制经济发展，推动各种所有制资本取长补短、相互促进，必将使我国基本经济制度持续释放更大的优越性。

（二）历次中央经济工作会议决策部署

从 2014 年开始，连续 5 年的中央经济工作会议上，习近平总书记都对推进混合所有制改革、发展混合所有制经济作出重要部署。2014 年，习近平总书记提出，要发展混合所有制经济，提高国有资本利用效率，同时要严格程序、明确范围，做到公开公正透明，不能"一混了之"，也不是"一混就灵"，切实防止国有资产流失。2015年，习近平总书记指出，要积极稳妥发展混合所有制经济，研究提出公有制经济之间股权多元化改革方案。要研究提出支持混合所有制企业实行企业员工持股试点办法。2016年，习近平总书记强调，混合所有制改革是国企改革的重要突破口，要按照完善治理、强化激励、突出主业、提高效率的要求，在电力、石油、天然气、铁路、民航、电信、军工等领域迈出实质性步伐。2017年，习近平总书记强调，要着眼于放大国有资本功能，推进国有企业混合所有制改革，在电力、石油、天然气、铁路、民航、电信、军工等领域扩大改革试点范围。2018年，习近平总书记明确指出，对国有资本投资公司和运营公司出资的国有企业，以及主业处于竞争领域的商业类国有企业，要积极推进混合所有制改革。

中央经济工作会议对于推进混合所有制改革、发展混合所有制经济的决策部署，尤其是"完善治理、强化激励、突出主业、提高效率"十六字要求，为研究制定混合所有制改革相关政策提供了依据，明确了遵循，指明了方向。

（三）党的代表大会等重大会议多次强调

2017年10月，党的十九大报告《决胜全面建成小康社会　夺取新时代中国特色社会主义伟大胜利》中提出，"深化国有企业改革，发展混合所有制经济，培育具有全球竞争力的世界一流企业"。2019年10月，党的十九届四中全会《中共中央关于坚持和完善中国特色社会主义制度、推进国家治理体系和治理能力现代化若干重大问题的决定》明确，"探索公有制多种实现形式，推进国有经济布局优化和结构调整，发展混合所有制经济，增强国有经济竞争力、创新力、控制力、影响力、抗风险能力，做强做优做大国有资本"。2020年10月，党的十九届五中全会《中共中央关于制定国民经济和社会发展第十四个五年规划和二〇三五年远景目标的建议》进一步明确，加快完善中国特色现代企业制度，深化国有企业混合所有制改革。

党中央、国务院关于推进混合所有制改革、发展混合所有制经济的要求更加明确，发展混合所有制经济的政策相应不断完善，推动混合所有制改革实践力度、广度和深度持续加强。

二、混合所有制改革政策要求

2015年8月，中共中央、国务院印发《关于深化国有企业改革的指导意见》（中发〔2015〕22号，简称《指导意见》），作为深化国有企业改革"1+N"政策体系的"1"，这一纲领性文件指明了发展混合所有制经济的目标、原则和路径。

（一）混合所有制改革是深化国有企业改革的重点任务

《指导意见》提出，国有企业改革的主要目标是，到2020年，形成更加符合我国基本经济制度和社会主义市场经济发展要求的国有资产管理体制、现代企业制度、市场经营机制，国有资本布局结构更趋合理，造就一大批德才兼备、善于经营、充满活力的优秀企业家，培育一大批具有创新能力和国际竞争力的国有骨干企业，国有经济活力、控制力、影响力、抗风险能力明显增强。

围绕实现国有企业改革的目标，要抓好六项重点任务。一是分类推进国有企业改革。将国有企业分为商业类和公益类，推动国有企业同市场经济深入融合，促进国有企业经济效益和社会效益有机统一。二是完善现代企业制度。推进公司制股份制改革。三是完善国有资产管理体制。以管资本为主推进国有资产监管机构职能转变、改革国有资本授权经营体制、推动国有资本合理流动优化配置、推进经营性国有资产集中统一监管。四是发展混合所有制经济。引入非国有资本参与国有企业改革，鼓励国有资本以多种方式入股非国有企业，探索实行混合所有制企业员工持股。五是强化监督防止国有资产流失。强化企业内部监督，建立健全高效协同的外部监督机制，实施信息公开，加强社会监督，严格责任追究。六是加强和改进党对国有企业的领导。贯彻全面从严治党方针，充分发挥企业党组织政治核心作用，加强企业领导班子建设和人才队伍建设，切实落实企业反腐倡廉"两个责任"。

（二）混合所有制改革的目标和原则

《指导意见》明确，以促进国有企业转换经营机制，放大国有资本功能，提高国有资本配置和运行效率，实现各种所有制资本取长补短、相互促进、共同发展为目标，稳妥推动国有企业发展混合所有制经济发展。

《指导意见》指出，对通过实行股份制、上市等途径已经实行混合所有制的国有企业，要着力在完善现代企业制度、提高资本运行效率上下功夫；对于适宜继续推进混合所有制改革的国有企业，要充分发挥市场机制作用，坚持因地施策、因业施策、因企施策，宜独则独、宜控则控、宜参则参，不搞拉郎配，不搞全覆盖，不设时间表，成熟一个推进一个。改革要依法依规、严格程序、公开公正，切实保护混合所有制企业各类出资人的产权权益，杜绝国有资产流失。

（三）混合所有制改革的路径

一是引入非国有资本参与国有企业改革。鼓励非国有资本投资主体通过出资入股、收购股权、认购可转债、股权置换等多种方式，参与国有企业改制重组或国有控股上市公司增资扩股以及企业经营管理。实行同股同权，切实维护各类股东合法权益。在石油、天然气、电力、铁路、电信、资源开发、公用事业等领域，向非国有资本推出符合产业政策、有利于转型升级的项目。依照外商投资产业指导目录和相关安全审查规定，完善外资安全审查工作机制。开展多类型政府和社会资本合作试点，逐步推广政府和社会资本合作模式。

二是鼓励国有资本以多种方式入股非国有企业。充分发挥国有资本投资、运营公司的资本运作平台作用，通过市场化方式，以公共服务、高新技术、生态环保、战略性产业为重点领域，对发展潜力大、成长性强的非国有企业进行股权投资。鼓励国有企业通过投资入股、联合投资、重组等多种方式，与非国有企业进行股权融合、战略合作、资源整合。

三是探索实行混合所有制企业员工持股。坚持试点先行，在取得经验基础上稳妥有序推进，通过实行员工持股建立激励约束长效机制。优先支持人才资本和技术要素贡献占比较高的转制科研院所、高新技术企业、科技服务型企业开展员工持股试点，支持对企业经营业绩和持续发展有直接或较大影响的科研人员、经营管理人员和业务骨干等持股。员工持股主要采取增资扩股、出资新设等方式。完善相关政策，健全审核程序，规范操作流程，严格资产评估，建立健全股权流转和退出机制，确保员工持股公开透明，严禁暗箱操作，防止利益输送。

三、混合所有制改革政策实施

2015 年 9 月，国务院印发《关于国有企业发展混合所有制经济的意见》（国发〔2015〕54 号，简称《意见》），作为国有企业改革的重要配套文件，《意见》总体要求主要体现在"把握目标原则、区分不同类型、鼓励多种方式"。

（一）混合所有制改革目标和基本原则

《意见》提出，国有企业发展混合所有制经济的目标，就是促进国有企业转换经营机制，推动完善现代企业制度，健全企业法人治理结构；提高国有资本配置和运行效率，优化国有经济布局，增强国有经济活力、控制力、影响力和抗风险能力，主动适应和引领经济发展新常态；实现各种所有制资本取长补短、相互促进、共同发展，夯实社会主义基本经济制度的微观基础。

国有企业发展混合所有制经济的基本原则，一是坚持政府引导，市场运作，以企业为主体，充分发挥市场机制作用，探索混合所有制改革的有效途径。二是坚持完善制度，保护产权，切实保护混合所有制企业各类出资人的产权权益，调动各类资本参与发展混合所有制经济的积极性。三是坚持严格程序，规范操作，切实做到规则公开、过程公开、结果公开，杜绝国有资产流失。四是坚持宜改则改，稳妥推进，坚持因地施策、因业施策、因企施策，坚持宜独则独、宜控则控、宜参则参，坚持不搞拉郎配、不搞全覆盖、不设时间表，成熟一个推进一个，确保改革规范有序进行。

（二）分类分层推进混合所有制改革

一是区分"已经混合"和"适宜混合"的国有企业。对通过实行股份制、上市等途径已经实行混合所有制的国有企业，要着力在完善现代企业制度、提高资本运行效率上下功夫；对适宜继续推进混合所有制改革的国有企业，要充分发挥市场机制作用，坚持因地施策、因业施策、因企施策，根据实际灵活采用混合所有制改革路径，适宜独资的就独资，适宜控股的就控股，适宜参股的就参股，方式和进度要服从于效果，服务于发展。

二是区分商业类和公益类国有企业。主业处于充分竞争行业和领域的商业类国有企业，要按照市场化、国际化要求，以增强国有经济活力、放大国有资本功能、实现国有资产保值增值为主要目标，积极引入其他国有资本或各类非国有资本实现股权多元化。国有资本可以绝对控股、相对控股，也可以参股。坚持以资本为纽带完善混合所有制企业治理结构和管理方式，国有资本出资人和各类非国有资本出资人以股东身份履行权利和职责，使混合所有制企业成为真正的市场主体。主业处于关系国家安全、国民经济命脉的重要行业和关键领域、主要承担重大专项任务的商业类国有企业，要保持国有资本控股地位，支持非国有资本参股。对自然垄断行业，实行以政企分开、政资分开、特许经营、政府监管为主要内容的改革，促进公共资源配置市场化，同时加强分类依法监管。公益类国有企业，在水电气热、公共交通、公共设施等提供公共产品和服务的行业及领域，根据不同业务特点，加强分类指导，推进具备条件的企业实现投资主体多元化。通过购买服务、特许经营、委托代理等方式，鼓励非国有企业参与经营。

三是区分集团公司和子公司、中央企业和地方企业等不同层级。集团公司层面，在国家有明确规定的特定领域，坚持国有资本控股，形成合理的治理结构和市场化经营机制；在其他领域，鼓励通过整体上市、并购重组、发行可转债等方式，逐步调整国有股权比例，积极引入各类投资者。子公司层面，国有企业集团公司二级及以下企业，以研发创新、生产服务等实体企业为重点，引入非国有资本，加快技术创新、管理创新、商业模式创新。

（三）混合所有制改革的方式

一是鼓励非公有资本参与国有企业混合所有制改革。非公有资本投资主体可通过出资入股、收购股权、认购可转债、股权置换等多种方式，参与国有企业改制重组或国有控股上市公司增资扩股以及企业经营管理。非公有资本投资主体可以货币出资，或以实物、股权、土地使用权等法律法规允许的方式出资。

二是支持集体资本参与国有企业混合所有制改革。允许经确权认定的集体资本、资产和其他生产要素作价入股，参与国有企业混合所有制改革。

三是有序吸收外资参与国有企业混合所有制改革。引入外资参与国有企业改制重组、合资合作，鼓励通过海外并购、投融资合作、离岸金融等方式，充分利用国际市场、技术、人才等资源和要素，发展混合所有制经济。

四是推广政府和社会资本合作模式。优化政府投资方式，通过投资补助、基金注资、担保补贴、贷款贴息等，优先支持引入社会资本的项目。组合引入保险资金、社保基金等长期投资者参与国家重点工程投资。鼓励社会资本投资或参股基础设施、公用事业、公共服务等领域项目。

五是鼓励国有企业以多种方式入股非国有企业。在公共服务、高新技术、生态环境保护和战略性产业等重点领域，充分发挥国有资本投资、运营公司的资本运作平台作用，对发展潜力大、成长性强的非国有企业进行股权投资。鼓励国有企业通过投资入股、联合投资、并购重组等方式，与非国有企业进行股权融合、战略合作、资源整合。

六是探索完善优先股和国家特殊管理股方式。国有资本参股非国有企业或国有企业引入非国有资本时，允许将部分国有资本转化为优先股。在少数特定领域探索建立国家特殊管理股制度。

七是探索实行混合所有制企业员工持股。坚持激励和约束相结合的原则，通过试点稳妥推进员工持股。员工持股主要采取增资扩股、出资新设等方式，优先支持人才资本和技术要素贡献占比较高的转制科研院所、高新技术企业和科技服务型企业开展试点。

（四）推动混合所有制改革具体要求

一是注重试点示范。《意见》提出，在电力、石油、天然气、铁路、民航、电信、军工等七大领域，要结合行业体制改革，开展放开竞争性业务、推进混合所有制改革试点示范。在基础设施和公共服务领域，选择有代表性的政府投融资项目，开展多种形式的政府和社会资本合作试点。优先支持人才资本和技术要素贡献占比较高的转制科研院所、高新技术企业和科技服务型企业开展员工持股试点。

二是注重保护产权。《意见》强调，巩固和完善基本经济制度，保护产权是核心。完善产权保护制度是坚持和完善基本经济制度的内在要求。要形成促进各种所有制经济依法平等使用生产要素、公开公平公正参与市场竞争、同等受到法律保护的良好的制度环境。

三是健全治理机制。《意见》明确，让混合所有制企业成为真正的市场主体。政府不得干预企业自主经营，股东不得干预企业日常运营，确保企业治理规范、激励约束机制到位。让混合所有制企业法人治理结构更加健全。混合所有制企业要建立健全现代企业制度，明晰产权，同股同权，依法保护各类股东权益。推行混合所有制企业职业经理人制度。

四是依法合规操作。《意见》指出，要严格规范操作流程和程序，健全清产核资、评估定价、转让交易、登记确权等国有产权流转程序，国有企业混合所有制改革严格按照流程审批。要完善国有资产交易方式，通过产权、股权、证券市场发现和合理确定资产价格，发挥专业化中介机构作用，借助多种市场化定价手段，完善资产定价机制。要切实加强监管，完善国有产权交易规则和监管制度，依法严肃处理违法违规行为。

五是推进配套改革。《意见》明确，一要健全多层次资本市场，加快建立规则统一、交易规范的场外市场，完善交易规则和规范监管制度。二要完善支持政策，进一步简政放权，最大限度取消涉及企业依法自主经营的行政许可审批事项。三要加快建立健全法律法规制度，制定有关产权保护、市场准入和退出、交易规则、公平竞争等方面法律法规。四要建立工作协调机制，加强对国有企业混合所有制改革的组织领导。五要加强混合所有制企业党建工作，坚持党的建设与企业改革同步谋划、同步开展。六要营造良好的发展氛围。

四、混合所有制改革政策配套

按照"完善治理、强化激励、突出主业、提高效率"的混合所有制改革要求，有关方面先后出台了系列配套文件，从混合所有制企业公司治理、薪酬改革及激励建设、资产交易、国资监管等方面作了进一步规范，疏通了混合所有制改革实践中的难点堵点问题，为混合所有制经济发展提供了有效的制度支持。

（一）关于完善国有企业法人治理结构

2017 年 4 月，国务院办公厅印发《关于进一步完善国有企业法人治理结构的指导意见》（国办发〔2017〕36 号），要求从国有企业实际情况出发，以建立健全产权清晰、权责明确、政企分开、管理科学的现代企业制度为方向，坚持党的领导、加强党的建设，完善体制机制，依法规范权责，进一步健全各司其职、各负其责、协调运转、有效制衡的国有企业法人治理结构。

理顺出资人职责方面，明确出资人机构依据法律法规和公司章程规定行使股东权利、履行股东义务，按照以管资本为主的要求，转变工作职能、改进工作方式，研究提出出资人机构审批事项清单，建立对董事会重大决策的合规性审查机制。加强董事会建设方面，规范董事会决策把关、内部管理、防范风险、深化改革等职责，优化董事会组成结构，国有控股企业应有一定比例的外部董事，规范董事会议事规则，严格实行集体审议、独立表决、个人负责的决策制度，改进董事会和董事评价办法，加强董事队伍建设，拓宽外部董事来源，扩大专职外部董事队伍。维护经理层经营自主权方面，明确总经理对董事会负责，依法行使管理生产经营、组织实施董事会决议等职权，要求建立规范的经理层授权管理制度，有序推进职业经理人制度建设，开展出资人机构委派国有独资公司总会计师试点。完善问责机制方面，健全以职工代表大会为基本形式的企业民主管理制度，建立与治理主体履职相适应的责任追究制度，对负有忠实义务和勤勉义务的董事、经理层成员等实施信用记录纳入全国信用信息共享平台。坚持党的领导方面，明确党组织在国有企业法人治理结构中的法定地位，将党建工作总体要求纳入国有企业章程，明确党组织在企业决策、执行、监督各环节的权责和工作方式，使党组织成为企业法人治理结构的有机组成部分，充分发挥纪检监察、巡视、审计等监督作用，积极探索党管干部原则与董事会选聘经营管理人员有机结合的途径和方法。

（二）关于员工持股等中长期激励

1. 科技型企业股权和分红激励

2016 年 2 月，财政部、科技部、国务院国资委联合印发《国有科技型企业股权和分红激励暂行办法》（财资〔2016〕4 号），2018 年 9 月，又印发《关于扩大国有科技型企业股权和分红激励暂行办法实施范围等有关事项的通知》（财资〔2018〕54 号），明确了国有科技型企业的股权和分红激励相关要求。

按照规定，股权激励指国有科技型企业以本企业股权为标的，采取股权出售、股权奖励、股权期权等方式，对企业重要技术人员和经营管理人员实施激励的行为。分红激励指国有科技型企业以科技成果转化收益为标的，采取项目收益分红方式；或者以企业经营收益为标的，采取岗位分红方式，对企业重要技术人员和经营管理人员实施激励的行为。其中，大、中型企业可采取股权出售、股权奖励等方式开展股权激励，小型企业还可采取股权期权的激励方式。分红激励包括职务科技成果转化应用的分红、项目收益的分红、岗位的分红等方式。

符合适用条件的国有科技型企业包括：国家认定的高新技术企业、转制院所企业及所投资的科技企业、高等院校和科研院所投资的科技企业、纳入科技部"全国科技型中小企业信息库"的企业、国家和省级认定的科技服务机构。其中，对于国家认定的高新技术企业，实施股权和分红激励，不再设定研发费用和研发人员指标条件。对于转制院所企业及所投资的科技企业、高等院校和科研院所投资的科技企业、纳入科技部"全国科技型中小企业信息库"的企业，需近3年研发费用占当年企业营业收入3%以上，激励方案指定的上一年度企业研发人员占职工总数10%以上，成立不满3年的企业，以实际经营年限计算。对国家和省级认定的科技服务机构，需近3年科技服务性收入不低于当年企业营业收入的60%。

2. 员工持股试点

2016年8月，国务院国资委、财政部、证监会联合印发《关于国有控股混合所有制企业开展员工持股试点的意见》（国资发改革〔2016〕133号），对国有控股混合所有制企业开展员工持股试点提出了工作要求。试点原则方面，需坚持依法合规、公开透明，增量引入、利益绑定，以岗定股、动态调整，严控范围、强化监督。试点条件方面，试点企业需主业处于充分竞争行业领域、非公有资本股东需持有一定股权并在董事会中推荐董事、治理结构健全、三项制度改革较为到位，且企业营业收入和利润90%以上需来源于所在企业集团外部市场。优先支持人才资本和技术要素贡献占比较高的转制科研院所、高新技术企业、科技服务型企业开展员工持股试点。试点限制方面，党中央、国务院和地方党委、政府及其部门、机构任命的国有企业领导人员不得持股，外部董事、监事不参与员工持股。员工持股总量原则上不高于公司总股本的30%，且单一员工持股比例原则上不高于公司总股本的1%。需设定不少于36个月的锁定期，期满后，董事及高级管理人员每年可转让股份不得高于所持股份总数的25%。试点实施方面，中央企业二级及以上企业、各地方一级企业原则上不开展员工持股试点。各省（自治区、直辖市）及计划单列市、新疆生产建设兵团可分别选择5—10户企业开展试点，国务院国资委可从中央企业子企业中选择10户企业开展试点。试点方案需听取职工代表大会意见，经股东（大）会审议通过后，报有权的履行出资人职责机构备案。

（三）关于国有企业工资决定机制

2018年5月，国务院印发《关于改革国有企业工资决定机制的意见》（国发〔2018〕16号），按照深化国有企业改革、完善国有资产管理体制和坚持按劳分配原则、完善按要素分配体制机制的要求，以增强国有企业活力、提升国有企业效率为中心，建立健全与劳动力市场基本适应、与国有企业经济效益和劳动生产率挂钩的工资决定和正常增长机制，完善国有企业工资分配监管体制，促进收入分配更合理、更有序。

一是改革工资总额决定机制，根据企业发展战略和薪酬策略、年度生产经营目标和经济效益，综合考虑劳动生产率提高和人工成本投入产出率、职工工资水平市场对标等情况，结合政府职能部门发布的工资指导线，合理确定年度工资总额，相应完善工资与效益联动机制，分类确定工资效益联动指标。二是改革工资总额管理方式，全面实行工资总额预算管理，结合企业功能性质定位、行业特点及法人治理结构完善程度，相应确定备案制、核准制适用范围，并合理确定预算周期，强化预算执行。三是完善企业内部工资分配管理，深化企业内部分配制度改革，健全以岗位工资为主的基本工资制度，以岗位价值为依据，以业绩为导向，向关键岗位、生产一线岗位和紧缺急需的高层次、高技能人才倾斜，合理拉开工资分配差距，调整不合理过高收入。加强全员绩效考核，使职工工资收入与其工作业绩和实际贡献紧密挂钩，切实做到能增能减。四是健全工资分配监管体制机制，加强和改进政府对国有企业工资分配的宏观指导和调控，落实履行出资人职责机构的国有企业工资分配监管职责，建立国有企业工资分配信息公开制度，健全国有企业工资内外收入监督检查制度。

（四）关于国有资产交易监督管理

2016 年 6 月，国务院国资委、财政部印发《企业国有资产交易监督管理办法》（国资委　财政部令第 32 号），对国有及国有控股、国有实际控制企业的产权转让、增加资本及重大资产转让行为提出了具体工作要求。对于企业产权转让事项，原则上通过产权市场公开进行，采取信息预披露和正式披露相结合的方式相应履行转让程序，对采取非公开协议转让方式转让企业产权的，转让价格不得低于经核准或备案的评估结果。对于企业增资行为，要通过产权交易机构网站对外披露信息公开征集投资方，并可采用竞价、竞争性谈判、综合评议等方式进行多轮次遴选。必要情况下，经有关部门批准，可采取非公开协议方式增资。对于企业资产转让，须在产权交易机构公开进行，如涉及特定资产或确需非公开转让的，需逐级报送审核批准，并履行相应的转让信息公告期要求。

2018 年 5 月，国务院国资委、财政部、证监会印发《上市公司国有股权监督管理办法》（国资委　财政部　证监会令第 36 号），对包括国有股东所持上市公司股份通过证券交易系统转让、公开征集转让、非公开协议转让、无偿划转、间接转让、国有股东发行可交换公司债券，国有股东通过证券交易系统增持、协议受让、间接受让、要约收购上市公司股份和认购上市公司发行股票，国有股东所控股上市公司吸收合并、发行证券，国有股东与上市公司进行资产重组等各类上市公司国有股权变动行为，均提出了明确的操作规范。

第一，对国有控股股东通过证券交易系统转让上市公司股份可能导致持股比例低于合理持股比例，或一个会计年度内累计净转让总股本达 5% 及以上或累计净转让数量达 5000 万股及以上的，需报国有资产监督管理机构审核批准。

第二，国有股东公开征集转让事项需提前报国有资产监督管理机构，让其出具意见，得到同意意见后才能发布公开征集信息，公开征集转让上市公司股份的价格不低于提示性公告日前30 个交易日的每日加权平均价格的算术平均值及最近一个会计年度上市公司经审计的每股净资产值之较高者。

第三，国有股东所持上市公司股份进行非公开协议转让需满足特定的情形要求，且转让价格不得低于提示性公告日前 30 个交易日的每日加权平均价格的算术平均值，以及最近一个会计年度上市公司经审计的每股净资产值之较高者。

第四，政府部门、机构、事业单位、国有独资及全资企业之间可以依法无偿划转所持上市公司的股份，且相应履行审批程序。国有股东所持上市公司股份间接转让的价格需不低于提示性公告日前 30 个交易日的每日加权平均价格的算术平均值及最近一个会计年度上市公司经审计的每股净资产值之较高者，且与国有股东产权直接持有单位对该产权变动决策的日期相差不得超过 1 个月。

第五，国有股东发行的可交换公司债券的利率，应在参照同期银行贷款利率、银行票据利率、同行业其他企业发行的债券利率，以及标的公司股票每股交换价格、上市公司未来发展前景等因素的前提下，通过市场询价合理确定，且交换为上市公司每股股份的价格，应不低于债券募集说明书公告日前 1 个交易日、前 20 个交易日、前 30 个交易日该上市公司股票均价中的最高者。

第六，国有股东通过证券交易系统增持、协议受让、间接受让、要约收购上市公司股份和认购上市公司发行股票等受让上市公司股份的行为，需按程序报国有股东或国有资产监督管理机构审核批准。

第七，国有股东所控股上市公司吸收合并方案在提请上市公司董事会审议前，需报国有资产监督管理机构审核批准。

第八，国有股东所控股上市公司发行证券的行为，包括公开方式向原股东配售股份、向不特定对象公开募集股份、采用非公开方式向特定对象发行股份以及发行可转换公司债券等，应在股东大会召开前取得国有股东或者国有资产监督管理机构审核批准。

第九，国有股东与上市公司进行资产重组，需在上市公司董事会审议资产重组方案前，先将可行性研究报告报送国有股东及国有资产监督管理机构预审核，并在上市公司股东大会召开前获得相应批准。

（五）关于改革国有资本授权经营体制

2019 年 4 月，《国务院关于印发改革国有资本授权经营体制方案的通知》（国发〔2019〕9 号）公开发布，以管资本为主加强国有资产监管，切实转变出资人代表机构职能和履职方式，实现授权和监管相结合、放活与管好相统一，切实减少对国有企业的行政干预，加快建立与中国特色现代国有企业制度相适应的国有资本授权经营体制。

优化出资人代表机构履职方式上，实行清单管理，强化章程约束，发挥董事作用，创新监管方式。分类开展授权放权上，对国有资本投资、运营公司，放开战略规划和主业管理、选人用人和股权激励、工资总额和重大财务事项管理；对其他商业类企业和公益类企业，逐步落实董事会职权，充分落实企业经营自主权。加强企业行权能力建设上，完善公司治理，夯实管理基础，优化集团管控，提升资本运作能力。完善监督监管体系上，搭建实时在线的国资监管平台，统筹协同各类监督力量，健全国有企业违规经营投资责任追究制度。坚持和加强党的全面领导上，加强对授权放权工作的领导，改进对企业党建工作的领导、指导和督导，充分发挥企业党组织的领导作用。

贯彻国务院关于改革国有资本授权经营体制的工作要求，2019 年 6 月，《国务院国资委授权放权清单（2019 年版）》印发实施，明确了 21 项对各中央企业的授权放权事项、4 项对综合改革试点企业（包括国有资本投资、运营公司试点企业、创建世界一流示范企业、东北地区中央企业综合改革试点企业、落实董事会职权试点企业等）的授权放权事项、6 项对国有资本投资和运营公司试点企业的授权放权事项，以及 4 项对特定企业的授权放权事项。

五、混合所有制改革政策深化

随着《国企改革三年行动方案（2020—2022 年）》发布实施，混合所有制改革进入全面深化阶段，中央和地方深化国有企业混合所有制改革实践日益丰富，民营企业发展混合所有制经济的势头渐涨，"完善治理、强化激励、突出主业、提高效率"的混合所有制改革原则要求在实践中得到进一步细化、实化。以深化混合所有制改革为主旨的政策文件竞相推出，推动混合所有制改革不断向纵深发展。

（一）关于深化中央企业混合所有制改革

2019 年 10 月，国务院国资委在总结中央企业混合所有制改革工作的基础上，制定印发《中央企业混合所有制改革操作指引》(简称《操作指引》)，中央企业所属各级子企业通过产权转让、增资扩股、首发上市、上市公司资产重组等方式引入非公有资本、集体资本实施混合所有制改革的，可参照指引。

《操作指引》明确了中央企业实施混合所有制改革的基本操作流程，即可行性研究、制定混合所有制改革方案、履行决策审批程序、开展审计评估、引进非公有资本投资者、推进企业运营机制改革。以新设企业、对外投资并购、投资入股等方式实施混合所有制改革的，履行中央企业投资管理有关程序。

"混资本"环节，《操作指引》对资产审计评估、通过产权市场实施混合所有制改革、通过股票市场实施混合所有制改革的关键环节及注意事项作了提示。"改机制"环节，《操作指引》具体对混合所有制企业的公司治理、管控方式、三项制度改革、激励约束机制等关键环节的要点作了提示。此外，《操作指引》还介绍了财税、土地处置等已有支持政策。

（二）关于深化东北地区国有企业混合所有制改革

经国务院国有企业改革领导小组同意，2021 年 3 月，国家发展改革委、国务院国资委联合印发《深化东北地区国有企业混合所有制改革实施方案》(发改体改〔2021〕364 号，简称《实施方案》)，要求东北地区国有企业和驻东北地区中央企业在更大范围、更深层次推进混合所有制改革，切实增强企业内在活力、市场竞争力和发展引领力，激活东北老工业基地振兴的内生动能。

《实施方案》提出 7 条适合东北地区国有企业特点的混合所有制改革路径方式。一是引入战略投资者深化存量国有企业混合所有制改革，对东北地区具有优势的装备制造业、汽车产业、能源化工业、医药行业等存量企业，通过引入优质战略投资者加快完善治理体制和经营机制，释放发展潜能。二是引入产业链上下游具有协同效应的非国有资本加快增量混合所有制改革，加快发展智能制造、绿色农业、旅游养老等新产业新业态。三是深化驻东北中央企业混合所有制改革，有序放开竞争性业务，强化与地方经济融合。四是加大区域性国有资本合理流动和优化配置力度，支持东北地区企业通过首发上市、并购重组、股权运作、资产处置等方式优化国有资本配置。五是强化激励探索混合所有制企业骨干员工持股等有效形式，在科技型、创新型企业适度放宽单一员工持股比例限制，鼓励开展多种形式的激励，建立相互制衡、利益共享、风险共担的激励约束长效机制。六是完善混合所有制企业法人治理结构，在落实董事会职权、深化市场化薪酬制度改革、推行职业经理人制度等方面强化探索。七是积极探索科教和社会事业领域混改新路径，鼓励由政企脱钩、事企分开、事转企改革组建形成的企业集团积极发展混合所有制经济。

《实施方案》还从财政、金融、科技、土地处置、绩效考核、激励约束等方面提出了完善深化国有企业混合所有制改革政策环境的具体举措。财政方面，按规定通过国有资本经营预算支持东北地区中央企业解决历史遗留问题，东北地区国有企业开展重组改制、破产重整过程中，符合条件的可适用兼并重组相关税收优惠政策。对拟开展混合所有制改革的国有困难企业，可安排土地出让收入解决职工安置费用。金融方面，引导金融机构、产业结构调整基金加大对东北地区国有企业市场化法治化债转股支持力度，支持依法合规登记备案的各类结构调整基金、创业投资基金、先进制造业基金、国有企业混合所有制改革股权投资基金等积极参与东北地区国有企业混合所有制改革，鼓励保险资金通过股权、债券、基金等方式对接东北地区国有企业混合所有制改革融资需求。科技方面，制定出台支持创新驱动东北高质量发展的措施文件，鼓励东北地区国有企业申报国家科技计划项目，参与建设国家重点实验室、国家技术创新中心等，设立或联合组建研究院所、实验室、联合研究中心、新型研发机构、技术创新联盟等，打造产业技术协同创新平台。土地处置方面，妥善灵活处理土地遗留问题，优化简化土地处置相关审批程序。业绩考核方面，突出分类和差异化考核，加强对驻东北地区中央企业质量效益、研发经费投入强度、关键核心技术攻关成效等指标考核，将剥离办社会职能、解决历史遗留问题等纳入重点企业业绩考核体系。激励约束方面，实行"减人不减工资总额"的管理政策，支持东北地区国有企业减员增效，对东北地区中央企业吸引保留两院院士等关键人才发生的工资总额，实行单列管理。支持东北地区符合条件的国有企业在实施混合所有制改革时依法依规开展骨干员工持股，在科技型、创新型企业适度放宽单一员工持股比例限制，积极探索员工以科技成果出资入股。

（三）关于进一步深化国有企业混合所有制改革

经国务院国有企业改革领导小组同意，2022 年 4 月，国家发展改革委、国务院国资委联合印发《关于深化国有企业混合所有制改革的实施意见》（发改体改〔2022〕552号，简称《实施意见》），对进一步深化国有企业混合所有制改革提出要求。《实施意见》聚焦"深化"，具体体现在"高质量、优治理"的改革总体要求上，贯穿于混资本、改机制、优监管、强配套的改革全流程中；聚焦"实施"，旨在为广大企业实施混合所有制改革提供一个系统完整、全链条、可实施的政策指引。

1.《实施意见》的基本原则

《实施意见》强调要牢牢把握正确的改革方向，做到"四个坚持"。一是坚持加强和改善党的领导，这不仅是国有企业的独特优势，也是混合所有制企业的独特优势。不管企业资产怎样重组，产权关系怎样变化，内部决策和经营制度怎样调整，党的领导必须坚持，党委（党组）的作用必须有效发挥，不能有任何削弱。只有发挥好党委（党组）把方向、管大局、促落实的领导作用，才能确保混合所有制改革始终沿着正确方向推进。二是坚持以完善治理为核心，完善治理、强化激励、突出主业、提高效率的要求是混合所有制改革的核心要义所在，也是检验改革成效的重要标准。只有坚持混资本和改机制两条腿走路，既"混"又"改"，真"混"真"改"，在优化股权结构的基础上大力推进企业内部治理、经营机制、外部监管等综合性改革，才能持续培育更多产权多元、治理现代、激励有效、自主经营的混合所有制企业。三是坚持因企施策，遵循市场经济规律和企业发展规律，坚持从实际出发，因地施策、因业施策、因企施策，宜独则独、宜控则控、宜参则参，不搞拉郎配，不搞全覆盖，不设时间表，避免盲目性，务求改革实效。四是坚持依法合规，具体实施中，要严格通过产权、股权、证券市场发现和合理确定资产价格，发挥专业化中介机构作用，保障企业职工对混合所有制改革的知情权和参与权，加强对改革全流程监管和信息披露，严防暗箱操作、内部人控制及利益输送，坚决防范国有资产流失。

2.《实施意见》的主要内容

《实施意见》的主要内容可概括为"6个着力"：着力引入高质量战投，着力完善公司治理，着力完善市场化经营机制，着力做强做优核心主业，着力实施灵活高效的管理，着力完善混改配套政策。

"6个着力"聚焦混合所有制改革的各个重点环节，力求明确要点、细化要求、科学指引。其中，"引战"是前提，是混合所有制改革的起点，没有引入战略投资者这一环节，不能称为混合所有制改革。"治理"是核心，在引入适宜的战略投资者后，依据股权结构对党组织、董事会、监事会、经理层等治理机构的权责边界作出合理安排，明确行权规则，形成权责法定、权责透明、协调运转、有效制衡的公司治理机制，才真正符合了混合所有制改革的要求。"机制"是重点，长期以来国有企业比较集中的问题，就是机制不灵活，导致活力难以发挥。实施混合所有制改革，正是为了充分借鉴民营、外资等经济形式的机制优势，改变现有的体制机制，释放制度性红利。"主业"是落脚点，建立完善有效制衡的公司治理、灵活高效的市场化机制，都是为了更好地促进混合所有制企业聚焦主业，围绕核心主责主业实现做强做优做大。"管理"是必要条件，通过实施混合所有制改革，企业的股东结构变了，公司章程变了，治理机构也变了，是一个全新的企业，不宜沿用过去国有独资企业的监管模式，而要根据情况，实施更加灵活高效的差异化管理，持续巩固改革成果。"配套"是保障，混合所有制改革涉及产权交易、财税政策、土地处置等方方面面的具体事项，需要一些配套政策制度保驾护航，降低改革成本，便利改革流程，为企业实施改革营造良好的外部环境。

3. 关于着力引入高质量战略投资者

《实施意见》从合理选择战略投资者、科学设置企业股权结构、畅通引战渠道、灵活运用多种混改方式4个方面，对引入战略投资者提出了明确的指引。

一是明确了引入战略投资者的基本原则。适量原则，企业要结合自身战略规划及发展定位，合理设置拟引入的战略投资者数量及释放股权比例，国有资本宜控则控，宜参则参。优先引入产业投资者原则。要立足于企业主营业务，引入与企业所处产业链上下左右高度关联的产业投资者，整合产业链供应链资源，拓展价值链、创新链优势。适当引入积极财务投资者原则。可适当引入社保基金、产业投资基金、风险投资基金等市场化财务投资者，发挥其在对外投资战略、资金使用效率、金融风险控制等方面积极作用，推动优化混改企业财务运营。

二是明确了不同类别国有企业在股权设置上的要求。对主业处于关系国家安全、国民经济命脉的重要行业和关键领域以及主要承担重大专项任务的国有企业，引入的股东须符合国家有关规定，引战后要保持国有资本控股。对产业链供应优化稳定及当地经济发展具有战略支撑作用的企业，原则上保持国有资本控股，可以是一家国有股东控股或多家国有股东联合控股，也可创新使用金股、特殊管理股等方式。对主业处于充分竞争领域的非上市国有企业，支持其混改后非国有资本持股比例超过企业总股本的1/3，探索将部分国有股转化为优先股，更好实现国有资产保值增值。对国有股东持股比例高于50%的国有控股上市公司，支持引导其引入持股5%及以上的战略投资者，优化股权结构，改善公司治理。

三是明确了可实施的具体改革方式。具备条件的中央企业可以以主体资产为标的，通过整体上市、并购重组、股权置换等方式实施混改。地方国有企业可按业务板块实施重组整合，通过增资扩股、市场化债转股、出资新设、破产重整等方式引入战略投资者实施混改，提升规模经营优势。国有企业可通过投资入股、联合投资、并购重组等方式入股发展潜力大、协同效应强、高成长性的非国有企业，发展混合所有制经济。鼓励地方国有企业通过资源整合、战略合作、基金投资等方式加强与社会资本合作，主动布局区域契合度高的战略性新兴产业和优势产业。

4. 关于"三个构建"

第一，构建现代企业治理体制，关键是要把加强党的领导和完善公司治理统一起来，促进企业治理科学化规范化，推动制度优势更好转化为治理效能。一是有效发挥企业党委（党组）作用，对涉及企业的重大经营事项，要规范履行党委（党组）前置研究讨论程序，做到把关到位、不越位。二是积极发挥股东（大）会作用，各股东按照公司章程规定行使职权，充分发挥非国有股东作用。三是全面落实董事会职权，落实投资决策、经理层选聘、业绩考核、薪酬管理、激励机制建设等重大事项职权。四是强化企业内部监督，有效发挥监事会及监事的监督制衡作用，提高企业内部风险防控能力和监督实效。五是保障经理层自主经营权，明确职业经理人及非国资股东委派的高级管理人员，依照市场化机制执行任职资格、业绩考核、薪酬激励及解聘等管理制度，不再参照组织任命的干部管理。

第二，构建现代企业经营机制，关键是要深化劳动、人事、分配三项制度改革。要全面推行市场化用工制度，建立以岗位为基础、以业绩为导向的绩效考核制度和公开公平公正的员工晋升、流动、退出机制，深化企业内部市场化薪酬分配制度，与绩效考核紧密挂钩，形成按劳分配、绩优多得的导向，真正实现管理人员能上能下、员工能进能出、收入能增能减。

第三，构建现代企业激励制度，关键是要构建符合企业经营实际的多元化、系统性、多层次中长期激励约束体系。要结合企业实际情况，依法依规运用股权、期权、分红、项目跟投、超额利润分享、中长期绩效奖金等激励工具，实现对关键岗位核心人才的长期有效激励，形成资本所有者与劳动者风险共担、收益共享的利益共同体，切实激发人的积极性。

5.关于实施灵活高效的差异化管理

《实施意见》明确细化了对混合所有制企业实施差异化管理的具体措施要求。一方面，对国有资本不再控股的混合所有制企业，国有企业集团公司要视实际控制等情况，对企业的规划投资、资产处置、人事管理、薪酬分配、业绩考核、外事管理、财务管理、内部控制、内部审计等经营管理事项分类细化权责，合理授权放权，实施更加灵活高效的管理，更好保障企业自主经营权。另一方面，对法人治理规范、条件较为成熟的混合所有制企业，鼓励国有企业集团公司根据企业实际情况，选取规划投资、资产处置、薪酬分配、业绩考核等经营管理事项开展差异化管理，赋予企业更多依法依规自主经营空间。此外，国有企业集团公司和国有股东要按年度评估混合所有制企业差异化管理的成效，并结合企业具体运营状况相应调整差异化管理具体事项。对具备条件的混合所有制企业，要积极开展差异化管理。对条件发生变化不适宜继续差异化管理的，要及时终止。

6.关于防范混合所有制改革中出现国有资产流失

不出现国有资产流失是混合所有制改革的底线要求。既不能在混合所有制改革过程中忽视国有资产流失风险，也不能因为担忧国有资产可能流失而不深化混合所有制改革。《实施意见》提出，一要强化国有资产交易双方信息披露义务，提升混合所有制改革过程中决策审批、审计评估、产权交易、职工安置等重点环节监督实效。推动建立国有企业混合所有制改革相关公示制度。二要加大国有企业混合所有制改革审计监督力度，集中监督合力，形成审计监督与出资人监督等其他监督的有效贯通融合，切实防范各类风险。三要落实"三个区分开来"要求，做好容错纠错工作。对按照规定程序和方式、经第三方公允评估实施交易的国有资产，事后溢价不构成国有资产流失，应公平判断是非，客观综合评价。在符合监管规定的前提下，加快决策流程，优化审批程序，为国有企业混合所有制改革创造良好条件。

（四）地方深化混合所有制改革相关政策

地方聚焦国有企业高质量发展的目标推进国有企业混合所有制改革走深走实，注重各相关改革的联动推进，改革政策方面呈现出以下特点。

一是以深化混合所有制改革为契机推进地方国有企业高质量发展。厦门市出台《厦门国有资产证券化及国有控股上市公司高质量发展三年行动计划》，加快国有企业上市和国有控股上市公司并购重组，推动国有企业通过积极对接多层次资本市场、提高国有资产证券化率加快实现高质量发展。西安市印发《推进国资国企高质量发展行动方案》，以经营性国有资产集中统一监管、盘活资源资产、推进混合所有制改革三项重点工作为抓手，力争实现全市国有资产总额、净资产、利税总额、低收入基层职工收入等四项指标翻番，打造一批具有区域带动力和国际影响力的支柱型龙头企业。江西省实施"百户国企混改攻坚行动"，在全省范围内遴选百户左右条件成熟的企业，在股权比例、资产剥离、产权交易方式、激励约束机制建设等方面进一步解放思想、探索创新，力求打造一批"混改新样本"，培育一批高质量市场主体。

二是强化国资国企改革联动，依托混合所有制改革促进区域经济社会发展。上海在发展混合所有制经济工作中提出加快国有企业公司制股份制改革，支持国有企业聚焦产业链、价值链与各类所有制企业实施双向联合重组，鼓励具备条件的企业集团实现整体上市，竞争类国有企业主营业务资产、功能类和公共服务类国有企业竞争性业务资产上市，提高证券化水平。山东、湖北、山西等地在推进混合所有制改革过程中，大力推动企业战略性重组和专业化整合，重组、新建了不少大型国有企业集团，并深化业务板块的混合所有制改革，盘活了不少存量国有资产，进一步实现"瘦身强体"。东北地区在深化混合所有制改革过程中，注重与劳动、人事、分配三项制度改革，剥离企业办社会职能，解决历史遗留问题等专项改革联动，解决了不少长期难以解决的问题，实现了国有企业"轻装上阵"。

三是深化混合所有制改革的相关政策聚焦解决实际问题。山西、江西、江苏、河南、武汉、西安、厦门、长春等地均出台了本地区国有企业实施混合所有制改革的操作指引。一些地方还在总体政策符合党中央、国务院关于混合所有制改革顶层设计的前提下，提出了尊重地方实际、大胆探索创新的举措。例如，上海鼓励整体上市企业集团的经营者、技术管理骨干实施股权激励，要求实施股权激励的企业同步建立业绩挂钩、财务审计、信息披露、延期支付、追索扣回等约束机制。鼓励国有及国有控股的转制科研院所、高新技术企业对重要的技术和经营管理人员实施股权和分红激励。又如，河南省鼓励企业在推进混合所有制改革过程中，敢于突破传统观念和思维定式，勇于探索、大胆实践，全面抓好管理提升，既吸取国有企业管理机制的规范性，又吸取民营企业管理机制的灵活性，并探索如何以管资本为主的方法和路子，处理好增活力与强监管的关系。

（五）中央企业深化混合所有制改革相关政策

按照中央政策要求，中央企业一企一策实施混合所有制改革，出台了实际操作的具体落实政策。

一是普遍注重强化党的领导，促进完善公司治理和加强党的领导有机统一。南方电网有限公司印发《关于进一步加强和改进公司所属控股混合所有制企业党的建设工作的通知》，要求理顺企业党组织党建工作的领导和指导关系，注重发挥党的思想政治工作优势，完善重大事项决策制度机制。中粮集团印发《中共中粮集团有限公司党组前置研究讨论重大经营管理事项清单（2021 年修订版）》，共明确 103 项需提请集团党组前置研究讨论的重大事项清单，确保党组织把方向、管大局、促落实作用有效发挥。华侨城集团印发《关于深入推进党建工作要求写入公司章程工作的通知》，要求结合股权结构、经营管理等实际，区分上市与非上市公司不同情况，注意听取其他股东包括机构投资者意见，把党建工作基本要求写入公司章程，推动企业党建工作制度化、规范化。中广核集团先后印发《关于加强和改进混合所有制企业党建工作的实施办法（试行）》《中国广核集团混合所有制企业党建工作实施办法》《中国广核集团在全面深化改革中进一步加强和改进混合所有制企业党的建设工作指引》，对混合所有制企业党建工作持续予以政策指引规范。

二是在骨干员工持股、推行职业经理人、强化投资管理及股权管理、深化三项制度改革等公司治理关键环节持续探索实践。保利集团、华录集团、中国铁路通信信号集团、中国林业集团均明确了集团投资管理办法，对参股行为作出明确规范。中国联通集团、东方电气集团、中广核集团、中远海运集团均就实施骨干员工持股、开展科技创新激励等提出明确规则，强化激励约束机制建设。中粮集团就推进领导人员能上能下、员工能进能出提出了具体办法，东方电气集团明确了推行职业经理人的工作规程，中国联通集团就二级机构领导班子及成员任期制和契约化管理出台规定，锚定三项制度改革不放松。南方电网集团还出台了治理主体权责清单和授权清单，对公司党组、董事会、经理层等治理主体的权责进行清单式管理，全面提升公司治理水平。

三是在加强对混合所有制企业的差异化管理方面迈出实质性步伐。国家开发投资集团对相对控股的混合所有制企业探索形成"两个有别"的差异化管理模式，切实融合了国有资本的资源、规模、管理优势及民营资本的灵活机制优势，收到了良好的效果。中国建材集团也对下属公司治理较为完善的混合所有制企业实施差异化管理，相应形成可开展差异化管理的事项清单与具体授权放权内容。中粮集团、中国国新控股等均明确了集团的授权放权事项清单，探索给予混合所有制企业一定的差异化管理空间，持续巩固混合所有制改革成果，积累切实有效的股权管理及国资监管模式经验。

附　件

中共中央　国务院关于深化国有企业改革的指导意见

（2015 年 8 月 24 日）

国有企业属于全民所有，是推进国家现代化、保障人民共同利益的重要力量，是我们党和国家事业发展的重要物质基础和政治基础。改革开放以来，国有企业改革发展不断取得重大进展，总体上已经同市场经济相融合，运行质量和效益明显提升，在国际国内市场竞争中涌现出一批具有核心竞争力的骨干企业，为推动经济社会发展、保障和改善民生、开拓国际市场、增强我国综合实力作出了重大贡献，国有企业经营管理者队伍总体上是好的，广大职工付出了不懈努力，成就是突出的。但也要看到，国有企业仍然存在一些亟待解决的突出矛盾和问题，一些企业市场主体地位尚未真正确立，现代企业制度还不健全，国有资产监管体制有待完善，国有资本运行效率需进一步提高；一些企业管理混乱，内部人控制、利益输送、国有资产流失等问题突出，企业办社会职能和历史遗留问题还未完全解决；一些企业党组织管党治党责任不落实、作用被弱化。面向未来，国有企业面临日益激烈的国际竞争和转型升级的巨大挑战。在推动我国经济保持中高速增长和迈向中高端水平、完善和发展中国特色社会主义制度、实现中华民族伟大复兴中国梦的进程中，国有企业肩负着重大历史使命和责任。要认真贯彻落实党中央、国务院战略决策，按照"四个全面"战略布局的要求，以经济建设为中心，坚持问题导向，继续推进国有企业改革，切实破除体制机制障碍，坚定不移做强做优做大国有企业。为此，提出以下意见。

一、总体要求

（一）指导思想

高举中国特色社会主义伟大旗帜，认真贯彻落实党的十八大和十八届三中、四中全会精神，深入学习贯彻习近平总书记系列重要讲话精神，坚持和完善基本经济制度，坚持社会主义市场经济改革方向，适应市场化、现代化、国际化新形势，以解放和发展社会生产力为标准，以提高国有资本效率、增强国有企业活力为中心，完善产权清晰、权责明确、政企分开、管理科学的现代企业制度，完善国有资产监管体制，防止国有资产流失，全面推进依法治企，加强和改进党对国有企业的领导，做强做优做大国有企业，不断增强国有经济活力、控制力、影响力、抗风险能力，主动适应和引领经济发展新常态，为促进经济社会持续健康发展、实现中华民族伟大复兴中国梦作出积极贡献。

（二）基本原则

——坚持和完善基本经济制度。这是深化国有企业改革必须把握的根本要求。必须毫不动摇巩固和发展公有制经济，毫不动摇鼓励、支持、引导非公有制经济发展。坚持公有制主体地位，发挥国有经济主导作用，积极促进国有资本、集体资本、非公有资本等交叉持股、相互融合，推动各种所有制资本取长补短、相互促进、共同发展。

——坚持社会主义市场经济改革方向。这是深化国有企业改革必须遵循的基本规律。国有企业改革要遵循市场经济规律和企业发展规律，坚持政企分开、政资分开、所有权与经营权分离，坚持权利、义务、责任相统一，坚持激励机制和约束机制相结合，促使国有企业真正成为依法自主经营、自负盈亏、自担风险、自我约束、自我发展的独立市场主体。社会主义市场经济条件下的国有企业，要成为自觉履行社会责任的表率。

——坚持增强活力和强化监管相结合。这是深化国有企业改革必须把握的重要关系。增强活力是搞好国有企业的本质要求，加强监管是搞好国有企业的重要保障，要切实做到两者的有机统一。继续推进简政放权，依法落实企业法人财产权和经营自主权，进一步激发企业活力、创造力和市场竞争力。进一步完善国有企业监管制度，切实防止国有资产流失，确保国有资产保值增值。

——坚持党对国有企业的领导。这是深化国有企业改革必须坚守的政治方向、政治原则。要贯彻全面从严治党方针，充分发挥企业党组织政治核心作用，加强企业领导班子建设，创新基层党建工作，深入开展党风廉政建设，坚持全心全意依靠工人阶级，维护职工合法权益，为国有企业改革发展提供坚强有力的政治保证、组织保证和人才支撑。

——坚持积极稳妥统筹推进。这是深化国有企业改革必须采用的科学方法。要正确处理推进改革和坚持法治的关系，正确处理改革发展稳定关系，正确处理搞好顶层设计和尊重基层首创精神的关系，突出问题导向，坚持分类推进，把握好改革的次序、节奏、力度，确保改革扎实推进、务求实效。

（三）主要目标

到2020年，在国有企业改革重要领域和关键环节取得决定性成果，形成更加符合我国基本经济制度和社会主义市场经济发展要求的国有资产管理体制、现代企业制度、市场化经营机制，国有资本布局结构更趋合理，造就一大批德才兼备、善于经营、充满活力的优秀企业家，培育一大批具有创新能力和国际竞争力的国有骨干企业，国有经济活力、控制力、影响力、抗风险能力明显增强。

——国有企业公司制改革基本完成，发展混合所有制经济取得积极进展，法人治理结构更加健全，优胜劣汰、经营自主灵活、内部管理人员能上能下、员工能进能出、收入能增能减的市场化机制更加完善。

——国有资产监管制度更加成熟，相关法律法规更加健全，监管手段和方式不断优化，监管的科学性、针对性、有效性进一步提高，经营性国有资产实现集中统一监管，国有资产保值增值责任全面落实。

——国有资本配置效率显著提高，国有经济布局结构不断优化、主导作用有效发挥，国有企业在提升自主创新能力、保护资源环境、加快转型升级、履行社会责任中的引领和表率作用充分发挥。

——企业党的建设全面加强，反腐倡廉制度体系、工作体系更加完善，国有企业党组织在公司治理中的法定地位更加巩固，政治核心作用充分发挥。

二、分类推进国有企业改革

（四）划分国有企业不同类别。根据国有资本的战略定位和发展目标，结合不同国有企业在经济社会发展中的作用、现状和发展需要，将国有企业分为商业类和公益类。通过界定功能、划分类别，实行分类改革、分类发展、分类监管、分类定责、分类考核，提高改革的针对性、监管的有效性、考核评价的科学性，推动国有企业同市场经济深入融合，促进国有企业经济效益和社会效益有机统一。按照谁出资谁分类的原则，由履行出资人职责的机构负责制定所出资企业的功能界定和分类方案，报本级政府批准。各地区可结合实际，划分并动态调整本地区国有企业功能类别。

（五）推进商业类国有企业改革。商业类国有企业按照市场化要求实行商业化运作，以增强国有经济活力、放大国有资本功能、实现国有资产保值增值为主要目标，依法独立自主开展生产经营活动，实现优胜劣汰、有序进退。

主业处于充分竞争行业和领域的商业类国有企业，原则上都要实行公司制股份制改革，积极引入其他国有资本或各类非国有资本实现股权多元化，国有资本可以绝对控股、相对控股，也可以参股，并着力推进整体上市。对这些国有企业，重点考核经营业绩指标、国有资产保值增值和市场竞争能力。

主业处于关系国家安全、国民经济命脉的重要行业和关键领域、主要承担重大专项任务的商业类国有企业，要保持国有资本控股地位，支持非国有资本参股。对自然垄断行业，实行以政企分开、政资分开、特许经营、政府监管为主要内容的改革，根据不同行业特点实行网运分开、放开竞争性业务，促进公共资源配置市场化；对需要实行国有全资的企业，也要积极引入其他国有资本实行股权多元化；对特殊业务和竞争性业务实行业务板块有效分离，独立运作、独立核算。对这些国有企业，在考核经营业绩指标和国有资产保值增值情况的同时，加强对服务国家战略、保障国家安全和国民经济运行、发展前瞻性战略性产业以及完成特殊任务的考核。

（六）推进公益类国有企业改革。公益类国有企业以保障民生、服务社会、提供公共产品和服务为主要目标，引入市场机制，提高公共服务效率和能力。这类企业可以采取国有独资形式，具备条件的也可以推行投资主体多元化，还可以通过购买服务、特许经营、委托代理等方式，鼓励非国有企业参与经营。对公益类国有企业，重点考核成本控制、产品服务质量、营运效率和保障能力，根据企业不同特点有区别地考核经营业绩指标和国有资产保值增值情况，考核中要引入社会评价。

三、完善现代企业制度

（七）推进公司制股份制改革。加大集团层面公司制改革力度，积极引入各类投资者实现股权多元化，大力推动国有企业改制上市，创造条件实现集团公司整体上市。根据不同企业的功能定位，逐步调整国有股权比例，形成股权结构多元、股东行为规范、内部约束有效、运行高效灵活的经营机制。允许将部分国有资本转化为优先股，在少数特定领域探索建立国家特殊管理股制度。

（八）健全公司法人治理结构。重点是推进董事会建设，建立健全权责对等、运转协调、有效制衡的决策执行监督机制，规范董事长、总经理行权行为，充分发挥董事会的决策作用、监事会的监督作用、经理层的经营管理作用、党组织的政治核心作用，切实解决一些企业董事会形同虚设、"一把手"说了算的问题，实现规范的公司治理。要切实落实和维护董事会依法行使重大决策、选人用人、薪酬分配等权利，保障经理层经营自主权，法无授权任何政府部门和机构不得干预。加强董事会内部的制衡约束，国有独资、全资公司的董事会和监事会均应有职工代表，董事会外部董事应占多数，落实一人一票表决制度，董事对董事会决议承担责任。改进董事会和董事评价办法，强化对董事的考核评价和管理，对重大决策失误负有直接责任的要及时调整或解聘，并依法追究责任。进一步加强外部董事队伍建设，拓宽来源渠道。

（九）建立国有企业领导人员分类分层管理制度。坚持党管干部原则与董事会依法产生、董事会依法选择经营管理者、经营管理者依法行使用人权相结合，不断创新有效实现形式。上级党组织和国有资产监管机构按照管理权限加强对国有企业领导人员的管理，广开推荐渠道，依规考察提名，严格履行选用程序。根据不同企业类别和层级，实行选任制、委任制、聘任制等不同选人用人方式。推行职业经理人制度，实行内部培养和外部引进相结合，畅通现有经营管理者与职业经理人身份转换通道，董事会按市场化方式选聘和管理职业经理人，合理增加市场化选聘比例，加快建立退出机制。推行企业经理层成员任期制和契约化管理，明确责任、权利、义务，严格任期管理和目标考核。

（十）实行与社会主义市场经济相适应的企业薪酬分配制度。企业内部的薪酬分配权是企业的法定权利，由企业依法依规自主决定，完善既有激励又有约束、既讲效率又讲公平、既符合企业一般规律又体现国有企业特点的分配机制。建立健全与劳动力市场基本适应、与企业经济效益和劳动生产率挂钩的工资决定和正常增长机制。推进全员绩效考核，以业绩为导向，科学评价不同岗位员工的贡献，合理拉开收入分配差距，切实做到收入能增能减和奖惩分明，充分调动广大职工积极性。对国有企业领导人员实行与选任方式相匹配、与企业功能性质相适应、与经营业绩相挂钩的差异化薪酬分配办法。对党中央、国务院和地方党委、政府及其部门任命的国有企业领导人员，合理确定基本年薪、绩效年薪和任期激励收入。对市场化选聘的职业经理人实行市场化薪酬分配机制，可以采取多种方式探索完善中长期激励机制。健全与激励机制相对称的经济责任审计、信息披露、延期支付、追索扣回等约束机制。严格规范履职待遇、业务支出，严禁将公款用于个人支出。

（十一）深化企业内部用人制度改革。建立健全企业各类管理人员公开招聘、竞争上岗等制度，对特殊管理人员可以通过委托人才中介机构推荐等方式，拓宽选人用人视野和渠道。建立分级分类的企业员工市场化公开招聘制度，切实做到信息公开、过程公开、结果公开。构建和谐劳动关系，依法规范企业各类用工管理，建立健全以合同管理为核心、以岗位管理为基础的市场化用工制度，真正形成企业各类管理人员能上能下、员工能进能出的合理流动机制。

四、完善国有资产管理体制

（十二）以管资本为主推进国有资产监管机构职能转变。国有资产监管机构要准确把握依法履行出资人职责的定位，科学界定国有资产出资人监管的边界，建立监管权力清单和责任清单，实现以管企业为主向以管资本为主的转变。该管的要科学管理、决不缺位，重点管好国有资本布局、规范资本运作、提高资本回报、维护资本安全；不该管的要依法放权、决不越位，将依法应由企业自主经营决策的事项归位于企业，将延伸到子企业的管理事项原则上归位于一级企业，将配合承担的公共管理职能归位于相关政府部门和单位。大力推进依法监管，着力创新监管方式和手段，改变行政化管理方式，改进考核体系和办法，提高监管的科学性、有效性。

（十三）以管资本为主改革国有资本授权经营体制。改组组建国有资本投资、运营公司，探索有效的运营模式，通过开展投资融资、产业培育、资本整合，推动产业集聚和转型升级，优化国有资本布局结构；通过股权运作、价值管理、有序进退，促进国有资本合理流动，实现保值增值。科学界定国有资本所有权和经营权的边界，国有资产监管机构依法对国有资本投资、运营公司和其他直接监管的企业履行出资人职责，并授权国有资本投资、运营公司对授权范围内的国有资本履行出资人职责。国有资本投资、运营公司作为国有资本市场化运作的专业平台，依法自主开展国有资本运作，对所出资企业行使股东职责，按照责权对应原则切实承担起国有资产保值增值责任。开展政府直接授权国有资本投资、运营公司履行出资人职责的试点。

（十四）以管资本为主推动国有资本合理流动优化配置。坚持以市场为导向、以企业为主体，有进有退、有所为有所不为，优化国有资本布局结构，增强国有经济整体功能和效率。紧紧围绕服务国家战略，落实国家产业政策和重点产业布局调整总体要求，优化国有资本重点投资方向和领域，推动国有资本向关系国家安全、国民经济命脉和国计民生的重要行业和关键领域、重点基础设施集中，向前瞻性战略性产业集中，向具有核心竞争力的优势企业集中。发挥国有资本投资、运营公司的作用，清理退出一批、重组整合一批、创新发展一批国有企业。建立健全优胜劣汰市场化退出机制，充分发挥失业救济和再就业培训等的作用，解决好职工安置问题，切实保障退出企业依法实现关闭或破产，加快处置低效无效资产，淘汰落后产能。支持企业依法合规通过证券交易、产权交易等资本市场，以市场公允价格处置企业资产，实现国有资本形态转换，变现的国有资本用于更需要的领域和行业。推动国有企业加快管理创新、商业模式创新，合理限定法人层级，有效压缩管理层级。发挥国有企业在实施创新驱动发展战略和制造强国战略中的骨干和表率作用，强化企业在技术创新中的主体地位，重视培养科研人才和高技能人才。支持国有企业开展国际化经营，鼓励国有企业之间以及与其他所有制企业以资本为纽带，强强联合、优势互补，加快培育一批具有世界一流水平的跨国公司。

（十五）以管资本为主推进经营性国有资产集中统一监管。稳步将党政机关、事业单位所属企业的国有资本纳入经营性国有资产集中统一监管体系，具备条件的进入国有资本投资、运营公司。加强国有资产基础管理，按照统一制度规范、统一工作体系的原则，抓紧制定企业国有资产基础管理条例。建立覆盖全部国有企业、分级管理的国有资本经营预算管理制度，提高国有资本收益上缴公共财政比例，2020年提高到30%，更多用于保障和改善民生。划转部分国有资本充实社会保障基金。

五、发展混合所有制经济

（十六）推进国有企业混合所有制改革。以促进国有企业转换经营机制，放大国有资本功能，提高国有资本配置和运行效率，实现各种所有制资本取长补短、相互促进、共同发展为目标，稳妥推动国有企业发展混合所有制经济。对通过实行股份制、上市等途径已经实行混合所有制的国有企业，要着力在完善现代企业制度、提高资本运行效率上下功夫；对于适宜继续推进混合所有制改革的国有企业，要充分发挥市场机制作用，坚持因地施策、因业施策、因企施策，宜独则独、宜控则控、宜参则参，不搞拉郎配，不搞全覆盖，不设时间表，成熟一个推进一个。改革要依法依规、严格程序、公开公正，切实保护混合所有制企业各类出资人的产权权益，杜绝国有资产流失。

（十七）引入非国有资本参与国有企业改革。鼓励非国有资本投资主体通过出资入股、收购股权、认购可转债、股权置换等多种方式，参与国有企业改制重组或国有控股上市公司增资扩股以及企业经营管理。实行同股同权，切实维护各类股东合法权益。在石油、天然气、电力、铁路、电信、资源开发、公用事业等领域，向非国有资本推出符合产业政策、有利于转型升级的项目。依照外商投资产业指导目录和相关安全审查规定，完善外资安全审查工作机制。开展多类型政府和社会资本合作试点，逐步推广政府和社会资本合作模式。

（十八）鼓励国有资本以多种方式入股非国有企业。充分发挥国有资本投资、运营公司的资本运作平台作用，通过市场化方式，以公共服务、高新技术、生态环保、战略性产业为重点领域，对发展潜力大、成长性强的非国有企业进行股权投资。鼓励国有企业通过投资入股、联合投资、重组等多种方式，与非国有企业进行股权融合、战略合作、资源整合。

（十九）探索实行混合所有制企业员工持股。坚持试点先行，在取得经验基础上稳妥有序推进，通过实行员工持股建立激励约束长效机制。优先支持人才资本和技术要素贡献占比较高的转制科研院所、高新技术企业、科技服务型企业开展员工持股试点，支持对企业经营业绩和持续发展有直接或较大影响的科研人员、经营管理人员和业务骨干等持股。员工持股主要采取增资扩股、出资新设等方式。完善相关政策，健全审核程序，规范操作流程，严格资产评估，建立健全股权流转和退出机制，确保员工持股公开透明，严禁暗箱操作，防止利益输送。

六、强化监督防止国有资产流失

（二十）强化企业内部监督。完善企业内部监督体系，明确监事会、审计、纪检监察、巡视以及法律、财务等部门的监督职责，完善监督制度，增强制度执行力。强化对权力集中、资金密集、资源富集、资产聚集的部门和岗位的监督，实行分事行权、分岗设权、分级授权，定期轮岗，强化内部流程控制，防止权力滥用。建立审计部门向董事会负责的工作机制。落实企业内部监事会对董事、经理和其他高级管理人员的监督。进一步发挥企业总法律顾问在经营管理中的法律审核把关作用，推进企业依法经营、合规管理。集团公司要依法依规、尽职尽责加强对子企业的管理和监督。大力推进厂务公开，健全以职工代表大会为基本形式的企业民主管理制度，加强企业职工民主监督。

（二十一）建立健全高效协同的外部监督机制。强化出资人监督，加快国有企业行为规范法律法规制度建设，加强对企业关键业务、改革重点领域、国有资本运营重要环节以及境外国有资产的监督，规范操作流程，强化专业检查，开展总会计师由履行出资人职责机构委派的试点。加强和改进外派监事会制度，明确职责定位，强化与有关专业监督机构的协作，加强当期和事中监督，强化监督成果运用，建立健全核查、移交和整改机制。健全国有资本审计监督体系和制度，实行企业国有资产审计监督全覆盖，建立对企业国有资本的经常性审计制度。加强纪检监察监督和巡视工作，强化对企业领导人员廉洁从业、行使权力等的监督，加大大案要案查处力度，狠抓对存在问题的整改落实。整合出资人监管、外派监事会监督和审计、纪检监察、巡视等监督力量，建立监督工作会商机制，加强统筹，创新方式，共享资源，减少重复检查，提高监督效能。建立健全监督意见反馈整改机制，形成监督工作的闭环。

（二十二）实施信息公开加强社会监督。完善国有资产和国有企业信息公开制度，设立统一的信息公开网络平台，依法依规、及时准确披露国有资本整体运营和监管、国有企业公司治理以及管理架构、经营情况、财务状况、关联交易、企业负责人薪酬等信息，建设阳光国企。认真处理人民群众关于国有资产流失等问题的来信、来访和检举，及时回应社会关切。充分发挥媒体舆论监督作用，有效保障社会公众对企业国有资产运营的知情权和监督权。

（二十三）严格责任追究。建立健全国有企业重大决策失误和失职、渎职责任追究倒查机制，建立和完善重大决策评估、决策事项履职记录、决策过错认定标准等配套制度，严厉查处侵吞、贪污、输送、挥霍国有资产和逃废金融债务的行为。建立健全企业国有资产的监督问责机制，对企业重大违法违纪问题敷衍不追、隐匿不报、查处不力的，严格追究有关人员失职渎职责任，视不同情形给予纪律处分或行政处分，构成犯罪的，由司法机关依法追究刑事责任。

七、加强和改进党对国有企业的领导

（二十四）充分发挥国有企业党组织政治核心作用。把加强党的领导和完善公司治理统一起来，将党建工作总体要求纳入国有企业章程，明确国有企业党组织在公司法人治理结构中的法定地位，创新国有企业党组织发挥政治核心作用的途径和方式。在国有企业改革中坚持党的建设同步谋划、党的组织及工作机构同步设置、党组织负责人及党务工作人员同步配备、党的工作同步开展，保证党组织工作机构健全、党务工作者队伍稳定、党组织和党员作用得到有效发挥。坚持和完善双向进入、交叉任职的领导体制，符合条件的党组织领导班子成员可以通过法定程序进入董事会、监事会、经理层，董事会、监事会、经理层成员中符合条件的党员可以依照有关规定和程序进入党组织领导班子；经理层成员与党组织领导班子成员适度交叉任职；董事长、总经理原则上分设，党组织书记、董事长一般由一人担任。

国有企业党组织要切实承担好、落实好从严管党治党责任。坚持从严治党、思想建党、制度治党，增强管党治党意识，建立健全党建工作责任制，聚精会神抓好党建工作，做到守土有责、守土负责、守土尽责。党组织书记要切实履行党建工作第一责任人职责，党组织班子其他成员要切实履行"一岗双责"，结合业务分工抓好党建工作。中央企业党组织书记同时担任企业其他主要领导职务的，应当设立1名专职抓企业党建工作的副书记。加强国有企业基层党组织建设和党员队伍建设，强化国有企业基层党建工作的基础保障，充分发挥基层党组织战斗堡垒作用、共产党员先锋模范作用。加强企业党组织对群众工作的领导，发挥好工会、共青团等群团组织的作用，深入细致做好职工群众的思想政治工作。把建立党的组织、开展党的工作，作为国有企业推进混合所有制改革的必要前提，根据不同类型混合所有制企业特点，科学确定党组织的设置方式、职责定位、管理模式。

（二十五）进一步加强国有企业领导班子建设和人才队伍建设。根据企业改革发展需要，明确选人用人标准和程序，创新选人用人方式。强化党组织在企业领导人员选拔任用、培养教育、管理监督中的责任，支持董事会依法选择经营管理者、经营管理者依法行使用人权，坚决防止和整治选人用人中的不正之风。加强对国有企业领导人员尤其是主要领导人员的日常监督管理和综合考核评价，及时调整不胜任、不称职的领导人员，切实解决企业领导人员能上不能下的问题。以强化忠诚意识、拓展世界眼光、提高战略思维、增强创新精神、锻造优秀品行为重点，加强企业家队伍建设，充分发挥企业家作用。大力实施人才强企战略，加快建立健全国有企业集聚人才的体制机制。

（二十六）切实落实国有企业反腐倡廉"两个责任"。国有企业党组织要切实履行好主体责任，纪检机构要履行好监督责任。加强党性教育、法治教育、警示教育，引导国有企业领导人员坚定理想信念，自觉践行"三严三实"要求，正确履职行权。建立切实可行的责任追究制度，与企业考核等挂钩，实行"一案双查"。推动国有企业纪律检查工作双重领导体制具体化、程序化、制度化，强化上级纪委对下级纪委的领导。加强和改进国有企业巡视工作，强化对权力运行的监督和制约。坚持运用法治思维和法治方式反腐败，完善反腐倡廉制度体系，严格落实反"四风"规定，努力构筑企业领导人员不敢腐、不能腐、不想腐的有效机制。

八、为国有企业改革创造良好环境条件

（二十七）完善相关法律法规和配套政策。加强国有企业相关法律法规立改废释工作，确保重大改革于法有据。切实转变政府职能，减少审批、优化制度、简化手续、提高效率。完善公共服务体系，推进政府购买服务，加快建立稳定可靠、补偿合理、公开透明的企业公共服务支出补偿机制。完善和落实国有企业重组整合涉及的资产评估增值、土地变更登记和国有资产无偿划转等方面税收优惠政策。完善国有企业退出的相关政策，依法妥善处理劳动关系调整、社会保险关系接续等问题。

（二十八）加快剥离企业办社会职能和解决历史遗留问题。完善相关政策，建立政府和国有企业合理分担成本的机制，多渠道筹措资金，采取分离移交、重组改制、关闭撤销等方式，剥离国有企业职工家属区"三供一业"和所办医院、学校、社区等公共服务机构，继续推进厂办大集体改革，对国有企业退休人员实施社会化管理，妥善解决国有企业历史遗留问题，为国有企业公平参与市场竞争创造条件。

（二十九）形成鼓励改革创新的氛围。坚持解放思想、实事求是，鼓励探索、实践、创新。

全面准确评价国有企业，大力宣传中央关于全面深化国有企业改革的方针政策，宣传改革的典型案例和经验，营造有利于国有企业改革的良好舆论环境。

（三十）加强对国有企业改革的组织领导。各级党委和政府要统一思想，以高度的政治责任感和历史使命感，切实履行对深化国有企业改革的领导责任。要根据本指导意见，结合实际制定实施意见，加强统筹协调、明确责任分工、细化目标任务、强化督促落实，确保深化国有企业改革顺利推进，取得实效。

金融、文化等国有企业的改革，中央另有规定的依其规定执行。

国务院关于国有企业发展混合所有制经济的意见

国发〔2015〕54号

各省、自治区、直辖市人民政府，国务院各部委、各直属机构：

发展混合所有制经济，是深化国有企业改革的重要举措。为贯彻党的十八大和十八届三中、四中全会精神，按照"四个全面"战略布局要求，落实党中央、国务院决策部署，推进国有企业混合所有制改革，促进各种所有制经济共同发展，现提出以下意见。

一、总体要求

（一）改革出发点和落脚点。国有资本、集体资本、非公有资本等交叉持股、相互融合的混合所有制经济，是基本经济制度的重要实现形式。多年来，一批国有企业通过改制发展成为混合所有制企业，但治理机制和监管体制还需要进一步完善；还有许多国有企业为转换经营机制、提高运行效率，正在积极探索混合所有制改革。当前，应对日益激烈的国际竞争和挑战，推动我国经济保持中高速增长、迈向中高端水平，需要通过深化国有企业混合所有制改革，推动完善现代企业制度，健全企业法人治理结构；提高国有资本配置和运行效率，优化国有经济布局，增强国有经济活力、控制力、影响力和抗风险能力，主动适应和引领经济发展新常态；促进国有企业转换经营机制，放大国有资本功能，实现国有资产保值增值，实现各种所有制资本取长补短、相互促进、共同发展，夯实社会主义基本经济制度的微观基础。在国有企业混合所有制改革中，要坚决防止因监管不到位、改革不彻底导致国有资产流失。

（二）基本原则。

——政府引导，市场运作。尊重市场经济规律和企业发展规律，以企业为主体，充分发挥市场机制作用，把引资本与转机制结合起来，把产权多元化与完善企业法人治理结构结合起来，探索国有企业混合所有制改革的有效途径。

——完善制度，保护产权。以保护产权、维护契约、统一市场、平等交换、公平竞争、有效监管为基本导向，切实保护混合所有制企业各类出资人的产权权益，调动各类资本参与发展混合所有制经济的积极性。

——严格程序，规范操作。坚持依法依规，进一步健全国有资产交易规则，科学评估国有资产价值，完善市场定价机制，切实做到规则公开、过程公开、结果公开。强化交易主体和交易过程监管，防止暗箱操作、低价贱卖、利益输送、化公为私、逃废债务，杜绝国有资产流失。

——宜改则改，稳妥推进。对通过实行股份制、上市等途径已经实行混合所有制的国有企业，要着力在完善现代企业制度、提高资本运行效率上下功夫；对适宜继续推进混合所有制改革的国有企业，要充分发挥市场机制作用，坚持因地施策、因业施策、因企施策，宜独则独、宜控则控、宜参则参，不搞拉郎配，不搞全覆盖，不设时间表，一企一策，成熟一个推进一个，确保改革规范有序进行。尊重基层创新实践，形成一批可复制、可推广的成功做法。

二、分类推进国有企业混合所有制改革

（三）稳妥推进主业处于充分竞争行业和领域的商业类国有企业混合所有制改革。按照市场化、国际化要求，以增强国有经济活力、放大国有资本功能、实现国有资产保值增值为主要目标，以提高经济效益和创新商业模式为导向，充分运用整体上市等方式，积极引入其他国有资本或各类非国有资本实现股权多元化。坚持以资本为纽带完善混合所有制企业治理结构和管理方式，国有资本出资人和各类非国有资本出资人以股东身份履行权利和职责，使混合所有制企业成为真正的市场主体。

（四）有效探索主业处于重要行业和关键领域的商业类国有企业混合所有制改革。对主业处于关系国家安全、国民经济命脉的重要行业和关键领域、主要承担重大专项任务的商业类国有企业，要保持国有资本控股地位，支持非国有资本参股。对自然垄断行业，实行以政企分开、政资分开、特许经营、政府监管为主要内容的改革，根据不同行业特点实行网运分开、放开竞争性业务，促进公共资源配置市场化，同时加强分类依法监管，规范营利模式。

——重要通信基础设施、枢纽型交通基础设施、重要江河流域控制性水利水电航电枢纽、跨流域调水工程等领域，实行国有独资或控股，允许符合条件的非国有企业依法通过特许经营、政府购买服务等方式参与建设和运营。

——重要水资源、森林资源、战略性矿产资源等开发利用，实行国有独资或绝对控股，在强化环境、质量、安全监管的基础上，允许非国有资本进入，依法依规有序参与开发经营。

——江河主干渠道、石油天然气主干管网、电网等，根据不同行业领域特点实行网运分开、主辅分离，除对自然垄断环节的管网实行国有独资或绝对控股外，放开竞争性业务，允许非国有资本平等进入。

——核电、重要公共技术平台、气象测绘水文等基础数据采集利用等领域，实行国有独资或绝对控股，支持非国有企业投资参股以及参与特许经营和政府采购。粮食、石油、天然气等战略物资国家储备领域保持国有独资或控股。

——国防军工等特殊产业，从事战略武器装备科研生产、关系国家战略安全和涉及国家核心机密的核心军工能力领域，实行国有独资或绝对控股。其他军工领域，分类逐步放宽市场准入，建立竞争性采购体制机制，支持非国有企业参与武器装备科研生产、维修服务和竞争性采购。

——对其他服务国家战略目标、重要前瞻性战略性产业、生态环境保护、共用技术平台等重要行业和关键领域，加大国有资本投资力度，发挥国有资本引导和带动作用。

（五）引导公益类国有企业规范开展混合所有制改革。在水电气热、公共交通、公共设施等提供公共产品和服务的行业和领域，根据不同业务特点，加强分类指导，推进具备条件的企业实现投资主体多元化。通过购买服务、特许经营、委托代理等方式，鼓励非国有企业参与经营。政府要加强对价格水平、成本控制、服务质量、安全标准、信息披露、营运效率、保障能力等方面的监管，根据企业不同特点有区别地考核其经营业绩指标和国有资产保值增值情况，考核中要引入社会评价。

三、分层推进国有企业混合所有制改革

（六）引导在子公司层面有序推进混合所有制改革。对国有企业集团公司二级及以下企业，以研发创新、生产服务等实体企业为重点，引入非国有资本，加快技术创新、管理创新、商业模式创新，合理限定法人层级，有效压缩管理层级。明确股东的法律地位和股东在资本收益、企业重大决策、选择管理者等方面的权利，股东依法按出资比例和公司章程规定行权履职。

（七）探索在集团公司层面推进混合所有制改革。在国家有明确规定的特定领域，坚持国有资本控股，形成合理的治理结构和市场化经营机制；在其他领域，鼓励通过整体上市、并购重组、发行可转债等方式，逐步调整国有股权比例，积极引入各类投资者，形成股权结构多元、股东行为规范、内部约束有效、运行高效灵活的经营机制。

（八）鼓励地方从实际出发推进混合所有制改革。各地区要认真贯彻落实中央要求，区分不同情况，制定完善改革方案和相关配套措施，指导国有企业稳妥开展混合所有制改革，确保改革依法合规、有序推进。

四、鼓励各类资本参与国有企业混合所有制改革

（九）鼓励非公有资本参与国有企业混合所有制改革。非公有资本投资主体可通过出资入股、收购股权、认购可转债、股权置换等多种方式，参与国有企业改制重组或国有控股上市公司增资扩股以及企业经营管理。非公有资本投资主体可以货币出资，或以实物、股权、土地使用权等法律法规允许的方式出资。企业国有产权或国有股权转让时，除国家另有规定外，一般不在意向受让人资质条件中对民间投资主体单独设置附加条件。

（十）支持集体资本参与国有企业混合所有制改革。明晰集体资产产权，发展股权多元化、经营产业化、管理规范化的经济实体。允许经确权认定的集体资本、资产和其他生产要素作价入股，参与国有企业混合所有制改革。研究制定股份合作经济（企业）管理办法。

（十一）有序吸收外资参与国有企业混合所有制改革。引入外资参与国有企业改制重组、合资合作，鼓励通过海外并购、投融资合作、离岸金融等方式，充分利用国际市场、技术、人才等资源和要素，发展混合所有制经济，深度参与国际竞争和全球产业分工，提高资源全球化配置能力。按照扩大开放与加强监管同步的要求，依照外商投资产业指导目录和相关安全审查规定，完善外资安全审查工作机制，切实加强风险防范。

（十二）推广政府和社会资本合作（PPP）模式。优化政府投资方式，通过投资补助、基金注资、担保补贴、贷款贴息等，优先支持引入社会资本的项目。以项目运营绩效评价结果为依据，适时对价格和补贴进行调整。组合引入保险资金、社保基金等长期投资者参与国家重点工程投资。鼓励社会资本投资或参股基础设施、公用事业、公共服务等领域项目，使投资者在平等竞争中获取合理收益。加强信息公开和项目储备，建立综合信息服务平台。

（十三）鼓励国有资本以多种方式入股非国有企业。在公共服务、高新技术、生态环境保护和战略性产业等重点领域，以市场选择为前提，以资本为纽带，充分发挥国有资本投资、运营公司的资本运作平台作用，对发展潜力大、成长性强的非国有企业进行股权投资。鼓励国有企业通过投资入股、联合投资、并购重组等多种方式，与非国有企业进行股权融合、战略合作、资源整合，发展混合所有制经济。支持国有资本与非国有资本共同设立股权投资基金，参与企业改制重组。

（十四）探索完善优先股和国家特殊管理股方式。国有资本参股非国有企业或国有企业引入非国有资本时，允许将部分国有资本转化为优先股。在少数特定领域探索建立国家特殊管理股制度，依照相关法律法规和公司章程规定，行使特定事项否决权，保证国有资本在特定领域的控制力。

（十五）探索实行混合所有制企业员工持股。坚持激励和约束相结合的原则，通过试点稳妥推进员工持股。员工持股主要采取增资扩股、出资新设等方式，优先支持人才资本和技术要素贡献占比较高的转制科研院所、高新技术企业和科技服务型企业开展试点，支持对企业经营业绩和持续发展有直接或较大影响的科研人员、经营管理人员和业务骨干等持股。完善相关政策，健全审核程序，规范操作流程，严格资产评估，建立健全股权流转和退出机制，确保员工持股公开透明，严禁暗箱操作，防止利益输送。混合所有制企业实行员工持股，要按照混合所有制企业实行员工持股试点的有关工作要求组织实施。

五、建立健全混合所有制企业治理机制

（十六）进一步确立和落实企业市场主体地位。政府不得干预企业自主经营，股东不得干预企业日常运营，确保企业治理规范、激励约束机制到位。落实董事会对经理层成员等高级经营管理人员选聘、业绩考核和薪酬管理等职权，维护企业真正的市场主体地位。

（十七）健全混合所有制企业法人治理结构。混合所有制企业要建立健全现代企业制度，明晰产权，同股同权，依法保护各类股东权益。规范企业股东（大）会、董事会、经理层、监事会和党组织的权责关系，按章程行权，对资本监管，靠市场选人，依规则运行，形成定位清晰、权责对等、运转协调、制衡有效的法人治理结构。

（十八）推行混合所有制企业职业经理人制度。按照现代企业制度要求，建立市场导向的选人用人和激励约束机制，通过市场化方式选聘职业经理人依法负责企业经营管理，畅通现有经营管理者与职业经理人的身份转换通道。职业经理人实行任期制和契约化管理，按照市场化原则决定薪酬，可以采取多种方式探索中长期激励机制。严格职业经理人任期管理和绩效考核，加快建立退出机制。

六、建立依法合规的操作规则

（十九）严格规范操作流程和审批程序。在组建和注册混合所有制企业时，要依据相关法律法规，规范国有资产授权经营和产权交易等行为，健全清产核资、评估定价、转让交易、登记确权等国有产权流转程序。国有企业产权和股权转让、增资扩股、上市公司增发等，应在产权、股权、证券市场公开披露信息，公开择优确定投资人，达成交易意向后应及时公示交易对象、交易价格、关联交易等信息，防止利益输送。国有企业实施混合所有制改革前，应依据本意见制定方案，报同级国有资产监管机构批准；重要国有企业改制后国有资本不再控股的，报同级人民政府批准。国有资产监管机构要按照本意见要求，明确国有企业混合所有制改革的操作流程。方案审批时，应加强对社会资本质量、合作方诚信与操守、债权债务关系等内容的审核。要充分保障企业职工对国有企业混合所有制改革的知情权和参与权，涉及职工切身利益的要做好评估工作，职工安置方案要经过职工代表大会或者职工大会审议通过。

（二十）健全国有资产定价机制。按照公开公平公正原则，完善国有资产交易方式，严格规范国有资产登记、转让、清算、退出等程序和交易行为。通过产权、股权、证券市场发现和合理确定资产价格，发挥专业化中介机构作用，借助多种市场化定价手段，完善资产定价机制，实施信息公开，加强社会监督，防止出现内部人控制、利益输送造成国有资产流失。

（二十一）切实加强监管。政府有关部门要加强对国有企业混合所有制改革的监管，完善国有产权交易规则和监管制度。国有资产监管机构对改革中出现的违法转让和侵吞国有资产、化公为私、利益输送、暗箱操作、逃废债务等行为，要依法严肃处理。审计部门要依法履行审计监督职能，加强对改制企业原国有企业法定代表人的离任审计。充分发挥第三方机构在清产核资、财务审计、资产定价、股权托管等方面的作用。加强企业职工内部监督。进一步做好信息公开，自觉接受社会监督。

七、营造国有企业混合所有制改革的良好环境

（二十二）加强产权保护。健全严格的产权占有、使用、收益、处分等完整保护制度，依法保护混合所有制企业各类出资人的产权和知识产权权益。在立法、司法和行政执法过程中，坚持对各种所有制经济产权和合法利益给予同等法律保护。

（二十三）健全多层次资本市场。加快建立规则统一、交易规范的场外市场，促进非上市股份公司股权交易，完善股权、债权、物权、知识产权及信托、融资租赁、产业投资基金等产品交易机制。建立规范的区域性股权市场，为企业提供融资服务，促进资产证券化和资本流动，健全股权登记、托管、做市商等第三方服务体系。以具备条件的区域性股权、产权市场为载体，探索建立统一结算制度，完善股权公开转让和报价机制。制定场外市场交易规则和规范监管制度，明确监管主体，实行属地化、专业化监管。

（二十四）完善支持国有企业混合所有制改革的政策。进一步简政放权，最大限度取消涉及企业依法自主经营的行政许可审批事项。凡是市场主体基于自愿的投资经营和民事行为，只要不属于法律法规禁止进入的领域，且不危害国家安全、社会公共利益和第三方合法权益，不得限制进入。完善工商登记、财税管理、土地管理、金融服务等政策。依法妥善解决混合所有制改革涉及的国有企业职工劳动关系调整、社会保险关系接续等问题，确保企业职工队伍稳定。加快剥离国有企业办社会职能，妥善解决历史遗留问题。完善统计制度，加强监测分析。

（二十五）加快建立健全法律法规制度。健全混合所有制经济相关法律法规和规章，加大法律法规立、改、废、释工作力度，确保改革于法有据。根据改革需要抓紧对合同法、物权法、公司法、企业国有资产法、企业破产法中有关法律制度进行研究，依照法定程序及时提请修改。推动加快制定有关产权保护、市场准入和退出、交易规则、公平竞争等方面法律法规。

八、组织实施

（二十六）建立工作协调机制。国有企业混合所有制改革涉及面广、政策性强、社会关注度高。各地区、各有关部门和单位要高度重视，精心组织，严守规范，明确责任。各级政府及相关职能部门要加强对国有企业混合所有制改革的组织领导，做好把关定向、配套落实、审核批准、纠偏提醒等工作。各级国有资产监管机构要及时跟踪改革进展，加强改革协调，评估改革成效，推广改革经验，重大问题及时向同级人民政府报告。各级工商联要充分发挥广泛联系非公有制企业的组织优势，参与做好沟通政企、凝聚共识、决策咨询、政策评估、典型宣传等方面工作。

（二十七）加强混合所有制企业党建工作。坚持党的建设与企业改革同步谋划、同步开展，根据企业组织形式变化，同步设置或调整党的组织，理顺党组织隶属关系，同步选配好党组织负责人，健全党的工作机构，配强党务工作者队伍，保障党组织工作经费，有效开展党的工作，发挥好党组织政治核心作用和党员先锋模范作用。

（二十八）开展不同领域混合所有制改革试点示范。结合电力、石油、天然气、铁路、民航、电信、军工等领域改革，开展放开竞争性业务、推进混合所有制改革试点示范。在基础设施和公共服务领域选择有代表性的政府投融资项目，开展多种形式的政府和社会资本合作试点，加快形成可复制、可推广的模式和经验。

（二十九）营造良好的舆论氛围。以坚持"两个毫不动摇"（毫不动摇巩固和发展公有制经济，毫不动摇鼓励、支持、引导非公有制经济发展）为导向，加强国有企业混合所有制改革舆论宣传，做好政策解读，阐释目标方向和重要意义，宣传成功经验，正确引导舆论，回应社会关切，使广大人民群众了解和支持改革。

各级政府要加强对国有企业混合所有制改革的领导，根据本意见，结合实际推动改革。

金融、文化等国有企业的改革，中央另有规定的依其规定执行。

国务院办公厅关于进一步完善国有企业法人治理结构的指导意见

国办发〔2017〕36 号

各省、自治区、直辖市人民政府，国务院各部委、各直属机构：

完善国有企业法人治理结构是全面推进依法治企、推进国家治理体系和治理能力现代化的内在要求，是新一轮国有企业改革的重要任务。当前，多数国有企业已初步建立现代企业制度，但从实践情况看，现代企业制度仍不完善，部分企业尚未形成有效的法人治理结构，权责不清、约束不够、缺乏制衡等问题较为突出，一些董事会形同虚设，未能发挥应有作用。根据《中共中央　国务院关于深化国有企业改革的指导意见》等文件精神，为改进国有企业法人治理结构，完善国有企业现代企业制度，经国务院同意，现提出以下意见：

一、总体要求

（一）指导思想。

全面贯彻党的十八大和十八届三中、四中、五中、六中全会精神，深入贯彻习近平总书记系列重要讲话精神和治国理政新理念新思想新战略，认真落实党中央、国务院决策部署，统筹推进"五位一体"总体布局和协调推进"四个全面"战略布局，牢固树立和贯彻落实创新、协调、绿色、开放、共享的发展理念，从国有企业实际情况出发，以建立健全产权清晰、权责明确、政企分开、管理科学的现代企业制度为方向，积极适应国有企业改革的新形势新要求，坚持党的领导、加强党的建设，完善体制机制，依法规范权责，根据功能分类，把握重点，进一步健全各司其职、各负其责、协调运转、有效制衡的国有企业法人治理结构。

（二）基本原则。

1.坚持深化改革。尊重企业市场主体地位，遵循市场经济规律和企业发展规律，以规范决策机制和完善制衡机制为重点，坚持激励机制与约束机制相结合，体现效率原则与公平原则，充分调动企业家积极性，提升企业的市场化、现代化经营水平。

2.坚持党的领导。落实全面从严治党战略部署，把加强党的领导和完善公司治理统一起来，明确国有企业党组织在法人治理结构中的法定地位，发挥国有企业党组织的领导核心和政治核心作用，保证党组织把方向、管大局、保落实。坚持党管干部原则与董事会依法选择经营管理者、经营管理者依法行使用人权相结合，积极探索有效实现形式，完善反腐倡廉制度体系。

3.坚持依法治企。依据《中华人民共和国公司法》《中华人民共和国企业国有资产法》等法律法规，以公司章程为行为准则，规范权责定位和行权方式；法无授权，任何政府部门和机构不得干预企业正常生产经营活动，实现深化改革与依法治企的有机统一。

4.坚持权责对等。坚持权利义务责任相统一，规范权力运行、强化权利责任对等，改革国有资本授权经营体制，深化权力运行和监督机制改革，构建符合国情的监管体系，完善履职评价和责任追究机制，对失职、渎职行为严格追责，建立决策、执行和监督环节的终身责任追究制度。

（三）主要目标。

2017年年底前，国有企业公司制改革基本完成。到2020年，党组织在国有企业法人治理结构中的法定地位更加牢固，充分发挥公司章程在企业治理中的基础作用，国有独资、全资公司全面建立外部董事占多数的董事会，国有控股企业实行外部董事派出制度，完成外派监事会改革；充分发挥企业家作用，造就一大批政治坚定、善于经营、充满活力的董事长和职业经理人，培育一支德才兼备、业务精通、勇于担当的董事、监事队伍；党风廉政建设主体责任和监督责任全面落实，企业民主监督和管理明显改善；遵循市场经济规律和企业发展规律，使国有企业成为依法自主经营、自负盈亏、自担风险、自我约束、自我发展的市场主体。

二、规范主体权责

健全以公司章程为核心的企业制度体系，充分发挥公司章程在企业治理中的基础作用，依照法律法规和公司章程，严格规范履行出资人职责的机构（以下简称"出资人机构"）、股东会（包括股东大会，下同）、董事会、经理层、监事会、党组织和职工代表大会的权责，强化权利责任对等，保障有效履职，完善符合市场经济规律和我国国情的国有企业法人治理结构，进一步提升国有企业运行效率。

（一）理顺出资人职责，转变监管方式。

1.股东会是公司的权力机构。股东会主要依据法律法规和公司章程，通过委派或更换董事、监事（不含职工代表），审核批准董事会、监事会年度工作报告，批准公司财务预决算、利润分配方案等方式，对董事会、监事会以及董事、监事的履职情况进行评价和监督。出资人机构根据本级人民政府授权对国家出资企业依法享有股东权利。

2.国有独资公司不设股东会，由出资人机构依法行使股东会职权。以管资本为主改革国有资本授权经营体制，对直接出资的国有独资公司，出资人机构重点管好国有资本布局、规范资本运作、强化资本约束、提高资本回报、维护资本安全。对国有全资公司、国有控股企业，出资人机构主要依据股权份额通过参加股东会议、审核需由股东决定的事项、与其他股东协商作出决议等方式履行职责，除法律法规或公司章程另有规定外，不得干预企业自主经营活动。

3.出资人机构依据法律法规和公司章程规定行使股东权利、履行股东义务，有关监管内容应依法纳入公司章程。按照以管资本为主的要求，出资人机构要转变工作职能、改进工作方式，加强公司章程管理，清理有关规章、规范性文件，研究提出出资人机构审批事项清单，建立对董事会重大决策的合规性审查机制，制定监事会建设、责任追究等具体措施，适时制定国有资本优先股和国家特殊管理股管理办法。

（二）加强董事会建设，落实董事会职权。

1.董事会是公司的决策机构，要对股东会负责，执行股东会决定，依照法定程序和公司章程授权决定公司重大事项，接受股东会、监事会监督，认真履行决策把关、内部管理、防范风险、深化改革等职责。国有独资公司要依法落实和维护董事会行使重大决策、选人用人、薪酬分配等权利，增强董事会的独立性和权威性，落实董事会年度工作报告制度；董事会应与党组织充分沟通，有序开展国有独资公司董事会选聘经理层试点，加强对经理层的管理和监督。

2.优化董事会组成结构。国有独资、全资公司的董事长、总经理原则上分设，应均为内部执行董事，定期向董事会报告工作。国有独资公司的董事长作为企业法定代表人，对企业改革发展负首要责任，要及时向董事会和国有股东报告重大经营问题和经营风险。国有独资公司的董事对出资人机构负责，接受出资人机构指导，其中外部董事人选由出资人机构商有关部门提名，并按照法定程序任命。国有全资公司、国有控股企业的董事由相关股东依据股权份额推荐派出，由股东会选举或更换，国有股东派出的董事要积极维护国有资本权益；国有全资公司的外部董事人选由控股股东商其他股东推荐，由股东会选举或更换；国有控股企业应有一定比例的外部董事，由股东会选举或更换。

3. 规范董事会议事规则。董事会要严格实行集体审议、独立表决、个人负责的决策制度，平等充分发表意见，一人一票表决，建立规范透明的重大事项信息公开和对外披露制度，保障董事会会议记录和提案资料的完整性，建立董事会决议跟踪落实以及后评估制度，做好与其他治理主体的联系沟通。董事会应当设立提名委员会、薪酬与考核委员会、审计委员会等专门委员会，为董事会决策提供咨询，其中薪酬与考核委员会、审计委员会应由外部董事组成。改进董事会和董事评价办法，完善年度和任期考核制度，逐步形成符合企业特点的考核评价体系及激励机制。

4. 加强董事队伍建设。开展董事任前和任期培训，做好董事派出和任期管理工作。建立完善外部董事选聘和管理制度，严格资格认定和考试考察程序，拓宽外部董事来源渠道，扩大专职外部董事队伍，选聘一批现职国有企业负责人转任专职外部董事，定期报告外部董事履职情况。国有独资公司要健全外部董事召集人制度，召集人由外部董事定期推选产生。外部董事要与出资人机构加强沟通。

（三）维护经营自主权，激发经理层活力。

1. 经理层是公司的执行机构，依法由董事会聘任或解聘，接受董事会管理和监事会监督。总经理对董事会负责，依法行使管理生产经营、组织实施董事会决议等职权，向董事会报告工作，董事会闭会期间向董事长报告工作。

2. 建立规范的经理层授权管理制度，对经理层成员实行与选任方式相匹配、与企业功能性质相适应、与经营业绩相挂钩的差异化薪酬分配制度，国有独资公司经理层逐步实行任期制和契约化管理。根据企业产权结构、市场化程度等不同情况，有序推进职业经理人制度建设，逐步扩大职业经理人队伍，有序实行市场化薪酬，探索完善中长期激励机制，研究出台相关指导意见。国有独资公司要积极探索推行职业经理人制度，实行内部培养和外部引进相结合，畅通企业经理层成员与职业经理人的身份转换通道。开展出资人机构委派国有独资公司总会计师试点。

（四）发挥监督作用，完善问责机制。

1. 监事会是公司的监督机构，依照有关法律法规和公司章程设立，对董事会、经理层成员的职务行为进行监督。要提高专职监事比例，增强监事会的独立性和权威性。对国有资产监管机构所出资企业依法实行外派监事会制度。外派监事会由政府派出，负责检查企业财务，监督企业重大决策和关键环节以及董事会、经理层履职情况，不参与、不干预企业经营管理活动。

2. 健全以职工代表大会为基本形式的企业民主管理制度，支持和保证职工代表大会依法行使职权，加强职工民主管理与监督，维护职工合法权益。国有独资、全资公司的董事会、监事会中须有职工董事和职工监事。建立国有企业重大事项信息公开和对外披露制度。

3.强化责任意识，明确权责边界，建立与治理主体履职相适应的责任追究制度。董事、监事、经理层成员应当遵守法律法规和公司章程，对公司负有忠实义务和勤勉义务；要将其信用记录纳入全国信用信息共享平台，违约失信的按规定在"信用中国"网站公开。董事应当出席董事会会议，对董事会决议承担责任；董事会决议违反法律法规或公司章程、股东会决议，致使公司遭受严重损失的，应依法追究有关董事责任。经理层成员违反法律法规或公司章程，致使公司遭受损失的，应依法追究有关经理层成员责任。执行董事和经理层成员未及时向董事会或国有股东报告重大经营问题和经营风险的，应依法追究相关人员责任。企业党组织成员履职过程中有重大失误和失职、渎职行为的，应按照党组织有关规定严格追究责任。按照"三个区分开来"的要求，建立必要的改革容错纠错机制，激励企业领导人员干事创业。

（五）坚持党的领导，发挥政治优势。

1.坚持党的领导、加强党的建设是国有企业的独特优势。要明确党组织在国有企业法人治理结构中的法定地位，将党建工作总体要求纳入国有企业章程，明确党组织在企业决策、执行、监督各环节的权责和工作方式，使党组织成为企业法人治理结构的有机组成部分。要充分发挥党组织的领导核心和政治核心作用，领导企业思想政治工作，支持董事会、监事会、经理层依法履行职责，保证党和国家方针政策的贯彻执行。

2.充分发挥纪检监察、巡视、审计等监督作用，国有企业董事、监事、经理层中的党员每年要定期向党组（党委）报告个人履职和廉洁自律情况。上级党组织对国有企业纪检组组长（纪委书记）实行委派制度和定期轮岗制度，纪检组组长（纪委书记）要坚持原则、强化监督。纪检组组长（纪委书记）可列席董事会和董事会专门委员会的会议。

3.积极探索党管干部原则与董事会选聘经营管理人员有机结合的途径和方法。坚持和完善双向进入、交叉任职的领导体制，符合条件的国有企业党组（党委）领导班子成员可以通过法定程序进入董事会、监事会、经理层，董事会、监事会、经理层成员中符合条件的党员可以依照有关规定和程序进入党组（党委）；党组（党委）书记、董事长一般由一人担任，推进中央企业党组（党委）专职副书记进入董事会。在董事会选聘经理层成员工作中，上级党组织及其组织部门、国有资产监管机构党委应当发挥确定标准、规范程序、参与考察、推荐人选等作用。积极探索董事会通过差额方式选聘经理层成员。

三、做好组织实施

（一）及时总结经验，分层有序实施。在国有企业建设规范董事会试点基础上，总结经验、完善制度，国务院国资委监管的中央企业要依法改制为国有独资公司或国有控股公司，全面建立规范的董事会。国有资本投资、运营公司法人治理结构要"一企一策"地在公司章程中予以细化。其他中央企业和地方国有企业要根据自身实际，由出资人机构负责完善国有企业法人治理结构。

（二）精心规范运作，做好相互衔接。国有企业要按照完善法人治理结构的要求，全面推进依法治企，完善公司章程，明确内部组织机构的权利、义务、责任，实现各负其责、规范运作、相互衔接、有效制衡。国务院国资委要会同有关部门和单位抓紧制定国有企业公司章程审核和批准管理办法。

金融、文化等国有企业的改革，中央另有规定的依其规定执行。

国有科技型企业股权和分红激励暂行办法

第一章 总 则

第一条 为加快实施创新驱动发展战略，建立国有科技型企业自主创新和科技成果转化的激励分配机制，调动技术和管理人员的积极性和创造性，推动高新技术产业化和科技成果转化，依据《中华人民共和国促进科技成果转化法》《中华人民共和国公司法》《中华人民共和国企业国有资产法》等国家法律法规，制定本办法。

第二条 本办法所称国有科技型企业，是指中国境内具有公司法人资格的国有及国有控股未上市科技企业（含全国中小企业股份转让系统挂牌的国有企业），具体包括：

（一）转制院所企业、国家认定的高新技术企业。

（二）高等院校和科研院所投资的科技企业。

（三）国家和省级认定的科技服务机构。

第三条 本办法所称股权激励，是指国有科技型企业以本企业股权为标的，采取股权出售、股权奖励、股权期权等方式，对企业重要技术人员和经营管理人员实施激励的行为。

分红激励，是指国有科技型企业以科技成果转化收益为标的，采取项目收益分红方式；或者以企业经营收益为标的，采取岗位分红方式，对企业重要技术人员和经营管理人员实施激励的行为。

第四条 国有科技型企业实施股权和分红激励应当遵循以下原则：

（一）依法依规，公正透明。严格遵守国家法律法规和本办法的规定，有序开展激励工作，操作过程公开、公平、公正，坚决杜绝利益输送，防止国有资产流失。

（二）因企制宜，多措并举。统筹考虑企业规模、行业特点和发展阶段，采取一种或者多种激励方式，科学制定激励方案。建立合理激励、有序流转、动态调整的机制。

（三）利益共享，风险共担。激励对象按照自愿原则，获得股权和分红激励，应当诚实守信，勤勉尽责，自觉维护企业和全体股东利益，共享改革发展成果，共担市场竞争风险。

（四）落实责任，强化监督。建立健全企业内部监督机制，依法维护企业股东和员工的权益。履行国有资产监管职责单位及同级财政、科技部门要加强监管，依法追责。

第五条 国有科技型企业负责拟订股权和分红激励方案，履行内部审议和决策程序，报经履行出资人职责或国有资产监管职责的部门、机构、企业审核后，对符合条件的激励对象实施激励。

第二章　实施条件

第六条　实施股权和分红激励的国有科技型企业应当产权明晰、发展战略明确、管理规范、内部治理结构健全并有效运转，同时具备以下条件：

（一）企业建立了规范的内部财务管理制度和员工绩效考核评价制度。年度财务会计报告经过中介机构依法审计，且激励方案制定近 3 年（以下简称近 3 年）没有因财务、税收等违法违规行为受到行政、刑事处罚。成立不满 3 年的企业，以实际经营年限计算。

（二）对于本办法第二条中的（一）、（二）类企业，近 3 年研发费用占当年企业营业收入均在 3% 以上，激励方案制定的上一年度企业研发人员占职工总数 10% 以上。成立不满 3 年的企业，以实际经营年限计算。

（三）对于本办法第二条中的（三）类企业，近 3 年科技服务性收入不低于当年企业营业收入的 60%。

上款所称科技服务性收入是指国有科技服务机构营业收入中属于研究开发及其服务、技术转移服务、检验检测认证服务、创业孵化服务、知识产权服务、科技咨询服务、科技金融服务、科学技术普及服务等收入。

企业成立不满 3 年的，不得采取股权奖励和岗位分红的激励方式。

第七条　激励对象为与本企业签订劳动合同的重要技术人员和经营管理人员，具体包括：

（一）关键职务科技成果的主要完成人，重大开发项目的负责人，对主导产品或者核心技术、工艺流程做出重大创新或者改进的主要技术人员。

（二）主持企业全面生产经营工作的高级管理人员，负责企业主要产品（服务）生产经营的中、高级经营管理人员。

（三）通过省、部级及以上人才计划引进的重要技术人才和经营管理人才。

企业不得面向全体员工实施股权或者分红激励。

企业监事、独立董事不得参与企业股权或者分红激励。

第三章　股权激励

第八条　企业可以通过以下方式解决激励标的股权来源：

（一）向激励对象增发股份。

（二）向现有股东回购股份。

（三）现有股东依法向激励对象转让其持有的股权。

第九条　企业可以采取股权出售、股权奖励、股权期权等一种或多种方式对激励对象实施股权激励。

大、中型企业不得采取股权期权的激励方式。

企业的划型标准，按照国家统计局《关于印发统计上大中小微型企业划分办法的通知》（国统字〔2011〕75 号）等有关规定执行。

第十条　大型企业的股权激励总额不超过企业总股本的 5%；中型企业的股权激励总额不超过企业总股本的 10%；小、微型企业的股权激励总额不超过企业总股本的 30%，且单个激励对象获得的激励股权不得超过企业总股本的 3%。

企业不能因实施股权激励而改变国有控股地位。

第十一条　企业实施股权出售，应按不低于资产评估结果的价格，以协议方式将企业股权有偿出售给激励对象。资产评估结果，应当根据国有资产评估的管理规定，报相关部门、机构或者企业核准或者备案。

第十二条　企业实施股权奖励，除满足本办法第六条规定外，近 3 年税后利润累计形成的净资产增值额应当占近 3 年年初净资产总额的 20% 以上，实施激励当年年初未分配利润为正数。

近 3 年税后利润累计形成的净资产增值额，是指激励方案制定上年末账面净资产相对于近 3 年首年初账面净资产的增加值，不包括财政及企业股东以各种方式投资或补助形成的净资产和已经向股东分配的利润。

第十三条　企业用于股权奖励的激励额不超过近 3 年税后利润累计形成的净资产增值额的 15%。企业实施股权奖励，必须与股权出售相结合。

股权奖励的激励对象，仅限于在本企业连续工作 3 年以上的重要技术人员。单个获得股权奖励的激励对象，必须以不低于 1∶1 的比例购买企业股权，且获得的股权奖励按激励实施时的评估价值折算，累计不超过 300 万元。

第十四条　企业用于股权奖励的激励额，应当依据经核准或者备案的资产评估结果折合股权，并确定向每个激励对象奖励的股权。

第十五条　企业股权出售或者股权奖励原则上应一次实施到位。

第十六条　小、微型企业采取股权期权方式实施激励的，应当在激励方案中明确规定激励对象的行权价格。

确定行权价格时，应当综合考虑科技成果成熟程度及其转化情况、企业未来至少 5 年的盈利能力、企业拟授予全部股权数量等因素，且不低于制定股权期权激励方案时经核准或者备案的每股评估价值。

第十七条　企业应当与激励对象约定股权期权授予和行权的业绩考核目标等条件。

业绩考核指标可以选取净资产收益率、主营业务收入增长率、现金营运指数等财务指标，但应当不低于企业近 3 年平均业绩水平及同行业平均业绩水平。成立不满 3 年的企业，以实际经营年限计算。

第十八条　企业应当在激励方案中明确股权期权的授权日、可行权日和行权有效期。

股权期权授权日与获授股权期权首次可行权日之间的间隔不得少于 1 年，股权期权行权的有效期不得超过 5 年。

企业应当规定激励对象在股权期权行权的有效期内分期行权。有效期过后，尚未行权的股权期权自动失效。

第十九条　企业以股权期权方式授予的股权，激励对象分期缴纳相应出资额的，以实际出资额对应的股权参与企业利润分配。

第二十条　企业不得为激励对象购买股权提供贷款以及其他形式的财务资助，包括为激励对象向其他单位或者个人贷款提供担保。企业要坚持同股同权，不得向激励对象承诺年度分红回报或设置托底回购条款。

第二十一条　激励对象可以采用直接或间接方式持有激励股权。采用间接方式的，持股单位不得与企业存在同业竞争关系或发生关联交易。

第二十二条　股权激励的激励对象，自取得股权之日起，5年内不得转让、捐赠，特殊情形按以下规定处理：

（一）因本人提出离职或者个人原因被解聘、解除劳动合同，取得的股权应当在半年内全部退回企业，其个人出资部分由企业按上一年度审计后净资产计算退还本人。

（二）因公调离本企业的，取得的股权应当在半年内全部退回企业，其个人出资部分由企业按照上一年度审计后净资产计算与实际出资成本孰高的原则返还本人。

在职激励对象不得以任何理由要求企业收回激励股权。

第四章　分红激励

第二十三条　企业实施项目收益分红，应当依据《中华人民共和国促进科技成果转化法》，在职务科技成果完成、转化后，按照企业规定或者与重要技术人员约定的方式、数额和时限执行。企业制定相关规定，应当充分听取本企业技术人员的意见，并在本企业公开相关规定。

企业未规定、也未与重要技术人员约定的，按照下列标准执行：

（一）将该项职务科技成果转让、许可给他人实施的，从该项科技成果转让净收入或者许可净收入中提取不低于50%的比例；

（二）利用该项职务科技成果作价投资的，从该项科技成果形成的股份或者出资比例中提取不低于50%的比例；

（三）将该项职务科技成果自行实施或者与他人合作实施的，应当在实施转化成功投产后连续3至5年，每年从实施该项科技成果的营业利润中提取不低于5%的比例。

转让、许可净收入为企业取得的科技成果转让、许可收入扣除相关税费和企业为该项科技成果投入的全部研发费用及维护、维权费用后的金额。企业将同一项科技成果使用权向多个单位或者个人转让、许可的，转让、许可收入应当合并计算。

第二十四条　企业实施项目收益分红，应当按照具体项目实施财务管理，并按照国家统一的会计制度进行核算，反映具体项目收益分红情况。

第二十五条　企业实施岗位分红，除满足本办法第六条规定外，近3年税后利润累计形成的净资产增值额应当占企业近3年年初净资产总额的10%以上，且实施激励当年年初未分配利润为正数。

第二十六条　企业年度岗位分红激励总额不高于当年税后利润的15%。企业应当按照岗位在科技成果产业化中的重要性和贡献，确定不同岗位的分红标准。

第二十七条　激励对象应当在该岗位上连续工作1年以上，且原则上每次激励人数不超过企业在岗职工总数的30%。

激励对象获得的岗位分红所得不高于其薪酬总额的 2/3。激励对象自离岗当年起，不再享有原岗位分红权。

第二十八条　岗位分红激励方案有效期原则上不超过 3 年。激励方案中应当明确年度业绩考核指标，原则上各年度净利润增长率应当高于企业实施岗位分红激励近 3 年平均增长水平。

企业未达到年度考核要求的，应当终止激励方案的实施，再次实施岗位分红激励需重新申报。

激励对象未达到年度考核要求的，应当按约定的条款扣减、暂缓或停止分红激励。

第二十九条　企业实施分红激励所需支出计入工资总额，但不受当年本单位工资总额限制、不纳入本单位工资总额基数，不作为企业职工教育经费、工会经费、社会保险费、补充养老及补充医疗保险费、住房公积金等的计提依据。

第五章　激励方案的管理

第三十条　企业总经理班子或者董事会（以下统称企业内部决策机构）负责拟订企业股权和分红激励方案（格式参见附件）。

第三十一条　对同一激励对象就同一职务科技成果或者产业化项目，企业只能采取一种激励方式、给予一次激励。对已按照本办法实施股权激励的激励对象，企业在 5 年内不得再对其实施股权激励。

第三十二条　激励方案涉及的财务数据和资产评估结果，应当经具有相关资质的会计师事务所审计和资产评估机构评估，并按有关规定办理核准或备案手续。

第三十三条　企业内部决策机构拟订激励方案时，应当通过职工代表大会或者其他形式充分听取职工的意见和建议。

第三十四条　企业内部决策机构应当将激励方案及听取职工意见情况，先行报履行出资人职责或国有资产监管职责的部门、机构、企业（以下简称审核单位）批准。

中央企业集团公司相关材料报履行出资人职责的部门或机构批准；中央企业集团公司所属子企业，相关材料报中央企业集团公司批准。履行出资人职责的国有资本投资、运营公司所属子企业，相关材料报国有资本投资、运营公司批准。

中央部门及事业单位所属企业，按国有资产管理权属，相关材料报中央主管部门或机构批准。

地方国有企业相关材料，按现行国有资产管理体制，报同级履行国有资产监管职责的部门或机构批准。

第三十五条　审核单位应当严格审核企业申报的激励方案，必要时要求企业法律事务机构或者外聘律师对激励方案出具法律意见书，对以下事项发表专业意见：

（一）激励方案是否符合有关法律、法规和本办法的规定。

（二）激励方案是否存在明显损害企业及现有股东利益的情形。

（三）激励方案是否充分披露影响激励结果的重大信息。

（四）激励方案可能引发的法律纠纷等风险，以及应对风险的法律建议。

（五）其他重要事项。

审核单位自受理企业股权和分红激励方案之日起 20 个工作日内，提出书面审定意见。

第三十六条　审核单位批准企业实施股权和分红激励后，企业内部决策机构应将批准的激励方案提请股东（大）会审议。

在股东（大）会审议激励方案时，国有股东代表应当按照审批单位书面审定意见发表意见。

未设立股东（大）会的企业，按照审批单位批准的方案实施。

第三十七条　除国家另有规定外，企业应当在股东（大）会审议通过激励方案后 5 个工作日内，将以下材料报送审核单位备案：

（一）经股东（大）会审议通过的激励方案。

（二）相关批准文件、股东（大）会决议。

企业股东应当依法行使股东权利，督促企业内部决策机构严格按照激励方案实施激励。

第三十八条　在激励方案实施期间内，企业应于每年 1 月底前向审核单位报告上一年度激励方案实施情况：

（一）实施激励涉及的业绩条件、净收益等财务信息。

（二）激励对象在报告期内各自获得的激励情况。

（三）报告期内的股权激励数量及金额，引起的股本变动情况，以及截至报告期末的累计额。

（四）报告期内的分红激励金额，以及截至报告期末的累计额。

（五）激励支出的列支渠道和会计核算情况。

（六）其他应报告的事项。

中央主管部门、机构和中央企业集团公司，应当对所属企业年度股权和分红激励实施情况进行总结，包括实施股权和分红激励企业户数、激励方式、激励人数、激励落实情况、存在的突出问题以及有关政策建议等，并于 3 月底前将上一年度实施情况的总结报告报送财政部、科技部。

地方省级财政部门、科技部门，负责对本省地方国有企业年度股权和分红激励实施情况进行总结，并于 3 月底前将上一年度实施情况的总结报告报送财政部、科技部。

第三十九条　企业实施股权或者分红激励，应当按照《企业财务通则》（财政部令第 41 号）和国家统一会计制度的规定，规范财务管理和会计核算。

第四十条　企业实施激励导致注册资本规模、股权结构或者组织形式变动的，应当按照有关规定，根据相关批准文件、股东（大）会决议等，及时办理国有资产产权登记和工商变更登记手续。

第四十一条　因出现特殊情形需要调整激励方案的，企业应当重新履行内部审议和外部审核的程序。

因出现特殊情形需要终止实施激励的，企业内部决策机构应当向审核单位报告并向股东（大）会说明情况。

第四十二条　企业实施激励过程中，应当接受审核单位及财政、科技部门监督。对违反有关法律法规及本办法规定、损害国有资产合法权益的情形，审核单位应当责令企业中止方案实施，并追究相关人员的法律责任。

第六章 附 则

第四十三条 企业不符合本办法规定激励条件而向管理者转让国有产权的，应当通过产权交易市场公开进行，并按照国家关于产权交易监督管理的有关规定执行。

第四十四条 尚未实施公司制改革的全民所有制企业可参照本办法，实施项目收益分红和岗位分红激励政策。

第四十五条 本办法由财政部、科技部负责解释。各地方、部门可根据本办法制定具体实施细则。

第四十六条 本办法自2016年3月1日起施行。企业依据《财政部 科技部关于印发〈中关村国家自主创新示范区企业股权和分红激励实施办法〉的通知》（财企〔2010〕8号）、《财政部 科技部关于〈中关村国家自主创新示范区企业股权和分红激励实施办法〉的补充通知》（财企〔2011〕1号）制定并正在实施的激励方案，可继续执行，实施期满，新的激励方案统一按本办法执行。

附件："企业股份和分红激励方案"提纲（略，详情请登录财政部网站）

关于扩大国有科技型企业股权和分红激励暂行办法实施范围等有关事项的通知

财资〔2018〕54号

党中央有关部门，国务院各部委、各直属机构，各省、自治区、直辖市、计划单列市财政厅（局）、科技厅（委、局）、国资委，新疆生产建设兵团财政局、科技局、国资委，各中央管理企业：

为加快实施创新驱动发展战略，推动国有科技型企业建立健全激励分配机制，进一步增强技术和管理人员的获得感，经国务院同意，现就扩大《国有科技型企业股权和分红激励暂行办法》实施范围等有关事项通知如下：

一、将国有科技型中小企业、国有控股上市公司所出资的各级未上市科技子企业、转制院所企业投资的科技企业纳入激励实施范围。

上述企业纳入实施范围后，《财政部 科技部 国资委关于印发〈国有科技型企业股权和分红激励暂行办法〉的通知》（财资〔2016〕4号，以下简称《激励办法》）第二条相应调整为：本办法所称国有科技型企业，是指中国境内具有公司法人资格的国有及国有控股未上市科技企业（含全国中小企业股份转让系统挂牌的国有企业、国有控股上市公司所出资的各级未上市科技子企业），具体包括：

（一）国家认定的高新技术企业。

（二）转制院所企业及所投资的科技企业。

（三）高等院校和科研院所投资的科技企业。

（四）纳入科技部"全国科技型中小企业信息库"的企业。

（五）国家和省级认定的科技服务机构。

二、对于国家认定的高新技术企业不再设定研发费用和研发人员指标条件。将《激励办法》第六条第（二）款调整为"（二）对于本办法第二条中的（二）、（三）、（四）类企业，近 3 年研发费用占当年企业营业收入均在 3% 以上，激励方案制定的上一年度企业研发人员占职工总数 10% 以上。成立不满 3 年的企业，以实际经营年限计算"。将《激励办法》第六条第（三）款调整为"（三）对于本办法第二条中的（五）类企业，近 3 年科技服务性收入不低于当年企业营业收入的 60%"。

三、本通知自印发之日起执行。

国务院关于改革国有企业工资决定机制的意见

国发〔2018〕16 号

各省、自治区、直辖市人民政府，国务院各部委、各直属机构：

国有企业工资决定机制改革是完善国有企业现代企业制度的重要内容，是深化收入分配制度改革的重要任务，事关国有企业健康发展，事关国有企业职工切身利益，事关收入分配合理有序。改革开放以来，国家对国有大中型企业实行工资总额同经济效益挂钩办法，对促进国有企业提高经济效益、调动广大职工积极性发挥了重要作用。随着社会主义市场经济体制逐步健全和国有企业改革不断深化，现行国有企业工资决定机制还存在市场化分配程度不高、分配秩序不够规范、监管体制尚不健全等问题，已难以适应改革发展需要。为改革国有企业工资决定机制，现提出以下意见。

一、总体要求

（一）指导思想。

全面贯彻党的十九大精神，以习近平新时代中国特色社会主义思想为指导，认真落实党中央、国务院决策部署，统筹推进"五位一体"总体布局和协调推进"四个全面"战略布局，坚持以人民为中心的发展思想，牢固树立和贯彻落实新发展理念，按照深化国有企业改革、完善国有资产管理体制和坚持按劳分配原则、完善按要素分配体制机制的要求，以增强国有企业活力、提升国有企业效率为中心，建立健全与劳动力市场基本适应、与国有企业经济效益和劳动生产率挂钩的工资决定和正常增长机制，完善国有企业工资分配监管体制，充分调动国有企业职工的积极性、主动性、创造性，进一步激发国有企业创造力和提高市场竞争力，推动国有资本做强做优做大，促进收入分配更合理、更有序。

（二）基本原则。

——坚持建立中国特色现代国有企业制度改革方向。坚持所有权和经营权相分离，进一步确立国有企业的市场主体地位，发挥企业党委（党组）领导作用，依法落实董事会的工资分配管理权，完善既符合企业一般规律又体现国有企业特点的工资分配机制，促进国有企业持续健康发展。

——坚持效益导向与维护公平相统一。国有企业工资分配要切实做到既有激励又有约束、既讲效率又讲公平。坚持按劳分配原则，健全国有企业职工工资与经济效益同向联动、能增能减的机制，在经济效益增长和劳动生产率提高的同时实现劳动报酬同步提高。统筹处理好不同行业、不同企业和企业内部不同职工之间的工资分配关系，调节过高收入。

——坚持市场决定与政府监管相结合。充分发挥市场在国有企业工资分配中的决定性作用，实现职工工资水平与劳动力市场价位相适应、与增强企业市场竞争力相匹配。更好发挥政府对国有企业工资分配的宏观指导和调控作用，改进和加强事前引导和事后监督，规范工资分配秩序。

——坚持分类分级管理。根据不同国有企业功能性质定位、行业特点和法人治理结构完善程度，实行工资总额分类管理。按照企业国有资产产权隶属关系，健全工资分配分级监管体制，落实各级政府职能部门和履行出资人职责机构（或其他企业主管部门，下同）的分级监管责任。

二、改革工资总额决定机制

（三）改革工资总额确定办法。按照国家工资收入分配宏观政策要求，根据企业发展战略和薪酬策略、年度生产经营目标和经济效益，综合考虑劳动生产率提高和人工成本投入产出率、职工工资水平市场对标等情况，结合政府职能部门发布的工资指导线，合理确定年度工资总额。

（四）完善工资与效益联动机制。企业经济效益增长的，当年工资总额增长幅度可在不超过经济效益增长幅度范围内确定。其中，当年劳动生产率未提高、上年人工成本投入产出率低于行业平均水平或者上年职工平均工资明显高于全国城镇单位就业人员平均工资的，当年工资总额增长幅度应低于同期经济效益增长幅度；对主业不处于充分竞争行业和领域的企业，上年职工平均工资达到政府职能部门规定的调控水平及以上的，当年工资总额增长幅度应低于同期经济效益增长幅度，且职工平均工资增长幅度不得超过政府职能部门规定的工资增长调控目标。

企业经济效益下降的，除受政策调整等非经营性因素影响外，当年工资总额原则上相应下降。其中，当年劳动生产率未下降、上年人工成本投入产出率明显优于行业平均水平或者上年职工平均工资明显低于全国城镇单位就业人员平均工资的，当年工资总额可适当少降。

企业未实现国有资产保值增值的，工资总额不得增长，或者适度下降。

企业按照工资与效益联动机制确定工资总额，原则上增人不增工资总额、减人不减工资总额，但发生兼并重组、新设企业或机构等情况的，可以合理增加或者减少工资总额。

（五）分类确定工资效益联动指标。根据企业功能性质定位、行业特点，科学设置联动指标，合理确定考核目标，突出不同考核重点。

对主业处于充分竞争行业和领域的商业类国有企业，应主要选取利润总额（或净利润）、经济增加值、净资产收益率等反映经济效益、国有资本保值增值和市场竞争能力的指标。对主业处于关系国家安全、国民经济命脉的重要行业和关键领域、主要承担重大专项任务的商业类国有企业，在主要选取反映经济效益和国有资本保值增值指标的同时，可根据实际情况增加营业收入、任务完成率等体现服务国家战略、保障国家安全和国民经济运行、发展前瞻性战略性产业以及完成特殊任务等情况的指标。对主业以保障民生、服务社会、提供公共产品和服务为主的公益类国有企业，应主要选取反映成本控制、产品服务质量、营运效率和保障能力等情况的指标，兼顾体现经济效益和国有资本保值增值的指标。对金融类国有企业，属于开发性、政策性的，应主要选取体现服务国家战略和风险控制的指标，兼顾反映经济效益的指标；属于商业性的，应主要选取反映经济效益、资产质量和偿付能力的指标。对文化类国有企业，应同时选取反映社会效益和经济效益、国有资本保值增值的指标。劳动生产率指标一般以人均增加值、人均利润为主，根据企业实际情况，可选取人均营业收入、人均工作量等指标。

三、改革工资总额管理方式

（六）全面实行工资总额预算管理。工资总额预算方案由国有企业自主编制，按规定履行内部决策程序后，根据企业功能性质定位、行业特点并结合法人治理结构完善程度，分别报履行出资人职责机构备案或核准后执行。

对主业处于充分竞争行业和领域的商业类国有企业，工资总额预算原则上实行备案制。其中，未建立规范董事会、法人治理结构不完善、内控机制不健全的企业，经履行出资人职责机构认定，其工资总额预算应实行核准制。

对其他国有企业，工资总额预算原则上实行核准制。其中，已建立规范董事会、法人治理结构完善、内控机制健全的企业，经履行出资人职责机构同意，其工资总额预算可实行备案制。

（七）合理确定工资总额预算周期。国有企业工资总额预算一般按年度进行管理。对行业周期性特征明显、经济效益年度间波动较大或存在其他特殊情况的企业，工资总额预算可探索按周期进行管理，周期最长不超过三年，周期内的工资总额增长应符合工资与效益联动的要求。

（八）强化工资总额预算执行。国有企业应严格执行经备案或核准的工资总额预算方案。执行过程中，因企业外部环境或自身生产经营等编制预算时所依据的情况发生重大变化，需要调整工资总额预算方案的，应按规定程序进行调整。

履行出资人职责机构应加强对所监管企业执行工资总额预算情况的动态监控和指导，并对预算执行结果进行清算。

四、完善企业内部工资分配管理

（九）完善企业内部工资总额管理制度。国有企业在经备案或核准的工资总额预算内，依法依规自主决定内部工资分配。企业应建立健全内部工资总额管理办法，根据所属企业功能性质定位、行业特点和生产经营等情况，指导所属企业科学编制工资总额预算方案，逐级落实预算执行责任，建立预算执行情况动态监控机制，确保实现工资总额预算目标。企业集团应合理确定总部工资总额预算，其职工平均工资增长幅度原则上应低于本企业全部职工平均工资增长幅度。

（十）深化企业内部分配制度改革。国有企业应建立健全以岗位工资为主的基本工资制度，以岗位价值为依据，以业绩为导向，参照劳动力市场工资价位并结合企业经济效益，通过集体协商等形式合理确定不同岗位的工资水平，向关键岗位、生产一线岗位和紧缺急需的高层次、高技能人才倾斜，合理拉开工资分配差距，调整不合理过高收入。加强全员绩效考核，使职工工资收入与其工作业绩和实际贡献紧密挂钩，切实做到能增能减。

（十一）规范企业工资列支渠道。国有企业应调整优化工资收入结构，逐步实现职工收入工资化、工资货币化、发放透明化。严格清理规范工资外收入，将所有工资性收入一律纳入工资总额管理，不得在工资总额之外以其他形式列支任何工资性支出。

五、健全工资分配监管体制机制

（十二）加强和改进政府对国有企业工资分配的宏观指导和调控。人力资源社会保障部门负责建立企业薪酬调查和信息发布制度，定期发布不同职业的劳动力市场工资价位和行业人工成本信息；会同财政、国资监管等部门完善工资指导线制度，定期制定和发布工资指导线、非竞争类国有企业职工平均工资调控水平和工资增长调控目标。

（十三）落实履行出资人职责机构的国有企业工资分配监管职责。履行出资人职责机构负责做好所监管企业工资总额预算方案的备案或核准工作，加强对所监管企业工资总额预算执行情况的动态监控和执行结果的清算，并按年度将所监管企业工资总额预算执行情况报同级人力资源社会保障部门，由人力资源社会保障部门汇总报告同级人民政府。同时，履行出资人职责机构可按规定将有关情况直接报告同级人民政府。

（十四）完善国有企业工资分配内部监督机制。国有企业董事会应依照法定程序决定工资分配事项，加强对工资分配决议执行情况的监督。落实企业监事会对工资分配的监督责任。将企业职工工资收入分配情况作为厂务公开的重要内容，定期向职工公开，接受职工监督。

（十五）建立国有企业工资分配信息公开制度。履行出资人职责机构、国有企业每年定期将企业工资总额和职工平均工资水平等相关信息向社会披露，接受社会公众监督。

（十六）健全国有企业工资内外收入监督检查制度。人力资源社会保障部门会同财政、国资监管等部门，定期对国有企业执行国家工资收入分配政策情况开展监督检查，及时查处违规发放工资、滥发工资外收入等行为。加强与出资人监管和审计、税务、纪检监察、巡视等监督的协同，建立工作会商和资源共享机制，提高监督效能，形成监督合力。

对企业存在超提、超发工资总额及其他违规行为的，扣回违规发放的工资总额，并视违规情形对企业负责人和相关责任人员依照有关规定给予经济处罚和纪律处分；构成犯罪的，由司法机关依法追究刑事责任。

六、做好组织实施工作

（十七）国有企业工资决定机制改革是一项涉及面广、政策性强的工作，各地区、各有关部门要统一思想认识，以高度的政治责任感和历史使命感，切实加强对改革工作的领导，做好统筹协调，细化目标任务，明确责任分工，强化督促检查，及时研究解决改革中出现的问题，推动改革顺利进行。各省（自治区、直辖市）要根据本意见，结合当地实际抓紧制定改革国有企业工资决定机制的实施意见，认真抓好贯彻落实。各级履行出资人职责机构要抓紧制定所监管企业的具体改革实施办法，由同级人力资源社会保障部门会同财政部门审核后实施。各级人力资源社会保障、财政、国资监管等部门和工会要各司其职，密切配合，共同做好改革工作，形成推进改革的合力。广大国有企业要自觉树立大局观念，认真执行国家有关改革规定，确保改革政策得到落实。要加强舆论宣传和政策解读，引导全社会正确理解和支持改革，营造良好社会环境。

（十八）本意见适用于国家出资的国有独资及国有控股企业。中央和地方有关部门或机构作为实际控制人的企业，参照本意见执行。

本意见所称工资总额，是指由企业在一个会计年度内直接支付给与本企业建立劳动关系的全部职工的劳动报酬总额，包括工资、奖金、津贴、补贴、加班加点工资、特殊情况下支付的工资等。

企业国有资产交易监督管理办法

第一章 总 则

第一条 为规范企业国有资产交易行为，加强企业国有资产交易监督管理，防止国有资产流失，根据《中华人民共和国企业国有资产法》《中华人民共和国公司法》《企业国有资产监督管理暂行条例》等有关法律法规，制定本办法。

第二条 企业国有资产交易应当遵守国家法律法规和政策规定，有利于国有经济布局和结构调整优化，充分发挥市场配置资源作用，遵循等价有偿和公开公平公正的原则，在依法设立的产权交易机构中公开进行，国家法律法规另有规定的从其规定。

第三条 本办法所称企业国有资产交易行为包括：

（一）履行出资人职责的机构、国有及国有控股企业、国有实际控制企业转让其对企业各种形式出资所形成权益的行为（以下称企业产权转让）；

（二）国有及国有控股企业、国有实际控制企业增加资本的行为（以下称企业增资），政府以增加资本金方式对国家出资企业的投入除外；

（三）国有及国有控股企业、国有实际控制企业的重大资产转让行为（以下称企业资产转让）。

第四条 本办法所称国有及国有控股企业、国有实际控制企业包括：

（一）政府部门、机构、事业单位出资设立的国有独资企业（公司），以及上述单位、企业直接或间接合计持股为 100% 的国有全资企业；

（二）本条第（一）款所列单位、企业单独或共同出资，合计拥有产（股）权比例超过50%，且其中之一为最大股东的企业；

（三）本条第（一）、（二）款所列企业对外出资，拥有股权比例超过50%的各级子企业；

（四）政府部门、机构、事业单位、单一国有及国有控股企业直接或间接持股比例未超过50%，但为第一大股东，并且通过股东协议、公司章程、董事会决议或者其他协议安排能够对其实际支配的企业。

第五条　企业国有资产交易标的应当权属清晰，不存在法律法规禁止或限制交易的情形。已设定担保物权的国有资产交易，应当符合《中华人民共和国物权法》《中华人民共和国担保法》等有关法律法规规定。涉及政府社会公共管理事项的，应当依法报政府有关部门审核。

第六条　国有资产监督管理机构（以下简称国资监管机构）负责所监管企业的国有资产交易监督管理；国家出资企业负责其各级子企业国有资产交易的管理，定期向同级国资监管机构报告本企业的国有资产交易情况。

第二章　企业产权转让

第七条　国资监管机构负责审核国家出资企业的产权转让事项。其中，因产权转让致使国家不再拥有所出资企业控股权的，须由国资监管机构报本级人民政府批准。

第八条　国家出资企业应当制定其子企业产权转让管理制度，确定审批管理权限。其中，对主业处于关系国家安全、国民经济命脉的重要行业和关键领域，主要承担重大专项任务子企业的产权转让，须由国家出资企业报同级国资监管机构批准。

转让方为多家国有股东共同持股的企业，由其中持股比例最大的国有股东负责履行相关批准程序；各国有股东持股比例相同的，由相关股东协商后确定其中一家股东负责履行相关批准程序。

第九条　产权转让应当由转让方按照企业章程和企业内部管理制度进行决策，形成书面决议。国有控股和国有实际控制企业中国有股东委派的股东代表，应当按照本办法规定和委派单位的指示发表意见、行使表决权，并将履职情况和结果及时报告委派单位。

第十条　转让方应当按照企业发展战略做好产权转让的可行性研究和方案论证。产权转让涉及职工安置事项的，安置方案应当经职工代表大会或职工大会审议通过；涉及债权债务处置事项的，应当符合国家相关法律法规的规定。

第十一条　产权转让事项经批准后，由转让方委托会计师事务所对转让标的企业进行审计。涉及参股权转让不宜单独进行专项审计的，转让方应当取得转让标的企业最近一期年度审计报告。

第十二条　对按照有关法律法规要求必须进行资产评估的产权转让事项，转让方应当委托具有相应资质的评估机构对转让标的进行资产评估，产权转让价格应以经核准或备案的评估结果为基础确定。

第十三条　产权转让原则上通过产权市场公开进行。转让方可以根据企业实际情况和工作进度安排，采取信息预披露和正式披露相结合的方式，通过产权交易机构网站分阶段对外披露产权转让信息，公开征集受让方。其中正式披露信息时间不得少于 20 个工作日。

因产权转让导致转让标的企业的实际控制权发生转移的，转让方应当在转让行为获批后 10 个工作日内，通过产权交易机构进行信息预披露，时间不得少于 20 个工作日。

第十四条　产权转让原则上不得针对受让方设置资格条件，确需设置的，不得有明确指向性或违反公平竞争原则，所设资格条件相关内容应当在信息披露前报同级国资监管机构备案，国资监管机构在 5 个工作日内未反馈意见的视为同意。

第十五条　转让方披露信息包括但不限于以下内容：

（一）转让标的基本情况；

（二）转让标的企业的股东结构；

（三）产权转让行为的决策及批准情况；

（四）转让标的企业最近一个年度审计报告和最近一期财务报表中的主要财务指标数据，包括但不限于资产总额、负债总额、所有者权益、营业收入、净利润等（转让参股权的，披露最近一个年度审计报告中的相应数据）；

（五）受让方资格条件（适用于对受让方有特殊要求的情形）；

（六）交易条件、转让底价；

（七）企业管理层是否参与受让，有限责任公司原股东是否放弃优先受让权；

（八）竞价方式，受让方选择的相关评判标准；

（九）其他需要披露的事项。

其中信息预披露应当包括但不限于以上（一）、（二）、（三）、（四）、（五）款内容。

第十六条　转让方应当按照要求向产权交易机构提供披露信息内容的纸质文档材料，并对披露内容和所提供材料的真实性、完整性、准确性负责。产权交易机构应当对信息披露的规范性负责。

第十七条　产权转让项目首次正式信息披露的转让底价，不得低于经核准或备案的转让标的评估结果。

第十八条　信息披露期满未征集到意向受让方的，可以延期或在降低转让底价、变更受让条件后重新进行信息披露。

降低转让底价或变更受让条件后重新披露信息的，披露时间不得少于 20 个工作日。新的转让底价低于评估结果的 90% 时，应当经转让行为批准单位书面同意。

第十九条　转让项目自首次正式披露信息之日起超过 12 个月未征集到合格受让方的，应当重新履行审计、资产评估以及信息披露等产权转让工作程序。

第二十条　在正式披露信息期间，转让方不得变更产权转让公告中公布的内容，由于非转让方原因或其他不可抗力因素导致可能对转让标的价值判断造成影响的，转让方应当及时调整补充披露信息内容，并相应延长信息披露时间。

第二十一条　产权交易机构负责意向受让方的登记工作，对意向受让方是否符合受让条件提出意见并反馈转让方。产权交易机构与转让方意见不一致的，由转让行为批准单位决定意受让方是否符合受让条件。

第二十二条　产权转让信息披露期满、产生符合条件的意向受让方的，按照披露的竞价方式组织竞价。竞价可以采取拍卖、招投标、网络竞价以及其他竞价方式，且不得违反国家法律法规的规定。

第二十三条　受让方确定后，转让方与受让方应当签订产权交易合同，交易双方不得以交易期间企业经营性损益等理由对已达成的交易条件和交易价格进行调整。

第二十四条　产权转让导致国有股东持有上市公司股份间接转让的，应当同时遵守上市公司国有股权管理以及证券监管相关规定。

第二十五条　企业产权转让涉及交易主体资格审查、反垄断审查、特许经营权、国有划拨土地使用权、探矿权和采矿权等政府审批事项的，按照相关规定执行。

第二十六条　受让方为境外投资者的，应当符合外商投资产业指导目录和负面清单管理要求，以及外商投资安全审查有关规定。

第二十七条　交易价款应当以人民币计价，通过产权交易机构以货币进行结算。因特殊情况不能通过产权交易机构结算的，转让方应当向产权交易机构提供转让行为批准单位的书面意见以及受让方付款凭证。

第二十八条　交易价款原则上应当自合同生效之日起 5 个工作日内一次付清。

金额较大、一次付清确有困难的，可以采取分期付款方式。采用分期付款方式的，首期付款不得低于总价款的 30%，并在合同生效之日起 5 个工作日内支付；其余款项应当提供转让方认可的合法有效担保，并按同期银行贷款利率支付延期付款期间的利息，付款期限不得超过 1 年。

第二十九条　产权交易合同生效后，产权交易机构应当将交易结果通过交易机构网站对外公告，公告内容包括交易标的名称、转让标的评估结果、转让底价、交易价格，公告期不少于 5 个工作日。

第三十条　产权交易合同生效，并且受让方按照合同约定支付交易价款后，产权交易机构应当及时为交易双方出具交易凭证。

第三十一条　以下情形的产权转让可以采取非公开协议转让方式：

（一）涉及主业处于关系国家安全、国民经济命脉的重要行业和关键领域企业的重组整合，对受让方有特殊要求，企业产权需要在国有及国有控股企业之间转让的，经国资监管机构批准，可以采取非公开协议转让方式；

（二）同一国家出资企业及其各级控股企业或实际控制企业之间因实施内部重组整合进行产权转让的，经该国家出资企业审议决策，可以采取非公开协议转让方式。

第三十二条　采取非公开协议转让方式转让企业产权，转让价格不得低于经核准或备案的评估结果。

以下情形按照《中华人民共和国公司法》、企业章程履行决策程序后，转让价格可以资产评估报告或最近一期审计报告确认的净资产值为基础确定，且不得低于经评估或审计的净资产值：

（一）同一国家出资企业内部实施重组整合，转让方和受让方为该国家出资企业及其直接或间接全资拥有的子企业；

（二）同一国有控股企业或国有实际控制企业内部实施重组整合，转让方和受让方为该国有控股企业或国有实际控制企业及其直接、间接全资拥有的子企业。

第三十三条　国资监管机构批准、国家出资企业审议决策采取非公开协议方式的企业产权转让行为时，应当审核下列文件：

（一）产权转让的有关决议文件。

（二）产权转让方案。

（三）采取非公开协议方式转让产权的必要性以及受让方情况。

（四）转让标的企业审计报告、资产评估报告及其核准或备案文件。其中属于第三十二条（一）、（二）款情形的，可以仅提供企业审计报告。

（五）产权转让协议。

（六）转让方、受让方和转让标的企业的国家出资企业产权登记表（证）。

（七）产权转让行为的法律意见书。

（八）其他必要的文件。

第三章　企业增资

第三十四条　国资监管机构负责审核国家出资企业的增资行为。其中，因增资致使国家不再拥有所出资企业控股权的，须由国资监管机构报本级人民政府批准。

第三十五条　国家出资企业决定其子企业的增资行为。其中，对主业处于关系国家安全、国民经济命脉的重要行业和关键领域，主要承担重大专项任务的子企业的增资行为，须由国家出资企业报同级国资监管机构批准。

增资企业为多家国有股东共同持股的企业，由其中持股比例最大的国有股东负责履行相关批准程序；各国有股东持股比例相同的，由相关股东协商后确定其中一家股东负责履行相关批准程序。

第三十六条　企业增资应当符合国家出资企业的发展战略，做好可行性研究，制定增资方案，明确募集资金金额、用途、投资方应具备的条件、选择标准和遴选方式等。增资后企业的股东数量须符合国家相关法律法规的规定。

第三十七条　企业增资应当由增资企业按照企业章程和内部管理制度进行决策，形成书面决议。国有控股、国有实际控制企业中国有股东委派的股东代表，应当按照本办法规定和委派单位的指示发表意见、行使表决权，并将履职情况和结果及时报告委派单位。

第三十八条　企业增资在完成决策批准程序后，应当由增资企业委托具有相应资质的中介机构开展审计和资产评估。

以下情形按照《中华人民共和国公司法》、企业章程履行决策程序后，可以依据评估报告或最近一期审计报告确定企业资本及股权比例：

（一）增资企业原股东同比例增资的；

（二）履行出资人职责的机构对国家出资企业增资的；

（三）国有控股或国有实际控制企业对其独资子企业增资的；

（四）增资企业和投资方均为国有独资或国有全资企业的。

第三十九条　企业增资通过产权交易机构网站对外披露信息公开征集投资方，时间不得少于 40 个工作日。信息披露内容包括但不限于：

（一）企业的基本情况；

（二）企业目前的股权结构；

（三）企业增资行为的决策及批准情况；

（四）近 3 年企业审计报告中的主要财务指标；

（五）企业拟募集资金金额和增资后的企业股权结构；

（六）募集资金用途；

（七）投资方的资格条件，以及投资金额和持股比例要求等；

（八）投资方的遴选方式；

（九）增资终止的条件；

（十）其他需要披露的事项。

第四十条　企业增资涉及上市公司实际控制人发生变更的，应当同时遵守上市公司国有股权管理以及证券监管相关规定。

第四十一条　产权交易机构接受增资企业的委托提供项目推介服务，负责意向投资方的登记工作，协助企业开展投资方资格审查。

第四十二条　通过资格审查的意向投资方数量较多时，可以采用竞价、竞争性谈判、综合评议等方式进行多轮次遴选。产权交易机构负责统一接收意向投资方的投标和报价文件，协助企业开展投资方遴选有关工作。企业董事会或股东会以资产评估结果为基础，结合意向投资方的条件和报价等因素审议选定投资方。

第四十三条　投资方以非货币资产出资的，应当经增资企业董事会或股东会审议同意，并委托具有相应资质的评估机构进行评估，确认投资方的出资金额。

第四十四条　增资协议签订并生效后，产权交易机构应当出具交易凭证，通过交易机构网站对外公告结果，公告内容包括投资方名称、投资金额、持股比例等，公告期不少于 5 个工作日。

第四十五条　以下情形经同级国资监管机构批准，可以采取非公开协议方式进行增资：

（一）因国有资本布局结构调整需要，由特定的国有及国有控股企业或国有实际控制企业参与增资；

（二）因国家出资企业与特定投资方建立战略合作伙伴或利益共同体需要，由该投资方参与国家出资企业或其子企业增资。

第四十六条　以下情形经国家出资企业审议决策，可以采取非公开协议方式进行增资：

（一）国家出资企业直接或指定其控股、实际控制的其他子企业参与增资；

（二）企业债权转为股权；

（三）企业原股东增资。

第四十七条　国资监管机构批准、国家出资企业审议决策采取非公开协议方式的企业增资行为时，应当审核下列文件：

（一）增资的有关决议文件。

（二）增资方案。

（三）采取非公开协议方式增资的必要性以及投资方情况。

（四）增资企业审计报告、资产评估报告及其核准或备案文件。其中属于第三十八条(一)、(二)、(三)、(四)款情形的，可以仅提供企业审计报告。

（五）增资协议。

（六）增资企业的国家出资企业产权登记表（证）。

（七）增资行为的法律意见书。

（八）其他必要的文件。

第四章　企业资产转让

第四十八条　企业一定金额以上的生产设备、房产、在建工程以及土地使用权、债权、知识产权等资产对外转让，应当按照企业内部管理制度履行相应决策程序后，在产权交易机构公开进行。涉及国家出资企业内部或特定行业的资产转让，确需在国有及国有控股、国有实际控制企业之间非公开转让的，由转让方逐级报国家出资企业审核批准。

第四十九条　国家出资企业负责制定本企业不同类型资产转让行为的内部管理制度，明确责任部门、管理权限、决策程序、工作流程，对其中应当在产权交易机构公开转让的资产种类、金额标准等作出具体规定，并报同级国资监管机构备案。

第五十条　转让方应当根据转让标的情况合理确定转让底价和转让信息公告期：

（一）转让底价高于 100 万元、低于 1000 万元的资产转让项目，信息公告期应不少于 10 个工作日；

（二）转让底价高于 1000 万元的资产转让项目，信息公告期应不少于 20 个工作日。

企业资产转让的具体工作流程参照本办法关于企业产权转让的规定执行。

第五十一条　除国家法律法规或相关规定另有要求的外，资产转让不得对受让方设置资格条件。

第五十二条　资产转让价款原则上一次性付清。

第五章　监督管理

第五十三条　国资监管机构及其他履行出资人职责的机构对企业国有资产交易履行以下监管职责：

（一）根据国家有关法律法规，制定企业国有资产交易监管制度和办法；

（二）按照本办法规定，审核批准企业产权转让、增资等事项；

（三）选择从事企业国有资产交易业务的产权交易机构，并建立对交易机构的检查评审机制；

（四）对企业国有资产交易制度的贯彻落实情况进行监督检查；

（五）负责企业国有资产交易信息的收集、汇总、分析和上报工作；

（六）履行本级人民政府赋予的其他监管职责。

第五十四条　省级以上国资监管机构应当在全国范围选择开展企业国有资产交易业务的产权交易机构，并对外公布名单。选择的产权交易机构应当满足以下条件：

（一）严格遵守国家法律法规，未从事政府明令禁止开展的业务，未发生重大违法违规行为；

（二）交易管理制度、业务规则、收费标准等向社会公开，交易规则符合国有资产交易制度规定；

（三）拥有组织交易活动的场所、设施、信息发布渠道和专业人员，具备实施网络竞价的条件；

（四）具有较强的市场影响力，服务能力和水平能够满足企业国有资产交易的需要；

（五）信息化建设和管理水平满足国资监管机构对交易业务动态监测的要求；

（六）相关交易业务接受国资监管机构的监督检查。

第五十五条　国资监管机构应当对产权交易机构开展企业国有资产交易业务的情况进行动态监督。交易机构出现以下情形的，视情节轻重对其进行提醒、警告、通报、暂停直至停止委托从事相关业务：

（一）服务能力和服务水平较差，市场功能未得到充分发挥；

（二）在日常监管和定期检查评审中发现问题较多，且整改不及时或整改效果不明显；

（三）因违规操作、重大过失等导致企业国有资产在交易过程中出现损失；

（四）违反相关规定，被政府有关部门予以行政处罚而影响业务开展；

（五）拒绝接受国资监管机构对其相关业务开展监督检查；

（六）不能满足国资监管机构监管要求的其他情形。

第五十六条　国资监管机构发现转让方或增资企业未执行或违反相关规定、侵害国有权益的，应当责成其停止交易活动。

第五十七条　国资监管机构及其他履行出资人职责的机构应定期对国家出资企业及其控股和实际控制企业的国有资产交易情况进行检查和抽查，重点检查国家法律法规政策和企业内部管理制度的贯彻执行情况。

第六章　法律责任

第五十八条　企业国有资产交易过程中交易双方发生争议时，当事方可以向产权交易机构申请调解；调解无效时可以按照约定向仲裁机构申请仲裁或向人民法院提起诉讼。

第五十九条　企业国有资产交易应当严格执行"三重一大"决策机制。国资监管机构、国有及国有控股企业、国有实际控制企业的有关人员违反规定越权决策、批准相关交易事项，或者玩忽职守、以权谋私致使国有权益受到侵害的，由有关单位按照人事和干部管理权限给予相关责任人员相应处分；造成国有资产损失的，相关责任人员应当承担赔偿责任；构成犯罪的，依法追究其刑事责任。

第六十条　社会中介机构在为企业国有资产交易提供审计、资产评估和法律服务中存在违规执业行为的，有关国有企业应及时报告同级国资监管机构，国资监管机构可要求国有及国有控股企业、国有实际控制企业不得再委托其开展相关业务；情节严重的，由国资监管机构将有关情况通报其行业主管部门，建议给予其相应处罚。

第六十一条　产权交易机构在企业国有资产交易中弄虚作假或者玩忽职守、给企业造成损失的，应当承担赔偿责任，并依法追究直接责任人员的责任。

第七章　附　则

第六十二条　政府部门、机构、事业单位持有的企业国有资产交易，按照现行监管体制，比照本办法管理。

第六十三条　金融、文化类国家出资企业的国有资产交易和上市公司的国有股权转让等行为，国家另有规定的，依照其规定。

第六十四条　国有资本投资、运营公司对各级子企业资产交易的监督管理，相应由各级人民政府或国资监管机构另行授权。

第六十五条　境外国有及国有控股企业、国有实际控制企业在境内投资企业的资产交易，比照本办法规定执行。

第六十六条　政府设立的各类股权投资基金投资形成企业产（股）权对外转让，按照有关法律法规规定执行。

第六十七条　本办法自发布之日起施行，现行企业国有资产交易监管相关规定与本办法不一致的，以本办法为准。

上市公司国有股权监督管理办法

第一章　总　则

第一条　为规范上市公司国有股权变动行为，推动国有资源优化配置，平等保护各类投资者合法权益，防止国有资产流失，根据《中华人民共和国公司法》《中华人民共和国证券法》《中华人民共和国企业国有资产法》《企业国有资产监督管理暂行条例》等法律法规，制定本办法。

第二条　本办法所称上市公司国有股权变动行为，是指上市公司国有股权持股主体、数量或比例等发生变化的行为，具体包括：国有股东所持上市公司股份通过证券交易系统转让、公开征集转让、非公开协议转让、无偿划转、间接转让、国有股东发行可交换公司债券；国有股东通过证券交易系统增持、协议受让、间接受让、要约收购上市公司股份和认购上市公司发行股票；国有股东所控股上市公司吸收合并、发行证券；国有股东与上市公司进行资产重组等行为。

第三条　本办法所称国有股东是指符合以下情形之一的企业和单位，其证券账户标注"SS"：

（一）政府部门、机构、事业单位、境内国有独资或全资企业；

（二）第一款中所述单位或企业独家持股比例超过50%，或合计持股比例超过50%，且其中之一为第一大股东的境内企业；

（三）第二款中所述企业直接或间接持股的各级境内独资或全资企业。

第四条　上市公司国有股权变动行为应坚持公开、公平、公正原则，遵守国家有关法律、行政法规和规章制度规定，符合国家产业政策和国有经济布局结构调整方向，有利于国有资本保值增值，提高企业核心竞争力。

第五条　上市公司国有股权变动涉及的股份应当权属清晰，不存在受法律法规规定限制的情形。

第六条　上市公司国有股权变动的监督管理由省级以上国有资产监督管理机构负责。省级国有资产监督管理机构报经省级人民政府同意，可以将地市级以下有关上市公司国有股权变动的监督管理交由地市级国有资产监督管理机构负责。省级国有资产监督管理机构需建立相应的监督检查工作机制。

上市公司国有股权变动涉及政府社会公共管理事项的，应当依法报政府有关部门审核。受让方为境外投资者的，应当符合外商投资产业指导目录或负面清单管理的要求，以及外商投资安全审查的规定，涉及该类情形的，各审核主体在接到相关申请后，应就转让行为是否符合吸收外商投资政策向同级商务部门征求意见，具体申报程序由省级以上国有资产监督管理机构商同级商务部门按《关于上市公司国有股向外国投资者及外商投资企业转让申报程序有关问题的通知》（商资字〔2004〕1号）确定的原则制定。

按照法律、行政法规和本级人民政府有关规定，须经本级人民政府批准的上市公司国有股权变动事项，国有资产监督管理机构应当履行报批程序。

第七条　国家出资企业负责管理以下事项：

（一）国有股东通过证券交易系统转让所持上市公司股份，未达到本办法第十二条规定的比例或数量的事项。

（二）国有股东所持上市公司股份在本企业集团内部进行的无偿划转、非公开协议转让事项。

（三）国有控股股东所持上市公司股份公开征集转让、发行可交换公司债券及所控股上市公司发行证券，未导致其持股比例低于合理持股比例的事项；国有参股股东所持上市公司股份公开征集转让、发行可交换公司债券事项。

（四）国有股东通过证券交易系统增持、协议受让、认购上市公司发行股票等未导致上市公司控股权转移的事项。

（五）国有股东与所控股上市公司进行资产重组，不属于中国证监会规定的重大资产重组范围的事项。

第八条 国有控股股东的合理持股比例（与国有控股股东属于同一控制人的，其所持股份的比例应合并计算）由国家出资企业研究确定，并报国有资产监督管理机构备案。

确定合理持股比例的具体办法由省级以上国有资产监督管理机构另行制定。

第九条 国有股东所持上市公司股份变动应在作充分可行性研究的基础上制定方案，严格履行决策、审批程序，规范操作，按照证券监管的相关规定履行信息披露等义务。在上市公司国有股权变动信息披露前，各关联方要严格遵守保密规定。违反保密规定的，应依法依规追究相关人员责任。

第十条 上市公司国有股权变动应当根据证券市场公开交易价格、可比公司股票交易价格、每股净资产值等因素合理定价。

第十一条 国有资产监督管理机构通过上市公司国有股权管理信息系统（以下简称管理信息系统）对上市公司国有股权变动实施统一监管。

国家出资企业应通过管理信息系统，及时、完整、准确将所持上市公司股份变动情况报送国有资产监督管理机构。

其中，按照本办法规定由国家出资企业审核批准的变动事项须通过管理信息系统作备案管理，并取得统一编号的备案表。

第二章 国有股东所持上市公司股份通过证券交易系统转让

第十二条 国有股东通过证券交易系统转让上市公司股份，按照国家出资企业内部决策程序决定，有以下情形之一的，应报国有资产监督管理机构审核批准：

（一）国有控股股东转让上市公司股份可能导致持股比例低于合理持股比例的。

（二）总股本不超过10亿股的上市公司，国有控股股东拟于一个会计年度内累计净转让（累计转让股份扣除累计增持股份后的余额，下同）达到总股本5%及以上的；总股本超过10亿股的上市公司，国有控股股东拟于一个会计年度内累计净转让数量达到5000万股及以上的。

（三）国有参股股东拟于一个会计年度内累计净转让达到上市公司总股本5%及以上的。

第十三条 国家出资企业、国有资产监督管理机构决定或批准国有股东通过证券交易系统转让上市公司股份时，应当审核以下文件：

（一）国有股东转让上市公司股份的内部决策文件；

（二）国有股东转让上市公司股份方案，内容包括但不限：转让的必要性，国有股东及上市公司基本情况、主要财务数据，拟转让股份权属情况，转让底价及确定依据，转让数量、转让时限等；

（三）上市公司股份转让的可行性研究报告；

（四）国家出资企业、国有资产监督管理机构认为必要的其他文件。

第三章 国有股东所持上市公司股份公开征集转让

第十四条 公开征集转让是指国有股东依法公开披露信息，征集受让方转让上市公司股份的行为。

第十五条　国有股东拟公开征集转让上市公司股份的，在履行内部决策程序后，应书面告知上市公司，由上市公司依法披露，进行提示性公告。国有控股股东公开征集转让上市公司股份可能导致上市公司控股权转移的，应当一并通知上市公司申请停牌。

第十六条　上市公司发布提示性公告后，国有股东应及时将转让方案、可行性研究报告、内部决策文件、拟发布的公开征集信息等内容通过管理信息系统报送国有资产监督管理机构。

第十七条　公开征集信息内容包括但不限于：拟转让股份权属情况、数量，受让方应当具备的资格条件，受让方的选择规则，公开征集期限等。

公开征集信息对受让方的资格条件不得设定指向性或违反公平竞争要求的条款，公开征集期限不得少于 10 个交易日。

第十八条　国有资产监督管理机构通过管理信息系统对公开征集转让事项出具意见。国有股东在获得国有资产监督管理机构同意意见后书面通知上市公司发布公开征集信息。

第十九条　国有股东收到拟受让方提交的受让申请及受让方案后，应当成立由内部职能部门人员以及法律、财务等独立外部专家组成的工作小组，严格按照已公告的规则选择确定受让方。

第二十条　公开征集转让可能导致上市公司控股权转移的，国有股东应当聘请具有上市公司并购重组财务顾问业务资格的证券公司、证券投资咨询机构或者其他符合条件的财务顾问机构担任财务顾问（以下简称财务顾问）。财务顾问应当具有良好的信誉，近 3 年内无重大违法违规记录，且与受让方不存在利益关联。

第二十一条　财务顾问应当勤勉尽责，遵守行业规范和职业道德，对上市公司股份的转让方式、转让价格、股份转让对国有股东和上市公司的影响等方面出具专业意见；并对拟受让方进行尽职调查，出具尽职调查报告。尽职调查应当包括但不限于以下内容：

（一）拟受让方受让股份的目的；

（二）拟受让方的经营情况、财务状况、资金实力及是否有重大违法违规记录和不良诚信记录；

（三）拟受让方是否具有及时足额支付转让价款的能力、受让资金的来源及合法性；

（四）拟受让方是否具有促进上市公司持续发展和改善上市公司法人治理结构的能力。

第二十二条　国有股东确定受让方后，应当及时与受让方签订股份转让协议。股份转让协议应当包括但不限于以下内容：

（一）转让方、上市公司、拟受让方的名称、法定代表人及住所；

（二）转让方持股数量、拟转让股份数量及价格；

（三）转让方、受让方的权利和义务；

（四）股份转让价款支付方式及期限；

（五）股份登记过户的条件；

（六）协议生效、变更和解除条件、争议解决方式、违约责任等。

第二十三条　国有股东公开征集转让上市公司股份的价格不得低于下列两者之中的较高者：

（一）提示性公告日前 30 个交易日的每日加权平均价格的算术平均值；

（二）最近一个会计年度上市公司经审计的每股净资产值。

第二十四条　国有股东与受让方签订协议后，属于本办法第七条规定情形的，由国家出资企业审核批准，其他情形由国有资产监督管理机构审核批准。

第二十五条　国家出资企业、国有资产监督管理机构批准国有股东所持上市公司股份公开征集转让时，应当审核以下文件：

（一）受让方的征集及选择情况；

（二）国有股东基本情况、受让方基本情况及上一年度经审计的财务会计报告；

（三）股份转让协议及股份转让价格的定价说明；

（四）受让方与国有股东、上市公司之间在最近 12 个月内股权转让、资产置换、投资等重大情况及债权债务情况；

（五）律师事务所出具的法律意见书；

（六）财务顾问出具的尽职调查报告（适用于上市公司控股权转移的）；

（七）国家出资企业、国有资产监督管理机构认为必要的其他文件。

第二十六条　国有股东应在股份转让协议签订后 5 个工作日内收取不低于转让价款 30% 的保证金，其余价款应在股份过户前全部结清。在全部转让价款支付完毕或交由转让双方共同认可的第三方妥善保管前，不得办理股份过户登记手续。

第二十七条　国有资产监督管理机构关于国有股东公开征集转让上市公司股份的批准文件或国有资产监督管理机构、管理信息系统出具的统一编号的备案表和全部转让价款支付凭证是证券交易所、中国证券登记结算有限责任公司办理上市公司股份过户登记手续的必备文件。

上市公司股份过户前，原则上受让方人员不能提前进入上市公司董事会和经理层，不得干预上市公司正常生产经营。

第四章　国有股东所持上市公司股份非公开协议转让

第二十八条　非公开协议转让是指不公开征集受让方，通过直接签订协议转让上市公司股份的行为。

第二十九条　符合以下情形之一的，国有股东可以非公开协议转让上市公司股份：

（一）上市公司连续 2 年亏损并存在退市风险或严重财务危机，受让方提出重大资产重组计划及具体时间表的；

（二）企业主业处于关系国家安全、国民经济命脉的重要行业和关键领域，主要承担重大专项任务，对受让方有特殊要求的；

（三）为实施国有资源整合或资产重组，在国有股东、潜在国有股东（经本次国有资源整合或资产重组后成为上市公司国有股东的，以下统称国有股东）之间转让的；

（四）上市公司回购股份涉及国有股东所持股份的；

（五）国有股东因接受要约收购方式转让其所持上市公司股份的；

（六）国有股东因解散、破产、减资、被依法责令关闭等原因转让其所持上市公司股份的；

（七）国有股东以所持上市公司股份出资的。

第三十条　国有股东在履行内部决策程序后，应当及时与受让方签订股份转让协议。涉及上市公司控股权转移的，在转让协议签订前，应按本办法第二十条、第二十一条规定聘请财务顾问，对拟受让方进行尽职调查，出具尽职调查报告。

第三十一条　国有股东与受让方签订协议后，属于本办法第七条规定情形的，由国家出资企业审核批准，其他情形由国有资产监督管理机构审核批准。

第三十二条　国有股东非公开协议转让上市公司股份的价格不得低于下列两者之中的较高者：

（一）提示性公告日前 30 个交易日的每日加权平均价格的算术平均值；

（二）最近一个会计年度上市公司经审计的每股净资产值。

第三十三条　国有股东非公开协议转让上市公司股份存在下列特殊情形的，可按以下原则确定股份转让价格：

（一）国有股东为实施资源整合或重组上市公司，并在其所持上市公司股份转让完成后全部回购上市公司主业资产的，股份转让价格由国有股东根据中介机构出具的该上市公司股票价格的合理估值结果确定；

（二）为实施国有资源整合或资产重组，在国有股东之间转让且上市公司中的国有权益并不因此减少的，股份转让价格应当根据上市公司股票的每股净资产值、净资产收益率、合理的市盈率等因素合理确定。

第三十四条　国家出资企业、国有资产监督管理机构批准国有股东非公开协议转让上市公司股份时，应当审核以下文件：

（一）国有股东转让上市公司股份的决策文件；

（二）国有股东转让上市公司股份的方案，内容包括但不限于：不公开征集受让方的原因，转让价格及确定依据，转让的数量，转让收入的使用计划等；

（三）国有股东基本情况、受让方基本情况及上一年度经审计的财务会计报告；

（四）可行性研究报告；

（五）股份转让协议；

（六）以非货币资产支付的说明；

（七）拟受让方与国有股东、上市公司之间在最近 12 个月内股权转让、资产置换、投资等重大情况及债权债务情况；

（八）律师事务所出具的法律意见书；

（九）财务顾问出具的尽职调查报告（适用于上市公司控股权转移的）；

（十）国家出资企业、国有资产监督管理机构认为必要的其他文件。

第三十五条　以现金支付股份转让价款的，转让价款收取按照本办法第二十六条规定办理；以非货币资产支付股份转让价款的，应当符合国家相关规定。

第三十六条　国有资产监督管理机构关于国有股东非公开协议转让上市公司股份的批准文件或国有资产监督管理机构、管理信息系统出具的统一编号的备案表和全部转让价款支付凭证（包括非货币资产的交割凭证）是证券交易所、中国证券登记结算有限责任公司办理上市公司股份过户登记手续的必备文件。

第五章　国有股东所持上市公司股份无偿划转

第三十七条　政府部门、机构、事业单位、国有独资或全资企业之间可以依法无偿划转所持上市公司股份。

第三十八条　国有股东所持上市公司股份无偿划转属于本办法第七条规定情形的，由国家出资企业审核批准，其他情形由国有资产监督管理机构审核批准。

第三十九条　国家出资企业、国有资产监督管理机构批准国有股东所持上市公司股份无偿划转时，应当审核以下文件：

（一）国有股东无偿划转上市公司股份的内部决策文件；

（二）国有股东无偿划转上市公司股份的方案和可行性研究报告；

（三）上市公司股份无偿划转协议；

（四）划转双方基本情况、上一年度经审计的财务会计报告；

（五）划出方债务处置方案及或有负债的解决方案，及主要债权人对无偿划转的无异议函；

（六）划入方未来12个月内对上市公司的重组计划或未来3年发展规划（适用于上市公司控股权转移的）；

（七）律师事务所出具的法律意见书；

（八）国家出资企业、国有资产监督管理机构认为必要的其他文件。

第四十条　国有资产监督管理机构关于国有股东无偿划转上市公司股份的批准文件或国有资产监督管理机构、管理信息系统出具的统一编号的备案表是证券交易所、中国证券登记结算有限责任公司办理股份过户登记手续的必备文件。

第六章　国有股东所持上市公司股份间接转让

第四十一条　本办法所称国有股东所持上市公司股份间接转让是指因国有产权转让或增资扩股等原因导致国有股东不再符合本办法第三条规定情形的行为。

第四十二条　国有股东拟间接转让上市公司股份的，履行内部决策程序后，应书面通知上市公司进行信息披露，涉及国有控股股东的，应当一并通知上市公司申请停牌。

第四十三条　国有股东所持上市公司股份间接转让应当按照本办法第二十三条规定确定其所持上市公司股份价值，上市公司股份价值确定的基准日应与国有股东资产评估的基准日一致，且与国有股东产权直接持有单位对该产权变动决策的日期相差不得超过1个月。

国有产权转让或增资扩股到产权交易机构挂牌时，因上市公司股价发生大幅变化等原因，导致资产评估报告的结论已不能反映交易标的真实价值的，原决策机构应对间接转让行为重新审议。

第四十四条　国有控股股东所持上市公司股份间接转让，应当按本办法第二十条、第二十一条规定聘请财务顾问，对国有产权拟受让方或投资人进行尽职调查，并出具尽职调查报告。

第四十五条　国有股东所持上市公司股份间接转让的，国有股东应在产权转让或增资扩股协议签订后，产权交易机构出具交易凭证前报国有资产监督管理机构审核批准。

第四十六条　国有资产监督管理机构批准国有股东所持上市公司股份间接转让时，应当审核以下文件：

（一）产权转让或增资扩股决策文件、资产评估结果核准、备案文件及可行性研究报告；

（二）经批准的产权转让或增资扩股方案；

（三）受让方或投资人征集、选择情况；

（四）国有产权转让协议或增资扩股协议；

（五）国有股东资产作价金额，包括国有股东所持上市公司股份的作价说明；

（六）受让方或投资人基本情况及上一年度经审计的财务会计报告；

（七）财务顾问出具的尽职调查报告（适用于国有控股股东国有产权变动的）；

（八）律师事务所出具的法律意见书；

（九）国有资产监督管理机构认为必要的其他文件。

第四十七条　国有股东产权转让或增资扩股未构成间接转让的，其资产评估涉及上市公司股份作价按照本办法第四十三条规定确定。

第七章　国有股东发行可交换公司债券

第四十八条　本办法所称国有股东发行可交换公司债券，是指上市公司国有股东依法发行、在一定期限内依据约定条件可以交换成该股东所持特定上市公司股份的公司债券的行为。

第四十九条　国有股东发行的可交换公司债券交换为上市公司每股股份的价格，应不低于债券募集说明书公告日前 1 个交易日、前 20 个交易日、前 30 个交易日该上市公司股票均价中的最高者。

第五十条　国有股东发行的可交换公司债券，其利率应当在参照同期银行贷款利率、银行票据利率、同行业其他企业发行的债券利率，以及标的公司股票每股交换价格、上市公司未来发展前景等因素的前提下，通过市场询价合理确定。

第五十一条　国有股东发行可交换公司债券属于本办法第七条规定情形的，由国家出资企业审核批准，其他情形由国有资产监督管理机构审核批准。

第五十二条　国家出资企业、国有资产监督管理机构批准国有股东发行可交换公司债券时，应当审核以下文件：

（一）国有股东发行可交换公司债券的内部决策文件；

（二）国有股东发行可交换公司债券的方案，内容包括但不限于：国有股东、上市公司基本情况及主要财务数据，预备用于交换的股份数量及保证方式，风险评估论证情况、偿本付息及应对债务风险的具体方案，对国有股东控股地位影响的分析等；

（三）可行性研究报告；

（四）律师事务所出具的法律意见书；

（五）国家出资企业、国有资产监督管理机构认为必要的其他文件。

第八章 国有股东受让上市公司股份

第五十三条 本办法所称国有股东受让上市公司股份行为主要包括国有股东通过证券交易系统增持、协议受让、间接受让、要约收购上市公司股份和认购上市公司发行股票等。

第五十四条 国有股东受让上市公司股份属于本办法第七条规定情形的，由国家出资企业审核批准，其他情形由国有资产监督管理机构审核批准。

第五十五条 国家出资企业、国有资产监督管理机构批准国有股东受让上市公司股份时，应当审核以下文件：

（一）国有股东受让上市公司股份的内部决策文件；

（二）国有股东受让上市公司股份方案，内容包括但不限于：国有股东及上市公司的基本情况、主要财务数据、价格上限及确定依据、数量及受让时限等；

（三）可行性研究报告；

（四）股份转让协议(适用于协议受让的)、产权转让或增资扩股协议(适用于间接受让的)；

（五）财务顾问出具的尽职调查报告和上市公司估值报告（适用于取得控股权的）；

（六）律师事务所出具的法律意见书；

（七）国家出资企业、国有资产监督管理机构认为必要的其他文件。

第五十六条 国有股东将其持有的可转换公司债券或可交换公司债券转换、交换成上市公司股票的，通过司法机关强制执行手续取得上市公司股份的，按照相关法律、行政法规及规章制度的规定办理，并在上述行为完成后 10 个工作日内将相关情况通过管理信息系统按程序报告国有资产监督管理机构。

第九章 国有股东所控股上市公司吸收合并

第五十七条 本办法所称国有股东所控股上市公司吸收合并，是指国有控股上市公司之间或国有控股上市公司与非国有控股上市公司之间的吸收合并。

第五十八条 国有股东所控股上市公司应当聘请财务顾问，对吸收合并的双方进行尽职调查和内部核查，并出具专业意见。

第五十九条 国有股东应指导上市公司根据股票交易价格，并参考可比交易案例，合理确定上市公司换股价格。

第六十条 国有股东应当在上市公司董事会审议吸收合并方案前，将该方案报国有资产监督管理机构审核批准。

第六十一条 国有资产监督管理机构批准国有股东所控股上市公司吸收合并时，应当审核以下文件：

（一）国家出资企业、国有股东的内部决策文件；

（二）国有股东所控股上市公司吸收合并的方案，内容包括但不限于：国有控股股东及上市公司基本情况、换股价格的确定依据、现金选择权安排、吸收合并后的股权结构、债务处置、职工安置、市场应对预案等；

（三）可行性研究报告；

（四）律师事务所出具的法律意见书；

（五）国有资产监督管理机构认为必要的其他文件。

第十章 国有股东所控股上市公司发行证券

第六十二条 本办法所称国有股东所控股上市公司发行证券包括上市公司采用公开方式向原股东配售股份、向不特定对象公开募集股份、采用非公开方式向特定对象发行股份以及发行可转换公司债券等行为。

第六十三条 国有股东所控股上市公司发行证券，应当在股东大会召开前取得批准。属于本办法第七条规定情形的，由国家出资企业审核批准，其他情形报国有资产监督管理机构审核批准。

第六十四条 国家出资企业、国有资产监管机构批准国有股东所控股上市公司发行证券时，应当审核以下文件：

（一）上市公司董事会决议；

（二）国有股东所控股上市公司发行证券的方案，内容包括但不限于：相关国有股东、上市公司基本情况，发行方式、数量、价格，募集资金用途，对国有股东控股地位影响的分析，发行可转换公司债券的风险评估论证情况、偿本付息及应对债务风险的具体方案等；

（三）可行性研究报告；

（四）律师事务所出具的法律意见书；

（五）国家出资企业、国有资产监督管理机构认为必要的其他文件。

第十一章 国有股东与上市公司进行资产重组

第六十五条 本办法所称国有股东与上市公司进行资产重组是指国有股东向上市公司注入、购买或置换资产并涉及国有股东所持上市公司股份发生变化的情形。

第六十六条 国有股东就资产重组事项进行内部决策后，应书面通知上市公司，由上市公司依法披露，并申请股票停牌。在上市公司董事会审议资产重组方案前，应当将可行性研究报告报国家出资企业、国有资产监督管理机构预审核，并由国有资产监督管理机构通过管理信息系统出具意见。

第六十七条 国有股东与上市公司进行资产重组方案经上市公司董事会审议通过后，应当在上市公司股东大会召开前获得相应批准。属于本办法第七条规定情形的，由国家出资企业审核批准，其他情形由国有资产监督管理机构审核批准。

第六十八条 国家出资企业、国有资产监督管理机构批准国有股东与上市公司进行资产重组时，应当审核以下文件：

（一）国有股东决策文件和上市公司董事会决议；

（二）资产重组的方案，内容包括但不限于：资产重组的原因及目的，涉及标的资产范围、业务情况及近 3 年损益情况、未来盈利预测及其依据，相关资产作价的说明，资产重组对国有股东及上市公司权益、盈利水平和未来发展的影响等；

（三）资产重组涉及相关资产的评估备案表或核准文件；

（四）律师事务所出具的法律意见书；

（五）国家出资企业、国有资产监督管理机构认为必要的其他文件。

第六十九条　国有股东参股的非上市企业参与非国有控股上市公司的资产重组事项由国家出资企业按照内部决策程序自主决定。

第十二章　法律责任

第七十条　在上市公司国有股权变动中，相关方有下列行为之一的，国有资产监督管理机构或国家出资企业应要求终止上市公司股权变动行为，必要时应向人民法院提起诉讼：

（一）不履行相应的内部决策程序、批准程序或者超越权限，擅自变动上市公司国有股权的；

（二）向中介机构提供虚假资料，导致审计、评估结果失真，造成国有资产损失的；

（三）相关方恶意串通，签订显失公平的协议，造成国有资产损失的；

（四）相关方采取欺诈、隐瞒等手段变动上市公司国有股权，造成国有资产损失的；

（五）相关方未在约定期限内履行承诺义务的；

（六）违反上市公司信息披露规定，涉嫌内幕交易的。

第七十一条　违反有关法律、法规或本办法的规定变动上市公司国有股权并造成国有资产损失的，国有资产监督管理机构可以责令国有股东采取措施限期纠正；国有股东、上市公司负有直接责任的主管人员和其他直接责任人员，由国有资产监督管理机构或者相关企业按照权限给予纪律处分，造成国有资产损失的，应负赔偿责任；涉嫌犯罪的，依法移送司法机关处理。

第七十二条　社会中介机构在上市公司国有股权变动的审计、评估、咨询和法律等服务中违规执业的，由国有资产监督管理机构将有关情况通报其行业主管部门，建议给予相应处罚；情节严重的，国有股东 3 年内不得再委托其开展相关业务。

第七十三条　上市公司国有股权变动批准机构及其有关人员违反有关法律、法规或本办法的规定，擅自批准或者在批准中以权谋私，造成国有资产损失的，由有关部门按照权限给予纪律处分；涉嫌犯罪的，依法移送司法机关处理。

国有资产监督管理机构违反有关法律、法规或本办法的规定审核批准上市公司国有股权变动并造成国有资产损失的，对直接负责的主管人员和其他责任人员给予纪律处分；涉嫌犯罪的，依法移送司法机关处理。

第十三章　附　则

第七十四条　不符合本办法规定的国有股东标准，但政府部门、机构、事业单位和国有独资或全资企业通过投资关系、协议或者其他安排，能够实际支配其行为的境内外企业，证券账户标注为"CS"，所持上市公司股权变动行为参照本办法管理。

第七十五条　政府部门、机构、事业单位及其所属企业持有的上市公司国有股权变动行为，按照现行监管体制，比照本办法管理。

第七十六条 金融、文化类上市公司国有股权的监督管理，国家另有规定的，依照其规定。

第七十七条 国有或国有控股的专门从事证券业务的证券公司及基金管理公司转让、受让上市公司股份的监督管理按照相关规定办理。

第七十八条 国有出资的有限合伙企业不作国有股东认定，其所持上市公司股份的监督管理另行规定。

第七十九条 本办法自 2018 年 7 月 1 日起施行。

改革国有资本授权经营体制方案

按照党中央、国务院关于深化国有企业改革的决策部署，近年来，履行国有资本出资人职责的部门及机构（以下称出资人代表机构）坚持以管资本为主积极推进职能转变，制定并严格执行监管权力清单和责任清单，取消、下放、授权一批工作事项，监管效能有效提升，国有资产管理体制不断完善。但也要看到，政企不分、政资不分的问题依然存在，出资人代表机构与国家出资企业之间权责边界不够清晰，国有资产监管越位、缺位、错位的现象仍有发生，国有资本运行效率有待进一步提高。党中央、国务院对此高度重视，党的十九大明确提出，要完善各类国有资产管理体制，改革国有资本授权经营体制。为贯彻落实党的十九大精神，加快推进国有资本授权经营体制改革，进一步完善国有资产管理体制，推动国有经济布局结构调整，打造充满生机活力的现代国有企业，现提出以下方案。

一、总体要求

（一）指导思想。以习近平新时代中国特色社会主义思想为指导，全面贯彻党的十九大和十九届二中、三中全会精神，坚持和加强党的全面领导，坚持和完善社会主义基本经济制度，坚持社会主义市场经济改革方向，以管资本为主加强国有资产监管，切实转变出资人代表机构职能和履职方式，实现授权与监管相结合、放活与管好相统一，切实保障国有资本规范有序运行，促进国有资本做强做优做大，不断增强国有经济活力、控制力、影响力和抗风险能力，培育具有全球竞争力的世界一流企业。

（二）基本原则。

——坚持党的领导。将坚持和加强党对国有企业的领导贯穿国有资本授权经营体制改革全过程和各方面，充分发挥党组织的领导作用，确保国有企业更好地贯彻落实党和国家方针政策、重大决策部署。

——坚持政企分开政资分开。坚持政府公共管理职能与国有资本出资人职能分开，依法理顺政府与国有企业的出资关系，依法确立国有企业的市场主体地位，最大限度减少政府对市场活动的直接干预。

——坚持权责明晰分类授权。政府授权出资人代表机构按照出资比例对国家出资企业履行出资人职责，科学界定出资人代表机构权责边界。国有企业享有完整的法人财产权和充分的经营自主权，承担国有资产保值增值责任。按照功能定位、治理能力、管理水平等企业发展实际情况，一企一策地对国有企业分类授权，做到权责对等、动态调整。

——坚持放管结合完善机制。加快调整优化出资人代表机构职能和履职方式，加强清单管理和事中事后监管，该放的放权到位、该管的管住管好。建立统一规范的国有资产监管制度体系，精简监管事项，明确监管重点，创新监管手段，提升监管水平，防止国有资产流失，确保国有资产保值增值。

（三）主要目标。出资人代表机构加快转变职能和履职方式，切实减少对国有企业的行政干预。国有企业依法建立规范的董事会，董事会职权得到有效落实。将更多具备条件的中央企业纳入国有资本投资、运营公司试点范围，赋予企业更多经营自主权。到 2022 年，基本建成与中国特色现代国有企业制度相适应的国有资本授权经营体制，出资人代表机构与国家出资企业的权责边界界定清晰，授权放权机制运行有效，国有资产监管实现制度完备、标准统一、管理规范、实时在线、精准有力，国有企业的活力、创造力、市场竞争力和风险防控能力明显增强。

二、优化出资人代表机构履职方式

国务院授权国资委、财政部及其他部门、机构作为出资人代表机构，对国家出资企业履行出资人职责。出资人代表机构作为授权主体，要依法科学界定职责定位，加快转变履职方式，依据股权关系对国家出资企业开展授权放权。

（一）实行清单管理。制定出台出资人代表机构监管权力责任清单，清单以外事项由企业依法自主决策，清单以内事项要大幅减少审批或事前备案。将依法应由企业自主经营决策的事项归位于企业，将延伸到子企业的管理事项原则上归位于一级企业，原则上不干预企业经理层和职能部门的管理工作，将配合承担的公共管理职能归位于相关政府部门和单位。

（二）强化章程约束。依法依规、一企一策地制定公司章程，规范出资人代表机构、股东会、党组织、董事会、经理层和职工代表大会的权责，推动各治理主体严格依照公司章程行使权利、履行义务，充分发挥公司章程在公司治理中的基础作用。

（三）发挥董事作用。出资人代表机构主要通过董事体现出资人意志，依据股权关系向国家出资企业委派董事或提名董事人选，规范董事的权利和责任，明确工作目标和重点；建立出资人代表机构与董事的沟通对接平台，建立健全董事人才储备库和董事选聘、考评与培训机制，完善董事履职报告、董事会年度工作报告制度。

（四）创新监管方式。出资人代表机构以企业功能分类为基础，对国家出资企业进行分类管理、分类授权放权，切实转变行政化的履职方式，减少审批事项，强化事中事后监管，充分运用信息化手段，减轻企业工作负担，不断提高监管效能。

三、分类开展授权放权

出资人代表机构对国有资本投资、运营公司及其他商业类企业（含产业集团，下同）、公益类企业等不同类型企业给予不同范围、不同程度的授权放权，定期评估效果，采取扩大、调整或收回等措施动态调整。

（一）国有资本投资、运营公司。出资人代表机构根据《国务院关于推进国有资本投资、运营公司改革试点的实施意见》（国发〔2018〕23号）有关要求，结合企业发展阶段、行业特点、治理能力、管理基础等，一企一策有侧重、分先后地向符合条件的企业开展授权放权，维护好股东合法权益。授权放权内容主要包括战略规划和主业管理、选人用人和股权激励、工资总额和重大财务事项管理等，亦可根据企业实际情况增加其他方面授权放权内容。

战略规划和主业管理。授权国有资本投资、运营公司根据出资人代表机构的战略引领，自主决定发展规划和年度投资计划。国有资本投资公司围绕主业开展的商业模式创新业务可视同主业投资。授权国有资本投资、运营公司依法依规审核国有资本投资、运营公司之间的非上市公司产权无偿划转、非公开协议转让、非公开协议增资、产权置换等事项。

选人用人和股权激励。授权国有资本投资、运营公司董事会负责经理层选聘、业绩考核和薪酬管理（不含中管企业），积极探索董事会通过差额方式选聘经理层成员，推行职业经理人制度，对市场化选聘的职业经理人实行市场化薪酬分配制度，完善中长期激励机制。授权国有资本投资、运营公司董事会审批子企业股权激励方案，支持所出资企业依法合规采用股票期权、股票增值权、限制性股票、分红权、员工持股以及其他方式开展股权激励，股权激励预期收益作为投资性收入，不与其薪酬总水平挂钩。支持国有创业投资企业、创业投资管理企业等新产业、新业态、新商业模式类企业的核心团队持股和跟投。

工资总额和重大财务事项管理。国有资本投资、运营公司可以实行工资总额预算备案制，根据企业发展战略和薪酬策略、年度生产经营目标和经济效益，综合考虑劳动生产率提高和人工成本投入产出率、职工工资水平市场对标等情况，结合政府职能部门发布的工资指导线，编制年度工资总额预算。授权国有资本投资、运营公司自主决策重大担保管理、债务风险管控和部分债券类融资事项。

政府直接授权的国有资本投资、运营公司按照有关规定对授权范围内的国有资本履行出资人职责，遵循有关法律和证券市场监管规定开展国有资本运作。

（二）其他商业类企业和公益类企业。对未纳入国有资本投资、运营公司试点的其他商业类企业和公益类企业，要充分落实企业的经营自主权，出资人代表机构主要对集团公司层面实施监管或依据股权关系参与公司治理，不干预集团公司以下各级企业生产经营具体事项。对其中已完成公司制改制、董事会建设较规范的企业，要逐步落实董事会职权，维护董事会依法行使重大决策、选人用人、薪酬分配等权利，明确由董事会自主决定公司内部管理机构设置、基本管理制度制定、风险内控和法律合规管理体系建设以及履行对所出资企业的股东职责等事项。

四、加强企业行权能力建设

指导推动国有企业进一步完善公司治理体系，强化基础管理，优化集团管控，确保各项授权放权接得住、行得稳。

（一）完善公司治理。按照建设中国特色现代国有企业制度的要求，把加强党的领导和完善公司治理统一起来，加快形成有效制衡的公司法人治理结构、灵活高效的市场化经营机制。建设规范高效的董事会，完善董事会运作机制，提升董事会履职能力，激发经理层活力。要在所出资企业积极推行经理层市场化选聘和契约化管理，明确聘期以及企业与经理层成员双方的权利与责任，强化刚性考核，建立退出机制。

（二）夯实管理基础。按照统一制度规范、统一工作体系的原则，加强国有资产基础管理。推进管理创新，优化总部职能和管理架构。深化企业内部三项制度改革，实现管理人员能上能下、员工能进能出、收入能增能减。不断强化风险防控体系和内控机制建设，完善内部监督体系，有效发挥企业职工代表大会和内部审计、巡视、纪检监察等部门的监督作用。

（三）优化集团管控。国有资本投资公司以对战略性核心业务控股为主，建立以战略目标和财务效益为主的管控模式，重点关注所出资企业执行公司战略和资本回报状况。国有资本运营公司以财务性持股为主，建立财务管控模式，重点关注国有资本流动和增值状况。其他商业类企业和公益类企业以对核心业务控股为主，建立战略管控和运营管控相结合的模式，重点关注所承担国家战略使命和保障任务的落实状况。

（四）提升资本运作能力。国有资本投资、运营公司作为国有资本市场化运作的专业平台，以资本为纽带、以产权为基础开展国有资本运作。在所出资企业积极发展混合所有制，鼓励有条件的企业上市，引进战略投资者，提高资本流动性，放大国有资本功能。增强股权运作、价值管理等能力，通过清理退出一批、重组整合一批、创新发展一批，实现国有资本形态转换，变现后投向更需要国有资本集中的行业和领域。

五、完善监督监管体系

通过健全制度、创新手段，整合监督资源，严格责任追究，实现对国有资本的全面有效监管，切实维护国有资产安全，坚决防止国有资产流失。

（一）搭建实时在线的国资监管平台。出资人代表机构要加快优化监管流程、创新监管手段，充分运用信息技术，整合包括产权、投资和财务等在内的信息系统，搭建连通出资人代表机构与企业的网络平台，实现监管信息系统全覆盖和实时在线监管。建立模块化、专业化的信息采集、分析和报告机制，加强信息共享，增强监管的针对性和及时性。

（二）统筹协同各类监督力量。加强国有企业内部监督、出资人监督和审计、纪检监察、巡视监督以及社会监督，结合中央企业纪检监察机构派驻改革的要求，依照有关规定清晰界定各类监督主体的监督职责，有效整合企业内外部监督资源，增强监督工作合力，形成监督工作闭环，加快建立全面覆盖、分工明确、协同配合、制约有力的国有资产监督体系，切实增强监督有效性。

（三）健全国有企业违规经营投资责任追究制度。明确企业作为维护国有资产安全、防止流失的责任主体，健全内部管理制度，严格执行国有企业违规经营投资责任追究制度。建立健全分级分层、有效衔接、上下贯通的责任追究工作体系，严格界定违规经营投资责任，严肃追究问责，实行重大决策终身责任追究制度。

六、坚持和加强党的全面领导

将坚持和加强党的全面领导贯穿改革的全过程和各方面，在思想上政治上行动上同党中央保持高度一致，为改革提供坚强有力的政治保证。

（一）加强对授权放权工作的领导。授权主体的党委（党组）要加强对授权放权工作的领导，深入研究授权放权相关问题，加强行权能力建设，加快完善有效监管体制，抓研究谋划、抓部署推动、抓督促落实，确保中央关于国有资本授权经营体制改革的决策部署落实到位。

（二）改进对企业党建工作的领导、指导和督导。上级党组织加强对国有企业党建工作的领导，出资人代表机构党组织负责国家出资企业党的建设。国家出资企业党组织要认真落实党中央、上级党组织、出资人代表机构党组织在党的领导、党的建设方面提出的工作要求。在改组组建国有资本投资、运营公司过程中，按照"四同步""四对接"的要求调整和设置党的组织、开展党的工作，确保企业始终在党的领导下开展工作。

（三）充分发挥企业党组织的领导作用。企业党委（党组）要切实发挥领导作用，把方向、管大局、保落实，依照有关规定讨论和决定企业重大事项，并作为董事会、经理层决策重大事项的前置程序。要妥善处理好各治理主体的关系，董事会、经理层等治理主体要自觉维护党组织权威，根据各自职能分工发挥作用，既要保证董事会对重大问题的决策权，又要保证党组织的意图在重大决策中得到体现。董事会、经理层中的党员要坚决贯彻落实党组织决定，向党组织报告落实情况。在推行经理层成员聘任制和契约化管理、探索职业经理人制度等改革过程中，要把坚持党管干部原则和发挥市场机制作用结合起来，保证党对干部人事工作的领导权和对重要干部的管理权，落实董事会、经理层的选人用人权。

七、周密组织科学实施

各地区、各部门、各出资人代表机构和广大国有企业要充分认识推进国有资本授权经营体制改革的重要意义，准确把握改革精神，各司其职、密切配合，按照精细严谨、稳妥推进的工作要求，坚持一企一策、因企施策，不搞批发式、不设时间表，对具备条件的，成熟一个推动一个，运行一个成功一个，不具备条件的不急于推进，确保改革规范有序进行，推动国有企业实现高质量发展。

（一）加强组织领导，明确职责分工。国务院国有企业改革领导小组负责统筹领导和协调推动国有资本授权经营体制改革工作，研究协调相关重大问题。出资人代表机构要落实授权放权的主体责任。国务院国有企业改革领导小组各成员单位及有关部门根据职责分工，加快研究制定配套政策措施，指导推动改革实践，形成合力共同推进改革工作。

（二）健全法律政策，完善保障机制。加快推动国有资本授权经营体制改革涉及的法律法规的立改废释工作，制定出台配套政策法规，确保改革于法有据。建立健全容错纠错机制，全面落实"三个区分开来"，充分调动和激发广大干部职工参与改革的积极性、主动性和创造性。

（三）强化跟踪督导，确保稳步推进。建立健全督查制度，加强跟踪督促，定期总结评估各项改革举措的执行情况和实施效果，及时研究解决改革中遇到的问题，确保改革目标如期实现。

（四）做好宣传引导，营造良好氛围。坚持鼓励探索、实践、创新的工作导向和舆论导向，采取多种方式解读宣传改革国有资本授权经营体制的方针政策，积极宣介推广改革典型案例和成功经验，营造有利于改革的良好环境。

各省（自治区、直辖市）人民政府要按照本方案要求，结合实际推进本地区国有资本授权经营体制改革工作。

金融、文化等国有企业的改革，按照中央有关规定执行。

国务院国资委授权放权清单（2019 年版）

一、对各中央企业的授权放权事项

序号　授权放权事项

1. 中央企业审批所属企业的混合所有制改革方案（主业处于关系国家安全、国民经济命脉的重要行业和关键领域，主要承担重大专项任务的子企业除外）。

2. 中央企业决定国有参股非上市企业与非国有控股上市公司的资产重组事项。

3. 授权中央企业决定集团及所属企业以非公开协议方式参与其他子企业的增资行为及相应的资产评估（主业处于关系国家安全、国民经济命脉的重要行业和关键领域，主要承担重大专项任务的子企业除外）。

4. 中央企业审批所持有非上市股份有限公司的国有股权管理方案和股权变动事项（主业处于关系国家安全、国民经济命脉的重要行业和关键领域，主要承担重大专项任务的子企业除外）。

5. 中央企业审批国有股东所持有上市公司股份在集团内部的无偿划转、非公开协议转让事项。

6. 中央企业审批国有参股股东所持有上市公司国有股权公开征集转让、发行可交换公司债券事项。

7. 中央企业审批未导致上市公司控股权转移的国有股东通过证券交易系统增持、协议受让、认购上市公司发行股票等事项。

8. 中央企业审批未触及证监会规定的重大资产重组标准的国有股东与所控股上市公司进行资产重组事项。

9. 中央企业审批国有股东通过证券交易系统转让一定比例或数量范围内所持有上市公司股份事项，同时应符合国有控股股东持股比例不低于合理持股比例的要求。

10. 中央企业审批未导致国有控股股东持股比例低于合理持股比例的公开征集转让、发行可交换公司债券及所控股上市公司发行证券事项。

11. 授权中央企业决定公司发行短期债券、中长期票据和所属企业发行各类债券等部分债券类融资事项。对于中央企业集团公司发行的中长期债券，国资委仅审批发债额度，在额度范围内的发债不再审批。

12.支持中央企业所属企业按照市场化选聘、契约化管理、差异化薪酬、市场化退出的原则，采取公开遴选、竞聘上岗、公开招聘、委托推荐等市场化方式选聘职业经理人，合理增加市场化选聘比例，加快建立职业经理人制度。

13.支持中央企业所属企业市场化选聘的职业经理人实行市场化薪酬分配制度，薪酬总水平由相应子企业的董事会根据国家相关政策，参考境内市场同类可比人员薪酬价位，统筹考虑企业发展战略、经营目标及成效、薪酬策略等因素，与职业经理人协商确定，可以采取多种方式探索完善中长期激励机制。

14.对商业一类和部分符合条件的商业二类中央企业实行工资总额预算备案制管理。

15.中央企业审批所属科技型子企业股权和分红激励方案，企业实施分红激励所需支出计入工资总额，但不受当年本单位工资总额限制、不纳入本单位工资总额基数，不作为企业职工教育经费、工会经费、社会保险费、补充养老及补充医疗保险费、住房公积金等的计提依据。

16.中央企业集团年金总体方案报国资委事后备案，中央企业审批所属企业制定的具体年金实施方案。

17.中央企业控股上市公司股权激励计划报国资委同意后，中央企业审批分期实施方案。

18.支持中央企业在符合条件的所属企业开展多种形式的股权激励，股权激励的实际收益水平，不与员工个人薪酬总水平挂钩，不纳入本单位工资总额基数。

19.中央企业决定与借款费用、股份支付、应付债券等会计事项相关的会计政策和会计估计变更。

20.授权中央企业（负债水平高、财务风险较大的中央企业除外）合理确定公司担保规模，制定担保风险防范措施，决定集团内部担保事项，向集团外中央企业的担保事项不再报国资委备案。但不得向中央企业以外的其他企业进行担保。

21.授权中央企业（负债水平高、财务风险较大的中央企业除外）根据《中央企业降杠杆减负债专项工作目标责任书》的管控目标，制定债务风险管理制度，合理安排长短期负债比重，强化对所属企业的资产负债约束，建立债务风险动态监测和预警机制。

二、对综合改革试点企业的授权放权事项（包括国有资本投资、运营公司试点企业、创建世界一流示范企业、东北地区中央企业综合改革试点企业、落实董事会职权试点企业等）

序号　授权放权事项

1.授权董事会审批企业五年发展战略和规划，向国资委报告结果。中央企业按照国家规划周期、国民经济和社会发展五年规划建议，以及国有经济布局结构调整方向和中央企业中长期发展规划要求，组织编制本企业五年发展战略和规划，经董事会批准后实施。

2.授权董事会按照《中央企业投资监督管理办法》（国资委令第34号）要求批准年度投资计划，报国资委备案。

3.授权董事会决定在年度投资计划的投资规模内，将主业范围内的计划外新增投资项目与计划内主业投资项目进行适当调剂。相关投资项目应符合负面清单要求。

4.授权董事会决定主业范围内的计划外新增股权投资项目，总投资规模变动超过10%的，应及时调整年度投资计划并向国资委报告。相关投资项目应符合负面清单要求。

三、对国有资本投资、运营公司试点企业的授权放权事项

序号 授权放权事项

1.授权董事会按照企业发展战略和规划决策适度开展与主业紧密相关的商业模式创新业务，国资委对其视同主业投资管理。

2.授权董事会在已批准的主业范围以外，根据落实国家战略需要、国有经济布局结构调整方向、中央企业中长期发展规划、企业五年发展战略和规划，研究提出拟培育发展的1—3个新业务领域，报国资委同意后，视同主业管理。待发展成熟后，可向国资委申请将其调整为主业。

3.授权董事会在5%—15%的比例范围内提出年度非主业投资比例限额，报国资委同意后实施。

4.授权国有资本投资、运营公司按照国有产权管理规定审批国有资本投资、运营公司之间的非上市企业产权无偿划转、非公开协议转让、非公开协议增资、产权置换等事项。

5.授权董事会审批所属创业投资企业、创业投资管理企业等新产业、新业态、新商业模式类企业的核心团队持股和跟投事项，有关事项的开展情况按年度报国资委备案。

6.授权中央企业探索更加灵活高效的工资总额管理方式。

四、对特定企业的授权放权事项

序号 授权放权事项

1.对集团总部在香港地区、澳门地区的中央企业在本地区的投资，可视同境内投资进行管理。

2.授权落实董事会职权试点中央企业董事会根据中央企业负责人薪酬管理有关制度，制定经理层成员薪酬管理办法，决定经理层成员薪酬分配。企业经理层成员薪酬管理办法和薪酬管理重大事项报国资委备案。

3.授权落实董事会职权试点中央企业董事会对副职经理人员进行评价，评价结果按一定权重计入国资委对企业高管人员的评价中。

4.授权行业周期性特征明显、经济效益年度间波动较大或者存在其他特殊情况的中央企业，工资总额预算可以探索按周期进行管理，周期最长不超过三年，周期内的工资总额增长应当符合工资与效益联动的要求。

关于深化混合所有制改革试点若干政策的意见

发改经体〔2017〕2057号

各省、自治区、直辖市及计划单列市发展改革委、财政厅（局）、人力资源社会保障厅（局）、国土资源厅（局）、国资委、国家税务局、地方税务局、证监局、国防科工局：

按照党中央国务院关于国有企业混合所有制改革的部署，在国务院国有企业改革领导小组领导下，国家发展改革委、国务院国资委会同有关部门已先后推出两批重要领域混合所有制改革试点，并取得显著改革成效。试点推进过程中企业普遍反映，为使试点顺利推进取得实效，必须认真研究解决试点中存在的具体问题。国务院国有企业改革领导小组高度重视，国有企业改革领导小组办公室积极协调，提出解决办法。为全面贯彻落实党的十九大精神，以习近平新时代中国特色社会主义思想为指引，更加卓有成效地推动混合所有制改革，现就混合所有制改革试点中的相关政策问题提出以下意见。

一、关于国有资产定价机制

科学准确地对国有资产进行定价，是国有企业混合所有制改革的基础，是防止国有资产流失的重要手段。目前，国有非上市公司交易相关定价制度办法需进一步完善，有关部门要加快研究修订《国有资产评估管理办法》，严格规范国有资产评估程序、细化评估方式、强化监管和法律责任追究、强化违法失信联合惩戒，有效防止国有资产流失。对于按规定程序和方式评估交易的国有资产，建立免责容错机制，鼓励国有企业推动混合所有制改革。

二、关于职工劳动关系

有关部门要加强协调指导，督促混合所有制改革试点企业严格按照《劳动合同法》和《国务院关于国有企业发展混合所有制经济的意见》（国发〔2015〕54号）涉及职工劳动关系调整的相关规定，依法妥善解决混合所有制改革涉及的国有企业职工劳动关系调整、社会保险关系接续等问题，确保职工队伍稳定。企业混合所有制改革时，职工劳动合同未到期的应当依法继续履行，可按有关规定与职工变更劳动合同，改制前后职工的工作年限应合并计算。企业依法与职工解除劳动合同的，应当支付经济补偿。混合所有制改革企业要形成市场化劳动用工制度，实现员工能进能出。

三、关于土地处置和变更登记

土地是国有企业混合所有制改革能够注入的重要资产。由于一些国有企业历史上获得划拨国有土地证照不全、证实不符、权属不清、土地分割等问题，按现有规定办理，存在确权困难、程序繁琐、审批时间长等问题，影响混合所有制改革进程。认真落实国有企业改革1+N系列文件，有关部门要研究加强国有土地资产处置管理工作，解决国有土地授权经营、作价出资（入股）等历史遗留问题。国有企业要加强内部管理，抓紧解决历史上获得划拨国有土地证照不全、证实不符、权属不清、土地分割等问题。各地要进一步优化简化相关审批程序，为解决混合所有制改革中的土地处置和变更登记提供便利。

四、关于员工持股

坚持依法合规、公开透明、立足增量、不动存量、同股同价、现金入股、以岗定股、动态调整等原则，积极推进混合所有制改革试点企业员工持股，有效实现企业与员工利益和风险绑定，强化内部激励，完善公司治理。试点企业数量不受《关于国有控股混合所有制企业开展员工持股试点的意见》（国资发改革〔2016〕133号）规定的数量限制。试点企业名单由国家发展改革委、国务院国资委按程序报请国务院国有企业改革领导小组确定。为有效指导混合所有制企业员工持股工作，有关部门要抓紧研究制定重要领域混合所有制企业开展员工持股试点的意见，明确相关政策，加强规范引导。

五、关于集团公司层面开展混合所有制改革

党的十九大报告指出，深化国有企业改革，发展混合所有制经济，培育具有全球竞争力的世界一流企业。集团公司层面开展混合所有制改革，既符合中央要求和改革方向，也是实现具有全球竞争力的世界一流企业的重要途径。积极探索中央企业集团公司层面开展混合所有制改革的可行路径，国务院国资委审核中央企业申请改革试点的方案，按程序报国务院批准后开展试点，鼓励探索解决集团层面混合所有制改革后国有股由谁持有等现实问题的可行路径。积极支持各地省属国有企业集团公司开展混合所有制改革。

六、关于试点联动

国有企业混合所有制改革、落实董事会职权、市场化选聘经营管理者、剥离企业办社会职能和解决历史遗留问题等各项国有企业改革试点核心任务关联性较高，加强各项试点联动，可以有效协同攻坚，发挥政策合力。要进一步加强混合所有制改革试点与其他国有企业改革试点之间的联动。对于纳入混合所有制改革试点的企业，符合条件的，可以同步申请开展其他国有企业改革试点，按规定程序批准后，适用相关试点政策。

七、关于财税支持政策

企业符合税法规定条件的股权（资产）收购、合并、分立、债务重组、债转股等重组行为，可按税法规定享受企业所得税递延纳税优惠政策；企业以非货币性资产投资，可按规定享受 5 年内分期缴纳企业所得税政策；企业符合税法规定条件的债权损失可按规定在计算企业所得税应纳税所得额时扣除；在企业重组过程中，企业通过合并、分立、出售、置换等方式，将全部或者部分实物资产以及与其相关联的债权、负债和劳动力，一并转让给其他单位和个人，其中涉及的货物、不动产、土地使用权转让行为，符合规定的，不征收增值税；企业重组改制涉及的土地增值税、契税、印花税，符合规定的，可享受相关优惠政策。有关混合所有制改革企业要科学设计改革路径，最大程度用足用好现有国家对企业改制重组的税收优惠政策。

八、关于工资总额管理制度

为建立健全与混合所有制企业相适应的市场化薪酬机制、有效发挥薪酬激励效用，有关部门要加快研究制订改革国有企业工资决定机制的意见，支持符合条件的混合所有制改革试点企业实行更加灵活的工资总额管理制度。对于集团层面混合所有制改革试点企业，要比照落实董事会职权试点相关政策，实行工资总额备案制。鼓励集团公司对下属混合所有制改革试点企业采取差异化工资总额管理方式，充分激发企业内生活力。

九、关于军工企业国有股权控制类别和军工事项审查程序

军工企业混合所有制改革不断深化，既有的关于军工企业国有股权控制类别界定的政策规定，已不适应军民融合发展的需要。有关部门要抓紧对军工企业国有控股类别相关规定进行修订。类别修订完成前，确属混改需要突破相关比例规定的，允许符合条件的企业一事一议方式报国防科工局等军工企业混合所有制改革相关主管部门研究办理。

中央企业混合所有制改革操作指引

为贯彻落实党中央、国务院关于积极发展混合所有制经济的决策部署，稳妥有序推进中央企业混合所有制改革，促进各种所有制资本取长补短、相互促进、共同发展，夯实社会主义基本经济制度的微观基础，按照《中共中央、国务院关于深化国有企业改革的指导意见》（中发〔2015〕22号）、《国务院关于国有企业发展混合所有制经济的意见》（国发〔2015〕54号）等文件精神和有关政策规定，结合中央企业混合所有制改革实践，制定本操作指引。中央企业所属各级子企业通过产权转让、增资扩股、首发上市（IPO）、上市公司资产重组等方式，引入非公有资本、集体资本实施混合所有制改革，相关工作参考本操作指引。

一、基本操作流程

中央企业所属各级子企业实施混合所有制改革，一般应履行以下基本操作流程：可行性研究、制定混合所有制改革方案、履行决策审批程序、开展审计评估、引进非公有资本投资者、推进企业运营机制改革。以新设企业、对外投资并购、投资入股等方式实施混合所有制改革的，履行中央企业投资管理有关程序。

（一）可行性研究。

拟实施混合所有制改革的企业（以下简称拟混改企业）要按照"完善治理、强化激励、突出主业、提高效率"的总体要求，坚持"因地施策、因业施策、因企施策，宜独则独、宜控则控、宜参则参，不搞拉郎配，不搞全覆盖，不设时间表"的原则，依据相关政策规定对混合所有制改革的必要性和可行性进行充分研究，一企一策，成熟一个推进一个。

积极稳妥推进主业处于充分竞争行业和领域的商业类国有企业混合所有制改革，国有资本宜控则控、宜参则参；探索主业处于重要行业和关键领域的商业类国有企业混合所有制改革，保持国有资本控股地位，支持非公有资本参股；根据不同业务特点，有序推进具备条件的公益类国有企业混合所有制改革；充分发挥国有资本投资、运营公司市场化运作专业平台作用，积极推进所属企业混合所有制改革。

可行性研究阶段，企业应按照有关文件规定，对实施混合所有制改革的社会稳定风险作出评估。

（二）制定混合所有制改革方案。

拟混改企业应制定混合所有制改革方案，方案一般包括以下内容：企业基本情况，混合所有制改革必要性和可行性分析，改革基本原则和思路，改革后企业股权结构设置，转变运营机制的主要举措，引进非公有资本的条件要求、方式、定价办法，员工激励计划，债权债务处置方案，职工安置方案，历史遗留问题解决方案，改革风险评估与防范措施，违反相关规定的追责措施，改革组织保障和进度安排等。

制定方案过程中，要科学设计混合所有制企业股权结构，充分向非公有资本释放股权，尽可能使非公有资本能够派出董事或监事；注重保障企业职工对混合所有制改革的知情权和参与权，涉及职工切身利益的要做好评估工作，职工安置方案应经职工大会或者职工代表大会审议通过；科学设计改革路径，用好用足国家相关税收优惠政策，降低改革成本。必要时可聘请外部专家、中介机构等参与。

（三）履行决策审批程序。

混合所有制改革方案制定后，中央企业应按照"三重一大"决策机制，履行企业内部决策程序。拟混改企业属于主业处于关系国家安全、国民经济命脉的重要行业和关键领域、主要承担重大专项任务子企业的，其混合所有制改革方案由中央企业审核后报国资委批准，其中需报国务院批准的，由国资委按照有关法律、行政法规和国务院文件规定履行相应程序；拟混改企业属于其他功能定位子企业的，其混合所有制改革方案由中央企业批准。

（四）开展审计评估。

企业实施混合所有制改革，应合理确定纳入改革的资产范围，需要对资产、业务进行调整的，可按照相关规定选择无偿划转、产权转让、产权置换等方式。企业混合所有制改革前如确有必要开展清产核资工作的，按照有关规定履行程序。

拟混改企业的资产范围确定后，由企业或产权持有单位选聘具备相应资质的中介机构开展财务审计、资产评估工作，履行资产评估项目备案程序，以经备案的资产评估结果作为资产交易定价的参考依据。

（五）引进非公有资本投资者。

拟混改企业引进非公有资本投资者，主要通过产权市场、股票市场等市场化平台，以公开、公平、公正的方式进行。通过产权市场引进非公有资本投资者，主要方式包括增资扩股和转让部分国有股权。通过股票市场引进非公有资本投资者，主要方式包括首发上市（IPO）和上市公司股份转让、发行证券、资产重组等。中央企业通过市场平台引进非公有资本投资者过程中，要注重保障各类社会资本平等参与权利，对拟参与方的条件要求不得有明确指向性或违反公平竞争原则的内容。

（六）推进运营机制改革。

混合所有制企业要完善现代企业制度，健全法人治理结构，充分发挥公司章程在公司治理中的基础性作用，各方股东共同制定章程，规范企业股东（大）会、董事会、监事会、经理层和党组织的权责关系，落实董事会职权，深化三项制度改革；用足用好用活各种正向激励工具，构建多元化、系统化的激励约束体系，充分调动企业职工积极性。转变混合所有制企业管控模式，探索根据国有资本与非公有资本的不同比例结构协商确定具体管控方式，国有出资方强化以出资额和出资比例为限、以派出股权董事为依托的管控方式，明确监管边界，股东不干预企业日常经营。

二、"混资本"相关环节操作要点

（一）资产审计评估。

1.财务审计。实施混合所有制改革，应当按照《国务院办公厅转发国务院国有资产监督管理委员会关于规范国有企业改制工作意见的通知》（国办发〔2003〕96 号）、《国务院办公厅转发国资委关于进一步规范国有企业改制工作实施意见的通知》（国办发〔2005〕60 号）等规定，开展财务审计工作。

(1) 关于选聘审计机构。选聘审计机构应采取差额竞争方式，综合考察和了解其资质、信誉及能力。选聘的审计机构近两年内在企业财务审计中没有违法、违规记录，未承担同一混合所有制改革项目的评估业务，与企业不存在经济利益关系。

(2) 关于审计报告。审计报告应为无保留意见的标准审计报告。拟上市项目或上市公司的重大资产重组项目，评估基准日在 6 月 30 日（含）之前的，需出具最近三个完整会计年度和本年度截至评估基准日的审计报告；评估基准日在 6 月 30 日之后的，需出具最近两个完整会计年度和本年度截至评估基准日的审计报告。其他经济行为需出具最近一个完整会计年度和本年度截至评估基准日的审计报告。

2. 资产评估。实施混合所有制改革，应当按照《中华人民共和国资产评估法》、《企业国有资产评估管理暂行办法》（国资委令第 12 号）等规定，开展资产评估工作。

(1) 评估机构选聘及委托。中央企业应当采取差额竞争方式在本企业评估机构备选库内选聘评估机构。选聘的评估机构应具有与企业评估需求相适应的资质条件、专业人员和专业特长，近 3 年内没有违法、违规执业国有资产评估项目记录；掌握企业及所在行业相关的法律法规、政策、经济行为特点和相关市场信息；与混合所有制改革相关方无经济利益关系。评估对象为企业股权的资产评估项目，由产权持有单位委托，其中涉及增资扩股事项的，可由产权持有单位和增资企业共同委托。

(2) 评估备案管理权限。经国资委批准的混合所有制改革涉及的资产评估项目，由国资委负责备案；经中央企业批准的混合所有制改革涉及的资产评估项目，由中央企业负责备案；被评估企业涉及多个国有股东的，经协商一致，可以由持股比例最大的国有股东办理备案手续。

(3) 重点关注事项。一是评估基准日选取应尽量接近混合所有制改革的实施日期。如果期后发生对评估结果产生重大影响的事项，应调整评估基准日或评估结果。二是评估范围应与混合所有制改革方案、决策文件、评估业务委托约定书等确定的范围一致。三是纳入评估的房产、土地、矿产资源等资产应当权属明晰、证照齐全。符合划拨用地条件的国有划拨土地使用权，经所在地县级以上人民政府批准可继续以划拨方式使用。四是涉及企业价值的资产评估项目，原则上应当采用两种以上评估方法。五是资产评估项目备案前，应当按照资产评估项目公示制度履行公示程序。

(二) 通过产权市场实施混合所有制改革。

1. 产权交易机构选择。非上市企业通过产权转让、增资扩股方式实施混合所有制改革应按照《企业国有资产交易监督管理办法》（国资委 财政部令第 32 号）、《关于印发〈企业国有产权交易操作规则〉的通知》（国资发产权〔2009〕120 号）等有关规定，在国资委确定的可以从事相关业务的产权交易机构中公开进行。从事中央企业产权转让业务的机构有北京产权交易所、天津产权交易中心、上海联合产权交易所和重庆联合产权交易所；从事中央企业增资扩股业务的机构有北京产权交易所和上海联合产权交易所。

2. 信息披露。进场交易项目要严格按照规定在产权交易机构进行信息披露。企业混合所有制改革方案确定后，可合理选择信息发布时机，及早披露相关信息。产权转让项目正式信息披露时间不少于 20 个工作日，涉及企业实际控制权转移的应进行信息预披露，时间不少于 20 个工作日。增资扩股项目信息披露时间不少于 40 个工作日。

3. 投资人遴选。拟混改企业要合理确定投资人的遴选方式。产权转让项目可采取拍卖、招投标、网络竞价等方式，增资扩股项目可采取竞价、竞争性谈判、综合评议等方式。投资人遴选过程中，对战略投资人主要关注与企业发展战略、经营目标、主营业务等方面的匹配和协同情况，对财务投资人主要关注资金实力和财务状况等。

4. 重点关注事项。

（1）企业增资与产权转让同步进行。企业混合所有制改革后继续保持国有控股地位的，如增资过程中国有股东拟同步转让其所持有的少部分企业产权，统一按照增资流程操作，产权转让价格应与增资价格保持一致。

（2）商业秘密保护。在配合意向投资人尽职调查过程中，如涉及拟混改企业商业秘密，应按照《关于印发〈中央企业商业秘密保护暂行规定〉的通知》（国资发〔2010〕41 号）要求，与相关方签订保密协议，保护自身权益。

（3）交易价格。产权转让项目首次正式挂牌底价不得低于经备案的评估结果，信息披露期满未征集到受让方拟降价的，新的挂牌底价低于评估结果 90% 时，应经混合所有制改革批准单位同意；交易价格确定后，交易双方不得以期间损益等理由对交易价格进行调整。增资扩股项目的交易价格以评估结果为基础，结合意向投资人的条件和报价等因素综合确定，并经企业董事会或股东会审议同意。

（三）通过股票市场实施混合所有制改革。

通过股票市场发行证券、转让上市公司股份、国有股东与上市公司资产重组等方式实施混合所有制改革，应按照《上市公司国有股权监督管理办法》（国资委　财政部　证监会令第 36 号）及证券监管的有关规定履行程序。

1. 发行证券。通过发行证券形式实施混合所有制改革，可以采取首发上市（IPO）、国有股东以所持上市公司股票发行可交换公司债券、上市公司发行股份购买非国有股东所持股权、增发和发行可转换公司债券等方式。采取首发上市（IPO）方式的，应当按照要求履行国有股东标识管理程序。符合国家战略、拥有关键核心技术、科技创新能力突出、主要依靠核心技术开展生产经营、具有稳定商业模式、市场认可度高、社会形象良好、具有较强成长性的企业，可积极申请在科创板上市。

2. 上市公司股份转让。应坚持公开、公平、公正原则，一般采取公开征集方式进行。国有股东履行内部决策程序后，书面通知上市公司，由其依法披露、进行提示性公告。国有股东将转让方案、可行性研究报告、内部决策文件、拟发布的公开征集信息等内容通过国资委产权管理综合信息系统报国资委同意后，书面通知上市公司发布公开征集信息，内容主要包括拟转让股份权属情况和数量、受让方应当具备的资格条件、受让方的选择规则、公开征集期限等。公开征集信息中对受让方资格条件不得设定指向性或违反公平竞争要求的条款。收到拟受让方提交的受让申请和受让方案后，国有股东成立由内部职能部门及独立外部专家组成的工作小组，严格按照已公告的规则选择确定受让方。转让价格不低于上市公司提示性公告日前 30 个交易日的每日加权平均价格的算术平均值及最近一个会计年度经审计的每股净资产值中的较高者。

3.国有股东与上市公司资产重组。国有股东应按照符合国有股东发展战略及有利于提高上市公司质量和核心竞争力等原则，在与上市公司充分协商基础上，科学策划重组方案，合理选择重组时机。国有股东履行内部决策程序后，书面通知上市公司，由其依法披露并申请停牌，并按照相关规定履行国资委预审核、上市公司董事会审议预案、对外披露预案、复牌、资产评估及备案、董事会审议草案、对外披露草案、集团公司或国资委审批重组方案、股东大会审议重组方案、报送证券监管机构审核等程序。资产重组发行股份价格在符合证券监管规则基础上，按照有利于维护包括国有股东在内的全体股东权益的原则确定。

通过股票市场实施混合所有制改革应做好信息披露工作，切实防控内幕交易，其中涉及的投资人遴选、商业秘密保护等事项按照"通过产权市场实施混合所有制改革"中明确的原则操作。

三、"改机制"相关环节操作要点

（一）关于混合所有制企业公司治理和管控方式。

1.混合所有制企业法人治理结构。混合所有制企业要建立健全现代企业制度，坚持以资本为纽带、以产权为基础完善治理结构，根据股权结构合理设置股东（大）会、董事会、监事会，规范股东会、董事会、监事会、经理层和党组织的权责关系，按章程行权、依规则运行，形成定位清晰、权责对等、运转协调、制衡有效的法人治理结构。充分发挥公司章程在公司治理中的基础性作用，国有股东根据法律法规和公司实际情况，与其他股东充分协商，合理制定章程条款，切实维护各方股东权利。充分发挥非公有资本股东的积极作用，依法确定非公有资本股东提名和委派董事、监事的规则，建立各方参与、有效制衡的董事会，促进非公有资本股东代表能够有效参与公司治理。

2.混合所有制企业管控方式。中央企业要科学合理界定与混合所有制企业的权责边界，避免"行政化""机关化"管控，加快实现从"控制"到"配置"的转变。国有股东要在现代企业制度框架下按照市场化规则，以股东角色和身份参与企业决策和经营管理，不干预企业日常经营。通过股东（大）会表决、推荐董事和监事等方式行使股东权利，实施以股权关系为基础、以派出股权董事为依托的治理型管控，加强股权董事履职支撑服务和监督管理，确保国有股权董事行权履职体现出资人意志。依法保障混合所有制企业自主经营权，落实董事会对经理层成员选聘、业绩考核和薪酬管理等职权。对于国有参股的混合所有制企业，结合实际健全完善管理体制、落实董事会职责权限、加强经理层成员和国有股权董事监督管理，并在公司章程中予以明确。

3.混合所有制企业党的建设。中央企业混合所有制改革要把建立党的组织、开展党的工作作为必要前提。根据不同类型混合所有制企业特点，明确党组织的设置方式、职责定位和管理模式。按照党章及党内法规制度要求，结合实际，推动混合所有制企业党组织和工作有效覆盖，设置党的工作机构，配齐配强专兼职党务工作人员，保证必需的党建工作经费，确保党的活动能够正常开展。

（二）关于三项制度改革。

1. 建立市场化选人用人机制，实现管理人员能上能下。推动混合所有制企业在更大范围实行经理层成员任期制和契约化管理，具备条件的建立职业经理人制度，积极探索建立与市场接轨的经理层激励制度。树立正确的选人用人导向，建立健全内部管理人员考核评价机制，实现"能者上、庸者下、平者让"。完善职业发展通道，为内部管理人员搭建能上能下平台。

2. 健全市场化用工制度，实现员工能进能出。建立健全以合同管理为核心、以岗位管理为基础的市场化用工制度。拓宽人才引进渠道，严格招聘管理，严把人员入口，不断提升引进人员质量。合理确定用工总量，盘活用工存量，畅通进出渠道，构建正常流动机制，不断提升用工效率和劳动生产率。

3. 建立市场化薪酬分配机制，实现收入能增能减。落实中央企业工资总额管理制度改革要求，建立健全与劳动力市场基本适应、与企业经济效益和劳动生产率挂钩的工资决定和正常增长机制。完善市场化薪酬分配制度，优化薪酬结构，坚持向关键岗位和核心骨干倾斜，坚持与绩效考核紧密挂钩，合理拉开收入分配差距，打破高水平"大锅饭"。统筹推进上市公司股权激励、科技型企业股权分红、员工持股等中长期激励措施，用好用足相关政策，不断增强关键核心人才的获得感、责任感、荣誉感。

（三）关于激励约束机制。

鼓励混合所有制企业综合运用国有控股混合所有制企业员工持股、国有控股上市公司股权激励、国有科技型企业股权和分红激励等中长期激励政策，探索超额利润分享、项目跟投、虚拟股权等中长期激励方式，注重发挥好非物质激励的积极作用，系统提升正向激励的综合效果。

1. 混合所有制企业员工持股。员工持股应按照《关于印发〈关于国有控股混合所有制企业开展员工持股试点的意见〉的通知》（国资发改革〔2016〕133 号）稳慎开展。坚持依法合规、公开透明、增量引入、利益绑定，以岗定股、动态调整，严控范围、强化监督等原则。优先支持人才资本和技术要素贡献占比较高的科技型企业开展员工持股。员工持股企业应当具备以下条件：主业处于充分竞争行业和领域的商业类企业；股权结构合理，非公有资本股东所持股份应达到一定比例，公司董事会中有非公有资本股东推荐的董事；公司治理结构健全，建立市场化的劳动人事分配制度和业绩考核评价体系，形成管理人员能上能下、员工能进能出、收入能增能减的市场化机制，营业收入和利润 90% 以上来源于所在企业集团外部市场。员工持股总量原则上不高于公司总股本的 30%，单一员工持股比例原则上不高于公司总股本的 1%。

2. 中央企业控股上市公司股权激励。中央企业控股上市公司应按照证监会和国资委有关规定规范实施股权激励，建立健全长效激励约束机制，充分调动核心骨干人才创新创业的积极性。股权激励对象要聚焦核心骨干人才队伍，结合企业高质量发展需要、行业竞争特点、关键岗位职责、绩效考核评价等因素综合确定。股权激励方式一般为股票期权、股票增值权、限制性股票等方式，也可以探索试行法律、行政法规允许的其他激励方式。中小市值上市公司及科技创新型上市公司，首次实施股权激励计划授予的权益数量占公司股本总额的比重，最高可以由1%上浮至3%。上市公司两个完整会计年度内累计授予的权益数量一般在公司总股本的3%以内，公司重大战略转型等特殊需要的可以适当放宽至总股本的5%以内。股权激励对象实际获得的收益不再设置调控上限。中央企业控股上市公司根据有关政策规定，制定股权激励计划，在股东大会审议之前，国有控股股东按照公司治理和股权关系，经中央企业审核同意，并报国资委批准。除主营业务整体上市公司外，国资委不再审核上市公司股权激励分期实施方案，上市公司依据股权激励计划制定的分期实施方案，国有控股股东应当在董事会审议决定前，报中央企业审核同意。

3.国有科技型企业股权和分红激励。鼓励符合条件的国有科技型企业按照国家相关规定，实施股权和分红激励，充分调动科研骨干和关键人才的积极性和创造性。明确激励政策导向，以推动形成有利于自主创新和科技成果转化的激励机制为主要目标，根据科技人才资本和技术要素贡献占比及投入产出效率等情况，合理确定实施企业范围和激励对象，建立导向清晰、层次分明、重点突出的中长期激励体系。优先支持符合《"十三五"国家科技创新规划》战略布局和中央企业"十三五"科技创新重点研发方向，创新能力较强、成果技术水平较高、市场前景较好的企业或项目实施股权和分红激励。综合考虑职工岗位价值、实际贡献、承担风险和服务年限等因素，重点激励在自主创新和科技成果转化中发挥主要作用的关键核心技术、管理人员。科学选择激励方式，鼓励符合条件的企业优先开展岗位分红激励，科技成果转化和项目收支明确的企业可选择项目分红激励，在积累试点经验的基础上稳妥实施、逐步推进股权激励。合理确定总体激励水平，从经营发展战略以及自身经济效益状况出发，分类分步推进股权和分红激励工作，坚持效益导向和增量激励原则，根据企业人工成本承受能力和经营业绩状况，合理确定激励水平。规范制度执行，中央企业开展股权和分红激励要按照《关于印发〈国有科技型企业股权和分红激励暂行办法〉的通知》（财资〔2016〕4号）等有关规定，不得随意降低资格条件。

四、相关支持政策

（一）关于财税支持政策。

发展改革委、国资委会同有关部门共同制定出台了《关于深化混合所有制改革试点若干政策的意见》（发改经体〔2017〕2057号）、《国家发展改革委办公厅关于印发〈国有企业混合所有制改革相关税收政策文件汇编〉的通知》（发改办经体〔2018〕947号），对混合所有制改革过程中符合税法规定条件的有关情形，可享受相应的财税政策支持，主要包括：股权（资产）收购、合并、分立、债务重组、债转股等，可享受企业所得税递延纳税优惠政策；涉及以非货币性资产对外投资确认的非货币性资产转让所得，可享受5年内分期缴纳企业所得税政策；符合税法规定条件的债权损失在计算企业所得税应纳税所得额时扣除；通过合并、分立、出售、置换等方式，将全部或者部分实物资产以及与其相关联的债权、负债和劳动力，一并转让给其他单位和个人，其中涉及的货物、不动产、土地使用权转让，不征收增值税、营业税；符合条件的股权收购、资产收购、按账面净值划转股权或资产等，可适用特殊性税务处理政策；混合所有制改革涉及的土地增值税、契税、印花税，可享受相关优惠政策。

（二）关于土地处置支持政策。

企业推进混合所有制改革过程中涉及的土地处置事项，按照《国务院关于促进企业兼并重组的意见》（国发〔2010〕27号）、《国务院关于进一步优化企业兼并重组市场环境的意见》（国发〔2014〕14号）、《国务院关于全民所有自然资源资产有偿使用制度改革的指导意见》（国发〔2016〕82号）等相关规定办理，主管部门对拟混改企业提出的土地转让、改变用途等申请，将依法依规加快办理相关用地和规划手续。拟混改企业拥有国有划拨土地使用权的，经主管部门批准，可根据行业和改革需要，分别采取出让、租赁、国家作价出资（入股）、授权经营和保留规划用地等方式进行处置；重点产业调整和振兴规划确定的混合所有制改革事项涉及的国有划拨土地使用权，经省级以上主管部门批准，可以国家作价出资（入股）方式处置；涉及因实施城市规划需要搬迁的工业项目，经主管部门审核批准，可收回原国有土地使用权，并以协议出让或租赁方式为原土地使用权人重新安排工业用地；涉及事业单位等改制为企业的，允许实行国有企业改制土地资产处置政策。

混合所有制改革具有较强探索性和挑战性，涉及面广、政策性强、影响广泛、社会关注度高。中央企业要坚持解放思想、实事求是，积极稳妥统筹推进，鼓励探索、勇于实践，建立健全容错纠错机制，宽容在改革创新中的失误。要坚持依法合规操作，注重发挥内外部监督合力，做到规则公开、过程公开、结果公开，防止暗箱操作、低价贱卖、利益输送、化公为私、逃废债务，杜绝国有资产流失。要及时跟踪改革进展，评估改革成效，推广改革经验，加快形成可复制、可推广的模式和经验。

中央企业篇

ZHONGYANG QIYE PIAN

第一章　中央企业积极稳妥推进混合所有制改革

党的十八大以来，按照"完善治理、强化激励、突出主业、提高效率"的方针，坚持"政府引导、市场运作、完善制度、保护产权、严格程序、规范操作、宜改则改、稳妥推进"的原则，中央企业混合所有制改革积极稳妥有序开展，部分重要领域混合所有制改革试点不断深化，进展和成效突出。推进中央企业混合所有制改革，是新时代全面深化改革的"牛鼻子"，对推动供给侧结构性改革、加快建设更加成熟更加健全的社会主义市场经济体制、促进经济社会高质量发展都具有十分重要的战略意义。

一、中央企业推进混合所有制改革的总体情况

党的十八大以来，中央企业积极落实党中央、国务院关于深化国有企业混合所有制改革、发展混合所有制经济的决策部署，累计引入社会资本超过 2.5 万亿元，国有资本平均持股比例超过 60%，非公有资本权益在中央企业所有者权益中的占比由 27% 提升至 38%。中央企业对外参股企业超过 1 万户，国有资本投资额 1.5 万亿元，培育形成了一批行业领军及专精特新企业，形成了百花齐放、各具特色的混合所有制改革实践。

一是分类分层全面推进。结合国有资本授权经营体制改革要求，中央企业集团指导具备条件的子企业"一企一策"制定混合所有制实施方案，成熟一个推进一个。有的直接在集团层面引入战略投资者，自上而下实施混合所有制改革，重构治理体系、重塑经营机制；有的以主营业务板块及核心产业平台为对象开展混合所有制改革，着力提升企业核心竞争力；有的拿出创新业务、不确定性较高的项目先行实施混合所有制改革，积累实践经验。截至 2021 年底，中央企业各级子企业中混合所有制企业户数达 13156 户，占比 22.3%。

二是改革方式灵活多样。既有存量的股权转让、增资扩股项目，也有增量的合资新设项目。很多中央企业还积极运用市场化基金的方式，在产业投资、资本运作方面与社会资本开展广泛、深入的合作。近年来，中央企业主动投资民营企业实施混合所有制的数量持续上涨，累计入股民营企业 6000 余家，投资额超过 4000 亿元，在战略性新兴产业及"卡脖子"关键技术环节与民营企业的股权融合、战略合作、资源整合不断深化。

三是增量混合所有制改革需求高涨。如新能源领域的分布式光伏，国有资本、社会资本合作开发力度较大，有力推进碳达峰碳中和。又如数字经济领域，国有资本和社会资本通过各种模式，在基础设施层、网络层、应用层加强战略合作，助力数字中国建设。再如制造业领域组建战略联盟、创新联合体，民生服务领域通过特许经营、委托经营等强化合作、提升供给服务质量，都展现出了蓬勃的生命力。

四是差异化监管有了探索实践。越来越多的中央企业集团及其出资的混合所有制企业都意识到差异化监管的必要性和紧迫性，实践中也有一些初步探索。例如，国家开发投资集团、中国建材集团分别选择了一些相对控股的混合所有制企业，在公司治理、投资管理、中长期激励、薪酬分配等方面开展灵活高效的差异化监管探索，形成了清单管理、授权放权等经验模式。

五是党组织作用有效发挥。据统计，实施混合所有制改革后，92.4%的国资控股混合所有制企业、74.9%的国资参股混合所有制企业党建工作均由国有股东领导或指导为主。中央企业近80%的混合所有制企业制定了党建工作制度，党的领导融入公司治理取得积极进展，党组织把方向、管大局、促落实作用有效发挥。不少混合所有制企业打造了具有自身特色的党建品牌，以党建促发展成效显著。

二、中央企业推进混改的主要成效

通过股权多元化、治理规范化、机制市场化、激励有效化，混改在促进央企治理完善、激励强化、主业突出和效率提高有力支撑科技自立自强、打造央企利益共同体、放大国资资源集聚效应、提升央企竞争力方面发挥了突出作用，取得了良好成效。

（一）以混改完善治理、加强党建，健全中国特色现代企业制度

按照现代经济学的观点，企业是一系列契约的联结，是包括所有者在内的多方利益相关者在复杂的经济互动中创造价值的经济组织。近年来，我国国有企业经过了公司制股份制改革，但股权高度集中形成的"一股独大"和所有者虚置并存仍是普遍现象。如果没有相应的制度安排来纠正这一问题，这"一系列契约"就会形成一个逆向淘汰、逐步异化的"囚徒困境"，企业中的"人"无论是努力程度还是能力水平，都会逐步退化。而要想打破这一格局，激活企业内生活力，就要突出重点、综合施策，从体制机制层面析出国有企业改革发展中的"病骨头""旧基因"。针对商业类企业，积极稳妥推进混改就是解决上述问题的关键一招。党的十八大以来，在央企多层面开展的混合所有制改革，就是致力于通过引入新的投资者，从公司治理层面形成"鲇鱼效应"，推动国有企业成为自主经营、自负盈亏的市场主体。与此同时，在具体推进的过程中，各央企及其子企业注重落实"两个一以贯之"，把加强党的领导和完善公司治理有机统一起来，通过明确混改企业党委、董事会、经理层各治理主体的角色分工和治理边界，全面建立中国特色现代企业制度。

例如，中国联通经过混改，联通集团持有 A 股公司的股份由 62.7%降为 36.7%，新引入的 14 家战略投资者持股 35.2%，公众股东持股 25.5%，员工限制性股票激励计划持股 2.6%。基于这一多元化的股权结构，联通建立起结构规范、权责对等、协调运转、有效制衡的法人治理结构：新一届董事会成员由 7 名增加至 13 名，包括 3 名内部董事、5 名新引入的国有股东和非国有股东代表担任的董事、5 名独立董事；设置发展战略委员会、提名委员会、薪酬与考核委员会及审计委员会，为董事会科学决策奠定基础。在推进混改的过程中，中国联通党组切实发挥把方向、管大局、促落实的领导作用，坚持将中央精神不折不扣落实到位，结合混改后的新形势提出建设以新治理、新基因、新运营、新动能、新生态为内涵的"五新"联通。而这种扎扎实实抓改革、谋发展的"制度基因"来自于联通加强党的领导的制度化体系化：一是明确党组织在公司法人治理结构中的法定地位；二是建立"双向进入、交叉任职"的领导体制；三是落实党组织研究讨论是董事会、经理层决策重大问题的前置程序；四是保证党对企业干部人事工作的领导权和对重要干部的管理权；五是织密建强基层党组织体系。

又如，东方电气集团坚决贯彻落实习近平总书记关于混合所有制改革重要指示批示精神、党中央关于混合所有制改革相关政策要求，加强对混合所有制企业分类指导，严格落实党建"四同步"，做到标准不降、要求不变、力度不减，充分发挥党委把方向、管大局、促落实的领导作用。在公司党委和董事会的坚强领导下，东方电气积极通过混改为旗下子企业引进战略投资者，完善公司治理，推动健全中国特色现代企业制度。截至 2022 年 5 月，3 户已开展混合所有制改革的企业累计引入 12 家外部战略投资者，引入外部资金 5.12 亿元，盘活资产 5 亿元。其中，东方电气风电股份有限公司通过混改进一步引入外部积极股东参与公司治理，企业运行效率和质量得到明显提升，内部决策时间从 2019 年的平均 75 天缩短到 2021 年的 35 天；2021 年劳动生产率提升 35%，达到 46.8 万元。与此同时，将加强党的领导融入公司治理，实现"三个全覆盖"，即在国有控股混改企业中实现党建入公司章程全覆盖、"双向进入、交叉任职"全覆盖、重大事项党组织前置研究全覆盖。

（二）以混改强化激励、优化管控，进一步健全市场化经营机制

长期以来，由于体制惯性，国有企业的劳动、人事和薪酬"三项制度改革难"一直是困扰国企改革发展的"硬骨头"。国有企业"用人能进不能出""干部能上不能下""薪酬能增不能减"（即"三能机制"）的问题是制约国有企业活力发挥的重要障碍。由于三能机制缺失，国有企业"预算软约束""景气周期律""高水平大锅饭"等问题持续反复，一直得不到有效破解。针对这三大问题，央企及其子企业以混合所有制改革为切入点，借助"混"推进"改"，重点在三能机制方面大胆试大胆改，蹚出了健全市场化经营机制的现实路径。以此为契机，央企采取了一系列措施，包括经理层任期制和契约化管理、探索职业经理人制度、推行公开招聘竞争上岗末等调整和不胜任退出、建立中长期激励机制等。与此相配合，央企加大了集团向分子公司的赋权授权力度，按照权责匹配原则压实分子公司责任，缩短决策链条、提高决策效率、激发基层活力，在差异化监管中全方位规范化透明式授权，使混改主体形成了更加紧密的利益共

同体。

在这一系列措施的作用下，国企追求"价值创造"而非"租值耗散"的经营导向全面确立。人们对国企一大"刻板"印象就是：国企薪酬分配存在平均主义、"高水平大锅饭"现象。的确，尽管经过多年改革，这种现象仍在多数国企存在。事实上，在薪酬分配上国企存在三方面突出问题：一是长期以来有关部门坚持对国有企业实行工资总额管理，客观上限制了国有企业应用市场化薪酬的空间。二是部分技术骨干、管理骨干与业务骨干人员等与外部市场相比收入偏低，缺乏竞争力，而替代性较强、辅助性岗位等人员的收入又明显高于外部市场水平。这也是人们诟病国企存在平均主义的一大原因。三是受种种因素制约，国企在运用股权激励、骨干员工持股等中长期激励工具时总是顾虑重重，迈不开腿。这三条相互嵌套在一起，令部分国企经营呈现典型的"租值耗散"的特征：多劳不能多得、易岗不能易薪，人浮于事、无差别管理、公司治理的制度性缺陷，使得很多国企的优良价值（经济剩余）被无端耗散乃至消失。

为了扭转这种局面，以混合所有制改革为切入点，有关中央企业围绕完善市场化薪酬分配机制进行了系统设计：一是调整优化工资总额管理方式，针对不同类型企业的实际需要分别采取不同的管理方式，特别是针对"创新要求高、当期收益不确定"的国企，支持其建立与行业特点相适应、更具灵活性和市场竞争力的工资总额动态调整机制。二是实行全员考核，建立健全按业绩贡献决定薪酬的分配机制，一岗一薪、易岗易薪。特别是全员考核，将企业经营的压力通过全员考核进行分解传递到每一位员工，为建立市场化薪酬分配机制提供最基本的操作条件，也为实现薪酬"能增能减"提供了执行依据。三是针对混改企业的实际，一系列中长期激励得以顺利实施：国有控股上市公司股权激励、国有科技型企业股权和分红激励、国有控股混合所有制企业骨干员工持股、超额利润分享机制以及跟投机制等，给企业以很大的自主选择空间。这一套组合拳推动着国企由过去"租值耗散"式运营全面转向"价值创造"导向，干部职工的积极性被极大调动起来，投入产出效率明显提高。如中国交通建设集团，一方面加大投入，将研发经费投入强度提高至3%；另一方面深化改革，把"位子"交给市场，把"薪酬"交给业绩。下属各级子企业管理人员末等调整及不胜任退出比例达到8.89%，不同单位领导人员薪酬差距最高达3倍。

（三）以混改突出主业、调整布局，竞争力影响力得到显著提升

做强主责主业是央企发挥功能的重要基础和前提。通过推进混合所有制改革，央企通过企业上市、引入资本等混改方式，大力推进国有资本的布局优化和结构调整，推动专业化整合，围绕主责主业大力发展实体经济，在剥离非主业、非优势业务方面取得积极进展。截至2022年7月，央企"两非"（非主业、非优势业务）剥离完成率已达99%。其中，中煤集团、中智集团、中航工业、航天科技和中国三峡集团等企业以混改为载体，在更深层次的多维激励、资本运作和布局优化中做精做细主责主业，取得显著成效。例如，中煤能源集团贯彻供给侧结构性改革有关部署，利用混改全力支持配合中央企业煤炭资产管理平台公司组建和运营。2016年以来通过资本运作和健全工作运转机制，先后接管国投公司、中国铁工、保利集团等央企的

煤炭业务。混改实现中煤新集公司（原国投新集公司）从大额亏损到大幅盈利，也大幅提升了中煤华利公司（原保利能源公司）效益。中智集团统筹采用现金收购、无偿划出、股权增资等多种方式，于2020年底前顺利将27家人力资源服务公司注入中智上海公司，同时划出中智上海公司非人力资源业务企业，按计划完成了重组目标，迈出了改制上市关键一步，高效完成上市板块重组。中国三峡集团旗下长江电力以三峡水利为平台，通过"参股地方电网、搭建混改平台、推进重组上市"三步走，对长电联合实施重大资产重组，于2020年4月实现重庆区域配售电业务整体上市和"四网融合"任务目标，打造了一家资产规模达200亿元、年售电量达170亿千瓦时、营业收入约70亿元、利润总额约7亿元、市值已超170亿元的配售电上市公司，为进一步推进国家混合所有制改革和电力体制改革作出了有益探索和积极实践。

与此同时，央企借混改发起设立新混合所有制企业，在合资和并购过程中实现资本双向进入，形成资本纽带，有利于提升和放大国有资本的资源集聚效应。如国机集团联合两家民营企业——北京大块科技和德阳坦达科技，共同出资设立二重储能公司，助力国机重装在提升产品研发能力、增强产品核心技术和拓展新兴业务领域等方面实现新的突破。南光集团联合澳门特区政府基金、金融机构及澳门本地工商界企业发起设立了中华（澳门）金融资产交易股份有限公司，搭建起澳门债券公开发行的金融交易平台，填补了澳门金融市场基础设施和直接融资渠道的空白。有研科技集团牵头汇集国内科研单位、动力电池生产企业、整车制造企业组建成立国联研究院，以国有企业股东为基础，吸纳非国有资本投资入股，探索推进混合所有制改革。先后以有研半导体100%股权与日本RST公司以货币资金共同出资设立合资公司北京有研艾斯公司，与山东德州政府基金、有研硅共同设立山东有研艾斯，在集成电路用半导体8英寸硅片扩产项目以及集成电路用12英寸硅单晶抛光片技术攻关和产业化建设方面取得进展；所属公司有研粉材围绕有色金属粉末材料及粉末冶金制品产业开展国际化经营，先后重组康普锡威公司，并购英国MAKIN公司、重庆华浩冶炼有限公司，收购恒源天桥公司，2021年完成科创板上市，有色金属粉末产量已位列全球行业第二。

（四）以混改提高效率、创造价值，有效促进国有资产保值增值

评价一项经济改革是否成功，短期看经济绩效是否得到有效提升，长期看制度环境是否呈现明显优化。对于央企混改而言，其效果不仅体现在短期内提升了多数国有企业的经营业绩，还体现在企业价值创造的体制机制有了根本的再造，体现在国有企业这一特殊的经济组织内外运行的制度环境有了根本的改善，打造世界一流企业有了更加坚强的制度自信和文化自信。

一方面，央企混改聚焦"关键少数"、强化系统设计，有利于企业家成长、企业家精神弘扬的体制环境进一步优化。企业家的重要性不言而喻，但国有企业领导人员到底该如何选拔、如何培养、如何激励，一直是需要不断探索、深入研究的重大问题。客观地看，中国的国有企业领导人员是一个特殊群体，他们讲政治、懂经营、会管理，是国有经济改革发展的中坚力量。但由于种种原因，这一群体的经营"业绩"导向并不明朗，职业生涯设计不够清晰，激励工具不够健全，干事创业也放不开手脚。推进央企及其子企业混改在这些方面有了新的进展和

突破。例如，伴随着混改有关文件明确要求建立完善有别于党政领导干部、符合市场经济规律和企业家成长规律的国有企业领导人员管理机制，与经理层成员任期制和契约化管理相配套，进一步确立了经营业绩导向，凭业绩说话的"赛马机制"得到强化。

另一方面，央企混改也惠及"大多数"，通过改机制强管理，员工的精气神大为提振、幸福感显著增强、对企业的认同深入人心。与以往的国企改革举措有所不同的是，央企混改不仅强调"改机制"，还着力"强管理"。一些央企及其子企业在落实混改措施的过程中，着眼于高水平参与市场竞争，对管理模式进行了系统变革。例如，中国移动深入实施网格化运营改革，在全球划分 1.85 万个网格，将揭榜挂帅、自主组阁、任期制和契约化管理等改革举措穿透落实到基层，划好责任田、选好责任人、建好责任制、完善"倒三角"支撑，实现以网格运营"小切口"撬动整体组织"大转型"。2021 年，全国范围内收入正增长的网格占比达到 94%，推动公司 3 年来客户规模首次实现正增长，营业收入近 10 年来首次实现两位数增长。一些企业则着力通过深化激励工具应用，激发广大员工干事创业热情。如中国中化通过制定《中国中化中长期激励指引》，设计了 15 种激励工具，并在公司内部推动落地，在科技企业股权激励、混改员工持股、上市公司股权激励等方面不断取得突破，近 4 年通过实施超额利润分享，共创造超额归母净利润 23.64 亿元，有力助推公司业绩连年创历史新高，公司员工收入也创下新高。

人是生产关系中最为活跃的因素。经过本轮改革，央企及其子企业员工无论是"关键少数"还是大多数，干事创业的激情、创新策源的才情、团结向上的热情都得到了极大的焕发。而这一切都源自混改背后的顶层设计、基层探索，源自中国特色现代企业制度强大的韧性和张力，源自既尊重市场规律又体现国企特色的改革自觉。央企混改如同一场攻坚和洗礼，国有企业的经济竞争力、创新力、控制力、影响力和抗风险能力得到了全面增强。这告诉我们，国有企业是可以改好的、搞好的，是可以做强做优做大的。这正是我们接下来加快建设世界一流企业、打造原创技术策源地的制度自信和文化自信。

三、中央企业推进混改的创新做法

（一）党建先行，促进各方深层次融合

混改在促进不同产权主体股权合作的同时，必然会产生利益、文化方面的碰撞和融合问题。特别是混改后企业的文化融合，一直是困扰很多混改企业的大问题。在国际上，很多并购或联合重组最终失败，一个根源就在于并购或重组后的企业内部难以形成共同的文化认同。而在中国的国有企业，高质量党建可以在一定程度上解决混改时遇到的"混"后如何"合"的问题。

中国国新投资入股的孚能科技在实践中就探索出了一条以党建嵌入业务的模式，通过派出董事、监事等人员在推动参股企业党建方面发挥积极作用，积极帮助指导被投企业加强"三基建设"，实现党建工作"组织覆盖"和"工作覆盖"。这种把各类股东、全体职工用党建方式凝聚起来的做法产生了显著的聚合效应，为激发混改企业活力创造了条件。

专栏　中国国新孚能科技探索参股混改企业党建工作有效途径

2019 年 2 月，孚能科技被认定为江西省首家也是唯一一家"独角兽"企业，2020 年 7 月成功登陆科创板，成为"科创板动力电池第一股"，也是江西省首家科创板上市企业。按照"国有资本流动到哪里、党的建设就跟进到哪里、党组织的作用就发挥到哪里"的要求，中国国新制定了《中国国新基金管理人党建工作指引（试行）》，在聚焦加强基金管理人党组织自身建设的同时，积极探索推动国新系基金参股的混合所有制企业加强党的建设，建立符合实际、有效管用的党建工作新模式，实现党的领导更好融入公司治理、引领业务发展。投资孚能科技后，中国国新基金管理公司派出领导担任孚能科技副董事长及党支部副书记，加强孚能科技党支部与中国国新党组织的联系与交流。通过指派专人建设维护"国新系基金所投企业党建工作群"，每日向孚能科技等所投企业传达党中央重要指示、最新政策、业务动态。同时，建立党建工作指导员和联络员机制，指导推动孚能科技坚持"党建与发展、党建与人才"两手抓、两契合、两促进，实现企业竞争力与党建工作影响力两增强，扎实开展党支部规范化建设，抓好组织建设、队伍建设、活动开展、管理保障等，开展示范党支部创建活动；坚持开展党员岗位培训，把党员培养成为技术标兵、营销闯将和管理行家，成为企业发展的骨干，使共产党员成为引领企业发展壮大、促进企业和谐稳定的先锋力量。2019 年，孚能科技（赣州）有限公司党支部被评为"中国国新先进基层党组织"。

（二）多元引战，巧妙整合上下游资源

战略投资者在给国企带来资金、满足财务上要求的同时，能够给国企的战略实施和综合能力的提升带来帮助。

中国铁路通信信号集团因地制宜吸引外资共同发展混合所有制经济。利用外资股东在全球资源配置、国内外市场拓展、先进技术发展、现代公司治理等方面优势，补齐自身发展短板弱项，提升产业竞争力。目前，中国铁路通信信号集团共有 4 家中外合资控股企业和 3 家中外合资参股企业。其中，卡斯柯信号有限公司是由中国通号控股、法国阿尔斯通参股成立的中国铁路行业第一家中外合资企业，目前是全球第一家城轨列控系统运营里程超 2000 公里的企业，技术能力和经营业绩均处于行业领先水平。

中粮集团参股民营企业完善产业布局。把握市场机遇入股民营企业蒙牛乳业，成为其第一大股东，进一步拓展了中粮的产业布局，以较低成本、高起点进入乳品行业。参股蒙牛实现了中粮集团的实力和信誉优势与蒙牛在乳品行业的品牌优势和营销经验的强强联合、优势互补，实现了国有资产的保值增值。2020 年，蒙牛乳业实现营收 763 亿元，较 2016 年增长 60%，净利润 42 亿元，较 2016 年增长近 2 倍，股价较 2016 年翻 4 倍。

（三）创新治理，建立高水平公司治理

建立股权结构制衡机制。充分结合各方股权比例来设计股东会表决通过机制，避免表决机制的不合理带来重大事项的决策失误。对于重要行业混改企业，在国有资本持股比例较少的时候，就要在设计公司章程时，将股东会决议事项通过比例提高或百分之百比例通过，保证国有资本在重大事项上享有"一票否决权"。即具有一票否决权，保证了国有资本的控制力。也可以引入一些同样来自国资背景的战略投资者，总体上保证国有资本在重大事项上的控制力，达到民营股东有决策权、国有股东保留否决权的效果。

中国联通按照董事会在公司治理中的职能定位，一司一策，以权责清单明示下放董事会行使的部分股东职权，在章程中明确董事会职权内容，增强董事会职权组合的针对性和实用性。通过董事会向经理层授权，经理层经营活力得到释放。互金公司由投资者股东提名的 3 名董事进入 8 人董事会，外部董事占比达到 88%，建立"党委统领、股东会授权、董事会审批、经理层落实、监事会监督"的分级授权体系，董事会、经理层分别审批公司净资产 10% 以内（约 2.5 亿元）、5% 以内（约 1.25 亿元）各类经营事项。

（四）强化激励，全方位激发创新活力

强化激励，就是要建立市场导向的选人用人机制，建立管用有效的激励约束机制，把企业家、科技骨干、管理骨干和广大职工的积极性真正调动起来，把人力资本真正激发出来。

中国建材集团综合运用多种中长期激励工具。推出 5 类 8 种激励工具箱，细化制定混合所有制企业员工持股、科技型企业员工股权激励、超额利润分享等多种激励工具实施指引，建立起系统多元的激励体系。下属的中国巨石 2021 年实施超额利润分享，当年企业净利润同比增长 150%，共有 533 名骨干员工分享 1.25 亿元超额利润。中材锂膜实施混合所有制企业员工持股，推动主导产业锂电池隔膜产能规模迅速发展成为国内前二。国显科技在项目收益分红、超额利润分享等激励工具基础上，进一步探索实施虚拟股权，自 2015 年实施混改后，营业收入年均复合增长率达 23%。

中国联通建立管用有效的激励约束管理机制。差异化调整人工成本存量、增量，差异化投入创新领域专项激励资源，差异化调控内部薪酬差距，实施不同类型员工的薪酬组合及薪酬水平差异化，创新建立包括晋升、绩效、福利、认可、荣誉、长期、培训 7 个子体系的全面激励体系。一线员工薪酬增幅高于同期各级管理本部平均增幅，二级公司"一把手"绩效薪酬倍差超过 5 倍。分子公司以价值创造为导向，实现薪酬"能增能减"。与混改同步，实施覆盖全集团的限制性股票激励计划，建立起多层次、全方位的员工与企业利益共享、风险共担的长期激励体系。共有 7945 名各类管理人员、专业人员、创新人才被授予限制性股票，同时严格执行与组织及个人业绩相挂钩的解锁条件，共有 1292 名管理人员及员工因个人业绩未达标不能 100% 解锁，有效助力了公司业绩目标达成和高质量发展。

（五）授权放活，积极探索差异化监管

一些国企由于资产规模庞大，在推行管理层和员工持股时，一般只能占小股，而国资仍占大股，在这种情况下，国资股东积极对混合所有制企业实施差异化监管就显得尤为重要。

如中信集团下属高度专业化特钢生产企业集团中信特钢，为确保核心员工队伍稳定、进一步激发企业活力，启动并实施了混改。2018 年 5 月，该公司包括管理层在内的 188 名核心员工通过增资扩股的方式入股 10%。2019 年 10 月，中信特钢实现整体上市。虽然是小股东，但管理层核心团队在企业日常经营中发挥着主导作用，具有高度的自主权；而作为实控人的中信集团并未对其做过多干预，更没有把传统的"管人管事管资产"的那一套用在中信特钢上。目前，中信特钢已成为全球规模最大、品种最全的精品特钢生产企业，市值超千亿，是鞍钢股份的 3 倍多。

又如，中国建材集团以管资本为主线，实施管控清单管理，积极探索差异化监管模式，激发企业活力。通过管控清单管理方式，界定作为国有股东的集团公司与所出资企业的管控界面，明晰了集团公司管控的职责权限及行权路径，归位、放权所出资企业的经营自主权，理顺集团母公司与子公司的管理关系。集团公司实施清单管理的内容分为两大类：穿透管理事项，非穿透管理事项。穿透管理事项是指通过党委、纪委、审计、巡察、安全、环保等部门实施，加强监督，主要通过上下级行政管理方式实现，不通过董事会等公司治理机构实施。非穿透管理事项是指通过派出股权董监事，借助所出资企业的股东会、董事会、监事会等通道进行管控，通过"公司治理"来行使权利。

（六）聚焦投后，打造专业化赋能体系

混合所有制的重要优势之一就是能够将各方的优势资源有机整合，而专业化的投后赋能管理正是资源整合的重要抓手。中国国新旗下的国新系基金秉承"三分投，七分管"的投资理念，下大力气打造专业的投后赋能体系与能力，按照"分类赋能、靠前赋能、精准赋能、跟踪赋能"的总体思路开展工作，向所投资企业提供全方位的投后赋能支持，推动其引资源、转机制、强创新、拓市场，既有力促进了企业迅速做强做优做大，又为基金投资者实现了良好的投资回报。经过几年探索实践，专业化、体系化的投后赋能已逐渐成为国新系基金的重要核心竞争力。

（七）股改上市，优化集团层股权结构

《中共中央　国务院关于深化国有企业改革的指导意见》明确提出，加大集团层面公司制改革力度，积极引入各类投资者实现股权多元化，大力推动国有企业改制上市，创造条件实现集团公司整体上市。从改革实践中可以看到，涉及集团层面的改革与子公司层面的相比，更具有特殊性、复杂性、开创性和挑战性等特点。在集团层面开展混改，其优势是改革彻底，从整体上改变企业股权结构，便于推行全局性的改革举措；便于总体设计，可以统筹考虑，有计

划、有步骤逐步推进；保持统一决策，维持统一的运营管理，不存在"双轨制""两类人"。同时，集团层面混改普遍性的困境是：一是"门槛"过高，企业资产规模大、区域跨度大、业务多元、债务和人员等内部结构复杂，可供选择的具备投资条件且能形成资源互补的民营投资机构有限；二是管控模式调整难度大，民企入股后，难以发挥作用；三是历史遗留问题尚未有效解决，企业办社会职能、"三供一业"分离移交、离退休人员社会化等问题复杂，企业无法轻装上阵。

从目前已经成为股权多元化或者正在实施股权多元化方案的央企来看，主要呈现出以下特点：一是具有明显的区域性。实施集团层面股权多元化改革的企业主要集中在广东和上海区域，一方面是由于中广核、南方电网等企业总部就在广东省，另一方面这些区域始终处在改革开放的前沿，市场化程度较高，具有先行先试的改革传统与经验。二是国资委绝对控股。在股权结构上，国务院国资委大多具有绝对控制权，具有"一股独大"的显著特点。还有一些是国务院国资委和以政府背景为主或者以政府持股的平台公司为主，体现了中央企业和地方国有企业的合作。三是运行管理有待深化。集团层面股权多元改革最终的落脚点，还是要体现在从形式转到内容、从表面转到实质的变革上。

（八）员工持股，形成核心人员共同体

员工持股，即通过引入管理层和核心人员持股，在央企与经营团队之间搭建利益共享、风险共担的机制，这对激发核心员工积极性和创造性，提高央企凝聚力和发展向心力，实现长远战略目标具有重要意义。员工持股应尽量避免四个误区：一是面向核心员工而不是"撒胡椒面"；二是重在长期激励而不是给予的"股权福利"；三是基于增量持股而不是存量转让；四是强化业绩导向而不能再吃"大锅饭"。

推进员工持股改革，促进人力资本与国有资本的有机结合。企业一定要有真正的主人。通过实施有力度的员工持股，让企业家领衔核心员工与企业形成深度的利益、命运共同体，成为企业真正的"主人"。2015年，国务院国资委研究中心对2788家企业的研究表明，在混合所有制企业中，员工持股效率最高。通过海螺集团（如今实现A+B股同时上市、中国500强企业）、绿地集团（如今的世界500强企业）的"员工持股"改革探索结果也表明，员工持股是推动公司发展的利器。而且，从长远看，来自企业内部的员工持股激励可能强于引入外部资本的激励作用。借助较大力度的持股和股权激励，可以将企业发展动力内化为激发管理层及员工的行为。

（九）战略重组，推动新业务转型升级

战略重组模式以专业化整合优化资源配置为战略目标，从集团层面引入互联网企业作为战略投资者，从"顶层设计"一步到位，待"顶层"混改正式落地后，再"自上而下"逐步扩散，与合作伙伴陆续成立合资公司，发展创新业务。

中国联通是战略重组模式的典型代表。联通混改分为"两步走"：第一步从"顶层"集团

层面进行：引入包括腾讯、百度、京东、阿里巴巴在内的多位战略投资者，认购中国联通A股股份，为更好发挥混合所有制企业优势，联通集团对中国联通的持股比例从原来的62.7%降低到36.7%，失去绝对控股地位；战略投资者持股35.2%，员工持股2.6%，公众持股25.5%，股权结构更加科学。第二步"自上而下"采取逐步扩张、深入融合战略，这一步可分为三个阶段：第一阶段在传统领域进行试水，积累经验。2017年中国联通与战略投资者共同成立联通大数据有限公司，在旅游行业、政务行业、金融行业和交通行业开展广泛深入的合作。第二阶段升级为生态联盟、深度融合。2018年中国联通与腾讯、百度、京东、阿里巴巴等12家企业共同组建"智慧联盟"，在新零售、家庭互联网、消费互联网、产业互联网等方面开展合作，同年又与阿里巴巴共同合资成立了"云粒智慧"，双方发挥资源优势，从政务、经济金融、生态环境以及制造业等领域进行深度升级。第三阶段开始新兴产业布局。2019年中国联通与网宿科技共同出资成立的云际智慧科技有限公司，随后推出"智能超高清视频平台"，布局5G通信时代的4K、8K、VR等超高清视频产业。

（十）产业协同，实现企业的战略转型

局部产业协同模式与"全局战略重构型"模式都是以专业化整合优化资源配置为主要战略目标，差别主要在于混改的层级和范围。该模式从中央企业的子企业着手，在子企业层面引入互联网企业实施混改，以实现企业的战略转型、改善企业治理结构或新兴领域业务发展等为目的。

例如，中国电子信息产业集团控股的创新创业高科技企业中国电子长城网际（简称"长城网际"），主要服务于国家基础信息网络和重要信息系统安全。通过引入战略投资者混改后，长城网际在资本层面上，既有中国电子作为中央企业和国有资本占据主导地位，又有中国电子发起的电子信息产业领域创新基金和国内信息安全专门机构参与，还引入了在网络安全领域拥有极强影响力的民营企业团队，发挥"鲇鱼效应"，提升企业发展活力。

（十一）行业资源共建，整合提升影响力

行业资源共建模式以横向整合提升影响力为战略目标，通过互联网形式整合相同或相似行业的企业资源，共同构建行业生态圈。"行业资源共建型"围绕的重点是"行业资源"，以整合行业中的企业资源为目的，互联网在混改的过程中发挥的是手段或工具作用。

该模式的典型代表为中国宝武欧冶云商。第一阶段先以独资形式成立子公司。2015年，中国宝武全资成立欧冶云商作为第三方钢铁服务平台，打造全流程、一站式的交易服务，构筑大宗商品共享服务生态圈。第二阶段增资扩股引入战略投资者进行混改。2017年，欧冶云商实施了首轮股权开放，引入本钢集团、首钢基金、普洛斯、建信信托、沙钢集团和三井物产6家战略投资者以及员工持股平台入股，实现了国有资本、民营资本、外资和员工持股多种资本共存的混合所有制企业。虽然欧冶云商在引入战略投资者时并未引入互联网企业，但其运作模式具有典型的互联网企业特点。欧冶云商"先独资后混合"的模式优点是公司前期创立阶段，

容易统一思想、集中力量，适用于同行业资源整合，且在行业具有较高占有率，但缺点是后期运行阶段缺乏同业支持，导致行业认可度、参与度匮乏。

四、问题与建议

（一）遇到的主要问题

一是引战难度大。由于部分行业资产估值高、吸引力不足，导致投资预期回报率低、投资风险处于高位、涉税事项多规模大，难以吸引战略投资者。民营企业常选择通过私募基金或投资机构进行投资，实力较强的民营企业参与混改经常要求拥有控制权，而实力较差的民营企业难以形成互补或有益影响。由于信息不畅通，民营企业参与混改的需求与国企引入战投的需求无法有效匹配。

二是持股变现难。在目前外部环境不佳，又有疫情影响等情况下，持股员工面临工作、生活、家庭等多方面压力，在经历三年锁定期后希望适当降低持股比例，收回部分资金，缓解压力，但目前政策所限，退出渠道较为单一，员工实际退出存在较大困难。目前投资混改企业的主力军是具有财务投资者属性的各类基金，而基金的投资周期有限，往往混改3—5年后企业就会面临基金退出的要求。目前退出渠道主要有上市、减资、大股东回购、对外转让等，事实上能够上市的企业比例较低，如果企业效益与发展前景不及预期，对外转让股权难度也较大，若减资或大股东回购，将不利于企业良性发展。

三是机制转换慢。不少混合所有制企业的经营机制并没有随着资本层面的多元化而发生根本转变。例如，不少企业内部制衡机制未有效形成，"三会一层"职责仍不清晰，董事会的决策核心作用无法有效保障和发挥。再如，民营资本和国有资本在管理理念和管理方式上存在较大差距，需要长时间耐心磨合以达成共识。

四是改革意识弱。个别企业将混改理解为获得特殊政策待遇的途径，并希望在操作上绕过国有产权交易、资产评估等国资监管程序，缺乏转换机制的改革意识。

五是差异化管控难。有企业反映，差异化需根据企业实际情况"量体裁衣"，对原有国有管理体制进行调整改变。然而并表管理的混改企业都需要执行与国有企业相同的现行监管制度，目前尚无差异化管控的体系性文件，因此实现差异化管控难度较大。

六是产权有瑕疵。由于历史原因，个别企业在资产审计评估中发现部分房屋建筑物、土地使用权等存在权属瑕疵，且按现行制度政策难以在短期内解决确权问题，对混合所有制改革造成实质性障碍。

（二）下一步工作建议

一是分类分层持续推进存量国企混合所有制改革。重点推进国有资本投资、运营公司出资企业混合所有制改革。合理设计和调整优化混合所有制企业股权结构。根据企业不同功能定位，通过混合所有制改革积极引入高匹配度、高认同感、高协同性的战略投资者，调整优化股权结构。对在充分竞争领域的商业一类企业，推动引入非国有资本的持股比例可以超过 1/3；对需要不断联合重组、非公股东能规范运作和未来有望公开上市的，国有股权比例可以逐步下降甚至让出控股地位；对符合条件的，可以探索将部分国有股权转化为优先股，强化国有资本收益功能。对处于重要行业和关键领域的商业二类子企业，国有资本可以保持相对控股地位，支持非国有资本参股。加强对重点领域混改后公平竞争状况的评估和研判，注重在推动混改的同时，采取切实措施打破行政垄断，促进有效竞争。

二是支持国有资本主动投资发展混合所有制经济。从推动引领产业转型升级的实际需要出发，发挥国有资本运营公司专业优势，针对战略新兴领域的"独角兽"进行选择性财务投资，原则上只参不控，在为这些行业头部企业赋能补缺中获取资本增值收益。研究设立国有资本在一般竞争性领域的"负面清单"，只要不属于限制类、禁止类的产业，只要项目本身盈利前景足够好，国有资本都可以进入参与。国有资本要发挥自身优势，积极参与所投企业的公司治理、资本运作和产业布局，依法依规协助解决壮大发展中遇到的障碍和问题，当好"教练"，探索与各类资本优势互补、共同发展的新模式。注意到契约型基金、合伙制企业等新型经济组织在推进混合所有制改革、发展混合所有制经济中正扮演越来越重要的角色，应根据其运营和治理基本要求，提出国有资本参与运作的指导意见。

三是推动混合所有制企业健全治理结构转换经营机制。混合所有制企业的国有股东要与其他股东充分协商，依法制定公司章程，切实维护各方股东权利。推动有条件的企业董事会应建尽建、配齐建强，严格落实董事会各项法定权利。健全国有股权董事选聘和管理制度，拓宽来源渠道。建立董事会向经理层授权的管理制度，严格落实总经理对董事会负责、向董事会报告的工作机制。支持混合所有制企业深化劳动、人事、分配三项制度改革，全面建立灵活高效的市场化经营机制。支持有条件的企业实行骨干员工持股、超额利润分享等中长期激励。以竞争类企业、创投类企业、转制科研院所、高新技术企业、科技服务型企业等为重点，稳妥开展管理层和核心骨干持股，探索研究放宽员工持股比例和个人持股比例。科研、设计、高新技术企业科技人员确因特殊情况需要，经批准可持有子企业股权。推进上一轮实施员工持股的企业实行二次混合所有制改革，建立员工持股动态调整机制。落实党组织在混合所有制企业治理结构中的法定地位，制定党组织前置研究讨论重大经营管理事项清单，厘清各治理主体权责边界。充分保障职工对混合所有制改革的知情权和参与权，做好涉及职工切身利益事项的评估工作，职工安置方案须经职工代表大会或者职工大会审议通过。

四是对混合所有制企业实行更加灵活高效的差异化监管。对国有股权比例低于 50%且其他所有制股东能够有效参与公司治理的国有相对控股混合所有制企业，以及国有股权比例虽高于 50%但实行了管理层和员工持股的混合所有制企业，根据法律法规和公司章程实施更加市场化的差异化监管。对上述企业不实行工资总额管理。按照市场化选聘、契约化管理、差异化薪酬、市场化退出的原则在经理层全面推行职业经理人制度。对经理人员不再按干部身份进行管理，不实行个人事项申报。根据企业实际需要，制定经理人员职务消费标准。国资监管机构依据股权关系依法依规向所出资企业委派董事或提名董事会人员，通过董事体现出资人意志，对所出资企业不得额外强加行政权力和行政监督。全面实行清单管理，制定国资监管机构权力和责任清单，并动态优化。

五是加强协同配合营造良好改革发展环境。深入总结前期混改操作中的宝贵经验，按照公开公平、务实高效的原则进一步优化混改流程设计，在风险可控的前提下简化不必要的程序和手续。加快修订《国有资产评估管理办法》，严格规范国有资产评估程序、细化评估方式，强化监管和法律责任追究，有效防止国有资产流失。依法妥善解决混合所有制改革涉及的国有企业职工劳动关系调整、社会保险关系接续等问题，确保职工队伍稳定。对混改中遇到的土地处置和变更登记等问题，有关部门要研究加强国有土地资产处置管理工作，解决国有土地授权经营、作价出资（入股）等历史遗留问题。加强对混合所有制企业的金融支持，对从事"硬科技"，尚处于亏损状态，但估值超过 30 亿元人民币的混合所有制企业优先支持在科创板首发上市。建立健全容错纠错机制，为企业家干事创业营造良好的体制环境。

第二章　航空工业集团：健全混改工作体系

中国航空工业集团有限公司（简称"航空工业集团"）是中央管理的国有特大型企业，是国家授权投资机构，国有资本投资公司试点单位。主要业务包括：航空武器装备、军用运输类飞机、直升机、机载系统和通用飞机的研发、制造和维修服务，以及与航空产业相关的先进制造业和生产服务业等。下辖12家直属板块单位和10家直属业务单位，拥有25家上市公司，员工总数约40万人。截至2021年底，总资产1.21万亿元，净资产3710亿元。2021年全年营业收入5082亿元，利润总额220亿元。

党的十八大以来，航空工业集团坚定不移推动深化改革，聚焦航空主业，积极探索，先行先试。按照国家关于发展混合所有制经济的要求，以国有资本投资公司试点为契机，有序推进混合所有制改革和股权多元化，不断完善企业法人治理结构和健全市场化经营机制。自2017年以来，航空工业集团按照"完善治理、强化激励、突出主业、提高效率"的要求，坚持"三因三宜三不""一企一策""宜混则混""以混为形式，以改为目标"等基本原则，按照集团公司确定的"试点先行—分析总结—扩大试点—再分析再总结—深入推广"的工作步骤，积极稳慎推动所属企业开展混合所有制改革工作。

一、强化顶层设计，完善混改组织工作体系

（一）健全领导与组织体系

集团公司党组高度重视混改工作，从2017年起在年度工作会议上连续对混改工作作出部署，要求积极、稳妥、全面推进，以混改为契机促进全要素开放共享，提高资源配置效率和效益，凝聚社会资源发展航空产业支持国家重大专项，实现多方面协同发展。集团公司作为管理主体负责混改工作的总体规划，确定推动混改的企业名单，审批混改实施方案，审批产权交易方案，审批员工持股方案，组织监督检查与效果评价，等等。

（二）充分厘清工作思路体系

依据国家混改政策，结合航空工业战略规划和实践积累，梳理归纳了推进混改工作的思路

体系，简称"1—4—4—5—5—8"。即"1个总体思路、4项工作原则、4个主要目标、5类推进对象、5项改革内容、8个实施步骤"。

明确总体思路：积极稳妥开展和深化混改，推动所属企业完善现代企业制度，健全企业法人治理结构，打造市场化经营机制，激发内生活力和发展动力，提升企业经营效率和效益；同时推动集团公司产业布局和资本布局优化，增强国有经济竞争力、创新力、控制力、影响力和抗风险能力，做强做优做大国有资本。

坚持4项原则：坚持党的领导和党的建设；坚持稳慎、有序、规范原则；坚持"开展混改"与"深化混改"并重；坚持以"混"为形式，以"改"为目的。

以"4促"为目标：以混改促：产业布局优化；以混改促：新兴产业发展；以混改促：科技成果转化；以混改促：困难企业脱困。

瞄准5类对象：分类推进，积极推动商业一类企业混改；分层推进，重点推动三、四级企业混改；试点先行，带动所属企业开展和深化混改；围绕改革，加快推进专项改革企业混改；新设企业，鼓励采用混合所有制模式。

落实5项内容：引入"三高"投资者，优化股权结构；完善公司治理，建立现代企业制度；实施核心员工持股，强化激励约束机制；深化三项制度改革，完善市场化经营机制；加强党的领导和党的建设，提供坚强政治保障。

实施8个步骤：入选混改计划名单；开展必要性与可行性研究；制定和审批混改实施方案；履行决策程序及职代会审议；军工事项审查；财务审计和资产评估；制定和审批产权交易方案；制定和审批员工持股方案。

（三）建立健全制度体系

为积极落实有关要求，航空工业集团在国家部委主要政策文件的指引下，针对集团各产业公司发展实际情况，从制度指引、推进安排、实践操作等三个方面积极指引并推动相关改革举措的实施，并印发了一系列文件。包括《航空工业集团开展和深化混合所有制改革工作指导意见》《航空工业集团中长期激励暂行办法》《混合所有制改革操作实务手册》《混改实施方案参考模版》《员工持股方案参考模板》等，逐渐形成了对应混改工作的制度体系，系统地规范和指导所属企业开展混改工作。

二、混改实践进展总体成效

（一）混改总体情况

2017年以来，航空工业集团分层分类推动30余家企业实施了混合所有制改革，累计融资72亿元。首批混改试点江航装备在科创板IPO成功上市。

到2021年12月底，集团内股权多元化企业占比68%（产权口径），有70余户（单户口径）通过引入外部投资者、实施员工股权、重组上市等多种方式成为混合所有制企业。全集团 71%资产实现证券化，上市公司市值超过 8000 亿元。

通过混改，使一批企业有效补充运营资金，增强了发展动力，同时股权结构得到优化，法人治理水平进一步提高，经营机制不断完善，经营效益明显提升，总体上取得了积极成效。

（二）混改工作进展成效

集团公司紧抓混改试点机遇，鼓励企业先行先试。试点案例为混改企业提供了可借鉴经验，也坚定了推进混改的信心和决心。中航工业共有 4 家混改试点，分别是第一批试点企业合肥江航飞机装备股份有限公司（简称"江航装备"）、第四批试点企业中航（成都）无人机系统服务有限公司（简称"中航无人机"）、中航空管系统装备有限公司（简称"中航空管"）、北京航为高科连接技术有限公司（简称"航为高科"）。

2017 年，江航装备成功申请国家发展改革委首批国家混改试点。2018 年完成混改工作，2020 年 7 月科创板 IPO 上市。2018 年，沈飞、安吉、宏光在集团工作会中被确定作为集团军民融合混改试点。3 家企业已通过上市、员工持股、引入战投等方式完成混改。2018 年，中航联创成为国家双创示范基地（双创试点）并完成混改。2019 年，中航无人机、中航空管、航为高科获得国家发展改革委第四批国家混改试点资格。中航无人机 2021 年 3 月完成混改，目前科创板上市申请已获得通过。2020 年，洪都集团、凯天电子入选"科改示范行动"，正在推进混改。

三、混改创新思路与做法

（一）突出主业，提升核心能力

2016 年，航空工业集团选取了从事航空氧气系统和飞机副油箱专业化研发制造的国有全资企业——江航装备申报国家第一批混改试点，并于 2017 年 1 月获得批准。江航装备通过优化主业、引进战略投资者、实施核心员工持股、完善治理、强化激励、科创板上市等一系列改革举措，快速实现跨越式发展。经过一年半努力，2018 年 6 月江航装备在首批试点中率先完成混改工作。引入外部资金 3 亿元，形成了"军工央企 + 国新 + 地方军工 + 民企 + 员工持股"的多元化、强协同的股权结构；同步实施"长"（经营管理人员）、"家"（研发技术人员）、"匠"（技能业务骨干）三类核心人员持股计划，建立激励约束机制，改善经营机制，加大技术创新。2020 年初江航装备申报科创板上市，于 2020 年 7 月 31 日成功实现 IPO 上市，成为科创板的"混改试点第一股"和"军工央企第一股"，为混改企业提供了可借鉴的经验。

江航装备通过混改引入社会资本 3 亿元，在科创板发行募集资金 10 亿元，远超公司近 5 年国家投入总额，建立起多元化投资融资渠道，用于公司所承担国家项目中的自筹部分及在研民品衍生项目，极大增强了企业自身造血功能，为公司后续发展奠定扎实的基础；另外，引入的战略投资者利用自身优势，助推公司开拓市场。如浩蓝行远公司帮助公司布局与舰船相关的业务，为公司进入舰船空调市场打下基础，成为公司新的经济增长点，为下一步发展打开更大空间。企业活力被激发，改革成效逐渐显现，经营业绩大幅增长。

（二）关注困难企业，探索混改脱困之路

新乡巴山航空材料有限公司（简称"巴山滤材"）是国防工业系统研发制造金属丝、高精度金属网、钢丝螺套、特种滤芯滤器、飞机尾翼除冰加温元件的专业化企业。公司创立于1965年，参与了三线建设，历经三次搬迁，曾经因为经营困难而位列国资委挂牌督办特困企业。

巴山滤材基于自身情况，坚持实施"甩包袱""引名字""强参股"的混改思路，实现历史性扭亏，市场化改革初见成效。要推进混合所有制改革，首要任务就是要甩掉巴山滤材沉重的历史包袱。通过"瘦身健体"、精准帮扶、战略聚焦等一系列改革，巴山滤材先后清理亏损投资企业6家，组织机构从16个压减至6个，人员由813人减少至432人，处理低效无效资产约4000万元，为混改铺平道路。

同时，巴山滤材重在资本"混"后的"改"，加强机制革新、优化决策机制，从制度、决策、流程各方面推进优化改善，提高决策效率，制定了《新乡巴山航空材料有限公司重大事项决策权限清单及议事规则》，精简了决策流程，激发组织活力，极大提高了工作效率，实现了民营资本高效决策与国企风险把控的结合。

引入战略投资者后，巴山滤材充分发挥协同优势。战略投资者有电源研发能力，巴山滤材有生产和市场资源，双方成立事业部，引入电源产品，为公司拓宽产业升级新领域。公司践行"聚焦军品、聚焦行业、聚焦客户、聚焦价值"的发展策略，通过资源整合，军品销售收入实现了年均20%以上的增长，民品聚焦重点行业，市场份额占到60%以上，持续优化产品结构，保证了利润的持续增长。

四、混改经验与启示

航空工业集团通过混改，使一批企业有效补充运营资金，增强发展动力，同时股权结构得到优化、法人治理水平进一步提高、经营机制不断完善、经营效益明显提升，总体上取得了积极成效，并获得有益经验与启示。

（一）促进企业持续发展，实现国有资产增值

通过引入社会资本，企业可获得灵活使用的长期发展资金，有效补充了自有资金和技改资金不足，减轻控股股东的投资压力，助力企业研发投入及产线改扩建，在保障军品供应、增强自主可控的同时，降低企业债务水平、扩大经营规模、提升业绩与盈利能力，实现国有资产增值并回馈股东，达到军事效益、经济效益和社会效益同步提高的效果。

（二）健全完善体制机制，强化员工激励约束

通过混改引入高协同性的投资者，形成多元化、强协同的股权结构，实现国有资本与社会资本协调运转、有效制衡；利用市场规则完善公司治理，建立现代企业制度，完善市场化经营机制，有助于企业实现长期稳定健康发展。通过引入核心员工持股，强化激励约束机制，使企业管理者、关键技术技能人员的个人利益与企业利益紧密捆绑，对稳定骨干吸引人才起到了关键作用；同时深化三项制度改革，完善市场化经营机制，激发了公司的活力。

（三）优化产业布局，聚焦主业发展

混改可以通过资产注入的方式整合集团内不同企业的相关业务，集中优势资源，为企业发展注入动力。同时，通过混改推动军工资产证券化，拓展了融资渠道，树立了军工品牌，有利于核心产业做强做优做大。

（四）放大混改辐射效应，帮助困难企业脱困

结合国资委的"处僵治困"任务，着力推动三线困难企业实施混改，通过"引资、引制、引智"，帮助安吉精铸、巴山滤材、陕硬工具、宏峰机械等一批困难企业引入资金、激发活力、大幅改善经营业绩，员工收入水平也显著提升，走出了一条"混改脱困"的新路子。

第三章　兵器装备集团：深度转换机制激发混改企业活力

　　中国兵器装备集团公司（简称"兵器装备集团"）成立于1999年7月，兵器工业作为国家战略性产业，肩负"保军报国、强企富民"的神圣使命，是中央直接管理的国有重要骨干企业，是国防科技工业的核心力量，是我国最具活力的军民结合特大型军工集团之一。党的十八届三中全会以来，兵器装备集团认真贯彻党中央、国务院决策部署，按照完善治理、强化激励、突出主业、提高效率的要求，稳妥有序推进混合所有制改革。推动所属企业构建适度多元的股权结构、健全企业法人治理结构、完善现代企业制度、构建市场化经营机制，以混合所有制改革为突破口，进一步激发企业发展活力动力。

一、加强系统谋划，有序推进混改

　　兵器装备集团紧紧抓住国家在重要领域开展混合所有制改革试点工作的机遇，积极组织方案论证和试点申请工作，截至2022年，兵器装备集团共有自动化研究所、华强科技、中光学、长安新能源、新诺机器人5家企业被纳入国家混改试点。2018年以来，兵器装备集团根据总体改革规划，大胆探索改革的路径，扎实推进试点企业各项工作。在5户国家混改试点中，有4户企业已完成混改，1户企业基本完成任务。

（一）加强组织领导，健全工作机制

　　一是兵器装备集团高度重视混合所有制改革工作，成立了以董事长为组长、总经理和分管领导为副组长、其他集团领导为成员的全面深化改革领导小组，并成立了以分管领导为组长的混合所有制改革专项小组，统筹推进混合所有制改革工作。

　　二是明确了混合所有制改革工作的牵头部门，统筹负责混改顶层设计、企业混改方案审查批复、混改重大事项研究等工作。根据部门职责，明确了混改过程中涉及的法律事务、资产评估、激励与约束机制、改革风险及维护稳定等工作的责任分工。针对混改过程中的复杂问题，

建立了"提出问题，多部门联合研究，形成解决建议，全面深化改革领导小组决策，企业贯彻执行"的专项工作机制。

（二）加强政策学习研究，确保依法合规

一是深入学习研究、认真贯彻落实党中央和上级机关关于混合所有制改革政策精神。及时跟踪研究、认真贯彻落实《关于深化国有企业改革的指导意见》《关于国有企业发展混合所有制经济的意见》《关于国有控股混合所有制企业开展员工持股试点的意见》《国有企业资产交易监督管理办法》等文件精神，确保集团混合所有制改革工作"方向"不乱、"红线"不碰。结合实际，采取多种形式，加强混改政策学习宣传贯彻。

二是召开全行业视频会，就中央和上级机关出台的混合所有制改革政策进行专门研究解读。组织改革专题培训班，聘请行业专家就混合所有制改革的形势政策和企业案例进行专项解读。组织意向改革单位召开混合所有制改革工作专题座谈会，对国家混改政策进行专项解读。通过一系列学习宣贯，进一步统一了思想和认识，强化了政策把握和理解，为混改工作积极稳妥推进奠定了基础。

（三）强化顶层设计，完善制度体系

一是兵器装备集团先后组织多次改革研讨会和改革框架方案评审会，向企业传达集团关于混改的总体要求，并听取了企业提出的关于混改的相关意见，促进了混合所有制改革思路的进一步完善。在吃透国家政策基础上，结合兵器装备集团实际，制定中国兵器装备集团混合所有制改革指导意见，形成了兵器装备集团混合所有制改革顶层设计文件，进一步明确了兵器装备集团混合所有制改革的总体要求、职责分工、一般流程，并在混改路径、引资条件、股权结构、员工持股、健全体制机制等方面进一步明确了改革的方向、重点和相关规定，为企业依法合规、积极稳妥推进混合所有制改革工作提供了依据。

二是进一步完善制度体系，规范混合所有制改革工作。印发《混合所有制改革中引入战略投资者操作指引》，加强集团层面对企业引入战投的指导和把关，进一步规范企业引资行为；为保障企业混改工作更加平稳有序、依法合规推进，放大国有资本功能，防止国有资产流失，制定《混合所有制改革中防止国有资产流失的指导意见》。编制形成混合所有制改革方案模板和员工持股方案模板，引导企业科学编制改革方案。

三是为进一步优化国有控股混合所有制企业管理模式，建立健全以管资本为主的国有资本监管体系，落实企业市场主体地位，激发企业活力。兵器装备集团制定《集团公司国有控股混合所有制企业差异化管控试点指导意见》，探索建立以管资本为主的市场化的差异化管控模式，对试点单位建立基于出资关系、有别于一般国有企业的差异化管控制度和流程。

二、深化体制改革，深度转换经营机制

（一）完善公司治理，提高决策效率

一是借助混改契机，加快建立各司其职、各负其责、协调运转、有效制衡的公司治理机制，实现企业党委把方向、管大局、保落实，董事会定战略、作决策、防风险，经理层谋经营、抓落实、强管理的现代企业制度。兵器装备集团进一步强化党的领导，全面落实"两个一以贯之"，把党的领导有机融入公司治理各环节。指导混合所有制企业进一步细化党组织与其他治理主体职责权限，完善党委会前置研究讨论的事项范围，在符合条件的企业中全面推行党建入章程工作。

二是研究制定《集团公司关于加强混合所有制企业党建工作的指导意见（试行）》，进一步加强集团公司混合所有制企业党组织建设，落实好"四同步、四对接"，强化对混合所有制企业党建工作的领导和指导，实现党的组织、党的工作、党的活动全覆盖，全面提升混合所有制企业党建工作质量。

三是兵器装备集团进一步落实董事会职权，加强子公司董事会建设和规范运行，完善董事会工作机制和制度体系，修订董事会规范运作办法、董事会和董事评价办法、外部董事履职办法等文件，增强董事会决策能力和整体功能。在厘清企业各治理主体权责边界基础上，进一步加强子公司治理规范运行的监督检查，制定《子公司公司治理工作要点》，摸索经理层成员契约化管理条件下的规范董事会市场化运行机制。

四是进一步做精经理层，保障经理层依法行权履职，以强化经营管理为重点，依照公司章程和制度保障经理层各项职权的落实，优化董事会向经理层授权的管理制度，依法明确董事会对经理层的授权原则、管理机制、事项范围、权责条件等主要内容，充分发挥经理层经营管理作用。严格落实总经理对董事会负责、向董事会报告的工作机制。

（二）深化市场化选人用人制度改革，充分激发活力

一是探索市场化选聘职业经理人。制定完善"1+6"的职业经理人制度体系（即选聘方案和"两合同"《劳动合同书》《聘用合同书》、"两合约"《年度绩效合约》《聘期绩效合约》、"两办法"《职业经理人业绩考核管理办法》《职业经理人薪酬分配管理办法》），明确市场化选聘、契约化管理、差异化薪酬、市场化退出的操作程序。兵器装备集团混合所有制企业中具备经理层成员任期制和契约化管理实施条件的企业已全部推行之，推进各类中长期激励29户。开展集团内2户混合所有制企业职业经理人试点，成立工作组织机构，落实董事会职权，建立职业经理人制度体系，制定市场化选聘和契约化管理方案。

二是进一步完善市场化用工制度。增骨干，优化人才队伍结构，坚持"提升高端、增强中端、减少低端"人员结构调整方针，分类指导企业对标行业先进，提高科研开发、工艺技术和生产技能人员比例。目前每万名职工中研发人员为1215人，同比提高6.53%；高技能人才占

技能人员比例为 35.95%，同比提高 3.84 个百分点。减冗员，分类指导依法高效用工，坚持严控总量，每年下达用工总量控制指标，层层分解落实并实施季度和年度动态考核；指导企业建立完善内部劳动力市场，严审 10 个新建项目新增用工，压缩预算 1000 余人。

（三）深化薪酬制度改革，强化中长期激励

一是实施完善差异化薪酬分配制度。坚持薪随绩动，正向激励挖潜力，做到分类精准考核、强化党建考核、做实任期考核，实现"业绩升、薪酬升，业绩降、薪酬降"，上不封顶，下不保底，基本目标完成低于 80%，绩效直接为零。坚持优化结构，实施差异化分配体系，完善反映劳动力市场供求关系和岗位价值、业绩贡献的激励约束机制，形成多元化、差异化的薪酬分配体系，积极实施以增加知识价值为导向的分配政策，对海外高层次人才、青年英才、重点项目带头人实行单列工资政策，对高端金融人才实行市场领先薪酬政策，对核心科研人才、管理骨干人才和高技能人才实行倾斜工资政策，提出研发人员平均工资要逐步达到职工平均工资 2 倍以上。

二是坚持创新方式，多种形式探索实施中长期激励。兵器装备集团推进各类中长期激励 29 户，指导混改试点企业自动化所和新诺机器人，按照批复要求加快推进员工持股工作；推进长安汽车、中光学实施上市公司股权激励，有效激励核心人才；落实《国有科技型企业股权和分红激励暂行办法》有关精神，在湖北华强等科技型企业中，实施股权激励。

三、经验与启示

（一）充分发挥党委（组）把方向、管大局作用，为改革保驾护航

混改是响应党中央的号召，企业主动求变的内在需求，但涉及重大体制机制创新，必须依靠党委的坚强领导，必须做好顶层设计，充分发挥党委把方向、管大局、促落实的作用。企业应自觉履行政治责任、经济责任和社会责任，积极筹划资产重组整体上市工作，准确把握国家重大经济方针政策，推动企业朝着质量更高、效益更好、结构更优的发展方向迈进，不断提升企业的竞争力、创新力、控制力、影响力、抗风险能力。

（二）强化战略引领，系统推进改革进程

混改是一个系统工程，涉及企业几十年的历史沿革，更是牵扯到经营管理的方方面面，头绪繁多，问题复杂，过程中甚至会出现历史问题的"无人区"（没有人能彻底讲清楚），以及当前问题的"敏感区"（自认为敏感，没有人愿意碰）、"麻木区"（过于复杂，没有人想梳理），风险和机遇并存。企业决策层要发挥战略引领作用，将短期目标和长期规划相结合，科学布局和精准决策，按照"完善治理、强化激励、突出主业、提高效率"的要求，对推进混改路径充分研究论证，制定符合企业实际，具有可操作性，有益于企业可持续、高质量发展的道路，避

免一"混"了之。

（三）强化内外联动，依法合规运作

企业内部相关业务部门在领导班子的带领下，积极推动和配合混改试点企业资产重组工作的开展和实施。同时，相关部门应确保混改方案、资产评估、办理产权交割及其法律手续等一系列程序和文件的严谨合规、合法有效。

（四）始终坚持正确处理国家、企业、员工三者利益关系是推进改革的基本要求

必须正确对待改革中利益关系的维护，正确处理好国家、企业、员工三者利益的关系，始终坚持国家利益至上，企业集体利益高于员工个人利益，依法保障员工切身利益。改革过程始终做到依法合规，公开透明，强化监督，确保国家、企业、员工三者利益关系有机结合，实现国有资本保值增值、企业效益显著增强、员工收入大幅增长的和谐统一。

第四章 南方电网：以混合所有制改革 助推电力体制改革

中国南方电网有限责任公司（简称"南方电网"）于 2002 年按照国家电力体制改革部署成立，因改革而生，因改革而兴，改革是南方电网与生俱来的基因。南方电网全面贯彻习近平总书记关于混合所有制改革重要指示批示精神，落实党中央、国务院关于混合所有制改革有关政策要求，积极稳妥地开展混合所有制改革，打造了全国首个增量配电网混改试点项目、综合能源服务领域首个混改上市公司、电力行业首个科创板上市公司三项第一，全面提升混改企业治理内控水平，以党建引领激发改革活力，推动企业高质量发展。

一、推进混合所有制改革的主要做法

（一）坚持战略导向积极稳妥推进

南方电网始终按照习近平总书记"完善治理、强化激励、突出主业、提高效率"的混改要求，坚持"三因三宜三不"原则，推进混合所有制改革。混改项目的选择与南方电网战略定位、发展方向相一致，重点推进新兴、国际、产业金融等竞争性业务企业开展混合所有制改革。全面梳理南方电网业务发展需求，建立了包含 9 个重点推进和 3 个深化研究项目混改项目储备库。研究推进部分管制类业务项目引入社会资本，选择符合南方电网战略发展方向的外部优质项目参与混改，一企一策，不搞"拉郎配"，不搞全覆盖，不设时间表，成熟一个推进一个。

（二）严格履行程序确保稳定

制定南方电网拟上市企业前期培育工作管理细则、首次公开发行股票并上市管理办法、重大投资项目风险库等指导性文件，明确项目牵头单位和工作推进程序规则，严格履行决策审批程序，依法依规操作。完善定价机制，切实加强交易监管，确保信息公开、规则公开、过程公开、结果公开，招标确定资产和尽职调查单位，在省级以上产权交易平台挂牌出让股权，外部企业原则上须以现金方式入股，坚决防止国有、公有资产流失。做好改革稳定风险评估和过程控制，确保企业安全生产、职工队伍稳定。

（三）规范治理深度转化经营机制

组织开展混合所有制企业治理现状调查，研究推动科技型企业混改政策措施。印发关于推动南方电网所属控股混合所有制企业规范治理和深度转换经营机制的通知，加快完善中国特色现代企业制度，构建现代企业治理体制、市场化经营机制和差异化管控机制，把引资本与转机制、优化股权结构与完善公司治理结合起来。推动混改企业搭建合理股权架构，更好发挥各股东的积极作用，率先试点完善公司治理、推进三项制度改革、强化激励等改革举措。

（四）切实坚持党的领导和加强党的建设

南方电网印发关于进一步加强和改进所属控股混合所有制企业党的建设工作的通知，制定南方电网混合所有制企业党建工作质量提升重点举措，在深化混合所有制改革中坚持党的领导、加强党的建设，把建立党的组织、开展党的工作作为推进混合所有制改革的必要前提，在加强党的全面领导方面，探索实施有别于国有独资、全资子企业的制度措施。在党建工作基础管理方面，对标管制业务，实现党的建设制度、机制、工作全面对接。

二、发挥混改对电力体制改革的助推作用

（一）聚焦电力主责主业发挥战略协同效应

始终聚焦主责主业，围绕重点产业链上下游开展混改。一是基于产业协同、文化认同、长远预期引入战略投资者，确保与公司整体战略定位、发展方向相一致。如南网能源公司引入的民营企业特变电工和广州智光公司，与南网能源具有产业协同效应，近年来助力南网能源开发建设了多个综合能源优质项目，对推动能源产业价值链整合、增强公司发展"新动能"具有重要意义。二是多维度严格评估筛选，按照企业基本情况、财务状况、技术创新、市场开拓、公司治理、战略协同资源等多维度构建战略投资者评价模型，对意向企业进行科学评价。三是支持引入的股东发挥治理经营上的积极作用。如南网科技公司新引入股东在核心技术、市场资源、资质方面各具优势，带来了强大的技术支持、市场资源和管理经验。

（二）以混改整合同质化业务推进业务布局优化

南方电网积极探索以混改推进业务布局优化，优化整合南方电网内部同质化业务，通过股权划转实施业务重组，解决内部资源分散、同业竞争等问题，优化股权结构完善公司治理。南网能源公司通过混改上市实现业务布局优化，完善公司治理，引入了充分市场化的经营机制。引入产业链上下游具有协同效应的战略合作者，解决原来股东背景单一、一股独大的股权结构问题。减少控股股东4个董事席位和1个监事席位，推动非公有资本股东积极参与公司治理；全面推行职业经理人制度，全国公开选聘公司及所属子企业职业经理人，形成了职业经理人

"试用期考核＋年度考核＋聘期考核"的评价考核体系和"基薪＋年度绩效＋聘期激励"的薪酬管理模式；全力推动三能机制落实见效，将干部员工原有的行政职级保留在档案里，实行依能上岗、按岗定薪、定期考核、动态调整、优升劣降、岗变薪变的岗位管理机制。公司和各经营单位的人工成本通过公式算出来，充分激励各单位超额完成指标。严格按考核业绩兑现薪酬，近 3 年，南网能源公司二级单位正职年度绩效薪酬差距最大的超过 3 倍，实现了"业绩升、工资升，业绩降、工资降"。

（三）混改助力打造南网科技自主创新尖兵

南方电网电力科技股份有限公司（简称"南网科技"）始终坚定改革信念，以成功上市为契机，以完善治理为前提，以三项制度改革为重点，通过混改引入新理念、新机制、新模式，建立市场化经营机制，打造国有科技型企业改革样板和自主创新尖兵。南网科技组建于 2017 年，是国家认定的高新技术企业，国资委"科改示范标杆企业"。通过混合所有制改革成功登陆科创板，是电力行业首家科创板上市公司。在改革持续深入推动下，2018—2021 年总资产增 7 倍，营收增 4 倍，利润增 10 倍，研发投入增 4 倍，人工成本利润率增 2 倍，效益效率大幅提升。现有员工中科技人员占比超过 80％，其中博士 56 人。获 8 项国家级奖励、336 项省部级奖励，有效发明专利 195 项。

南网科技持续推进三项制度改革，充分调动人员积极性。2021 年有超过 37％的专业技术人员收入高于中层管理人员，其中 10 人超过经理层水平；公司同部门员工薪酬中效益提成部分差距近 4 倍。创新能力显著增强，硬核科技攻关能力不断提升。"智能低压配电系统项目"获得国资委"熠星创新创意大赛"创业类一等奖；实施世界首例由电化学"储能调频＋黑启动"9F 重型燃机项目，连续两年荣获国际储能创新大赛创新典范 TOP10，自主研发世界首台 160 千伏超导限流器并挂网长期稳定运行。

（四）充分发挥资本市场对混改的助推作用

混合所有制改革必须着眼于放大国有资本功能，促进各类所有制企业取长补短、相互促进、共同发展。在混改中，南方电网公司聚焦主业和优势产业，充分发挥资本市场的作用，集中力量发展高技术含量的新兴产业，形成新增利润点。其中，南网能源公司 2021 年在深交所中小板上市，释放 34％的股权，引入 15.25 亿元资金；南网科技公司 2021 年于上交所科创板成功首发上市，募集资金 17.56 亿元，超募比例 87.67％，国有资本放大 5 倍，市值超过 100 亿元。

南网能源公司于 2019 年入选国家第四批混改试点企业，2021 年 1 月在深圳证券交易所上市，在全国率先实现了综合能源服务领域企业混改上市突破。实施混改以来，该公司主营业务实现跨越式发展，2021 年总资产增长了 2 倍，利润总额增长了 2.7 倍，人工成本利润率、人均利润总额达到同行业上市公司的一流水平。南网科技公司在开展混改的过程中，首创股份制改造和引入战略投资者交叉进行、同步推进，2021 年 12 月该公司成功在科创板上市，成为电力行业首家科创板上市公司。在混改持续深入推动下，2018—2021 年该公司总资产增 7 倍，利润增 10 倍，研发投入增 4 倍，人工成本利润率增 2 倍，效益效率大幅提升。

三、南方电网混改经验与启示

（一）必须坚持"两个一以贯之"，以党建引领激发改革发展活力

始终不渝坚持党的领导，把党的领导落实到公司治理各环节。一是要坚持"两个一以贯之"，坚持党的建设"四同步"和"四对接"，及时规范建立混合所有制企业各级党组织；二是要明确党组织在公司法人治理结构中的领导核心作用，修编公司章程，优化完善加强党的领导有关内容，确保党组织在公司法人治理结构中的法定地位；三是要建立"双向进入、交叉任职"的领导体制，党委成员进入董事会或经理层，通过董事会参与企业重大问题决策，通过经理层做好日常经营管理，坚持党委书记、董事长"一肩挑"；四是要推动各治理主体各尽其责、共同发力，处理好党组织和其他治理主体的关系，厘清治理主体权责界面，创新探索出"制度审议、综合审议、一事一议"三种前置研究方式。

（二）必须建立规范的治理结构，打牢混改企业健康发展的关键基础

持续开展实践探索，形成权责法定、权责透明、协调运转、有效制衡的公司治理机制。一是要优化股权结构，推动经营管理机制转变。通过优化产权，从单一股东行政式管控模式向多元化股东的现代企业治理模式转变，建立起股东之间互相尊重、坦诚相待、平等合作、互利共赢的良好氛围。

二是控股股东要优化行权方式，行政管理转变为股东管理。国有控股股东发布放权和规范行权方式的事项清单，按"一企一策"原则，明确委派董事独立表决和重大议案审核表决事项，实行动态更新的清单式管理，为公司自主经营、创新创效"松绑"。

三是要规范优化董事会建设，全面落实董事会职权。重点优化董事会职权落实、制度建设、董事会信息沟通及议案管理、经理层管理等方面工作。制定落实董事会职权方案，明确权责内容、规范行权流程、监控执行实施，确保各项职权放得下、接得住、管得好，充分发挥董事会"定战略、作决策、防风险"作用。

四是要建设以治理主体权责清单和岗位权责清单为核心的企业权责体系。全面构建以章程为核心的制度体系，规范"四会一层"权责边界；纵向厘清岗位权责，区分董事长、经理层、党委职责界面，界定从主要领导到专业技术岗审批事项。

（三）必须深度转换经营机制，激发混改企业生产经营的动力活力

聚焦激发企业内生动力活力，建立灵活高效的市场化经营机制。一是要激发经理层活力，全面深入实施任期制与契约化管理，按业务型和任务型，差异化、精准化制定经营业绩责任

书，根据考核结果刚性兑现薪酬，真正体现"业绩是干出来的，薪酬也是干出来的"；二是要持续优化人才队伍结构，以市场化方式建立复合的人才引进渠道，开展管理人员竞争上岗，开展社会招聘录用紧缺人员，建立高层次人才引入机制和专业技术人员退休返聘机制；三是灵活运用正向激励工具，将核心骨干与企业发展绑定，激发高管及核心员工干事创业热情，设置适用于管理人员和技术骨干的激励方式，按岗位贡献阶梯分类设置额度，合理拉开差距。

（四）必须围绕混改全过程健全完善制度体系，杜绝国有资产流失

规范工作机制，对混改进行全过程全流程监督。一是要建立健全制度体系。围绕坚持和加强党的全面领导、规范开展混资本转机制、加强全过程监督等方面，不断强化完善制度体系。二是要规范开展引战工作。严格按照相关制度规定，规范开展引战混改审计、评估工作，履行资产评估项目备案程序，编制混改引战方案，按职权审核完毕后挂牌交易。三是要建立混合所有制企业自评估机制。重点关注混合所有制企业党的组织和工作是否健全和开展、法人治理体制是否完善、是否充分调动各方股东积极性实现协同互补、经营机制是否转变、企业高质量发展是否得到促进、改革程序是否规范、国有资产是否流失等问题。针对自评价中发现的薄弱环节加强研究部署，指导督促所属混改企业进一步规范治理和深度转换经营机制，深化混合所有制改革。

第五章　长江三峡集团：嵌入电力体制改革为地方经济注入强劲动力

中国长江三峡集团有限公司（简称"三峡集团"），坚持分层分类、重点突破的混改工作推进思路，积极发展配售电业务新设立的混改平台，以新业务、新业态推进电力体制改革和混合所有制改革，有效改变了过去地方电网规模小、孤立分散、电力保障能力弱的"小、散、弱"局面，构建了有一定规模和市场竞争力的配售电网络和电力市场主体，走出一条以混改促电改的差异化发展新路径，对国有企业市场化改革和业务开拓具有积极的示范意义。

一、总体情况

三峡集团混改聚焦"双碳"转型发展，发展新业务、新模式，设立混改企业平台，深入开展电力体制机制改革，取得了显著成效，目前已成为了全球最大的水电开发运营企业和中国最大的清洁能源集团，并成为国务院国资委确定的首批创建世界一流示范企业。一是围绕完善中国特色现代国有企业制度，制订党组（党委）前置研究讨论重大经营管理事项清单，实现子企业董事会应建尽建、外部董事占多数和经理层授权制度全覆盖；二是围绕建立健全市场化运营机制，持续深化以"干部能上能下、员工能进能出、薪酬能增能减"为核心内容的用工机制改革，独创"赛艇式"三项制度改革；三是围绕创新管理模式，实施混改企业差异化管控，"一企一策"发布子企业授权放权事项清单。2021 年，三峡集团实现营业收入1365 亿元、利润总额 603 亿元、净利润 507 亿元，以年 383 万元 / 人的全员劳动生产率继续领跑央企。

二、创新方式和做法

随着三峡集团由建设重大工程向真正的市场主体转变、由单一的水电企业向世界领先的清洁能源集团转变、由主要面向国内向面向国内国际的跨国公司转变，经营环境发生了巨大而深刻的变化，倒逼体制机制变革，加快以"混改"促"电改"，以高质量的改革推进高质量发展。

（一）建立股权多元、主业突出的"混改"平台

一是建立"央企＋地方国企＋民企"三元股权结构。通过"投资增量"，重庆长电联合能源有限责任公司通过在配售电领域引入非国有资本，设立了全国增量配售电改革试点企业，构建由中央企业、地方国企及民营股东"三分天下"的多元股东结构，有效放大国有资本功能，显著提高了资源配置和运营效率。

二是通过"参股地方企业＋整体上市"模式。通过"投资增量＋并购存量"的发展模式，积极拓展重庆配售电业务，推动建立股权多元、主业突出的配售电业务"混改"平台。通过参股地方电网等方式，完成三峡水利重大资产重组，重庆区域配售电业务整体上市，打造了一家资产规模达 200 亿元、年售电量达 170 亿千瓦时、营业收入约 70 亿元、利润总额约 7 亿元、市值已超 170 亿元的配售电上市公司。通过对煤炭、铝加工、硅业、"三产多经"等非主业实施资产剥离，将配售电及综合能源业务作为未来主业发展方向，聚焦做强做优做大主业。

（二）完善以董事会建设为核心的法人治理结构

一是深入推进董事会建设。为避免"一股独大"，在长江电力、三峡能源等体量较大、不存在 5% 以上参股股东的上市公司，支持股比不足 5% 的股东派出董事，有效发挥积极股东作用，积极打造有效制衡、高效决策的治理模式。

二是完善混改企业差异化管控制度体系。研究修订《资产重组、改制、上市管理办法》《参股股权管理办法（试行）》，制定《混合所有制改革指导意见》，明确各方对混改企业管控的责权与程序。加大混改企业授放权力度，"一企一策"发布授权放权事项清单，制定三峡水利等重要三级混改企业差异化管控细则，厘清集团公司、控股股东和混改企业的责权界面，管控制度体系进一步健全。

三是发挥境外股东优势推进混改企业公司治理现代化。三峡国际充分发挥境外股东在治理理念、治理模式方面的独到优势，完成董事会改组和治理体系迭代升级。在混改企业合理设计"国家特殊管理股"制度，对违背党的方针政策、公众利益等少数特殊事项具有一票否决权，有效维护国资权益。

（三）运用资本市场力量有效放大国有资本功能

2012 年以来，三峡集团推动相关子企业通过改制上市、增资扩股、并购重组等方式，完成了三峡水利重大资产重组、三峡能源上市、三峡国际引战、上海院引战、三峡发展混改等一批重要混合所有制改革项目。所属三峡能源成功在沪市主板上市，创造 A 股市值最大新能源上市公司等多项纪录，募集资金 227 亿元助力国家"双碳"战略。所属三峡国际引入境内外投资者，融资 17.22 亿美元，净资产溢价 20%，充分体现境内外资本对企业前景的高度认可。所属上海院引入 6 家具有高匹配度、高认同感、高协同性的战略投资者，三峡集团合计持股比例

从 70% 下降至 44.6%，合计募集资金 9.41 亿元，治理结构持续优化。三峡发展通过增资扩股，补齐业务短板，打造生态环保总承包业务平台，高质量服务长江大保护事业。2021 年，三峡集团资产证券化率超 55%，通过混改吸引全球资本 351 亿元，约占中央企业全年引资总额的 1/4。通过混改引入境内外社会资本，有效放大了国有资本功能。

（四）实施两层次的"混改"提高内外经营效率

一是通过"引战—股改—上市"三步走路线实施混改。三峡能源高标准引战，引入中国水利水电建设工程咨询有限公司等 8 家单位，筹集资金 117.46 亿元，创造了当年全国产权交易市场国有企业引战增资单笔融资额度最大项目；高水准股改，成立股份有限公司，从单一股东向股权多元化转变，实现各种所有制资本取长补短、共同发展；高质量上市，2021 年 6 月 10 日正式登陆沪市主板，首日市值即突破千亿元，成为中国电力行业史上最大规模 IPO、A 股市值最高的新能源上市公司。

二是协同民营企业服务主业发展整合产业链上下游优质资源。三峡能源以服务新能源核心主业为目的，在发电公司层面，联合民营企业形成所属混合所有制子企业 37 家，协同民营企业共同获取资源，打造产业链生态圈，国有资本和民营资本取长补短，提升公司核心竞争力；投资亿利洁能等公司，形成协调高效的项目资源获取方式。

三是引进国际战略投资者提升风险防控与合规管理能力。三峡集团的国际业务主体中国三峡国际股份有限公司通过与国际领先企业开展股权合作，在引入业务发展所需增量资金的同时，不断完善适应国际市场的体制机制，优化公司治理结构，提升风险防控与合规管理能力。2021 年共引入 5 家战略投资者，认购增发股份比例共计 22.3%，引入资金约 17.22 亿美元。多元化国际股东推动三峡国际董事会和经营层履职方式变革，11 名董事组成多具有投融资、金融、企业管理、工程建设管理等方面专业知识，其中，7 名董事有海外教育或工作经验，3 名外籍董事，为董事会发挥高水平的议事能力和决策效率奠定了基础。

（五）量身定制集体激励的"赛艇式"三项制度改革

一是构建激励约束并重分配制度。坚持价值贡献，建立市场化、差异化、多元化薪酬体系。企业级别根据业绩优劣动态调整，干部职位职级与企业级别同升同降。对在重大工程、重大项目、重要事项上作出突出贡献的集体和个人加强激励，激发员工干事创业的积极性。这一改革模式既极大激发了员工个人的积极性，又使个人目标与组织目标高度一致，实现了干部职工与企业发展的荣辱与共，个人激励与组织战略的同频共振。截至 2021 年底，三峡集团发电量、利润总额、净利润同比稳步增长；三峡集团可控装机量、清洁能源装机量突破 1 亿千瓦，总资产超 1.1 万亿元。

二是构建特色干部管理体系。坚持选贤任能，以任期制和契约化强化岗位管理，推行干部"能上能下"机制。三峡资本的专业序列总监级岗位实行"任期制 + 竞聘制"，以两年为一个任期，聘任期满后以绩效为依据重新竞聘，竞聘未通过的下调岗位层级。任期制和契约化在三峡集团所属二、三级企业扩点成面。截至 2021 年底，三峡集团 2021 年实现 396 户实体化运作子企业、919 名经理层成员任期制契约化管理 100% 全覆盖，管理人员退出率 5.92%，公开招聘比率达 100%，员工市场化退出率 2.5%，经理层的任期意识、岗位意识、责权意识全面增强。

三是持续实施精兵简政。三峡集团持续精简总部机构、压减人员规模，努力打造价值创造型总部，集团总部部门数量压减到 15 个（含纪检监察组），人员编制由 339 人精简到 274 人，减少 65 人，总部编制、人员大幅下调近 20%。三峡集团建立全集团范围的人力资源总量盘点机制，按照战略规划、业务特点、企业现状等三个维度，对标市场、对标一流、对标极致，科学确定所属企业年度用工规模。三峡集团境外投资平台——三峡国际试行末等调整制度，全体员工按岗位层级分组进行考核排序，每组最后 5% 的员工确定为考核末等，根据末等调整规则对员工进行约谈、降薪、转岗、解聘等处理。

三、深化混改理论及实践的体会

混改是一项系统工程，涉及股权结构、内部治理、激励约束等多方面内容，需要联动推进、同步深化。三峡集团混改实践表明，把混合所有制改革嵌入电力体制改革是一条行之有效的提升能源企业内外改革效能的创新路径。在外部层面上，以混改为契机开展电力体制改革战略部署，加强改革外部联动，能够更好地放大国企改革乘数效应；在内部层面上，混改企业联动推进落实董事会职权、市场化选聘经营管理者、薪酬分配差异化等相关改革，能够有效加强改革的系统性，使改革真正发生"化学反应"。

（一）做好顶层设计是深化混合所有制改革的前提基础

实施混合所有制改革，要坚持"一企一策""量体裁衣"做好顶层设计，贯彻"三因三宜三不"的原则，针对不同类别和不同层级的子企业，充分考虑企业的历史背景、战略定位、行业特点、发展阶段和经营现状等，设计好适宜的混合所有制改革路径。指导子企业结合自身发展愿景、战略目标，优先引入或投向与主业具有较强协同效应、与所处产业链上下左右高度关联的企业，实现战略协同、优势互补。

（二）强化经营机制转换是深化混合所有制改革的根本

实施混合所有制改革，要充分认识到"混"是手段，"改"才是最终目的，要把通过混改提升企业经营管理的质和效作为出发点和落脚点，混改工作不能一味追求"混"的成果，更要关注"改"的实效。混改企业要建立区别于传统国企的法人治理结构和灵活高效的市场化经营机制，要在董事会建设、任期制和契约化管理、三项制度改革等方面下足功夫，积极探索推动职业经理人制度，构建符合企业经营实际的多元化、系统性、多层次的中长期激励约束体系，要积极发挥民营股东优势，调动民营资本参与公司治理的积极性。

（三）加强党的领导是深化混合所有制改革的根本遵循

实施混合所有制改革，要牢牢把握混改的正确方向和内在要求，始终坚持和加强党的领导，必须同步制定加强党的领导和党的建设的各项工作方案，推动党的建设与企业改革同步谋划、党的组织与工作机构同步设置、党组织负责人与党务工作者同步配备，党的工作同步开展，在体制对接、机制对接、制度对接和工作对接上结合混合所有制企业具体情况落实有关要求，确保国有企业发展到哪里，党的建设就跟进到哪里，做到"两个一以贯之"，切实把党的领导同公司治理有机融合，坚决防止党的领导弱化虚化，通过清单化明确治理主体权责边界，把党的领导优势转化为国有企业治理优势。

（四）实施异化管控是深化混合所有制改革的破局所在

国企改革三年行动要求，国有企业集团公司对国有股权比例低于50%且其他所有制股东能够有效参与公司治理的国有相对控股混合所有制企业，探索实施差异化管控。近年来，一些中央企业进行了探索实践，取得了一定成效。鉴于目前混改企业所处行业、企业个体差异等，在推动混改企业差异化管控方面还需要进一步探索和实践，推动出台有关混改差异化管控的指导意见，进一步推进混改企业更好转换机制。

第六章　中国联通实施集团层面混改

2017 年 8 月 20 日，中国联通发布公告，宣布启动混合所有制改革。作为首批重要行业开展混改的典型，中国联通的混改首创了"国有股权多元化＋民营股权多元化＋员工股权激励"的混改新模式。4 年多来，中国联通认真贯彻"完善治理、强化激励、突出主业、提高效率"改革总要求，探索出了"新治理、新基因、新运营、新动能、新生态"的高质量发展之路，各项工作取得明显成效，同时也遇到一些国企混改面临的共性问题，为我国进一步推进混合所有制改革提供了有益经验。

一、混改"改"了什么

联通混改"一石激起千层浪"。从混改方案设计到混改实施，联通之"混"，其意在"改"。4 年过去了，联通混改到底改了什么？

（一）改治理：加强董事会建设，落实董事会职权，健全公司法人治理结构

混改后，联通集团持有 A 股公司的股份由 62.7%降为 36.7%，新引入的 14 家战略投资者持股 35.2%，公众股东持股 25.5%，员工限制性股票激励计划持股 2.6%。基于这一多元化的股权结构，联通建立起结构规范、权责对等、协调运转、有效制衡的法人治理结构。

丰富董事会成员，组建多元化董事会。新一届董事会成员由 7 名增加至 13 名，包括 3 名内部董事、5 名新引入的国有股东和非国有股东代表担任的董事以及 5 名独立董事，设置发展战略委员会、提名委员会、薪酬与考核委员会及审计委员会，为董事会科学决策奠定基础。新董事会成立以来，召开董事会及各专门委员会议 84 次，审议议案 330 项，涉及公司战略、重大决策、改革发展、风险防控等领域。

完善董事会职能，强化董事会决策权。将国家发展改革委、国资委等九部委部际专题工作会议赋予的投资决策权、薪酬分配权、自主决策下属子企业员工持股权交给董事会，制定 / 修订 / 重订包括公司章程在内的 12 项公司级制度和 10 余项配套制度，将国资监管部门授权显性化、书面化、规章化，为做实董事会筑牢制度根基。

厘清决策与运营流程，为联通改革发展赋能。进一步激活战略投资者主人翁意识，建立党组复议机制，对经党组前置把关后董事会提出异议的事项进行复议研究；建立战略投资者研讨机制，召开战略研讨会议，上门拜访征询意见，组织战投高管参与公司主题党日活动等；建立战略投资者沟通机制，提前发送议案文件，重大事项专项事前沟通，深入企业内部调研等；建立董事履职支撑服务清单机制和董事会文库系统，发挥董事会战略引领、经营决策、风险防控等作用，提高沟通效率。

（二）改基因：与战略投资者深入合作，以产业互联网思维优化战略布局

从股权层面的合作到治理层面的融合，联通与战略投资者之间的合作"拉链"逐步"咬合"，产业互联网思维逐步扎根，战略布局深度调整。

借力互联网公司线上触点，低成本高效率服务客户。从通信产品"供给侧"入手，聚焦用户深层次需求，跨界整合通信行业与互联网行业的资源和能力，与腾讯、蚂蚁金服、百度、京东等创新推出定制化的通信解决方案，打造"腾讯王卡"等2I2C产品，在网用户数近1亿户，累计出账收入超过1300亿元。为广大人民群众提供创新的差异化通信服务，促进信息消费。

共同打造合作生态，积极推动产业数字化。在公众互联网领域，与百度、阿里、京东等开展泛智能终端产品设计、销售及构建智能家居生态合作；与腾讯、阿里、百度、京东等在权益、短视频合作，权益收入超过10亿元，5G视频彩铃产品超过1亿用户，累计收入超过1.3亿元；与苏宁深化终端合作，终端累计销售60万台，销售额20亿元。在产业互联网领域，与阿里、腾讯共同推出以沃云为品牌的合作公有云产品沃云A和沃云T，支持328款产品，累计收入4.8亿元。

深化资本合作，快速补强能力短板。与腾讯合资成立云景文旅公司，打造一系列核心产品，2020年收入达到1亿元；与京东合资成立智慧足迹公司，2020年收入超过2.1亿元，成为就业、统计和规划领域人口大数据全国第一服务商；与阿里合资成立云粒智慧公司，在城市治理、水利、安防等领域孵化多款产品；与中国人寿成立数字保险联合实验室，共同打造大平台新生态，持续提升创新能力。

（三）改运营：推动"瘦身健体"流程再造，打造以客户为中心的新运营体系

联通把"瘦身健体"精简机构作为混改后推进内部改革的"第一刀"，努力打造"小管理、大操作、强协同"组织架构和"扁平化、短流程、宽层级"新机制。

大刀阔斧"瘦身健体"。集团公司总部部门由过去的27个减为15个，减少44.4%；人员编制由1787个减少至696个，减少61%；省分公司平均机构数减少33%；地市分公司平均机构数减少51%。加快"去机关化、去行政化、去层级化"，进一步扁平管理层级，构建短流程工作机制，建立授权授责体系，打造"战略管控＋运营指挥型"总部。价值创造作用日益显现，推诿扯皮现象明显减少，内部交易成本显著降低。

着力形成自主集成交付与运营服务新能力。为更好地快速响应服务政企客户，打造由政

企和网络人员共同构成的项目制团队，强化立体培训赋能，匹配前后端双向激励机制，提升面向客户的自主集成交付运营能力。推进线上线下一体化运营，举全集团之力打造联通大流量 App，数字化获客占比超过一半，基于大数据实现客户的精准画像、需求挖掘、营销策略匹配，客户感知和体验大幅提升。

着力推进运营管理服务全流程数字化。围绕全面数字化转型对资源要素配置的全新要求，针对制约发展的统筹不够、协同不足、资源分散、产品竞争和科技创新能力弱、市场化机制活、流程冗长等深层次问题，深入推进大市场线、政企、网络、IT、科技创新和资本六条线运营体系变革，优化、创新和重构业务、产品、服务、运营、管理价值创造体系，转变要素配置方式和运营模式，激活组织动力，提升运营效率，各专业线统筹、协同、赋能工作效率显著提升。

（四）改动能：紧紧依靠职工办企业，以市场化经营机制激发创业新活力

联通积极引入市场化经营机制，在选人用人、绩效薪酬、内部激励等方面大胆探索、大胆创新，以全员激励推动全员创新，实现新旧动能的有效转换。

建立市场化选人用人机制。打破"铁饭碗、铁工资、铁交椅"，退出状态不佳、作为不大、不能胜任本职工作的干部。2017 年、2018 年、2019 年、2020 年党组管理干部退出率达到 6.3%、5.2%、6.7%、5.1%；合同制员工年均退出率 1%，实施"418"人才工程，人才总量达 7000 余人，引进云计算、大数据、物联网、人工智能、安全等领域 30 位顶尖人才和产业专家。

构建员工全面激励体系。以市场化为方向，在全集团建立健全同劳动力市场基本适应、同企业经济效益和劳动生产率挂钩的工资决定和正常增长机制。以差异化分配为方向，实施不同类型员工的薪酬组合及薪酬水平差异化，创新建立包括晋升、绩效、福利、认可、荣誉、长期、培训 7 个子体系的全面激励体系。各级管理人员激励与经营业绩和考核评价结果紧密挂钩、与任职岗位和承担责任相匹配，年度激励与长期激励相结合；员工激励以业绩贡献为导向，针对不同岗位实施差异化激励。

以划小改革为抓手形成鼓励多劳多得的机制。推进全生产场景划小改革，结合一线生产场景，建立微组织，竞争性选拔"小 CEO"进行承包，搞活激励分配，打破平均主义、"大锅饭"，为"想干事、能干事"的人提供广阔平台，使中国联通从大公司回归到创业公司，培养了一支约 2.75 万人的"小 CEO"队伍，21 万进入承包单元的员工薪酬增长水平高于各级本部，基层员工率先拥有更多获得感。

（五）改生态：深入推进所属企业混改，打造开放合作和谐共生的新生态

联通一直实施集团公司、A 股公司、红筹公司、运营公司四层治理架构下的一体化运营，现有总部部门 15 个、31 个省（区、市）分公司，27 个境外各类分支机构。混改前，整个体系相对封闭。混改后，联动主动求变求新，以搞活子企业为抓手，积极推动对外开放合作。

制定并实施进一步深化子公司市场化改革方案。转变集团公司对所属子公司的管理模式，

在完善公司治理、目标承诺合理的基础上，为子公司松绑、放权，推动子公司从盯着内部要扶持向盯着市场要能力转变。引入更多的社会资本参与所属子企业的微观市场主体再造，做强做优做活企业，更好服务国家战略。

推动部分省公司（分公司）社会化合作。2019年5月，作为"双百行动"中唯一一家央企省级分公司，云南联通在前期地州公司社会化合作试点的基础上，引入江苏亨通光电、北京中电兴发科技等民营资本，组建云南联通新通信有限公司，原联通人员90%以上转入民营运营公司，改革以来收入累计增幅近5亿元，累计减亏近3.5亿元。该模式被推广到广西7个州市公司。

智网科技混合所有制改革迈出实质性步伐。联通智网科技有限公司成功引入一汽、东风、广汽、思必驰等战略投资者，公司估值由2015年成立时的1亿元提升至投前10.39亿元、投后15亿元；与车厂类、行业生态类战投融合，快速布局与车联网相关的智能终端等领域，快速提升产品能力，提升市场份额，把握竞争的主导权。

二、混改成功的关键因素是什么

（一）联通混改呈现五个"新"

政治生态呈现出新面貌。联通作为多次融合重组的企业，人员结构复杂、文化多元，企业内耗严重，通过混改，从职工思想政治、职工职业发展、职工薪酬福利、职工成长成才、职工工作生活等方面提出20条具体措施，凝心聚力、激浊扬清，企业风气明显好转，员工满意度明显提升，干事创业精气神显著提振，国资委党建考核进入A级行列；2019年度中国联通党组选人用人总体认同率达到99.4%，连续4年持续提升；全系统信访举报数量持续下降，2018年、2019年、2020年分别同比下降21%、8%、16.3%。

经营业绩迈上了新台阶。混改以来，收入利润实现V形反转，2020年联通A股公司实现主营业务收入2758亿元，利润总额160亿元，分别较2016年增加348亿元、154亿元，收入利润增幅持续领先行业；资产负债率由2016年底的62.6%下降至2020年底的43.1%，下降19.5个百分点；自由现金流达到360.2亿元，较2016年增加286.1亿元，过去4年累计创造自由现金流超过1500亿元；2018—2020年劳动生产率复合增长率8.9%。

员工获得感得到新提高。建立了有效的用人、培训、考核、绩效、晋升与退出等核心动力机制，实施了覆盖近8000人的限制性股票激励计划，实行了增量收益分享和全员绩效考核，薪酬分配向作出突出贡献的人才和一线倾斜，2017—2019年职工平均工资年度增长约10%，一线员工薪酬增幅高于同期各级管理本部平均增幅，省级分公司"一把手"绩效薪酬倍差为5.1倍。全国共制定出台落地举措1686条（项），全国已解决涉及职工群众切实利益问题3725个，惠及职工群众29.5万人，充分调动了广大职工参与混改、支持混改、建功混改的积极性。

创新能力得到了新加强。设立了科技创新部，统筹科技创新工作，持续加大研发投入，研发费用由 2018 的 8.7 亿元增长到 2020 年的 30.8 亿元。设立联合创新实验室，形成一批科技创新成果，获得国资委中央企业优秀科技创新团队称号。优化创新资源配置，将投资配置与收入、利润挂钩，使资源向发展潜力大、效益好的区域及业务倾斜，更加注重知识、技术、数据等新的生产要素投入。加快 5G 化进程，创新性推出泛融合业务、全国一体化的异地服务及跨域产品、智选专线、云联网、切片平台产品等，把资源禀赋变现为新发展红利。

治理效能实现了新提升。形成"内部董事＋战投董事＋独立董事""电信运营商＋互联网""国有＋民营"混合模式的多元化董事会，公司治理进一步完善，合规性充分保障，形成了国有资本、民营资本"优势互补、共同发展"的新格局。联通 A 股上市公司连续三年信息披露获得上交所最高等级（A 级）评价；联通红筹公司连续五年被《机构投资者》评选为"亚洲最受尊崇电信企业"第一名。

（二）成功的关键因素

确定将中国联通作为重要行业推进混改的对象是党中央、国务院全面深化改革的重大决策之一。如今混改取得阶段性成果，原因有很多，关键有三条。

混改方案设计高瞻远瞩，遵循市场规律，实现激励与约束相容。综合研判后确定的联通混改方案有三个亮点：一是坚持把战略协同、优势互补作为选择战略投资者的核心原则。引入符合公司主营业务发展需要、能与公司资源禀赋优势有机结合、利于促进产业链价值链升级的 14 家战略投资者，募集资金 747 亿元，释放了 35.2% 股权，与集团持有的 36.7% 股权大致相当，实现了各种所有制资本相互融合和多元股权有效制衡。实践证明，诸如腾讯、阿里、京东、百度、苏宁等战略投资者，不仅为联通带来了全新的商业模式和盈利模式，更有力推进了供给侧结构性改革，丰富创新产品与服务供给，助力解决发展不平衡不充分问题。二是在董事会席位的设计上，主动给非公投资者以超过其股权比例的董事席位。这一条十分难得。按照正常的公司治理规则，董事会席位的分配与持股比例是相对应的。但来自民营企业的战略投资者在联通董事会席位上实现了"超额委派"，民资被赋予更大的主导权。这在一定程度上破解了很多国有企业混改后由于国资仍占大股而导致的"混而不改"的难题。这种主动让出一定董事会席位的做法，使得联通混改是"动真格的"成为一种可信的承诺，这是联通混改取得成功的一大关键因素所在。三是充分考虑到了职工利益，前瞻性地将限制性股票计划纳入混改方案。在联通的混改方案中，员工限制性股票激励计划占公司股份的 2.6%，激励对象主要包括公司的董事、高级管理人员、核心管理人员、核心技术人员或者核心业务人员，以及公司董事会认为应当激励的对公司经营业绩和未来发展有直接影响的其他员工。这在进一步完善公司治理结构的同时，健全了公司激励与约束相结合的中长期激励机制，充分调动公司核心管理者和骨干员工的积极性，从而有效支撑公司长远发展。

联通党组履职尽责、敢于担当，贯彻落实坚强有力。中国联通党组切实发挥把方向、管大局、保落实的领导作用，坚持将中央精神不折不扣落实到位，结合混改后的新形势提出了建设以新治理、新基因、新运营、新动能、新生态为内涵的"五新"联通。2017年以来，公司围绕混改相关内容共召开党组会议104次，研究审议混改类议题126项。而这种扎扎实实抓改革、谋发展的"制度基因"来自于联通加强党的领导的制度化体系化。一是明确党组织在公司法人治理结构中的法定地位。赋予党组织在重大决策中的决定权、把关权、监督权，确保党组织发挥作用制度化、规范化、程序化，集团及所属二、三级子公司党建工作要求全部进章程。二是建立"双向进入、交叉任职"的领导体制。集团党组书记和副书记进入A股公司董事会，与腾讯、百度、阿里、京东等民营资本，交叉形成多元化董事会结构，经理层成员与党组成员适度交叉任职，保证党组织作用在决策层、执行层、监督层均能有效发挥。三是落实党组织研究讨论是董事会、经理层决策重大问题的前置程序。厘清党组织与其他治理主体的权责边界，党组织前置把关侧重看"4个是否"，即决策事项是否符合党的理论和路线方针政策，是否契合党和国家的战略部署，是否有利于提高企业效益、增强企业竞争实力、实现国有资产保值增值，是否维护社会公众利益和职工群众合法权益。党组织前置要求实施以来，共前置研究重大生产经营问题45项。四是保证党对企业干部人事工作的领导权和对重要干部的管理权。管理人员的市场化改革与选聘严格落实"对党忠诚、勇于创新、治企有方、兴企有为、清正廉洁"二十字要求，党组织严把人选"准入关"，董事会和经理层按照市场规律把住人岗"适配关"。五是创新沟通机制。党组办与董事会办公室合署办公、密切联动，有力推进党组与董事会、经理层的无缝衔接、协调运转；公司党组建立月沟通会机制，班子成员定期就生产经营事项进行充分沟通，统一思想，确保党组对生产经营工作的全面领导。2017年以来，共召开党组沟通会40次。六是织密建强基层党组织体系。适应公司股权结构、管理体制和运营模式的变化，严格落实"四同步、四对接"要求，健全从党委到支部一贯到底的党建责任体系，全系统基层党组织9447个，组织覆盖更加广泛，覆盖质量不断提升，基层党组织战斗堡垒作用和广大党员先锋模范作用在混改中更加突出。

有关部委指导有方、协调有力，为混改顺利推进提供了强大保障。中国联通是我国基础电信领域重要骨干企业，又是上市公司，推进混合所有制改革不仅需要国务院国资委的大力支持，还需要证监会、财政部、工信部、人民银行、人力资源和社会保障部等部门的有力配合，需要有一个强有力的综合协调部门来统筹协调。国家发改委作为深化重要行业混合所有制改革方案的主要设计者、推动者，从最初的确定入选资格、研究混改方案、选择战略投资者、组建董事会、推动赋权行权等，每一项工作都靠前指挥、勇于担当，协助解决了几百件体制、规章、政策等方面的障碍，解决了联通长期以来想解决而解决不了的很多困难。作为国家发展改革委具体牵头承办此事的司局，体改司认真学习贯彻习近平新时代中国特色社会主义经济思想，精准把握中央精神、精准把握联通实际、精准把握行业趋势，一方面敢于"啃硬骨头"、敢于"涉险滩"，逢山开路、遇水搭桥，以有力的统筹协调为联通混改提供了强大保障；另一方面，灵活把握推进混改的路径、步骤，主动化解了混改过程中遇到的各种问题和困难。据统计，从2017年8月到2019年底，体改司共召集大大小小的会议几百场。体改司主要负责同志敢于担当、力排众议，屡屡在关键时刻对联通施以援手，确保联通改革持续深化。

三、还要继续"改"什么

当然，中国联通混改仍在进行时，随着改革的深化，一些深层次问题也浮现出来，需要进一步理顺和解决。

（一）推动"两个一以贯之"落地生根

目前，在联通包括二级子公司二次混改的探索中，各级在落实"第一个一以贯之"上政治站位高、刚性举措多，但在坚持党的领导下，建立中国特色现代企业制度方面探索不够，混改的制度优势转化为治理效能优势还有提升空间。根据中央印发的《关于中央企业在完善治理中加强党的领导的意见》，应区分绝对控股、相对控股、参股等不同类型子企业实际，分类推进党建工作。这就需要进一步修改完善前置研究讨论事项清单，健全权责法定、权责透明、协调运转、有效制衡的公司治理机制；加快推动下属子公司董事会应建尽建、配齐建强，外部董事应占多数，完善董事选聘、履职、考核评价等配套制度建设。要加大重要子公司落实董事会权利，增强董事会的独立性和权威性，充分发挥董事会"定战略、作决策、防风险"的作用，让直接参与市场竞争的主体及时、高效决策，激发子企业活力。

（二）推行经理层成员任期制和契约化管理

如今的联通是由央企混改而来，虽然经过混改引入了市场化的基因，但传统的身份、级别的人事管理方式还没有完全转变为看岗位、看贡献的现代人力资源管理体系。在新一轮的混改中，还需要进一步解放思想，总部要带头加快推进各级各分子公司经理层成员任期制和契约化管理。要区分建立董事会的子公司、未建立董事会的子公司和分公司，明确契约签订主体，经理层成员一人一岗签订岗位聘任协议和经营业绩责任书，按照契约约定刚性兑现薪酬，严格退出管理。

（三）持续健全各类要素参与分配的激励机制

联通首期限制性股票激励计划成功实施，效果良好。下一步还需要进一步强化价值创造的激励导向，总结成功经验，研究实施第二期限制性股票激励计划，匹配公司 2021—2023 年业绩规划，强化激励对象的精准性，强化高质量的激励约束；突出科技创新导向，加大科技创新的长期激励政策支持，适度放宽科技攻关人员的激励条件，激励资源向核心技术攻关团队倾斜，加快提升自主创新能力；丰富激励方式，在原有上市公司股权激励、混改企业员工持股、科技型企业股权和分红激励、其他长期激励四类激励方式的基础上，重点探索员工跟投及超额利润分享机制，健全多层次、全方位的员工与企业利益共享、风险共担的激励机制。

（四）进一步聚焦主业服务数字中国建设

2021 年 2 月，中国移动、中国电信、中国联通主营业务收入份额分别为 51.18%、28.46%、

20.36%。中国联通在行业竞争中的"混改"优势尚未完全发挥，站在风口却飞不起来，值得深思。关键仍是聚焦主业，提升价值创造能力。在"十四五"时期，要成为领先的综合数字服务提供商，围绕全面数字化转型和提升资源要素配置效率主线，重构数字思维，加快5G、数据中心等新型网络基础设施建设，统一底座，建设智慧中台，打造智慧大脑，畅通智慧运营体系，提供面向客户场景化高品质的新产品、新模式、新渠道，加快科技创新能力和数字生态打造，提升全要素生产效率效益。

第七章 中国电子信息产业集团："事业合伙人"赋能产业生态发展

中国电子信息产业集团有限公司（简称"中国电子"），是以网络安全和信息化为主业，兼具计算机 CPU 和操作系统关键核心技术的国内最大的国有综合性信息技术企业。中国电子较早就具有"中外合资""国民合作""战略投资""员工持股"等混合所有制的基因，立足企业核心业务和竞争力提升需求，着眼打造信息产业力量和建设组织平台，以建平台、引战、增资扩股、员工持股、优质资产整体上市等方式，分类分层推进混合所有制改革。在传统企业建立股权激励机制，同时针对新设企业引进行业高端人才实施混改，在资源导入和体制转型上"既混又合"，把引进的职业化经营团队作为网络攻防领域的"事业合伙人"，把中央企业的产业布局和职业经理人的专业能力有效结合起来，共同推进产业发展，真正实现结构性调整和市场化转型的目的，积累了生动案例和丰富经验。

一、总体情况

中国电子基于特殊的历史因素和行业因素，实施混合所有制具有较好的基础。一方面是控股上市公司数量较多，资产证券化程度较高，早在"十一五"末就达到了 48.8%，"十二五"末则达到了 53.6%，同时未上市股份制公司数量也较多，投资者来源相对多元化。另一方面是不少上市公司和未上市股份制公司很早就探索实施骨干员工持股，例如，1999 年 6 月上海贝岭（600171.SH）就在中国企业中率先推出了虚拟股权激励计划，授予部分员工一批模拟股票，这一创新探索比华为公司推出虚拟股份制度更早。近几年，中国电子的混改一直在进行中，但更多地聚焦于个别下属公司层面。截至 2020 年底，混改企业户数占全系统并表企业户数的 18.6%，而营业收入占全系统营收总额的 59%，利润总额占全系统合并利润总额的 170%，净资产占全系统合并净资产的 57%。2022 年集团层面混改进入实质性关键阶段，据不完全统计，在涉及中国电子网信产业核心能力的 42 个重要技术领域中，有 36 个领域的科研攻关重任由混改企业承担，混改企业群体已经成为中国电子创新发展当之无愧的主力军和顶梁柱。

二、创新方式和主要做法

中国电子立足打造产业核心力量和组织平台建设，根据企业核心主业发展和核心能力提升的需要，打破企业在所有制身份上的纠结和界限，注重引进合适的战略投资者，让各种所有制资本取长补短、相互促进、融通发展。通过"与战略合作者新设公司＋职业经理人＋员工持股"打造"事业合伙人"，充分激发各事业主体干事创业的积极性、主动性和创造性。

一是立足战略需求打造混改平台引入产业核心力量。中国电子围绕企业核心能力提升，着力将企业优势转变为平台化能力，使平台化能力变成资源整合能力。通过投资具有成熟商业模式和"硬核科技"属性的民营企业，快速补齐产业链短板，运用集团公司在市场、资信、资源等方面的优势，为标的企业赋能，打造网信产业生态体系，优化集团总部资本结构，提升集团总部投资能力，放大集团公司国有资本功能，形成乘数效应。2021年12月25日，中国电子集团总部正式迁驻深圳，启动并实施一批重大项目，加快打造国家网信产业核心力量和组织平台。中国电子以混改为突破口在深圳成立核心优质资产平台。例如，中国电子于2016年在深圳注册成立中国电子有限公司，2017年以来将主体优质资产陆续注入中国电子有限公司，资产和收入占全集团比例超过90%，成为中国电子核心主业混改的实施主体。

二是立足企业主业和转型发展需要引入外部资源。中国电子聚焦网信核心业务，结合老企业转型升级需要，形成"增资扩股＋股权转让＋员工持股＋持续混改"模式。中国电子80%的混改实践都是围绕主责主业实施。例如，中国电子下属企业深圳中电港技术股份有限公司（简称"中电港"），是行业领先的元器件产业应用创新平台。2016年9月，深圳中电港技术股份有限公司完成了第一轮混改与员工持股的工商变更工作，混改后中电港原股东中电器材的持股比例由100%下降到52.87%，员工持股9.05%。之后，中电港又进行了二次混改乃至多轮融资与股权转让行为。中电港混改"以增资扩股嵌套股权转让"交易模式的首次成功实践，解决了"投资者结果统一、交易价格统一"的难题，为中电港择机实现资产证券化奠定了合规依据。

三是立足企业战略协同需要实施反向混改。根据战略协同需要，并购或参股优秀民营科技企业，并通过"反向混改"体系引进专业化人才。例如，中国电子在深圳二级企业有中国长城、中电信息、桑达股份、长城开发、中电惠融5家企业以及信创共同体基金等。战略投资网络安全龙头企业奇安信，并购软件服务知名企业文思海辉，共引进约4.5万名优秀网信人才，加快构筑网信领域人才高地和创新中心，为产业发展提供了有力的人才支撑。中国电子探索通过并购式混改，成建制、成体系地引进市场化优秀人才，实现大量高端人才从外企、民企到国企的"倒流"，近两年来总共引进约4.5万名优秀网信人才，占员工总数的26%，为企业发展注入了源源不断的活力。通过引进优质战投加速资源导入和体制转型，充分发挥国有企业家和广大干部职工的积极性、主动性、创造性，鼓励混改企业深度转换经营机制，全面激发创新活力。

四是以运营平台推动核心资产整体上市。中国电子探索通过设立平台公司，并逐步引入社会资本对平台公司增资扩股，最终积极推动实现中国电子核心业务资产整体上市。例如，中国电子有限公司是中国电子信息产业集团旗下核心资产、多家上市公司及重要子公司的持股平台。2012年，中国电子引入在网络安全领域颇有影响力的民营企业团队，按照混合所有制模式成立了中电长城网际系统应用有限公司。截至2021年底，集团拥有27家二级企业、17家上市公司、19余万员工，总资产已经达到3693亿元，营业收入2736.5亿元，净利润30.3亿元，营业收入同比增长13.78%，利润总额同比增长30.59%，多项经营指标创历史最好水平。

五是联合战略伙伴与职业经理人组建新公司。中国电子联合战略合作伙伴与职业经理人共同投资组建中电长城网际系统应用有限公司（简称"长城网际"）。在混合所有制的实现形式上，中国电子是长城网际的控股股东，有关专业机构作为战略投资者进行投资，职业经理人贺卫东通过实际出资占股20.3%，其他管理人员和技术骨干成立的有限合伙持股企业出资占股12.6%。

六是实施骨干员工持股计划并建立"同股同权"治理机制。在核心团队持股基础上，长城网际成功实施第一轮骨干员工持股计划，骨干员工持股占比11.1%，从而建立了比较有吸引力、有持续性的人才激励机制。长城网际在设置之初就突破了在股权结构上的"制衡性混改"，规避了单一股独大、简单引进非国有资本等问题；而是通过"激励性混改"方式，建立"同股同权"的公司治理机制，实行市场化人员选聘和管理，新设企业、吸引团队、释放股权、激励创新。自成立以来，长城网际营业收入每年以65.92%的平均增长率快速增长。

七是突出"四个结合"加强党对混改企业创新发展的领导。中国电子高度重视加强混改企业党的领导，针对混改企业存在的股权多元化、诉求多元化的实际，着眼于引导混改企业政治上组织起来、更好服务于国家战略这一核心，坚持"四个结合"加强混改企业党建工作。坚持"组织建设"和"治理提升"相结合，将党的领导融入公司治理，做到企业混改与"党建进章程"同步谋划、同步实施，明确党组织在混改企业法人治理结构中的法定地位。对于参股企业特别是具有境外背景企业，"一企一策"推进党组织建设。例如，针对新并购的文思海辉技术有限公司多年来相继隶属于外资、民营且混改时公司总部无党组织、高管中无党员的情况，为避免其进入国有体制"水土不服"，探索先派党务骨干和发展骨干党员、再设临时党委、最后成立正式党委"三步走"办法，妥善完成党组织的设置。坚持"战略谋划"和"前置研究"相结合，中国电子明确布局"现代数字城市"业务后，中国电子系统技术有限公司将其作为战略机遇，3年时间内就拉起一支5500多人的专业化队伍，已与多个城市达成战略合作。制定完善党组织前置研究讨论重大经营管理事项清单、"三重一大"事项清单等相关制度，确保党组织"前置研究"有力度、有深度。针对国资持股比例较低、高管来源多样化的混改企业，加强"前置研究"之前的"前置沟通"。

三、深入推进混改的困惑

尽管中国电子混合所有制改革已经产生了理想的效果和突出的成效，但是推进过程中仍存在一些疑难、困惑。

一是统筹协调不足会对改革进程和成效产生影响。混改准备阶段及推进过程中，常产生因自身资产、业务等硬件缺陷导致混改难以开展，对政策及流程不熟悉、未从国资关注角度出发设计混改方案导致过审困难，缺乏资源或资产质量一般导致难以吸引投资者，未统筹开展体制机制改革设计导致出现混改前后体制机制仍然维持现状等痛点问题，影响混改方案落地及改革成效显现。

二是资本不足会导致产业转型升级的空间被压缩。在产业转型升级的背景下，很多企业不善于利用混改引进合适的战略投资者、集聚发展所需的战略性资源、解决骨干员工的中长期激励问题。而且长期以来集团总部国有资本金严重不足，只能被迫依靠大量有息负债进行战略方向的投资，严重压缩了提质增效和转型升级的空间。

三是混改后的企业治理方面需要给经理层更多的授权。在企业运行机制上，中国电子把引进的职业化经营团队作为网络安全领域的"事业合伙人"，把中央企业的产业布局和职业经理人的专业能力有效结合起来，共同推进产业发展。在企业经营管理团队上，除了中国电子党组管理干部，又有职业经理人参与，而且职业经理人在经营班子中占绝对多数，对其充分信任和授权。

四是改革到深处需要依据不同阶段需求建立实施方案动态调整机制。混改试点单位运营和成长参差不齐，例如长城网际依托重大项目积极攻关核心技术，以网络安全的核心技术，承担国家重要领域信息系统和地方新型城市治理、产业管理等信息化的重要任务，拓宽业务地域版图，带动地方和民营经济发展，实现网信产业的融合发展。但与此同时，个别混改试点企业改革进展滞后于预期。如中软系统，其主业和母公司中国软件信创项目的关系难以厘清；中软系统作为打造军工科研生产新体系而布局的重要平台，面临着企业重组的不确定性；中国软件拟实施有关激励计划，通过混改试点解决激励问题已无必要性。

五是混改后的企业文化协同体系完善应放在突出位置。混改带来了股权多元化和利益多元化，容易出现内部人控制问题，在非公有资本一般倾向于追求局部利益和短期利润的情况下，就很可能对混改企业承担国家战略任务，特别是短期内可能还要承受亏损压力的战略任务带来干扰。特别是在产业布局问题上，非公有资本的个别利益诉求很可能"带偏"混改企业的布局方向，导致部分产业领域存在重复建设和同业竞争。对于并购式混改企业，国有资本控股后如何加强党的建设和政治引领，还需要稳妥破题。同时，如何既尊重混改企业原本的职级体系、履职待遇、业务支出标准、企业文化等，又不至于违反相关政策规定，也需要妥善处理，切实推进高质量差异化管控。

第八章　东方电气集团的混改探索

中国东方电气集团有限公司（简称"东方电气集团"）认真贯彻落实党中央、国务院关于国有企业混合所有制改革的部署，在充分研究论证的基础上，从集团公司"三新一充分一退出"（"三新"指新产业、新业态、新商业模式；"一充分"指充分竞争行业；"一退出"指拟退出的非优势存量业务）领域科学合理选择 3 户具备条件的企业开展混合所有制改革，通过引入高质量战略投资者，进一步健全完善企业公司治理体系，切实转换经营机制，增强科技创新动力，激发企业发展活力，助力集团公司高质量发展。

一、总体情况

截至 2022 年 5 月，3 户已开展混合所有制改革的企业累计引入 12 家外部战略投资者，引入外部资金 5.12 亿元，盘活资产 5 亿元。其中，东方电气（成都）氢燃料电池科技有限公司（简称"东方氢能"）作为集团公司首个科研成果孵化设立的科技型企业，自入选国家第四批混改试点企业以来，充分发挥示范带头作用，在治理能力、经营能力、创新能力等各方面都取得了突破；在混改的同时，同步实施员工持股中长期激励，进一步促进核心人才与公司形成利益共同体；2021 年营业收入首次突破 1 亿元，市场订单、营收规模、研发费用支出"三增长"，实现"十四五"良好开局。东方电气风电股份有限公司（简称"东方风电"）通过混改进一步引入外部积极股东参与公司治理，企业运行效率和质量得到明显提升，内部决策时间从 2019 年的平均 75 天缩短到 2021 年的平均 35 天；2021 年劳动生产率提升 35 个百分点，达到 46.8 万元。东方电气集团东方汽轮机有限公司通过与 1 家产业转型方向和企业战略规划相符合的战略投资者合资新设混改企业，实现了低效铸锻产业退出及转型升级，2021 年全员劳动生产率较混改前提高 1.6 倍，人均收入提升 40%。

二、典型经验做法

（一）坚持党的领导，在混改过程中严格落实党建"四同步"，实现"三个全覆盖"

东方电气集团坚决贯彻落实习近平总书记关于混合所有制改革重要指示批示精神、党中央关于混合所有制改革相关政策要求，加强对混合所有制企业的分类指导，严格落实党建"四同步"，做到标准不降、要求不变、力度不减，充分发挥党委把方向、管大局、促落实的领导作用。一是做好制度保障。制定印发《关于做好集团公司混合所有制企业党建工作的指导意见》，从"确保坚持党的领导、加强党的建设在混合所有制企业'全覆盖'""坚持加强党的建设与深化混合所有制改革同步谋划""明确党组织隶属关系""明确混合所有制企业党建工作领导和指导责任""落实党组织法定地位和作用发挥"5个方面进一步明确要求、规范行为。二是实现"三个全覆盖"。加强党的领导融入公司治理，在国有控股混改企业中实现党建入公司章程全覆盖、"双向进入、交叉任职"全覆盖、重大事项党组织前置研究全覆盖。三是强化督促指导。通过走访调研、座谈交流、列席中心组学习等各类方式加强对混改企业的督促指导，结合党建工作责任制考核、党史学习教育、全国国企党建贯彻落实情况"回头看"等工作，确保混改企业党建工作切实取得实效。

（二）坚持转换机制，推进混合所有制企业实施"三标配"，推动市场化经营

东方电气集团明确提出，国有控股混改企业必须同步推行实施"三标配"，切实转换经营机制，坚决避免"只混不改"。一是健全完善公司治理体系，依法落实董事会职权。通过合资协议、公司章程等明确各股东方及企业各治理主体的权责边界，按照集团公司《对部分改革试点示范及产业平台型企业进一步授权放权方案》《关于落实子企业董事会职权工作方案》，依法落实混改企业董事会六大职权。二是保障经理层自主经营权，实施经理层职业经理人制度。根据企业实际情况，在落实董事会各项职权的基础上向经理层授权放权。在东方风电、东方氢能等混改企业经理层全面推行职业经理人制度，畅通现有管理人员和职业经理人的转换通道，共选聘职业经理人11人，有效激发经理层成员活力。三是完善市场化经营机制，推行市场化选人用人制度。实施"两个合同"管理，严格落实岗位考核强制分布、不胜任调整退出，全面推行用工市场化；按照"一适应、两挂钩"要求，实施混改企业工资总额备案制管理，对核心研发、技术团队及骨干人员薪酬实施差异化管理。

（三）坚持分类管控，探索建立相对控股企业管控模式，由"行政审批"到"行权治理"转变

为进一步提升混改企业治理效能，东方电气集团在严格遵守国务院国资委国资监管要求的基础上，推动对混改企业差异化管控落实落地。一是修订完善《母子公司主要决策事项权责划分管理规定》。确定母子公司权责划分清单，对不同股权结构、功能定位、经营规模子企业形

成差异化管控模式，实现授放权与过程控制"双加强"。二是制定《相对控股子公司公司治理工作指引》。按照"以公司章程为基础、以三个清单（管控清单、监督清单、报告清单）为抓手"的治理思路，通过选任党委领导、委派董监事和选聘高管人员，促进相对控股子公司形成"权责法定、权责透明、协调运转、有效制衡"的治理机制。通过实施《相对控股子公司公司治理工作指引》，进一步支持混改企业董事会依法依规行权履职，维护企业自主经营权。

（四）坚持依法合规，强化"三个监督"，确保国有资产不流失

东方电气集团始终依法合规开展混合所有制改革，加强制度建设，提升监督实效，维护国有资产安全效益，切实防止国有资产流失。一是强化业务监督，规范操作流程。集团总部各职能部门按照职责分工，从深化改革、投资规划、财务管理等方面，对混改可行性研究报告、混改方案、资产评估报告等进行审核并出具专业审核意见；制定发布《集团公司所属混合所有制企业实施员工持股操作指引（试行）》，进一步规范混改企业实施员工持股操作流程。二是强化职工监督，维护职工合法权益。对混改过程中推进职工安置、实施员工持股等与职工利益密切相关的事项，提前做好相关人员思想工作，充分保障职工的知情权、表达权、参与权和监督权，严格执行有关法律法规，认真履行民主程序，妥善处理职工劳动关系，自愿参与员工持股，切实维护职工合法权益，平稳推进混合所有制改革。三是强化审计监督，实施全过程监督。制定发布《集团公司所属企业混合所有制改革全过程监督指引（试行）》，对前期可行性研究、履行决策审批程序、开展审计评估、引进非公有资本投资者、推进企业运营机制改革等混改各个环节严格实施监督，严防暗箱操作、利益输送，杜绝国有资产流失。

（五）坚持稳妥推进，在"三新一充分一退出"领域合理选择混改对象，做到"五个明确"

东方电气集团严格按照"三因三宜三不"原则，建立了选择混改对象的工作体系，确保所选混改对象具备实施条件。一是明确混改范围。东方电气集团认真贯彻落实改革三年行动中关于分层分类开展混合所有制改革的工作要求，在"三新一充分一退出"范围内积极稳妥推进混合所有制改革。二是明确评估体系。集团公司深改办从必要性和可行性两个方面，建立了"三个有利于、集团战略、业务特征、治理结构、运营机制、财务状况、企业文化、核心团队"等八个维度的评估体系。三是明确混改清单。从企业和业务两个层面进行系统梳理，提出混改建议清单。对纳入清单的企业或业务，重点关注、指导并协同制订混改初步预案，推进多渠道进行意向投资者遴选，条件成熟一家则启动实施一家。四是明确混改路径。对于具有独立盈利能力的混改对象，既可直接以业务及相关资产和人员整体出资，引入战略投资者，共同合资新设混合所有制公司；亦可先设立全资子公司，再引入战略投资者以混改方式组建混合所有制公司。五是明确动态调整机制。集团所属企业可根据自身实际情况及业务发展需要提出推进混改的建议，同时，集团深改办将定期开展评估，将符合要求、具备条件的企业和业务纳入混改清单。

三、对混改的认识

混合所有制改革要选择改革意愿强烈的混改对象。在选择混改对象时，除综合考虑企业特点、战略定位、发展阶段、所处产业特性等客观因素外，还应着重考察该企业是否具有强烈的改革意愿。只有企业自身改革决心坚定、引战目标明确、混改路径清晰、配套举措到位，混改才能扎实推进、真正见效。

混合所有制改革要遴选高匹配度的外部投资者。通过引入高匹配度的外部投资者，与战略协同、资源赋能的企业建立股权合作关系，既能解决企业发展资金的需求，更重要的是能够有效弥补企业自身产业链、技术、管理方面的不足，利用资本纽带为企业在市场资源获取、供应链协作及产业链整合方面提供支持与帮助，充分利用外部资源促进企业协同发展。

混合所有制改革要坚持以"混"促"改"真正助力企业发展。"混"只是手段，"改"才是目的，要以混促改真正解决阻碍企业发展的问题。企业"混"成后，更重要的是做好后续的"改"。要构建完善现代企业公司治理体系，提升企业治理效能；加强制度体系建设，规范企业运作流程；建立市场化经营机制，充分激发干部员工队伍活力。通过混改，既要发挥好国有企业的战略优势、平台优势，又要发挥好民营资本灵活高效的机制优势，实现优势叠加，从而促进企业更好地适应市场化竞争。

第九章　宝武集团：专业化精准化整合打造世界一流钢铁企业

中国宝武钢铁集团有限公司（简称"中国宝武"），紧扣服务国家战略部署，持续通过联合重组和资本运作等方式，整合地方国有企业加快钢铁产业全国布局，推进钢铁主业整合融合和产品结构布局，组建专业化公司和平台，实施高质量钢铁生态圈布局，形成"一企一业、一业一企"业务布局，深化内部管理体制机制改革，加快从钢铁产业集团向国有资本投资公司转型，对集团范围内同类业务单元实行业务、资产、人员等的整合融合，最终实现一体化高效运作的一整套管理体系，促进中国钢铁产业竞争力提升，助推中国宝武做强做优做大，成功转型为国有资本投资公司。

一、总体情况

中国宝武混合所有制改革主要集中在新材料、节能环保、供应链服务、矿业资源等钢铁主业延伸的产业领域，立足于"提供钢铁及先进材料综合解决方案和产业生态圈服务的高科技企业"的战略定位，推行建立国有资本投资公司三层管理架构，下属相关多元产业积极通过实行"一总部多基地"的产业布局，以专业化和精准化整合为主要方式推进混合所有制改革。一是集团形成了子公司混改及年度重点推进项目计划，制定了《混合所有制改革工作推进实施办法》《混合所有制企业员工持股实施细则》等配套制度，进一步明确管理责任、细化操作规范、完善工作机制。二是设立全面深化改革工作办公室负责落实国家关于国企改革的总体部署，指定资本运营部作为混改常态化推进管理责任单位，负责落实中国宝武混改总体工作的日常推进，相关业务中心负责具体混改项目推进实施。三是结合企业不同功能定位，有序推进子企业通过投资新设、投资并购、增资引入非公有资本等方式开展混合所有制改革，大力推进子企业上市。中国宝武通过混合所有制改革在促进产业发展、提升国有资本影响力和企业价值方面取得较为明显的效果。截至 2022 年 3 月 31 日，中国宝武下属子企业共实施混合所有制改革项目62 个，引入非公有资本约 67 亿元，其中近 3 年共实施混合所有制改革项目 29 个，引入非公有资本约 32 亿元。

二、主要创新和做法

一是围绕整合战略建立"一总部、多基地"管控模式。2017 年确定首轮战略规划以来，中国宝武提出"全球引领者""钢铁生态圈""一基五元"等核心战略思路，发挥钢铁行业规模经济优势，实现亿吨生产规模，这就有必要整合行业资源，推动横向重组合并。"一总部、多基地"的基本管控模式，理念价值是无论哪个地方的钢铁企业，无论原先规模多大，整合进来后，都是在集团总部统一领导控制下，形成以自身特点为基础的生产运行基地，纳入中国宝武整体版图。

二是结合业务发展布局定制差异化混改实施路径。根据行业和产业现状、集团内业务整合需要、业务发展布局计划等实际情况，进一步制定具体的实施路径、股权结构设计、战略投资者选择标准以及潜在风险的应对措施。依据战略定位精准设计合理股权结构。在制定具体混改实施路径时，进一步考虑企业在集团的战略定位、引入资源属性、公司治理优化、资本运作规律等多方因素，对股权结构做总体设计。一般公司在发展早期，对资金、资源的需求都最为迫切，但越是在早期，公司估值较低时，越要谨慎释放股权比例，重要子企业释放股比需保证大股东的绝对控制权和未来进一步进行资本运作的空间。同时也要精确设计单一战略投资者的持股比例，对于与公司高匹配、高协同的战略投资者，给予相对较高的股比，确保其能够积极参与公司治理。

三是实施"一企一业、一业一企"业务整合模式。中国宝武经过多年的混改实践探索，形成了从联合到整合再到融合的一套成熟做法，通过"合并同类项"，彻底解决了"联而不整，整而不合"的顽疾。以钢铁业为基，先材业、智慧业、资环业、园区业、产融业等相关产业协同发展，把原先在一些钢铁企业内部交叉重复的业务，按要求分别归拢合并到不同的产业板块当中。例如，2021 年 1 月，太钢集团与中国宝武联合重组，重组后太钢集团的定位是巩固太钢集团全球不锈钢领军企业地位，在此定位下，中国宝武将旗下核心不锈钢资产宝钢德盛和宁波宝新委托太钢集团管理。同时，太钢集团决定将旗下固废利用、智能运维、产业园区、财务公司等资产交由中国宝武旗下宝武环科、宝武智维、宝地资产、财务公司等专业化平台公司管理。

四是产业发展模式创新不断扩大品牌影响力。混合所有制改革促进混改企业加快高性能产品研发、新技术应用和商业模式创新，提升核心竞争力。例如欧冶云商推进产能预售、"产能预售＋n"、直营店铺等创新交易模式的拓展，帮助钢厂提升营销效率，满足中小用户的个性化需求，同时深化大宗商品智慧物流服务平台建设，促进物流全程数字化、可视化、智能化，助力精准交付，在商务部发布的《关于全国供应链创新与应用试点城市和企业评审结果的公示》中，欧冶云商是唯一入选全国供应链创新与应用试点企业的钢铁产业互联网平台；宝武碳业碳基新材料创新能力不断提升，产业转型已具成效，其中 25K 大丝束碳纤维产品摘得工信部"第六批制造业单项冠军产品"；宝武特冶成立"商飞商发专项推进工作组"，推广民用航空材料应用，推进高精度高性能锻件合作研发和民航体系认证及产品交付，践行"大国重器"保供使命。

三、对混改理论及实践的体会及建议

一是强化战略引领，根据自身特点设计资本运作的规划。战略规划是既定目标，混改是实施路径之一。在公司的总体规划中，要提前在业务方向和操作时间上，打好符合公司战略、资本与业务相配合的"组合拳"，实现"两条腿"走路。混合所有制改革工作是一项系统性工程，内部涉及股东、高管和全体员工，外部涉及监管机构、外部投资者、中介机构、产权交易场所以及相关媒体。过程中必须做好全面、充分的沟通，争取得到最广泛的理解和支持。同时，必须要有"战战兢兢、如履薄冰"的意识，充分掌握并满足每一个利益相关方的诉求，做好"度"的把握。要避免因为外部股东期待和要求过高，混改等资本运作速度过快，导致"揠苗助长"；或是资本运作滞后于业务提升速度，不能及时引入业务发展所需资源和能力，影响和制约公司发展。在投资者的选择方面必须慎重。好的战略投资者能够理解企业业务、当前发展阶段和长期战略使命，从资源、智力、治理、能力等多方面支持企业发展。而不适合企业的投资者，对行业和企业理解度不够，或自身资源、能力不足，对企业发展不能带来有效帮助，在极端情况下甚至可能会使企业承受巨大损失。

二是尊重资本市场规律，提升资本运作能力。一般企业对资本市场较为陌生，资本市场也希望通过各种渠道加深对企业的理解，因此拟混改企业需要用市场化的方式与资本沟通。例如通过聘请财务顾问、开展尽职调查、撰写路演材料等方式，帮助财务投资者及非本行业的产业投资者更好地理解公司价值，并通过搭建估值模型、合理设置法律文件条款等资本市场通用方式，更好地维护公司利益，体现公司价值。同时，资本运作属于顶层设计，企业必须高度重视知识学习和能力建设，不可全部依赖外部机构做决定。如因资本运作能力不足，造成股权设置不合理、股权结构不稳定、引入不适当的投资者，或是在法律条款设计中存在疏漏、在交易执行过程中存在不合规，都会给企业留下股权瑕疵或长期隐患，带来长期深远的不利影响。据国资监管要求及公司发行证券并上市的审查要求，历史沿革中的股本变动情况均属于重点监督和核查内容。在增资过程中，要避免因为流程不合规，带来投资者入选不公平、不合理或存在利益输送等潜在隐患。特别要注意的是，供应商或客户入股，要更加关注遴选标准的公平性和操作流程的合法合规，要绝对避免入股前后与供应商、客户的定价方式发生变化，形成潜在利益输送。

三是重视治理体系的进一步优化，持续配套合理的激励机制。公司股权多元化是深化混改的基础，关键在于优化公司治理体制，配套员工激励机制，更好地发挥出混改效果。一方面要充分发挥党委领导作用、董事会决策作用、经理层经营管理作用，实现各治理主体各司其职、各负其责、协调运转、有效制衡。例如在董事会建设上，要优化董事会结构，提升外部董事占比，充分发挥小股东治理作用和独立董事监督作用。另一方面要进一步活化公司经营机制，深化推进劳动、人事、分配三项制度改革，通过完善市场化薪酬分配机制以及灵活开展中长期激励，建立更加灵活高效和市场化的经营机制，充分激发员工创新创业创造激情。

四是根据公司发展诉求，设计混合所有制改革引战比例。混改"宜控则控""宜参则参"，

企业根据外部市场情况及内部发展阶段，选择合适的引战比例，可"小步快跑"，也可"大刀阔斧"。首次开展混合所有制改革时公司估值一般相对较低，不宜在此阶段大幅稀释控股股东股比，可分多个阶段稳步引战。在公司股权结构稳定、估值较高时，可以考虑释放更多比例的股权，进一步引入发展所需资源，完善公司治理结构。

五是要有一个团结的核心管理团队，团队成员互相补位。深化混合所有制改革是一项系统性工程。党的十八大报告指出，国有企业改革已进入"攻坚期"与"深水区"，企业在不断推动深化混合所有制改革的过程中将遇到各种各样的困难和挑战。企业核心管理团队必须清醒地认识到改革的复杂性，提高政治站位，有担当、有全局观，充分把握事物发展的趋势和方向，坚定不移地推动改革工作。同时，企业"一把手"要保持战略定力，掌好舵、把好关，引领改革事业稳步前行。

六是集团层面建立机制，有效支撑有序推进。在混改试点基础上，稳妥有序推进国有企业混改，集团层面应建立常态化推进的工作体系和机制。一是整体评估，统筹策划总体工作。由集团统筹，建章立制，明确混改总体目标，建立工作体系和机制，组织子企业以战略规划为引领，分业务类型和发展需求梳理混改总体思路形成混改计划，确定重点工作方向和对象，制订工作计划，保证集团和子企业目标一致，合力推进。二是搭建平台，加大专业支持和引资宣传力度。发挥集团影响力优势，以优质项目为基础，借助券商、银行、交易机构等中介力量，先期介入，帮助子企业研究策划混改思路和方案，多渠道宣传，扩大混改项目社会认知度，组织意向投资者与混改企业对接，助力企业优先引入有协同效应的产业投资者和战略投资者。三是"一企一策"分阶段实施。企业混改根据自身产业发展阶段实施，可采取直接 IPO 上市、重组上市、先开展一轮或二轮混改引资培育产业再推进上市等多种路径实施，保证资本运作方式和路径适应产业培育、发展相应阶段，有序稳妥落实集团资本配置和子企业资产经营总体目标。

七是混合所有制改革常态化，并保持政策延续性。混合所有制改革是国有资本放大功能、激发企业活力、提高国有企业影响力和企业价值、提高国有资本抗风险能力的方式之一，是国有企业实现战略目标的途径之一。混改的方式多样，混改企业也可通过分次逐步深入混改实现产业扩张和升级，分步落实国有企业战略。因此，混改作为国有资本运作的一种方式有必要保持其政策延续性，激发企业持续保持活力，实现国有资本保值增值。

八是鼓励和支持非上市混改企业资本化证券化。混合所有制企业是否实现混改目标，是否通过引入新资源、新机制提升企业价值和抗风险能力，通过实现资本化证券化能够更为直观和客观地获得结论，混改企业能够经受公众考验在资本市场立足一定程度上能够代表混改成效。因此，在加强对核心持股人员的激励、约束、评价的基础上，有必要大力推进非上市混改企业资本化证券化，进一步成为公众公司和真正市场化经济主体。

第十章　中粮集团：混改助力打造国际一流大粮商

作为集农产品贸易、物流、加工和粮油食品生产销售于一体的国际化大粮商，中粮集团有限公司（简称"中粮集团"）坚持以习近平新时代中国特色社会主义思想为指导，积极贯彻落实党中央、国务院关于深化国有企业改革、发展混合所有制经济的重要决策部署，深入贯彻落实习近平总书记关于保障国家粮食安全和国有企业改革重要指示批示精神，按照完善治理、强化激励、突出主业、提高效率的要求，规范有序发展混合所有制经济，把推进混合所有制改革作为打造国际一流大粮商的重要路径。坚持加强党的领导和完善公司治理有机结合，不断放大国有资本功能，提高国有资本配置和运营效率，连续多年实现经营业绩大幅提升，混合所有制改革取得显著成效。

一、中粮集团混合所有制改革整体推进情况

2014 年 7 月，中粮集团成为首批国有资本投资公司改革试点企业。2016 年 7 月，中粮集团改革方案发布，集团设立 17 家专业化公司，推动其从业务管理专业化向资产运营专业化转变，把专业化公司打造成"产供销一体化、人财物一体化、资产与管理一体化"的独立承担法人主体责任的二级单位。在此基础上，中粮集团以推动高质量发展和确保国有资本保值增值为核心任务，积极稳妥、分类分层地推进专业化公司混合所有制改革与实现股权多元化。2017 年 4 月，中粮资本获批成为国家发展改革委第二批混改试点企业。2019 年 5 月，中粮酒业和大悦城控股被纳入国家发展改革委混改第四批试点企业。

目前，中粮集团所属 17 家专业化公司中，已有 14 家通过不同形式引入外部资本完成混合所有制改革或实现股权多元化，通过混合所有制改革实现引入约 330 亿元外部资本、9 亿元员工出资，放大了国有资本，完善了公司治理结构。2021 年，中粮集团实现营收 6693 亿元、利润总额 238 亿元，再度超同期、超历史、超预算、超预期，在世界 500 强中的排名提升至 112 位，在入选榜单的全球粮食企业中位居首位，实现"十四五"良好开局。

二、扎实推进混合所有制改革的主要做法

（一）因企施策充分放大国有资本功能

中粮集团旗下大部分产业均面临完全竞争的市场格局，既要与体制灵活的本土民营企业竞争，还要与实力雄厚的国际巨头对抗。以混改作为突破口，中粮集团有计划有步骤地在专业化公司层面实施混合所有制改革，将其打造成为自主经营、自负盈亏、自担风险的市场竞争主体。中粮集团始终坚持"三因三宜三不"原则，针对所属企业战略目标、业务特点和经营模式，制定个性化改革方案，合理确定股权比例和融资模式。对于涉及国家粮食安全的粮油糖棉核心主业，集团保持绝对控股；对于非核心主业，适度降低国有资本持股比例，引入社会资本共谋发展，提升产业竞争力。例如，中粮科技将分散在中粮科技和中国粮油两家上市公司资产进行整合，统一至中粮科技上市公司，通过实施资产重组，提升了中粮集团对上市公司的控制力，持股比例由 15.76% 提升至 55.49%，同时通过提升中粮集团玉米深加工业务的市场地位和行业竞争力，为国有股东所持权益创造了更大增值空间。

（二）科学遴选外部投资者优化完善公司治理结构

中粮集团高度重视外部投资者甄选，综合考量战略协同、优势互补、财务实力、品牌影响力等各项因素，明确投资者选择标准，引入高匹配度、高认同感、高协同性的战略投资者参与公司混改。中粮资本打破传统的投资者对挂牌标的尽调的惯例，主动考察有意向的潜在投资者，首先洽谈未来业务合作可能性与协同性，交流公司治理经验以及未来业务发展方向等，寻找真正对公司发展有积极影响的战略投资者。最终择优引进了温氏投资等不同领域排名靠前或有独特优势的 7 家战略投资者。

持续完善混改企业的法人治理结构，把加强党的领导和完善公司治理相统一，充分发挥党组领导核心作用、董事会决策作用、监事会监督作用、经理层经营管理作用，实现规范的公司治理，同时积极推动专业化公司加强董事会建设，强化出资者职责。中国茶叶混改后，建立了以党委会为前置审批机构、以董事会为决策主体、以总经理办公会为经营主体的现代企业法人治理结构。7 名董事中，中粮集团委派董事 3 人、战略投资方委派董事 3 人、员工董事 1 人。多元化的董事结构，既体现了党领导下的国有资本与非国有资本的兼容发展，也体现了员工成为企业"主人翁"的角色转变，有利于拓展专业视角、汲取多方资源进行科学决策。

（三）深入推进选人用人市场化机制改革

中粮集团从推进选人用人市场化机制改革入手，真刀真枪深入改革。制定出台推进领导人员能上能下、任期目标责任制、职业经理人管理等"7+1"制度体系，使"能上能下、能进能出、能增能减"成为常态，中粮没有"铁饭碗"、坚决不搞"高级大锅饭"成为铁规和共识。

中粮集团对所有领导人员全面实施任期制和契约化管理，统一签订任期目标责任书，立下

军令状、明确责权利，真正树立起"有为才有位"的鲜明导向，实现对各级领导班子全覆盖。探索在非绝对控股企业或非核心主业推行职业经理人制度，先后对混合所有制企业蒙牛乳业、中国茶叶等单位总经理岗位开展市场化选聘，对标市场制定业绩指标，按照市场标准核定薪酬待遇，坚持能者上、庸者下，真正做到"不兜底"，打破国企干部"终身制"，强化了全体经理人的市场意识和契约意识，进一步激发了广大干部员工的积极性、主动性和创造性，对完善公司法人治理结构、推进现代企业制度建设起到了积极作用。

（四）灵活开展多种方式的中长期激励

集团根据实际情况，统筹运用各类中长期激励政策。持续推动上市公司开展股权激励计划，已有 5 家上市公司实施了股权激励计划。2016—2018 年，集团探索实施超额利润分享机制，激励各公司努力提升经营业绩，先后有 14 家企业获得超额利润分享奖励，集团整体经营业绩也实现了大幅提升。2019 年开始，中粮在业务模式清晰、管控关系明确、发展目标具有挑战性的 10 家专业化公司试点实施 3 年任期激励，其中 8 家为混合所有制企业，构建起年度考核与任期考核相结合、短期激励与中长期激励相结合、高目标与强约束相结合的新型考核激励机制。同时，统筹运用各类中长期激励政策，有 3 家上市公司正在实施股票期权和限制性股票激励，4 家专业化公司开展员工持股，共涉及关键岗位领导人员和骨干员工 1300 余人，通过风险共担、收益共享，有效激发了团队干事创业的动力。

（五）加强监督防止国有资产流失

根据国资监管相关规定，中粮集团制定出台了混合所有制改革、员工持股以及上市公司国有股权变动监督管理等一系列制度，建立完善的混合所有制改革制度体系，做到"立项把关、方案把关、投资人遴选把关"，严格履行审批程序，规范操作流程，依法依规推动混改方案实施，确保公开透明。通过重新论证混改的必要性和合理性，集团果断暂停番茄混改项目。同时，充分发挥集团外部董事以及集团纪检监察、巡视巡察、审计、财务、风控等内外部监督力量作用，对决策审批、审计评估、产权交易、职工安置等重点环节加强监督，充分发挥事前、事中和事后的全过程监督功能，建立监督问责机制，有效防止国有资产流失。

三、中粮集团混改的主要经验与成效

（一）始终坚持党的领导，持续加强党的建设

中粮集团坚持把政治建设摆在首位，为混合所有制企业发展增强向心力。把学习贯彻习近平总书记重要指示批示精神和党中央重大决策部署作为首要政治任务，推动各级党组织成为宣传党的主张、贯彻党的决定、团结动员群众、推动改革发展的坚强战斗堡垒，自觉听党

话、跟党走，不断增强"四个意识"，坚定"四个自信"，做到"两个维护"。中粮国际认真贯彻落实习近平总书记关于"把中国人的饭碗牢牢端在自己手中"的重要指示精神，不断加强海外粮源掌控能力。蒙牛乳业认真贯彻落实习近平总书记在视察蒙牛时提出的"奶以安为要"的重要指示精神，全面推进高质量发展，助力国家奶业振兴。中粮可口可乐积极投身脱贫攻坚，帮助四川省石渠县实现脱贫摘帽。

中粮集团坚持将加强党的建设与深化混合所有制改革同步谋划，为混合所有制企业发展增强组织力。在引入战略合作者时，把同步建立党的组织、开展党的工作作为必要前提，推动党的建设与企业改革在体制机制、章程制定、工作实践上有效对接，全面落实"四同步""四对接"要求。在混改工作中，集团党组坚持把关定向，对专业化公司混改项目进行前置研究，充分讨论，做到"立项把关、方案把关、投资人遴选把关"，确保混改工作符合党的路线方针政策和国家的法律法规，符合集团战略发展要求，有利于国有资本保值增值，有利于提高业务竞争力，有利于放大国有资本功能。

（二）大力引入社会资本，放大国有资本功能

自 2014 年成为国有资本投资公司试点以来，中粮集团以混合所有制改革为突破口，有计划有步骤地在专业化公司层面实施混合所有制改革，将其打造成为自主经营、自负盈亏、自担风险的市场竞争主体。中粮集团旗下中粮国际、中粮家佳康、中国茶叶等 8 家专业化公司陆续完成混合所有制改革，引入超过 30 家市场化投资者，获得约 330 亿元外部资本及 9 亿元员工出资。截至"十三五"末，中粮集团营业收入较 2015 年增长 31%，总资产增长 46%，利润总额增长 5 倍，其中农粮核心主业利润首次突破 100 亿元，超同期、超预算、超历史，国有资本保值增值水平显著提高。

（三）构建差异化授权放权体系，探索实施"两大两小"分类管控

中粮集团持续优化管控体系，按照明确定位、放管结合、分类管理、持续优化的原则，出台总部权责清单，厘清总部和专业化公司权责边界，探索实施"两大两小"差异化管控。"两大"是将中粮集团下属 17 家专业化公司分为并表和非并表两大类，以此为基础实施分类管控；"两小"是针对并表企业中的中国茶叶、非并表企业中的蒙牛乳业实施更加灵活的管控方式。

中粮集团针对并表企业的管控事项为 167 项，针对非并表企业加大授权放权力度，明确管控原则和底线要求，架好框，划好线，管控事项为 131 项，授权非并表企业董事会对具体经营管理事项进行决策。对于并表企业中国茶叶，实施混改后中粮持股比例降为 40%，集团对其管理以并表企业管控为基础，同时在投资管理方面参照非并表企业探索实施授权试点，集团仅审批年度投资计划，具体投资项目由其董事会审批；对于董事会运作更加成熟的非并表企业蒙牛乳业，中粮集团对其管控事项精简至 78 项，通过派出董事在蒙牛董事会中发挥作用，逐步构建起差异化的管控体系。

（四）深度转换经营机制，完善公司治理结构

中粮集团持续完善混改企业的法人治理结构，把加强党的领导和完善公司治理相统一，充分发挥党组领导核心作用、董事会决策作用、监事会监督作用、经理层经营管理作用，实现规范的公司治理，增强国有经济活力、控制力、影响力和抗风险能力，实现各种所有制资本取长补短、相互促进、共同发展，夯实社会主义基本经济制度的微观基础。

中粮集团下属二级混合所有制的专业化公司均组建了外部董事占多数的多元化董事会，持股 5% 以上的战略投资者均委派董事参与公司治理。中国茶叶混改后，建立了以党委会为前置审批机构、以董事会为决策主体、以总经理办公会为经营主体的现代企业法人治理结构，9 名董事中，中粮委派 3 人、战略投资者委派 3 人、独立董事 3 人，多元化董事会结构能够拓展专业视角、汲取多方资源进行科学决策。蒙牛乳业作为国资参股的混合所有制企业，董事会由 9 名董事组成，中粮推荐及委派 3 人、民营资本委派 2 人、独立董事 4 人，中粮不参与蒙牛经营管理，仅通过股东代表及派出董事在股东会、董事会上发表意见，充分代表了大股东、战略投资者、创始团队的多方利益诉求，既体现了大股东的相对影响力和控制力，又保障了战略投资人的话语权，同时通过独立董事的专业视角，实现对企业经营管理决策的监督制衡，有效促进了国有资本和非国有资本的兼容发展。

（五）注重将混改后企业发展与员工利益绑定结合

在混改筹划及实施过程中，同步设计员工利益绑定机制，严格资产评估，明确定价机制，建立健全股权流转和退出机制，更好地激发企业内生动力。中国茶叶作为国资委首批 10 家员工持股试点企业，严格按照"与投资者同股同价""员工入股资金自筹"等要求，制定员工持股方案，根据员工岗位价值、贡献度、业绩表现等综合评价确定持股数量及比例。开展员工持股后，员工与企业成为利益共同体，在企业战略引领下团队更有凝聚力和执行力。2016—2020年，中国茶叶盈利能力持续提升，业务增速显著，营业收入由 12 亿元提升至 18.8 亿元，增幅达 57%，利润总额由 0.62 亿元增长至 3.24 亿元，增长 4.2 倍。

中粮集团以混合所有制改革为突破口推动国企改革的创新与实践取得了一系列成果和显著成效。作为粮食行业的国家队，中粮集团在几十年的发展过程中始终胸怀"国之大者"，以"忠于国计，良于民生"为社会责任理念，积极推进企业体制机制改革，在推进混改方面驶入"快车道"，在健全现代企业制度、优化资源配置、完善产业布局、创新体制机制等方面取得了积极成效。面向"十四五"，中粮集团将紧扣"市场化、国际化、防风险、高质量"这一主线，坚守初心使命，把握新机遇，迎接新挑战，求真务实，奋勇开拓，向着打造具有全球竞争力的世界一流大粮商目标坚实迈进。

第十一章　中国五矿集团：依托混改做强做优

中国五矿集团有限公司（简称"中国五矿"）深入学习领会习近平总书记关于深化国有企业改革、发展混合所有制经济的重要论述，贯彻落实国企改革三年行动方案，按照三年行动方案关于混合所有制改革的有关要求，对所出资企业混合所有制改革进行研究评估，全面梳理集团公司各级混合所有制企业情况、开展混改的主要进展及成效、存在的主要问题、推动混改的主要思路及举措、相关意见建议等，指导具备条件的企业"一企一策"研究制定方案，积极稳妥推进混合所有制改革。

总体来看，上市公司成为中国五矿实施混合所有制改革的主体。中国五矿控股上市公司8户，其中，国有股东及一致行动人持股比例高于50%的上市公司户数4户；上市公司资产总额占中国五矿资产总额比重超过80%，实现了绝大部分资产及业务的混改。从混改企业户数看，按照"法人式"口径统计，集团公司所属各级混合所有制企业119户，占比为16.0%。从非公有资本的参与度看，非国有资本持股比例合计超过1/3的混合所有制企业户数52户，占比47.9%；有非国有资本派出董事的混合所有制企业户数85户，占比75.6%，非公有资本参与公司治理程度较高。

一、混合所有制改革工作组织情况

（一）成立专项工作小组

为加强对混合所有制改革工作的组织领导，中国五矿在集团全面深化改革领导小组下专门设置了混合所有制改革专项工作小组，由集团公司党组成员、副总经理、总会计师刘才明任组长，成员包括纪检监察组、战略发展部、企业管理部（深改办）、财务总部、党组组织部、资本运营部、党群工作部、法律部。专项工作小组在集团层面加强对混改工作的顶层设计，统筹协调混改推进过程中的重大问题或事项，指导和审核子企业混改总体方案。

（二）研究出台改革政策

鉴于混合所有制改革是一项政策性强、复杂性高的综合性改革工作，中国五矿积极学习借鉴外部混改先进企业的经验，并按照国家政策要求、结合内部实际，研究制定《中国五矿集团有限公司关于所出资企业实施混合所有制改革的意见》《中国五矿集团有限公司员工持股试点工作指引》，对子公司开展混合所有制改革以及员工持股工作进行指导和规范。

（三）加强混改顶层设计

2020 年，中国五矿进一步加强改革顶层设计，总体谋划未来三年改革的前进方向、实施路径和落地举措，按照国企改革三年行动方案有关精神，制定集团改革三年行动实施方案（2020—2022 年），将深化混合所有制改革列为八大重点任务领域之一，对推进混改工作进行再设计、再部署。

中国五矿以资产结构适合、人才队伍适合、产业组合适合、治理结构适合、体制机制适合作为基础条件，积极稳妥分层分类推动具备条件的子企业实施混合所有制改革。将集团管理的二、三级企业作为重点，以资产上市为主要途径，尽量在高层级企业实现混改，涵盖更大资产规模、更多企业数量，不搞层层"混"、个个"混"。鼓励经营困难企业和新设企业，通过混改切实推动企业脱困、激发活力，支持新企业建立新体制新机制。对投资者遴选、资产评估、交易定价、审批决策、职工安置等相关环节加强监督，发挥内外部监督力量合力，切实防止国有资产流失。

按照"完善治理、强化激励、突出主业、提高效率"的总要求，以推进混合所有制企业切实转换经营机制为重点，持续加大工作力度。推动混合所有制子企业的国有股东与其他股东在充分协商的基础上，依法制定修订公司章程，切实维护国有股东合法权利。进一步引入市场化机制，将规范法人治理结构、落实董事会职权、建立职业经理人制度、构建市场化选人用人机制、健全市场化薪酬分配机制、完善市场化劳动用工机制、加强混改企业党的建设等工作打出混改"组合拳"。

二、混合所有制改革主要进展及成效

中国五矿持续推进混合所有制改革，一方面，积极推动符合条件的子企业实施混合所有制改革，成熟一家推进一家；另一方面，推动已完成股权层面改革的企业在改体制改机制上下功夫，以资本的混合促进公司治理体制和经营机制的改革。主要改革实践进展及成效如下：

一是推动优质资产上市。2016 年 12 月，中国五矿控股上市公司金瑞新材料科技股份有限公司重大资产重组获得中国证监会审核通过，中国五矿向金瑞科技注入 178 亿元金融资产，同时引入中海集运、中建资本、中国平安等实力雄厚的十大战略投资者，并配套募资 150 亿元，搭建起"金融控股＋产业直投"的全新架构。2021 年 8 月，中国五矿推动所属新能源正极材料企业湖南长远锂科股份有限公司（简称"长远锂科"）在科创板首发上市，开盘当日即受到资金追捧，收盘报价较发行价上涨 310%，极大地实现了国有资产的保值增值。

二是积极争取国有企业混合所有制改革试点。根据党中央、国务院关于国有企业混合所有制改革试点工作的决策部署，中国五矿积极向国家发展改革委、国资委申请将长远锂科、中冶城市投资控股有限公司（简称"中冶城投"）列为混合所有制改革试点，两家企业成功入选试点企业名单。长远锂科按照"三步走"的总体思路推进综合改革，2018 年、2019 年、2021 年相继完成了混改引战、员工持股和科创板上市工作。中冶城投于 2019 年完成股权层面的混合，实现当年改革、当年运行、当年见效。2020 年，公司深入推进公司治理架构的优化和市场化机制的完善，围绕投融建、市政基础设施、高端房建三大核心主业开展市场营销，2020 年新签合同额达 55 亿元，同比增长 96%，改革成效逐步显现。2021 年，中冶城投实现营业收入 18 亿元，利润总额 5000 万元，持续保持高质量稳定增长的良好态势。

三是积极推进上市公司"二次混改"。中国五矿所属上市公司中钨高新是集团钨产业的管控平台，拥有集矿山、冶炼、硬质合金及工具为一体的金属钨全产业链，2018 年入选国企改革"双百行动"。为进一步做强上市公司平台提高规范运作水平，2020 年中国五矿推动中钨高新"二次混改"，引入国家军民融合产业基金、国新"双百"基金等国家级产业投资机构，以及湖南和山东等地方国资产业投资机构，为公司业务发展募集资金 8.88 亿元（其中非国有资本 4.2 亿元），优化了上市公司股东结构，盘活了存量股权。

中国五矿积极发挥五矿资源上市公司平台作用，抓住有利交易窗口，有效规避了后市因秘鲁大选、国内政策调控等因素对股价带来的不确定性，2021 年以每股 4.15 港币的价格发行新股 5.65 亿股，实现融资 3.02 亿美元，为公司成功引入了多家优质战略投资者，改善了公司资产负债表，提升了股票流通性，为集团公司和五矿资源后续快速发展以及"十四五"战略目标的实现奠定坚实基础。

四是推动区域公司因地制宜实施混合所有制改革。中国五矿所属工程建设业务区域属性强，为更好更快地融入当地市场，加强与有较强市场开拓能力和资源优势的地方国有、民营企业合作，增强区域公司的活力和影响力，中国五矿积极推动下属区域公司中冶城投、中冶云南、中冶福建的混合所有制改革，形成可复制可推广的经验。以中冶福建混改为例，2021 年 1 月，中国五矿所属中国冶金科工股份有限公司（简称"中国中冶"）与厦门恒盛顺弘投资有限公司（简称"厦门恒盛"）对厦门恒盛全资子公司埌乾（厦门）建设工程有限公司进行增资扩股，并将其更名为"中冶福建投资建设有限公司"，新公司注册资本 10 亿元，中国中冶持股 60%，厦门恒盛持股 40%。通过借助民营合作方的投资管理经验、当地社会资源、市场运作能力、工程资质等优势助力合资公司在区域内落地生根、迅速发展，更好地实现公司区域战略布局。

五是借力混改推动资源整合布局优化。中国五矿立足做强核心优势产业，积极与中央企业、地方资源大省谋划战略合作，成立资源平台中国五矿集团（黑龙江）石墨产业有限公司，成功获取世界储量第一的石墨资源并成功运营。在此基础上，2020 年合资成立萝北县云山龙兴石墨开发有限公司，注册资本 10 亿元，引入民营资本 2.23 亿元，借助混改对鹤岗地区石墨矿资源实施区域整合，提升了鹤岗石墨资源开采的集约化和规模化水平，增强了国家战略性石墨资源的保障能力。

六是在科技型企业探索混合所有制改革。为推动科技型企业体制机制创新改革，吸引保留核心人才和骨干员工，中国五矿在科技型企业探索混改和员工持股试点工作。2015 年批准所属长沙矿冶院以热工装备组为基础开展员工持股试点。2015 年 2 月，金炉科技公司注册成立，注册资本 500 万元，由长沙矿冶院占股 60%，炉窑公司热工装备组 17 名核心技术人员占股 40%。试点以来，金炉科技经营业绩快速增长，营业收入、净利润、净资产从 2015 年的 1028 万元、42 万元、543 万元提高到 2021 年的 2.09 亿元、2750 万元、10048 万元，分别增长了 20 倍、65 倍和 18 倍。

中冶赛迪信息公司为人才要素贡献占比较高的科技型企业，定位在智能制造和信息化行业，面对激烈的竞争环境和人才流失的双重压力，急需建立更加灵活的经营机制。2020 年，中国五矿积极推进赛迪信息混改和员工持股试点工作，以增资扩股的方式拿出 15% 股权引入外部投资者，同步实施骨干员工持股 27%，合计引入增量资金约 10065 万元。引入投资者包括清控银杏、双百基金、建龙集团、永锋集团等，通过借助合作方在技术、资源和管理上形成互补、协同和放大效应，促进公司市场化经营机制改革，同时开展员工持股使得员工利益和公司利益绑定在一起，实现了风险共担、利益共享。

第十二章　国家开发投资集团：以差异化管理 践行国有资本投资公司使命

作为首批国有资本投资公司改革试点，国家开发投资集团有限公司(简称"国投")遵循"三因三宜三不"原则，坚持市场改革方向，重"混"，更重"改"，率先探索建立适应混合所有制企业特点的差异化管控模式，促进国有资本和民营资本优势互补、互利共赢，切实提升了企业活力和竞争力。

一、企业历史沿革

国投成立于1995年，是中央直接管理的国有重要骨干企业，是中国最早设立的综合性国有资本投资公司。2014年7月，国投被确定为首批国有资本投资公司改革试点，2022年6月正式转为国有资本投资公司。国投注册资本338亿元，截至2021年底，集团资产总额7664亿元，员工约5万人。国投自成立以来，始终坚持服务国家战略，优化国有资本布局，提升产业竞争力，在重要行业和关键领域发挥国有资本的引领和带动作用，实现国有资产保值增值。经过不断创新探索和结构调整，国投在国内、国外两个市场形成了基础产业、战略性新兴产业、金融及服务业三大战略业务单元。2021年，集团实现营业总收入1945亿元，利润总额461亿元，连续18年在国务院国资委经营业绩考核中荣获A级，连续6个任期获得业绩优秀企业。

二、企业混改总体情况

国投按照完善治理、强化激励、突出主业、提高效率的要求，坚持"三因三宜三不"原则，在混合所有制改革方面大胆探索。党的十八大以来，国投共有58户企业完成混合所有制改革，引入资金额617亿元；上述企业的资产总额为3025亿元，营业收入合计586亿元，净利润合计66亿元。截至2021年底，国投合并报表范围内的474户企业中，按"资本层面"完成混改的企业户数321户，占比为68%；按"单户层面"完成混改的企业户数85户，占比为18%。

国投将放大国有资本功能、实现国有资产保值增值、提高企业竞争力、激发企业活力作为工作目标，以"混"促"改"，以"改"优结构、激活力、谋发展。如国投所属国投高新将股权多元化作为推进综合改革的"牛鼻子"，于 2019 年 12 月成功引入 4 家战略投资者，募集资金 54.67 亿元；积极通过并购等方式与多元社会资本形成紧密合作，控股收购波林股份、神州高铁等民营企业，增资赋能但不谋求绝对控股，进一步增强国有资本的影响力和带动力；以引导基金放大社会资本，打造出若干条连接政府战略意图和市场资源配置的资本纽带，在引导重大科技成果转化、实现关键核心技术突破等方面展现出国有资本应有的引领带动作用。

国投以混改为契机，在选人用人制度上，逐步形成市场化用人导向；在已完成混改的企业中，积极推进经理层成员任期制和契约化管理、职业经理人等制度落地，完善管理人员选用和退出机制，实现"能者上、庸者下、平者让"。截至目前，国投聘任的 130 名职业经理人中，90% 以上在混合所有制企业。推动所属混合所有制企业建立多元化、系统性、多层次的中长期激励体系。国投具备条件开展中长期激励的企业中，92% 为混合所有制企业，已实施中长期激励的达 89%。其中，北京同益中开展混合所有制改革，并同步开展国有科技型企业股权激励；电子工程院开展混合所有制改革，并同步开展国有混合所有制企业员工持股。

三、典型经验做法

（一）通过控股民营企业"混资本"，推动国有资本布局优化和结构调整

一是以优化布局、产业引领为宗旨，积极稳妥推进混改。国投始终坚持服务国家战略，践行产业培育使命，将有限的资源更多投入到战略性新兴产业，努力培育若干有竞争优势、有核心技术、有市场影响力的"专精特新""隐形冠军"企业，助力攻克"卡脖子"关键核心技术。近年来，通过混改国投控股收购了中国水环境集团、神州高铁、波林股份、美亚柏科、西安鑫垚等一批行业龙头企业，实现了国有资本在先进制造、新材料、智能科技等战略性新兴产业的快速布局。二是以优化治理、有效制衡为核心，合理设计混改方案。国投在混改过程中科学设置股权结构，让战略投资者在股权结构上有分量、在治理结构上有话语权，发挥积极股东作用。截至 2020 年底，在所属混合所有制企业中，非国有股东持股比例超过 1/3 的企业户数占比 56.4%，资产总额占比 52.4%。非国有股东作为积极股东有效参与公司治理，按照出资比例建立有效制衡的董事会，通过治理结构维护股东权益、履行股东职责，推动企业实现治理变革。

（二）通过差异化管理"融机制"，释放混合所有制企业活力动力

国投结合混合所有制企业资本属性多元化、股权结构多样化、章程规定差异化的特点，根据法律法规和公司章程，在央企中率先探索对国有相对控股混合所有制企业实施更加市场化的差异化管理，充分保障企业市场主体地位。将国有企业管理的规范和民营企业的灵活结合起来、国有企业的公平和民营企业的效率结合起来、国有企业的约束和民营企业的激励结合起来，保持混合所有制企业的市场活力和竞争力。一是建立差异化管理制度体系。2019 年，国

投制定了《国家开发投资集团有限公司国有相对控股混合所有制企业管理指导意见（试行）》，提出适用差异化管理的企业标准，即国投或子公司作为国有单一第一大股东，非国有资本合计持股超过 50% 且在董事会中占有董事席位或具有独立董事提名权的投资企业，并选择法人治理有效、市场化程度高、管理运行规范的中国水环境集团、神州高铁、美亚柏科、波林股份等8 家企业开展试点。2020 年，国投进一步健全差异化管理制度，从无到有搭建了以党的建设、信息披露、监督管理、派出董监事管理等配套制度以及相关职能管理制度为支撑，适应试点企业特点的"1+4+N"管理制度体系。二是在决策机制、管控内容、信息披露、监督约束等 4 个方面，探索有别于国有及国有控股企业的差异化管理。国有股东以股东角色和身份参与企业决策和经营管理，对于国有相对控股混合所有制企业的重大经营决策事项，通过董事体现派出单位意志，实施以股权关系为基础、以派出股权董事为依托的治理型管控，避免发文、审批等行政化管控。在人力资源管理、投资决策、运营管理、财务管理等方面，给予试点企业更多自主决策的权利，实施更加市场化的差异化管理。聚焦重大经营事项和国资监管要求事项，整合简化披露事项，大幅缩减报送信息的范围；改变过去采用发文通知、职能条线管理下延、临时信息采集需求等多路径的报送方式，统一信息报送接口，由"多管齐下"转变为"一管对下"。按照事先约定的监督权限和事先明确的监督内容，依托法人治理结构提出计划、实施监督、推动成果运用，改变总部职能"一竿子插到底"、未经约定或决议直接开展监督的方式；以审计监督为主要手段，统筹各职能部门监督需求，实现一审多项、一审多果，改变职能监督"九龙治水"的监督方式。三是做到"三个坚持"。坚持加强党的建设，建立"12345"党建工作体系。坚持实施以治理型管控为主的管控模式，科学合理界定与混合所有制企业的权责边界，发挥公司章程在公司治理中的基础作用，依托法人治理结构履职行权，不干预企业日常经营活动。坚持牢牢守住不发生重大风险事故和国有资产流失的底线，国有股东对安全生产、网信安全、环境保护、产权管理等事项负有明确的监管责任，要有相应的管控手段，确保从严管控、一管到底，不开展差异化探索。

四、启示与建议

国投的混改经验主要有 4 个方面：一是始终坚持党的领导、加强党的建设，为混改提供有力保障。始终站在坚持和发展中国特色社会主义、巩固党的执政地位、完成党的执政使命的战略高度，把党的建设纳入国有企业混合所有制改革的重要内容，使党的领导成为确保改革沿着正确方向发展的根本保证。二是始终坚持服务国家战略，为混改提供广阔空间。坚定不移地发挥国有资本在优化产业布局、新产业培育引领方面的影响力、控制力和带动力，积极寻找行业龙头，不断向各方传递国投发展战略性新兴产业的决心以及与之合作的信心。三是合理设计混改方案，为混改落地提供可能。综合考量股权转让方的现实障碍与受让方的管理需求，通过混改形成定位清晰、权责对等、运转协调、制衡有效的治理结构，保障投后股东权益、企业管理团队稳定。四是充分尊重民营企业和国有企业的文化特点与机制特点，为混改后的深度融合创造条件。探索建立符合混合所有制企业特点和实际的管理机制，保持民营企业的机制活力和经营效率，保持核心管理团队和技术团队稳定。有效的机制融合与文化融合，成为混合所有制企业健康、持续发展的关键。

　　未来要继续深化混改试点，需要在出台国有资本投资公司引入战投的指引、进一步落实投资决策权以及优化针对科技投资的国资监管和考核方式方面加大探索。首先，要进一步深化混改，必然涉及引入更多非国有资本进入，但目前的制度规范与体制机制有待完善，需要给予特殊政策和相关指引。其次，在高技术领域投资中，因研发投资的会计处理方式存在差异，常常出现入股兑价高于国资评估价格的情形。建议进一步明确允许集团向子公司有关投资决策授权。最后，国有企业的考核仍有待优化，尤其是在绩效指标确定、强化亏损治理等方面要对有关企业予以区别对待。

第十三章 招商局集团：民族工商业先驱借混改终成国有资本投资公司

作为改革开放的"弄潮儿"，招商局集团一直积极开拓，敢为人先。自2016年以来，集团以分层分类、因企施策为改革方向，以深化劳动、人事等三项制度改革为抓手，多措并举，综合施策，努力推动企业高质量发展，为培育具有全球竞争力的世界一流企业提供了有力支撑。

一、企业历史沿革

招商局集团有限公司（简称"招商局"）历史悠久，其前身为"轮船招商局"，创立于1872年，是中国近代史上第一家轮船运输企业，是中国民族工商业的先驱。1950年成为中华人民共和国政府在港全资国有企业。改革开放以来，招商局一直敢为人先，不断开拓创新，争当改革开放的"弄潮儿"。1979年，深圳蛇口创办了中国第一个对外开放的工业园区，并于1986年收购香港友联银行，创中资企业收购香港上市公司的先例，成为中国首家拥有银行的非金融性企业。1987年，创办了中国大陆自1949年以来的第一家股份制商业银行——招商银行，成为中国银行业经营体制改革的起点。1988年，倡导成立了中国大陆第一家由企业合股兴办的保险公司——中国平安保险公司，同时还收购了伦敦和香港的两家保险公司，成为第一家进入国际保险市场的中国企业。1995年和1997年，分别第一次成功发行300亿日元的武士债券和1.2亿美元的欧洲浮息债券，创中国非金融性企业发行此类债券的先例。1992年，招商局国际在香港联交所上市，开创了中资企业在港上市的先河。

二、企业总体情况

招商局现为国家驻港大型企业集团、香港四大中资企业之一，主要经营活动分布于中国内地、中国香港、东南亚等地区。业务主要集中于综合交通、特色金融、城市与园区综合开发运营三大核心产业。作为国家"一带一路"倡议的重要参与者和推动者，企业在全球27个国家和地区拥有68个港口，已初步形成较为完善的海外港口、物流、金融和园区网络，大都位于"一带一路"沿线国家和地区的重要点位，"前港—中区—后城"的成熟蛇口模式逐步在海外落地生根。截至 2019 年，招商局利润总额、净利润和总资产在央企中均排名第一。2022 年 2 月，招商局获选十大"国之重器"品牌。

按照"完善治理、强化激励、突出主业、提高效率"的总体要求，招商局自 2016 年 7 月正式成为第二批国有资本投资公司试点单位之后，坚持"因地施策、因业施策、因企施策，宜独则独、宜控则控、宜参则参，不搞拉郎配，不搞全覆盖，不设时间表"的原则，采取国有控股上市公司向非国有方增发股票、与非国有方合资新设企业、非上市公司增资引入非公有资本等途径发展混合所有制经济，通过混改进一步完善企业法人治理结构。2019 年，招商工业和招商资本获得国家发展改革委批准，成为第四批混合所有制企业改革试点企业。2019 年 9 月，招商资本引入战略投资者项目最终被全球领先的另类资产投资管理机构普洛斯摘牌，2020 年 4 月，完成工商变更。为防止国有资产流失和国有股东权益受到损失，招商工业调整混改思路，采取了较为审慎的方式分板块推进混改，只在铝加工业务板块成功引入战略投资者。截至 2022 年 3 月底，集团各级子企业中混合所有制企业户数（"非穿透式"）213 户，占比 17.6%。2022 年 6 月，经国务院国资委对国有资本投资公司试点改革情况的全面评估，招商局集团 5 家央企正式转为国有资本投资公司。

三、特色做法

（一）分层分类推进混合所有制改革

自 2016 年 7 月正式成为第二批国有资本投资公司试点单位之后，招商局紧紧抓住试点契机，坚持以市场化为核心，积极开展综合性改革探索，集团所属企业混合所有制改革取得积极进展，企业活力和竞争力进一步提升。在二级公司层面探索发展和完善混合所有制，推进公司制改制和上市工作（具备条件的原则上都要实现整体上市），为完善公司治理、提升融资能力、扩大生产经营奠定基础。三级公司以下层面，在科技型、知识密集型、轻资产公司探索开展管理层和骨干员工持股，进一步激发企业活力。在存量资产的混合所有制改革和新增项目的兼并收购中，大力吸引国际资本和行业龙头企业，打造国际化的产业平台，推动混改企业建立健全现代企业制度。

（二）稳慎开展员工持股

为深入贯彻落实国资委相关文件要求，招商局牢牢把握混合所有制改革的正确方向，按照"完善治理、强化激励、突出主业、提高效率"的总体要求，稳慎开展混合所有制企业骨干员工持股。一是通过研究制订整体工作推进计划，注重发挥好统筹、协调、监督作用，不定期对员工持股改革任务进行检视检查，帮助下属公司协调解决实际问题，确保改革成果经得起实践检验。二是进一步梳理党中央、国务院国资委等上级领导部门制定出台的相关制度文件，深入学习研究把握党中央要求，明确政策依据，编制混合所有制企业员工持股政策文件汇编。三是进一步总结提炼混合所有制企业员工持股政策要点，从"定形式、定方案、定来源、定对象"4个方面着手，形成混合所有制企业员工持股"关键要点一张图"，梳理规范内部工作流程，编制混合所有制企业员工持股工作流程图。四是指导已开展员工持股的单位总结不足、提炼工作经验。开展工作调研，组织召开内部研讨会，进一步梳理关键做法要点，形成管理经验汇编。五是支持符合条件的企业在混合所有制企业改革过程中，搭建员工持股体系，骨干员工与非国有股东同股同价持有股权。

（三）健全完善产权管理制度

根据国务院有关文件的要求，招商局建立健全并严格执行国有资产价格评估和交易规则，客观公正评估国有资产，提高国有资产估值透明度，防止国有资产流失。在集团重大投资、资产重组及产权转让项目开展过程中，集团财务部（产权部）事前积极参与项目的审议，对项目涉及的股权架构、公司设立、政府部门审批、税务安排、资产评估、产权转让方式或交易路径等提供策划意见；事中协调资产评估机构指导开展资产评估工作，认真准备相关文件协助通过政府审批，协调指导有关产权进场交易或股权变更等；事后督促企业及时进行内部登记，妥善保管有关产权档案。随着企业的发展壮大，为提升集团产权管理工作效能，集团持续加强产权管理组织体系建设，提升信息化水平，升级产权管理系统，并强化风险管控，加大监督检查力度。

（四）深化劳动、人事等三项制度改革

招商局坚持市场化改革方向，积极深化劳动人事、收入分配、工资总额三项制度改革，建立健全市场化激励约束机制，帮助企业提升国际化程度和市场竞争力。一是坚持在党管干部原则下，持续健全市场化选人用人机制。先后在15家二级子公司实施全球公开招聘总经理，持续加大管理人员能上能下及竞争上岗工作力度，不断完善全员公开招聘管理制度。二是以提升企业活力动力为着力点，锚定关键环节，持续深化收入分配制度改革。在集团内明确"优胜劣汰""激励约束并重"的鲜明导向，强调"激励到位是市场化、约束到位同样是市场化"，做到激励约束统一，责权利对等，倡导"一人做数人事、一钱当数钱用"的理念，凝聚收入分配制度改革思想共识；加强顶层设计，健全"与市场接轨、与行业相符、与地域相适、与业绩匹配"的市场化激励约束机制；完善正向激励，构建多层次系统化的长效激励机制。三是坚持因企施策和差异化原则，强调价值分配和业绩贡献，持续完善并健全工资总额管理薪酬分配机制。对不同板块子企业根据不同指标确定工资总额规模，形成差异化管理模式；强化考核奖惩，杜绝"劣币驱逐良币"，破除"平均主义"，着重在控"高"提"低"方面采取措施。

四、启示与建议

招商局发展混合所有制经济的历程表明，混改是深化国有企业改革的重要举措。一方面，

"混"是"改"的前提，企业在引进资本过程中，要注重引入具有协同效应和互补性强、注重共同战略利益的战略投资者，并坚持发挥引资本对转机制的促进作用，给予战略投资者的持股比例应该使战略投资者能充分发挥对公司治理的作用，为企业之后构建灵活高效的市场化经营机制奠定基础。另一方面，"改"是"混"的目的，国企混改需要特别在"改"字上进一步下功夫，包括建立现代企业制度、董事会配齐建强、经理人任期制契约化、推动三项制度改革等。招商局的混改也说明，混改的深入推进离不开一些关键改革的配套。

一是对相对控股的混合所有制企业实行差异化管理。按现有国资管理体制，如果混改后企业仍然视同国有企业管理，则在公司治理层面和企业经营层面都难以真正与市场化接轨。目前国有企业混改的核心问题是"混"而不"改"，实现差异化管理是建立市场化机制的重要条件。

二是需要增强员工持股退出机制的灵活性。对于员工退出机制，可结合各单位实际情况，设定一定的窗口调整期，不必局限在 12 个月以内，特别是对于在公司服务满 10 年以上的核心员工，因退休或系统内调动或其他原因可给予一定额度、一定期限的持股选择权。对于非个人原因导致的转让退出情形，12 个月内必须转出的时间期限过短，对部分员工的入股积极性产生负面影响，不利于股权顺利流转。

三是加快落实对两类公司的授权放权，使两类公司能够真正履行国有资本出资人职责，规范高效推进混合所有制改革。对于增资或受让国有企业集团公司股权，如果涉及国有企业集团公司控股上市公司控制权变动，可以探索将此类事项的审批权授予试点企业，授权试点企业自行决定所持股上市公司股份变动事项。

第十四章　中国诚通集团：以金融优势打造 国资央企的"改革工具箱"

随着国企改革进入深水区，改组组建国有资本投资、运营公司，是实现从"以管企业为主"转变为"以管资本为主"的重要途径。作为国资委首批建设规范董事会试点企业、首家国有资产经营公司试点企业和中央企业国有资本运营公司试点单位，中国诚通控股集团有限公司（简称"中国诚通"）将国企改革作为引领国有资本运营公司高质量发展的重大契机，在推进国有经济布局优化和结构调整中当好资本运营"主力军"，打造国资央企高质量发展的"改革工具箱"。

一、企业历史沿革

1992 年，中国诚通由原国家物资部直属物资流通企业合并组建而成，担负国家重要生产资料指令性计划的收购、调拨、仓储、配送任务，在国民经济中发挥了流通主渠道和"蓄水池"作用。1997 年，中国诚通与成员企业建立了以产权为纽带的母子公司体制。1999 年，中国诚通完成整改，剥离 62 户企业，当年实现盈利，上划中央企业工委管理。2003 年，中国诚通成为国资委首批董事会试点企业，完善公司治理结构，为集团进一步发展奠定了基础。2005 年，国资委确定中国诚通作为国有资产经营公司试点企业。2016 年 2 月，经国务院国有企业改革领导小组研究决定，中国诚通成为国有资本运营公司试点企业。2016 年试点以来，中国诚通努力推进国有资本布局优化和结构调整，服务中央企业高质量发展，综合发挥运营公司的"改革工具箱"作用。

二、改革总体情况

中国诚通合并组建以来，实现了从传统物资流通企业到国有资产经营公司再到国有资本运营公司的"三级跳"，在国资国企改革发展历史上留下了浓墨重彩的一笔。中国诚通先后经历了 3 次试点。一是 2004 年国资委挑选中国诚通作为第一批建设规范董事会试点企业。二是 2005 年国资委确定中国诚通作为国有资产经营公司试点企业。中国诚通探索了中央企业非主业及不良资产市场化、专业化运作和处置的路径，以托管和国有产权划转等方式，重组整合了中国寰岛集团、中国唱片总公司、中国国际企业合作公司、华诚投资管理公司、中国包装总公司、中商企业集团公司等中央企业和普天集团 8 家企业，中冶纸业公司、中钢炉料资产包等多家中央企业子企业。三是 2016 年中国诚通成为国有资本运营公司试点企业。自 2016 年试点以来，中国诚通围绕"国有资本市场化运作专业平台"的定位，通过持续强化"基金投资、股权管理、资产管理、金融服务"四大功能，作为主发起人，先后设立中国国有企业结构调整基金和中国国有企业混合所有制改革基金，通过整合央企金融股权、设立保理公司、持续探索建立中央企业小币种外币串换机制，积极培育具有诚通特色的金融服务能力，有效发挥国有资本运营公司服务于国有经济布局优化和结构调整的功能作用，打造国资央企高质量发展的"改革工具箱"。2021 年 1—9 月，中国诚通实现营业收入 1258 亿元，同比增长 47.9%；实现利润总额 94 亿元，同比增长 70.4%。

三、典型经验做法

（一）推动央企战略性重组，服务国有经济布局优化和结构调整

中国诚通落实国资委关于油气管网、钢铁、电气装备、现代物流等重点行业进行重组整合的决策部署，先后出资 930 亿元助推中央企业进行战略性重组，成为 5 家央企的重要股东。在增强央企资本实力、优化股权结构的同时，推动了国有经济布局结构优化、资源有效集聚和规模效应形成。参与国家管网集团组建，支持了我国能源结构调整和能源安全新战略。参与重组设立中国绿发集团并持续投资，助力打造聚焦绿色低碳循环经济的一流新央企。增资鞍钢成为并列第二大股东，推动鞍钢重组本钢，努力提高我国钢铁行业产业集中度、资源安全性和国际竞争力。出资参与电气装备集团组建，助力打造世界一流的电力装备企业。积极稳妥推动所属 4 家物流企业与所托管的中国铁物集团进行专业化整合，组建中国物流集团，努力打造现代流通体系主力军与国家队。通过市场化、专业化方式参与股权多元化改革的治理实践，围绕公司发展战略、重大事项决策、收益分配方案、风险防控举措等方面，提出专业意见，与出资人一致行动、有效协同，探索形成了积极股东履职行权的管理机制，促进相关企业整体运行效率的提升。

（二）激发产业链带动效应，服务构建现代产业体系和新发展格局

中国诚通发挥基金投资功能，广泛撬动央企、国企和社会资本，放大国有资本功能，通过所管理的中国国有企业结构调整基金、中国国有企业混合所有制改革基金、债转股基金等，支持央企在产业链上下游进行深度整合，实现固链、补链、强链、塑链。通过党委前置研究把关投资方向，组建专业团队负责管理和运营，围绕国家战略和国资委重大改革任务明确投资重点，引导资本向产业链关键环节和"卡脖子"技术聚集。支持央企围绕产业链关键环节加大研

发力度，通过自主创新不断向产业链、价值链高端迈进，投资集成电路、先进制造、生物医药等关键共性技术项目 60 余个。接收新能源电池领先企业天津力神电池，持续注入机制活力和有效投资，企业经营质效创历史新高，入选"科改示范企业"。

（三）盘活存量国有资产，服务央企聚焦主责主业和资源优化配置

中国诚通发挥资产管理的传统优势，设立诚通国合资产管理公司，打造专业化的央企"两非"资产接收服务平台，帮助有关央企聚焦主责主业，防范化解风险。根据"两非""两资"的业务特点，组建了熟悉国资监管、资产管理、资本运营的专业托管服务团队，建立规范管理流程和运作体系，形成同时对多个项目进行尽职调查、资产接收、运营管理和价值修复的能力。对重点央企主动开展上门服务，"一企一策"制定解决方案，兜底保障相关央企 100% 完成"两非"资产剥离整合任务。对接收资产按照依法破产、清算注销、盘活发展等不同方式进行分类处置，最大限度发挥国有资产的效用和价值。中国诚通已与航天科工、中国保利、兵器装备集团等央企达成合作，涉及资产规模超过 100 亿元，为中央企业全面完成"两非""两资"资产剥离任务提供了有力支撑。

四、经验与启示

中国诚通以服务央企为己任，在服务中求发展，在发展中促改革，围绕"国有资本流动重组、布局调整的市场化运作专业平台"定位，综合发挥运营公司的"改革工具箱"作用，以专业化整合促进国有经济布局优化、结构调整和效率提升。具体经验如下：

一是发挥专业优势，用金融手段助力央企高质量发展。中国诚通发挥金融专业优势，持续强化"基金投资、股权管理、资产管理、金融服务"四大功能，推动国有经济布局优化和结构调整，助力央企高质量发展。首先，通过基金投资的方式广泛撬动央企、国企和社会资本，放大国有资本功能，服务国家重大战略，持续助力打造现代产业链链长；其次，通过股权多元化积极推动央企战略性重组整合；再次，通过专业化运营不断提升上市公司股权价值；最后，通过培育孵化显著增强企业科技自立自强能力，将所出资企业打造为国企改革的"综合试验区"。

二是重视人才培养，打造企业家摇篮与人才高地。首先，完善相关制度，制定《党务干部配备指导意见》《"十四五"时期中国诚通优秀年轻领导人员队伍建设实施意见》《优秀年轻干部培养选拔工作方案》，创新"上挂下派"机制，推动党务与业务、总部与基层干部交流，持续优化所出资企业领导班子、中层干部年龄与知识结构。其次，坚持典型引路，连续举办十九届"诚通之星"表彰评选，弘扬优秀经营管理者的先锋模范作用；围绕生产经营、技术攻关、精益管理、特殊贡献等方面，树立基层员工队伍中的榜样标杆，加强班组建设，激励工匠精神。

三是坚持与时俱进，打造专业平台服务央企"三去一降一补"。中国诚通与中国海油等央企组建国海海工资产管理公司作为央企海工装备资产处置平台，对中央企业库存海工装备资产

实现归集管理和分类处置；牵头搭建化诚新平台公司，作为央企境外油气资产处置、脱困的专业平台，推动资产重整和布局优化，整体实现扭亏为盈；设立诚通国合资产管理有限公司作为专业化的央企"两非"资产接收服务平台，该平台具备同时对 10 个以上的百亿级项目进行尽职调查、资产接收、运营管理和价值修复的能力，有助于帮助央企加快调整优化产业结构，进一步聚焦主责主业。

中国诚通提出了"总资产达到 1 万亿元、净资产达到 5000 亿元、利润达到 300 亿元"的"十四五"奋斗目标，目前中国诚通在规模实力、发展速度、运营能力上距离该目标尚有差距。下一步要进一步提升资本运营能力，紧紧围绕服务构建新发展格局，进一步解决好获取增量、盘活存量能力不足的问题，突破瓶颈期；进一步强化战略引领能力，实现所出资企业齐头并进；进一步打造运营公司通联企业"生态圈"，推进相互赋能协同发展；进一步加强一流运营公司"强总部"建设，对"大运营"提供有力支撑。

第十五章　钢研科技集团：利用混改实现"三力联动"的冶金行业先锋

中国钢研科技集团有限公司（简称"中国钢研"）是我国冶金行业最大的综合性研究开发和高新技术产业化机构。实施混合所有制改革以来，企业围绕核心目标，提升资本运作能力，加速产业发展，形成"协同创新、产业发展、金融投资"三力联动的发展模式，深化技术创新、产业发展和投资深度融合，在赋能冶金行业科技创新和成果孵化方面取得重要进展。

一、企业历史沿革

中国钢研的前身是成立于 1952 年的钢铁工业试验所，并于 1958 年更名为"钢铁研究总院"。1999 年，从科研事业单位转制为科技型企业。2006 年 12 月，经国务院同意、国务院国资委批准，更名为"中国钢研科技集团公司"，并将创建于 1973 年的冶金自动化研究设计院并入。2009 年 5 月，经国务院国资委批准改制为国有独资公司。作为我国金属新材料研发基地、冶金行业重大关键与共性技术的创新基地、国家冶金分析测试技术的权威机构，中国钢研在长期的发展过程中，承担了大量"863"、"973"、自然科学基金等国家重大项目和课题，在海洋、陆地、航空、航天、核技术等领域和国民经济主要行业领域都作出了重要贡献。目前，中国钢研重点聚焦"共性关键和前沿技术研发""重点材料及制品""绿色化智能化冶金工艺及工程""系统解决方案的科技服务""资本赋能与投资运营"，形成了材料制品、科技服务、投资孵化三大业务板块。

二、改革总体情况

实施混合所有制改革以来，中国钢研认真按照《中共中央关于全面深化改革若干重大问题的决定》《关于深化国有企业改革的指导意见》等系列文件精神，坚持"三因三宜三不"原则，积极稳妥，务求改革实效。重点推进短板领域与非国有资本合作，通过补短板、做增量，布局战略性新兴产业，推动布局优化和结构调整，合理设计和调整优化混合所有制企业股权结构。积极利用资本市场、产权市场，吸引各类社会资本，优化产权结构，通过股权置换、进场交易等手段，进行行业整合，加快转型升级，提升主业竞争能力。对混合所有制企业实施更加市场化的差异化管控，推动建立灵活高效的市场化经营机制。

截至 2021 年底，中国钢研混合所有制企业共有 24 家。其中，上市公司 4 家、国有全资企业改制（员工持股）7 家、与社会资本新设（含向社会资本增资）8 家、国资并购企业 5 家。通过改革集团和下属企业不同程度实现了业绩提升、技术突破和活力释放。例如，混改企业安泰环境工程技术有限公司业绩逐年攀升，2021 年收入突破 5 亿元，利润总额突破 3800 万元。混改企业安泰（霸州）特种粉业有限公司发展势头迅猛，资产规模逐年递增，2021 年较 2019 年资产总额增长 41.64%，营业收入增长 195.19%。

三、典型经验做法

（一）快速布局与主业相关的战略性新兴产业，产业链、供应链上下游实现互利共赢

一方面，借助各方优势实现协同发展，积极主动布局与主业相关的战略性新兴产业。例如，混改企业常州钢研极光增材制造有限公司通过与社会团队、地方产业投资基金等结合，针对目前 3D 打印技术对传统成型技术呈现替代性与颠覆性趋势，以及较为强烈的市场需求等因素，快速切入相应领域。从战略层面看，通过项目的实施，将有效支撑解决国防关键型号关键零部件的配套需求、解决高端材料设计研发以及自主可控产业化制造"卡脖子"关键技术问题。从市场层面看，通过与社会资本有机结合，进一步增强了市场开拓能力与创新发展驱动力。

另一方面，强化产业链、价值链意识，以产业链、价值链重构深化为基础促进互利共赢。例如，混改企业安泰超硬金刚石工具（泰国）有限公司，通过引入美国公司 SANC Materials LLC（美国主要客户与销售渠道）作为新增股东，在补充营运资金的同时，实现了与美国战略客户利益捆绑、共赢发展，为其规范治理运作和长期持续发展奠定了牢固基础。混改后，与客户利益实现高度协同，业绩得以快速增长，收入和利润连续保持每年 20% 左右的增幅。

（二）强化有效激励和业绩考核，全面激发各级员工干事创业热情

通过实施员工持股，将激励对象利益与股东价值紧密联系，极大调动了员工积极性。例如，所属上市公司北京钢研高纳科技股份有限公司并购青岛新力通工业有限责任公司，并购后原核心团队依然持有标的公司少数股权，围绕经营目标和考核体系，员工干劲和活力得到有效调动，真正实现员工与企业同步成长。在安泰科技的员工持股方案中，强调明确资金来源、锁定期及分红管理，持股员工全部以自有资金认缴出资，持股平台从安泰环境获得现金股利，前三年内，90% 作为当期红利派发，剩余 10% 作为发展基金，三年后 80% 作为当期红利派发，剩余 20% 作为发展基金。

通过强化对赌协议考核，实现强有力的目标激励和责任约束相兼容。在中国钢研的员工持股案例中，多数都在强化股权激励的同时配以对赌协议考核，有力增强了员工持股激励对企业

业绩的直接作用。例如，通过钢研高纳的限制性股票激励计划平台，对青岛新力通核心骨干员工（原青岛新力通股东）进行了中长期激励，实现公司与核心员工利益、风险共担，与核心骨干互利共赢的局面。同时开展经营业绩对赌，2017 年至 2019 年的 3 年对赌期内，对青岛新力通经营及利润规模进行约定。

（三）加大创新创业支持力度，以混改促内部创业和生态创新

加大生态创新力度。中国钢研承担了我国冶金行业 50% 以上的共性关键技术研发任务，一直以来都强调发挥"小核心、大协作"的优势，进一步打破领域壁垒，发挥集成优势，通过建立技术创新战略联盟、技术共享平台等模式打造共性关键和应用技术平台，推进产学研用战略合作，实现国家、企业和用户的共赢共享。

大力支持内部创业。作为国家双创示范基地，中国钢研重点推进"大慧科技双创基地"和众创空间建设，打造科技成果转化的孵化器与加速器。通过设立青年创新基金、成果份额型创新基金、科技创投基金、产业并购基金等创新基金系列，全过程、全方位支持以内部创业为重点的各种创新创业活动。以体制创新搭建新的架构，以机制创新激发无限活力，以科技创新引领和打造美好未来。

四、启示

钢铁是战略性基础工业品，钢铁工业是国家重工业基础，也是衡量国家综合国力和工业化水平的重要维度，钢铁产业技术水平更是一国现代化建设的重要支撑。中国钢研始终牢记企业责任和社会担当，在持续深化混合所有制改革的过程中实现"协同创新、产业发展、金融投资"三力联动，带给我们以下 4 点启示。

一是坚持"两个一以贯之"，是混改工作成功的根本保障。在坚持党的领导方面，中国钢研充分发挥党委把方向、管大局、促落实领导作用，推进党的领导与公司治理有机融合，把提高企业效益、增强企业竞争力、实现国有资产保值增值作为企业党组织工作的出发点和落脚点。通过党建引领指导各项业务工作，精准对接国企改革三年行动，精心谋划改革任务，推动改革攻坚取得更大突破。目前，中国钢研各所属混合所有制企业均有较为完整的法人治理结构体系，构建了董事会、监事会、股东大会及经营层的议事规则。各混合所有制企业均设有董事会或执行董事、监事会或监事，并按照公司章程、"三会"议事规则等制度履行管理、监督职责，重大事项均按照"三重一大"决策标准执行落实。

二是防止国有资产流失与国有资产保值增值，是推进混改工作的根本基础。规范企业国有资产交易行为，加强企业国有资产交易监督管理，细化国有企业产权转让的合规性步骤，既是保障混改顺利推进的重要基础，也是提高混改总体质量的有效保证。2022 年，中国钢研结合自身实际，颁布、更新《中国钢研科技集团有限公司投资管理办法》等管理制度 10 项，在坚持政策引领并严格执行国家相关制度要求的前提下，要求所有混合所有制改革项目务必仔细做

好可行性研究与混改方案制定，严格履行决策审批程序，按要求开展审计评估以及进场交易等工作，确保混改过程合法依规，保障国有资产安全和保值增值。

三是坚持战略引领，是混改工作成功的基本前提。中国钢研的混改历程说明，混改不是"随便混"，更不是"随便改"，而是具有极强战略性的企业重大决策，是必须符合专业化、市场化导向的企业战略抉择。因此，中国钢研始终围绕战略导向与产业发展方向，不断探索混合所有制改革，培育发展动能、高效开拓市场。例如，安泰科技利用现有核心技术、产品和资源，整合社会资源，实现机制创新，打造新的增量业务。开展混改的高端粉末冶金材料及制品板块，销售收入由"十三五"初期的10.9亿元增长到19.3亿元，增幅77%，占整体业务比重由29%提高到41%。开展混改的稀土永磁板块，年销售收入增长47%，达到10亿元，核心产业地位加强，为重点产业聚焦和相关产业混合所有制改革指明了方向。

四是激发企业的活力动力，是实现混改企业高质量发展的关键因素。近年来，中国钢研针对混改企业积极落实"一企一策"激励政策，鼓励各单位多措并举，制定针对性、差异性、分级分类的激励机制，有效调动员工的积极性，大幅提高产量及效率。例如，混改企业安泰环境，实施经理层市场化选聘，业务保持高速发展；混改企业安泰超硬泰国公司，增资扩股引入美国战略投资者，有效降低运营风险，业务实现"三年三扩产"的高速增长；混改企业青岛新力通，通过业绩承诺等方式，并购后对管理层进行激励，带动钢研高纳迅速拓展民品领域，优化业务结构，增强核心竞争力。

第十六章　中国建材集团：积极探索混合所有制企业差异化监管

中国建材集团有限公司（简称"中国建材集团"或"集团"），坚持以习近平新时代中国特色社会主义思想为指引，认真贯彻落实党中央、国务院关于深化国资国企改革的重大决策部署，坚持加强党的领导，积极推进混合所有制改革，对相对控股混合所有制企业探索有别于国有独资、全资和绝对控股企业的差异化管控模式，取得明显成效，既有效发挥了国有股东的作用，保障了国有股东权益，又切实增强了企业活力和效率，提升了企业竞争力。

一、积极落实混合所有制改革部署成效显著

（一）积极落实国有企业混合所有制改革部署

中国建材集团按照"混资本""改机制""优管控"三个层面，建立起混合所有制改革和混合所有制企业管理的制度体系。其中，"混资本"重点从收购重组、产权交易引入投资者、企业改制等方面作出规范，涵盖混改的各类途径，着力防范混改风险；"改机制"重点从职业经理人制度、员工持股等中长期激励约束制度改革的角度作了规范，着重激发员工活力；"优管控"从发挥非公股东作用、实施差异化管控等方面进行规范，着力提高企业运行效率。集团混合所有制改革制度体系涵盖了混合所有制改革的多个层面，保障集团规范有序发展混合所有制经济，培植产权多元、治理现代、激励有效、自主经营的混合所有制企业，有效促进了集团高质量发展。

（二）混改助力打造世界一流建材企业

中国建材集团是国务院国资委直管中央企业，作为建材行业唯一一家央企，始终心系国之大者、打造国之大材，以改革转机制、以创新促发展，通过积极稳妥实施混合所有制改革，由一家水泥"一业为主"的建材产业集团快速转型为基础建材、新材料、工程技术服务"三足鼎立"的材料产业投资集团，成为全球最大建材制造商、世界领先新材料开发商和综合服务商。

中国建材集团较早就开展了混合所有制改革，2007年在水泥行业恶性竞争、亏损严重的

华东区域，以混合所有制方式，与民营企业、地方国企等不同所有制企业，开展大规模联合重组和管理整合，在上海组建南方水泥，集团持股占比 84.83%，以 10 个小股东为主的社会资本占比 15.17%。时任上海市委书记习近平同志发来贺信，"祝愿南方水泥有限公司早日实现战略整合的既定目标，为国有企业的改革发展不断探索新路，为促进区域合作、联动发展作出更大贡献"。

集团发展混合所有制主要按照"南方水泥模式"，即以联合重组民营企业的方式，先后组建了北方水泥（持有 70%）、西南水泥（持有 78.99%），均有 20%—30% 的非公股份。通过大规模联合重组，中国建材集团逐步确立了在世界水泥行业的龙头地位，也推动了中国水泥行业的健康发展，引领了中国建材集团行业的供给侧结构性改革。

2014 年，在国资委"四项改革试点"中，中国建材集团入选发展混合所有制经济和落实董事会职权"双试点"。在发展混合所有制经济试点中，集团选择了中国建材集团股份、中联水泥、北新建材、中国巨石、国检集团、中创电子 6 家具体实施单位，在实施过程中有所调整，该试点已于 2016 年底完成总结。试点中，在股权多元化方面，中国建材集团股份重组河南同力、北新建材发行股份购买控股子公司泰山石膏小股东股份、中国巨石实施了定向增发，后增加凯盛科技股份以"现金＋股权"收购国显科技，试点效果良好。在员工持股方面，蚌埠院以所属中创电子为试点，蚌埠院持股 65.56%，员工持股 26.81%，安徽省投资公司持股 5.31%（试点时"133 号文件"尚未出台）。

中国建材集团在发展混合所有制的过程中，按照"央企实力＋民企活力＝企业竞争力"的公式、"规范运作、互利共赢、互相尊重、长期合作"的方针、"混得适度、混得规范、混出效果"的原则，走出一条以"国民共进"方式进行市场化改革和行业结构调整的新路。

通过不断深化混合所有制改革，中国建材集团以国有资本带动民营资本协同发展，引领带动了中国水泥行业的持续健康发展，推进了水泥行业供给侧结构性改革；通过混改，集团的新材料业务也实现了长足发展，玻璃纤维、石膏板、风电叶片等业务规模全球领先，碳纤维、锂电池隔膜等产业规模位居国内前列，集团所属混合所有制企业成功研发出 0.03 毫米柔性可折叠玻璃、8.5 代超大 TFT 液晶玻璃基板、疫苗用中性硼硅药用玻璃管等一批打破国外垄断的新产品。混改激发了活力、提高了效率，中国建材集团以 409 亿元国有资本吸引了 1692 亿元的社会资本，撬动了 6482 亿元的总资产，连续 11 年入围世界 500 强，2021 年排名 177 位。2021 年，集团实现净利润 287 亿元、同比增长 43%，利润总额 398 亿元、同比增长 30%，营业收入 4153 亿元、同比增长 5%，再创历史新高，全面超额完成国资委下达的经营任务。

二、切实深化体制机制改革增强企业活力

（一）完善治理机制，发挥非国有股东作用

一是精挑细选战略投资者实施混改。中国建材集团坚持"价值认同、治理规范、利益共

赢"原则，选择资源优势明显、资源禀赋互补的非国有战略投资者开展混改。南方水泥选择有市场话语权的区域龙头企业联合重组，中材电瓷引入具有海外市场资源的经销商，共同"做大蛋糕"。同时，将非国有对中国建材集团企业文化和价值观的认同作为前置条件，确保混合所有制企业股东层面的"同频共振"。

二是注重发挥非国有股东作用。支持非国有股东根据股权比例，按照章程约定派出或提名人员，通过法定程序进入董事会、监事会、经理层。中国建材集团现有混合所有制企业中由非国有股东提名并担任董监高职务的企业共计197家，占比79%。健全国有股东与非国有股东的事前沟通协商机制，对重大投资等涉及股东利益事项，主动听取非国有股东的意见，最大限度地凝聚共识。

三是用好非国有股东的优秀经营管理人才。通过混合所有制改革，中国建材集团吸引并培养了以张毓强、贾同春等为代表的一批优秀的来自非国有股东的企业家，给予他们充分信任，并保障其经营自主权。中国巨石的非国有股东张毓强长期担任企业副董事长、总经理，并兼任党委书记，国有股东的充分信任为他创造了专注事业的良好环境，助推了企业快速发展。中国巨石近10年净利润年均复合增长率18%，带动集团玻纤产能快速增长到328万吨，居全球第一。

（二）优化管控机制，实现放活与管好相统一

一是加强战略引领作用。中国建材集团认真梳理并逐家明确各混合所有制企业的主业"跑道"和发展方向，着力推进资源优化配置，促进混合所有制企业坚守主业、高质量发展。中复神鹰混改前的目标是形成百吨级碳纤维产能规模，混改后中国建材集团为其制定了打造世界一流、实现万吨级产能的战略方向并注资支持，出资及信用担保超过30亿元，助力中复神鹰打破了国外长期技术封锁，实现了高端碳纤维成套技术自主可控，建成国内首个万吨级产业基地。国显科技混改前多次计划开展多元化业务，混改后在中国建材集团的引导下，最终专注在显示模组行业做精做强，现已成为全球知名品牌的战略合作伙伴。

二是实施差异化授权放权。中国建材集团结合股权结构、治理水平等因素对混合所有制企业探索实施差异化管控。对绝对控股混合所有制企业减少行政化管理手段，更多通过派出的股权董监事管好股权。对相对控股、非国有股东有董事席位且治理规范的中国巨石等混合所有制企业充分授权，纳入其年度计划内的主业投资项目，由企业董事会依据公司章程决策，国有股东不再事前审批；经理层成员由董事会通过"推荐考察对象人数多于拟任职位"的方式实施差额选聘。

三是通过穿透管理防范风险。中国建材集团对混合所有制企业的党建、纪检、审计、巡视、安全环保等工作，依照有关法律法规，按照国有股东管理要求的"高标准"保持穿透管理，切实加强风险防范。同时，中国建材集团在"两利四率"的基础上建立"2422"（应收账款和存货，其他应收款、预付账款、带息负债和货币资金，资产负债率和资本开支，法人户数和员工人数）经营数据穿透管控机制，对混合所有制企业定期"体检"，指导企业防患于未然。

（三）推行市场化经营机制，激发内生活力动力

一是坚持市场化选人用人。中国建材集团指导混合所有制企业实施效率优先的选人用人机制，市场化选聘内外部人才，畅通人才流动通道。南方水泥通过市场化渠道引进了包括总裁、执行副总裁在内的37名高级管理人员。北新建材实施管理人员"全员竞聘"，湖北公司一名优秀基层员工成功竞聘副总经理，打破了"论资排辈"的旧机制。

二是完善绩效导向的考核分配机制。中国建材集团强化混合所有制企业绩效体系目标设定、过程管理和结果运用，特别是对科技型混合所有制企业，建立以价值创新、能力、贡献为导向的评价机制。凯盛科技股份、蚌埠中光电等混合所有制企业开展高层次科技人才对标国际化薪酬，探索工资总额单列，建立中长期绩效评价、科技成果转化后评价、颠覆性创新免责等机制，激发创新创造活力。

三是综合运用多种中长期激励工具。中国建材集团推出五类八种激励"工具箱"，细化制定混合所有制企业员工持股、科技型企业员工股权激励、超额利润分享等多种激励工具实施指引，建立起系统多元的激励体系。中国巨石2021年实施超额利润分享，当年企业净利润同比增长150%，共有533名骨干员工分享1.25亿元超额利润。

三、积极探索相对控股混合所有制企业差异化管控

（一）强化顶层设计，明确实施标准和前提

一是形成差异化管控的"三层机制"。在决策层面，集团党委研究确定差异化管控的目标、原则，总经理办公会编制指导意见和实施细则，经集团董事会充分讨论、审议通过；在工作层面，分管领导组织、集团和股份公司相关职能部门梳理管控内容，确定授权事项和权限范围，律师全程参与，确保措施依法合规；在执行层面，相对控股混合所有制企业反馈具体诉求和建议，推动制度落地，形成上下闭环。

二是实施差异化管控的"三个标准"。差异化管控企业要同时满足三个标准：混合所有制企业中国有资本股东（即中国建材及所属企业）单独或合计持股比例未超过50%，但为单一第一大股东；混合所有制企业注册在中国境内、纳入集团合并报表范围、三级及以下法人单位；混合所有制企业中非国有资本股东在董事会中占有董事席位，是有效参与公司治理的积极股东。

三是实施差异化管控的"五要前提"。差异化管控企业要做到"五要"：一要党建规范，坚持国有企业发展到哪里，党的建设就跟进到哪里，确保企业党委作用有效发挥，党建工作持续加强；二要主业聚焦，企业必须按照国有股东划好的主业"跑道"和发展方向开展经营，不能盲目投资、过度多元化；三要治理完善，按照国企改革三年行动要求，实现董事会应建尽建、配齐建强、运作规范；四要制度健全，公司章程、议事规则等制度完整有效，确保符合授权要求；五要改革深入，三项制度改革实施到位，经理层任期制契约化、管理人员竞聘上岗、员工

公开招聘等市场化机制有效运作。

（二）规范有序授权，充分激发企业活力

一是发挥股权董事作用，分清"两类议案"。对差异化管控企业，中国建材通过派出股权董事管好股权。董事会议案分为两类，由股权董事分类表决。第一类是法律规定的股东会职权、计划外投资等8种重要议案，股权董事须根据国有股东意见进行表决；第二类是授权范围内的投资事项等其他议案，股权董事在董事会会议上可按照独立、客观、审慎原则根据个人意见表决。

二是优化经理层选聘，构建"四个环节"。中国建材把党管干部原则与董事会选聘经理层成员职权有机结合，融入"方案制定—推荐考察对象—开展测试考察—实施聘任"4个环节：由差异化管控企业董事会会同本企业党委制定经理层选聘方案，报国有股东党委批准；按照"N个岗位不低于N+1名人选"的原则，由本企业董事会、本企业党委、国有股东党委、总经理（仅可推荐副职）推荐考察对象；差异化管控企业董事会组织、国有股东党委参与，共同开展对考察对象的测试、考察等工作，通过差额选聘方式形成经理层人选方案；由差异化管控企业董事会决定聘任，任职后报国有股东备案。

三是加大投资授权，放权"四类事项"。中国建材加强对差异化管控企业投资事项的事前管理，对年度投资计划进行充分审核论证，提升决策的计划性。纳入年度投资计划、主业范围内的股权投资和固定资产投资项目，以公开挂牌方式进行的产权交易（不会导致失去绝对控股权）和资产交易，各级子公司合并、分立或解散、注销（进入破产程序的除外），放弃优先购买权或优先认缴权（不会造成控制关系发生变动）等4类投资事项由董事会按公司章程决策，集团不再前置审批。以中国巨石为例，计划内主业投资授权由原来的不到5亿元，提高至其净资产的10%（即21亿元），大幅减少了决策程序，提高了决策效率。

（三）精准有效监管，有效防控经营风险

一是有效监管与充分授权同步推进。中国建材集团坚持"两个一以贯之"，制定穿透管控事项清单，做好与非公股东沟通，差异化管控企业的党建工作明确由国有股东领导、指导为主，对纪检、审计、安全、环保等10类事项按照国有股东管理要求的"高标准"保持穿透管控，切实加强风险防范。

二是授权动态调整。中国建材集团对授权事项坚持"可授可收"，定期开展人事、投资等专项评估及综合评估，从治理水平、战略执行、经营效率与效果、风险防控等多方面评估差异化管控实施效果，采取扩大、调整或收回等措施动态调整差异化管控事项。

三是规范信息披露。中国建材集团要求差异化管控企业健全产权、投资和财务等信息系统，及时向股东披露相关经营财务信息及其他重大事项，确保股东的知情权；如发生风险事件、违规事件、法律纠纷案件，差异化管控企业要及时披露有关信息，并按国有股东要求及时进行有效处置。

四、混改经验与启示

（一）以规范操作为前提，以促进发展为目的

中国建材集团牢牢把握明确混改目的、选择合适对象、建立高效机制三个关键，秉持混改的公式、原则、方针，严格执行"366"规范操作指南，有效防控风险，提高混改实施效率，切实保护各类出资人权益。围绕调整结构和优化市场，通过联合重组、限制新建、淘汰落后、错峰生产、发挥大企业引领作用、推动以协会为主导的行业自律等改革发展组合拳，稳步推进资源整合和产业升级，实现快速发展。

（二）以产权改革为纽带，以转换机制为核心

中国建材集团在上市公司、平台公司和生产企业三个层面实施混合，积极吸引非公有资本。在股权比例上，设计"正三七"和"倒三七"结构，既保证了集团在战略决策、固定资产与股权投资等层面的绝对控股，又调动了子公司的活力和积极性。通过股权多元化、规范公司治理，实现用人制度市场化、内部机制市场化、企业经营市场化，促进企业转换经营机制，使企业真正成为市场竞争的法人主体。

（三）以充分有序授权放权为途径

中国建材集团科学界定国有股东和混合所有制企业权责界面，分层分类推进差异化授权放权，对公司治理完善的相对控股混合所有制企业充分授权放权，该放的放到位，该管的管到位。集团制定差异化管控制度，对相对控股混合所有制企业在年度投资计划内的主业投资项目，以及经理层成员差额选聘等企业最急需的职权归位于企业的董事会，大幅精简事前审批流程，提高差异化企业的经营自主性和管理计划性；在履职待遇、因私出境等方面也作出明确界定，减少对企业日常经营的干预；同时，加强对相对控股混合所有制企业履行公司治理决策的过程、质量、效果进行监督和动态评估，构建事前事中事后的监督闭环体系，既促进活力迸发，又确保管控到位。

（四）以加强党建和企业文化为保障

中国建材集团持续不断健全混合所有制企业党组织，实现党组织和党员管理全覆盖。将优秀的股东党员、职业经理人党员引进党组织班子，使不同来源的经理人之间做到既亲近融洽又风清气正。建立以融合为特质的文化体系，倡导"以人为中心"，让员工施展才华、实现自我价值、创造美好生活，将幸福感转化为对企业的热爱和忠诚。

第十七章　有研科技集团：以"混"促"改"打造支撑有色领域高水平自立自强的排头兵

推动科研院所转制企业混改，是激活体制内生动力、服务科技自立自强的重要途径。作为国家有色金属工业领域最早从事选冶提取、材料研究和应用开发的综合性科研机构之一，有研科技集团有限公司（简称"有研集团"）坚持以"混"促"改"，通过混合所有制改革打造支撑有色领域高水平自立自强的排头兵。

一、企业历史沿革

有研集团前身是原有色金属工业试验所，成立于 1952 年。1979 年，更名为"有色金属研究总院"。1983 年 4 月中国有色金属工业总公司成立后，隶属总公司管理，同年 11 月更名为"北京有色金属研究总院"。1999 年 7 月，转为中央直属大型科技企业。2018 年 12 月 28 日，经国务院国资委批复同意，有研总院开展公司制改制，名称变更为"有研科技集团有限公司"，企业性质由全民所有制变更为国有独资公司。2021 年 12 月 23 日，加入中国稀土集团有限公司，持股 3.90%。作为我国有色金属行业综合实力雄厚的研究开发和高新技术产业培育机构以及国资委直管的中央企业，有研集团先后为"两弹一星""载人航天""探月计划"等一系列国家重大工程提供新材料新技术，被誉为我国有色—稀有—稀土工业的摇篮。

二、改革总体情况

有研集团积极发展混合所有制经济，围绕主营业务领域实施混合所有制改革，通过引入具有高匹配度、高认同感、高协同性的战略投资者以及发展股权投资、基金投资等方式，带动产业链和技术链上下游非公有资本共同发展，放大国有资本功能，促进集团科技创新和产业高质量发展。

推动混合所有制改革以来，有研集团以股东角色和身份参与混合所有制企业决策，对混改企业的重大经营管理事项，通过派出董事体现股东意志，实施以股权关系为基础、以派出董事为依托的战略管控，实现由运营管控向战略管控转型。制修订《有研集团投资管理规定》《有研集团参股投资管理暂行办法》《有研集团派出董事、监事和股东代表管理办法》《有研集团党委关于加强混合所有制企业党建工作的指导意见》《有研集团关于加强子企业董事会建设和落实董事会职权的工作方案》《有研集团董事会授权管理办法》《有研集团董事会向所属公司授放权清单》等一系列规章制度，形成以《有研集团章程指引管理办法》为统领，以党的建设、产权管理、投资管理、监督管理、董监事管理等配套制度为基础的差异化管控制度体系。

通过改革，企业治理层级明显优化，经营实力、创新能力和产业竞争力大幅提升。截至2021 年 12 月底，有研集团共有管理层级 4 级，法人层级 4 级，法人实体 51 户。其中，一级法人单位 1 户，二级法人单位 12 户，三级法人单位 22 户，四级法人单位 16 户。在各级子企业中，发展混合所有制经济的企业共有 38 户，资本层面混改比例超过 70%，股东层面引入非公有资本的企业有 11 户，占比达到 20%。2012—2021 年，共引入非公有资本 44.7 亿元。截至 2021 年底，集团总资产 135 亿元，净资产 102 亿元，分别为 2012 年底的 2.37 倍和 2.82 倍。2012—2021 年，累计实现营业收入 866 亿元，年均增长 17%。新增国家动力电池创新中心、国家新材料测试评价平台主中心等 11 个国家级研发平台，有色金属新材料科创园等一批产业基地顺利投产，在高纯金属靶材、8 英寸硅片、大尺寸硅单晶、铜基金属粉体材料、微电子锡基焊粉材料、电声用稀土磁材、中小尺寸硫化锌头罩、汽车催化剂用铂族金属和挤压阳极产品生产方面全国领先。

三、典型经验做法

（一）以混改为契机加大资本运作力度，积极布局前沿领域和新兴"赛道"

一方面，积极"引进来"，提升国资竞争力。2017 年，有研集团以有研半导体 100% 股权与日本 RST 公司以货币资金共同出资设立合资公司北京有研艾斯公司，引入非公有资本 4.7亿元，实施集成电路用半导体 8 英寸硅片扩产项目。2020 年，有研集团与山东德州政府基金、有研硅共同设立山东有研艾斯，引入非公有资本 16 亿元，开展集成电路用 12 英寸硅单晶抛光片技术攻关和产业化建设。所属公司国合通测分别于 2018 年和 2021 年引入私募股权基金和国新集团国新双百基金，保证了国家新材料测试评价平台主中心建设的顺利推进和公司经营的快速增长。

另一方面，积极"投出去"，放大国资影响力。所属公司有研粉材围绕有色金属粉末材料及粉末冶金制品产业开展国际化经营，先后重组康普锡威公司，并购英国 MAKIN 公司、重庆华浩冶炼有限公司，收购恒源天桥公司，2021 年完成科创板上市，有色金属粉末产量已位列全球行业第二。所属公司有研稀土通过向产业链下游延伸并购、组建稀土电声磁体产业公司，正式进军高端稀土磁体产业。所属有研医疗并购博拓康泰，布局终端市场，拓展销售渠道。所属公司国合通测先后并购上海监测、国合品控和青岛元信公司，加大市场开拓力度，4 年来分析检测收入年均增长 35%，在中国有色金属分析检测第一品牌的基础上，争创中国新材料分析检测第一品牌。此外，有研集团以无形资产、现金出资等方式参股湖南文昌、南京驰韵公司，参股组建氢能研究院公司和佳华工研公司，实施科技成果转化，加速科技成果产业化发展，培育科技成果孵化转化平台。

（二）创新机制打造组团式专业化创新支撑平台，夯实成果转化孵化体系化能力

利用混改积极发挥"创新牵头人"作用。2014年，有研集团牵头汇集国内科研单位、动力电池生产企业、整车制造企业组建成立国联研究院，以国有企业股东为基础，吸纳非国有资本投资入股，探索推进混合所有制改革，发挥市场和产学研协同创新的优势。2019年有研集团牵头，按照"实体公司＋战略联盟＋专家委员会"的创新平台组建模式，以6家中央企业、7家上市公司为核心股东创建了河北雄安稀土功能材料创新中心有限公司，加快推动共性关键技术开发和成果转化。

利用混改大幅提升"资源整合者"能力。2022年所属公司有研工研院引入有色行业龙头企业、战略投资者以及航天、电子、核能、船舶等新材料应用企业，进行混改和股权多元化改革，进一步加强前沿新材料自主创新能力和关键特种有色金属材料的稳定保供能力，加快培育形成科技创新—成果转化—产业孵化的体系化能力，实现可持续和高质量发展。

利用混改主动夯实"模式引领者"地位。借助混合所有制改革，有研集团围绕科技战略规划、创新激励、核心技术攻关、创新平台管理、知识产权、自主科技投入、青年科技人才培养等方面制修订了20余项政策制度，全面提升对科技创新活动的科学化、体系化和精细化管理水平。加强国家级创新平台建设，建立"集团总部—平台支撑单位—平台负责人"三级管理体系，推动国家工程研究中心、国家重点实验室等国家级平台的重组优化。实施新型科技项目组织管理方式，通过"揭榜挂帅""赛马制""柔性团队"等新型科技项目组织管理方式，引导有研集团内部创新平台和产业公司与集团外部优势单位间的协同开放创新，加快推进快速研发组织模式变革。

（三）尊重科技创新客观规律，以优化治理为核心提升企业创新内生动力

积极开展中长期激励，形成中长期激励制度体系。有研集团陆续出台《所属公司试点实施股权激励暂行办法》《所属公司实施岗位分红激励暂行办法》《所属公司实施科技成果转化项目分红激励管理办法》，激励办法覆盖股权出售、岗位分红激励、项目分红激励三种激励方式，形成一套中长期激励政策体系，适用于不同发展阶段的科技型企业，适用于科技成果的多种转化方式。例如，有研新材2017年实施限制性股权激励计划，对127名骨干员工授予限制性股票830万股，并连续三年达成解锁条件成就，2021年实施超额利润分享计划，涉及员工总数超过200名；国合通测对155名骨干员工实施员工持股；有研半导体对160名骨干员工实施股权激励；有研粉材对109名骨干员工实施股权激励；有研工研院持续实施科技成果转化项目分红激励措施，2018—2021年，激励对象累计123人，激励金额超过1300万元。

持续优化法人治理体系，完善市场化薪酬分配机制。制定《有研集团所属公司章程制定管

理办法》，修订"三重一大"决策事项清单，发布党委前置研究讨论重大经营管理事项清单，建立分级决策授权体系。部分公司设立专职董事长，引入独立董事参与公司的决策和监督，提升董事会的专业性和总效能。积极推进经理层成员任期制与契约化管理，强化工资总额和效益联动机制，对承担关键核心技术攻关任务的公司以及招聘优秀应届毕业生的公司给予工资总额奖励。推动市场化用工，搭建岗职位体系，明确员工职业发展通道；优化薪酬结构，建立以岗位为基础的岗位绩效工资制度；规范绩效管理，建立以KPI（绩效指标）为主的绩效考核制度，推进全员绩效管理。

四、经验与启示

有研集团混改是一个在"引进来""投出去""融进去"的过程中持续推动战略性前瞻布局、产学研深度合作以及专业化平台建设的过程，充分体现了科研院所转制企业通过混合所有制改革更好服务于科技自立自强的支撑作用。从混改过程看，有研集团有两点经验值得学习借鉴。

一是在"引进来""投出去"的过程中，选好战略合作伙伴十分关键。有研集团的投资经历表明，要坚持引入战略和产业投资者，投资者最好在行业中处于领先地位，与混改企业存在资源互补，能够产生产业协同效应和带动作用。在实际操作中，有研集团十分重视投资方是否具备与其相关的产业或投资背景，是否能够在产业链布局、产业资源配置或市场开拓方面产生协同效应。同时，对在资本市场、企业管理、商业资源等方面有丰富实践经验的投资者比较青睐。

二是不仅要打造专业化创新支撑平台，更要主动作为牵头者运营好相关平台。公开资料显示，作为中国有色金属行业技术开发基地、国际科技合作基地，有研集团拥有2个国家工程研究中心、2个国家工程技术研究中心、2个国家重点实验室、国家工程实验室、国家制造业创新中心、国家新材料测试评价平台主中心等10余个国家创新平台。有研集团不仅自身拥有大量创新平台，还牵头打造和主动运营大量创新支撑平台。其中，有研集团主动开放内部资源、积极布局产业链投资等固然重要，但更重要的是利用混改契机，通过形成资本纽带、强化有效激励、尊重市场规律、优化公司治理等方式运营好相关平台，充分发挥创新生态链主企业作用。

第十八章　中国中车：推动传统企业管理 向现代化公司治理转变

中国中车集团有限公司（简称"中车集团"）结合自身行业特点，以企业经营管理转变为突破口深化混合所有制改革，以管理机制与任职方式、公司治理、竞争上岗、综合考评、授权放权的"五个结合"为抓手，全面推进各类领导人员任期制和契约化管理机制创新，以项目为主体建立差异化、科学化、精准化的管控模式创新，着力将制度优势转化为治理效能，在持续完善现代企业制度、优化资源配置等方面不断突破发展桎梏，充分激发了企业发展的动力和活力，为企业高质量发展提供动力和支撑，创造出传统企业向现代化公司治理转变的"中车特色混改模式"。

一、总体情况

党的十八大以来，中车集团贯彻党中央、国务院决策部署，先后制定和实施《中国中车集团公司实施混合所有制改革有关事项的规定》《中国中车集团公司深化混合所有制改革工作方案》《中车加强和规范混合所有制企业管理指导意见（试行）》《中国中车混合所有制企业党的建设工作实施意见》等系列政策文件，根据 5 类业务分类及所属企业功能定位，坚持"一企一策"推动相关企业混改，探索多种所有制资本共同参与，鼓励具备推行深度改革基础的下属企业先试先行，积极探索、大胆实践，实现企业可持续发展。对战略性新兴产业支柱业务，重点是在保证股权不低于 51% 的前提下，积极引入非国有资本和战略投资者，着力改善发展质量，加快形成竞争引领优势。对处于发展初期的培育业务，将改革重点放在建立培育期风险分担机制和市场化经营机制上，积极与非国有资本进行股权融合、战略合作、资源整合。对金融服务等为主业服务的平台业务，积极引入央企、国企进行专业化整合。截至 2021 年底，中国中车集团所属各级合并报表的法人户数 387 户，其中控股及相对控股的混合所有制企业 85 户（其中上市公司 4 户），占比 22%。固定资产总额增长 32 倍，工业总产值增长 84 倍，利税总额增长超过 30 倍，跻身《财富》世界 500 强和中国 100 强。

二、主要创新和做法

一是以"五个结合"推进任期制和契约化管理。"五个结合"包括任期制、契约化管理与任职方式相结合，任期制、契约化管理与公司治理相结合，任期制、契约化管理与竞争上岗相结合，任期制、契约化管理与综合考评相结合，任期制、契约化管理与授权放权相结合。中车集团对经理层成员和经营管理类中层管理人员实行聘任制，明确聘期 3 年，签订《聘任协议书》和《年度目标责任书》。对党委领导人员、董事会成员以及党群管理类中层管理人员实行任用制（选任制、委任制的合称），明确任期 3 年，签订《任职承诺书》和《年度目标责任书》。其中，对实行选任制的领导职务，任期期限以任期综合考核评价周期形式具体体现。2020 年，中国中车集团组织二级企业 222 名经理层成员、94 名党委领导人员和董事会成员以及集团总部 140 名部门内设机构负责人以上人员，应用信息化方式全部在线签订契约化管理文本。在此基础上，要求全级次子公司中层以上管理人员同步全面推行任期制和契约化管理。通过对聘任制、任用制两类人员全面严格执行契约化管理，以契约形式约定任职期限与目标，落实清单化权责，实行以业绩和价值为导向的考评激励机制，有力促进实现各类领导人员职务能上能下、薪酬能增能减。

二是推进实施领导人员竞争上岗"六化"模式。"六化"模式包括推荐考察前置化、演讲答辩结构化、评委组成多元化、综合测评信息化、竞聘成绩公开化、否决项点严格化。竞争上岗"六化"模式的探索实施，有效解决了"会考会说不会干"的人的胜出问题，有效提升了选人用人精准度、公信度、满意度。自中车集团重组成立 5 年多来，已经在集团总部中层管理人员和各二级企业中高层管理人员范围内全面推行任期届满述职评价或全体竞争上岗，近年来"下"的比例超过 3%。仅在 2020 年，40 家二级企业中有 7 家通过推行任期届满全体竞争上岗，中层管理人员"下"的比例超过 5%，其中大连公司一次性"下"73 名中层管理人员，占比达 24%。

三是建立"六个实现"考评和控薪调整机制。推动形成"个人业绩与目标对标、管理团队内部对标、集团内或同行业对标"的多维度对标、综合考评模式。强化常态机制，实现"多点考评"；强化市场导向，实现"信息畅通"；强化多维测评，实现"参与面广"；强化正态分布，实现"抓准两头"；强化契约管理，实现"权责对等"；强化结果应用，实现"奖惩分明"。中车集团对正职领导人员年度综合考评在全集团排名后 5% 的、副职领导人员在本企业排名末位的进行提醒谈话，连续两次提醒谈话的予以调整岗位。规定副职领导人员年度综合考评在本企业排名后 30% 的，年度薪酬水平不得超过正职的 75%；年度综合考评为基本称职或不称职的，不得领取绩效年薪（已经预发的，予以追回）。2020 年，二级企业负责人最高、最低年度总工资收入比达到 4：1。

四是以试点方式落实董事会和总经理选人用人权和"组阁权"。中车集团加强子企业规范董事会建设，建立实施专职外部董事制度，50% 以上的二级、三级企业实现外部董事占多数。选择中车株洲所、中车产投公司等二级企业进行试点，深入落实董事会选人用人权和总经理对经理层副职的"组阁权"，深度实施对标化考核评价、差异化薪酬管理。中车集团选择环境公司等 5 家市场化程度高的企业进行试点，将现有经理层成员身份置换，解除原有无固定期限劳动合同，转为真正市场化的职业经理人，建立实施相配套的绩效评价和薪酬激励制度，以科学有效的市场化选人用人机制驱动企业健康快速发展。

五是建立以项目为主体的授权放权差异化精准化的管控。中车集团探索实施以项目为主体的授权放权，同时建立以"责任管理"为核心的激励约束机制，做到授权赋能与加强监管统筹兼顾。例如，在中车集团对中车长江集团进行投资、人事等方面的授权放权基础上，中车长江集团对新兴产业项目进一步实施差异化授权放权。赋予项目团队在中长期规划、技术路线选择、经费使用、考核分配等方面的 16 项决策自主权；中车常州车辆有限公司对制备车间突破性下放 12 项自主权，激发其自主经营活力，2020 年度新增和在手订单较往年明显增加，销售收入和毛利率同比增长 276.97% 和 33%；中车长江铜陵车辆有限公司打破"职能型""矩阵型"等传统项目管理模式，通过实行项目经理责任制，对项目团队充分授权放权。推行项目积分制，项目积分不仅与项目管理人员的绩效考核挂钩，还与其职务升降挂钩。

六是采用有限合伙企业平台叠加员工持股优化股权结构。从公司治理结构的深层次原因着手，在优化股权结构上下功夫，形成了极具特色的股权结构。通过与战投新设公司组建平台，并将核心业务通过员工持股与核心骨干人员形成利益绑定，通过优化股权为市场化经营机制提供产权保障。例如，中车集团设立的平台公司中交通，是由中车产投、宁波中城和员工持股平台——宁波羽丰新能源产业投资管理合伙企业（有限合伙）共同发起设立的。中车产投和宁波中城各占 45% 股权，经营层及核心团队设立有限合伙企业持股 10%。中车交通设立有限合伙企业作为员工持股平台，宁波羽丰新能源产业投资管理合伙企业（有限合伙）设立时出资人为顾一峰（出资比例 90%）和郑斌（出资比例 10%）。中车交通既有国有股权，也有社会资本股权和职工股权，尤其是国有股权和社会资本股权为"平股平权"，经营层拥有对企业的极大话语权，形成有效制衡的公司治理结构，使决策机制更灵活，经营效率显著提高，有效推动中车交通产业经营与资本运营双轮驱动。

七是灵活运用中长期激励"工具箱"，拉大经理人薪酬分配差距。鼓励和支持混合所有制企业在实施混改过程中，按照"存量业务重点用分红、增量业务重点用股权"的原则，依法合规运用好上市公司股权激励、科技型企业股权和分红激励、混合所有制企业员工持股、科创板上市员工持股、科技成果转化、项目跟投、超额利润分享等不同的中长期激励工具。例如，根据科技项目实施进度和项目成效进行科技奖励，并对实现销售、形成利润、获得独创性成果的项目予以新增效益奖励，充分调动科技人员积极性和创造性，促进科技成果转化，按照"业绩与薪酬双对标"的原则，其年薪可高于公司同层级干部的 3 倍以上。对于重大专项团队，以《项目计划实施责任书》为基础，按超年度经营利润预算目标的阶梯累进制给予项目实施主体提成奖励，其中项目团队负责人绩效最高与最低者的薪酬差距达到 3.2 倍。

三、对深化国有企业混改的困惑和建议

一是混改是破解企业高质量发展难题的重要手段。中国经济进入新常态以来，企业经营发

展面临更多难题和挑战，诸如管理权责边界不够明晰和组织决策效率不高问题、多元发展行业适应性不强和创新产业发展缓慢问题、产业转型升级所需人才和资金问题、人才活力激发和企业动力不足问题。通过混合所有制改革，能够破除制度束缚、凝聚强大人心，不断补齐短板、锻强长板，应对快速变化和日趋激烈的市场化竞争，提升企业的竞争力、创新力、控制力、影响力和抗风险能力，从而在构建新发展格局中实现高质量发展。

二是混改是支撑产业快速发展的重要方式。从中国式现代化建设进程看，增强产业链、供应链自主可控能力正在成为我国经济发展的重点之一。坚持战略导向和问题导向，善于抓住政策窗口期和产业培育期，以发展眼光和改革视角，通过混合所有制改革帮助新兴产业转变经营理念文化、补齐竞争要素、获取行业资源和经验，推动产业回归市场主体，按照各自行业规律经营以实现超常规的突破发展。

三是混改是促进科技自立自强的重要途径。这几年，在全球化逆流、单边主义、保护主义趋势不断强化背景下，一系列"卡脖子"问题日益凸显，成为制约我国产业安全的关键因素。通过实施混合所有制改革，能从人才、资源、机制等方面来持续改革创新，紧密围绕引进创新人才、激发创新活力、营造创新生态、汇聚创新资源、提升创新效率等方面，加大科技创新体系改革力度，着重解决好关键人才的引留、关键技术的突破，以及科技成果的转化及孵化，不断强化自主创新力，打造核心竞争优势。

四是需要国家层面制定出台差异化管控指导意见。建议国家层面出台国有相对控股混合所有制企业差异化管控指导意见，明确非合并报表但相对控股混合所有制企业的党组织、董事会、经理层、监事会等治理主体权责边界，开展试点推行。进一步制定出台党的建设、信息披露、监督管理、派出董监事管理等专项配套制度，探索一条有利于各种所有制资本互补共进、共同发展的有效路径。

五是加快构建党领导下的"大监督"体系。加强对混合所有制改革的监督，是推动企业改革取得成功的重要保障。要加强党内监督与出资人监督、监事会监督、职工民主监督的贯通融合，构建"四位一体"的"大监督"体系，实现监督制度执行从"单枪匹马"向"协同作战"转变。同时，建立联席会议制度，定期召开监督工作联席会议，制定年度监督任务清单，跟踪年度监督工作计划进展，加强"大监督"闭环管理，推动制度优势更好地转化为治理效能。

第十九章 中国医药集团：以引战盘活闲置资产推动产业转型升级

　　中国医药集团有限公司（简称"国药集团"）是以医药为主业的大型央企。国药集团通过引入战略投资者、实施股权激励、收购控股民营企业等方式深入推进混合所有制改革，有效盘活国有闲置资产，从一个基础薄弱的传统国有企业，发展成为业务规模领先、医药健康领域规模最大、产业链最完整、综合实力最强，也是唯一一家进入世界 500 强的医药企业。国药集团多年的发展是一个不断践行混合所有制的实践过程，其走出了一条成功的混合所有制改革之路。

一、总体情况

　　作为一家处于自由竞争领域的商业国有企业，国药集团一直是混合所有制改革的积极响应者。国药集团的混改最初源于国家推进政企脱钩，大部分优势资源划归地方，国药集团资源十分有限、市场份额不足 1%，若与彼时活跃在市场上实力雄厚的跨国公司和灵活高效的民营企业同台竞技，将没有丝毫的优势。在生存压力和市场竞争双重形势逼迫下，国药集团在体制机制上大胆探索，走出一条在充分竞争环境中快速发展的道路。2003 年引入民营战略投资者复星医药组建国药控股公司，2009 年在香港上市，2014 年被国资委选为首批国有企业混合所有制改革试点企业，在构建董事会、高级经理人聘用和薪酬制度三个方面进行混合所有制改革的集中改革试点。2015 年，国药集团又被国资委选为推行"股权多元化"示范国有企业。2017 年，国药集团引入外资沃博联香港作为战略投资者，进一步完善国大药房的股权结构。国药集团在长期的实践中，既实现了"混"，国有资产有效盘活，业务规模不断扩大，产业布局优化调整；也实现了"改"，法人治理结构日趋完善，三项制度改革成效显著，科技创新驱动逐步显现。从经营业绩和产业布局看，混合所有制贡献突出。截至 2020 年底，集团混合所有制企业数达 1324 家，占集团企业总户数的 93% 以上，混合所有制企业的营业收入、利润、资产总额对集团的贡献率均达到八成以上。2021 年，国药集团营业收入实现 7023 亿元，同比增长 31.71%；利润总额、净利润大幅增长，全员劳动生产率同比增长 129.64%；资产负债率 54.13%，同比下降 5.82 个百分点，经济效益和净资产收益率名列中央企业首位，创历史最好水平。

二、主要创新和做法

一是采用同一核心业务中央和地方联合同时引战模式。国药集团不同下属公司同时引入投资者，对于同一核心业务，由于不同的地区、不同的特点等原因，分别采取与不同伙伴合资合作，实现股权多元化，加强与各类企业进行股权融合、战略合作、资源整合，共建产业链、供应链，打造产业生态和经济生态，对于国药集团利用地方资源、行业资源一起共同构建产业网络，有积极作用。国药集团作为一家以分销为核心主业的集团，能够建立全国范围内的营销网络，是推动企业长期发展的基石。为了实现这一目标，国药集团在各个省份都与当地有一定市场通道资源的地方国资和其他投资者合作，建立了各省的公司，进而在此基础上实现了中央和地方的联合，构建了营销网络。这种模式可以帮助企业在一个相对短的时间内，构建产业网络。例如，引入复星医药成立国药控股后，公司的医药商业在全国范围内突飞猛进，目前已成长为最大的国内医药企业。

二是以改制上市作为载体收购民营企业。国药集团以上市公司作为混改的主要载体，不断吸收非公有资本，实现股权多元化的混合所有制，成为国药集团提高企业竞争力的重要因素。2002 年，国药股份在 A 股上市，是国药集团探索混合所有制改革的重要转折点。此后，国药集团依托资本市场，开展了一系列收购活动，弥补了企业发展的不足。2003 年 1 月，国药集团与上海复星医药集团共同成立国药控股有限公司。有民营因子的国药控股在决策机制、市场意识、管理方式及激励机制等方面比传统国有企业迈进了一大步，从而实现了超常规发展。通过 10 余年的发展，国药控股的营业收入由 2003 年成立之初的 81 亿元增长到 2017 年的 2770 亿元，由一家区域性医药商业公司快速成长为商业网络覆盖全国、国内最大的医药商业企业，并以近 1000 亿港元的市值位列全球医药商业企业第四位。

三是与战略伙伴搭建混合所有制发展平台。在确定全产业链发展战略后，国药集团通过混合所有制改革与民企共同搭建国药集团中药发展平台。2012 年、2013 年国药集团先后收购了民营中药企业——盈天医药集团有限公司和贵州同济堂制药有限公司（现改名为"中国中药"），以及通过中国中药收购天江药业，在中药领域以及中药配方颗粒领域获得战略性布局，将民营企业家的利益与国药集团中药板块的长期利益结合在一起。

四是实施股权激励完善股权结构。为充分发挥民营企业家的作用，国药集团在投资并购民营企业时，采取了在保持控股地位的前提下，留给原民营股东一定比例的股权。在股权结构上实现与非国有企业结合后，积极推动治理结构改革，发挥民营资本、外资在治理机制方面的优势。例如，国药控股董事会批准将 723 万股限制性股票于当日按授予基准价格每股 35.46 港元授予 190 名激励对象。这项针对公司中高层管理人员、专业人才的持股计划，建立起企业与员工之间利益共享、风险共担的市场化激励和约束机制，有助于激发核心员工的工作积极性。

五是构建市场化的高级管理人员聘任机制。国药集团混合所有制企业中担任总经理的人员有三类，即由国药方推荐人选担任、由民营股东推荐人选担任和由社会化选聘的职业经理人担任。建立了激励和约束相结合的职业经理人薪酬体系，职业经理人实行与市场化接轨的年薪制，薪酬标准与所任职企业效益直接挂钩，根据每年考核结果给予兑现，确保公司利益与股东利益的一致。同时，建立了以绩效为导向的员工薪酬福利管理制度，明确了职业经理人以外的员工匹配市场化的薪酬福利体系。同时，国药控股开展了中长期激励工作，以限制性股票作为激励工具，以中长期的优秀业绩实现作为获得激励收益的前提条件，从时间约束、业绩约束和持有约束三个方面形成和强化相应的考核约束机制。

六是以"1+M+N"制度体系落实董事会职权。建立健全董事会议事规则，明确董事职责和履职程序等。国药集团加强顶层设计，建立健全保障董事会规范高效运行的"1+M+N"制度体系。"1"即《公司章程》；"M"包括《股东会议事规则》《董事会议事规则》《董事会专业委员会工作规则》《总经理办公室议事规则》；"N"包括《董事会授权管理办法》《董事会提案管理办法》《董事会决议事项督办制度》，以及涉及董事会职权的战略管理、风险管理、债务管理、投资管理等制度。各项制度相互衔接、相互对应，从不同维度和层面为董事会履职行权提供了制度保障。国药集团重视建设规范的董事会，各方股东通过派出董事在董事会决策过程中体现自己的意志，建立了以股权为纽带的管理体制，促进了混改后各方有效融合。为保证董事会真正发挥作用，国药集团从董事会构成、运行等环节加强制度建设，如完善董事会表决和议事规则、明确董事职责和履职程序等。在涉及企业发展的重要战略和决策等方面，各方股东派出的董事要在董事会上进行充分沟通，不能忽视或侵占非控股股东的权益。

七是探索建立对混合所有制企业有效监管制度。国药控股针对混合所有制企业产权的形态及治理结构，按照有利于建立现代产权制度、有利于促进混合所有制经济发展、有利于国有资产保值增值的原则，建立完善混合所有制企业产权管理制度体系，从"国有产权的确权""国有产权的运营管理""流转管理""国有产权的监督""信息公开""问责管理"等方面形成了明确的改革措施。在执行中，通过专项治理和强化督促整改，降低了合规经营风险；通过开展管理提升，"两降一减"初见成效。通过对部分缺乏市场长期竞争能力、未来发展不确定性较大的项目，视情况逐步调整，降低比例，乃至退出，进一步强化了对国有产权管理的保值增值与风险可控能力。

三、理论和实践的认识及深化混改的建议

一是混改的路线始终要围绕阶段目标需求和战略定位设计。国药集团绝大部分重大资产重组是为了解决同业竞争问题，以便更好地服务于集团的产业战略布局。而引入战略投资者，主要是根据具体子公司经营现状并结合子公司长远发展来看，目的是扩大具体某一产业的市场规模，借助战略投资者的平台，提升国药集团在某一业务领域的市场规模。而先通过入资优秀的民营企业，再通过认购等行为变为控股股东，最后进行一系列的并购行为，其目的主要是为了弥补国药集团在某一业务领域的不足，填补业务空白并进一步扩大其规模，最终成为相关业务

领域的"领头羊"。对于近两年来开始实施的限制性股票激励方案，推行员工持股，则是为了公司的长远发展考虑，激发企业内部员工以及管理人员的积极性，同时也是响应国家号召，进一步深化薪酬体系改革，以提升公司治理水平。

二是重视战略投资者的选择。国有企业在寻找战略投资者之前，必须评估自身的不足和缺陷，寻找和匹配符合自身需求的战略投资者，实现优势互补，充分实现"1+1>2"的协同效应。为了确保公司引进战略投资者后充分发挥协同效应，不能将价格水平作为引进战略投资者的唯一选择指标，可以从如下几个角度进行综合考量。首先，必须具有较为突出的经济实力。其次，应该具有较为丰富的管理和运营成功经验。国有企业转型的目的是构架更加科学的企业治理结构，使其能够长期稳定健康成长。利用战略投资者的导入，使国有企业与它们构架长期协作关系，参与公司治理，它们可以运用自己先进而成功的管理方法，提高国有企业的管理运营能力，提升企业的治理效率。最后，应该具备多渠道资源。除了资金资源以及运营经验，战略投资者还可以提供技术、人才、商业模式等多个层次的协同。具备多渠道资源针对国有企业的战略转型和业务扩张而言，有着极好的助推效果。

三是定期对战略投资者进行动态评估。定期采用科学的指标对战略投资者的绩效展开评估，同时及时向企业利益关联方披露相关信息，使投资者等重要利益关联方可以及时掌握战略投资者的动态和趋势以及它的现实效用。基于对战略投资者展开评估，应该对他们执行激励约束机制，以及清晰的奖励和惩罚机制，以最大化发挥战略投资者的效能。例如，国药集团通过向雇员发行股权来激励他们，这种激励活动也能够实施在战略投资者雇员中。假使通过评估机制发现战略投资者的实际效果不理想，可以基于问题的产生，发现其出现的内在动因，并实行持续改进，提高公司的运营效率；假使存在较为突出的问题，必要时可终止战略协作关系。

四是为战略投资者制订合适的退出计划。战略投资者的选择必须要进行多个方面的考虑，对他们的评估必须细致和系统，他们的退出必须提前进行周密的安排。战略投资者退出计划的关键是退出的时间和方法。首先，国家对战略投资者的退出时间有相关规定，其股权持有时间应该比普通财务投资者更长。在这段时间内，战略投资者不能对股票进行间接或者直接的转让，必须等到锁定期期满后，在满足法律、法规和监管文件标准的情况下才允许对股票进行转让。其次，关于退出方式，由于战略投资常常占据公司的重要部分，并且占公司股份的比重很大，所以当战略投资退出时，对企业总体的影响会是明显的。因此，当战略投资者退出的时候，被投方应及时回购所持股份，或经双方管理人员协商后转让给第三方，以规避股份流出而出现资产控制权的改变。

五是央企职业经理人制度安排有待完善。公益类企业尽管在落实董事会职权的基础上可以实现职业经理人的规范选聘流程和契约化管理，但由于行业本身市场化程度不高，导致对职业经理人难以真正实现市场化薪酬激励；现阶段中央企业的职业经理人队伍中有近半数为外部引进，公司内部易形成既有职业经理人又有非职业经理人的"双轨制"现象。一方面，引入的职业经理人无法融入经营班子，不好开展工作；另一方面，出现原有经营管理人员"不作为""不配合"的现象，不利于经营班子整体功能的发挥。在对职业经理人的管理上，打破了原有传统行政管理的模式，在聘用、考核、评价和激励等方面基本实现了契约化管理，但在其他配套管理制度如职业经理人个人事项申报、履职待遇和业务支出、兼职(任职) 管理等事项的处理上，存在标准不一的问题，缺乏操作性指导和灵活性政策。

第二十章　中国国新：践行"管资本"

国有资本投资运营公司改革是国资监管体制由"管资产与管人、管事相结合"向以"管资本"为主转变的重要举措。作为两家国有资本运营公司之一，中国国新控股有限责任公司（简称"中国国新"）是"管资本"的践行者。中国国新按照"完善治理、强化激励、突出主业、提高效率"的要求，坚持"三因三宜三不"原则，深入实施国企改革，为国有资本投资运营公司以混改促活力、提效率提供了重要经验。

一、企业历史沿革

中国国新成立于 2010 年 12 月，最初为配合国资委优化中央企业布局结构、主要从事国有资产经营与管理的企业化操作平台。2016 年初，中国国新被国务院国有企业改革领导小组确定为国有资本运营公司试点。此后，按照党中央、国务院决策部署，围绕国务院国资委工作要求，中国国新聚焦试点目标和功能定位，构建完善"资本＋人才＋技术"的轻资产运营模式，逐步形成了基金投资、金融服务、资产管理、股权运作、直接投资共五大业务板块和央企专职外部董事服务保障平台。在深入实施国企改革的过程中，中国国新持续深化国有资本运营公司改革试点，加快构建完善授权管控体系，有效激发企业动力活力。2021 年，中国国新实现净利润 223 亿元，相较于 2016 年试点之初增长了 4.1 倍，净利润 3 年复合增长率达到 45.8%。2019 年、2020 年、2021 年中国国新连续获年度中央企业负责人经营业绩考核 A 级，同时获得 2019—2021 年任期考核 A 级。

二、改革总体情况

中国国新开展运营公司试点后，提高政治站位、把握混改方向，结合运营公司功能定位和自身特点，以完善公司治理和转换经营机制为支撑，分层分类稳妥推进所属企业混改和股权多元化，同步推动企业深度转换经营机制，提高活力和效率。截至 2021 年 12 月底，中国国新共有各级子企业 36 户，其中混合所有制企业 9 户（"非穿透式"口径），占总户数的 25%。

一是积极通过合资新设、投资并购、增资扩股等方式有序推进所属企业混改或股权多元化。中国国新通过发起以国风投基金为核心，包括国同基金、央企运营基金、国新建信基金、双百基金和国新科创基金在内的国新基金系，累计撬动各类社会资本2200多亿元，所设立的9家基金管理公司均实现混合所有制或股权多元化。所属国新商业保理有限公司联合社会资本设立了混合所有制的专业子公司，在子公司层面实现了混改。同时，中国国新于2019年4月战略重组大公国际，成为其控股股东；所属中国文化产业发展集团有限公司2017年收购三爱富20%的股权，更名为"国新文化"。通过推动两家民营企业引入中央企业规范成熟的管理体系，完善中国特色现代企业制度，深度转换经营机制，成功转型为央企控股的混合所有制企业。

二是不断探索对混改企业的差异化管控模式。中国国新制定实施了《关于对所属国有相对控股混合所有制企业探索实行差异化管控的通知》，从完善差异化管控模式、健全市场化经营机制、落实党建工作要求、协同支持经营发展等方面，进一步明确了公司及所属企业与相对控股混合所有制企业的权责边界和行权方式。同时，对于混改后的非控股企业，中国国新充分尊重企业独立经营主体地位，通过推动构建规范的公司治理体系，积极履行出资人职责，在保证混改企业董事会决策独立性、责任性的基础上，依托外派董事、监事和股东代表等发挥专业性作用，提升企业经营效率，保障了国有资本利益。

三、典型经验做法

（一）加快构建完善授权管控体系，有效激发企业动力活力

中国国新立足国有资本运营公司特点，探索构建差异化授权管控体系。一是把握运营公司功能定位，明确授权管控工作思路。强调授权管控体系建设要明确上下权责边界和授权行权方式，既要贯彻好出资人意志，也要维护好所出资企业市场主体地位；明确授权管控体系建设要紧紧围绕投资活动这一主线，重点划清投资决策权限，切实防控各类投资风险；明确公司总部对所出资企业重大投资项目等实行集中决策，同时不断优化内部流程、提高决策效率，并根据板块公司的治理基础和行权能力，"一企一策"授权放权。二是依托"一张表三清单"，实现科学合理授权放权。中国国新针对板块公司、划入企业、参股企业分别采取差异化管控模式，通过制定实施"一张表三清单"，按照权责匹配原则，紧扣投资主线，厘清权责边界，划出底线红线，推进科学合理授权放权。三是坚持放活与管好相统一，持续提升治理管控能力。中国国新围绕完善中国特色现代企业制度，加强所出资企业行权能力建设；结合运营公司实际打造形成"五位一体"党内监督格局，加强业务、法律、财务、审计四线融合的业务线条监督；建立持续跟踪动态调整机制。

（二）着力完善中国特色现代企业制度，充分发挥董事会防风险作用

中国国新牢牢把握运营公司功能定位，充分发挥董事会在深化运营公司改革中的重要作

用，重视并发挥其防风险的作用。一是以加强党的全面领导为根本，有效防范治理风险。在职责权限上做到紧密衔接，制定党委研究讨论和决策重大问题办法，同步修订董事会议事规则；在决策流程上做到紧密衔接，使外部董事能够独立、客观地作出专业判断，同时建立经理层落实董事会决议的督办机制。近 3 年，经董事会决策的投资项目涉及金额超过 2100 亿元，未发生过重大失误。二是以深化运营公司改革为导向，有效防范战略风险。在运营公司定位把握、试点推进上，与其他治理主体同向发力；在运营公司自身建设上，与其他治理主体同频共振，董事会积极支持公司党委和经理层推动改革创新。三是以保障公司高质量发展为目标，有效防范市场风险。坚持把风险防范摆在首位；推动完善风险防控体系，及时补齐风险防范制度短板，完善投资决策交叉审核机制，筑牢风险管理"三道防线"；及时梳理检视重点风险，定期听取审计、合规、内控、财务决算等专项工作报告，对各类风险进行梳理，提出防范举措。

（三）发挥运营公司专业优势，引入各类社会资本参与支持央企混改

中国国新通过直接投资、基金投资、资产管理等多种资本运作方式，发挥运营公司专业优势，注重引入各类社会资本参与支持央企混改。截至 2021 年底，撬动各类社会资本超过 2400 亿元，累计投资央企项目 246 个、金额 4542 亿元。一是通过直接投资支持央企重组整合。助力央企战略性重组，推进钢铁板块和铁矿石板块整合运作，促进有关央企优化资源配置、加快转型升级，配合兵工集团和兵装集团解决历史遗留问题、理顺股权关系；推动央企专业化整合，解决多年来重复投资、同质化发展等问题，促进提高产业集中度和核心竞争力。二是通过基金投资引导带动社会资本参与央企混改。中国国新发挥基金投资专业优势，引导和带动社会资本参与央企混改，积极服务央企深化改革、创新发展；在国务院国有企业改革领导小组办公室的指导和支持下，设立运营国企改革系列基金，支持"双百企业""科改示范企业"综合改革。三是通过投资非国有企业实现各类资本优势互补协同发展。中国国新发挥运营公司主要以财务性持股为主、不追求控制、更易于与民营企业合作的优势，在国有资本布局相对薄弱或尚未进入的前瞻性、战略性新兴产业等领域，通过基金投资、直接投资等方式，以市场化方式投资入股了一批发展潜力大、成长性强的非国有企业。

四、经验与建议

中国国新以建立健全中国特色现代企业制度、完善以管资本为主的管控机制为目标，坚持和加强党的全面领导，坚持市场化方向，通过对相对控股企业探索建立有别于国有全资、绝对控股企业的差异化管控模式，推动相对控股企业党的领导融入公司治理，实现法人治理结构与内部管理体系有机衔接，形成国有资本、非国有资本有效融合、深度协同、优势互补、发展共赢的良好局面，推动企业实现高质量发展，取得以下经验。

筑牢风险意识，多措并举防范各类风险。中国国新以深化运营公司改革为导向，结合运营公司投资驱动属性、各类业务开展多以投资方式进行的特点，同时针对国有资本运营涉及产融

领域宽，板块类型多，业态模式新，风险传递性、外溢性强等特点，强调多措并举防范治理风险、战略风险和市场风险，坚持把防风险作为定战略、作决策的大前提，确保试点走深走实、企业进而有为。

坚持市场化改革，完善授权管控体系和中国特色现代企业制度。中国国新明确授权管控工作思路，制定实施投资项目负面清单，推进科学合理授权放权，坚持授权放权既要做到"授得准"，也要确保"接得住""管得好"，有序推动市场化改革向深水区迈进。同时，着力完善中国特色现代企业制度，发挥董事会在深化运营公司改革中的重要作用，以改革促发展，提高企业活力。

牢记自身定位，发挥自身优势助力国资央企混改。中国国新坚持以服务央企为本位，放大了国有资本功能，充实了央企资本积累，支持了中央企业深化改革、创新发展和优化布局。同时，通过投资一批发展潜力大、成长性强的非国有企业并转成混合所有制企业，发挥了资源赋能优势，推动各种所有制资本取长补短、相互促进，有效发挥了资本运营专业平台特殊功能的作用。

对今后工作提出如下建议：部分板块平台公司暂不具备条件推进混改，建议相机稳慎推进混改或股权多元化工作。以中国国新所属金融服务板块公司国新资本为例，其下属的国新保理、国新租赁等类金融机构正处于快速发展阶段，利润回报增速较快，如国新资本此时开展混改会因净资产较小、估值较低，而导致无法通过释放股权获取充分体现自身价值的资本投入。同时，国新资本还承担着拓展运营公司金融服务手段，对外并购银行、证券等核心金融牌照的战略使命，未来需要股东方持续大量的资本投入以开展并购活动。因此，中国国新金融服务板块公司目前不具备实施混改或股权多元化的成熟条件，建议待板块收入、利润进入稳定成熟期，同时业务格局基本定型后，相机稳慎推进混改或股权多元化工作。

地方企业篇

DIFANG QIYE PIAN

第一章　地方企业混合所有制改革实践

一、地方积极推进混合所有制改革

地方各级发展改革委、国资委坚决贯彻落实党中央、国务院的决策部署，按照"完善治理、强化激励、突出主业、提高效率"的总体要求，坚持"三因三宜三不"原则，稳妥推进和深化混合所有制改革，目前已经从先试先行、提炼经验推进混改的试点阶段进入到了以"积极稳妥""宜混则混""一企一策""促进机制转换"为基本思路的新阶段。地方国企通过转让股权、增资扩股、合资新设、投资并购等方式与非公企业开展合资合作，混合所有制改革取得了积极进展，有力推动混合所有制经济发展。

（一）地方推进混合所有制改革的基本特点

1. 根据党中央、国务院顶层设计出台改革操作细则

地方按照 2015 年《国务院关于国有企业发展混合所有制经济的意见》，不断完善政策体系，制定本地区省属或市属企业的实施意见和操作细则，出台鼓励和规范国有企业投资项目引入非国有资本的实施意见等，为推进混合所有制改革工作提供政策支持。例如，2014 年上海市率先出台《关于推进本市国有企业积极发展混合所有制经济的若干意见（试行）》，明确发展混合所有制经济的基本原则、主要目标和具体措施。西安市先后制定印发了《国有企业混合所有制改革相关法律法规与政策文件汇编》《西安市属国有企业混合所有制改革操作细则》《西安市属国有企业混合所有制改革流程图》《市属国有企业混合所有制改革工作安排》等政策文件，形成比较全面的政策指导体系。

2. 建立研究评估、后评价等工作制度支撑混改

地方一级企业对所出资企业混合所有制改革积极开展研究评估，已开展评估的户数占实施混改总户数的 99.87%，积极指导具备条件的企业"一企一策"制定方案，确保了成熟一个推进一个。另外，一些地方，如浙江、山东、江西等地积极探索混改后评价制度，制定出台混合所有制改革后评价工作实施办法，公开选聘中介机构开展混改后评价工作，以利于全面了解和审视省属或市属企业混改效果，严把混改质量。

专栏1 多地积极开展后评价制度

山东省在全国率先出台相关文件。山东省在全国率先出台《省属企业混合所有制改革后评价工作实施办法》，在省属企业选取20家样本企业，对样本企业实施混改全过程全面综合客观的评价，总结混改经验，发现存在问题，并且印发通报，督促企业抓好整改落实，实现以评促改。

浙江省建立评价监督机制和混改项目动态跟踪调整机制。以重点项目为抓手，从风险、资本、管理、技术等方面动态跟踪、评价、调整改革项目。一是加大改革项目后评价力度。建立混改后评价机制，制定《混合所有制改革混改后评价办法》，重点从企业主体、投资者、员工、客户等多个维度，对混改过程和混改成效进行全面评价，完善混改工作监督闭环，做好混改"后半篇文章"。二是动态跟踪调整改革项目。对照改革方案对混改企业情况跟踪观察，及时纠正不符合方案要求的行为，及时调整方案中不符合实际情况的内容，有效防范化解改革风险。三是实现混改信息动态更新。依托国资国企数字化监管平台，建立全周期混改信息统计系统，及时跟进了解改革项目立项、方案内容、改革任务、实施情况以及改革后发展成效等情况，有效实现信息动态更新。

江西省混改"后评价"监督到位。江西省探索建立"234"混改后评价制度，从国资委和企业集团两个层面推进混改后评价机制建设，从混资本、改机制、促发展3个维度，资本增值、管理提升、主业发展、投资者作用4个方面效果进行综合评价，检验混改成效，找出问题和不足，提出改进措施，确保实现以"混"促"改"。重新修订国资委出资监管企业投资监督管理办法，推动企业建立混合所有制企业投后评价监管制度。建立国资委对混合所有制企业专项检查评价机制，目前已形成的15份专项检查报告揭示出问题和风险174个，提出建议169条，有效督促企业整改落实。

3.以构建混改信息发布平台和项目库等拓展混改渠道

部分地方政府积极完善混合所有制改革项目推广机制，定期举办国企混改项目推介会，集中推出重点领域混改项目。与此同时，建立完善混改信息发布平台、混改项目库，实现多渠道推介混改项目。例如，内蒙古自治区通过内蒙古产权交易中心建立自治区国有企业混合所有制改革项目发布平台，通过开展专题推介活动、网络路演与座谈磋商、精准对接等线上线下相结合的方式，多平台多媒体多渠道推介国企混改项目。济南市积极建立国有企业混改项目库，对项目库实行动态管理，确保完成混改的项目及时出库，再继续遴选条件成熟的项目入库。另外，做好精准服务对接，积极指导企业加强与国内外知名企业、投资机构、中央等优势企业的联系和对接，促进企业与战略投资者的合资合作。河北省组织举办国企混改项目推介路演，对12个混改项目进行视频直播"云"推介。

4. 形成了增量混改和存量混改齐头并进的局面

从地方实践来看，增量混改和存量混改并存，实现了以混改促增量发展，不断"做大蛋糕"；以混改纾困破局，存量企业实现浴火重生。

在地方存量混改实践中，不少企业借助战略投资者的资源、技术、机制、管理等优势，突破发展瓶颈，摆脱破产困境，打出漂亮翻身仗，探索形成了民资纾困、国资赋能、债转股或破产重整、持续深化等 4 种混改路径。一是采用引民资混改。主业处于充分竞争领域、长期经营困难或发展前景不明朗的国有企业，通过混改引入优质社会资本，借助其市场渠道、灵活的市场机制和健全的激励约束实现了"浴火重生""脱胎换骨"。南昌市政、福建福光、东北制药、渤海钢铁等均采用这一路径。二是采用引国资混改。国有企业充分利用资本、资源及人才优势，通过投资入股、并购重组，与发展潜力大、成长性强的非国有企业开展战略合作。孚能科技、重庆泽胜船务、河北滦宝公司、广州山河智能、美亚柏科是这一路径的典型。三是利用市场化债转股或破产重整实施混改。将国有企业部分债务转为金融资产管理公司对企业的股权，或对已符合破产条件但仍可挽救的国有企业实施业务重组、债务调整、引入战略投资者混改等，降低杠杆率，注入新发展动能。河钢集团唐钢高强汽车板、冀中能源集团段王煤业、华胜公司、北满特钢、中国铁物、昊融集团、东北特钢、北方重工是这一路径的代表。四是持续深化型混改。上市公司通过定向增发等方式引入新的战略投资者，不断优化股权结构、完善公司治理。地方国有控股上市公司持续引入持股比例 5% 以上的战略投资者，股权结构、公司治理进一步优化。

混改不仅能盘活存量资产、激发老企业活力，还可广泛应用于新产业、新技术、新业态、新领域。目前，在地方增量混改中，已经探索形成了合资新设、分拆上市等混改路径。比较典型的，一是合资新设式混改。国有企业与非国有企业通过出资新设混合所有制企业"做大蛋糕"。重庆长电联合、深圳前海供电、陕西有色新能源、甘肃德福新材料、中煤科工清洁能源、新疆国投盛元、安徽长鑫存储、蔚来中国（合肥）等都是典型代表。二是分拆上市型混改。将国有企业的部分资产或业务板块分拆，加以专业化整合和股份制改造，在股票市场首发上市。安徽铜冠铜箔集团、广州越秀地产、福建锐捷网络、乾元浩生物都采用了这一路径。

5. 探索混合所有制企业实施差异化管控

对国有相对控股混合所有制企业实施更加灵活高效的差异化管控，是贯彻落实党中央、国务院关于深化混合所有制改革重大决策部署的重要举措，是促进不同所有制资本相互融合、取长补短、共同发展的有效途径。地方国有企业开始探索对国有相对控股混合所有制企业实施差异化管控，初步探索了一条有利于各种所有制资本互补共进、共同发展的有效路径。这种经验做法有利于"还权给混改企业"，提高企业经营活力和效率。例如，山东在全国率先出台《关于省属国有相对控股混合所有制企业差异化管控的指导意见（试行）》，对相对控股企业国有股东决策事项实行清单管理，选取部分企业开展差异化管控试点。浙江、广东、安徽、河北、江西等地也在积极探索。实践证明，在确保国有资本保值增值基础上，探索对国有相对控股混合所有制企业差异化管理，在决策机制、管控内容、信息披露、监督约束等方面给予企业更大的自主权，有利于不断完善现代企业法人治理体系，推动企业全面建立更加灵活高效的市场化经营机制，真正维护企业的市场主体地位，有效提升企业活力和经营效率。

专栏2 地方对国有相对控股混合所有制企业积极探索差异化管控

广东省积极探索建立有别于国有独资、全资公司的治理机制和监管制度。目前已指导省广新控股集团、省广物控股集团初步建成差异化的管控治理模式，前者从董监高、资金管理、投资和审批权限等方面，对绝对控股企业、相对控股企业和上市公司实行分类管理；后者从制定差异化个性化授权清单界定管理边界，在客户授信、贸易业务审批、新业务开拓等方面给予更多自主权，在安全生产、环境保护、产权管理等方面从严管控。同时，在部分企业探索实践的基础上，起草了《广东省省属国有相对控股混合所有制企业差异化管控指引》，从加强党的领导、制定公司章程（明确授权范围和议事规则）、国有股东治理（明确董事委派、表决和管理）、市场化经营机制、风险防范等方面进行规范。

浙江省选择部分企业探索差异化管控。浙江省选择国贸集团下属康恩贝制药股份公司（上市公司）探索差异化管控。制定《浙江康恩贝制药股份有限公司深化混合所有制改革完善公司治理总体方案（试行）》，实施有别于国有全资、国有绝对控股企业更加市场化的差异化管控机制并取得良好成效。

江西省14家集团探索实施差异化监管。14户一级企业集团制定实施了针对混合所有制企业的差异化监管制度文件或通过制定完善权责清单（负面清单），以及有关生产经营、投资管理、国资监管、风险管控等事项的专项制度落实了差异化管控。

河北省制定混合所有制企业差异化管控指导意见。河北国资委制定国有相对控股混合所有制企业差异化管控指导意见，明确11项国有股东决策事项清单，清单内事项按国有股东意见投票表决，不再实施行政性管控；针对并购民营企业的国有相对控股企业，强化国有股东在党建纪检、审计巡查、安全生产、生态环保等方面的监督。

宁波市探索实施差异化且灵活高效的监管制度。宁波基于"对国有资本不再绝对控股的混合所有制企业，探索实施更加灵活高效的监管制度"的精神，出台《关于实施"三江汇海"混改重点支持计划的通知》。该计划主要面向混改后市级国有资本作为相对第一大股东、股权50%以下且并表、企业法人治理结构完善、"三项制度"健全、引进战略投资或对外投资额较大、营业收入较高的企业。入选企业可实施灵活的薪酬管理和激励约束机制，工资总额、经济效益与集团双脱钩、单列管理；可实施灵活的选人用人和用工机制，董事长和法人代表如原为市属企业党委管理的人员，在征得本人同意后可不再列入管理序列；可实施灵活的运营管理机制，可参照实施合作方或行业先进的市场化管理模式；可实施优先的资金支持政策，优先享受宁波市国企改革发展基金的支持等。

西安市大胆开展"差异化管控混合所有制企业"试点。为促进非国有资本进一步融入混合所有制企业的内部治理结构和治理机制，发挥不同所有制资本间协同效应，充分激活企业内生发展动力，有效提升资源配置效率和绩效水平，选取西安市供水集团有限公司所属国有资本控股企业西安自来水第三工程公司和国有资本参股企业西安自来水第二工程公司，开展"差异化管控混合所有制企业"试点。试点具体内容主要为：（1）如何科学合理界定国有股东与混合所有制企业的权责边界，如何引导持股5%以上的战略投资者作为积极股东参与公司治理，避免对混改后企业的"行政化""机关化"管控，实现从"控制"到"配置"的转变。（2）国有股东如何在现代企业制度框架下按照市场化规则，以股东角色和身份参与企业决策及经营管理，做到不缺位、不越位。（3）股权董事履职支撑服务和监督管理如何加强，以确保国有股权董事行权履职体现出资人意志。（4）在依法保障混合所有制企业自主经营权的同时，国有股东可以通过哪些方面的授权放权进一步释放混改企业市场活力。（5）探索将部分国有资本转化为优先股的可行性，探索国有股东作为中小股东时实施特别表决权、累积投票、分类表决、关联事项回避表决等制度的可行性。（6）探索对混合所有制企业的工资总额实行预算备案制管理、单独管理、工效联动等监督管理的可行性。

长春市支持企业集团对混改企业实施更加市场化的差异化管控。一是适时合理调整企业管理层级，对原由国资委直接监管的旭阳集团、欧亚集团随着混改的推进，国有产权划转至国有资本投资运营公司持有，混改企业决策机制更加灵活高效。二是将持股上市公司分为控股、战略参股和财务投资三类，分类管控，对控股公司延伸主业，拓展产业链、价值链，对战略参股企业实现优势互补，对财务投资企业保障国有资本增值收益。

（二）坚持分层分类以及重点领域推进混改

1. 坚持分类推进

各地着力推进竞争类省属或市属企业混合所有制改革，实现宜控则控，宜参则参；稳妥推进商业二类子企业混合所有制改革，并保持国有资本控股地位；稳妥推进公益类企业实现股权多元化。例如，山东省明确省属企业混合所有制改革的"三优三不"原则，即竞争性领域的国有优质企业、优质资产、优质资源，对民营企业不设准入门槛、不设持股比例、不设合作领域。对充分竞争行业的企业，注重引入具有技术、品牌、市场影响力的投资者。对基础设施领域和公益类企业，鼓励投资主体多元化，成熟一个推进一个。河南省加快推进商业一类企业混合所有制改革，混改比例超过50%，58家公益类国有企业已有28家实施混合所有制改革，混改比例达到48.3%。西安市除了极少数重点发展产业的产业链、供应链优化稳定和对经济社会发展具有战略支撑作用的市属企业外，其他竞争类市属国有企业混改不设国有股权持股比例限制，宜控则控，宜参则参。支持有条件的功能类和公共服务类市属国有企业在保证国有股东控股地位的前提下，充分向民营资本释放股权，尽可能使民营资本方有权委派董事或监事参与公司经营管理和监督。深圳市按照"宜混则混、宜控则控、宜参则参"的原则，大力推动市国资委直管企业下属商业类企业混改，国有资本可以绝对控股、相对控股或参股。重点推进转制科研院所、高新技术企业、科技服务型企业以及新产业、新业态、新商业模式类企业开展管理层和核心骨干持股改革，形成企业与员工利益捆绑，激发经营活力。对于市场化运营模式成熟、法人治理结构完善的公益类企业，也在审慎探索推进混合所有制改革。

2.坚持分层推进

各地区在积极参加国家层面试点的同时，积极精心组织、稳妥推进本地区省属和市属国有企业、集团层面和子企业混合所有制改革。一般情况，各地区均是在一级以下企业稳妥推进混合所有制改革。截至2022年7月，各级子企业中完成混改的数量占比为58.99%（"穿透式"口径）。例如，河南省、武汉市等地按照"一级管住、二级放开"的原则，重点推进国有企业二级及以下子公司层面混合所有制改革。广东省鼓励已完成产业聚焦整合的二、三级完全竞争性企业优先推进混改，鼓励以增量为主，通过引入投资者、员工持股、重组上市等途径混改，鼓励通过开放性并购重组及资源整合方式混改。然而，江西、广东、青岛等地积极探索集团开展混改。例如，江西省结合当地实际摸索出了具有江西特色的混改模式。江西省着力推动集团混改，并由集团向子企业、由省属向市（县）属企业纵深推进，由试点向推广、由单项改革向综合改革扩大推进，推动混改企业由股权多元化向公众型、上市公司转型推进，形成中国瑞林、江西建工、江西盐业、江西旅游、江咨集团、国泰集团等一批典型"混改样本"，初步摸索出一套既符合中央精神又与江西实际相结合的具有江西特色的国企混改模式。广东省支持符合条件的集团整体上市，目前深圳市是一级企业中混合所有制企业数量最多的城市。青岛市坚持"一企一策"，稳步推动双星集团、海信集团、国信集团、红星化工集团等市属企业混改工作，以增资扩股、转让国有股权等方式，通过产权交易市场引入战略投资者，不断壮大国有资本的实力。

3.坚持重点领域推进

地方积极在军工、电力、文化等领域探索混合所有制改革。例如，西安市是全面创新改革8个试验区之一，军工企业混合所有制改革是国家授权的17项任务之一，先后确定了西京电气总公司、苍松机械厂等三批六个试点单位探索混合所有制改革。通过制定《关于系统推进全面创新改革试验打造"一带一路"创新中心实施细则》等相关政策，为混合所有制改革提供指引。经过多年努力，西安军工企业混合所有制改革已经形成了"非关系国家战略安全和非涉及国家核心机密的军工企业混合所有制改革"经验，经国务院发布向全国推广。浙江省大力推进浙江军工集团混改，通过协议转让和公开挂牌转让的方式，完成战略投资者引入工作，股权结构实现优化。此外，积极借助民营经济优势在重点领域推进混合所有制改革。杭绍台铁路是国家首批社会资本投资铁路示范项目之一，是由复星集团牵头的民营联合体和浙江省政府合作的民营控股的高速铁路，这条铁路是我国铁路领域混改吸收民营企业参与的"试金石"。随后，浙江杭温铁路也实施混合所有制改革以及政府和社会资本合作。湖南省积极推进盐业领域混改，轻盐集团引进战略投资者组建湖南盐业股份，并于 2018 年顺利上市。安徽省积极探索文化领域混合所有制改革，推进国有文化企业资本证券化、股份化，不断激发文化企业活力，提高企业经营管理水平。陕西省将专项改革和混改结合起来，在推进电改时探索社会资本投资配售电业务的有效途径，培育发展混合所有制配售电主体。黑龙江省积极探索在科教及社会领域引入非国有资本发展混合所有制经济。哈尔滨工业大学被确定为赋予科研人员职务科技成果所有权或长期使用权试点高校。在完善科技成果转化和技术转移制度体系方面，学校形成了成果作价入股奖励团队最高达 90%、专利许可转让可提取不低于 70% 的比例给成果持有人等成果转移转化制度。目前形成的"学科团队 + 地方研究院 + 技术转移中心"的成果转化创新模式，有效解决了黑龙江经济欠发达地区的承载力问题，强化了成果转化的区域辐射能力。

二、积极探索适合自身特点和需求的混合所有制改革手段和办法

从地方混合所有制改革实践来看，各地区根据自身产业特色，主动采用引入战略投资者、开展资产证券化、发挥各类基金引领作用等手段探索混改。

（一）积极引入高匹配度、高认同感、高协同性的战略投资者

引入战略投资者的目的不仅是"引资"，更是"引源"，寻找合适的事业"合伙人"，有效弥补企业发展中存在的问题和劣势，最终助力企业长远发展。各地方实施混合所有制改革的国有企业结合自身战略规划及发展定位，通过增资扩股、股权置换等方式合理选择和引入具有市场化特性，与企业主营业务具有强协同效应，与企业所处产业链上下高度关联的产业投资者。例如，深圳市等地积极引入具有战略性资源，并且能够带来关键技术、市场渠道，推动产品创新，有助于延伸产业链等方面的战略投资者，助力企业完善公司治理，壮大资本实力，提升核心竞争力，加快主业发展。广州市广泛吸引央企、地企和各种民间资本参与混改。按照市发展改革委要求，充分利用国家发改委和全国工商联建立的"线上 + 线下"方式搭建混改引战供需对接平台，报送监管企业混改需求，探索建立国有企业混合所有制改革战略投资者对接机制，着力解决混改中"引战难"的问题。江西省开辟新思路，引入"创业合伙人"，破解引进战略投资者难题。

令人印象深刻的是，各地上市公司也积极引入战略投资者探索"二次混改"。地方各级子企业中，国有股东及一致行动人持股比例高于 50% 的上市公司积极引入单一持股比例超过 5% 以上的积极股东。例如，山东省支持上市公司通过增资扩股、股权置换、产权转让等多种途径，积极引入投资者，择优选择能够在技术、管理或资源上形成互补、协同和放大效应的战略投资者。广州市国资委积极支持指导已有上市平台的企业，运用增发配股等多种手段，开展资本运作，引入非公有资本和实施员工股权激励，实现"二次混改"。广药白云山定增引入云峰基金作为战略投资者，利用互联网和大数据，拓展多种经营，创新发展医药电商业务。

专栏3 各地区积极引入战略投资者的原则

从地方混合所有制改革实践来看，成功的混合所有制改革企业主要遵循以下引战原则：

一是遵循高匹配度、高认同感、高协同性原则。国有企业结合自身战略规划及发展定位，合理选择和引入具有市场化特性、与企业主营业务具有强协同效应、与企业所处产业链上下高度关联的产业投资者。引入高度匹配的战略投资者有利于整合产业链供应链资源，拓展价值链、创新链优势。

二是遵循多元化原则。为进一步提升混改企业财务运营水平，不断提高对外投资能力、资金使用效率、金融风险控制能力等，混改企业可以根据实际需要，适当引入市场化的财务投资者，例如社保基金、产业投资基金、风险投资基金。

三是遵循适量原则。实施混合所有制改革的企业还应合理设置引入战略投资者的数量及释放的股权比例。普遍成功的企业均未过度拆分释放股权，因为引入过于庞杂多元的出资主体，易造成股权结构过于分散，最终导致战略投资者在公司治理过程中无法发挥应有作用，产生"混而不改""形混神不混"。

（二）推进资产证券化助力混改深化

利用资本市场推进国有企业上市、实现股权多元化一直是地方国有企业混合所有制改革的最有效方式。目前，上海、浙江、福建、深圳、山东、安徽、河北、河南、甘肃、广州、厦门、武汉、青岛等地通过重点企业IPO、借壳上市、并购重组、分拆等途径，推动市场竞争类企业实现主业资产上市，或者创造条件实现集团整体上市或核心业务资产上市，不断提升了资产证券化率，放大了国有资本功能。同时，还积极建立上市培育后备库，制定时间表、路线图，加强孵化，全力推动一批符合国资战略、盈利能力好的企业上市。例如，上海市积极发展公众公司，推动国资证券化、国企市场化，对主业突出、行业优势明显的竞争类企业，推进整体上市。浙江省坚持把资产证券化作为混改的重要途径和内容，大力推进符合条件的省属和市属企业多渠道实现上市，探索形成了培育、上市、分拆上市等高质量发展系统化、体系化改革路径。其中，物产环能实现国内首单主板分拆上市，形成了50多家重点培育企业后备梯队。山东省大力推进优质企业上市，规范上市公司并购，鼓励支持上市公司通过增发、配股、发行债券等多种形式募集资金。安徽省以提高国有资本效率、增强国有企业活力为中心，以培育优质企业上市为方向，通过改制上市、资产注入置换等手段，将流动性较弱的国有资产转换为可在资本市场自由流通的证券。与此同时，积极建立并实时调整完善上市企业后备资源储备库，分类分层梯次推进库内企业上市挂牌。河北省大力推进首发上市实施混改，鼓励通过上市资产重组实施混改，同时积极培育上市后备企业资源。新疆维吾尔自治区通过积极推进国有企业股份制改革，鼓励具备条件的直接监管企业及各级子企业通过主板、创业板、中小企业板等不同渠道实现上市。济南市积极建立企业混改上市工作推进机制、工作机制，"一企一策"制定推进企业混改上市的方案、时间表、路线图，并且将上市工作纳入企业经营业绩考核体系，推动企业上市工作扎实有效开展。

专栏 4　地方积极推进国有企业资本证券化

上海积极发展公众公司，推动国资证券化国企市场化。对主业突出、行业优势明显的竞争类企业，推进整体上市；对业务多元的竞争类企业、功能保障类企业中优质的竞争性业务资产，提高证券化水平。2013 年以来，先后推进完成了华建集团、隧道股份、国泰君安、上海银行、上海农商行等企业集团整体上市，上海电气、临港集团、华谊集团等企业集团核心业务资产上市。和辉光电等一批企业在科创板上市。目前，2/3 的市场竞争类和金融服务类企业已实现整体上市或核心业务资产上市。截至 2022 年 5 月底，90 家上海地方国有控股境内外上市公司总市值 2.34 万亿元，国有权益合计 1.01 万亿元。

浙江省坚持把资产证券化作为混改的重要途径和内容，大力推进符合条件的省属和市属企业多渠道实现上市。截至 2021 年底，浙江全省共有国有上市公司 63 家，其中物产环能实现国内首单主板分拆上市，形成了 50 多家重点培育企业后备梯队。省交通集团"浙江杭徽"基金成为全国首批基础设施公募 REITs 项目，树立行业标杆。与此同时，创新与证券交易所开展战略合作，全国首创国有企业集中业绩发布机制，着力多方位推动国有资产规范交易、高效管理和协同监管。

山东省大力推进优质企业上市，规范上市公司并购，鼓励支持上市公司通过增发、配股、发行债券等多种形式募集资金。截至 2022 年，省属控股上市公司共有 46 户，通过股票市场募集资金 621 亿元，发行股票 52 只，市值 9347 亿元，国有市值 4407 亿元。同时，注重加强上市公司管理，出台《关于加快实施新旧动能转换推进省属国有企业资产证券化工作的指导意见的通知》《关于进一步加强我省国有上市公司管理有关工作的通知》《关于加快推进省属企业资产证券化工作的通知》《关于增强省属国有控股上市公司控制力的通知》，通过加快资产证券化步伐和增强控制力，不断提升上市公司质量。

福建省不断应用资本证券化路径，提升混改企业活力。发挥通过改制上市推动国有企业深度转换经营机制的促进作用，厦钨新能源、招标股份等实现上市；省电子集团并购合力泰、大数据公司控股 ST 实达等上市公司，持续优化主业布局，夯实高质量发展基础；厦门港务、福日电子成功开展定向增发，有力推动企业主业发展，提高竞争力；锐捷网络分拆上市顺利通过深交所审核，海峡科化 IPO 进入辅导期。截至 2022 年 3 月底，省属国有控股上市公司达 21 家。

安徽省积极推进企业改制上市。一是加大上市资源培育力度。积极建立并实时调整完善上市企业后备资源储备库，分类分层梯次推进库内企业上市挂牌。目前储备拟上市企业达 29 户。二是推进国有企业改制上市。以提高国有资本效率、增强国有企业活力为中心，以培育优质企业上市为方向，通过改制上市、资产注入置换等手段，将流动性较弱的国有资产转换为可在资本市场自由流通的证券，增强国有资本的流动性和企业经营治理的规范性，优化国有资本配置。先后完成江汽集团、华安证券、建工集团、军工集团等省属企业整体上市及淮北矿业煤电主业资产整体上市。目前，安徽共有国有控股上市公司 45 家。三是推进文化企业通过上市模式积极实施混改。通过企业上市实现国有文化企业资本证券化、股份化，激发企业活力，提高企业经营管理水平。安徽出版集团、安徽新华发行集团充分发挥上市公司平台作用，将主营业务、主业资产纳入上市公司，加大资本运作力度，投资重大文化项目，有力促进了企业转型升级、加快发展。时代出版、皖新传媒以上市为契机，完善现代企业制度，规范公司治理，加强制度建设，有效提升了公司治理能力和水平。

江西省把改制上市作为发展混合所有制经济的重要路径。目前，11 户省属竞争类企业集团层面，5 户企业实现整体或核心资产上市，3 户企业完成混改进入上市辅导阶段；子企业层面，通过加大对科技含量高、发展前景好、战略性新兴产业等领域的上市公司并购力度，国有控股上市公司 2 年新增 9 户。江铜集团连续 9 年跻身《财富》世界 500 强，2021 年排名第 225 位，大幅前移 118 位。国泰集团、新余国科整合盘活存量资源，实现整体上市，引领做强做优军民融合产业。

甘肃省推动更多国有资本向上市公司集中。甘肃省围绕改制上市和资本运作，通过混改推动更多国有资本向上市公司集中。上市公司作为国有企业混改的重要载体，甘肃省国资委积极推动省属企业整体上市或主营业务上市，支持符合条件的甘肃省属国企新三板挂牌。

广州市充分利用资本市场，以上市为主要形式发展混合所有制经济。广州市国资委监管企业中超过 90% 的竞争类一级集团已拥有上市公司。同时，还推动分拆上市，广州市国资委成功推动越秀地产分拆越秀服务并在港交所主板上市等。另外，广州市国资委积极推动符合条件的公司使用创新融资工具。2021 年 5 月，广州交投建设的广河高速成功发行 REITs，成为全国首批 9 个 REITs 项目之一。

湖南省大力推动企业通过资产证券化等方式引入社会资本，放大国有资本功能，促进企业转换经营机制。轻盐集团引进战略投资者组建湖南盐业股份，并于 2018 年顺利 IPO 上市，成为盐业机制改革第一股。南新制药于 2020 年 3 月在上交所科创板上市，成为湖南省登陆科创板的首家药企。

南京市强化国有资产证券化对强链补链的作用。南京将产业链上下游优质国有资产、核心业务通过定向增发、并购重组、股权置换等方式注入上市公司，加快国有资本证券化步伐，强链补链效应逐步显现。

济南市建立企业混改上市工作推进机制、工作机制，以及拟上市企业后备资源库并加强专业辅导和服务对接。"一企一策"制定推进企业混改上市的方案、时间表、路线图。根据上市条件及规则，在企业自愿申报的基础上，按照优选推进一批、培育储备一批的原则，挖掘和培育一批经济效益好、管理运营规范、发展前景好的企业，分行业、分层次、分梯队建立10家以上拟上市企业后备资源库，实行动态管理。此外，加强专业辅导和服务对接，培育合格上市主体。对入库企业，"一企一策"确定上市目标，制订上市计划，成熟一家推进一家。协调市金融监管局积极对接省证监局，做好拟上市企业辅导、申报及验收工作。

（三）充分发挥各类基金对混合所有制改革的积极作用

上海、安徽、河北、河南、内蒙古、湖南、深圳、济南、厦门等地以组建混改基金或者依托已有基金，同时充分利用国家混合所有制改革基金、国有资本风险投资基金、国有企业结构调整基金等方式，吸引社会资本，推动混改工作。各类基金采取股权投资等形式，聚焦国家战略领域、竞争性领域、科技创新领域和产业链关键领域，推进混合所有制改革，拓宽了社会资本参与混合所有制改革的渠道。

专栏5　各地充分发挥基金促进混合所有制改革的作用

上海组建国企改革基金。近年来，上海国资委下属企业陆续发起成立国企混合所有制改革（上海）促进基金、上海国企改革发展股权投资基金、上海国企改革品牌发展股权投资基金、长三角协同优势产业股权投资合伙企业、上海并购股权投资基金等，以市场化方式推进国有经济布局优化、结构调整、战略性重组的功能实现。

广州市利用基金群联动走在前列。广州国资委推动组建并购基金、混改基金、老字号基金、中小企业基金等，通过"产业＋资本""并购基金＋市属国企"的模式，优化全市国有资本的产业布局，在市属国企并购上市公司、推进国企混改项目、拓宽中小企业融资渠道等方面发挥积极作用。2019年，推动广州国发（现为广州产投集团）联合16家市属国企设立了并购、混改基金。混改基金首期规模3.18亿元，二期规模4.07亿元，是广东省内目前唯一一个混改基金，已投资珠江涂料、交易中心、双一乳胶、广百展贸、驰达飞机、苏交科等优质项目，并出资5亿元联合万力集团成功收购山河智能。推动广州产投集团、广州工控、无线电集团、岭南商旅集团等市属国企联合组建老字号基金，规模4.04亿元，深入参与皇上皇、致美斋、利工民等广州老字号品牌的混改项目。

安徽着力构建多元化省级股权投资基金。积极支持国有企业设立专业化股权投资基金，以市场化手段引入社会资本，提高资本配置效率。目前，安徽省投资集团发起设立100亿元量子基金，投资量子通信等未来产业，服务合肥国家实验室建设；联合国家产业基金和市属投资平台,以股权投资方式共同向长鑫存储注资 150 亿元、向蔚来汽车注资 70 亿元。安徽省投资集团、国元金控集团、华安证券参与组建省产业发展基金、省级种子投资基金、创业风险投资基金和"三重一创"产业发展基金等,初步建成省级股权投资基金体系。依托安徽省国控集团发起设立母基金规模 20 亿元的省属企业改革发展基金。通过撬动社会资本参与省属企业改革,进一步促进企业提质增效、转型升级,实现国有资本放大功能、优化资源配置。

内蒙古充分利用国有企业转型升级基金。内蒙古以自治区国有企业转型升级基金为载体,推动各类资本共同参与国有企业混合所有制改革。2021 年,推进国有企业转型升级基金联合工银资产投资有限公司、工银资本管理有限公司和其他社会资本共同设立内蒙古绿能转型升级基金,通过投资能源集团新能源公司,推动该企业混改。

湖南设立各类基金吸引社会资本参与混合所有制改革。湖南省先后设立新兴产业基金、国企改革发展基金、国企并购重组基金等参与混合所有制改革。同时,在新改组组建的国有资本运营平台(兴湘集团)下,新设兴湘中证信赢基金、兴湘方正股权投资基金等,充分发挥各类基金平台功能,为省属国企混改提供强大的战略支撑和资金支持。

河北省积极发挥基金作用实施混改。建投集团、港口集团、信投集团积极开展基金投资,发挥国有资本引领带动作用,投资引导新兴产业发展。建投基金板块管理规模超 55 亿元,投资项目超过 30 个,多个项目在 A 股成功上市;港口股权基金出资规模 34.28 亿元,累计投资 144 个子资金或项目;信投集团管理基金规模 54.02 亿元,累计投资项目 44 个,撬动社会资本 7.69 亿元。

河南省探索设立混合所有制改革基金。《河南省国企改革三年行动实施方案》(豫发〔2021〕11 号)明确"设立混合所有制改革基金",省发展改革委启动了相关研究工作,并与河南投资集团、省农开公司等基金运作实力较强的省管企业进行接洽,研究制定混改基金实施方案。

深圳国资已形成全周期、分工明确、相互协同的国资基金群体系。深圳充分利用基金市场化、专业化运作优势,协助企业混改发展。如远致富海并购基金积极参与高新投、特力集团等企业的混改。特发集团通过并购基金,协助其收购上市公司麦捷科技控股权。市属国资基金充分发挥改革协同作用,有效促进产业集团加快转型创新发展。

青岛设立国有资本股权制投资基金。青岛印发《青岛市国有资本股权制投资基金组建方案》,设立"青岛市国有资本股权制投资基金",实施市场化、专业化运作管理模式,搭建社会资本参与国企混改的通道。

南京积极发挥市场化并购和混合所有制改革基金的作用。截至 2021 年底,市场化并购和混合所有制改革基金规模达到 70 亿元,其中南京市混合所有制基金 30 亿元。2022 年 5 月,江苏省组建国有企业混合所有制改革基金,南京市积极参与,促进省市国企混合所有制改革联动，为国有企业发展提供资金、人才、管理、技术等方面的支持，提高国有资本运营效率。

济南充分发挥基金引导作用。济南充分发挥基金牌照优势，以组建基金方式，吸收外部社会资本，再由基金投向"专精特新"企业，推动混改工作。目前，济南金控集团在投基金 34 只。基金所投企业中 2021 年有 7 户上市，累计达到 18 户，有 13 户排队进入辅导，在投"专精特新""瞪羚"企业 28 户。

三、积极探索创新混合所有制改革方式

混合所有制改革不仅仅是非国有资本参与国有企业改革与重组的过程，也是民营资本引进国有资本、国有资本参与非国有企业改革的过程。地方政府积极以"双向"方式推进混合所有制改革，这更有利于各种所有制资本交叉持股和相互融合，充分发挥国有资本规模、技术和管理等优势，发挥非国有资本的活力和创造力，促进各种所有制经济实现共同繁荣。

（一）科学运用混改手段推进社会资本参与国有企业改革

正如前所述，地方国有企业通过增资扩股、证券化、市场化债转股、出资新设、破产重整等方式引入各种所有制的战略投资者实施混改。通过引进非公企业的管理、技术、资金、人才及运营机制，有效提升企业产品质量、管理质量、服务质量和发展质量，从而促进混改企业转型升级，提升规模经营优势，提高企业竞争力、控制力和创新力。尤其是浙江省利用浙江杭州区域性国资国企综合改革试验政策，在物产化工等 3 家省属企业开展国有优先股试点。同时，合理设置和调整优化了股权结构，引导各类战略投资者积极参与公司治理。截至 2022 年 7 月，在地方一级企业、各级子企业混合所有制企业中，非国有资本持股比例合计超过 1/3 的企业户数占已经混改企业户数的比重分别为 51.69%、62.03%。同时，强化资本化证券化运作，具备条件的国有企业以主体资产为标的，通过整体上市、并购重组、股权置换等方式实施混改。

（二）鼓励国有企业通过多种合理方式入股非国有企业

目前，从地方实践来看，地方国资监管部门积极鼓励国有企业通过多种合理方式入股非国有企业，为非国有企业提供战略、要素、平台、制度等一系列赋能支持。非公有资本引进国有资本，更有利于充分发挥国有资本规模、技术和管理等优势以及发挥非国有资本的活力和创造力，有利于引导混改企业占据发展"制高点"，在原创技术方面打造诸多策源地，优化和调整国有经济布局，促进各种所有制经济实现相互融合、共同繁荣。例如，充分考虑市属国有企业改革改制启动较早，充分竞争领域的国有股权退出较为彻底，适合开展混合所有制改革的存量企业并不多等情况，在坚持"三因三宜三不"原则的基础上，安徽省鼓励各市积极探索逆向混改。合肥市结合产业发展实际，在战略性新兴领域，先后引入台湾力晶、兆易创新、蔚来中国（合肥）等一批混合所有制形式的股份公司，实现资本与资源的优化整合，形成国有资本引

领战略新兴产业的"合肥模式"。新疆维吾尔自治区注重以国有资本入股非国有资本推动混改。利用国有企业资源、资本、品牌等优势，通过战略合作、股权融合等方式并购相关战略性新兴产业，实现了上下游协同一体化发展，提高了企业市场竞争力。西安市鼓励市属企业"走出去"参与推动混改。对发展潜力大、成长性强的民营企业进行股权投资，鼓励国有资本以多种方式入股节能环保、信息技术、生物制药、智能制造、新能源、新材料、现代服务业等重要前瞻性、战略性新兴产业领域的民营企业，与民营企业进行股权融合、战略合作、资源整合。深圳市利用逆向混改补齐国资布局短板。积极围绕自身发展战略、产业集群、硬核科技及战略性新兴产业开展上市公司市场化并购，补齐国资布局短板，优化国资布局结构，通过市场化并购提升国资服务大局、服务城市、服务产业、服务民生的能力。广州市成为"逆向混改"的全国典范。国资监管机构大力支持监管企业通过受让股权、并购重组等实施逆向混改，实现强链、补链、延链。推动广州工控完成并购山河智能、金明精机、鼎汉技术，将产业链条向智能制造、高端制造领域延伸；珠江实业并购苏交科，推动企业向智慧城市综合运营商转型；越秀集团重组并购辉山乳业，加速乳业板块的全国化布局；广汽集团、无线电集团等企业积极与民企、外企等合作新设"广汽下属广汽蔚来""无线电下属平云小匠"等，抢占未来出行和智联新能源制高点；整合9家市属国企和龙头民企的资源禀赋，新设轨道交通产业投资集团，推动轨道交通全产业链在广州集聚。

（三）大力强化央地合作方式推进混合所有制改革

地方在稳妥开展混合所有制改革中，强化央地联合。通过大力探索央地合作模式，有利于优化国有企业股权结构，并借"东风"之力，实现强链、补链、延链等。例如，北京市发挥北交所产权市场作用，加强央企、京企混改合作，争取了更多央企混改项目在京落地实施。同时，推动市属国有上市公司与央企等加强在股权层面的合作，促进资源优化整合。华夏银行引入国网英大作为投资者；首钢与宝钢在上市公司层面开展股权融合；绿色动力增发引入三峡资本。黑龙江省支持服务驻省央企混改，积极开展央地合作混改项目。济南市市属企业积极与中国中车、中国铁建、中国中铁等大型央企开展合资合作，引入央企资本，吸引上下游配套产业集聚发展，产业链得到了增厚和延长，本地产业得到助力发展。宁波市下属功能类子企业兴光燃气公司与央企华润燃气合资，成立华润兴光燃气公司，实现功能类企业混改零的突破。

专栏6 各地国有企业积极探索与央地合作模式

济南通过"央地联合"，吸引上下游配套产业集聚，产业链得到了增厚和延长。济南轨道交通集团与中车四方股份公司和中车四方所合作，分别成立合资公司，致力于地铁车辆装备制造、检修、维保等相关服务和地铁车辆关键系统研发制造。目前，"济南造"首列地铁列车已正式下线；生产的牵引、制动系统装车调试应用，标志着济南具备了车辆系统大部件本地化生产的能力。同时，"济南造"首列地铁列车的内

装材料、空调、电缆等产品也由本地企业配套生产，大批本地企业在龙头项目的引领下迅速崛起。

黑龙江支持服务驻省央企混改，积极开展央地合作混改项目。积极推动哈电集团、一重集团等央企混改试点，还自主开展了哈一机电、哈成套所、北方工具新诺机器人等央地合作混改项目。哈电集团与 GE 燃机公司联合设立哈电通用燃气轮机（秦皇岛）有限公司，初步实现了重型燃气轮机制造技术国产化和产品服务本土化。一重新能源发展集团有限公司联合省内企业设立了一重（黑龙江）绿色冷链发展有限公司、一重天润绿色冷链发展有限公司，开展绿色农副产品种（养）植、仓储、加工、运输、线上线下销售，助力黑龙江大米、特色农产品、优质水产品等绿色农副产品实现"北菜南运"。

四、地方推进混合所有制改革取得的主要效果

从地方混合所有制改革实践来看，混合所有制改革已经取得显著成效，各地区国资国企展现出了强大动能和勃勃生机，国有经济与其他所有制经济呈现融合发展趋势。具体来说，从改革面看，地方混合所有制改革范围不断扩大，通过积极引进与企业目标同向、主业匹配的投资者，以现有资本最大限度吸纳、撬动其他社会资本，壮大了国有资本规模；从效能看，通过建立现代企业制度，加快形成定位清晰、权责对等、运转协调、制衡有效的公司治理结构，不断提高了企业治理效能；从效益看，通过建立灵活高效的市场化经营机制，不断提升了企业经营绩效，推动了国有资本实现保值增值；从激励看，不断强化员工激励机制，充分激发了企业内生动力与创造活力；从产业发展看，通过集中人才、技术、资本等各类优势资源聚焦主业发展，逐步完善了产业链、价值链，同时逐步优化了国有经济布局。

（一）改革范围不断扩大，国有资本持续壮大

近年来，各地严格按照"完善治理、强化激励、突出主业、提高效率"的总体要求，坚持"三因三宜三不"原则，积极采用转让股权、增资扩股、合资新设、投资并购等方式与非公企业开展合资合作，混合所有制改革取得了实质性进展。截至 2022 年 7 月，地方一级企业中混合所有制企业户数 87 家，占比达到 11.89%。其中，上海、江西、甘肃和大连、深圳等地一级企业混改占比较高（见图 1）。各级子企业中混合所有制企业户数（按"穿透式"口径填报）29001 户，占比达到 58.99%。其中，北京、上海、浙江、安徽、山东和宁波、厦门、深圳等地各级子企业混改占比较高，均在 65% 以上（见图 2）。与此同时，各地积极利用国家"双百企业"、国家科改示范企业和省级科改示范企业等试点牌照，通过系统化、集成化、协同化改革，鼓励混改企业率先实施和深化市场化选人用人、薪酬分配差异化、中长期激励等各项重点领域改革，发挥改革创新排头兵作用，有效推动了一批想改改不动、想改改不好的企业实现混改机制突破。

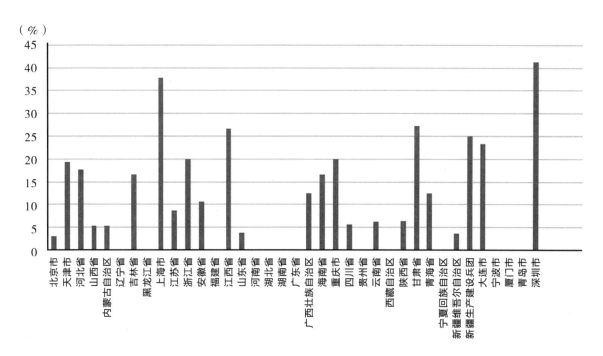

图 1　地方一级企业中混合所有制企业户数占比

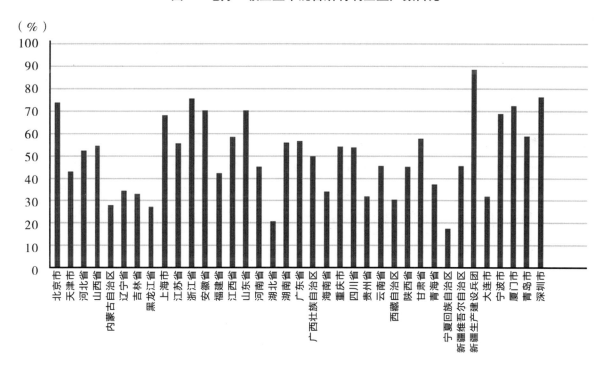

图 2　地方各级子企业中混合所有制企业户数占比

国有资本持续壮大。一方面，国有企业在围绕聚焦主业上逐步探索了多样化的与社会资本合作的方式，引入了与企业核心业务具有协同性、互补性的优秀且领先的战略投资者，迅速获取了战略投资者的资金支持、先进的管理理念、高水平的技术支撑以及广阔的市场营销渠道，实现了资本增量、人才增量、管理增量、品牌增量、技术增量，助力企业高质量发展，不断壮大了国有资本的实力，有效放大了国有资本功能。目前，地方不断通过转让部分股权、增资扩股等方式引入合作者，引入社会资本超过 7000 亿元。另一方面，国有企业充分发挥所属上市公司平台资本聚集功能，以及发起设立重点包括混合所有制改革基金在内的基金，进一步吸引了具备业务协同效应的战略合作者，不断壮大国有资本。

（二）完善法人治理结构，企业治理效能不断提升

各地方政府在探索混合所有制改革实践中，积极落实中央提出的完善治理要求，实施"实质性"混改。各地方不断推动混改从追求形式和数量的"粗放式"混合，向更为重视发展内涵和质量的"集约式"混合转变，以合适的公司治理机制为基础推动不同所有制经济禀赋优势融合集成、共赢发展，实现了"混"与"改"的同步，促进了国企实现"老树新枝更著花"，最终治理效能不断提高。

一方面，不断创新混改企业党的领导融入公司治理的实践路径，逐步将党建优势转化为企业创新、发展和竞争优势。地方始终坚持"两个一以贯之"，在混改推进中坚持党的建设同步谋划、党的组织及工作机构同步设置、党组织负责人及党务工作人员同步配备、党的工作同步开展，实现体制对接、机制对接、制度对接和工作对接。例如，江西、新疆等地把认同党的领导、支持党的建设作为混改前提。具备条件的混合所有制企业绝大多数建立了党的组织。同时，不断创新国有资本控股的混合所有制企业党的领导融入公司治理的实践路径，积极发挥党组织在不再控股的混合所有制企业中的战斗堡垒作用，实现了国资国企改革发展与党的建设同频共振，逐步将党建优势转化为企业创新、发展和竞争优势。又如，内蒙古按照《内蒙古自治区国资委党委关于加强和改进混合所有制企业党建工作的指导意见（试行）》，将混合所有制企业分为国有资本控股、实际控制、参股三种类型，分别明确混合所有制企业党组织的功能定位和工作要求，切实加强和改进混合所有制企业党建工作，夯实混改企业基层党建基础以及混改企业党建工作责任。上海国有相对控股或参股的混改企业党组织结合混改企业的管理基础、运营管控权归属、企业文化、党组织管理关系归属等，按照"分类指导、一企一策"的原则开展党建工作。

专栏 7　内蒙古探索混合所有制党建工作新模式

内蒙古探索混合所有制党建工作新模式，保证党建工作与改革发展同步推进。包钢集团采取"积极探索、试点先行"的形式，选取产权多元化、经营市场化程度较高的北方稀土、钢联物流公司等单位为试点，创新构建混合所有制企业"1+X"（即"平台＋机制"）党建工作管理新模式。"1"就是构建 1 个管理平台，加强专门工作力量，实现精细化管理。"X"就是构建若干管理机制，从分级分类、属地对接、股东方协调、考核评价、互联共建、培训交流、经费保障、文化融合等多个层面，积极构建定位清晰、运转有序、保障有力的运行机制。成立有别于非公经济党建服务中心的自治区首家"混合所有制企业党建管理中心"，对混合所有制企业党建实现专

门管理。

另一方面，通过构建科学规范的法人治理结构，确保混改企业能够进行科学的经营决策。目前，地方积极探索合理设置股权比例，并按照各股东出资比例和股权结构，依据法律和公司章程规定，构建权责对等、运转协调、制衡有效的公司法人治理结构，确保了积极股东在公司治理中享有举足轻重的话语权。目前，70%的混合所有制企业中有外部投资者派出的董事，在公司治理中发挥了积极作用。此外，部分混改企业还特别注重发挥中小股东在治理结构建设中的积极作用，探索了中小股东特别表决权、累积投票制、分类表决制、关联事项回避表决等，逐步提高了中小股东参与公司决策的积极性。

同时，积极发挥股东大会、董事会、监事会的重要作用，不断增强了各治理主体的治理效能。成功的混改企业还积极发挥股东（大）会作用，重点健全董事会和落实董事会职能，强化企业内部监督，从而逐步提高混改企业的治理效能，促进"形混"向"神混"转变、重实施向重实效转变，实现"混的有效"。

（三）建立灵活高效的市场化经营机制，企业运营效率大幅提升、国有资本实现保值增值

建立与市场化完全对接的经营机制是提升企业运营效益的关键基础，是释放国有企业活力的可行路径，是推动国有资本实现保值增值的重要举措。目前，诸多混改企业以"能者上庸者下"为原则，以"按需设岗、人事相宜，公开公正、择优录取，任人唯贤、德才兼备，岗变薪变、责权利统一"为导向，建立了市场化选人用人机制，以此为基础推进了企业内部运营市场化，逐步将市场化的经营机制内嵌到企业改革发展中。一是全面推行任期制契约化管理。大部分地方混改企业突出战略导向性和挑战性，"一岗一策"科学制定经理层业绩目标，强化目标责任制考核与刚性兑现，对考核达标但排名末位的领导人员，探索建立汰劣机制，形成考核、激励、约束完整闭环。二是全面实施市场化选人用人。坚持"党委管"与"市场选"相结合，建立"竞标挂帅""赛场选马"机制，大力推行竞争上岗、公开招聘等市场化方式选聘管理人员。建立市场化劳动用工机制，实现公开招聘、竞争上岗、末等调整、不胜任退出。三是建立健全全员业绩考核体系。绩效考核结果直接与员工的薪酬、职级晋升和评先评优等切身利益挂钩。同时，还建立健全不适应企业改革发展、履职不力、业绩平庸、不胜任岗位要求的管理人员调整退出机制。四是积极推行职业经理人制度。目前，部分地方混改企业通过市场化方式选聘职业经理人，畅通了现有经营管理者与职业经理人之间的身份转换通道，倾力打造出一批具有专业能力、专业精神和国际视野的职业经理人队伍。从实践来看，通过实施市场化的选人用人机制，淘汰了一批不能胜任岗位的中层管理人员和普通员工，根治了国有企业干部"能上不能下"、员工"能进不能出"的通病，最大限度地发挥了人力资源效能。

目前，地方混合所有制改革企业通过实施市场化的经营机制，企业经营状况普遍持续改

善，经营业绩得到快速提升，实现主导产业由规模速度型向质量效益型转变，促使企业核心竞争力和整体实力进一步增强，从而有效提高了国有资本运行效率，国有资本得到保值增值。主要表现为：企业混改后经营效益显著提升，营业收入增幅较改革前平均提高 20 个百分点，混改后国有资本权益平均增长 20% 以上；企业劳动生产率提升，核心员工流失率下降，完成股权激励的混改企业劳动生产率较改革前提高 20 个百分点。

（四）员工激励机制得到强化，企业内生动力与创造力得到激发

人力资本是企业发展的核心要素，通过建立契约收入与资本收益相结合的薪酬体系，健全符合企业经营实际的多元化、系统化、多层次的中长期激励约束体系，赋予技术人才和经营管理人员劳动者和所有者的双重身份，极大地激发了骨干员工的使命感、责任感以及国有企业发展活力和内生动力。

大多数混改企业实行更加灵活的薪酬管理制度，充分调动了员工工作的积极性、效率和潜力。混改企业积极探索市场化薪酬分配与考核机制，建立了以董事会为考核主体、以经营业绩为导向的市场化薪酬管理体系。根据岗位价值、工作能力和业绩贡献，确定所有员工的薪酬标准，强化绩效考核，搭建起了差异化、市场化的薪酬体系，实现了不同岗位、同一岗位之间薪酬差距合理、有效，进而有效破除了"平均主义"和"大锅饭"现象，充分调动了员工工作的积极性，工作效率大大提高，真正在企业内部形成了浓厚的干事创业氛围。尤其是部分科技型混合所有制企业，开始探索建立以价值、创新、能力、贡献为导向的评价机制，开展高层次科技人才对标国际化薪酬，探索了工资总额单列制度，建立了中长期绩效评价、科技成果转化后评价、颠覆性创新免责机制，不断激发了内生创新创造活力。与此同时，部分地区国资监管机构对混改企业所在集团的企业工资总额给予了足够的政策空间，使混改企业工资总额增长幅度达到其利润增长幅度，进一步激发了混改企业的内生发展动力。

地方混改企业不断加强中长期激励制度建设，推动企业成为高效运转、竞争充分的微观主体。混改企业结合自身情况，灵活开展中长期激励，统筹用好员工持股、上市公司股权激励、科技型企业股权和分红激励等现有政策措施，正积极探索运用超额利润分享、虚拟股权、项目跟投等方式。目前，上百家上市公司实施股权激励，200 个科技型企业实施股权和分红激励，充分调动了企业家、科研人员、技术骨干、关键业务人员及广大职工的积极性与创造力，挖掘了企业人力资本价值和潜能，推动企业成为高效运转、竞争充分的微观主体。另外，在实施员工持股过程中也逐步形成了可复制可推广的经验。例如，实施的员工持股激励计划的对象主要是对公司经营业绩和持续发展有直接或较大影响的重点工程技术人员、业务骨干和经营管理人员，杜绝了平均持股、福利持股。持股比例设定遵循"股随岗设、岗变股变"的原则，实现了按照贡献获得股权。同时，科学设计了股权流转退出机制，实现员工持股动态调整，打破员工持股"易进不易出"的局面，也进一步激励了新进员工努力作为。

（五）主业发展进一步突出，产业链和创新链实现优化

实践以来，通过引进"高匹配度、高认同感、高协同度"的投资者，使各类投资者的禀赋优势实现融合发展，不断突出主业发展，拓展了产业链，增强了在主业领域的竞争能力，而且还促进价值链不断攀升，带动了国有资本创新能力的提高。

产业链实现优化。地方成功混改的国有企业始终把坚守主业、发展主业放在重要位置，始终坚守战略业务的"主赛道"，通过做强主业、延伸产业链，补齐了企业发展的短板。混改企业优先引入与企业主营业务具有强协同效应、与企业所处产业链上下高度关联的产业投资者，并且加强与社会资本之间的深度合作，充分挖掘企业自身和各类股东之间的资源禀赋潜能，利用战略投资者在市场、资金、技术等方面的优势，进一步打通和拓展业务领域，引导企业向产业链上下游延伸、促进产业链流程再造，逐步优化和完善了产业链，推动了企业核心竞争力不断提升。此外，通过在产业链上形成"瀑布效应"，逐步形成一批有国际竞争力的一流系统集成者和次级系统集成者，构建起产业生态系统，对整个产业的控制力得到提高。以整体产业生态优势参与市场竞争，也逐步提高了国有资本的市场开拓能力，进一步做强了国有资本。此外，混改企业还使非主营业务退出不断加快。在实施混改后，混改企业不断推动企业加快从非主业领域、缺乏竞争优势的领域以及一般产业的低端环节退出，探索运用进场交易、协议转让、无偿划转、资产置换等多种方式有效处置长期亏损、扭亏无望的企业、投资项目和低效无效资产，有效解决了历史遗留问题，切实减轻了企业负担。例如，广盐集团、重庆商社、上海自仪等公司通过资产剥离、股权划转等方式退出非主业和非优势业务，利用混改实现转型发展。

创新链、价值链不断攀升。地方混合所有制企业积极引入掌握先进技术、生产工艺的社会资本，充分运用国企在基础研究方面的优势和民资与外资在技术市场化方面的优势，在资本混合的前提下积极组建或积极参与创新联合体、产业技术联盟和公共研发平台，围绕主业加大研发投入、加快技术创新和管理创新以及科技成果转化，从而不断提高科技创新的速度和效率，实现产业在全球价值链上的攀升，带动国有资本创新能力提高。例如，格盟国际、卡斯柯信号、华南蓝天航空油料、武汉中铁伊通物流、潍柴动力、大连冰山均按此路径混改。

专栏 8　以混改促产业协同，实现优势互补

通过引入高匹配度、高认同感、高协同性的战略投资者，充分释放协同效应，探索形成业务协同、渠道资源协同、战略协同等三种子路径，创造性延伸上下游产业链、拓展价值链，共建产业生态，最大限度释放全产业链价值，促进了企业竞争力提高。

一是业务协同式混改。聚焦企业主营业务引入高协同战略投资者实现降杠杆、增活力、促发展。如黑龙江龙煤集团下属盛安民用爆破器材公司，引入抚顺隆烨化工实

施混改，调整亏损产能，改造既有产线，布局高端产品，全面盘活民爆主业，改革当年即扭亏为盈，现已发展为黑龙江民爆头部企业。

二是渠道资源协同式混改。将国有资本的人才、品牌优势与社会资本的渠道、市场优势有机结合以实现共赢。如重庆商社以增资方式积极引入物美集团和步步高集团等同行业优秀企业，利用相关渠道资源实现全方位多层次整合零售资源，突破和改变了原有的经营模式、优化了业务结构，最终巩固和提升了企业核心竞争力，大幅提高了市场占有份额和企业盈利能力。

三是战略协同式混改。在国有企业主营业务所处供应链、产业链、价值链的中高端环节及增值业务领域引入战略投资者，增强发展后劲，培育战略动能。

（六）通过清理、退出、重组、创新等方式，地方国有经济布局和国有资本结构逐步优化

一方面，通过合资新设、增资扩股、股权转让等方式，吸引大型央企、优秀省企、实力民营等多类型资本参与地方各级企业混合所有制改革，实现了清理退出一批、重组整合一批、创新发展一批国有企业，促进了地方国有经济布局优化调整。另一方面，积极鼓励地方国有企业通过多种合理方式入股非国有企业，引导地方国有资本更多投向涉及地方经济命脉的重要行业，更多投向重要前瞻性战略性产业，即利用少量国有资本撬动体量庞大的、资源丰富的社会资本参与微观市场主体再造，有效带动了更多优质社会资本服务国家战略，有效地促进了地方国有经济布局优化，促使各类资本共赢共进、融合发展，并且夯实了经济高质量发展的微观基础。此外，充分发挥上市公司资源整合优势，通过现金收购、资产出售、资产置换、发行股份购买资产等方式，重组整合同类资产，进而逐步调整国有资本结构。

综上所述，通过混合所有制改革，放大了国有资本功能，不断提高了地方国有资本配置和运行效率，实现了地方国有资产保值增值，优化了地方国有经济布局，增强了国有经济竞争力、创新力、控制力、影响力和抗风险能力，促进了各种所有制资本取长补短、相互促进、共同发展，夯实了社会主义市场经济体制的微观基础。

五、地方混合所有制改革存在的问题以及下一步工作前瞻

（一）存在的问题

从地方混合所有制改革实践来看，混合所有制改革仍存在诸多堵点与难点。主要表现为：一是对混合所有制改革还存在认识偏差和误区，对"混改"到底怎么"混"，仍然认识不足。有些地方和企业对混合所有制改革还存在一些认识误区，对"三因三宜三不"理解还不到位，有的认为混合所有制改革是"灵丹妙药"，只要"一混"就能成功转型，忽视了体制机制改革

在混合所有制改革中的关键作用。目前，"一混了之、混而不改"的现象时有发生。二是对国有相对控股的混改企业实施差异化管控仍不到位。目前，从地方探索实践来看，对国有相对控股的混合所有制企业实施差异化管控仍不到位，仍沿用对绝对控股乃至独资国企监管的方式监管混合所有制企业，名义上下放的监管权限实质性内容不多，在企业投资决策、薪酬激励、工资总额管理、选人用人等关键事项上仍然管得过多过宽过死，混改企业很难放开手脚闯市场。三是部分混改企业尚未完全建立现代企业制度。由于混改中非公有资本的话语权没有得到落实和保障，"一股独大"的局面还未解决，制衡有效的法人治理结构依旧没有形成。同时，部分混改企业董事会职权落地还不全面、经理层授权还不充分，经理层任期制契约化刚性兑现不足，职业经理人市场化退出机制还不健全，薪酬内部分配改革还需结合企业实际深入探索推进。与此同时，部分企业的员工中长期激励机制还不完善，多元化激励体系、综合运用各项正向激励工具等方面还存在不足。尤其，目前员工持股在实施条件、持股范围、持股比例等方面依然条件严、门槛高，难以彻底激活员工的积极性和创造性。

（二）下一步工作前瞻

1. 积极稳妥推进地方混合所有制改革，促进微观市场主体不断成熟完善

微观主体是市场经济发展的基石。实施混合所有制经济的目的是实现资源的有效配置，生产力要素的优化组合，多种资本优势的充分发挥。国有企业多数规模庞大、拥有较强的融资和技术优势，民营企业则具有机制灵活、运营效率高和创新意识强等优势。着力推动各类产权主体交叉持股，构建产权多元、权责一致、自主经营、治理优化的混合所有制企业，尤其是形成有效制衡的企业法人治理结构，能够使得混改企业无论国有股份占比多少，均仅仅以国有资本股东身份参与公司决策和分享收益，促使管理部门的管理方式去行政化，最终使多数企业成为真正市场竞争主体。另外，深入推动混合所有制企业建立灵活高效的市场化经营机制，建立健全中长期激励机制，强化对混合所有制企业特别是对国有相对控股且非国有股东能有效参与公司治理的企业实施差异化、精准化管控，能够激发混合所有制企业活力，进一步提升企业效率，促使微观市场主体不断成熟完善。同时，积极稳妥开展混合所有制改革，有利于以混合所有制经济的新经济形式完善以公有制为主体、多种所有制经济共同发展的基本经济制度。

2. 稳妥推进地方混合所有制改革，加快规范公平竞争的市场秩序和健全公正合理的分配机制

我国国有企业在竞争性领域的布局仍然较广，并凭借其天然优势和行政资源获取了市场垄断地位，民企难以依法与其平等获取使用生产要素和进入相关市场领域，造成市场不公现象。通过发展混合所有制经济，实现国有资本和民营资本间无差别的产权保障，依法平等使用生产要素，营造平等竞争的市场环境，鼓励民营资本进入油气、电信、电力、铁路、金融等传统垄断领域，可以塑造公平的市场秩序。与此同时，国有企业内部分配机制不合理，在一定程度上损害了社会公正。发展混合所有制经济能够建立市场化选人用人机制、科学的薪酬管理和激励机制，能够有效打破以往国有企业采用的"平均主义"和"大锅饭"的分配方式，建立以经营

业绩为导向的市场化薪酬管理体制和多样化的中长期激励机制，从而形成"管理人员能上能下、员工能进能出、收入能增能减"的市场化经营机制，这样有利于健全公正合理的社会分配机制，为实现共同富裕奠定重要基础。

3. 积极稳妥推进地方混合所有制改革，为推进地方经济高质量发展奠定基础

由于利用特殊地位获取的低成本融资优势以及治理结构不完善造成的预算软约束等原因，地方国有企业投资冲动较强。与此同时，地方国有企业在重化工领域的投资一直高居不下，而央企大量收购重化工业领域的地方国有企业，在一定程度上造成了这些行业的产能过剩问题。目前，国有大企业传统的工业化发展模式以及国有资产保值增值的管理要求，难以跟上信息化和数字化后新兴产业的特点和节奏。因此，通过发展混合所有制经济，鼓励地方国有资本通过投资入股、联合投资、并购重组等方式入股非国有企业，充分利用国有企业在资本、人才、资源等方面的实力，加快对一批发展潜力大、科技含量高、成长性强的非国有企业赋能，实现"民营企业的技术创新优势"与"国有资本的资源整合优势"有效结合，主动布局区域契合度高的战略性新兴产业和优势产业，进而不断优化地方国有经济在前瞻性战略性领域和共性技术创新领域的布局，打造原创技术和自主创新发展的策源地，从而逐步优化地方产业结构，为地方经济高质量发展奠定合意的微观基础。

4. 积极稳妥推进地方混合所有制改革，切实化解地方系统性经济风险

从现实情况来看，国有企业负债率高是地方非金融企业负债率高的重要原因，且地方政府性债务多以国有资本企业债的形式存在。一方面，通过混合所有制经济形式，使国有企业在竞争性领域相对控股和参股，在自然垄断领域实现非公参股，有利于通过减少国资在某些领域的盲目扩张，化解一部分债务风险；另一方面，通过发展混合所有制经济，推进国有资产监督管理体制改革，由"管企业"向"管资本为主"转变，有利于破除政府干预企业经营决策的行为，让混合所有制企业真正成为自主经营、自负盈亏、自担风险、自我约束的市场经济主体，从而有助于削弱由地方国有企业预算软约束导致的地方系统性经济风险。

第二章　上海：让资本市场成为国企混改"好帮手"

党的十八大以来，上海充分发挥资本市场优势，以"咬定青山不放松"的改革定力，彰显主攻产权制度改革的智慧，用资本纽带统筹各方力量与资源，全面化解和重整了混改中各种纵横交错的矛盾和盘根错节的利益格局，交出了混改的亮眼成绩单，在全国成为混改的风向标。目前，上海市国资委系统混合所有制企业户数、资产总额、营业收入、净利润分别约占国有企业的77%、88%、90%、96%，基本形成以混合所有制经济为主的发展格局。混合所有制企业已成为上海地方国有企业中最有活力、最有实力、最有发展潜力的部分。

一、以需谋"混"，用资本纽带联结资源优势

上海市始终坚持尊重市场经济规律和企业发展规律，摒弃"为混而混"的思想，以企业发展的实际需求为切入点，让资本成为带动各类生产要素集聚配置的重要纽带，遵循"缺什么就混什么"的原则去"混资本"，达到补短板、强弱项的效果，形成了具有上海特点的混合所有制改革路径。

（一）积极发展公众公司，推动国资证券化

上海市出台《本市国有企业混合所有制改制操作指引（试行）》，明确指出要以发展公众公司为混合所有制改革的主要实现形式，实现发展混合所有制经济与优化国资布局结构、实施开放性市场化联合重组相结合，与推动国有资本有序流动、盘活用好国有资产相结合，与完善公司治理结构、建立健全现代企业制度相结合。实际操作中，上海市对主业突出、行业优势明显的竞争类企业推进整体上市，对业务多元的竞争类企业、功能保证类企业中优质的竞争性业务资产，提高证券化水平，充分发挥了资本市场对混改的带动和推进作用。2013年以来，先后推进完成了华建集团、隧道股份、国泰君安、上海银行、上海农商行等企业集团整体上市，上海电气、临港集团、华谊集团等企业集团核心业务资产上市，和辉光电等一批企业在科创板上市。其中，上海电气实现风电板块分拆上市，成为"A拆A"新政后国资分拆上市第一股。中国太保发行全球存托凭证并实现在伦敦交易所上市，成为中国第一家A+H+G三地上市的保险

公司。目前，1/3 的市场竞争类和金融服务类企业已实现整体上市或核心业务资产上市。截至 2022 年 5 月底，90 家上海地方国有控股境内外上市公司总市值 2.34 万亿元，国有权益合计 1.01 万亿元。

（二）分类分层系统推进，加快市场化重组

根据企业类型和功能定位合理推进混改。上海市除负责国有资本运营的国有资本管理公司明确要求保持国有独资之外，功能保障类国有企业均可实行混合所有制改革；鼓励竞争类国有企业根据发展实际，按照市场规则有序进退、合理流动。

根据企业层级推进混改。在集团层面和子公司层面引入战略投资者，实现投资主体多元化。上港集团 15%股权协议转让中远海运集团，助力上海国际航运中心建设；市建科集团在国有股权多元化、混合所有制改革、员工持股三步改革后，正式提交了 IPO 申请；上海燃气引入港华燃气，深化了行业资源协同；上药股份则围绕产业发展需要，引入云南白药等战略投资者。此外，积极推进国资国企与外资外企合作。上汽集团与通用汽车、上实集团所属上药集团与美国康德乐公司、东方国际集团与日本新联纺株式会社等合资合作，推动国内国外资源整合、优势互补。

（三）通过组建改革基金和创新开发金融产品拓展改革方法

充分发挥国企改革投资基金的引领和支撑作用。2015 年，上海国有资产经营公司与信达资产通过联合其他金融机构成立了"国企混合所有制改革（上海）促进基金"，规模约有 200 亿元人民币，为国企改革提供稳定且强有力的资金支持，在切实改善上海国有企业治理结构、推动国有资本有序流动、全面激发国企活力等方面提供了有力的资金支持。随后，又成立了上海国企改革发展股权投资基金、上海国企改革品牌发展股权投资基金、长三角协同优势产业股权投资合伙企业、上海并购股权投资基金等，充分发挥基金在推进混改中的引领和支撑作用，进而实现国有经济布局优化、结构调整、战略性重组的功能。

创新金融产品助力混合所有制改革。2016 年，"上海国企 ETF 基金"成功发行，其是由中证上海国企指数开发的产品，全面覆盖上海地方国企参控股的 66 家优质沪市上市公司。上海国企 ETF 是我国首只以"上海国企改革"为投资主题的基金，为此后国资股权改革提供示范性方案。该金融产品推出后，切实提升了上海混合所有制上市公司的资产质量和市场化能力，进一步加速了改革进程。上海国企 ETF 已经成为上海国企整体形象展示的标杆产品，有助于资本市场深入了解上海国企特别是上市的混合所有制企业，有助于上海混合所有制改革的持续推进。

二、以"混"促"改"，用机制变革提升企业能级

上海在混改过程中坚持以人为本，健全法人治理结构，建立健全市场化经营机制，不断激

发微观主体活力，提高国有资本运行效率。

一是加快完善公司治理机制。加强外部董事占多数的规范董事会建设，陆续授予规范董事会选人用人、重大决策、业绩考核、薪酬分配四项权利，推动董事会规范建设。加强监事会履职管理，制定外派监事履职评价办法，完善履职评价体系，优化外派监事会主席管理，进一步明确监事会主席工作职责。

二是加快推动三项制度改革。以市场化选聘、契约化管理、差异化薪酬、市场化退出为方向，完善企业经营班子选聘和管理制度，推动企业经营班子能上能下。以订立职工全员劳动合同、修订完善企业员工管理规章制度为抓手，建立健全劳动合同制、岗位管理制度和职工代表大会制度等，形成企业与员工双向选择、行政与工会部门定期协商、员工能进能出的合理流动机制。以发挥市场机制决定性作用为导向，出台《市国资委监管企业工资决定机制改革的实施办法》，落实董事会工资分配管理权，根据企业性质不同，实行有差别的工资与效益联动机制确定工资总额。

三是加快健全长效激励机制。建立规范有序的股权激励工作制度体系，先后制发《关于推进实施〈张江国家自主创新示范区企业股权和分红激励办法〉有关工作的通知》《关于本市国有控股上市公司推进股权激励工作促进高质量发展的指导意见》《关于本市地方国有控股混合所有制企业员工持股首批试点工作实施方案》等文件。

三、以党的领导为根本，为改革提供坚强政治保障

一是确立党组织在公司治理结构中的法定地位。坚持把建立党的组织、开展党的工作作为混合所有制改革的必要前提，落实"四个同步""四个对接"要求，制定和发布市管国有企业党建工作要求写入公司章程的实施意见，根据国有独资、全资、国有资本绝对控股企业和国有资本相对控股企业的不同特点，明确党建工作内容写入公司章程的不同要求。境内地方国有控股上市公司全部完成党建工作要求进章程工作。

二是落实党组织研究讨论"前置程序"要求。出台落实"前置程序"指导意见等制度文件，提出"前置程序"应置必置等工作要求，全面落实党组织研究讨论作为董事会、经理层重大决策的前置程序要求。目前，国有资本绝对控股企业和国有资本相对控股并具有实际控制力的混改企业，能够严格按照《中国共产党国有企业基层组织工作条例（试行）》中的要求，发挥领导作用，对重大经营管理事项决策进行前置研究把关。国有资本相对控股企业党组织在属资管理的情况下，也能够严格按照要求，落实前置程序要求。

三是探索党管干部和发挥市场机制有效结合途径。从直接监管企业层面看，按照干部管理权限，由市国资委党委会同市委组织部具体操作实施。对混合所有制的企业，董事长和总裁任职采取提名的方式，提交董事会、股东会审议。对二级以下企业，各企业集团根据各企业实际，对实行混改的子公司普遍采用市场化程度更高的选聘方式、契约化程度更高的管理方式和差异化程度更高的薪酬激励方式。

四是落实对混改企业的党建管理和考核。目前，混改企业中，党组织大部分采用属资管理的方式由国有股东组建，也存在部分混改企业仍然保有原来党组织架构，采用属地属资管理相结合的方式进行管理。国有绝对控股的混改企业党组织职责定位、党员教育管理、党组织活动等方面与传统国有企业的要求基本相同；国有相对控股或参股的混改企业党组织则结合混改企业的管理基础、运营管控权归属、企业文化、党组织管理关系归属等，按照分类指导、"一企一策"的办法明确工作要求。

第三章　江苏：坚持"四同步"探索多样化混改路径

江苏省坚持目标导向，立足实际，在混改中坚持"四同步"，即引战与上市同步推进、公司治理与经营机制同步优化、激励机制与约束机制同步提升、党的建设与混改同步谋划，积极探索国有企业混合所有制改革的多样化路径和模式。截至 2021 年底，省国资委监管企业 1572 户（独立法人），共有混合所有制企业 811 户，占比 51.6%；市属企业中，南京市、无锡市市属国有控股及实际控制的混合所有制企业比例已超过 70%。试点开展以来，通过多层面多维度的统筹推进，改革取得积极成效。

一、引进战投与公司上市同步推进

江苏省积极探索"混改＋上市"的模式。例如，2020 年 9 月，徐工集团工程机械股份有限公司在江苏省产权交易所公开挂牌，引进 12 家战略投资者，同步开展员工持股，共募集资金 210.56 亿元；2020 年 12 月，徐矿集团与交银金融资产投资有限公司等 7 家战略投资者签订所属徐矿能源股份有限公司的股份转让协议，涉及资金 19.8 亿元，徐矿能源股份有限公司"混改＋上市"迈出关键一步。2020 年 6 月，江苏交控所属江苏通行宝公司成功引入腾讯云计算(北京）有限公司等 2 户企业作为战略投资者，募集资金 9377 万元；2021 年 6 月，通行宝公司通过深交所创业板上市委审议会议，成为全国行业内首家 IPO 过会企业。现已向证监会提交注册，为 IPO 发行上市做好最后冲刺。

二、公司治理与经营机制同步优化

在推进混合所有制改革过程中，试点企业引进战略投资者后，董事会结构得到优化，形成了有效制衡的公司治理结构。华泰证券完成定增后，战略投资者委派 2 名董事参与公司治理，董事会结构按省委、省政府决策意见执行，独立董事人选由公司党委前置研究、事前把关。天泓汽车集团修订了《天泓汽车集团"三重一大"决策制度实施办法》及"三会"议事规则，重新梳理了部门职责和定岗定编工作，进一步规范了党委会、董事会、总经理办公会议事规则和决策边界。天泉湖实业股份有限公司完成董事会改组，民营股东提名的 3 名董事进入新一届董事会，厘清了董事会与经营层的事权关系，完善了董事会的决策机制。同时，江苏省的混改企业还注重完善市场化的经营机制。例如，着力构建市场导向的选人用人机制，推行职业经理人制度试点，倾力打造具有专业能力、专业精神和国际视野的职业经理人队伍，全面激发企业活力和发展动力，实现了公司经营管理团队由组织任命向市场化选聘的顺利转换。江苏通行宝公司引入 3 名外部独立董事，推行职业经理人制度，公司与 6 名市场化选聘经营管理人员签订岗位聘任协议和经营业绩责任书，前、中、后台部门管理人员实行双向选择竞争上岗。天泉湖实业股份有限公司制定《职业经理人管理暂行办法》《职业经理人绩效管理暂行办法》《职业经理人薪酬管理暂行办法》，建立了职业经理人制度，对原经营层部分人员进行身份转换，并公开招聘引入社会人才充实经营团队。天泓汽车集团制定了《天泓集团经理层成员任期制、契约化改革工作实施方案（试行）》，完成经理层任期制契约化管理改革，通过内部竞争上岗方式选聘天泓汽车集团总经理和经营团队高管，建立了常态化、规范化的后备干部选拔培养体系。无锡国联信托股份有限公司制定了职业经理人管理办法，在经营层引入具有丰富行业经验的专业化人才，开拓标品信托业务领域。

三、激励机制与约束机制同步提升

人力资本是企业发展的核心要素，如何建立符合社会主义市场经济原则的激励机制与约束机制，充分发挥人的主观能动性，是释放国有企业发展活力的关键一环，也是新一轮混改着力探索的重要内容，江苏省不断强化激励硬化约束，激发国企员工干事创业热情。一是支持企业实行更加灵活的薪酬激励与约束制度。打破平均主义，合理拉开收入分配差距，推动企业所在集团对混改试点企业工资总额给予足够的政策空间，使试点企业工资总额增长幅度可以达到其利润增长幅度。同时，进一步强化市场化薪酬分配与考核机制，建立以董事会为考核主体、以经营业绩为导向的市场化薪酬管理体系。二是着力加强中长期激励制度建设。支持混改试点企业结合自身情况，统筹用好员工持股、上市公司股权激励、科技型企业股权和分红激励等现有政策措施，积极探索运用超额利润分享、虚拟股权、项目跟投等方式，充分调动企业家、科研人员、技术骨干、关键业务人员及广大职工的积极性与创造力，挖掘企业人力资本价值和潜能，推动企业成为变化灵活、高效运转、竞争充分的微观主体。例如，徐工集团工程机械股份有限公司引入战略投资者的同时，拿出了 2.7% 的股份开展了员工持股，对象均为与公司签订劳动合同的经营管理人员、研发技术人员和营销骨干。

四、坚持党的建设与混改同步谋划

江苏省认真贯彻《中国共产党国有企业基层组织工作条例（试行）》，推动党建工作与生产经营深度融合，实现企业发展改革与党的建设同频共振、相互促进。华泰证券全面落实党委主体责任，建立党委履行全面从严治党主体责任清单，将对职业经理人自觉维护企业党组织领导核心和政治核心地位列入任期考核内容；天泉湖实业股份有限公司将党的建设写入公司章程，根据股权结构合理设置股东会、董事会、监事会，规范股东会、董事会、监事会、经理层和党组织的权责关系；通行宝公司党委将"卓越党建＋现代国企"治理体系建设作为党建和经营管理工作的重点，完善、梳理各项规章制度135项，设立党委工作部，将公司本部原2个支部增设到5个。

第四章　浙江：立足民营经济优势推进混改

　　浙江省根据中央顶层设计及时制定《省属企业深化混合所有制改革专项行动方案》，明确了工作要求和目标，确定了16项具体改革任务和6项保障措施，指导省属企业"一企一策"研究制定混改行动方案，积极借助民营经济优势在重点领域推进混合所有制改革。杭绍台铁路是国家首批社会资本投资铁路示范项目之一，是由复星集团牵头的民营联合体和浙江省政府合作的民营控股的高速铁路，这条铁路是我国铁路领域混改吸收民营企业参与的"试金石"。随后，浙江杭温铁路也实施混合所有制改革及政府和社会资本合作。截至2021年底，省属企业混改户数达1723户，连续三年省属企业整体混改率保持在75%以上，年引入社会资本金额超100亿元。省属企业中的混改企业以60%的净资产实现了80%以上的收入和利润，充分体现了深化混改对国资国企高质量发展的支撑作用。2021年，浙江省深化混合所有制改革被列入浙江省"牵一发动全身"重大改革项目，并获得年度浙江省改革突破奖。

一、建立混合所有制改革推广机制，拓宽民企参与渠道

　　为搭建国有资本与民营资本合作桥梁，浙江省建立了混合所有制改革项目推广机制，定期召开混合所有制项目推介会，以优质项目为载体，搭建各类资本合作的桥梁，进一步加强股权融合、战略合作、资源整合。2015年，浙江省利用第三届世界浙商大会平台，推出各类省属企业与民营企业合作投资项目129个。2018年，举办第一期全省国企混改项目推介会，集中推出交通、能源、环保、金融等领域混改项目40个，引入社会资本超400亿元。2021年，举办第二期全省国有企业混改项目集中推介会，网上网下同步公开推广48个混改项目，项目融资额度408亿元，其中在浙央企首次参与并推出6个项目。通过召开混改项目推介会，充分彰显浙江省以更加开放的姿态推进与民营资本的有效融合，大大增强了对民营资本的吸引力，同时拓宽了民企参与混改的渠道，打造了浙江混合所有制经济宣传的"金名片"。

二、以资产证券化的市场化路径推进混改，切实提高民企参与混改的积极性

浙江省坚持把上市作为混改的重要途径和内容，大力推进符合条件的省属企业多渠道实现上市，探索形成省属企业混改、培育、上市、分拆上市等高质量发展系统化、体系化改革路径。这种市场化的操作路径，让民企进一步树立信心，提高了参与混改的积极性。截至 2021 年底，全省共有国有上市公司 63 家，其中物产环能实现国内首单主板分拆上市，形成了 50 多家重点培育企业后备梯队。国企改革三年行动开展以来，省属上市公司灵活运用市场工具开展资本运作，2020—2021 年，共完成直接融资 264.8 亿元，完成并购重组注入资产 107 亿元。省交通集团"浙江杭徽"基金成为全国首批基础设施公募 REITs 项目，树立行业标杆。同时，创新与证券交易所开展战略合作，全国首创国有企业集中业绩发布机制，着力多方位推动国有资产规范交易、高效管理和协同监管。

三、深化改革持续激发混改企业活力，让民营企业保持混改定力

根据国企改革三年行动部署要求，率先建立以资本为纽带、以产权为基础的法人治理结构，合理设置董事会、监事会、经理层，明确规范各治理主体之间的权责关系，加快推进以三项制度改革为主的经营机制转换。一方面，不断强化董事会职权建设，建立"外大于内"的董事会运行机制。充分发挥外部董事作为出资人代表的作用，规范董事会决策，提升董事会决策效能，有效避免了民企在"混改"中没有话语权、自身权益难以保证的情形，有效防止了混改后无法摆脱行政性干预、国企的管理体制侵蚀民企的活力的不良现象出现。另一方面，推动董事会向经理层授权，实施经理层成员任期制和契约化管理，强化经理层成员责任、权利和义务对等，探索职业经理人制度，推进管理人员竞争上岗和不胜任退出，真正实现了管理人员能上能下、能进能出。通过这些市场化机制的建立实现了国有资本与民营资本深度融合，真正实现了协作共赢和包容性发展，较好地防止了国企和民企之间因为投资比例、经营管理权、收益分配、投资决策、经营理念等分歧造成的争权夺利、相互拆台、相互掣肘的情形，降低了民企参与混改的积极性和连续性减退的风险。

第五章　安徽：探索科技领域混改新模式

安徽省注重探索科技领域企业混合所有制改革路径，着力构建多元化省级股权投资基金投资科技领域，在科技领域积极探索增量混改，将改制上市、资本运作作为提升企业经营绩效的重要手段，探索国有相对控股企业差异化管控新模式，不断完善经营和激励机制激发科技企业动能。目前，已经形成了国有资本引领战新产业发展的全新模式，不断推动混改取得新突破。

一、着力构建多元化省级股权投资基金投资科技领域

安徽省国资委推动相关省属企业发起设立新兴产业发展、产业转型升级、碳中和、工业互联网、新型基础设施建设、混合所有制改革6只母基金及1只服务全省重大战略的直投基金，资本金规模达到400亿元以上，并主导或参与设立若干只子基金，吸引社会资本600亿元以上，形成总规模1000亿元以上的基金集群，主要用于投资科技领域或者支持科技领域国有企业引进战略投资者。目前，安徽省投资集团发起设立100亿元量子基金，投资量子通信等未来产业，服务合肥国家实验室建设；联合国家产业基金和市属投资平台，以股权投资方式共同向长鑫存储注资150亿元、向蔚来汽车注资70亿元，投资的华米科技、容知日新等科创型企业累计上市45家。安徽省投资集团、国元金控集团、华安证券参与组建省产业发展基金、省级种子投资基金、创业风险投资基金和"三重一创"产业发展基金等，初步构建起了覆盖企业种子期、初创期、成长期、成熟期生命全周期，服务产业发展全链条，对接企业上市（挂牌）全过程的省级股权投资基金体系。依托安徽省国控集团发起设立母基金规模20亿元的省属企业改革发展基金，通过撬动社会资本参与省属企业改革，进一步促进企业提质增效、转型升级，实现国有资本放大功能、优化资源配置。

二、在科技领域积极探索增量混改

安徽省强化科技战略支撑，借混改契机重点在科技领域探索增量混改，强化国资在前瞻性产业领域布局。充分考虑市属国企改革改制启动较早，充分竞争领域的国有股权退出较为彻

底，适合开展混合所有制改革的存量企业并不多等情况，在坚持"三因三宜三不"原则的基础上，鼓励各市积极在科技领域探索增量混改，取得较好效果。例如，合肥市结合产业发展实际，在战新产业领域，先后引入台湾力晶、兆易创新、蔚来汽车等一批国内外龙头科技企业，组建晶合集成、长鑫存储、蔚来中国（合肥）等一批混合所有制形式的股份公司，实现资本与资源的优化整合，形成国有资本引领战新产业发展的"合肥模式"。

三、将改制上市、资本运作作为提升企业经营绩效的重要手段

安徽省将改制上市、资本运作作为提升企业经营绩效的重要手段，主要做法如下。

一是加大上市资源培育力度。鼓励支持国有企业通过多层次资本市场挂牌上市，持续推进淮河能源整体上市。建立并实时调整完善上市企业后备资源储备库，分类分层梯次推进库内企业上市挂牌，目前储备拟上市企业达29户。近年来，实现安徽天然气、省交规院、华塑股份、建研设计和铜冠铜箔等子企业首发上市。

二是推进国有企业改制上市。近年来，以提高国有资本效率、增强国有企业活力为中心，以培育优质企业上市为方向，通过改制上市、资产注入置换等手段，将流动性较弱的国有资产转换为可在资本市场自由流通的证券，增强国有资本的流动性和企业经营治理的规范性，优化国有资本配置。先后完成江汽集团、华安证券、建工集团、军工集团等省属企业整体上市及淮北矿业煤电主业资产整体上市。各地也积极探索推进国有企业上市，混改企业经营状况有明显改善。至2022年，安徽共有国有控股上市公司45家。

三是推进文化企业通过上市手段积极实施混改。安徽省严格落实习近平总书记关于全媒体时代和媒体融合发展重要讲话精神，多措并举促进文化企业和文化产业高质量发展。通过企业上市实现国有文化企业资本证券化、股份化，激发企业活力，提高企业经营管理水平。安徽出版集团、安徽新华发行集团充分发挥上市公司平台作用，将主营业务、主业资产纳入上市公司，加大资本运作力度，投资重大文化项目，有力地促进企业转型升级、加快发展。时代出版、皖新传媒以上市为契机，完善现代企业制度，规范公司治理，加强制度建设，有效提升了公司治理能力和水平。

四是深化资本运作，推动国资国企效率效益"双提升"。安徽各市结合实际，充分利用多层次资本市场，增强市属混合所有制企业绩效，释放企业市场活力。2019年，上市公司合肥城建实施重大资产重组，定向发行股份收购工业科技100%股权，加快产业整合和要素集聚，提升企业资产规模，增强了盈利能力和综合实力，切实提高国有资本运营效率。百大集团通过收购民营台客隆超市股份公司68.8%股权，成功打开皖南市场。丰乐种业在新设子公司层面积极谋划实施新三农公司混合所有制改革项目，优化股权结构，实施混改后，丰乐种业控股51%，原有瓜菜业务的部分核心经销商持股49%，成立当年即实现扭亏为盈，实现销售净利润170万元。

四、探索国有相对控股企业差异化管控新模式

安徽省坚持市场化、法治化原则，充分发挥公司法人治理结构作用，促进各种所有制主体优势互补、相互促进。针对国资纾困控股的上市民企，省投资集团按照"管方向、放经营"理念，通过法人治理结构对上市公司长信科技进行战略管控，但不干预企业日常经营，推动公司业绩快速提升。针对引入外资实施混改的江汽集团，安徽省国资委与大众集团虽各持江汽集团50%股份，但股东协议和公司章程明确，董事长和总经理由安徽省委派，财务报表由安徽省合并，除须经股东会、董事会一致表决同意的事项外，安徽省拥有最终决定权。同时，全方位导入大众管理理念、技术工艺和品牌资源，混改后江汽集团汽车销售量增长明显。

五、完善经营和激励机制激发科技企业动能

针对科技型企业高层次领军人才激励机制相对缺乏、能打攻坚战的科研攻关团队激励不够和对不同类别科研人员的差异性考虑不足等问题，完善经营和激励机制，激发企业动能。一是全面推行经理层成员任期制和契约化管理。安徽率先在省属企业推行经理层成员任期制和契约化管理，选择华安证券、安徽叉车集团等2户市场竞争程度较高的省属一级企业开展首批试点。截至2022年，已有82%以上的省属企业集团公司建立了对子企业经理层成员的任期制和契约化管理制度，69%以上的省属企业各级子企业与经理层签订了有关合同或契约。二是结合科技型企业特点，扎实推进员工持股试点改革。在江淮汽车、铜陵有色、安徽建工、国元证券等上市公司开展员工持股的基础上，2017年，按照国有控股混合所有制企业员工持股试点的新要求，印发实施《安徽省国有控股混合所有制企业开展员工持股试点实施意见》，推动符合条件的省市国有企业开展试点工作。目前，国元农保等6户试点企业员工持股改革均已完成。在此基础上，指导引江济淮集团水利水电勘测设计研究总院等企业推动员工持股改革。

第六章　江西：以"四个坚持"为导向推进混改

多年来，江西坚持探索特色化改革路径，注重问题导向和机制的深度转换，同时建立了前评价和后评估制度，扎实推动完成国家层面混改试点企业省旅游集团混改、开展"百户混改攻坚行动"，着力推动混改由集团向子企业、由省属向市（县、区）属企业纵深推进，由试点向推广、由单项改革向综合改革扩大推进，推动混改企业由股权多元化向公众型、上市公司转型推进，形成中国瑞林、江西建工、江西盐业、江西旅游、江咨集团、国泰集团等一批典型"混改样本"，初步摸索出一套既符合中央精神又与江西实际相结合的具有江西特色的国企混改模式。

一、坚持探索"从集团到子公司"的特色化改革路径

江西着力推动混改由集团向子企业、由省属向市（县、区）属企业纵深推进，由试点向行动、由单项改革向综合改革扩大推进，推动混改企业由股权多元化向公众型、上市公司转型推进，这种自上而下的改革路径大大提升了混合所有制改革的能级。在国企集团层面引入外部资本，更有利于通过外部股东"就位"促使国资股东"归位"，优化集团企业治理结构，加快集团转型发展。集团混改是最难啃的硬骨头，面临的体制机制问题较多，首先拿集团层面"开刀"，推动集团以市场化为导向的体制机制变革，一旦成功则具有较强的推动力和引领性。目前，江西省在已有 11 户省属竞争类企业集团层面，5 户企业实现了整体或核心资产上市，3 户企业完成混改进入上市辅导阶段。通过自上而下的改革模式，能够更大力度吸引优势资源，培育出更多世界一流企业，在行业处于龙头和引领地位。例如，通过混改，江铜集团连续 9 年跻身《财富》世界 500 强，2021 年排名第 225 位，大幅前移 118 位。国泰集团、新余国科整合盘活存量资源，实现整体上市，引领做强做优军民融合产业。江咨集团引进中国 500 强战略投资者，4 年发展再造一个"江咨"，带动江西现代服务业高质量发展。

二、坚持问题导向找准混改切入点

江西省坚持问题导向，坚定不移帮助企业解决在混合所有制改革过程中存在的困难，同时

也有效助推了国有企业通过混改解决长期以来制约企业发展的瓶颈问题，从而不断提升了企业发展混合所有制改革的内在驱动力。

以"四个认同"为标准引入"创业合伙人"，破解普遍存在的引进战略投资者难题。例如，在江西旅游集团混改中，引战工作明确以寻找省政府"创业合伙人"的理念引入投资者。围绕"高度看好和深刻理解旅游产业、高度认可江西旅游资源和市场、高度相信江西省委省政府发展旅游产业的决心和魄力、高度信任旅游集团的经营运作能力"4个认同招选战略投资者。同时，坚持"引进来"与"走出去"有机结合、优势互补与赋能支撑有机结合的"引战"方法，既大胆把战略投资者"引进来"，也积极让资本"走出去"，以兼并重组等方式控股参股民营企业，以"众创""共享"的发展理念实现"裂变"。截至目前，江西省旅游集团已经完成了两轮战略投资者引入，正在按照整体上市的需要，以优化股东结构、优化资产结构、优化运营支撑、优化融资支撑"四个优化"的原则，进行新一轮股东结构的优化。此外，江西省旅游集团还创新性地提出将自身打造成为人才创新、创业、创造的"众创平台"。例如，集团整合资源、构建多种创业合伙平台，各类符合条件的创业团队都可以在集团找到创业的通道和事业发展的平台支撑，在集团内部也形成了若干小型混合所有制经济主体。

采用"先改资产后改人"的方法，在企业混改中统筹推进事业单位改革，破解"事业单位转企改制难"的问题。江西省旅游集团成立之初，省政府将江西宾馆、江西饭店、赣江宾馆等三家政府接待性宾馆划转给旅游集团。三家事业单位性质的宾馆均为新中国成立初期设立，由于长期不能推进市场化用工体制改革，导致人员多，退休干部多，用人机制僵化；经营体制不活且设备老化，导致市场竞争力较弱，对其进行转企改制改革是一项艰巨、复杂的任务。旅游集团采取"先改资产后改人"的办法，在企业混改中统筹推进事业单位改革，破解事业单位转企改制难的问题。截至2018年4月，集团完成三家宾馆1700多名干部职工身份置换，处置了大量历史遗留问题，没有将一人推向社会，没有发生一起性质恶劣的群体性事件，维护了社会稳定，有效减轻了省财政负担。同时，有效激发了改制员工干事创业的动力，改制当年即实现了改制任务和企业经营"双丰收"。一是积极创新改革举措，先改资产后改人。2015年6月，集团先后注资分别成立赣江宾馆有限公司、江西饭店有限公司和江西宾馆有限公司，三家宾馆的经营业务、用工主体均剥离到有限公司，仅保留三家宾馆经营性事业单位的"壳"，而人员暂时身份不变、待遇不变、岗位不变，保持一定阶段的"双轨"运行。二是积极筹集资金，专项用于改制。2017年1月，江西省旅游集团成功引进战略投资者，利用增资扩股与转让部分股权的方式，筹集了4亿元转企改制资金，专项用于职工转企改制。三是积极实施三项制度改革，激发企业活力。大力度开展酒店经营管理人才的引进和选聘，积极实施三项制度改革，提高有限责任公司职工的薪酬待遇。经过以上一系列的充分准备，职工想改、愿改已经成为主流，三家宾馆的转企改制也已是大势所趋，实施转企改制水到渠成。

三、坚持深度转换混改企业治理和经营机制

找准"着力点"，不断完善法人治理机制。江西省积极采用"新瓶装新酒"的方式，既改体制又改机制，破解"科学运行难"。一是规范董事会建设，突出发挥积极股东作用。省属451户混合所有制企业，全部建立董事会或设立执行董事，73%实现外部董事占多数，58.9%实现非国有资本持股比例合计超过1/3。二是保障经理层依法履职，充分发挥经理层经营管理作用。一级混改企业全部建立董事会对经理层授权的管理制度，38户混合所有制企业已开展职业经理人制度试点。三是强化出资人监督，充分发挥监事会监督作用。依法依规选聘或委派监事，对董事会、经理层成员职务行为进行监督。通过上述方法，推动混改企业各治理主体形成各司其职、各负其责、协调运转、有效制衡的法人治理结构。

强化约束与激励相容，实现"带着风险金打工"，破解"人才内生动力难"。例如，江西省旅游集团通过提升核心持股人员自我约束力、提高企业管理制度约束力和夯实人才健康成长约束力完善激励约束机制。其以"带着风险金打工"为底层逻辑，以"岗位持股，岗变股变、绩效考核、人离股转"为操作规程，以《江西省旅游集团核心骨干持股合伙人经营管理谴责追责制度（试行）》为刚性约束，把团队的行为规范对标到企业发展的要求上来。持股人员的退出分为"恶意""中性""善意"三类。到目前共有147人持股，共10人遭到退出处理，其中"恶意"强制退出1人、中性退出9人，也有人因岗位不持股而离开岗位。同时，提高企业管理制度约束力。集团陆续出台了126项规章制度，重点在严格执行纪律、执行制度，强化规则、契约意识方面下功夫，提高违规违纪人员的风险成本。受到党纪处分的人员，必须首先受到企业管理制度的规定的处罚。受纪律处分的人员，同时还要受到降职、降薪、扣罚奖金等处罚。此外，江西省旅游集团以"党和政府满意，国有出资人满意，战略投资者满意，广大干部职工满意，社会各方满意"5个满意为目标，坚持把员工的成长发展纳入到企业高质量、跨越式、可持续发展的轨道上来，形成员工健康成长与国有企业资产保值增值的"双结合""双促进"。

紧盯"关键点"，不断完善市场化用人机制。全面建立新型劳动关系，对原国有身份职工按政策妥善安置，对符合条件的员工重签劳动合同，与社会化招聘的员工实行同工同酬。2022年以来，混合所有制企业新进员工全部公开招聘，企业实现全员劳动合同制。全部实现全员绩效考核，三分之一以上管理人员实现竞争上岗，末等调整或不胜任退出比例高于全省平均水平。"员工能进能出、干部能上能下、收入能增能减"的市场化用工机制进一步健全，初步形成"员工岗位靠竞争、收入分配靠贡献、干部上下靠业绩"的良性机制。

四、坚持建立前评估、后评价制度

搭建混改制度框架体系。总结前期混改先行先试的经验，印发实施《江西省省属国有企业混合所有制改革操作指引》，指导全省国企混改从试点到行动扩大到推进，从省属集团层面到子企业、市县国企纵深推进，从股权多元化到机制转换、由"混"向"改"转型推进。

明确混改前流程制度指引。严把评估原则，指导企业结合功能定位，聚焦难点问题、发展质量和改革意愿等因素，对混改必要性和可行性进行充分研究，宜独则独、宜控则控、宜参则参，不设时间表，一企一策，成熟一个推进一个。严格决策程序，按照专家论证、风险评估、职工参与、合法性审查等规范流程，坚持集体研究决策，按程序报审。严守价格发现机制，要求混改项目一律在省产交所公开挂牌，依法依规、公开透明。

完善混改后评价制度体系。探索建立"234"混改后评价制度，从国资委和企业集团两个层面推进混改后评价机制建设，从混资本、改机制、促发展三个维度，资本增值、管理提升、主业发展、投资者作用4个方面效果进行综合评价，检验混改成效，找出问题和不足，提出改进措施，确保实现以"混"促"改"。另外，重新修订《江西省国资委出资监管企业投资监督管理办法》，推动企业建立了混合所有制企业投资后评价监管制度。此外，建立国资委对混合所有制企业专项检查评价机制，目前已形成的 15 份专项检查报告揭示出问题和风险共 174 个，提出建议 169 条，有效地督促企业整改落实。

第七章　山东：优化混改全链条制度实现由"混资本"向"改机制"转变

山东省以完善混改所涉及的各个环节和链条上的制度为重点，包括差异化管控制度、后评价制度、完善和保障中小股东权益制度等，为推进实质性混改扫清障碍，为成功混改提供清晰指引，已经创新形成了一批可复制可推广的成功经验和做法。

一、在全国率先出台实施混改后差异化管控制度

山东省在全国率先出台《关于省属国有相对控股混合所有制企业差异化管控的指导意见(试行)》。该意见指导省属企业坚持市场化改革方向，对相对控股混改企业建立实施有别于国有全资、绝对控股企业的差异化管控模式。通过充分的授权放权和市场化的改革，进一步激发企业的活力动力，推动企业建立更加灵活高效的市场化经营机制。2022年，山东省选取8户相对控股混合所有制企业作为试点，率先探索实施有别于省属国有控股企业的差异化管控，推动国有相对控股混合所有制企业由"混资本"向"改机制"有效转变，创新形成一批可复制可推广的成功经验和做法，实现省属国有相对控股混合所有制企业差异化管控从无到有的改革。

二、在全国率先出台实施混改后评价机制

山东省为实现高质量混改，在全国率先出台《省属企业混合所有制改革后评价工作实施办法》。目前，已经在省属企业选取20家样本企业，对样本企业及其权属企业完成混改并运营一定时期后（其中完成混改以企业办理完市场主体变更登记为准），对混改实施效果、目标达成、存在问题等进行系统、客观的综合性分析评价，总结经验做法，找出问题和不足，提出改进措施，为后续推进改革提供有益借鉴。后评价的内容主要包括混改效果评价和投资者评价两个方面。在混改效果评价方面，重点调研、评价混改企业在资本结构、产业协同、公司治理、体制机制转换、制度完善等方面采取的改革措施与产生的效果，具体围绕资本增量、管理增量、技术增量、人才增量、品牌增量"五个增量"改革目标进行分析。在投资者评价方面，由混改企业引入的投资者，对混改企业在发挥股东作用、提升运营决策效率、投资回报、信息披露与沟

通等方面进行评价。同时，山东省积极完善混改后评价结果运用制度，针对混改后评价中发现的问题，引导混改企业规范混改行为，完善公司治理，转换体制机制，建立更加市场化的运营管理机制。

三、完善资产证券化相关制度

出台《关于加快实施新旧动能转换推进省属国有企业资产证券化工作的指导意见的通知》《关于进一步加强我省国有上市公司管理有关工作的通知》《关于增强省属国有控股上市公司控制力的通知》，通过加快资产证券化步伐和增强控制力，不断提升上市公司质量。例如，积极完善优化上市资源后备库制度，大力推进优质企业上市，规范上市公司并购；充分发挥上市公司资源整合优势，通过现金收购、资产出售、资产置换、发行股份购买资产等方式，重组整合省属国有企业同类资产，放大产业协同效应；支持省属国有企业或上市公司通过增资扩股、股权置换、产权转让等多种途径，积极引入投资者，择优选择能够在技术、管理或资源上形成互补、协同和放大效应的战略投资者。目前，省属控股上市公司增至 46 户，通过股票市场募集资金 621 亿元，发行股票 52 只，市值 9347 亿元，国有市值 4407 亿元。

四、建立保障中小股东权益和发挥中小股东作用制度

山东省为充分激发各方主体参与混改的积极性，出台了《关于省属国有企业混合所有制改革发挥中小股东作用的指导意见》，形成了保障中小股东的科学制度设计。该意见重点明确如何发挥中小股东在完善公司治理结构、创新经营机制、提升运营效率、增强发展活力等方面的作用。如明确"对企业长远健康发展有较强战略支撑作用的中小股东，经全体股东协商一致，可依法在公司章程中就其股东权利做特殊约定"，"鼓励实行中小股东特别表决权、累计投票制、分类表决制、关联事项回避表决制"，等等。这促使山东部分混改企业更加注重发挥公司章程的基础作用，保障中小股东知情权和参与公司决策的权利，重点建立公平参与的资本引入机制、发挥中小股东在公司治理中的制衡作用和完善投资回报机制，确保中小股东能够依照投资比例或协议约定，获得董事、监事席位。

第八章 南京：实现混改企业高质量融合发展

近年来，南京市按照"三因三宜三不"原则，完善推广机制畅通混改渠道，探索资产资源整合和资产证券化等多种混改路径，围绕自身产业特色推进混改，有效促进了全市国有资本和非公有资本的融合发展。截至 2021 年底，市属混合所有制企业 674 户，占全部正常经营企业的比重为 68.7%。市属混合所有制企业以 48% 的资产规模，贡献了 64% 的营业收入和 74% 的利润。国有资本和非公有资本的深度融合既放大了国有资本功能，也拓展了民营企业等社会资本的发展空间，促进了各类资本取长补短、共同发展。

一、通过机制化设计，疏通混改通道

南京市积极完善混合所有制改革项目推广机制，定期举办国企混改项目推介会，集中推出重点领域混改项目。同时，建立完善混改信息发布平台、混改项目库，实现多渠道推介混改项目。2019 年，南京市成功举办国有企业混改项目集中招商推介会，24 个市、区国企混改项目与包括央企、外企、省属企业、民营企业、投资机构、金融机构、中介服务机构在内的 100 多家客商见面，吸引各类社会资本共同参与南京市国有企业混合所有制改革，充分彰显了南京国资民资合作的决心和力度。同时，南京还坚持常态化混改招商，依托市国资委、市公共资源交易等线上网络平台，动态发布国有企业混改招商信息。目前，网络平台混改项目涵盖商贸流通、装备制造、文化旅游等多个行业领域，累计发布市、区两级 39 个混改项目。

二、聚焦融合发展，探索多样化混改模式

积极推进资产资源整合打造混改项目。近几年，南京市市属集团以整合资源实现产业集聚为导向，积极引入产业协同、具有较强竞争力的行业龙头企业参与混改，实现资源共享、互利共赢。交通集团引入招商地产、朗诗等国内知名地产企业加快存量土地资源盘整，盘活了近 4.5 万平方米的低效存量土地资源；旅游集团积极拓展旅游产业链，联合华住集团、江苏诺根红文化教育有限公司等优质投资者，合资新设江苏金旅华住酒店管理有限公司和南京金旅红文

化发展有限公司两家混合所有制企业，旨在充分发挥各方资源、品牌优势，进一步整合酒店资源、发展红色旅游产业，共同打造高水准、高效益的特色精品酒店和高质量的红色旅游服务，从而带动集团旅游行业运营管理水平跨越发展，推动全市旅游产业综合服务质量快速提升。

通过加快资本证券化推进混改。南京市将产业链上下游优质国有资产、核心业务通过定向增发、并购重组、股权置换等方式注入上市公司，加快国有资本证券化步伐。近两年来，先后完成金陵环境股改，进入上市辅导期；智慧交通完成非公开发行并引入战投和员工持股，具备新三板创新层提层条件；金陵药业并购池州东升药业 65% 股权，南京医药并购阜阳天星医药有限公司 67% 股权、福建龙岩同春医药有限公司 35% 股权、亳州天星医药 51% 股权等 3 个项目并重组，强链补链效应逐步显现。

进一步发挥各类基金对混合所有制改革的支持作用。南京市积极利用各类混合所有制改革基金拓宽社会资本参与混合所有制改革的渠道。截至 2021 年底，市场化并购和混合所有制改革基金规模达到 70 亿元，其中南京市混合所有制改革基金 30 亿元。2022 年 5 月，江苏省组建国有企业混合所有制改革基金，南京市积极参与，促进省市国企混合所有制改革联动，为国有企业发展提供资金、人才、管理、技术等方面的支持，提高国有资本运营效率。

三、结合产业发展优势禀赋，通过混改着力打造新经济增长点

首先，南京市围绕"4+4+1"主导产业发展方向，积极引进具有技术、人才优势的高新技术企业参与混改，创新经营模式，打造新的增长点。例如，城建集团瞄准建筑行业智慧化转型项目，引入国家高新技术企业格瑞利智能系统科技有限公司，合资成立南京精筑智慧科技有限公司，搭建工程项目智慧化监管平台，探索绿色施工监管新模式。东南集团积极探索国资与园区融合发展新路径，联合独角兽企业北京明略软件系统有限公司及南京金盾公共安全技术研究院有限公司、南京软件谷发展有限公司，共同打造专司园区运作的市场化平台，充分发挥国有资本优势，借助其他股东招商资源、政策优势和产业优势，建设国内首家公共安全领域人工智能产业园。南京地铁集团积极引入绿地集团等优强战略投资者 313 亿元参与合作建设地铁 5 号线，这是南京首个引入社会资本参与基础设施建设的地铁线路，建立了"地铁拿地、社会资本操盘"模式，初步构建了资源开发反哺建设运营的新机制。新工集团积极盘整存量企业，以业务做强做精为目标，针对部分医药、制造类企业经营机制落后、人才技术资源缺失、企业发展受限等现状，积极推进南京艾德凯腾生物医药有限责任公司、南京中山制药有限公司、南京市仪器仪表工业供销有限公司转型升级，分别引入在医药研发和制造业领域具有产业优势的南京德全生物医药有限公司、江苏弘景医药投资有限公司和南京富阆环境科技有限公司参与 3 家企业混合所有制改革，进一步增加公司运营资金，加大研发投入，提升企业市场竞争力，真正实现国企"老树新枝更著花"。江苏宝庆积极引入战投，实现资源互补。其通过股权转让和增资扩股同步推进的方式，成功引入优质战略投资者江苏岛村实业发展有限公司，为公司未来发展提供充足的资本金。其次，在引入战略投资者时，同步实施员工持股计划，将核心管理人员、

核心业务人员、核心技术骨干、在岗劳动模范 4 类员工纳入持股范围。在实施混改的基础上，同步开展职业经理人制度试点，进一步健全公司治理机制，持续加大市场化经营机制、企业运营模式等重点领域关键环节的改革力度。另外，积极对接资本市场，2021 年，江苏宝庆股改方案经市国资委批复，公司股份制改造工作有序推进。目前，江苏宝庆已在江苏、安徽、河南、浙江、京津冀等地开设宝庆银楼品牌专卖店近 400 家，是中国黄金协会、中国珠宝玉石首饰行业协会副会长单位，江苏省黄金珠宝业商会会长单位。

第九章　济南：以上市为关键点激发混改新动能

济南市突出问题导向和目标导向，将上市作为关键点，成立混改上市工作领导小组，建立市属拟上市企业后备资源库，加强专业辅导和服务对接，强化混改上市内外部监督，锐意改革，积极探索，有力推动了国资国企高质量发展。

一、成立混改上市工作领导小组，建立健全工作机制

国有企业混改上市涉及面广、专业和政策性强、社会关注度高，为此济南市建立健全了工作机制。一是成立混改上市工作领导小组，加强对国有企业混合所有制改革的组织领导，做好把关定向、政策落实、审核批准、纠偏提醒等工作。二是建立企业混改上市工作推进机制，领导小组制订年度工作推进计划，组长全面负责，副组长带领相关人员按照分工分头推进，精准分工帮扶，每季度召开一次调度会，统筹协调解决混改上市过程中存在的困难和问题。三是市属国有企业作为混改的责任主体，进一步健全完善混改上市工作机制，成立工作专班，经过科学严谨的论证，"一企一策"制定推进企业混改上市的方案、时间表、路线图。并且，将上市工作纳入企业经营业绩考核体系，推动企业上市工作扎实有效开展。

二、建立市属拟上市企业后备资源库，提升资源库质量

一是建立拟上市企业后备资源库。根据上市条件及规则，在企业自愿申报的基础上，按照优选推进一批、培育储备一批的原则，挖掘和培育一批经济效益好、管理运营规范、发展前景好的企业，分行业、分层次、分梯队建立 10 家以上拟上市企业后备资源库，实行动态管理。二是不断提升拟上市企业后备资源库质量。对入库企业，"一企一策"确定上市目标，制订上市计划，成熟一家推进一家。原则上资产规模大、竞争优势明显的企业在国内 A 股主板上市；具有明显技术等优势的中小企业争取在创业板或科创板上市；初创型、科技型中小型企业，争取在"新三板"和省内区域股权市场挂牌；具备条件的企业可在中国香港及境外资本市场上市。

三、加强专业辅导和服务对接，培育合格上市主体

济南市指导企业加强与国内外知名企业、投资机构、中央及省属优势企业的联系和对接，促进市属企业与战略投资者的合资合作。领导小组定期组织企业举办混改、股改、上市专业培训，加强业务辅导，提高小组成员和企业资本运营能力。做好精准服务对接，与企业协商引进优秀券商、会计事务所、律师事务所帮助企业规范推进混改、股改，深度转换企业经营机制，规范企业内部控制和企业运行，培育合格上市主体，协调市金融监管局积极对接省证监局，做好拟上市企业辅导、申报及验收工作。

四、强化混改上市内外部监督，建立容错机制

济南市充分发挥企业内外部监督力量作用，加强对混改上市过程中清产核资、财务审计、资产评估、进场交易、员工持股等重点环节的审核监督。规范国有企业参股投资，加强对参股股权管理，切实防止混改投资过程中的国有资产流失。同时，济南市还不断完善支持国有企业改革的政策，建立容错和责任追究机制。充分尊重企业首创精神，鼓励企业探索、创新，对有关单位依法依规决策、实施有关改革措施未能实现预期目标的，给予充分包容。

第十章　深圳：坚持实质性混改

深圳市坚持实质性混改，通过市场化引战、成立国资基金群、推进上市和完善激励机制等市场化运作手段，形成上下联动、领导有力、分工明确、协同推进的工作推进机制。通过"统一进场、规范操作、开放式征集、市场化定价"，向全社会公开征集战略契合度极高的、真正符合企业发展需求的战略投资者。利用国资基金群，助推国企混改进入"快车道"。充分利用多层次资本市场，积极转换国有资本形态，高效运用各种金融工具，大力推进资源资产化、资产资本化、资本证券化。在管理层和核心骨干推进员工持股，充分激发了企业内生动力。

一、注重战略契合，利用市场化手段引入真正符合企业发展需求的战略投资者

在实际操作中，深圳市始终坚持将混改双方战略契合摆在重要位置，将高远的战略定位、明确的战略规划和持久的战略定力贯穿于混合所有制企业的发展中，成熟一家推进一家，促使混改企业保持强劲的增长潜力和发展后劲，有效避免了"为混而混"的误区。深圳积极推动市属国企利用"统一进场、规范操作、开放式征集、市场化定价"等方式引入具有战略性资源且能带来关键技术、市场渠道、产品创新等方面支持的战略投资者，助力企业完善公司治理，壮大资本实力，提升核心竞争力，加快主业发展。例如，深创投等企业通过择优引进战略投资者，巩固提升其行业龙头地位，提高公司核心竞争力；高新投通过引战快速提升其综合实力，进入行业第一梯队前列；特发服务、水规院、城交中心等企业引入符合企业发展需求的多方股东，提供资金支持的同时，完善了公司治理，实现战略资源、产业资源的有效整合。

此外，深圳市还践行综合改革理念，以"混"促"合"，探索融合共生发展。在改革过程中重"混"更重"合"，引进符合企业发展需要以及认同市属国资发展战略及管理理念的战略投资者，以产权方面的"混"促进文化、理念的"合"，在构建以管资本为主的国资监管运营体制、完善公司治理、健全市场化激励约束机制、党的建设等方面综合配套推进，促进企业融合共生发展。

二、利用国资基金群，助推国企混改进入"快车道"

目前，深圳已构建了全周期、分工明确、相互协同的国资基金群体系，并且通过充分利用

基金市场化、专业化运作优势，协助国有企业改革发展。例如，远致富海并购基金已成功参与深圳特力集团、深圳市高新投等国企转型升级项目，投资金额共计20多亿元，并与特发信息和深燃气设立了产业并购基金，协助他们进行上下游产业链整合。特发集团创新通过并购基金，协助其收购上市公司麦捷科技控股权。当前市属国资基金已经充分发挥改革协同作用，有效促进了国有企业产业集团加快转型创新发展。

三、开展市场化并购重组补齐国资布局短板，创造条件推动产业集团整体上市

深圳市积极围绕自身发展战略、产业集群、硬核科技及战略新兴产业开展上市公司市场化并购，实现逆向混改的同时补齐国资布局短板、优化国资布局结构，提升国资服务大局、服务城市、服务产业、服务民生的能力。近年来，各产业集团积极围绕主业开展并购，如地铁集团并购万科股份，实现强强联合，打造并复制"轨道＋物业"商业模式；投控公司收购湾区发展控股权，取得粤港澳大湾区核心交通要道广深高速公路和广珠西线高速公路的相关权益，增强市属国资国企服务粤港澳大湾区能力，均取得较好成效。资本集团又完成了中集集团的股份收购工作，积极布局高端装备制造业。此外，还积极创造条件推动产业集团整体上市，先后推动能源集团、机场集团、赛格集团、粮食集团以及力合科创等完成核心资产整体上市，为传统产业集团插上资本运作的翅膀。

四、创新激励举措，切实激发混改企业内生发展活力

深圳市创新开展引进战略投资者的同时，实施管理层和核心骨干持股，实现管理层和核心骨干与战略投资者"同股同价"。具体来看，为有效调动企业管理层和核心骨干干事创业的积极性，加快机制转换，充分释放经营活力，结合深圳国资发展战略和实际情况，重点支持转制科研院所、高新技术企业、科技服务型企业和新产业、新业态、新商业模式类企业开展管理层和核心骨干持股改革。近年来先后完成建科院、特发服务、交通中心、综交院、水规院、深投环保等企业的员工持股改革，取得较好成效。具体来看，特发服务按照"股按岗定、以股揽才、岗变股变、股随绩调、人离股退"的原则，创新搭建员工持股平台公司深圳市银坤投资股份有限公司（持有特发服务15%股权），制定员工持股平台股权管理办法，明确规定：持股员工因辞职、降职、免职等原因失去持股资格后，由持股平台按照经审计的每股净资产值价格进行回购；新员工因晋升等原因符合持股条件后，可通过受让持股平台股权等方式成为新股东；持股平台员工名单每年初实施一次动态调整，防止利益固化。通过实施管理层和核心骨干持股，原有骨干团队得以稳定，现有尚未持股的员工得以明确其奋斗目标，组织上形成利益共享、风险共担的责任共同体，企业内生活力得到有效激发。

第十一章　西安：双向融合打造混改新样板

党的十八大以来，西安市秉持"一企一策，做出特色"的混合所有制改革理念，积极探索双向混改的实施路径。坚持分层分类指导，不断拓宽改革领域，先后实施了市政建设集团、利君集团、北环医院等 53 户企业的混合所有制改革，市属竞争类企业混改率达到 72%；同时，市属企业着眼于完善产业链、布局高新技术和战略新兴产业，积极开展逆向混改，与民营等其他资本共同设立混合所有制企业 32 户，通过收购或参股等股权投资方式进入其他类型公司 57 户，国企民企融合发展的成效日渐显现。截至 2021 年底，全市国有企业资产总额 25129 亿元，所有者权益 6683 亿元，创历史新高；全年实现营业收入 1912 亿元，市属国有企业规模稳居全国副省级城市第一梯队。

一、根据地区行业特点创新拓展混改范围

西安市在严格遵守分类分层推进混合所有制改革的同时，还积极根据当地军工产业发展特色，推进部分军工领域混合所有制改革，具体如下。

一是坚持分类推进。着力推进竞争类市属企业混改工作，除极少数重点发展产业的产业链、供应链优化稳定和对经济社会发展具有战略支撑作用的市属企业外，其他竞争类市属国有企业混改不设国有股权持股比例限制，宜控则控，宜参则参。支持有条件的功能类和公共服务类市属国有企业在保证国有股东控股地位前提下，充分向民营资本释放股权，尽可能使民营资本方有权委派董事或监事参与公司经营管理和监督。

二是坚持分层推进。西安明确各开发区为委托开发区监管企业混改工作的统筹协调主体，权责一致充分调动开发区积极性。对具备混合所有制改革条件的企业实施"清单管理"，印发了《开展混改的国有全资企业名单（第一批）》和《深化混改（股权多元化）的国有控股及实际控制企业名单（第一批）》，重点推进市属企业中子企业的混合所有制改革。目前西安市成立了混改专项工作组，逐户对各监管企业及其子企业的混改工作进行再梳理。

三是积极探索拓展混改范围。2016 年 10 月，国务院批准西安为全面创新改革 8 个试验区之一，军工企业混合所有制改革是国家授权的 17 项任务之一。在国家有关部委支持下，确定

了西京电气总公司、苍松机械厂等三批六个试点单位，探索混合所有制改革，先后制定了《关于系统推进全面创新改革试验打造"一带一路"创新中心的实施意见》《关于印发西安市系统推进全面创新改革试验打造一带一路创新中心实施细则》等相关政策，为混合所有制改革提供指引。经过三年努力，西安军工企业混合所有制改革总结形成的"非关系国家战略安全和非涉及国家核心机密的军工企业混合所有制改革"经验，经国务院发布向全国复制推广。

二、坚持双向融合，实现优势互补

西安市按照"一企一策"的思路，坚持将"引进来"与"走出去"同步并举，推动双向混合。一方面，积极筹划引入高匹配度和高协同性战略投资者，寻求谋划国有企业混合所有制改革的新局面。具体来看，支持市属企业充分利用闲置的土地资产、通用设备、关键技术、专业人才等，引进民营资本参与企业改制或承包经营，促进闲置生产能力利用和转型升级。鼓励市属企业拿出技术基础较好、具有一定竞争力的产品或者成本较低、服务较弱的产品或领域，分块搞活、"分兵突围"，引进民营企业的管理、技术、资金、人才及运营机制，有效提升企业产品质量、管理质量、服务质量和发展质量。鼓励科技型企业重要技术人员和经营管理人员实行股权和分红激励及无形资产入股，促进产学研联合，推动高新技术产业化和科技成果转化。例如，西安市市政建设（集团）有限公司通过"国企改制＋增资扩股＋员工持股"的混改模式，在2018年引进战略投资者的同时开展员工持股，混改后第一年企业便取得了跨越式的发展，2019年全年总产值较改制前增长了108.2%，承揽工程增长243.3%，利润增长592.33%，职工人均工资增长117%。西安纺织集团引入陕西省纺织研究院开展合作，实现了科技研发优势和规模生产优势互补，促进了碳纤维军工产品的研发生产，提升了企业核心竞争力，西安纺织集团逆境中求突破，位列"2021纺织企业影响力500强"第八位。

另一方面，积极探索逆向混改，优化国有经济布局。鼓励市属企业"走出去"参与推动混改，对发展潜力大、成长性强的民营企业进行股权投资，鼓励国有资本以多种方式入股节能环保、信息技术、生物制药、智能制造、新能源、新材料、现代服务业等重要前瞻性、战略性新兴产业领域的民营企业，与民营企业进行股权融合、战略合作、资源整合。例如，2020年西安航投以全资子公司临空公司为主体，收购了天驹航空原民营股东70%股权，对投资进入混合所有制企业的改革路径进行了实践。同时，天驹航空这一混合所有制主体，整合了国有和民营股东优势资源，启动了混改前长期闲置的空港新城面积117亩商务金融用地的开发工作，进行幸福航空总部基地建设。并同步探索总部经济、商旅住宿、商业服务等临空经济关联项目的开发、建设和运营。西安北环医院抓住西安市属企办医疗机构改革的政策机遇，与香港上市公司通用环球医疗集团有限公司合作，共同出资成立专业的医院管理公司，实现低效资源高效利用，促进传统产业创新发展。标准集团拿出部分产业和资产通过与民营企业合资组建公司，进一步延伸了销售链、产业链，同时通过"归零赛马""订立军令状"等方式，将职工利益与企业效益挂钩，激发企业内生动力，在新冠肺炎疫情严峻形势下，标准集团一举扭转企业连续 8 年的亏损局面。

三、大胆开展"差异化管控混合所有制企业"试点

西安市为促进非国有资本进一步融入混合所有制企业的内部治理结构和治理机制，发挥不同所有制资本间协同效应，充分激活企业内生发展动力，有效提升资源配置效率和绩效水平，选取西安市供水集团有限公司所属国有资本控股企业西安自来水第三工程公司和国有资本参股企业西安自来水第二工程公司，开展"差异化管控混合所有制企业"试点。试点具体内容主要有：一是如何科学合理界定国有股东与混合所有制企业的权责边界，如何引导持股 5% 以上的战略投资者作为积极股东参与公司治理，避免对混改后企业的"行政化""机关化"管控，实现从"控制"到"配置"的转变。二是国有股东如何在现代企业制度框架下按照市场化规则，以股东角色和身份参与企业决策及经营管理，做到不缺位、不越位。三是股权董事履职支撑服务和监督管理如何加强，以确保国有股权董事行权履职体现出资人意志。四是在依法保障混合所有制企业自主经营权同时，国有股东可以通过哪些方面的授权放权进一步释放混改企业市场活力。五是探索将部分国有资本转化为优先股的可行性，探索国有股东作为中小股东时实施特别表决权、累积投票、分类表决、关联事项回避表决等制度的可行性。六是探索对混合所有制企业的工资总额实行预算备案制管理、单独管理、工效联动等监督管理的可行性。

第十二章　广州：积极采用基金、上市等手段和逆向混改、二次混改等方式铸就混改生动实践

近年来，广州市积极采用基金、上市等手段和逆向混改、二次混改等方式有效推动了国企的实力、定力与民企的创新力、执行力的有机结合，铸就了混改的生动实践，为推进高质量高标准混改树立了可复制可推广的样本标杆。从混改程度上看，截至 2021 年底，广州市国资委直接监管企业共 23 户，其中 5 户监管企业已实现整体上市，一级企业混合所有制企业占比超 1/5，集团层面混改率居于全国同类城市前列，二级及以下企业总体混改率超过五成。从混改企业贡献度上看，广州市国资委监管企业中混改企业资产总额超 1 万亿元，约占监管企业的 42.66%，混合所有制企业净利润贡献度超 60%。从推进混改力度上看，2019 年至 2021 年三年间累计实现混改企业数超 300 户，引入非公有资本超 500 亿元。

一、充分运用基金助推混改

深圳利用基金群联动推动混改走在全国前列。广州国资委推动组建并购基金、混改基金、老字号基金、中小企业基金等，通过"产业＋资本""并购基金＋市属国企"模式，优化全市国有资本的产业布局，在市属国企并购上市公司、推进国企混改项目、拓宽中小企业融资渠道等方面积极发挥作用。2019 年，推动广州国发（现为广州产投集团）联合 16 家市属国企设立并购、混改基金。混改基金首期规模 3.18 亿元，二期规模 4.07 亿元，是广东省内目前唯一一个混改基金，已投资珠江涂料、交易中心、双一乳胶、广百展贸、驰达飞机、苏交科等优质项目，并出资 5 亿元联合万力集团成功收购山河智能。推动广州产投集团、广州工控、无线电集团、岭南商旅集团等市属国企联合组建老字号基金，规模 4.04 亿元，深入参与皇上皇、致美斋、利工民等广州老字号品牌的混改项目。

二、以上市为主要途径推进混改

推动重点企业上市。广州市国资委以打造上市公司为主要途径推进混改。广州市国资委直接监管企业 23 户，有 5 户监管企业已实现整体上市，分别是广汽股份、广州发展、珠江啤酒、

珠江钢琴、广州酒家。另外，监管企业中超过 90% 的竞争类一级集团已拥有上市公司，同时距离广州市国企改革三年行动中提出的"2022 年每家公益类企业至少控股一家上市公司"的目标，已完成过半。2019—2021 年，广州市国资委推动了广电计量、地铁设计院、越秀服务等 3 家监管企业成功上市，大力推动中科江南、广州银行、万联证券申报 IPO（其中广州银行、万联证券已于 2020 年 7 月移交市财政局监管）。2021 年底，全市国有控股上市公司增至 35 家，总市值超 6800 亿元。

推动分拆上市。2021 年，广州市国资委成功推动越秀地产分拆越秀服务并在港交所主板上市；广电运通分拆中科江南至创业板上市已获深交所上市委员会审议通过；广药白云山分拆广州医药股份有限公司赴港上市已获香港联交所通过。

灵活运用 REITs 等金融工具撬动社会资本。广州市国资委积极推动符合条件的公司使用创新融资工具，2021 年 5 月，广州交投建设的广河高速成功发行 REITs，成为全国首批 9 个 REITs 项目之一，募资规模 91.14 亿元，全国第一。2021 年 11 月，越秀集团下属越秀交通发行的华夏越秀高速公路 REITs 成功上市，总募集资金规模 21.30 亿元，打造"投、融、管、退"四位一体的资本循环。

三、积极探索"逆向混改"和"二次混改"

"逆向混改"成为全国典范。引导国有企业通过受让股权、并购重组等方式参与到民企、外企、国企中，实施逆向混改，实现强链补链延链。例如，推动广州工控完成并购山河智能、金明精机、鼎汉技术，将产业链条向智能制造、高端制造领域延伸；珠江实业并购苏交科，推动企业向智慧城市综合运营商转型；广州环投并购博世科，实现环保产业资产证券化零的突破；越秀集团重组并购辉山乳业，加速乳业板块的全国化布局；广汽集团、无线电集团等企业积极与民企、外企等合作新设企业，如"广汽下属广汽蔚来""无线电下属平云小匠"等，抢占未来出行和智联新能源新高点；整合 9 家市属国企和龙头民企的资源禀赋，新设轨道交通产业投资集团，推动轨道交通全产业链在广州集聚。

推动上市公司"二次混改"。广州市国资委积极支持指导已上市平台的企业，运用增发配股等多种手段，开展资本运作，引入非公有资本和实施员工股权激励，实现"二次混改"。例如，广药白云山定增引入云峰基金作为战略投资者，利用互联网和大数据，拓展多种经营，创新发展医药电商业务；广电运通、海格通信、广州酒家、广汽股份、广州酒家、广百股份等上市企业推行管理层、员工持股及股权激励计划，快速成长为行业龙头企业。

试点篇

SHIDIAN PIAN

按照《国务院关于国有企业发展混合所有制经济的意见》要求，经国务院国有企业改革领导小组同意，国家发展改革委、国务院国资委自 2016 年起选择电力、石油、天然气、铁路、民航、电信、军工等重要领域的国有企业，先行开展混合所有制改革试点。混合所有制改革试点从第一批的 9 家到第四批的 160 家，试点企业由点向面梯次铺开、范围全面扩大，呈现明显加速、向纵深推进的态势，不断实践、不断探索、持续深化，从点到面逐步升级，用实打实的发展实效展示了混合所有制经济的强大活力和创造力，用鲜活实践回答了国企改革中的许多重大问题。

一、混合所有制改革试点背景

截至目前，国家层面的混合所有制改革试点总计开展 4 批。

2015 年 9 月 23 日，国务院印发《关于国有企业发展混合所有制经济的意见》（国发〔2015〕54 号），要求"结合电力、石油、天然气、铁路、民航、电信、军工等领域改革，开展放开竞争性业务、推进混合所有制改革试点示范"。在此基础上，开展混合所有制改革试点的任务被列入国务院国有企业改革领导小组确定的 2016 年国企改革"十项试点"，并确定由国家发展改革委会同国务院国资委牵头负责。为此，国家发展改革委在召开多次工作座谈会的基础上，牵头制定了试点工作方案，试点工作方案内容与行业改革紧密结合。在试点工作方案的指导下，国家发展改革委初步选定了 2016 年第一批试点示范项目，这批试点以央企为主开展。2016 年 10 月，国务院国有企业改革领导小组第十九次会议审议同意第一批 9 家混改试点名单（实际开展试点的 7 家①）和混改方案。

2016 年，在中央经济工作会议上习近平总书记指出，混合所有制改革是国企改革的重要突破口，要按照完善治理、强化激励、突出主业、提高效率的要求，在电力、石油、天然气、铁路、民航、电信、军工等领域迈出实质性步伐。2017 年，习近平总书记进一步指出，要着眼于放大国有资本功能，推进国有企业混合所有制改革，在电力、石油、天然气、铁路、民航、电信、军工等领域扩大改革试点范围。着眼于在第一批混改试点基础上，扩大试点范围，在量上形成一定规模。2017 年 3 月，国务院国有企业改革领导小组第二十次会议同意启动第二批 10 家混改试点（实际开展试点的 9 家②）。

2017 年 5 月 23 日，习近平总书记主持召开中央全面深化改革领导小组第三十五次会议，强调抓好试点对改革全局意义重大，要认真谋划深入抓好各项改革试点。随后，国务院国有企业改革领导小组第二十次会议提出了"及时调整扩大试点范围"的要求。在此基础上，国家发

---

① 第一批试点中国核工业建设集团有限公司与中船航海科技有限责任公司两家企业，因主管部门有不同意见等原因，短期无法继续推进试点，经研究退出试点。

② 第二批试点中国核燃料有限公司，因主管部门有不同意见等原因，短期无法继续推进试点，经研究退出试点。

展改革委、国务院国资委组织相关部门组成 12 个调研组，对前两批 19 家试点和各省区市（除西藏外）混改试点工作进行全面调研和督查，了解试点推进情况和存在的问题。2017 年 11 月，国务院国有企业改革领导小组第二十二次会议决定实施第三批 31 家混改试点（实际开展试点的 20 家①）。

2017 年，在中央经济工作会议上习近平总书记进一步指出，要着眼于放大国有资本功能，推进国有企业混合所有制改革，扩大改革试点范围。2018 年，习近平总书记在中央经济工作会议上强调，对国有资本投资公司和运营公司出资的国有企业，以及主业处于竞争领域的商业类国有企业，要积极推进混合所有制改革。2018 年底，国家发展改革委、国务院国资委组织各中央企业和各地方结合自身实际申报开展混合所有制改革第四批试点，试点范围从此前的重点领域扩大到一般竞争性领域。2019 年 5 月，国务院国有企业改革领导小组第二次会议同意进一步深化国有企业混合所有制改革，启动第四批试点，确定了第四批共 160 家混改试点名单（实际开展试点的 142 家）②。

二、混合所有制改革试点范围

（一）第一、二批试点：重点领域

第一批混改试点的 9 家企业都是央企子企业，从行业领域来看，分布在电力、铁路、民航、军工四大垄断行业领域，其中，电力 2 家、铁路 1 家、民航 2 家、军工 4 家，这些领域都属于一般意义上讲的垄断行业。在这些领域开展混改试点，允许引入更多的非公有资本发展混合所有制经济，表明了党中央全面深化改革的决心和信心，同时也表明了深化改革敢于啃硬骨头的勇气。这些领域混改试点积累了宝贵的经验，既有利于推动这些领域国有企业实现产权主体多元化，形成有利于市场竞争的产权结构、治理结构和允许机制，深化重点行业领域改革，也会更进一步为在全国面上推开混合所有制改革提供借鉴和示范。

第二批混改试点的 10 家企业也都是央企子企业，从行业领域来看，电信 1 家、电力 1 家、铁路 1 家、民航 2 家、军工 2 家、盐业 1 家、贵金属 1 家、金融 1 家。第二批试点大多数都是存量国有企业引入社会资本的混改项目，除涵盖第一批试点的 4 个领域外，还增加了电信、盐业、金融等重要行业。

前两批 19 家试点企业并未包括一般竞争性领域，综合起来看主要有 4 个特点：一是从行业领域看，涉及配售电、电力装备、高速铁路、铁路装备、航空物流、民航信息服务、基础电信、国防军工、重要商品、金融等重点领域，特别是军工领域较多，有 7 家企业。二是从行业

---

① 第三批试点中国石油集团电能有限公司等 11 家企业，或因新冠肺炎疫情影响致业绩持续下滑，或因估值破净，短期无法继续推进试点，经研究退出试点。

② 第四批试点中船重工电机科技股份有限公司等 38 家企业，或因新冠肺炎疫情影响致业绩持续下滑，或因估值破净，短期无法继续推进试点，经研究退出试点。中国电子工程设计院有限公司等 20 家企业增补进入第四批试点。

代表性看，这些企业都是本行业的代表企业或领军企业，具有典型性，在这些企业开展混改试点能够发挥示范作用。三是从股权结构看，试点企业混改后股权结构都发生了质的变化，有的从国有独资改为国有绝对控股，有的从国有绝对控股改为国有相对控股，有的探索国家特殊管理股制度。四是从混合模式看，包括民企入股国企、国企入股民企、中央企业与地方国企混合、国企与外资混合、PPP 模式等，各有特色。

（二）第三批试点：从重点领域拓展到一般竞争性领域

第三批混改试点的 31 家企业中，包括 10 家央企子企业和 21 家地方国有企业，央企试点还是集中在石油、天然气、电力、军工领域，地方试点涉及的行业既有石油、天然气、电力、盐业、铁路、民航等重点领域，也包括钢铁、农业、环保、规划设计、制造等充分竞争领域。总体上看，第三批试点虽然仍集中在电力、石油、天然气、铁路、民航、电信、军工七大重要领域，但开始由央企向地方国企扩围，同时拓展到一般竞争领域。

（三）第四批试点：全面深化

第四批混改试点进一步扩面、深化。首批 160 家企业中，包含中央企业系统 106 户，地方企业 52 户。第四批试点在数量上和领域上都实现了大幅增长，在领域上，不局限于电力、石油、天然气、铁路、民航、电信、军工等重要领域，既包括传统制造业领域的国有企业，又包括互联网、软件及信息技术服务、新能源、新材料和节能环保等战略性新兴产业的国有企业，同时还包括一些已经实现股权层面混合，拟进一步在完善治理上深化改革的国有控股企业。从企业层级看，第四批混改试点企业中，中央企业主要集中在二、三级企业，包括二级企业 55 家，三级企业 50 家；地方企业以一、二级企业居多，其中一级企业 14 家，二级企业 32 家。从资产规模看，第四批混改试点企业的资产总量超过 2.5 万亿元，中央企业资产规模约 1.7 万亿元，地方企业资产规模约 0.8 万亿元。其中，资产规模超过 10 亿元的企业共有 99 家，占第四批混改试点企业总量的 61.8%。

三、混合所有制改革试点相关支持政策

在四批混改试点推进过程中，国家发展改革委、国务院国资委牵头出台了系列配套政策，集中解决试点实践中的重点难点问题，有力推动了试点进程。

（一）《关于深化混合所有制改革试点若干政策的意见》

2017 年 11 月，国家发展改革委会同财政部、人力资源和社会保障部、原国土资源部、国务院国资委、税务总局、证监会、国防科工局等 7 个职能部门联合印发了《关于深化混合所有制改革试点若干政策的意见》（发改经体〔2017〕2057 号，简称《若干政策意见》），就国家层面混合所有制改革试点企业集中反映的国有资产定价、土地变更处置、员工持股、工资总额管

理等9方面重点难点问题，相应提出了解决思路和方案。

关于国有资产定价问题。科学准确地对国有资产进行定价，是国有企业混合所有制改革的基础，也是防止国有资产流失的重要手段。针对国有非上市公司资产评估难度较大，相关交易定价制度办法需要进一步完善等问题，《若干政策意见》明确提出研究修订《国有资产评估管理办法》，严格规范国有资产评估程序、细化评估方式、强化监管和法律责任追究、强化违法失信联合惩戒。对按规定程序和方式评估交易的国有资产，建立免责容错机制，鼓励国有企业推动混合所有制改革。

关于职工劳动关系问题。《若干政策意见》明确提出要依法妥善解决混合所有制改革涉及的国有企业职工劳动关系调整、社会保险关系接续等问题，确保职工队伍稳定。还明确提出混合所有制改革企业要形成市场化劳动用工制度，实现员工能进能出。

关于土地处置和变更登记问题。土地是国有企业混合所有制改革能够注入的重要资产。针对一些国有企业历史上获得划拨国有土地证照不全、证实不符、权属不清、土地分割等导致确权困难、程序繁琐、审批时间长等问题，《若干政策意见》提出要研究加强国有土地资产处置管理工作，着重解决国有土地授权经营、作价出资（入股）等历史遗留问题，并进一步优化简化审批程序，为企业在混合所有制改革过程中开展土地处置和变更登记提供便利。

关于员工持股问题。员工持股是实现核心骨干人员与企业利益捆绑、风险共担、有效制衡的重要机制，也是混合所有制改革试点的一项重要内容。在已有的国有控股混合所有制企业开展员工持股试点意见及国有科技型企业股权和分红激励办法的基础上，《若干政策意见》明确抓紧制定重要领域混合所有制改革试点企业开展员工持股的政策意见，促进试点企业在员工持股及中长期激励约束机制建设上加大探索力度。

关于集团公司层面开展混合所有制改革问题。《若干政策意见》提出要积极探索中央企业集团公司层面开展混合所有制改革的可行路径，积极支持各地省属国有企业集团公司开展混合所有制改革。

关于试点联动问题。《若干政策意见》要求进一步加强混合所有制改革试点与其他国有企业改革试点之间的联动，对于纳入混合所有制改革试点的企业，符合条件的，可以同步申请开展其他国有企业改革试点。

关于财税支持政策问题。《若干政策意见》提出，有关混合所有制企业符合税法规定条件的股权（资产）收购、合并、分立、债务重组、债转股等改制重组行为，可按税法规定享受企业所得税优惠政策。

关于工资总额问题。工资事关企业员工的切身利益，是激励约束机制的重要内容。为落实国务院《关于改革国有企业工资决定机制的意见》要求，《若干政策意见》要求进一步加大混合所有制改革企业在工资总额管理、薪酬决定分配方面的改革授权力度，充分发挥市场在国有企业工资分配中的决定性作用，探索发掘薪酬在激励约束机制中的关键性作用。

关于军工企业国有股权控制类别和军工事项审查程序问题。《若干政策意见》要求有关部门要抓紧对军工企业国有控股类别相关规定进行修订，允许符合条件的企业以一事一议方式报国防科工局等军工企业混合所有制改革相关主管部门研究办理。

（二）《国有企业混合所有制改革相关税收政策文件汇编》

2018 年 8 月，国家发展改革委会商财政部、税务总局，印发《国有企业混合所有制改革相关税收政策文件汇编》（发改办经体〔2018〕947 号）（简称《汇编》），系统梳理了涉及混合所有制改革的各相关税收政策，包括企业所得税、增值税、契税、土地增值税、印花税等五大类共十五份税收政策文件并作了收录，指导混合所有制改革企业科学设计改革路径，最大限度用足用好现有涉及混合所有制改革的相关税收政策，积极稳妥推进国有企业混合所有制改革。

四、混合所有制改革试点成效

四批混改试点按照"完善治理、强化激励、突出主业、提高效率"十六字方针的要求，截至目前已有 100 家企业完成了"混资本、改机制"，总计引资近 2000 亿元，绝大多数试点企业改革后治理体制和经营机制都有了实质性改变，带来企业经营绩效等多方面积极变化，保持了良好发展势头，形成了试点示范效应，突出体现为"五个跨越式发展"。

第一，企业治理能力和活力效益实现跨越式发展。混合所有制改革大大增强了企业的治理能力、发展活力和核心竞争力，有效改善了企业经营效益，大幅降低了企业亏损面。据统计，85.7% 的试点企业营业收入实现增长，平均年复合增长率超过 36%，62.5% 的试点企业引资后净利率有所提升，其中 45.7% 的试点企业净利率提升超过 2 个百分点。例如，中国联通 2018 年完成混改后，主营业务收入 2636.8 亿元，增速高于同行业 3 个百分点，市场份额达到 20.2%，产业互联网收入同比增长 44.6%，净利润同比增长 452.3%。东航物流 2017 年、2018 年营业收入分别同比增长 28.3%、54.9%，利润总额分别同比增长 65.3%、34.5%，一举扭转了改革前"十年九亏"的不利局面。合肥江航下属天鹅公司改革前因连续亏损被列为特困企业，实施混改后持续降本增效，成功实现扭亏为盈，2018 年利润总额同比增长 162.1%。宁夏德坤环保集团公司混改当年即实现扭亏为盈，2017 年、2018 年实现净利润分别同比增长 755.8% 和 24.8%。东北制药集团通过定向增发和二级市场增持方式实施混改后，经营效益大幅好转，企业活力全面迸发，2018 年实现营业收入 93.68 亿元，同比增长 42.7%；实现利润 3.91 亿元，同比增长 199%。

第二，国有资本权益和功能实现跨越式发展。混改撬动了体量庞大、资源丰富的社会资本参与微观市场主体再造，通过国有资本"实力"优势和社会资本市场"活力"优势的有机结合，显著提升了国有资本权益，实现了国有资本功能放大和保值增值，同时降低了企业杠杆率。在具有最新估值水平的试点企业中，截至最近的估值水平较引资时平均增值了 3.6 倍，国有资本权益平均增加超过 139.4%；试点企业中有 15 家企业引资后实现了上市，上市后最新估值水平较引资时平均增值 4.5 倍，国有资本以平均 49.7% 的持股比例调动的总市值超过 3197 亿元。同时，试点企业资产负债率平均下降 14.8 个百分点，杠杆率显著下降。例如，中国联通 2018

年引入 747 亿元社会资本实施混改后，每股净资产由 3.72 元增加到 4.65 元、增长 25%，归属母公司的国有股权益由 494.7 亿元增加到 530.1 亿元、增长 7.2%，资产负债率下降 21 个百分点，财务费用下降 97%。内蒙古第一机械集团以整体上市方式实施混改后，资产证券化率由 18% 增长到 83%，净资产由改革前的 32.87 亿元直接跃升至改革后的 74.13 亿元，实现了净资产倍增，2018 年集团资产总额和净资产分别同比增长 23.9%、51.1%。

第三，企业劳动生产率实现跨越式发展。混改瞄准国企员工激励缺位、活力不足的症结，强化中长期激励制度化建设，推行差异化薪酬和职业经理人制度，打破传统国企的"大锅饭"和"铁板凳"，激活了长期休眠的人力资本潜能，降低了骨干员工流失率，在引进人才、留住人才方面取得明显成效。试点企业引资以来营业收入平均每年增长 7.1 万元 / 人，50.9% 的试点企业引资后全员劳动生产率上升超过 3 万元 / 人；三项制度的切实落地真正突破了国企改革的"最后一公里"，60% 的试点企业中核心员工流失率下降，平均下降了 4 个百分点，此前国有企业特别是国有科技型企业长期存在的人才流失情况得到大幅改观。例如，中国联通从业人员劳动生产率比改革前增长 19%，并引入 4384 名专业技术人才，对高端专业人才的吸引力明显提升；2018 年，合肥江航、江西旅游劳动生产率分别同比增长 51.4% 和 25.7%，中金珠宝、东航物流人均创造利润额分别同比增长 21.6% 和 14.5%。

第四，企业核心竞争力实现跨越式发展。得益于混改释放的巨大产业协同效应，企业普遍实现了轻装上阵和产业升级，不仅巩固了既有核心业务的竞争优势，更挖掘出不少新的增长模式与盈利点，与细分领域领军企业的差距明显缩小。试点企业引资后重视战略重塑，在将优势资源和资产集中到核心主业的同时，不断做强做深主业，41.8% 的试点企业净资产收益率提升超过 1 个百分点；试点引资前后发明专利数量平均增加了 35.8 项，在新增发明专利中，平均有 59% 的专利形成了主营业务收入，75% 的企业认为混改对企业核心技术创新能力有实质提升。中国联通依托互联网类战略投资者的渠道优势，加速从"基础电信运营商"向"基于网络运营的数据服务公司"转型。与战略投资者腾讯公司合作推出的"腾讯王卡"，从互联网线上触点直接触达最终用户，使中国联通发展用户成本从 1000 元降至 50 元，一年就为中国联通节约超过 20 亿元的营销成本，并带来每月超过 300 万人次的净增移动网络用户，帮助中国联通加速追赶行业"领头羊"。深圳前海供电公司混改后服务质量显著提升，2018 年居民业务办理平均工作日时长大幅低于国家规定，客户年平均停电时间仅 5.25 分钟，比东京电力、韩国电力等行业先进企业分别低约 1.75 分钟和 3.75 分钟，达到世界领先水平，有力支撑了深圳前海自贸区和粤港澳大湾区建设。

第五，非公有制经济发展空间实现跨越式发展。以往对社会资本开放不足的重要领域，通过混改向社会资本敞开"进"的大门，市场准入和对外开放政策进一步优化，非公有制经济发展迎来新机遇，各种所有制经济发展实现"多赢"。互联网企业腾讯公司通过参与中国联通混改进入电信领域，创新互联网线上发展用户模式，帮助旗下腾讯视频迅速实现对主要竞争对手爱奇艺用户数的反超。国际物流服务商普洛斯，抓住混改契机先后入股东航物流等国企，实现了航空、铁路、仓储等物流产业全链条的布局与拓展，在中国的业务规模 10 倍于主要竞争对手。

案例篇

ANLI PIAN

导　言

　　2012—2022 年，混合所有制改革在全国范围内各行业领域、各级企业中全面铺开、扎实推进、落地见效。无论是中央企业、地方国企还是民企外企，无论是试点企业还是其他面上企业，无论是企业集团还是各级子企业，无论是垄断行业还是充分竞争领域，无论是财务投资还是战略合作，无论是控股还是参股，混合所有制改革就像一幅构思精巧、层次丰富、色彩斑斓的画卷，随着社会主义市场经济平稳发展的步伐徐徐展开，记录着一个个改写历史的变革瞬间，刻画着一个个关键决策背后的心路历程，呈现出一幅幅旧貌换新颜的新气象，激荡起一阵阵波澜壮阔的改革大潮，勾勒出一张张勇毅向前的鲜活面孔。新时代混合所有制改革承载着国家的重望、经济高质量发展的需求、企业基业长青的愿景、企业家干事创业的梦想，不仅成为数以万计国有企业改革发展的突破口，也为更广泛的民营企业和民营经济提供了拓宽发展空间的新机遇。改革后，党的领导实质性融入公司治理探索出切实可行的新路子，企业治理体制得以进一步完善，经营效率进一步提升，激励机制进一步强化，市场竞争力进一步增强，企业家作用在混改实践中充分体现，混合所有制经济得到空前发展和壮大，社会主义市场经济制度优势得到充分彰显。

　　10 年来，我们欣喜地看到，混改顺应了广大国企和民企谋发展、促创新、求卓越的需求，回应了群众的关切和期待，取得了丰富的实践成果。中央企业、地方国企、试点企业、民营企业等各类市场主体积极探索和发展混合所有制经济，百花齐放、各具特色、活力十足，为深入推进新时代混合所有制改革积累了丰富的实践案例。实践中，除了少数特殊领域，几乎绝大部分领域企业都可以混改，参与混合所有制改革的资本主要包括国有资本、民营资本、自然人资本、外国资本、投资基金等各类资本，可以采取改制、上市、并购交易及合资新建等多种方式。

　　10 年来，在广泛的混改实践中，探索形成了多种混改模式，解决了国有企业长期想解决而未解决的难点堵点问题，积累了丰富的成功经验，涌现出多个鲜活生动且极具参考价值的改革案例。总体而言，混改取得积极成效的企业都遵循了因企施策、因地制宜的工作要求，坚持"完善治理、强化激励、突出主业、提高效率"十六字方针的根本遵循，以强有力的组织领导保障，选择了适宜的实施路径，引入了有市场化特性、有战略协同、有话语权，真正与混改企业相契合的战略投资者，把完善和优化公司治理作为改革的着力点，推动企业实现股权结构的"混"和治理机制的"改"二者有机统一，并注重激励机制建设，形成企业与骨干员工充分绑定的共同体，实现企业与员工利益共享、风险共担。因此，在广大混改企业中选取典型案例，深入剖析改革心路历程，提炼总结特点与做法，推广可复制可借鉴的宝贵经验，对于进一步深入推进混合所有制改革，加快完善社会主义市场经济体制，具有重要的现实意义。

一、混改案例是混改实践中最具代表性、最具参考价值、最具借鉴意义的范本

(一) 混改案例样本组成体现丰富多样性

10 年来，混合所有制改革全面铺开，累计实施混改近万项。其中，中央企业累计引入社会资本超过 2.5 万亿元，中央企业所有制权益中的占比达 38%。地方国企累计引入社会资本超 7000 亿元，超过 20 个省（自治区、直辖市）及计划单列市按照"一企一策"开展了国企集团层面混合所有制改革。10 年来，无论是国家在重点领域开展的混改试点，还是从央企到地方国企集团广泛开展的混改探索，混合所有制改革都取得了有目共睹的成就，国有企业和国有资本实现了做强做优做大的目标，国有经济竞争力、创新力、控制力、影响力、抗风险能力不断提升。新时代混改涉及范围广、参与企业多、取得成效显著，从众多混改企业中选取典型案例，总结其改革经验、分析其特色做法、体会其心路历程，可以从单个"样本点"反映出 10 年混改历程中的不同侧面，以企业的视角复盘改革过程中筚路蓝缕的艰辛之路。因此，本篇选取的案例试图从不同侧面刻画最具代表性、最有借鉴意义的改革范本。本篇共选取混改案例 86 个，涉及混改试点案例 29 个、中央企业案例 21 个、地方国有企业案例 27 个、民营企业案例 9 个，涵盖电力、钢铁、通信、能源、制造、医疗等行业。

(二) 混改案例解决了企业面临的共性问题

改革的目的是发展，改革的前提往往是企业面临着现实存在的困难与挑战。从混改实践看，取得改革成功的企业往往在改革前存在着各种各样的问题，有的甚至面临着决定企业存亡的生死抉择。现实的问题与紧迫的形势成为倒逼企业破釜沉舟谋求改革的催化剂，甚至可以说是企业改革成功的必要条件之一。总的看来，通过混改，企业主要解决了四方面共性问题。

一是亏损与债务问题。企业连年亏损、负债率过高是企业面临的最直接最严重的问题，通过混改引入外部投资，通过体制机制改革破除弊端、焕发新生，成为最有效的解决方案之一。例如，中钢洛耐科技股份有限公司由于历史包袱沉重、设备设施老化、生产成本高等诸多原因，2014—2016 年连续亏损，被国务院国资委列为挂牌督办的特困企业。近年来，通过科技创新和资本运营双轮驱动，加快推进混合所有制，完成了从内部重组整合到引战混改与员工持股再到科创板上市的"三步走"。2020 年，公司总资产达 33 亿元，较混改前提升 31%；营业收入达 20 亿元，提升 10%；利润总额达 1.7 亿元，提升 7.8%。东航物流曾经是"十年九亏"的困难企业，通过混改华丽转身成为航空领域净利润率最高的明星企业。改革以来，营业收入、利润总额年均复合增长率将近 30%，平均全员劳动生产率提高 78.8%，资产负债率由 2016 年的 85.9% 下降至 2021 年的 34.3%。

二是公司治理问题。受历史原因影响，国有企业内部公司治理的问题一直没有得到很好解决，通过混改，企业普遍实现了公司治理体制的系统性重塑，显著优化了股权结构，初步建立起有效制衡、协调运转的董事会结构，实质性改变了传统国有企业在股权结构和董事会中的构成。例如，中联重科股份有限公司在持续推进混改过程中，始终坚持形成多元制衡的股权架构，国有股东、战略投资者、管理层和员工持股平台、外资等各类资本，均以董事会为平台，在严格遵行现行法律法规的前提下，按股权比例表决决策，实现同股同权、共生共赢，7 名董事会成员中，独立董事 4 名，占比超过半数，分别为财务、管理和战略方面的专家，拥有充分的话语权，广泛代表公众投资者利益。

三是激励不足问题。激励不到位，人的活力就难以充分激发。完善长效化、制度化的激励机制，充分激发人的主观能动性，是混改需要着力突破的重要内容。企业通过混改，在推进三项制度改革的基础上，大多聚焦完善激励机制开展了多种形式的有益探索，形成了员工持股、科技型企业股权激励及分红、员工跟投、上市公司股权激励等多种激励举措，收到了很好的效果。例如，福建福光股份有限公司在 2013 年以低于市场估值的价格，将 10% 的股份转给公司 100 多位管理和技术骨干，员工持股的"金手铐"做到了激励约束并重，企业发展的内生动力活力充分迸发，短短 2 年，福光年销售额就突破 5 亿元，净利润近 1 亿元。上海自仪分别于 2018 年和 2019 年成功实施了两次员工持股，员工主动性和积极性有了显著提升，干事创业的热情高涨，部分核心员工拒绝市场上高薪诱惑，部分离职骨干主动回归公司，引才聚才效果显现，随着公司业绩的增长，股份分红得到员工的入股成本一倍以上，使员工切实享受到了改革红利。

四是效率不高问题。效率效益是衡量企业改革成功与否的关键。混改的重要目标就是要推动企业"瘦身健体"、提质增效、转型升级，全面提高劳动生产率，提升企业经营效益。从实践看，混改后企业生产运营效率大幅提升，营收情况大为改善。例如，国家电力投资集团牵头联合其他能源领域国有企业和民营高科技企业共同组建的中能融合智慧科技有限公司，4 年来不断推进和深化混改，在治理体制建设、人才激励、业务发展方面取得一系列成效，2020 年实现营业收入、利润总额、净利润同比增长分别为 246%、222% 和 249%。深圳市特发服务股份有限公司围绕产业链引入战略投资者，大力推进混改，2014—2019 年，实现营业收入增长 279%、净利润增长 1040%、管理面积增长 642%。2020 年成功登陆创业板，成为创业板实施注册制以来全国首批上市的国有企业。

二、混改案例是各企业落实党中央有关要求，推动真"混"真"改"的真实写照

（一）各企业严格贯彻落实党中央各项政策要求推进混改

新时代混改从顶层设计到谋划部署再到细化落实，各层级各方面形成了完善的政策体系。党的十八大以来，习近平总书记亲自谋划、亲自部署、亲自推动国有企业改革，提出了一系列重要论述，特别是对混合所有制改革这一重大命题和改革重点提出了一系列具体要求，提出按照"完善治理、强化激励、突出主业、提高效率"的要求稳步推进混改，明确回答了新时代为

什么要发展混合所有制经济、怎么开展混合所有制改革等关键问题，为推动混改、促进民营经济与国有经济协同发展提供了方向指引和行动指南。为落实党中央、国务院决策部署，各方面陆续出台了深化国有企业改革的一系列政策举措，逐步形成了国企改革"1+N"政策体系。2015 年 8 月 24 日，中共中央、国务院印发《关于深化国有企业改革的指导意见》（简称《指导意见》），成为新时期指导和推进国有企业改革的纲领性文件。以《指导意见》为引领，陆续配套印发了 30 余项专项意见或方案，共同构成国企改革"1+N"政策体系，绘制出深化国企改革的设计图，新时代混改的依据和路径逐渐清晰。同时，各地结合实际出台落地文件超过900 个。可以说，关于混改的目标原则、方向路径、实施方案、关键问题、保障举措等方方面面，均有明确的可供参考的政策文件作为依据，让各企业在混改实践中有法可依、有章可循。实践证明，只要是真正严格落实党中央各项要求，严格按照"1+N"政策体系开展混改的企业，大多取得了实实在在的成效，案例篇中的各企业正是其中的典型。

（二）明确目标方向探索落实改革任务

各类企业按照党中央、国务院决策部署，聚焦"完善治理、强化激励、突出主业、提高效率"十六字方针，细化落实混改的各项基本要求、政策配套、具体操作，逐步探索形成适合自身改革发展的实践路径，有力保证了混合所有制改革沿着正确的方向推进。

一是坚持党的领导。把坚持党对一切工作的领导放在首位，一方面，充分发挥党委在混改中"把方向、管大局、保落实"领导作用，将党建工作要求纳入混改后的公司章程，落实公司党委对重大决策事项的前置审议程序，根据业务情况动态调整党委前置研究事项清单；另一方面，以"一把手工程"的担当压实领导责任，全面推进治理、经营、管理等层面改革，建立党建与经营融合体系。企业家在推动国企混改中发挥了决定性作用，企业家的改革创新意识、突破传统的胆识魄力，成为决定企业改革成败的核心要素。

二是选择正确的方向和路径。正确的方向和路径是改革成功的前提，凡是混改工作做得好的企业，都选择了适合自身条件和发展需求的混改路径、实施方案以及改革举措。明确了混改方案后，更关键的是要找到契合企业发展战略方向、有高度协同性、有活力有实力的战略投资者。战略投资者不仅仅是带来资金的投入，更重要的是能够在公司治理、战略决策、业务拓展、经营管理等方面带来新活力、新动力、新提升，带来"1+1＞2"的提升效果。

三是以混促改走深走实。引战是手段与基础，改机制是目标与核心。引战工作相对容易，在较短时间内即可完成，而改机制则是长期的、动态的过程，需要根据企业战略、外部环境的变化而适时调整，从而实现混改效果的最大化。混改成效突出的企业都始终坚持把完善治理作为抓混改的"重心"和"靶心"，在资本结构上有突破、在治理结构上有改变，真正落实了混合所有制改革的要求。

四是强化激励利益捆绑。人是企业生产经营活动中最关键也是最具活力的要素资源，如何激发人的活力，最大化发挥人的作用，是混改需要解决的关键问题之一。因此，强化激励成为混改"十六字"方针中衡量改革成效的重要标准。混改案例中的优质混改企业，都结合自身特点实施了员工持股、上市公司股权激励、科技型企业股权激励等中长期激励措施，充分调动了核心骨干员工的积极性和创造力，有效激发了企业人力资本价值和潜能。

五是合法依规公开透明。一方面，强化规则治理意识，规范操作，在混改实施过程中严格履行相关程序。例如，要科学评估企业价值，开展员工持股与股权激励等牵涉员工切身利益的举措要广泛征求员工意见，确保全过程公开透明，保证员工享有知情权、参与权、决策权等合法权益。同时，全面完善公司章程、议事规则、决策事项清单以及各项规章制度，保障混改后企业规范运作。

（三）真抓实干推动混改落地见效

在明确且详尽的政策指引下，各类企业真"混"真"改"，企业治理体制和经营机制都有了实质性改变，带来企业经营绩效等多方面积极变化，保持了良好发展势头，形成了示范效应。突出体现为"五升五降"。

第一，企业治理能力和活力效益提升，亏损面下降。混合所有制改革大大增强了企业的治理能力、发展活力和核心竞争力，有效改善了企业经营效益，大幅降低了企业亏损面。例如，中国联通2021年营业总收入3279亿元，同比增长7.9%；利润总额178亿元，较2016年增加171.8亿元。合肥江航2021年实现利润总额2.58亿元，较改革前的2017年增长2亿元，增幅达351%，其下属天鹅公司在改革后第一年即实现扭亏为盈。中海油田服务股份有限公司聚焦经营困难的油技机加工业务板块深化混改，扭转该业务亏损局面，2022年上半年实现净利润11.08亿元，同比增长37.08%。2022年建龙北满特钢营业收入比改制前增长495%，产销量比改制前增长458%，出口规模跃居特钢行业前三。

第二，国有资本权益和功能提升，企业杠杆率下降。混改撬动了体量庞大、资源丰富的社会资本参与微观市场主体再造，通过国有资本"实力"优势和社会资本市场"活力"优势的有机结合，显著提升了国有资本权益，实现了国有资本功能放大和保值增值，同时降低了企业杠杆率。内蒙古第一机械集团以整体上市方式实施混改后，资产证券化率由18%增长到74%，净资产由改革前的32.87亿元直接跃升至改革后的74.13亿元，实现了净资产倍增。环球医疗历经多次增资扩股，净资本回报率始终保持在12%以上的水平，2012年到2020年，营业收入年复合增长率39%，利润总额年复合增长率达到33%。同时，伴随着资本的持续注入，资产负债水平从高负债的85.46%下降到75.66%的健康水平。

第三，企业劳动生产率提升，核心员工流失率下降。混改瞄准国企员工激励缺位、活力不足的症结，强化中长期激励制度化建设，推行差异化薪酬和职业经理人制度，打破传统国企的"大锅饭"和"铁板凳"，激活了长期休眠的人力资本潜能，降低了骨干员工流失率，在引进人才、留住人才方面取得明显成效。例如，云南云天化股份有限公司劳动生产率从2017年的32万元/人提高到2020年的47万元/人，增幅达47%。重庆泽胜船务（集团）有限公司劳动生产率从2008年的25.1万元/人提高至2020年的28.3万元/人。天翼电子商务有限公司通过"筑巢引凤"计划，引入来自阿里巴巴、华为、平安等公司的20余名高端人才和行业专家。中海油田服务股份有限公司通过"2050"科研人才引进计划以来，完成引进161人，其中领军人员4人，核心人员28人。

第四，企业核心竞争力提升，与业内领军企业差距下降。得益于目标明确的资本资源集中和辅业亏损剥离以及混改释放的巨大产业协同效应，企业普遍实现了轻装上阵和产业升级，不仅巩固了既有核心业务的竞争优势，更挖掘出不少新的增长模式与盈利点，与细分领域领军企业的差距明显缩小。例如，深圳前海供电公司混改后服务质量显著提升，改革后居民业务办理平均工作日时长大幅低于国家规定，客户年平均停电时间仅 5.25 分钟，比东京电力、韩国电力等行业先进企业分别低约 1.75 分钟和 3.75 分钟，达到世界领先水平，有力支撑了深圳前海自贸区和粤港澳大湾区建设。徐工集团通过混改进一步增强了全球竞争力，2021 年徐工挖机、起重机等支柱板块收入规模、利润水平持续攀升，起重机械、移动式起重机械、水平定向钻位居全球第一，塔式起重机跃升至全球第二，道路机械和随车起重机进位至全球第三。

第五，非公有制经济发展空间提升，市场准入限制下降。以往对社会资本开放不足的重要领域，通过混改向社会资本敞开"进"的大门，市场准入和对外开放政策进一步优化，非公有制经济发展迎来新机遇，各种所有制经济发展实现"多赢"。国际物流服务商普洛斯，抓住混改契机先后入股东航物流、招商资本、欧冶云商等国企，实现了航空、铁路、仓储等物流产业全链条的布局与拓展，国内业务规模 10 倍于主要竞争对手。国有资本风险投资基金进入民营企业孚能科技（赣州）股份有限公司实施"反向混改"，使孚能科技资金实力、技术实力和市场影响力不断提升，逐步向世界一流的动力电池企业迈进，营造出"国民共进"的良好新生态。

三、混改案例充分体现出国资国企在改革发展的持续探索中凝练积累宝贵经验

总体看，混改案例企业不折不扣地落实了党中央提出的"完善治理、强化激励、突出主业、提高效率"要求，取得了重要阶段性成效。试点企业中形成了中国联通、东航物流、中金珠宝等一批具有标杆示范意义的优质混改企业，成为各央企和地方国企学习借鉴的改革样本。相关地方和中央企业也积极主动探索，涌现了郑煤机、东北制药、中粮包装等一批典型混改企业。混改在整个国资国企改革中发挥了"头雁"效应，其中凝练形成的宝贵经验更是值得持续推广、不断发扬传承的智慧结晶。具体来讲，混改案例围绕"十六字"方针，切实做到了"四个坚持"。

（一）坚持优化股权结构，实质推动法人治理规范化

建立健全协调运转、制衡有效的公司法人治理机制是混改的核心要义，也是新时代混改区别于以往单纯强调引资和股权多元化改革的重要标志。混改案例企业通过引入积极的外部股东，形成了均衡合理的股权结构。例如，广西柳工集团有限公司以柳工有限为平台引入 7 家高质量战略投资者，同步开展员工持股，实现直接融资 34.15 亿元，形成了柳工集团持股 51%、外部投资者持股 45.8%、员工持股 3.2% 的柳工有限的股权结构。2022 年 3 月整体上市后，柳工集团持股比例降至 25.87%。通用环球医疗集团有限公司通过两个阶段引资混改，引入中信资本、工银国际、周大福和建银国际等战略投资者，并通过港股上市完成融资及股权结构优化，形成通用技术集团对环球医疗持股 39.67%（通用香港资本持股 35.97%、通用咨询持股 3.7%），中信资本持股 3.7%，其他公众持股 56.63% 的股权结构。

在优化股权结构的基础上，混改企业均组建了成员多元化、履职专业化的董事会，并切实

落实董事会职权，积极发挥董事会在公司治理中的决策主体作用，充分发挥战略投资者等积极外部股东的监督制衡作用，实质性改善了公司治理机制。例如，柳工有限混改后，在9人董事会结构中，2名董事分别由柳工集团董事长、柳工有限董事长担任，1名为职工董事，4名为自治区国资委专家库内的外部董事，2名董事分别由新增的第一、第二大战略投资者委派。监事会由3人组成，其中柳工集团委派1名，职工监事1名，战略投资者委派1名。另外，根据两家投后股比超过5%的银行系（工银、建银）股东有参与治理的政策要求，公司创造性地在章程中设立了无表决权的"董事会观察员"席位。通用环球医疗集团有限公司董事会根据上市规则及公司章程组建，共拥有董事11人，其中独立董事人数占比超过1/3，均由在审计、医疗、金融、法律等领域具有专长的资深人士担任。董事会按照香港联交所上市规则及公司章程合规运行，负责对公司有关重大事项进行决策。

坚持党的领导、加强党的建设是完善治理的关键内容。混改企业坚持"两个一以贯之"原则，按照"四同步、四对接"要求切实强化党建工作，充分发挥党组织把方向、谋大局、定政策、促改革的作用，形成了不少各具特色、行之有效的好做法。例如，招商资本结合混改后的实际，顺利完成党总支选举，并制定完善"三重一大"事项决策制度和动议制度，创新性设立公司"三重一大"事项动议委员会，建立管理层与党总支"三重一大"事项动议联席机制，把党的领导融入公司治理各个环节，从机制上实现思想的统一，确保行动上的看齐。卡斯柯信号有限公司积极探索形成了中外合资混合所有制企业党建"四融合"模式，是中央企业系统第一家完成党建进章程的中外合资企业。

（二）坚持完善激励约束机制，员工与企业面貌焕然一新

混改的目的是提升经营效益和效率，而实现效益和效率提升的路径则是切实推动建立市场化经营机制，其中最关键最核心的环节就是三项制度改革。通过三项制度改革，建立市场化的人才管理机制，推动干部职工身份管理转换为岗位管理，推动选人用人机制改革、薪酬改革、中长期激励方面取得突破，真正实现"管理人员能上能下、员工能进能出、收入能增能减"，让所有者、管理者、劳动者三方共同推动混合所有制企业的发展，共享混合所有制改革的成果。混改案例在"混资本"的基础上，以三项制度改革为抓手，建立市场化经营机制，真正把人的活力激发出来。例如，郑煤机2000年起陆续启动了以"干部制度改革、分配制度改革和用工制度改革"为主要内容的三项制度改革，从制度层面解决了传统国有企业干部终身制问题、分配制度"大锅饭"问题、用工制度"铁饭碗"问题，企业活力得以充分激发。

完善长效化、制度化的激励机制，充分激发人的主观能动性，是释放国有企业发展活力的关键一环。混改案例开展核心员工持股，严格限定在充分竞争领域，坚持稳妥审慎、立足增量不动存量、与战略投资者同股同价、以货币出资为主、公开公平公正等操作原则，着重绑定对企业发展具有关键作用的少数核心骨干人员，不搞全员持股"大锅饭"，实现了员工和企业激励相容、风险共担。同时，积极探索实施职业经理人、市场化用工和差异化薪酬考核等制度，打破平均主义，激发企业内生动力。例如，东航物流经理层和核心员工167人以增量持股、同股同价方式，共现金出资4.1亿元，通过持股平台间接持有东航物流10%的股份，与公

司长远发展实现利益风险的集体绑定。同时，所有员工"脱马甲"，重新签订劳动合同，不再有三六九等之分，员工主人翁意识大为增强、士气大幅提振，形成众志成城、共谋发展的良好氛围。在中美经贸摩擦、油价高企等不利因素影响下，员工想方设法拓展新业务，开发了美洲区域外的多条车厘子专线，主动核算控制办公区域用电等经营成本，促进公司经营业绩持续改善。

激励机制的实施也有效遏制了骨干员工的流失，极大改善了混改企业的经营效益。例如，合肥江航飞机装备股份有限公司在试点中实施由"长、家、匠"三类人员组成的核心员工股权激励计划，146 名经营管理人员、研发技术人员和技能业务骨干参与，有效遏制了技术骨干大量流失的势头，核心员工干事创业、研发创新热情空前高涨，企业全员劳动生产率迅速提升，2018 年公司主营业务收入较上年增长 12%，利润总额增长 71.1%。

中长期激励计划还为企业聚集高端人才、挖掘增长潜能创造了有利条件。例如，江西省旅游集团在混改中同步实施员工持股计划，建立起能者上、庸者下的用人导向和核心团队优胜劣汰的竞争机制，核心员工一律"带着风险金打工"，形成员工与企业的利益共同体、命运共同体和价值共同体。2021 年底，江旅集团资产总额 379 亿元、净资产 61 亿元，全年实现营业收入 90.9 亿元、利润总额 4 亿元，2020 年、2021 年连续两年荣获中国旅游集团 20 强称号。

（三）坚持加减乘除多措并举，强化产业战略协同

主业不突出、竞争优势分散是国有企业普遍存在的顽疾，也是混改需要着力破解的重点问题。通过从非主业行业、产能过剩低端环节及竞争劣势领域加快退出，混改企业进一步在核心主营业务上集聚资源、集中发力，实现了提升经营业绩、优化产品结构、巩固市场地位的改革目标。例如，中航无人机通过"混资本""转机制"，双轮驱动巩固市场主体地位，构建主业突出的专业化产业平台，坚持走谱系化、系列化发展道路，建立无人机人工智能（AI）实验室，重点突破无人机智能决策、智能飞行、智能识别、智能保障及智能协同等技术难题，不断增强企业技术创新力。2019—2021 年，公司累计研发投资 2.31 亿元，占三年累计营业收入比例为 5.86%。

混改企业积极引入产业链上中下游协同互补效应显著的社会资本，加快拓展产业链、价值链，核心竞争力大幅增强。例如，中粮包装引入行业龙头奥瑞金包装，双方在多方面优势互补，扩大了业务版图，提升了行业竞争力，在充分竞争的包装行业，当主要竞争对手大都处于盈亏平衡点附近时，中粮包装 2021 年实现营收 95.8 亿元，营业利润 5.03 亿元，分别较混改前增长 87% 和 31%。

除了拓展延伸既有业务，混改企业还在强化与战略投资者产业协同、开发新业态、创新商业模式等方面积极实践。例如，中国黄金珠宝公司整合自身与战略投资者的渠道优势，创新推出互联网线上营销模式，实现"标准金锭精炼业务""微黄金""线上回购"等各类新业态落地，抢占市场蓝海，加速业务转型升级，2021 年 2 月顺利在上海证券交易所主板挂牌上市。

（四）坚持以效益和效率为标尺，加快提质增效

混改的最终目标，是要提高国有资本运营效率和企业经营效益；改革成功与否，关键看改

革后的企业是不是比原来更有效率，看国有资本是否保值增值。从国资所有者权益看，混改企业充分挖掘市场机制作用，有效实现国有资本保值增值和功能放大。例如，中航信移动科技有限公司稳妥推进混改增资，截至 2020 年底，资产总额同比增加 180%，负债总额同比减少46%，所有者权益同比增长 113%，营业收入同比增长 63%。从企业经营效益看，混改企业通过"瘦身健体"、压缩管理层级、深挖降本潜力等多种方式积极推进提质增效。例如，内蒙古第一机械集团公司不仅依托核心资产证券化方式有效放大了国有资本功能，提升了核心军品的品牌效应，还在集团内部自上而下主动开展压减层级、处僵治困、剥离企业办社会职能等专项降本挖潜行动，扭转了核心民品下行走势，实现企稳回升，资产证券化率由 18% 增长到 74%，净资产由改革前的 32.87 亿元跃升至改革后的 74.13 亿元，在军工领域的竞争力、影响力显著增强。从带动行业发展看，混改企业不仅撬动了大量优质协同的社会资本，增强了做强做优做大的发展后劲，还利用混合所有制方式加速细分领域的重组整合和优化配置，对行业发展起到了积极带动作用。例如，中国建材集团通过混合所有制方式重组了近千家民营企业，以 500 亿元国有资本吸引了 1500 亿元社会资本，撬动资产规模近 6000 亿元，成为全球规模最大的水泥供应商，推动水泥行业产能集中度提高至 60%，重塑了竞争有序、健康运行的行业生态。

四、混改案例是彰显社会主义经济制度优势的宣传册和播种机

（一）混改案例是高质量市场主体的典型代表

习近平总书记强调，市场主体是经济的力量载体，千方百计把市场主体保护好，不断激发市场主体活力，就是保护社会生产力，既利在当前，更功在长远。激发各种市场主体活力，就是要给多元市场主体留足发展空间，让各种市场主体自由发展，形成百花齐放、百家争鸣、百舸争流的良好局面。保持多元的所有制结构，不是单纯追求国有企业数量和规模的绝对优势，而是更好发挥国有经济战略支撑作用，增强国有经济创新力、控制力和影响力，这就需要充分发挥非公有资本的促进作用。而混改正是通过引入外部不同所有制类型、不同行业类型的资本，推动企业内部改革机制，进而在体制机制上破解国有企业内部管理行政化、低效、弱激励等难题，从根本上强化了混合所有制企业的市场主体地位和作用。

混改案例深入贯彻落实党中央各项要求，严格按照有关政策规定，扎实推进混改工作，积极引入高匹配度、高认同感、高协同性的战略投资者，合理释放国有股权，敢于让战略投资者参与企业治理与重大决策，大刀阔斧开展三项制度改革与企业经营管理改革，不断加强激励机制建设，在改革中解决了实际困难、甩掉了历史包袱、提升了经营效率、获得了经济收益。同时，参与混改，积极进入国有企业的民营资本也分享到了改革红利，不仅投资取得了丰厚回报，更得以进入门槛较高或是具有垄断性质的国有经济主导的领域，实现国有企业与民营企业的双赢。可以说，混改既提升了国有企业自身的发展质量，也提升了民营企业的实力，是新时代培育高质量市场主体的重要举措。

（二）混改案例是发展混合所有制经济助力高质量发展的外在表现

混改是国有企业改革的重要突破口，也为民营企业带来了发展新机遇。通过混改，国有资

本与非公有资本融合发展、优势互补，国有企业效率提高，民营企业发展舞台扩大，这已成为培育高质量市场主体的有效路径，同时也通过更好地推动混合所有制经济发展激发了经济高质量发展的内生动力。随着我国进入中等收入国家行列，"中等收入陷阱"和诸多经济结构性问题的挑战日渐突出，特别是近期全球贸易保护主义、单边主义抬头，中美贸易摩擦不断，加之新冠肺炎疫情影响叠加，国内经济增长下行压力加大，原来依靠投资和出口的规模扩张型经济模式难以为继。我国经济亟须内部再平衡，培育新动能和改造旧动能。混改可以破解我国经济结构性问题，激发广泛的企业家精神，支持经济高质量发展。

混改案例通过真抓真改，实现了增长方式的转变、增长动能的转换，企业发展更为均衡、更加可持续、动力更强，对其他市场主体的示范和带动作用也更加显著，进一步推动各类市场主体的股权结构更加合理、企业活力进一步增强、效率进一步提高，混合所有制经济的活力进一步迸发，整个市场经济的发展质量自然就会更高，高质量发展的基础就会进一步夯实。

（三）混改案例是社会主义市场经济制度优势最直接的呈现

社会主义市场经济制度优势之一，就在于坚持以公有制为主体、多种所有制经济共同发展的基本经济制度。当今世界，无论是资本主义国家还是社会主义国家，所有制结构都是多元化的混合形态，不存在纯而又纯的单一的所有制形态。但区别在于，资本主义国家是生产资料私有制处于主体地位，国有经济只是私人资本的一种补充形式，处于次要地位。而中国特色社会主义经济实行以公有制经济为主体、多种所有制经济共同发展的基本经济制度，这是中国特色社会主义制度的重要组成部分，也是完善社会主义市场经济体制的必然要求。坚持公有制主体地位、发挥国有经济在国民经济中的主导作用，保证了经济发展沿着中国特色社会主义道路向前迈进，稳步实现全体社会成员共同富裕。坚持多种所有制经济共同发展，保障了各经济主体的利益，调动了各经济主体的积极性、主动性和创造性，形成了推动经济发展的强大合力。

从本质上讲，混合所有制经济是不同所有制之间相互参股的股份制经济，是一种富有活力和效率的资本组织形式。坚持社会主义经济改革方向，发展混合所有制经济，有利于解放和发展社会生产力，放大国有资本功能，激发国企内生动力，进一步做强做优做大国有资本，有利于各种所有制资本在取长补短、相互促进中实现共同繁荣。混改案例正是中国特色社会主义经济制度优势最直接的呈现。

第一章 第一类：混改试点典型案例

以混合所有制改革助力军工企业 推进军民融合迈上发展新台阶

——合肥江航飞机装备有限公司混改案例

合肥江航飞机装备有限公司（简称"合肥江航"）隶属于中国航空工业集团，是我国航空氧气系统和飞机副油箱专业化研发制造基地。因其军民融合特点突出，且存在产业分散、活力不足、历史负担重、遗留问题多、人才流失严重等传统军工企业的诸多代表性问题，合肥江航于 2016 年被选入国家层面第一批混合所有制改革试点，成为军工领域首家试点企业。自 2017 年启动混合所有制改革以来，合肥江航以"强军、立产、增效、共享"为牵引，以推动实施"明确战略 + 瘦身健体"为基础、以"战略投资者 + 员工持股"为保障、以市场化体制机制落地为动力的混合所有制改革，一步一个脚印、一年一个台阶，2020 年成为中央军工集团第一家科创板上市企业，为军工企业推进军民融合、"瘦身健体"、做强主业、提升效率作出了有益探索。

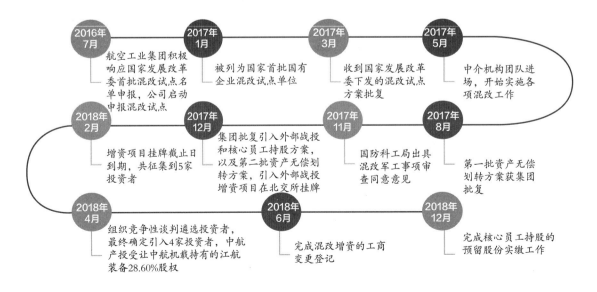

合肥江航混合所有制改革进程

一、第一步：明确战略，下决心"瘦身健体"，做强做优军工主业

针对体制机制固化、产业发展活力不足、效益效率指标有待提高、技术产品难以满足客户需求、民品发展水平参差不齐且缺乏核心竞争力等问题，合肥江航深刻认识到，扭转困局只能依靠改革。遵循"强军首责""军民融合"的改革思路，合肥江航研究提出了"聚焦主业，剥离非主业资产；强化激励，实施核心员工持股；激发活力，引入战略投资者；突出核心，完善公司治理结构"的混合所有制改革构想。

一是重塑战略和发展方向。改革的前提是厘清战略定位，明确未来发展思路。作为中央军工集团的军工子企业，合肥江航拥有军工主业的优势和特色，但其民品领域竞争活力明显不足。立足于"锻长板""补短板"，加速推进军民融合发展，合肥江航确定了"强军、立产、增效、共享"的改革思路，明确了航空军品、民用空调制冷、医疗健康的"1+2"主营业务模式。

二是"瘦身健体"和退出非主业。历史上，合肥江航为延伸产业链、培育增长点，布局了汽车零部件、制冷配件、举升机及立体停车库等多类型业务，一些子企业甚至演变为贸易企业，产值高但利润低。还有一些子企业依靠江航的资质分包业务，盲目求规模，对主业没有支撑和贡献，反而成为风险资产。为做强做优军工核心主业，合肥江航以2018年3月30日为基准日，坚决退出仍有盈利的汽车零部件、制冷配件、举升机等业务，将与航空军品、民用空调制冷、医疗健康主业无关的资产、土地、厂房等剥离资产放入江航存续公司，同步完成8家子公司的清理工作。

三是强化技术攻关和创新。合肥江航将通过混合所有制改革引入的资金全部投入产业建设，增强军机氧气系统、机载燃油惰性化防护分系统研发生产能力，先后完成电调项目研制等7项关键技术攻关，成为有关重点型号的主要系统供应商。努力向陆军装备领域拓展氧气专业设备，成功中标陆军装备部装甲车加改装制氧装置项目，实现军用制冷产业各军兵种全覆盖。利用战略投资者资源优势，在舰船空调项目上实现海军重大型号项目配套"零"的突破，军品主业产业链、供应链持续拓展。

二、第二步：激发活力，引入战略投资者，完善公司治理

完成非主业资产清理后，合肥江航集中力量在"引资本"上下功夫，从股权调整入手，加快完善公司治理。

一是引入高匹配度、高认同感、高协同性战略投资者。按照确定的航空军品、民用空调制冷、医疗健康"1+2"业务布局，合肥江航明确三个引入战略投资者的原则：在航空氧气系统或制冷方面能带来订单和市场；在产业投资方面能与公司现有主要产业产生协同效应；在资本市场、企业管理上能够为公司运营水平和管理能力提升提供专业支撑，持股期限不得少于5年。最终，经过尽职调查、产权交易所挂牌、专业评审、竞争性谈判、评标委员会独立评标等一系列环节，合肥江航公开引入4家战略投资者，分别是由兵器工业集团及电子科技集团出资设立的合伙企业中兵宏慕、民营企业浩蓝行远、国有资本运营公司试点中国国新，以及地方军工企业江西军工控股集团，合计引入资金3亿元。

二是引入核心员工持股。在引入战略投资者的同时，合肥江航按照政策规定实施了国有科技型企业股权激励。坚持"依法合规、公开透明；收益共享、风险共担；以岗定股、自愿参与"原则，明确了经营管理、研发技术、技能业务即"长""家""匠"三类共 146 名核心骨干持股人员，其中，管理人员占比 8.22%，业务骨干占比 91.78%，骨干持股比例合计不超过公司总股本的 5%，全面树立起科技立企、骨干强企的用人导向。2018 年，合肥江航完成骨干员工持股平台搭建，股权结构相应调整为：原国资股东中国航空工业集团持股 51%，4 家战略投资者合计持股 44%，员工持股平台持股 5%。

三是重新组建董事会和监事会。按照各股东出资比例，合肥江航重新组建了董事会和监事会，7 名董事会成员中，中国航空工业集团推荐 3 名董事，新增职工董事 1 名，另外 3 名董事均由新引入的战略投资者推荐。3 名监事会成员中，1 名由国有股东推荐，1 名为职工监事，1 名由新引入的战略投资者共同推荐。同时，合肥江航修订完善公司章程，依法落实董事会在重大投资、选人用人、薪酬分配等经营管理事项上的决策权，构建起协调运转、有效制衡的现代法人治理结构。改革前，合肥江航所作决策只需履行上级国有股东报批程序即可；改革后，所有的董事会议题都需要在会前提前充分沟通，争取所有股东支持。同时，改革后的合肥江航经理层按季度将董事会决策的生产经营事项逐一向董事会报告，接受董事会的质询监督。

三、第三步：强激励硬约束，深化三项制度改革，释放人力资本潜能

完善的公司治理为混改后的合肥江航深化劳动、人事、分配三项制度改革提供了坚实保障，也成为释放改革红利和发展活力的重头戏。

一是立足薪酬"能增能减"，树立"发展要靠价值创造"的市场化导向。合肥江航抓住薪酬分配这个核心，在薪酬管理权限、结构调整、工作业绩考核与绩效挂钩等方面进行系统设计，引导员工转变以前的"等靠要"思想，树立"多劳多得"、价值创造的市场化理念。改革之前，合肥江航的员工工资包括标准工资、岗位工资、岗位评价工资、工龄工资、福利费、绩效工资、计时计件费、季度奖金、住房补贴、公积金等，虽然名目多，但金额固定，并没有与个人绩效挂钩。改革后，合肥江航的员工工资调整为固定工资、浮动工资和津补贴三部分，相应建立密薪制度，并将浮动工资交由部门自行分配，相应增加工资专项指导检查，促进浮动工资真正浮动起来、逐渐拉开差距。

二是立足职务"能上能下"，探索推进职业经理人制度。合肥江航先选择了下属一家常年亏损的特困企业天鹅公司，试行市场化选聘职业经理人，短期内迅速盘活企业、扭亏为盈，取得积极效果。在此基础上，合肥江航制定了《职业经理人管理暂行办法》和《职业经理人经营目标与薪酬福利方案》，强化对职业经理人任期内的经营目标考核，实施强激励硬约束，充分授权职业经理人对具体经营管理层开展业绩考核与奖惩，确保职业经理人的选聘、职责、考核、激励约束及解聘均有章可循、过程可控。

三是立足人员"能进能出"，推进人事制度改革。合肥江航以"控总量、调结构、简机构、精干部"为目标，以精简职能部门和削减辅助人员为重点，稳步推进人事制度改革。员工"全

体起立、评议上岗"，中层干部竞聘上岗，配套出台富余人员分流方案，畅通人员退出通道。公司总部职能、功能支持部门数降幅达 55.5%，全级次从业人员编制降幅 28.84%，中层干部人数减少 17%，解决了因多次整合遗留下来的人浮于事问题。

合肥江航坚持战略引领、军民融合的内驱式、渐进式混合所有制改革，实现了完善治理、聚焦主业、优化机制的目标，公司经营质量和效益有了大幅提升，营业收入、利润总额分别由改革前的 67947 万元、5737 万元增长至 83097 万元、21517 万元；净资产、归母净利润分别比改革前增长了 5.7 倍和 26 倍，资产负债率由改革前的 84% 下降至 35%。员工活力迸发，人均劳动生产率由改革前 12.84 万元增至 33.95 万元，科研完成率提升 8%，航空批生产准时率提高 6%。主业高度聚焦，主营业务收入占比由改革前的 87% 增至 99%，毛利率由 28.14% 增至41.51%。下一步，发展改革委将持续推动合肥江航深化混合所有制改革，并及时将其做法经验向军工领域具备条件的国有企业复制推广，以混合所有制改革探索军民融合深度发展新模式。

高标准引战　补资源短板　打造金融科技领域的混改标杆企业
——天翼电子商务有限公司混改案例

天翼电子商务有限公司（简称"天翼电子商务"）成立于 2011 年，是中国电信的子公司，是第四批混改试点企业，也是互联网金融行业领先的创新企业。天翼电子商务通过两轮引战混改，以混改延伸了产业链，建立了链接前向用户和链接后向商户的生态圈体系，成为中国电信布局互联网金融的重要板块。天翼电子商务在提升金融科技创新能力、完善公司法人治理结构、强化市场化激励约束机制等方面取得显著成效，为自身未来发展创造了较大的空间，也为金融科技企业的混改树立了标杆。

一、第一轮混改：引入 4 家战略投资者，释放股权比例 21.26%，激发内生动力和扩展外在资源

第一轮增资引战前，天翼电子商务是中国电信的全资子公司。增资完成后，天翼电子商务成功引入 4 家战投，股权结构呈现出"一股领先 + 相对分散"的模式，中国电信保持绝对控股地位，因引入战略投资者，实现了金融行业资源和经验的引入，延伸了产业链。

（一）第一轮混改起因：解决发展"温吞"状况。天翼电子商务成立于 2011 年，是中国电信旗下专门运营支付业务的子公司，旗下第三方支付品牌翼支付是支付宝、微信支付以外的第三大第三方支付平台，不过与前两名差距较大。虽然成立数年且背靠中国电信，但发展缺乏活力，没有如业界预期的那样很好融合电信、互联网、金融之间的资源。中国移动和中国联通纷纷加码在金融领域的投资，中国电信的先发优势被蚕食，另外来自阿里和腾讯等互联网公司的竞争也更激烈，天翼电子商务公司所处的移动支付市场已经到了不改变即倒退的关头，必须走出混改这一步。

（二）第一轮混改过程：2018 年天翼电子商务启动了第一轮混改，2019 年混改落地。一是引战投。2019 年 1 月，历时 9 个月，天翼电子商务完成第一轮增资引战，成功引入前海母基金、北京润信瑞恒和中信建投组成的联合投资体、东兴证券、中广核资本等 4 家战略投资者，融资金融 94528.46 万元，释放股权比例 21.26%。二是强化技术创新。成立天翼电子商务技术创新中心，与上海交通大学成立联合实验室，促进产学研成果落地，成立人工智能研究院，实现科技前沿能力的探索与突破。至此，天翼电子商务基本完成在大数据、人工智能等领域的战略布局，为推动互联网金融生态圈 2.0 建立奠定了坚实技术基础。三是加强董事会建设。确保董事会职权依法、依章落实到位。公司章程明确落实和维护董事会依法行使重大决策、选人用人、薪酬分配等权利，授权董事会审批公司净资产 10% 以内的各类经营事项。优化董事会构成，由外部股东派驻 3 名董事进入 8 人董事会，并担任薪酬委员会主任，充分发挥外部股东的积极作用。四是充分授权放权。保障经理层经营自主权。公司混改后同步修订公司章程、"三重一大"清单和内控权限列表，按照市场化原则对标 BATJ 等头部互联网公司，进一步加大授权放权力度。2019—2020 年董事会审批事项减少 88%，充分保障经理层经营自主权，极大提升了公司的决策审批效率。五是落实"能者上、优者奖、庸者下、劣者汰"的选人用人机制。2018—2020 年，提任管理干部和划小经营团队管理人员合计 46 人，其中提拔的最年轻中层干部 29 岁，干部平均年龄 34 岁。建立述能、述职制度，排名后 15% 的部门负责人，结合业绩情况安排调整；综合测评排名后 50% 的管理序列人员、后 20% 的专业序列人员，答辩不通过者予以降免职，目前已累计转岗、降职、劝退合计 34 人。

（三）第一轮混改成效：协同效应带来基因变革。第一轮混改引入的投资者与天翼电子商务产生很好的融合效应，说明数字化与科技能力是未来企业发展的核心实力，也是企业转危为机的核心能力。第一轮混改后，天翼电子商务经营情况持续向好，2017 年实现净利润 522.54 万元，2018 年实现净利润 2904.92 万元，2019 年实现净利润 6861.59 万元。

二、第二轮混改：引入 10 家战略投资者，释放股权比例 14.21%，借混改进一步引入社会资源

2020 年 6 月，天翼电子商务开启第二轮混改，仍保持了较高的引战准入门槛，14 家投资者均能在"流量＋科技＋金融"领域与翼支付展开深度合作，助力企业长远发展。第二轮混改引战顺利完成后，天翼电子商务的股权结构呈现"一股领先＋高度分散＋激励股份"的最优模式，中国电信仍然保持绝对控股地位。

（一）第二轮混改目的：借混改引入社会资源，拓展合作领域。第二轮入股的投资者来自多个领域，包括金控投资平台、风控科技、人工智能、融资租赁等方向，分别为成都工投资产经营有限公司、共青城华章一本文金投资合伙企业、睿智合创（北京）科技有限公司、天津同历并赢五号企业管理咨询中心、宁波梅山保税港区钛丰股权投资合伙企业、杭州翼起橙企业管理合伙企业、北京旷视科技有限公司、中信建投（深圳）战略新兴产业股权投资基金合伙企业及金圆资本管理（厦门）有限公司联合投资体、苏州苏商联合产业投资合伙企业、嘉兴启应股权投资合伙企业、北京中互金启航一号基金管理中心及深圳信诺二期创新产业发展企业与瑞世云帆（平潭）投资合伙企业组成的联合投资体。通过混改积极引入社会资本，放大国有资本功能，通过资本和股权的纽带，助推中国金融科技生态圈走向良性发展轨道。

（二）第二轮混改过程：高准入标准、引进关键能力、补齐资源短板。一是系统设计引战准入标准。公司根据发展战略建立了涵盖可靠性、核心资源、协同能力三大维度 25 个指标的投资者评价模型。其中，可靠性考察投资者党建、合规经营、注册资本等情况；核心资源考察投资者科技、流量、金融牌照资源情况；协同能力考察投资者在数字生活、数字金融和科技服务三大板块与公司的协同性和合作意愿。公司通过两轮引战，最终从 100 多家投资者中择优引入 10 家战略投资者。二是注重引进关键能力。公司引入的战略投资者中，三分之一具备行业领先的科技能力，在人工智能、风控科技、区块链、媒介创新等方面与公司有较强协同效应，公司正在推动与投资者成立联合实验室、设立合资公司，深入开展微贷风控联合建模、大数据精准营销、智能身份验证、区块链技术等合作，共同开发金融科技底层技术解决方案，进一步提升公司核心科技能力。三是补齐资源短板。引入的 9 家战略投资者，都是具备丰富场景和雄厚金融背景的投资者。公司为上述投资者提供定制化的数字营销、账户运营、数字科技等服务；投资者为公司提供"非电信"场景和流量，共同开发创新金融科技产品。例如，公司与一家头部券商投资者股东开展数字化用户运营，不到两年新增证券账户 10 万户、股基交易达 70 亿元。四是加强人才引进。公司通过"筑巢引凤"计划，坚持"高、精、尖、缺"，引入来自阿里巴巴、华为、平安等公司的 20 余名人工智能、区块链等科技类高端人才和行业专家，构建"一心两院"研发架构（技术创新中心、人工智能研究院、区块链研究院），科技创新成效显著，"先算"大数据平台荣获中国人民银行 2019 年中国金融科技创新大赛创新解决方案金奖；智能风险监控平台入选北京金融科技创新监管试点；自主研发"密流安全计算平台"通过工信部信通院 MPC 产品评测认证，成为唯一具备此项能力的国有企业。

（三）第二轮混改效果：2018—2020 年，天翼电子商务资产总额由 115.97 亿元增长至 130.03 亿元，净资产由 12.36 亿元增长至 14.26 亿元；国有资本权益由 10.90 亿元增长至 12.59 亿元；主营收入由 23.38 亿元增长至 28.71 亿元，其中外部市场化收入由 7.72 亿元增长至 15.72 亿元，复合增长率达 42.7%；利润总额由 3696 万元增长至 13080 万元；净利润由 2905 万元增长至 11427 万元，复合增长率达 98.33%；净资产收益率由 3.85% 增长至 8.37%，增长 4.52 个百分点；劳动生产率由 65.57 万元 / 人增长至 82.54 万元 / 人，复合增长率达 12.2%。截至 2020 年 12 月底，公司拥有员工 771 名，主要分布于北京、上海、广州和西安四地，其中科技人员占比超过 54%。2018—2020 年，翼支付 App 月均活跃用户数由 1498 万增长至 2700 万，复合增长率达 34.25%。

天翼电子商务两轮混改的关键要素：一是坚持引入具有战略协同的投资者，重点引入"靠得住、有帮助、能协同"的战略投资者，综合考虑战略资源互补性原则，兼顾金融与产业投资者、国资与民资投资者，充分发挥引入战略资源的协同效应，实现与引入的战略投资者互利共赢，推动公司业务高速发展。二是坚持引资本与改机制并行。坚持通过"引资本"促进"改机制"，聚焦治理机制、用人机制、激励机制等重要领域和关键环节不断加大改革力度，以市场化为导向，在规范董事会运作、深度转换经营机制、推进三项制度改革、健全中长期激励方面积极探索，务求改革实效。

依靠改革解决老国企发展难题
——沈阳鼓风机集团股份有限公司混改案例

沈阳鼓风机集团股份有限公司（简称"沈鼓集团"）是我国第一个风机专业制造厂，是国有老工业企业，在我国重大装备制造产业领域具有重要地位。近年来，受资本金不足、重大装备长期研发投入回报率低、体制机制不够灵活等因素影响，沈鼓集团出现经营困难，资产负债率近90%，科研骨干面临流失风险。2021年，针对老国企动力不足等问题，沈鼓集团积极推进混合所有制改革，引入战略投资者，建立有效制衡的公司治理机制和灵活高效的市场化经营机制，企业经营业绩实现快速增长。2022年上半年，沈鼓集团营业收入、利润总额分别同比增长20.5%、70.9%，全员劳动生产率增长29.8%，产品订货增长23.3%，改革成效逐步显现。6月，韩正副总理视察沈鼓集团，充分肯定了沈鼓集团引入背景清晰的基金参与混改、导入市场化机制等做法。沈鼓集团面对经营困难，主动出击、大刀阔斧推进改革取得显著成效，对稳定经济大盘、诠释国企改革三年行动成效以及解决长期困扰东北振兴发展的体制机制问题具有很强的现实意义。沈鼓的做法可以归纳为"四步走"。

一、第一步：引入合适战略投资者，优化企业股权结构

引入战略投资者是混合所有制改革的基础和前提，是决定混改成败至关重要的环节。沈鼓集团着眼于打造装备制造业领军企业的目标，立足发展实际，择优选择战略投资者，释放合理股权比例。

（一）选对引好战略投资者。沈鼓集团按照高匹配度、高认同感、高协同性的标准，通过公开挂牌和多方比选，于2021年12月以增资扩股方式引入先进制造业产业基金二期作为战略投资者。一般来讲，基金类战略投资者专注财务投资，混改企业在引入时往往会有所顾虑。但先进制造业产业基金具有特殊性。一方面，该基金是制造业领域的基金，成立的初衷就是增强制造业核心竞争力，与沈鼓集团战略规划及发展定位一致、协同效应较强，且该基金有着推动传统产业改造升级的丰富经验，对沈鼓集团发展能起到事半功倍的效果；另一方面，该基金本身就是由国家发展改革委、财政部、工业和信息化部联合发起设立的国有控股混合所有制基金，对混合所有制企业治理、经营、监管等方式熟悉、契合，更有利于推进混改。可以说，基金的引入与企业发展、改革方向是一致的，是合适的选择。

（二）科学合理设置股权结构。沈鼓集团在引入战略投资者时同步实施国有科技型企业股权激励，股权结构从改革前沈阳国资持股 76.03%、14 家投资机构合计持股 19.75%、136 名自然人合计持股 4.22%，调整为沈阳国资持股 44.08%、先进制造产业投资基金持股 39.13%、骨干员工持股平台持股 2.9%、原 14 家投资机构及自然人分别持股 11.46% 和 2.44%。这样的股权结构，战略投资者持股超过 1/3，能够做到"点头不算摇头算"，为发挥战略投资者积极作用打下了基础，沈鼓集团从体制上成为真正意义上的混合所有制企业。

二、第二步：在企业治理上作文章，实践中国特色现代企业治理机制

沈鼓集团以股权结构为基础，构建有效制衡的法人治理结构，充分发挥党委把方向、管大局、促落实的领导作用，积极推进党的领导融入公司治理。

（一）建立有效制衡、专业高效的董事会。按照各方持股比例，沈鼓集团对董事会作出实质性调整，董事会成员由原来的 13 名调整为现在的 5 名，沈阳国资、先进制造产业投资基金各推荐 2 名董事，员工董事 1 名，形成有效制衡的法人治理结构。集团推动董事会成员与经理层完全分离，实现董事会决策的专业化、高效化，5 名股权董事按照公司章程规定落实重大决策、选人用人、薪酬分配等董事会法定职权，让战略投资者在公司治理上真正具有话语权，实现了所有者"在位"、积极股东赋能。集团积极开展子公司董事会授权，赋予子公司董事会选聘管理层、实施业绩考核及市场化用工等管理权限，建立更为灵活的机制，促进治理效能提升。

（二）在党的领导融入公司治理方面进行积极探索。沈鼓集团把坚持党的领导与明确党建工作总体要求写入公司章程，将党组织的机构设置、职责分工、工作任务纳入企业的管理体制、管理制度和工作规范。推行党委会前置研究清单"四个是否"的判断标准，即是否符合党的路线方针政策和国家法律法规，是否符合科学、民主的决策程序，是否符合企业发展规律，是否符合广大职工群众的根本利益，做到该前置的不遗漏，不需前置的落实治理主体责任，实现党委不缺位、不越位。严格落实党委书记、董事长"一肩挑"责任，党建工作不过关、党委及基层党组织作用发挥不充分，党委书记、董事长承担相应责任；年度战略及绩效目标未完成、经营决策出现失误，党委书记、董事长也要承担相应责任。

三、第三步：解决国企经营机制的"老大难"问题，做到强激励硬约束

围绕激发企业内部员工干事创业的积极性和创造力，沈鼓集团抓住企业的"关键少数"，自上而下推进经营机制改革。

（一）集团核心管理层全体"脱马甲"。沈鼓集团董事长、总经理等管理团队全部辞去市管干部身份，公司董事长、总经理由提名改为董事长由董事会选举、总经理由董事会聘任。统一高管身份，将核心管理人员中"市管干部、国资委市场化选聘高管、集团党委管理高管"三种高管身份统一为董事会管理的职业经理人，实行市场化选聘、契约化管理、责任制考核，实现从董事长到全体高管由"干部"到"经营人才"的统一转变，解决了长期以来核心管理团队身

份不一、考核不同的问题。

（二）实施薪酬体系改革和科研技术骨干股权激励。沈鼓集团建立"以岗定薪、因能差异、按绩取酬"的薪酬体系，将集团战略经营目标与每个员工相关联，实现"干部能上能下、人员能进能出、工资能增能减"。实施科研技术骨干股权激励，集团研发、技术、管理等核心骨干共 253 名参与股权激励，按照同股同价原则增资 1.4 亿元，持股 2.9%，形成岗位持股、动态持股、平台化管理长效机制，实现关键岗位核心员工与集团发展深度捆绑，并通过持股平台的规范化管理及动态化调整、员工董事履职行权参与公司治理等，推动激励约束效应持续不断转化为公司治理效能。

（三）加强管理推动企业提质增效。压缩管理层级，关停注销"僵尸企业"，精简总部机构和人员，集团中层职位从 190 个缩减为 150 个左右，近 1/4 的人被"换血"。加强战略管控、财务管控和运营管控，企业效率明显提高。"一企一策"积极推进子公司混改，充分授权放权，搞活体制机制，提升子公司活力效益。集团下属往复机、容器、石化泵、通风 4 家子公司通过混改成为国资相对控股和参股企业，妥善安置近 1000 名职工，企业效益、劳动效率翻倍提升。

四、第四步：做强做优主业，持续提升企业核心竞争力

多年技术积累和创新能力是沈鼓集团的优势所在。沈鼓集团以技术创新为战略支撑，加快锻造主业长板，拓展业务市场，持续提高核心竞争力。

（一）聚焦主业集中攻坚。沈鼓集团主业突出，主业资产、营收和利润总额均占全集团的98%左右，高端装备制造板块收入占集团的 80%。面对装备制造领域的激烈竞争，沈鼓集团一方面实行技术难题榜单"揭榜挂帅"机制，在集团内部发布七大技术攻关方向，技术人员可自行组队"揭榜"承接研发任务，对研发投入不设上限，提升企业技术创新能力；另一方面，积极开拓国际市场，扩大国际出口和海外布局，在国际市场实现最大规模天然气处理项目、大推力往复式压缩机和大型乙烯三机以及绿氨装置压缩机组订单的突破，国际业务订货占比达到18%。

（二）积极开拓新业务新市场。在新业务方面，沈鼓集团在海工、储气库、合成材料、二氧化碳综合利用、储能、发酵、发电、新能源及清洁能源、迷宫机应用、压缩机智慧化和固废处理等新市场均实现突破，全集团新市场订货占比达到 13%，同比增长 64%。2022 年以来，沈鼓集团接连中标多个石化大型装置订单，自主研制的 3 项重大技术装备成功入选 2021 年度能源领域首台（套）重大技术装备（项目），设计制造的全国首台百万吨级 CCUS（二氧化碳捕集、利用与封存）项目用二氧化碳压缩机试车成功并正式投产。

沈鼓集团以混合所有制改革为突破口，通过引入合适的战略投资者，构建有效制衡的公司治理机制，充分发挥积极股东在公司治理中的实质性作用，以此为基础，针对困扰国企的"老大难"问题，积极推进市场化经营机制改革，实现强激励硬约束，促进集团技术、人才及市场渠道优势全面迸发，走出了一条"老国企＋新优势"的成功路子，在当前形势下对于制造业领域国有企业深化改革具有重要参考意义。

商贸零售商"从种子萌芽到成果收获"的艰辛混改之路

——重庆商社(集团)有限公司混改案例

重庆商社(集团)有限公司(简称"重庆商社")成立于 1996 年,原为重庆市国有资产监督管理委员会所属一级企业。近年来,重庆商社面临传统零售商业模式落后、企业经营机制不活、解决历史遗留问题后债务负担沉重等突出问题。为推动商社集团健康持续发展,于 2018 年 10 月公开挂牌转让部分股权,以增资扩股的方式在其集团层面引入战略投资者,2019 年 2 月混改项目通过三轮竞价成交,2020 年 4 月完成工商登记变更。重庆商社通过精准选择和引入与其业务协同、优势互补的战略投资伙伴,实现资源共享与产业协同,推动供应链、产业链、价值链的升级,进而巩固了企业的核心竞争力,为打造全国先进的实体商业联合体奠定了基础。

(一)向混改要出路,历经艰辛于 2018 年重启混改。商贸零售业属于充分竞争的行业,随着越来越多的外资百货零售企业以及国内跨区域发展的零售企业将"触角"伸向重庆时,重庆商社的竞争压力越来越大,导致业绩一路下滑,2015—2017 年三年收入均低于 2014 年。通过行业联合、资源整合、资本融合,加速优化产业资源配置,已是零售商贸行业发展的大势所趋,更是重庆商社革旧立新、转型发展的突破口。基于此,重庆商社认识到必须摒弃传统依靠自身"单兵作战"的发展方式,通过实施混合所有制改革,积极引入同行业优秀企业,全方位多层次整合零售资源,优化商业资源供给与配置,才能突破资源边界,改变原有的经营模式、优化业务结构、创新百货业态,才能巩固和提升企业核心竞争力,大幅继续提高市场占有份额和提升企业盈利能力。2016 年 9 月,重庆百货发布《重庆百货重大事项停牌公告》,声明拟通过非公开发行股票的方式进行混改募集资金,募集对象为物美集团(天津滨海新区)和步步高商业连锁股份有限公司,重庆商社混合所有制改革的"种子"开始播下。但是在再融资相关政策调整下,2017 年 2 月,重庆百货股东大会取消了对非公开发行股票相关议案的表决。2017 年 10 月,重庆百货再次公告称,控股股东重庆商社拟引进战略投资者,开展混合所有制改革相关工作,但该筹划在半个多月后由于混改条件不充分、方案论证不足等,再次宣布终止。尽管混改之路曲折、不顺畅,但重庆商社一直没有放弃混改。2018 年 4 月,重庆商社在重庆市政府的领导下,决定再次启动混合所有制改革。

(二)充实混改主体,有助于吸引战略投资者。2018 年 7 月,重庆市国资委对所属一级企业重庆商业投资集团有限公司(简称"重庆商投")进行了改革重组,划转出朝天门公司、双福公司、观农贸公司等 16 家公司价值 17.8 亿元的股权,朝天门公司 16.4 亿元的债权和 3.5 亿元房产后,将所持重庆商投 100% 股权无偿划转给重庆商社。重庆商投是重庆市政府批准的首家以商业投资命名的大型国有重点商贸企业，主要从事各类市场经营、资产运营管理、综合商贸服务等，现拥有"人道美""老四川""颐之时"等多个老字号品牌。重组完成后，商投集团作为重庆商社的一部分，整体纳入混改范围。

（三）遵循"立足增量、不动存量"的原则，增资引入具有产业协同的战略投资者。重庆商社在重庆联合产权交易所以增资方式公开征集两名同行业战略投资者。按照突出战略协同、避免恶意收购的思路，在公开挂牌时设立了三个条件：必须是中国连锁百强前 50 位且连续 3 年盈利，经营百货店业态直营网点不低于 50 家、超市业态不低于 100 家，不得与第三方组成购买交易标的联合体。通过"多轮竞争性报价"方式遴选出了物美集团和步步高集团作为投资方。2019 年 6 月 25 日，物美集团和步步高集团分别以现金入股重庆商社，标志着重庆商社这家西部地区商贸龙头企业最终圆梦混合所有制改革，三方将合作打造全国领先的实体商业联合体。增资完成后，重庆商社股权结构由重庆市国资委持股 100% 变更为重庆市国资委持股 45%、物美集团持股 45%、步步高集团持股 10%。公司注册资本由 8.45 亿元增加至 18.76 亿元。2020 年 5 月 25 日，重庆市国资委将其持有的重庆商社 45% 股权无偿转让给渝富控股。

（四）重构企业法人治理机制，建立现代企业制度。调整管理体制。重庆商社集团不再作为市属国有重点企业管理，由重庆市国资委、物美集团、步步高集团按照股权比例派驻董监事共同治理，党组织关系转入公司注册地非公工委管理。转换干部身份。集团和骨干子企业 19 名领导班子成员全部放弃原国有企业领导干部身份，参与混改后的公司市场化选聘和考核。划清治理主体边界。清晰划分股东会、董事会、监事会、经理层、工会组织等治理主体权责边界，董事、监事会主席均不在公司担任其他职务、不在公司领取薪酬。落实董事会职权。修订完善董事会议事规则，推进董事会下属专业委员会规范运行、发挥作用，充分落实董事会对企业中长期发展的决策权、经理层成员业绩考核和薪酬管理权、职工工资分配权、重大财务事项管理权等。规范经理层授权。在依法合规、内部制衡、防范风险的前提下，充分授权职业经理人与核心经营团队，保障公司发展战略实施落地。

（五）实施员工持股计划，建立健全激励约束机制。引战过程中，明确 2.3 万名职工全部延续劳动合同关系、工作年限连续计算，一次性计提 4 亿元现金用于保障 7000 余名离退休人员今后的非统筹费用，搭建专门的公司承接遗留问题。引入战略投资者后，重庆商社启动了员工持股计划，旨在建立创业合伙分享机制，再次激发高管团队和骨干员工的二次创业热情。员工持股计划的对象为集团及所属重要经营单位管理层及核心骨干员工。员工持股计划设立了 2 家合伙企业作为持股平台，即重庆商社慧兴企业管理咨询合伙企业（有限合伙）和重庆商社慧隆企业管理咨询合伙企业（有限合伙），持股对象以自筹资金通过认购合伙企业份额参与计划。目前员工持股计划占增资完成后公司注册资本的 1.113%。另外，在上市公司层面，通过回购本公司股票实施员工持股激励约束计划。截至 2021 年 6 月底，重庆百货已按计划完成股份回购，实际回购股份占公司总股本的 2.55%，回购的股票将按照《公司法》和公司章程相关规定，用于员工持股或股权激励计划。坚持"超值创造、超利分享"，在二级企业和成熟场店推行超额利润分享机制，全面完成年度预算的前提下，超额利润部分的 30% 奖励骨干团队，并按 4：3：3 的比例，分 3 年兑现，如次年或第三年没有完成考核指标，则超额利润奖励取消。2018 年，所属各级单位获得超额利润奖励额度约 3200 万元，为企业增加利润超过 1.6 亿元以上。推行创新团队奖励，探索店长奖励基金、帮扶奖励、双创奖励、团购奖励等激励创新模式，2019 年 304 家场店开展奖励 3502 场次，获奖 19433 人次，采取小额高频的方式，充分激发基层干事创业激情。探索实施项目跟投制度。在中天物业、马上消费金融、舒适家居、水家电、美的厨电等新项目、创新业务领域项目上进行项目跟投或风险抵押，让经营管理团队拿出"真金白银"，同股同权同责，共同创造企业的效益和价值，取得良好效果。如重庆百货所属马上消费金融公司注册资本金 40 亿元，是内资最大的消费金融公司，目前注册用户超过 1 亿，2021 年公司实现净利润 13.82 亿元，同比增长 94%。

混改后重庆商社集团，取得了"一箭三雕"的效果：一是有效增强企业资本实力。重庆商社集团的注册资本由 8.45 亿元提升到 18.78 亿元，有效化解整合商投集团带来的重大债务危机。二是有效增强企业竞争力。与行业先进企业的强强联合、优势互补，可充分发挥民营股东在新零售技术、供应体系等方面的优势，提升企业在数字化建设、产品采购、供应链议价、全球资源配置商品等方面的能力，实现产业协同。三是充分激发企业内生活力。在混改后正式启动员工持股计划，建立创业合伙分享机制，持续深化团队跟投、定额承包等多种激励措施，实现"人人都是创业者"，充分激发公司员工二次创业热情。重庆商社属于纯竞争领域商业类国有企业，其混改措施到位，科学选定协作伙伴并实现产业协同、加快市场机制变革与创新等先进做法，值得纯竞争领域商业类企业以及同行业企业借鉴。

重组、混改、上市：老牌国企的再出发再辉煌之路
——中钢洛耐科技股份有限公司混改案例

中钢洛耐科技股份有限公司（简称"中钢洛耐"）隶属于中国中钢集团有限公司（简称"中钢集团"），成立于 1958 年，是我国"一五"期间自行设计、建设的第一家大型国有耐火材料生产企业。由于历史包袱沉重、设备设施老化、生产成本高等诸多原因，2014—2016 年中钢洛耐连续亏损，被国务院国资委列为挂牌督办的特困企业。近年来，中钢洛耐作为一家老牌国企，主动适应供给侧结构性改革带来的行业重大变化，以"创建世界一流耐火材料企业"为目标，全力实施科技创新和资本运营双轮驱动，加快推进混合所有制改革，完成了从内部重组整合，到引战混改与员工持股，再到科创板上市的"三步走"，实现脱困重生、步入高质量发展的"快车道"。

一、第一步：内部重组整合为混改创造良好条件

（一）大刀阔斧推进内部资源重组整合，优化业务结构。为解决关联交易和同业竞争的问

题，2019 年底，中钢集团对洛阳耐火材料研究院有限公司和耐火材料有限公司实施内部重组整合，集中耐火材料领域的全部资源打造中钢洛耐作为上市平台公司。重组整合完成后，洛阳耐火材料研究院有限公司成为中钢洛耐的全资子公司，全产业链的优势推动公司耐火材料业务高质量发展，进一步提升耐火材料的市场话语权。

（二）持续深化供给侧结构性改革，甩掉包袱轻装上阵。中钢洛耐主动适应新常态，大力实施"三去一降一补"，在供给侧结构性改革上做文章。一是淘汰落后产能。主动摒弃以往"为生产而生产"的传统理念，坚持效益优先，突出主业，从 2015 年到 2017 年，中钢洛耐压缩传统低效耐火材料产能 20%，淘汰落后产能 8 万吨，减少低效、无效库存 2 亿元，孵化高技术、高附加值、高利润的市场急需新产品、新技术。二是提高运营效率。加强合同评审，科学精细排产，提高发运效率，强化合同履约，防止产生库存积压，产品库存下降约 30%。三是降低企业成本。采取价格联动的运行机制，年节约采购成本约 2000 万元。此外，为保障混改工作的顺利实施，中钢洛耐积极解决各项历史遗留问题，在国务院国资委和中钢集团的指导帮助下，顺利完成"三供一业"分离移交、富余人员安置、退休人员社会化管理等工作。同时，成立厂办大集体改革领导小组，制定厂办大集体改革方案和职工安置方案，顺利完成厂办大集体改革工作。

二、第二步：全面混改助力公司改头换面再出发

（一）引入紧密协同的战略投资者。2020 年，中钢洛耐引进国新双百壹号（杭州）股权投资合伙企业、北京建祥龙科技发展有限公司等 5 家战略投资者，引入资金 5.5 亿元，释放股权 26.99%。中钢洛耐原股东洛阳市国资国有资产经营有限公司增资约 2 亿元，累计持股约 11.51%。这些战略投资者如建祥龙科技在上下游行业积累的技术、专业人才培养经验，可协助或与中钢洛耐合作进行新产品研发，加速公司产品升级，提升公司核心竞争力；同时，依托国新双百壹号等战略投资者在下游行业积累的品牌、市场等资源，协助中钢洛耐进行新产品推广、新市场开拓，并对公司在未来产业投资、并购重组方面提供帮助。

（二）设立了多元制衡的董事会。混改后，公司增设董事会席位，董事会成员由原先的 5 人变更为 7 人，增设的 2 个董事席位由新引入的 1 名合伙企业股东和 1 名私有企业股东推荐，形成外部董事占多数、非公有资本股东拥有董事席位的多元制衡董事会结构，并及时修订公司章程，进一步完善和明确董事会职权，有助于促进公司的合理、有效决策。

（三）深化劳动、人事、分配三项制度改革。一是规范管理人员的选拔任用，形成了"管理人员能上能下、员工能进能出、收入能高能低"的考核评价及使用管理运行机制，大大提高了工作效率。二是实行全员劳动合同制，签约率 100%，实现用人规范化。同时，多渠道分流安置富余人员，优化人员结构。三是实行按劳分配为主、效率优先、兼顾公平的多种分配方式。制定绩效考核办法，公司下属单位工资总额与经营业绩指标挂钩提取，增人不增资、减人不减资。绩效分配权重向一线倾斜，向贡献大的岗位倾斜，初步建立了拉开差距的收入分配体系。从 2020 年开始，实现员工收入与个人产量、出勤率和业绩挂钩考核，建立了有效的激励

约束机制，实现了企业效益提升和员工收入增长双赢。

（四）推行员工持股，建立中长期激励机制。混改中，中钢洛耐实施员工持股，500 名骨干员工投入资金超 2 亿元，持股比例 9.82%。员工持股实现了对关键岗位的科研人员、经营管理人员和业务骨干利益绑定，建立了激励约束长效机制，激发了员工活力和企业发展内生动力，使员工与企业共享改革发展成果。企业内部建立科技创新激励、人才激励、绩效考核等中短期激励机制，配合员工持股的长期激励政策，有效保障企业的快速、稳定发展。2020 年，公司总资产达 33 亿元，较混改前提升 31%；营业收入达 20 亿元，提升 10%；利润总额达 1.7 亿元，提升 7.8%。

三、第三步：科创板上市步入高质量发展"快车道"

2022 年 6 月 6 日，中钢洛耐在上海证券交易所科创板挂牌上市，本次发行股票 2.25 亿股，募集资金总额 11.4 亿元，上市首日涨幅超过 150%。从 2019 年底重组整合，到 2020 年引资混改，再到 2022 年首发上市，中钢洛耐走出了一条老牌国企再出发再辉煌的改革之路，迈入高质量发展"快车道"。

中钢洛耐改革的成功经验在于抢抓机遇、主动求变。一是积极适应新常态，响应国家战略政策，主动在供给侧结构性改革上做文章，得以甩掉包袱，轻装上阵。二是引入紧密协同的战略投资者，用足用好战略投资者在上下游行业积累的技术、人才、品牌、市场资源等有利条件，推动技术研发、产品升级、市场开拓，提升核心竞争力。三是扎实深入推进体制机制改革，让决策高效、激励有效、市场化选人用人和薪酬制度改革见实效。

民航物流企业以转换经营机制为目标的混合所有制改革
——东方航空物流股份有限公司混改案例

以习近平新时代中国特色社会主义思想为指导，东方航空物流股份有限公司（简称"东航物流"）认真落实党中央、国务院关于深化国有企业改革的部署要求，在中国东方航空集团有限公司（简称"中国东航"）指导下，坚持"三因三宜三不"原则，围绕"完善治理、强化激励、突出主业、提高效率"的要求，以转换经营机制为目标，按照股权转让、增资扩股、改制上市"三步走"积极推动混合所有制改革，呈现出"资本混合、利益融合、完善治理、强化激励"的改革特色，在强治理、改机制、创一流等方面取得阶段性进展。

东航物流成立于 2013 年，是中国东航所属三级子公司，是国内领先的综合性航空物流企业，其前身中国货运航空有限公司（简称"中货航"）是中国第一家专营货邮运输业务的航空公司，也是三大国有航空货运企业之一。2016 年 9 月，东航物流成为国家首批、民航首家混合所有制改革试点企业，2018 年，经中国东航推荐，东航物流入选国企改革"双百企业"名单，

2020 年，入选"学先进、抓落实、促改革"专项工作首批五家改革典型企业。通过不懈努力，东航物流于 2021 年 6 月 9 日在上海证券交易所正式挂牌上市。

截至 2022 年三季度末，东航物流以上海为主要运营基地，下设 3 家控股合资子公司、7 家全资子公司，在册员工逾 7000 人，主营业务分为航空速运、地面综合服务和综合物流解决方案三大板块，集航空速运、货站操作、多式联运、仓储、跨境电商解决方案、同业项目供应链、航空特货解决方案和产地直达解决方案等业务功能于一体，业务范围覆盖全货机、客机腹舱、航空地面操作代理、仓储业务、卡车运输、物流解决方案、货运代理以及快递、电商和贸易等环节。截至 2022 年三季度末，东航物流拥有 13 架全货机（11 架波音 777、2 架波音 747）以及坐落于上海、西安、昆明、南京、武汉等地 17 个面积合计 150 万平方米的全国枢纽机场的地面货站，同时运营了中国东方航空股份有限公司（简称"东航股份"）700 余架客机腹舱的货运业务，是国内领先的综合性航空物流企业，也是世界上唯一一家既被航空公司拥有（实际控制人为中国东航），又拥有航空公司（中货航）的物流公司。

一、民航物流企业以转换经营机制为目标的混合所有制改革背景

（一）混合所有制改革试点承担了国企改革的重大使命。《国务院关于国有企业发展混合所有制经济的意见》指出，深化国有企业改革，就是要通过发展混合所有制经济，通过不同所有制资本的混合，结合不同资本的运营优势和兼顾不同资本的利益诉求，真正发挥不同利益主体协调运转、有效制衡的作用，促进企业运营体制机制的转变。而通过分层分类方式的混合所有制改革的方式，以引资本促进体制机制改革为路径，引导试点企业探索在完善公司治理、深化三项制度改革、强化正向激励等国企改革重难点问题上取得实质性突破，是新时期深化国企改革的必由之路。随着 2016 年中央经济工作会议的召开，在民航、军工等七大领域开展首批混合所有制改革试点的方针得以确立，中国东航随后在 2016 年 9 月 28 日国家发展改革委国企混改试点专题会上入选首批试点，并适时提出了以东航物流作为试点企业，探索体制机制改革，形成有别于国有独资公司的治理机制和监管模式的改革设想。在万众瞩目之下，肩负着民航领域改革先遣队历史使命的东航物流正式成为首批混改试点企业。

（二）在国有资产保值增值的前提下探索转换国有企业经营机制。"推进国有企业改革，要有利于国有资本保值增值，有利于提高国有经济竞争力，有利于放大国有资本功能。"习近平总书记在吉林调研时针对国企改革提出的"三个有利于"重要论断，首次为国企改革确立了价值判断标准和标尺。以混合所有制改革为重要抓手的转换国有企业经营机制的探索必须以促进国有资产保值增值、提高国有经济竞争力和放大国有资本功能这三项标准为出发点和大前提，而国有企业经营机制的转换探索则需要以股权多元化为纽带产生实质性混合，借此打造多种所有制经济的共同发展、各类资本寻求优势互补的企业发展新格局，形成富有活力和效率的新型资本组织形式。在这一过程中，需要试点企业积极探索以"混"促"改"，做强做优做大国有资本和国有企业，探索建设具有全球竞争力的世界一流企业的新路子。

（三）企业自身亟待以混改促进体制机制转变。受国内同业竞争加剧、外航市场准入限制

放宽及可替代运输方式快速崛起等不利因素影响，国内航空物流企业的整体经营情况持续恶化，长期陷入"十年九亏"的困境。东航物流的前身中货航虽然拥有全国规模最大的全货机机队，但受机型老旧繁杂、油价高企、维护成本居高不下、主要市场经济衰退等不利因素影响，2005 年之后处于持续亏损的状态。长期以来公司的产品服务结构和业务链条单一，整个"十一五"至"十三五"期间运输货物品类中普货占比为 95%，运输类型中机场站到站方式的运输形式占比为 75%，在产业价值链条上处于微笑曲线的低点；企业的产品和客户结构也较为单一，同时，业务的周期性特征显著，极易受到宏观经济环境、地缘政治风险、大宗商品价格波动、汇率波动等因素影响，在盈利能力、客户资源掌控、资产运用效率等方面落后于市场化企业，亟须通过混合所有制改革转换体制机制，形成企业转型发展的正向循环。

二、民航物流企业以转换经营机制为目标的混合所有制改革的主要做法

（一）顶层设计，明确混合所有制改革目标和总体思路。中国东航在东航物流混合所有制改革开始阶段就确立了"三个有利于"混改指导原则，即：有利于进一步激发各类生产要素的活力，实现国有资本的保值增值；有利于推进航空领域的供给侧结构性改革，打造世界一流的航空物流国家队；有利于建立市场化体制机制，推进企业治理体系和治理能力的现代化。基于上述基本原则和改革目标，中国东航将"混"与"改"紧密结合，在东航物流混合所有制改革总体方案中融入试点企业改制上市、员工持股试点、三项制度改革、治理机制探索等重大改革任务，制定了包含股权转让、增资扩股和改制上市的"三步走"混改总体方案，在报国家发展改革委批准后付诸实施。

（二）均衡股权，合理配置国有股东股权比例。在"宜独则独、宜控则控、宜参则参"的"三宜"原则指导下，中国东航为了实现股权结构的实质性调整，有效解决东航物流原有股权结构中国有股东"一股独大"的问题，引入非国有投资者，合计持有东航物流 45% 股权比例，管理层和核心业务骨干持股 10%，中国东航所代表的国有资本持有 45% 股权比例，实现了股权结构的显著优化，为今后东航物流在公司治理中实现制衡、充分发挥非国有股东的作用夯实了基础。

（三）引进战投，严格遴选具有显著协同效应的非国有战略投资者。东航物流从混改"十六字"方针和企业自身"一个平台，两个服务提供商"战略出发，提出了引战阶段的战略诉求：一是具有带动业务增长预期，未来构成增量业务收入贡献；二是长期能在航空物流生态布局上实现深度协同，形成联动和互补；三是能与东航物流实现长久的品牌、企业文化的契合，对东航物流形成管理经验、人才战略和品牌价值的输出。基于上述考虑，东航物流先后与电商平台、快递企业、零担快运企业、物流地产服务商、合同物流/供应链管理企业、私募股权/政府引导基金等产业资本进行了多轮交流、对接和洽谈。在谈判过程中，东航物流始终以"自我发展为主"为出发点，以企业文化的相互理解、经营管理团队的相互认同、对混改后的东航物流的业务管理留有空间为谈判基础遴选投资者，最终于 2017 年中明确了增资扩股阶段引入的股东方，并在股东协议中对非国有投资者设置了锁定期和转让限制。

（四）规范决策，聘请专业机构设计混改程序和价格。一是严格按照程序履行决策和股权转让。东航物流混合所有制改革方案和核心员工持股方案严格按照《国务院关于国有企业发展混合所有制经济的意见》《关于国有控股混合所有制企业开展员工持股试点的意见》的政策要求，按照自上而下的程序依法决策，并通过职代会审议和征求意见，涉及员工切身利益的员工安置等事项也是按照自下而上的方式进行了依法决策。从上市公司剥离和交易阶段的议案过会、交易信息披露到引入非国有投资者和核心员工持股阶段的增资扩股相关流程，东航物流均遵循国务院国资委、国家发展改革委、联合产权交易所等方面的规定和要求。二是依法依规确定交易价格，坚持国有资产保值增值的底线。根据《企业国有资产交易监督管理办法》、中信证券出具的估值备忘录及与非国有投资方的谈判结构，在经中国东航评估备案价格基础上实行溢价，在完成增资扩股后企业投后估值达到了 41 亿元，引入了非国有资本 22.5 亿元，有力实现了国有资产保值增值的目标。三是聘请专业机构提供专业保障。聘请多家业内资深的专业中介机构，在混改顶层方案设计、改革路径论证、税务筹划、专项审计、资产评估、法律意见咨询等方面提供建议并出具具有法律效力的鉴证报告。

（五）依法合规，公开透明开展员工持股试点工作。根据国家发展改革委《关于东方航空物流有限公司混合所有制改革试点总体方案的复函》、国资委《关于国有控股混合所有制企业开展员工持股试点的意见》和中国东航《关于同意〈东方航空物流有限公司开展国家民航领域混合所有制改革试点的实施方案〉和〈东方航空物流有限公司核心员工持股实施方案〉的批复》的政策要求和相关内容，东航物流积极有序地设计并推进以中高级管理人员和核心业务骨干为主的员工持股方案。入股价格根据非国有股东同股同价的原则确定，决策和公示流程按照依法合规、公开透明的操作要求实施，员工持股方案等相关文件向国家发展改革委、国资委进行备案。由此，东航物流持股员工和企业进行了长期深度绑定，形成了员工与企业利益共享、风险共担的激励约束机制，同时引入的退出和流转等动态调整机制又确保了对持股员工长效的监督和约束。

（六）协调规范，建立和完善现代公司治理体系。一是建设规范和有效运行的董事会，充分发挥各方股东共同参与治理的优势与合力。东航物流在混改过程中按照现代企业制度，建立了股东会、董事会、监事会议事规则和总经理工作制度，对于各个层级的权利边界与议事方式进行明确界定。通过合理设置一票否决权、引入独立董事制度、成立由董事组成的各董事会专门委员会、建立董事调研工作制度、完善议案管理、强化决议执行等措施确保了公司治理的有效制衡，发挥了非国有公司的积极作用，也确保了董事会依法履职，有效运行。二是厘清治理主体权责关系，构建全新决策授权体系。根据中共中央、国务院提出的完善"以管资本为主"的国有资产管理体制改革方向，东航物流在国有资产监督管理部门和中国东航的指导下，充分发挥公司章程在企业治理中的基础作用，通过规范各类治理主体的权责，坚持权利、义务、责任相统一，初步形成了各治理主体之间"各司其职、各负其责、运转协调、有效制衡"的良好局面。通过系统梳理党委、董事会、经理层在决策、执行、监督等环节的权责关系，制定《东航物流公司决策权限管理手册》，在此基础上修改制定党委会议事规则、董事会议事规则和总经理办公会议事规则，形成"1（章程）+3（党委会、董事会、总办会议事规则）+N（公司其他规章制度）"的决策和运营体系。通过厘清各治理主体的职权边界，实现了党的领导与公司治理的有机统一，构建全新决策授权体系。三是依托中国东航在重大合同管理、对外投资等方面的合理专项授权，实现授权经营体制改革。

（七）坚持党的领导，积极探索党建改革路线图。在企业混改过程中，东航物流清晰地认识到：企业的股权结构是多元的，但"爱党护党为党"的政治方向是唯一的；企业实现商业价值的路径是多元的，但贯彻落实党中央决策部署是唯一的；企业员工的个人诉求是多元的，但追求国家富强、人民幸福的信念是唯一的。围绕上述原则，东航物流将坚持党的领导、加强党的建设作为推进混改的必要前提，以改革创新精神积极探索混合所有制企业党建工作模式。一是将党建工作基本要求写入公司章程，明确和落实党组织在公司法人治理结构中的法定地位，坚持和完善"双向进入、交叉任职"等体制机制；二是贯彻落实"三重一大"决策制度，将党委会议事内容分为党委讨论决定和党委讨论提出意见建议两大类，贯彻落实党中央和上级党组织决策部署、从严管党治党等重大事项由党委讨论决定，对于重大经营管理事项，则由党委会研究讨论后向董事会或经理层提出意见建议；三是严格按照"四同步、四对接"要求同步加强党的建设，以"精简高效"为原则配备党务工作者，设置专、兼职党务工作者序列，打造了一批以"飞常行""合同""途志""一站式空服中心党支部"为代表的立得住、叫得响、反响好的基层党建品牌和优质项目；四是坚持把党管干部原则和发挥市场机制作用相结合，既确保党委在确定标准、规范程序、参与考察、推荐人选等方面发挥好把关作用，又落实好经营管理层选人用人权，通过修订管理人员选拔聘用管理规定，按照党委"一级对一级负责"和"管事与管人相结合"的原则，明确上级直接对下级的聘用具有提名权。通过混改后的党建创新探索，东航物流取得了"五坚持五转化"的创新成果，即：坚持党的领导，将红色根基转化为企业治理优势；坚持守正创新，将队伍活力转化为企业人才优势；坚持深度融合，将战斗堡垒转化为企业组织优势；坚持依法依规，将内控合力转化为企业监督优势；坚持思想引领，将价值认同转化为企业文化优势。

三、混合所有制改革主要成效

（一）实现了"能上能下""能增能减""能进能出"经营机制的市场化转变。混改以来，东航物流围绕解决"三能"问题，以"打造市场化、职业化的人力资源管理体系"为目标，以岗位管理为基础，将竞争驱动融入薪酬、考核、聘用等管理手段，不断加大激励约束，激发队伍活力，人力资源的投入产出效率持续提高，人均营业收入及利润逐年增长，人事费用率逐年下降，以"三能"为核心的三项制度改革取得显著成效。"能上能下"方面，通过全员签订市场化劳动合同、绩效合约，以绩效和"契约"定人员上下，严格执行"易岗易薪"；"能增能减"方面，通过推行"一人一薪、易岗易薪"市场化薪酬体系改革、"上不封顶、下不保底"的浮动薪酬考核机制和年度绩效结果强制分布的方式，拉开相同岗位的薪酬标准差异度；"能进能出"方面，取消了不符合市场化原则的人事政策，对管理人员实现薪酬分配权、绩效考核权等方面的授权下放，实现员工的市场化流动。

（二）经营业绩大幅提升，盈利能力持续向好。东航物流实施混改以来，充分调动企业内生活力，优化生产要素配置，提高资源利用效率，与股东方扩大危化品空运、跨境电商物流、跨境生鲜供应链等细分领域市场占有率，扩展新服务、新产品，大幅提升时效品质和中转效率，通过合作开发的模式，布局长三角、珠三角、京津冀、成渝、西北等核心枢纽临空仓储物流园区。混改以来在多重挑战下，东航物流 2016 年至 2021 年间的营业收入和利润总额的复合增长率分别达到 30.66%、63.42%，资产负债率由混改前 2016 年 12 月底的 85.88% 下降到 2022 年 6 月底的 37.62%，切实放大了国有资本的带动力和影响力。

根据东航物流上市后披露的半年报信息，2021 年实现营业收入 222.27 亿元，同比增长 47.09%；实现归属于上市公司股东的净利润 36.27 亿元，同比增长 53.12%。同时新兴业务正在成长为传统主业之外新的增长曲线，综合航空物流能力进一步加强，东航物流以综合物流解决方案业务为代表的新兴业务在混改后持续保持高速增长态势，收入占比由 2016 年的 18.89% 增长至 2021 年的 31.11%，在"十三五"期间年度收入复合增长率超过 50%，企业由偏周期性行业的航空承运人向具备成长性行业特征的航空物流服务提供商转型。

（三）混改经验得到部分推广，取得初步示范效应。东航物流混改推进至今，初步体会到：在以习近平同志为核心的党中央坚强领导下，东航物流先行先试，解决了混改"改不改"的问题；通过制定"三步走"总体方案，在国家各部委的具体指导和支持下，积极探索体制机制创新，解决了混改"能不能"的问题；广大干部职工积极响应号召，投身混改实践，解决了混改"行不行"的问题；在公司战略发展和混改工作推进上，各民营股东方积极参与，协同发力，解决了混改"赢不赢"的问题；中国东航党组和领导班子成员坚定信心，坚韧不拔，把东航物流混改当作重要的政治任务来完成，解决了混改"成不成"的问题。

东航物流的混改案例被央视专题片《将改革进行到底》作为深化国企改革典型案例引用；东航物流推进混合所有制改革取得的重要成果得到了央视新闻联播的专题报道；2020 年东航物流入选国务院国有企业改革领导小组"学先进、抓落实、促改革"专项工作首批五家改革典型企业，并发表题为《东航物流通过混改深度转换经营机制的经验》的专题报告；混改相关事迹在 2021 年被评选为第二十八届全国企业管理现代化创新成果二等奖，并在国务院国企改革领导小组办公室组织的"双百企业"2021 年度专项考核中被评为优秀。

锐意奋进中的东航物流将以党的二十大精神和国企混改要求为指引，坚持和巩固混改成果，继续立足企业"十四五"规划蓝图和"最具创新力的航空物流服务提供商"发展愿景，进一步推动全面深化改革走向深入，为打造世界一流、实现企业高质量发展不懈奋斗。

整体上市深化混合所有制改革　突破发展瓶颈　做强做优军工主业

——内蒙古第一机械集团公司混改案例

中国兵器工业集团有限公司下属二级企业内蒙古第一机械集团公司（简称"一机集团"）是国家重点保军企业，是"一五"时期156个重点建设项目之一，是内蒙古自治区最大的装备制造企业，也是我国履带式装甲车辆及轮式装甲车辆的主要生产基地之一和主战履带式装甲车辆的唯一生产基地。作为一家老牌军工企业，一机集团长期存在人员总量多、管理粗放浪费多，领军人才少、高附加值产品少、支撑发展新经济增长点少的"两多三少"突出问题。为突破发展瓶颈，做强军工主业，一机集团积极争取纳入国家层面第一批混改试点，利用下属上市公司平台吸收集团经营性资产整体上市、一企一策深化下属子公司混合所有制改革等方式，成为继中国重工、中航飞机后我国第三家全产业链整体上市的军工企业，资产证券化率由18%增长到74%，净资产由改革前的32.87亿元跃升至改革后的74.13亿元，在军工领域的竞争力、影响力显著增强。

一、推进集团公司层面整体上市

按照国家发展改革委批复的混改试点方案，经过充分论证，一机集团最终确定利用其控股的上市公司"北方创业"为资本运作平台开展重大资产重组，并配套募集资金用于壮大军工主业。2016年5月，国务院国资委批复原则同意上市公司"北方创业"资产重组及配套融资总体方案。8月，上市公司"北方创业"发行股份及支付现金购买资产并募集配套资金暨关联交易事项经中国证监会并购重组委工作会议审核通过。12月，上市公司"北方创业"与一机集团等签署《资产交割协议》，确认以2016年12月12日作为资产交割日。"北方创业"以9.71元/股的价格向一机集团发行675532214股份，购买其持有的评估值为655941.78万元的主要经营性资产及负债，向关联方北方机械控股发行43767822股份及支付现金7499.75万元，购买其持有的评估值为49998.30万元的山西北方机械有限责任公司100%股权。同时，上市公司以13.22元/股的价格向8名机构投资者发行股份147503782股，募集资金额19.5亿元。本次募集的配套资金将用于标的资产相关军民融合产业化项目投资、支付交易对价和补充上市公司及标的资产流动资金等。

2017年2月，"北方创业"更名为"一机股份"，新增股份完成登记手续，一机集团实现了所有的军品科研、工艺、检验测试、核心零部件制造、总装总调等全产业链资产整体上市。国有控股股东的持股比例由改革前的23.36%增至改革后的51.68%，确保绝对控股，注入的32.87亿元军工资产实现倍增，其中，土地使用权增值10.98亿元，知识产权增值23.13亿元，切实实现国有资本功能放大和国有资产保值增值。

二、开展子公司混合所有制改革

集团层面以整体上市完成混改试点主体任务后，一机集团趁热打铁，自我加压，运用多种方式推动下属适宜混合所有制改革的子企业实施改革。

一是选择以军民品零部件业务为主的 3 家主辅分离改制子企业宏远电器、路通弹簧、林峰铸造，通过引入社会资本、实施骨干员工持股等方式开展混合所有制改革，其中，宏远电器已于 2015 年 7 月在新三板上市。二是选择主业处于充分竞争领域、亏损严重的专用汽车公司，通过产权交易市场公开遴选战略投资者，以非公有资本控股的方式实施混合所有制改革，同时按照市场化方式选聘职业经理人，利用灵活机制激发企业活力，经营局面逐步好转。三是选择信息网络公司引入非公有资本参股，同步探索骨干员工持股，采取项目负责制划小经营单元、人员重新组合自主招聘等方式，激发企业发展动能，取得良好效果。

三、一机集团混改的主要特点

一是深挖混改政策红利。一机集团把统一思想、凝聚共识作为推进混改试点的首要工作，致力于依托混合所有制改革做强主业、打造具有核心竞争力的一流军工企业。在推进改革过程中，一机集团反复研究改革政策文件，深度挖掘各项政策红利，不仅顺利完成了军工各项资质资格的承继，保证军品生产任务承接，还利用国有企业兼并重组的相关税费支持政策减免了企业所得税、增值税、印花税、土地增值税等共计 8.6 亿元，有效降低了改革成本。同时，一机集团利用混合所有制改革契机，推动解决了很多长期遗留下来的土地、房产、知识产权权属变更及下属子企业历史遗留债务等难点问题，为传统军工国企运用改革思路实现高质量发展蹚出了路子、提供了参照。

二是强化改革风险防控。一机集团开展混合所有制改革始终围绕解决企业发展遇到的突出问题，一企一策，不搞"一刀切"，不做复制粘贴，在改革思路、引入资本、操作路径、组织方式上都做到了提前谋划、周密推进。为确保改革依法合规，一机集团全面强化风险管控，建立由专门法律部门负责的全面风险管理体系和与其相适应的内部控制机制，做到事前预防、事中控制、事后补救三环节闭环管理。健全法律风险防控标准化体系建设，改革事项坚持总法律顾问审核制度，加强对战略投资者和合资合作方实施资信审核、诚信调查和背景法律审查，确保引入资本真实可靠。在向集团董事会上报具体混改方案前，都提前做好职工安置、稳定风险评估、法律意见书、职工代表大会决议、安全生产评价、保密等 6 项前置工作，确保组织到位、严控风险。

三是集中精力做强核心主业。一机集团利用军工整体资产上市募集的社会资本，集中优化军品布局和产业结构，加大对传操基地、军民结合精铸生产线、军贸产品生产线等军民融合产业化项目投入，持续提升轮履装备及关键技术能力，全面开展研发中心、工艺研究中心等"两个中心"，特种钢专业化铸造基地、特种钢专业化锻造基地、结构件制造基地、中重型传操及行动制造基地、自动装填系统及动辅系统基地、总装总调及在线检测基地、交装培训基地等

"七个基地"，中口径轮式自行火炮生产制造平台即"一个平台"的体系能力建设，核心军品连续四年保持高速增长。同时，利用各项中长期激励措施，激发军工技术人才潜能，创新开发出大功率 AT 变速箱、稀土永磁高效节能电机、反恐防暴轻型突击车、特种履带消防坦克、高铁扭杆等高技术产品，着力培育新的增长点，不断优化产业链结构。

四是持续深入市场化机制改革。完成军工资产整体上市的一机集团，深入研究未纳入上市公司的集团其他资产管理问题，以优化母子公司治理管控架构，理顺集团、上市公司、其他子公司关系为目标，探索出上市公司托管集团公司的新型管理模式。按照"两个班子、一套人马、主体整合、合理分工"的原则，原一机集团班子领导全部进入上市公司，不设经营层，由上市公司"一机股份"管理一机集团全部资产。精简党政职能，优化班子结构，对有关党建组织、激励机制、薪酬考核、财务预算、风险防控等 300 余项规章制度进行全面梳理实施废改立，建立起适应混合所有制改革后覆盖全集团体系化制度 120 余项。立足集团人员实际，分类搭建"科技、管理、营销、技能"4 支人才队伍发展通道，建立科技系统和技能队伍的职级薪酬制度，制定《深化科技创新实施意见》，围绕科技项目"拿回来、干出来、提上来、有未来"的发展要求，建立起有效的员工持股、股权激励、分红激励等 18 种中长期激励机制，并总结经验在上市公司推行核心骨干股权激励计划，全面激发人力资本潜能。

聚焦主业持续深化混合所有制改革
长远锂科走出专业化国企混改"加速度"
——湖南长远锂科股份有限公司混改案例

中国五矿集团湖南长远锂科股份有限公司（简称"长远锂科"）成立于 2002 年，主要从事高效电池材料的研究与生产，拥有动力锂电池正极材料和锂电正极前驱体的完整产品体系，是五矿集团旗下新能源产业板块的骨干企业。由于高效电池材料市场规模较小，加之内部机制活力不足，成立以来，长远锂科的经营利润一直处在亏损边缘。为扭转颓势，长远锂科积极谋划混合所有制改革，申请纳入国家层面第四批混改试点，分步骤完成了资产重组、引入战略投资者、骨干员工持股、科创板首发上市。2016—2021 年，长远锂科营业收入从 9 亿元增长至68.4 亿元，利润总额从 1 亿元增加至 7.8 亿元，成功实现跨越式发展。这样一家选准了"赛道"、用对了方法的混合所有制改革试点企业，对其他谋求高质量发展的专业化国有企业而言，具有较为典型的参考意义。

一、第一步：通过专业化整合实现一体化运营

为优化资源配置、推动产业集中专业化运作，快速跟进新能源市场，五矿集团对旗下锂电池材料资产作了梳理，将长远锂科从五矿资本置出，与年产正极材料前驱体 1 万吨的金驰能源、长沙矿冶研究院旗下 7000 吨正极材料生产线等相关业务、资产进行专业化整合，组建形

成新的长远锂科。完成整合后，长远锂科的核心主业进一步聚焦，在原料产能、工艺技术方面取得突飞猛进的发展，2017 年当年即实现三元材料市场占有率国内第二，营业收入和利润同比分别实现翻番。

完成资产整合的长远锂科，将原长远锂科管理层和金驰能源管理层融合，共同组成新长远锂科的管理层。全面融合各个职能部门、业务单元，对本部及子公司均实行一套班子、一套机构、一套人马管理，理顺管理条线的长远锂科高级管理人员和职能部门员工总人数不到 60 人，形成一支组织精简、管理高效的运营团队，实现扁平化管理，真正将专业化整合的优势转变为一体化运营的产业链优势。

二、第二步：引入优质战略投资者建立产业联盟

鉴于新能源电池材料产业的客户黏性高，下游电池生产商确定上游电池材料供应商后一般不轻易更换，上下游易形成稳定的战略联盟，为做强新能源电池材料主业，完成资产整合的长远锂科明确优先遴选在技术、资源和管理上能形成互补、协同和放大效应的新能源电池产业上下游领先企业作为战略投资者。遵循行业发展领先、企业价值观契合、可发挥协同价值、实力强、信誉好等标准，长远锂科积极对外部投资者进行考察遴选，于 2018 年 10 月与上汽投资（领投方）、北汽产投、国风投、华能资本 4 家产业投资者，及国调基金、建信信托、信达汉石、中启资本、伊敦基金、中信证券投资、三峡金石基金 7 家财务投资者签订增资协议，引入 17 亿元权益资金，保障长远锂科 2 万吨三元材料和 1 万吨前驱体产线顺利投产，有力支撑了产能扩张和三元材料出货量。

2019 年 4 月，长远锂科完成股份制改造，7 名董事会成员中，包括非公有资本董事 1 名、国有基金投资者董事 1 名和职工董事 1 名；5 名监事会成员中，包括外部监事 1 名，职工监事 2 名。2020 年 3 月，长远锂科根据上市公司治理要求进一步优化董事会构成，增加了 2 名独立董事，董事会成员相应调整为 9 名。

三、第三步：构建中长期激励机制和市场化薪酬分配制度

锂电池正极材料行业发展飞速，优秀人才稀缺，为遏制人才流失风险，回应战略投资者的强烈诉求，长远锂科在引战时同步开展了核心骨干员工持股，选择对公司整体业绩和中长期发展具有关键作用的经营管理层、中层管理者、关键技术和业务人员等骨干员工作为持股对象，最终确定了 126 名持股员工，约占员工总数的 13%，合计持有公司股份 4.07%，并预留了 1.93% 股份用于未来员工激励约束。

秉持"让想干事的有机会，让能干事的有平台，让干成事的有激励"的人才发展理念，长远锂科大刀阔斧开展薪酬人事制度改革。一是制定职位管理体系，理顺职业发展通道，并引导员工对标岗位任职资格要求，锚定职业方向。二是加大对行业内优秀人才引进，补齐人才队伍专业结构缺失、储备不足的短板。三是对标行业先进单位构建一套行之有效的绩效考核方式，以"业绩"和"能力"开展双维度考评，确保干部职工围绕企业中心大局开展工作。四是通过竞岗、市场化选聘等方式，大胆选拔年轻干部。目前，公司党委管理的关键岗位干部共 60 人，

平均年龄 37 岁，其中 45 岁以下关键岗位有 55 人。五是坚持市场导向，持续优化薪酬分配体系和分配机制，重点向科研技术、市场营销进行倾斜，在控制员工队伍总量和质量的基础上，着力提升员工收入水平。

四、第四步：推进科创板首发上市

为深化混合所有制改革，围绕 4 万吨扩产项目落地的目标，长远锂科着手推进科创板首发上市工作。2020 年 9 月，长远锂科的上市申请经上海证券交易所科创板股票上市委员会审核同意。2021 年 6 月，长远锂科 IPO 注册获证监会同意。同年 8 月，长远锂科正式登陆上交所科创板，首日开盘即受资金追捧，收盘报价较发行价上涨 310%，总市值达到 446 亿元，大幅度实现了国有资产保值增值和国有资本功能放大。

长远锂科混合所有制改革的成功，带给我们三点启示。第一，国有企业集团内部要聚集优势资源、坚定做强做优主责主业。长远锂科的成功，一定意义上缘起于五矿集团 2017 年果断推动的内部 3 家企业专业化整合，新组建的长远锂科由此获得了金驰能源的正极材料产能、长沙矿冶研究院的正极材料生产线，产能和技术得以迅速扩大，同时，长远锂科也站到了五矿集团新能源产业板块的第一梯队，为后续的混合所有制改革奠定了坚实基础。第二，专业化国有企业要优先引入高质量的产业投资者。引入产业投资者不光是"引资"，更是"引治＋引制"。长远锂科引入的 4 家产业投资者中，上汽、北汽都是业内领军企业，给公司带来了广泛的战略合作机会和业务协同资源，国风投的控股企业孚能科技，正是长远锂科重点开拓的战略客户。这些产业投资者的加盟，为长远锂科在新能源电池赛道深耕发展提供了雄厚的支持。第三，构建企业和核心员工利益共同体有利于保持核心竞争力。新能源领域竞争异常激烈，优秀人才可遇不可求，长远锂科结合企业实际开展骨干员工持股，并将薪酬、晋升等与员工切身利益相关的内容制度化、标准化，树立强激励、硬约束的激励约束长效机制，不仅保持了核心团队的稳固，加强对中高端人才的吸引力，也增强了全体员工对公司持续健康发展的信心，切实提升了公司的核心竞争力。

深挖战投红利　狠抓管理效能　湖南院依托混合所有制改革实现跨越式发展
——湖南省电力设计院有限公司混改案例

湖南省电力设计院有限公司（简称"湖南院"）是中国能源建设集团有限公司（简称"中国能建"）下属三级企业，创建于 1958 年，是一家具有"八甲"资质[①]的国家高新技术企业，

---

① 电力行业设计甲级、化工石化医药全行业甲级、建筑工程甲级、工程勘察综合甲级、工程咨询甲级、工程造价咨询甲级、工程监理甲级、市政行业（给水工程、排水工程、城镇燃气工程）专业甲级。

也是国家层面第三批混改试点。开展混合所有制改革后，湖南院员工干事创业热情得到空前激发，经营业绩实现跨越式增长。2021 年，湖南院实现全年合同签约 144.27 亿元，较改革前提升 153%；营业收入、利润总额分别达到 39.48 亿元、2.54 亿元，较改革前提升 144% 和 167%，开创了经营规模"历史之最"、经营质效"历史最好"。

一、湖南院推进混合所有制改革的做法

自 2017 年 11 月入选第三批混改试点以来，湖南院围绕"完善治理、强化激励、突出主业、提高效率"的要求，主要开展了以下工作。

（一）科学设计股权结构，引入高质量战投。为体现改革决心，在中国能建集团支持下，湖南院给予外部投资者 40% 股权，让其在公司治理中"说得上话"；同步开展核心骨干员工持股，释放 26% 股权，让其在公司发展上"放得下心"。2020 年 6 月，通过引入 4 家战略投资者并同步开展员工持股，湖南院共引入约 8 亿元货币资金并实现对湖南化工设计院有限公司（简称"化工院"）100% 股权收购。引资后，湖南院的股权结构调整为：中国能建规划设计集团持股 34%，湘投控股持股 15%，三峡资本持股 10%，中天科技持股 10%，华汇集团持股 5%，员工持股平台持股 26%。四家外部股东集合地方国企、央企、上市民营公司、民营化工程公司，各具特色、各方协同。其中，湘投控股作为湖南省龙头国企，以旗下化工院"股权作价出资＋现金"方式入股，为湖南院带来渴求已久的多项甲级设计资质，开启了股权互融、产业互融的央地互融新模式。

（二）建立多元制衡的法人治理结构，落实董事会职权。引资后，湖南院全面组建以党委会、股东会、董事会、监事会、董事长联席会、经理层等"五会一层"为主体的治理结构。董事会共 7 席，原国资股东占 3 席，湘投控股、三峡资本、中天科技、员工持股平台各占 1 席；实行一人一票制，累计票数超过 1/2 可行使否决权。赋予董事会主业投资、机构管理、关联交易、资产处置、薪酬分配等事项决策权，有效做实董事会职权。在推动上级授权放权的同时加快企业行权能力建设，学习各股东资本运作经验，制定投资管理体系规章制度，成立投资管理委员会，全力打造投融资核心竞争力。

（三）深度转换市场化经营机制，强化激励约束。一是推行经理层风险抵押金制度。强化经理层任期制契约化管理，全体中层干部集体解聘，双向选择，重新上岗，并实行风险抵押金制度，年初签署生产经营责任状并缴付风险抵押金，年末根据考核结果执行抵押金扣押、返还、"返还＋奖励"措施，提升经理层的风险系数和激励力度。二是实施市场化选人用人机制。重塑员工职业发展体系，横向构建企业管理、工程技术、项目管理、商务等 4 个职业发展通道，每年定时根据业绩考核情况进行职级动态调整。对劳务派遣员工实行"积分制"转正，实现"不看身份、不看级别，只看岗位、只看贡献"。近三年共考核试用期、合同到期员工 507 人，市场化退出 177 人，93 人通过内退等方式退出工作岗位。三是完善市场化薪酬分配。子公司聚焦"收费—成本"进行现金利润考核，超额利润提奖分成。经营部门围绕合同签约与合同质量实行市场对标，根据发展情况可转为销售公司。职能管理部门以服务生产经营效能为目标，实行"计件薪酬"考核分配。个人收入与业绩贡献挂钩，同岗级员工收入差距最大可达 3 倍以上。四是规范实施核心骨干持股计划。研究确定 369 名核心员工（约占职工总人数 30%）参与员工持股计划，做到核心管理岗位和骨干员工全覆盖。2021 年完成员工持股第一次动态调整，新增 115 名持股员工（含化工院 70 人），退出 3 人，新增实缴资金 9987.52 万元。

（四）妥善解决历史遗留问题，助力企业轻装上阵。下决心啃下"处僵治困"的硬骨头，真刀真枪解决历史遗留问题。更换"僵尸企业"的"一把手"，革除"等、靠、要"观念；制定三年行动计划，压实主体责任；分步骤开展土地收储、厂房出租等增收工作，综合运用员工分流、内退、转岗培训等手段减支降负。经过三年艰苦不懈的努力，湖南院在土地收储方面与当地政府达成了多项共识，下属株洲电力设备厂厂房租金提升至 1000 万元，员工内退 70 余人、分流 31 人、转岗培训 40 余人，年亏损额由起初的 1965 万元大幅下降至 2021 年的 290 万元，切实减轻了企业负担，实现了轻装上阵推改革。

（五）坚持把党建建在行动上，自觉融入生产经营。组建由党委班子成员牵头的改革领导小组，对改革涉及的"三重一大"事项严格执行党组织民主决策。主动与中天科技、华汇集团等民营战略投资者加强党建联络、制度分享、文化融合，增强各方对湖南院的文化认同。依托在建项目设立 4 个联合党支部，深入创先争优，邀请地方政府、合作民企积极参与，以多元主体促进项目建设形成合力。深化创新创效，连续三年举办创新创效大赛，以"混改"赋能为题，举办首届创新"点子"大赛，推动混合所有制改革持续深化。开展"百名委员创示范、千名党员争先锋"党员先锋工程活动，围绕"市场开拓""项目管理""提质增效""降本增利""科技创新""安全生产""管理服务""关心关爱"等主题开展 100 个党员示范项目创建活动，促进党建和生产深度融合。

二、湖南院推进混合所有制改革的亮点

（一）精心设计股权结构。作为处于充分竞争领域的企业，湖南院在股权结构设计上作了精心谋划，确立了"三力"原则，即释放的股权既要保持母公司的控制力，又能激发核心骨干员工的向心力，还可增强对高质量战略投资者的吸引力。央企、地方国企、民企、员工持股平台相互制衡的股权结构，为后续湖南院深化治理体制、经营机制及激励制度改革，奠定了坚实的基础。

（二）充分挖掘战略投资者红利。湖南院不仅通过制衡的股权设计给战略投资者吃了"定心丸"，在公司治理、业务合作、资源整合等方面，也将战略投资者的优势和作用发挥到极致。湖南院创造性地成立了股东协同发展战略联盟，发布战略联盟合作开发激励系列文件，加速产业合作项目落地。搭建股东协同发展战略联盟网站，推进各方人才、技术、信息、资本、项目、渠道的资源共享，形成"一把手"引领、协同团队深度对接、多领域渠道资源共享和"EPC+"、"投资 +"项目多点开花的有机合作整体。目前，湖南院和各股东方的合作落地项目数量超过 20 个，合同金额超过 17 亿元，真正做到了优势互补、共同发展。

（三）多措并举全面提升管理效能。利用混合所有制改革契机，湖南院制定实施了包括战

略管理、人力资源管理、财务管控、创新提升、强激励硬约束、国际开发体系、生产流程再造、新业态市场开发、党建生产融合发展等十大类五十四小项创新管理重点任务，逐项明确责任主体，与绩效考核强力挂钩，显著提升了公司内部管理效能，有力支撑了湖南院经营业绩的大踏步发展。

（四）闭环管理防范国有资产流失。湖南院在推进混合所有制改革过程中，始终紧绷防止国有资产流失这根弦，形成了一系列的闭环管理举措。坚持法务先行，内部成立由法律部牵头的混改法律工作组，外部聘请专业法律咨询机构提供支撑，为改革工作提供全过程咨询服务。坚持进场交易，在北京产权交易所公开挂牌征集意向投资方，发挥市场机制的价值发现作用，择优选择战略投资者。坚持民主决策，对整体改革方案、核心员工持股方案、历史遗留问题解决方案等重大改革事项，严格按照公司党组织、职工代表大会既定程序研究决策。坚持流程可溯，对涉混合所有制改革事项逐一记录、逐项归档，确保有据可查、全程留痕。

江旅集团持续深化混合所有制改革　勇破经营发展五大难题

——江西省旅游集团股份有限公司混改案例

江西省旅游集团股份有限公司（简称"江旅集团"）于2014年11月经中共江西省委、省政府批准组建，承担"旅游强省"战略使命。成立之初，江旅集团就面临发展资金难以筹措、核心主业盈利能力不强、大量划拨的宾馆酒店有待"事改企"、专业化人才团队紧缺等现实困难。按照江西省委、省政府明确的引入社会资本、以市场化方式整合全省旅游资源、利用资本市场做强做优要求，积极争取入围国家层面第三批混改试点的江旅集团于2017年引入阳光保险等战略投资者，同步实施核心骨干员工持股，形成国资、民企、员工持股平台"三足鼎立"的混合所有制架构。2020年完成第二轮融资，引入民营企业正邦集团持股16.12%，同步开展第二轮核心骨干员工持股，朝着首发上市的目标稳步推进。在持续深化混合所有制改革过程中，江旅集团大胆创新，探索形成了一系列管用的制度、有效的模式及经营策略。江旅集团推进混合所有制改革的做法，对底子薄、轻资产的国有企业，尤其是近年来地方组建的专业化国有企业集团，具有现实参考价值。

一、以"四认同""四优化"破解资金筹措难题

自成立伊始，江旅集团就明确了"高度看好和深刻理解旅游产业、高度认可江西旅游资源和市场、高度相信江西省委省政府发展旅游产业的决心和魄力、高度信任旅游集团的经营运作能力"的"四认同"标准，通过产权交易市场公开择优遴选战略投资者，立足于优势互补和赋能支撑，先后成功引入阳光保险、正邦集团等民营战略投资者，有效保障了公司经营发展所急需的资金及市场资源。为有序推进首发上市目标，江旅集团进一步明确了"优化股东结构、优

化资产结构、优化运营支撑、优化融资支撑"的"四优化"原则，拟通过股权结构的持续优化，在完善公司治理、强化产业协同上积蓄更多发展动能。

二、以"先改资产后改人"破解"事改企"难题

江旅集团组建之初，江西省政府划转了江西宾馆、江西饭店、赣江宾馆3家政府接待性宾馆作为出资。这3家宾馆均为新中国成立初期设立的事业单位，经营机制不活，设施、人员老化严重，退休干部多，市场竞争力弱。为了做好3家宾馆的转企改制，江旅集团创新采取资产、人员改制"同向不同步，先改资产后改人"的办法。先注资分别成立赣江宾馆有限公司、江西饭店有限公司和江西宾馆有限公司，承接从3家宾馆剥离出来的经营业务及用工，仅保留事业单位的"壳"，人员身份暂时不变、待遇不变、岗位不变，保持一段时间的"双轨"运行。而后，江旅集团利用增资扩股、转让部分股权引入战略投资者的方式，筹集了4亿元转企改制资金，专项用于"事改企"，先后完成3家宾馆1700多名干部职工身份置换工作，妥善处置了大量历史遗留问题，没有将一名员工推向社会，没有发生一起群体性事件，既维护了社会稳定，又减轻了财政负担。完成改制后，江旅集团积极推行三项制度改革，提高员工薪酬待遇，树立多劳多得、绩优多得的市场化导向，有效调动了员工积极性，逐渐扭转了长期经营不善的困境，成功盘活了存量资产。

三、以"新体制+新机制"破解现代化运营难题

江旅集团不仅成功引入资金实力雄厚的战略投资者，还积极借鉴战略投资者的管理经验及机制优势，大刀阔斧改革公司治理体制和经营机制，加快向"管资本"转变。治理主体方面，江旅集团创造性地增加了核心骨干持股合伙人大会作为治理主体，充分发挥这些"利益相关者"和"风险共同体"的能动性和创造力，不断提升公司治理效能。业绩考核方面，江旅集团强化"结果导向"管理，推进绩效考核与岗位职级、薪酬档级、人员进出联动。集团各级经营层，每年都签订责任状，确保目标明确、奖惩明晰。选人用人方面，确立"以贡献论英雄"的选人用人导向，健全"岗位竞聘、双向选择、竞聘上岗、责任考核"的选人用人制度，变"伯乐相马"为"公开赛马"，确保能上能下、能进能出、优胜劣汰。风险内控方面，江旅集团健全决策机制与纪检、监察、监事会、审计、法务"五位一体"相结合的监督运行体系，运用闭环管理模式有效提升风险防控能力。

四、以"带着风险金打工"破解专业化团队稀缺难题

为持续激发人力资本潜能和内生发展动能，江旅集团以优胜劣汰为导向开展中长期激励约束。在提升核心持股人员自我约束力方面，江旅集团提出"带着风险金打工"，明确"岗位持股、岗变股变、绩效考核、人离股转"的操作规程，以合伙人管理办法、《江西省旅游集团核心骨干持股合伙人经营管理谴责追责制度》作为刚性约束，将核心持股团队的行为规范与集团改革发展要求对标。截至目前，核心骨干持股人员共147名，共有10名接受退股处理。在提

高企业管理制度约束力方面，江旅集团先后出台 126 项规章制度，在严格执行纪律、细化执行制度、强化规则契约意识等方面重点下功夫，提高违规违纪人员的风险成本，树立依法合规的鲜明导向。在夯实人才健康成长约束力方面，江旅集团以"党和政府满意、国有出资人满意、战略投资者满意、广大干部职工满意、社会各方满意"的"五个满意"为目标，坚持把员工成长发展纳入集团高质量、跨越式、可持续发展的轨道上来，形成员工健康成长与国有资产保值增值"双结合""双促进"。

五、以"旅游消费生态圈"破解主业盈利难题

传统旅游业竞争强度高，进入门槛低，主业经营盈利难度大。江旅集团充分借鉴国内外头部企业运营模式，立足于打造"旅游消费生态圈"共享平台，以平台思维聚焦"旅游大消费"，以共享理念打造价值生态圈，分别构建盘活资产吸纳资金平台、整合资源兼并重组平台、开发建设拓展新业平台等，结合江西省情，布局形成"研究规划—开发建设—运营管理"产业链、"吃、住、行、游、购、娱、养"消费要素链、产销融一体价值链的"三链融合"发展模式，持续挖掘新的盈利增长点与业务增长极，有效提升集团吸纳多元社会资本、培育旅游投资主体、整合旅游产业要素、支撑旅游产业发展的功能。通过创新主业布局和商业模式，江旅集团经受住了新冠肺炎疫情的严峻考验，展示出强有力的竞争力与抗风险能力。2021 年底，江旅集团资产总额 379 亿元，净资产 61 亿元，全年实现营业收入 90.9 亿元，利润总额 4 亿元，2020 年、2021 年连续两年荣获中国旅游集团 20 强称号。

以"混资本"全面推进市场化改革

——河南资产管理公司混改案例

河南资产管理有限公司（简称"河南资产"）成立于 2017 年 8 月，是经银保监会及河南省政府批准，受河南省金融监管局监管的地方资产管理公司，是一家国有控股的混合所有制企业。河南资产按照"股权多元化、机制市场化""不设置行政级别、采用市场化方式独立运作"等原则组建，持续推进市场化改革，实现了真正市场化运营，企业活力、效益和竞争力都明显强于一般国有企业。截至 2021 年，公司总资产 274 亿元，管理资产 488 亿元，累计实现利税 27 亿元，拨备覆盖率 123%，资产质量、盈利能力等位于行业第一梯队。

一、股权结构混合多元，法人治理规范制衡

河南资产以股权多元化为基础，在国资大股东河南投资集团（简称"河南投资"）的支持下，推动公司治理规范运作、有效制衡，夯实市场化改革的基础。一是股权结构多元化。河南资产由 8 家股东共同出资设立，其中，河南投资持股 40%，国投资产、大河传媒、中州蓝海、

中原信托、中原高速等 5 家各持股 10%，颐城控股、建业集团（民资股东）等 2 家各持股 5%，国资股东持股超过 90%，形成"央企 + 地方国企 + 民企"的股权结构。二是治理结构有效制衡。河南投资持有河南资产 40% 的股权，按照股权比例委派董事，法人治理结构难以实现有效制衡。为此，河南资产董事会构成向小股东倾斜，9 名公司董事中，河南投资选派 3 人、提名董事长人选，其他小股东选派 5 人，内部职工董事 1 人。三是治理主体权责明晰。制订了股东会、董事会、监事会和经营管理层议事规则，各股东通过委派董事行使权利，不参与公司日常经营，不实行上下级行政审批和管控，落实董事会职权。董事会拥有高管聘任、工资总额、薪酬分配、业务投资、重大资产处置、分公司及子公司设立等重要事项决策权。经理层负责内部管理、投资决策、选人用人、员工薪酬分配等具体经营。

二、国资股东坚持管资本，充分授权放权

河南投资作为河南资产的大股东，坚持管资本，以出资额为限、以股权为纽带，对河南资产充分授权放权，履行积极股东职责到位而不越位。一是制定权责清晰的管理要素清单。制定公司发展战略、计划预算、公司治理等 11 个方面 42 项具体事项的股权管理清单，通过董事会履行股东职责，不搞上下级行政审批和管控行为。二是科学合理进行投资决策授权。授权河南资产投委会决策公司注册资本 20% 以下（含）的债权类投资事项以及公司注册资本 10% 以下（含）的股权类投资事项，切实提高河南资产投资决策的效率和质量。三是建立重大事项事前沟通对接机制。有效的工作推进机制是推动国资股东管资本真正落地的重要举措。河南资产重大事项董事会审议前，与河南投资进行充分对接沟通，听取其意见建议，确保相关审议事项顺利推进。

三、取消行政级别，选人用人高度市场化

河南资产坚守"股东方不派人、市场化选聘、人情关系不能进"的原则，选聘了一批价值观认同、专业能力突出的人才，为公司健康发展打下坚实基础。一是开展全员市场化选聘。河南资产在组建时即打破惯例，明确公司不设行政级别。这是河南资产选人用人的总基调。从董事长开始，所有员工都辞去原有身份，进行市场化选聘。其中，董事长辞去副厅级身份，不再享有省管干部相应职级待遇，还有多名处级干部辞去原有级别。二是高标准择优选聘。在全国范围公开选聘企业高管，从入围的 26 人中多轮筛选，最终 3 人进入高管层。采用"猎头推荐 + 背靠背了解 + 多轮面试 + 专家评审"的方式选聘员工，普通员工要求有 6 年以上金融机构一线从业经历。目前，公司硕士及以上学历员工占比 73%，注册会计师、律师等占比 50% 以上。三是构建"业务 + 管理"双序列成长通道。对照国际投行标准，确立与行政管理岗位序列独立并行的 MD 职级体系，职务与职级脱钩管理，职级越高、任务越重。目前，12 个部门负责人中，有 3 人职级与工资低于本部门个别员工。四是人员配置向业务部门倾斜。前台业务部门和中后台职能部门员工比例为 6：4。前台负责业务开拓，"增人增任务"；中后台负责风险管控、财务管理和行政支持，"增人不增薪"。公司日常工作和重点工作通过"固定团队 + 临时组团"

方式推进，员工互为 AB 角，一岗多责、一人多能。公司人均管理资产及创利能力处于行业领先水平。

四、硬化激励约束，充分激发员工积极性

河南资产建立激励约束并重的激励机制，优者进、劣者汰。一是建立与利润挂钩的薪酬总额提取机制。对标行业薪酬管理通行做法，按照"既保持较高人才吸引力，又低于行业平均提取比例"原则，提取公司利润总额的 17.3% 作为薪酬总额。实行 35∶65 "低工资、高绩效"薪酬结构，业绩超额完成有超额浮动薪酬，允许"员工薪酬高过董事长"；业绩完成不好，降职降级降工资。2020 年，员工薪酬最高与最低相差达 13 倍。二是人人头上扛指标。年初董事会向公司下达净资产收益率、净利润等指标任务，公司内部层层分解，任务落到每位员工。年终根据业绩完成情况，进行考核评价，兑现奖惩。强调"将军是拼出来的"，设置的指标具有一定挑战性。三是考核结果执行刚性。制定高管及员工考核和薪酬管理办法、职级管理办法等考核评价体系，依据考核结果调整职级、薪酬和内部机构。3 年来，累计 35 人次升级，25 人次降级，3 个部门总经理因未完成任务被免职，2 个部门因未完成任务被撤并。四是建立风险抵押金管理机制。全员计提浮动薪酬 30%—50% 作为风险抵押金，职级越高，计提比例越大，延期 3 年支付。实施严格出险倒扣，项目出现暂时性风险，全体高管和项目团队按风险敞口金额的 3% 倒扣个人薪酬。其中，业务分管高管包括董事长在内的所有高管、项目负责团队分别承担 1%。3 年多来，公司共计有 25 人次因项目暂时性风险被倒扣薪酬。坚持"风控话语权高于董事长"，董事长有一票否决权，没有一票赞成权。

河南资产作为类金融机构，承担化解地方金融风险、服务地方经济发展的功能任务，相比于一般国有企业，推进市场化改革难度更大。河南资产知难而进，毫不动摇坚持市场化改革，走出了一条混合所有制改革的新路子，对于金融机构特别是地方资产管理公司开展混改具有重要示范借鉴意义。

以关键领域混改的先行先试推动通航产业发展

——南航通航混改案例

20 世纪 80 年代，诞生于国家海洋石油开发号角声中的南航通航，已发展壮大为央企三大运输航空公司之一，并且成为唯一的通用航空企业，也是目前国内唯一一家同时运营 4 种主流直升机的通航企业。40 多年的发展历程，使南航通航积累了丰富的运营经验，业务范围不仅覆盖海上、陆上、特种作业等几乎全部种类，而且可开展全资质通航作业和飞机加改装业务。2019 年南航通航被列入国家发展改革委第四批"重点领域混合所有制改革"试点以来，积极推进混合所有制改革，先后实施了增资扩股、股权挂牌转让、员工持股、完善治理、市场化改

革等重要改革举措，成为实行混合所有制的国家骨干通用航空企业之一。2020 年，在新冠肺炎疫情肆虐蔓延之际，公司在安全、经营、党建三个方面均被评为优秀，获得南航集团综合业绩 A 级评级，圆满实现第 22 个安全年，全年共安全飞行 13391.62 小时，实现利润总额 7543 万元，同比增长 48%。

一、精挑细选、创新方式，引入战略投资者

主动出击、精心挑选战略投资者。通航产业具有专业化程度高、规模较小、投资机构不熟悉等特点，南航通航多方出击，通过市场合作、战略合作、挂牌推荐、宣传路演等多方面途径宣传混改方案，收集到国内外 80 余家意向投资者，按照战略导向、意向强弱、业务契合度、资源协调等维度进行筛选，确定 10 余家重点投资者后，通过"一对一"商谈选定合适投资者。经过综合分析，最终选定产业及战略与公司契合度较高的南方电网作为战略投资者，同时选择国投双百基金作为非公有资本，促进公司法人治理、资本运营、市场化运营等方面建设。以"转让原股权 + 增资"的方式，引入外部战投。南航通航混改的一大特点在于引入外部战略投资者的方式。南航通航未采用全部增资方式，而是在通过北京产权交易所公开挂牌增资引入战略投资者的同时，由原股东南航股份向战略投资者分别转让其持有的南航通航部分股权，将股权转让对价和增资款的部分计入注册资本，从而避免了增资后公司估值过高的问题，有利于降低混改后南航通航的整体估值，缓解员工持股的出资压力。同步开展员工持股。在引入外部战投的同时，开展骨干员工持股，将核心管理人员、飞行人员、专业技术人员与公司经营业绩进行绑定，实现利益共享、风险共担。员工持股平台持有 8%，投资额为 15991 万元，持股平台珠海通航通第一期 116 名员工出资 12975 万元全部到位，占注册资本 6.49%。混改后，南航股份公司、国新双百基金、南网产业投资集团、南航资本控股、珠海通航通分别持有 57.9%、14.1%、10%、10%、8%的股权，南航股份公司依旧保持控股地位。

投资方出资明细

单位：万元

投资方	国新双百基金	南航资本控股	南网产业投资	珠海通航通	合计
增资出资金额	14466.09	10257.61	10257.61	15991.03	50972.34
增资资金计入注册资本金金额	9714.00	6888.00	6888.00	10738.00	34228.00
股权转让对价	13742.34	9742.35	9742.35		33227.03
股权转让对价计入注册资本金金额	9228.00	6542.00	6542.00		22312.00
合计出资	28208.43	19999.96	19999.96	15991.03	84199.37
合计计入注册资本金金额	18942.00	13430.00	13430.00	10738.00	56540.00

二、完善制度，构建外部董事占多数的董事会

南航通航在引入战略投资者基础上，进一步完善了股东会、董事会、监事会机构。完善公司章程，建立"三会一层"授权机制及制度、流程。细化股东会、董事会会议制度及流程，确

保公司治理机制运作顺畅、规范管控。加强董事会建设，目前公司董事会有 7 名成员，其中 6 名为外部董事，实现外部董事占多数；配设专职董监事，维护股东利益；制定董事会职权清单，明晰责权边界，聚焦重大事项决策，落实董事会职权；设立董事会办公室，拟定董事管理办法，规范董事会管理。加大对经营班子授权力度，在干部任免、组织机构、投资审批等方面对经营班子授权。

三、建立健全激励约束机制，推动企业市场化改革

积极推进干部契约化和任期制管理，经营班子"全体起立"，公开竞聘，退出 1 名副总；深化用工薪酬制度改革，推动总额管理向下贯穿，落实"增人不增资、减人不减资"，确保实现公司人员零增长目标，2020 年较 2019 年减少 12 人，减少比例为 2.1%，2020 年同一层级员工绩效差距拉开至 50%；积极推进职业经理人制度，已从外部招聘一名负责拓展新兴业务市场的市场总监。严格落实考核纵向到底，南航通航围绕安全和党建争取优秀、利润总额同比增长 25% 为效益主目标，科学设置 KPI 指标和重点任务，形成符合南航通航特点的组织和个人绩效考核体系，构建南航集团—南航通航董事长—经营班子—部门领导—员工之间分级签署、权责清晰、指标到人的绩效合约制度体系，切实将干部员工收入、职业发展与公司安全效益挂钩。深入推进项目制管理，为项目经理赋能，开展全员营销，实施营销项目制，根据新冠肺炎疫情期间市场业务实际情况，对保证合同机不下标、提质增效、压缩成本的项目给予相应绩效奖励，按价值贡献大小实行差异化薪酬分配。如电力巡线项目在 2020 年较同期推迟开展 2 个月，通过项目制开展，追赶至与 2019 年生产量持平水平，缩短工时约 2 个月，节省费用约 600 万元。公司在海油、电力巡线项目制取得成效基础上，正逐步向陆上业务、第三方业务推广。

混改后，南航通航企业性质从国有独资公司转变为混合所有制公司，通过引入各方资本将实现优势互补、股权结构更均衡有序，现代企业制度不断完善，市场化体制机制运行顺畅，员工工作积极性得到有效提升，公司正在稳步向现代物流综合服务商转型发展，南航通航实现了"再次起航"。

从混改 1.0 到 2.0 蹚出"国民共赢"新路径

——中国联合网络通信股份有限公司混改案例

中国联合网络通信股份有限公司(简称"中国联通")是中国联合网络通信集团有限公司(简称"联通集团")的 A 股上市公司，按照"完善治理、强化激励、突出主业、提高效率"改革总要求，于 2017 年以中国联通为平台，实施全央企集团层面混合所有制改革。几年来，紧紧围绕"引、改、活、提"4 个字下功夫，顺利完成"混"的任务，纵深推动"改"的攻坚，从混改 1.0 到 2.0，有力推动发展质量效益明显提升，公司从生存线边缘回归到健康轨道，实现

活力大幅增强、效率显著提升，蹚出一条"国民共赢"改革新路，创造经得起实践检验、历史检验的工作实绩。截至 2021 年，中国联通营业总收入 3279 亿元，同比增长 7.9%；利润总额 178 亿元，较 2016 年增加 171.8 亿元。

一、实施混改 1.0，引入"输血"，及时"止血"

中国联通因改革而生、在改革中壮大。混改以来，坚持"两个一以贯之"，扎实推进混合所有制改革各项工作，着力优化股权结构、完善公司治理、健全市场化机制，取得重要阶段性成效。

（一）以战略协同为导向，科学合理选择战略投资者。2017 年 8 月，中国联通引入腾讯、百度、京东、阿里、苏宁、滴滴、中国人寿等互联网公司、垂直行业、金融企业和产业集团、产业基金 14 家处于行业领先地位，且与联通具有协同效应、优势互补的战略投资者。在引入战投的同时，面向核心员工实施限制性股票激励计划，完成首次 7945 人累计 8.07 亿股的授予工作。引资完成后，实现了不同资本相互融合和多元股权有效制衡，联通集团持有股份由 62.7% 降为 36.7%，新引入的 14 家战略投资者持股 35.2%，公众股东持股 25.5%，员工限制性股票激励计划持股 2.6%。其中，国有股东持有中国联通 53.1% 股份，公有制国有企业的性质没有变。

（二）建立有效制衡的治理机制，协同打造发展动能。基于多元化股权结构，建立由 13 名董事组成的新一届董事会，其中非独立董事 8 人（3 人为内部董事，5 人来自新引入的战略投资者），独立董事 5 人；设置发展战略、提名、薪酬与考核及审计等委员会，为董事会科学决策奠定基础。将国家九部委赋予企业的投资决策权、薪酬分配权、自主决策下属子企业员工持股权交给董事会。建立党组复议机制、战略投资者研讨机制、战略投资者沟通机制、董事履职支撑服务清单机制等，在确保把党的领导融入公司治理各环节基础上，尊重董事话语权，提高沟通效率，激活战略投资者为联通改革发展赋能的主人翁意识。充分发挥战略投资者优势，在渠道触点、零售体系、支付金融、云计算、大数据、物联网等多领域进行深度合作。

（三）以转机制为突破，加快推进内部市场化改革。中国联通全面落实"一切为了客户、一切为了一线、一切为了市场"的经营管理理念，稳妥推进组织机构、人员市场化管理等体制机制改革，为公司持续健康发展提供坚强保障。一是在"瘦身健体"上动真格。坚持"刀刃向内"，通过两轮"瘦身健体"，集团总部部门数量由过去的 27 个减为 18 个，减少 33%；省级分公司平均机构数由 32 个减为 23 个，减少 28%；地市分公司平均机构数由 18 个减少至 10 个，减少 44%。二是在推进三项制度改革上持续发力。干部能上能下方面，各级管理人员首聘退出率 14.3%，保持集团党组管理人员每年 5% 退出比例。员工能进能出方面，建立用工效率目标管控机制，实行全口径用工管理，退出合同制员工 8600 余人，劳动生产率较 2016 年底提升 12%；设计实施创新领域"418"人才工程，产业互联网领域人才特区超 7000 人，大数据、云计算等子公司引入主流互联网公司百万年薪 CTO 作为公司技术产品带头人，引进 30 位顶尖人才和产业专家。薪酬能增能减方面，差异化调控薪酬差距，省级分公司"一把手"薪酬倍差为

5.1倍。三是在激发微观主体活力上下功夫。推进全生产场景划小改革，实施联通内部"双创"，结合市场、网络一线生产场景建立微组织，把"要我干"变为"我要干"，打破平均主义、"大锅饭"，基层员工获得感显著提升，全集团已建立2.6万个划小单元，18.6万名员工投身其中，培养了一支2.5万人的"小CEO"队伍。

二、纵深推进混改2.0，增强"造血"，畅通"循环"

2019年底，中国联通以要素资源配置及利用方式的转型为牵引，推动混合所有制改革向纵深发展，在运营体系、机制体制、人才队伍、战投引智等方面，体系化设计，系统化推进，用数字化去转方式、转模式、转机制，赋能生产、赋能运营、赋能一线。

（一）深化运营组织体系变革，促进生产关系更加适应生产力发展。围绕全面数字化转型对资源要素配置的新要求，针对制约发展的统筹不够、协同不足、资源分散、产品竞争和科技创新能力弱、市场化机制不活、流程冗长等深层次问题，深入推进大市场线、政企、网络、IT和科技创新五条线运营体系变革，优化、创新和重构业务、产品、服务、运营、管理价值创造体系，转变要素配置方式和运营模式，激活组织动力，提升运营效率。基于五条专业线运营体系变革，持续精简组织机构，总部管理部门由18个进一步减为15个，管理处室由113个减为95个，编制由838人减为696人。打造"战略管控+运营指挥"型总部，价值创造作用日益显现，推诿扯皮现象明显减少，内部交易成本显著降低。

（二）强化企业保障机制，增强企业内生动力和活力。一是打造"扁平化、短流程、宽层级"机制。加快推进内部运营管理模式和支撑保障机制改革，"去机关化、去行政化、去层级化"，进一步扁平管理层级，构建短流程工作机制，建立授权授责体系，推进部门负责人领导下的总监负责制，以管事为主，完成总部市场线、网络线109位总监的聘任。二是实施价值创造引领下的正向激励。建立健全同劳动力市场基本适应、同企业经济效益和劳动生产率挂钩的工资决定和正常增长机制，建立集团直至一线一脉相承的增量收益分享机制。创新建立包括晋升、绩效、福利、认可、荣誉、长期、培训7个子体系的员工全面激励体系，实现不同类型员工的薪酬组合及薪酬水平差异化。三是推进划小改革"再认识、再定位、再出发"。以大市场、政企BG、网络运营组织体系变革为契机，紧紧把握划小改革重构末梢生产组织体系的核心，将各项改革工作统筹纳入划小改革承载落地，提高要素资源尤其是数据、人才资源配置效率和组织运行效能。

（三）深化与战略投资者合作，提升创新能力和供给能力。一是借力互联网公司线上触点，低成本高效率服务客户。与腾讯、蚂蚁金服、百度、京东等创新推出定制化的通信解决方案，打造"腾讯王卡"等2I2C产品，在网用户数近1亿户，为广大人民群众提供创新的差异化通信服务，促进信息消费。二是共同打造合作生态，积极推动产业数字化。在公众互联网领域，与百度、阿里、京东等开展泛智能终端产品设计、销售及构建智能家居生态合作；与腾讯、阿里、百度、京东等在权益、短视频合作，5G视频彩铃产品超过1亿用户；与苏宁深化终端合作，累计销售终端60万台产品。在产业互联网领域，与阿里、腾讯共同推出以沃云为品牌的合作公有云产品沃云 A 和沃云 T，支持 328 款产品。三是深化资本合作，快速补强能力短板。与腾讯合资成立云景文旅公司，打造一系列核心产品，2020 年收入达到 1 亿元；与京东合资成立智慧足迹公司，打造三大平台服务各级政府和大型企业，2020 年收入超过 2.1 亿元，成为就业、统计和规划领域人口大数据全国第一服务商；与阿里合资成立云粒智慧公司，在城市治理、水利、安防等领域孵化多款产品；与中国人寿成立数字保险联合实验室，共同打造大平台新生态。

改革不停顿、创新不止步。中国联通作为国有企业混合所有制改革的标杆和样板，持续以"混"促"改"，纵深推进混合所有制改革再突破、再深化，持续完善公司治理机制、创新经营机制，大胆探索和实践互联网运营新模式，加快推动企业从"基础电信运营商"向"基于网络运营的数据服务公司"转型，取得了积极进展。这样的混改实践，对深化混合所有制改革特别是央企集团层面的混合所有制改革和"二次"混改具有重要示范意义。

以"混"促"改"充分激发企业活力

——东方电气（成都）氢燃料电池科技有限公司混改案例

东方电气（成都）氢燃料电池科技有限公司（简称"东方氢能"或"公司"）成立于 2015 年 8 月，是东方电气集团氢能及燃料电池产业发展的核心平台。公司于 2019 年 5 月被国家发展改革委纳入第四批混合所有制改革试点范围。2020 年，东方氢能混合所有制及员工持股改革实施完成，公司市场化运作机制转换取得初步成效。

一、东方氢能混改主要做法

（一）优化股权结构，提升企业核心竞争力。一是科学设计股权结构，增强企业竞争力。在企业发展战略的指引下，经过多方研讨及与投资者的协商，东方氢能混改股权结构最终确定为：由东方电气股份有限公司持股 51%，对东方氢能合并报表；新增国有战略投资者持股 27%，新增非公有制资本持股 10%；引入员工持股，持股比例合计为 12%。该股权结构设计实现"混得充分"和"混出效益"，有利于公司更好地市场化运作和加快产业化进程，增强核心竞争力。同时也充分考虑到员工持股方案的实施，做到真正与员工建立长效发展利益共同体。二是优选战略投资主体，推进产业强强联合。公司根据企业发展战略需求，对投资者制定了严格的筛选条件，并最终确定引入能源企业三峡集团控股公司三峡资本控股有限责任公司为国有投资者，合力共同推进氢能制造和燃料电池技术提升，着力解决"卡脖子"技术，并撬动氢能资源；同时，引入具有社会民营资本和新能源产业背景的嘉兴中天碧水股权投资合伙企业（有限合伙）为非公主体投资者，带来新的运作机制和发展模式基因，促进公司构建新产业发展模式。

（二）坚持人才引领，激发人才干事创业活力。一是坚守合规底线，做好风险防控。自

2019 年 5 月东方氢能被列为国家发展改革委第四批试点单位以来，集团公司就将东方氢能实施员工持股作为党委巡视整改项目。东方氢能成立专项项目组，对开展混改的相关政策文件进行全面解读，形成制度汇编，明确员工持股方案和实施程序、国有企业改制、国有产权管理等规定，同时，通过学习联通、广汽、东航物流等案例，为方案制定奠定制度支撑和提供案例经验。在方案制定中，从严把关员工持股范围、交易价格和方式、支付比例、退出流转机制等要求，严格把控实施风险点，确保方案的合规性和可实施性。二是坚持以岗定股，确定持股范围。利用现代人力资源管理体系，导入岗位价值评估工具，突出价值确定持股范围，坚持以岗定股、骨干持股，以技术研发人员为重点，确定第一期符合条件持股人员 43 人，其中核心技术人员 26 人，占总持股人数的 60% 以上，充分体现业绩贡献和价值导向。三是强调动态调整，确保员工活力。针对持股员工因离职等原因退股、因岗位变动调整持股比例、新引进入才持股等不同情形，采取预留股权的方式，建立各层级持股管理委员会和工作职责，明确了股份流转的来源、去向以及股价确定原则，建立了股权内部流转、动态调整、退出等机制，保持员工持股的活力，打破终身制的困境，促进员工与企业共发展。四是推行职业经理人制度，激发经理层活力。按照集团公司《关于推行职业经理人制度的实施办法》，全面推行经营班子职业经理人制度，畅通企业现有领导人员转化为职业经理人的身份通道，激发企业经理层干事创业热情。过程中，将坚持党管干部原则与发挥市场机制作用相结合，推动形成协调运转、有效制衡的公司法人治理结构。2020 年共选聘 4 名职业经理人，其中 1 名为社会引进专业管理人才，3 名为集团内领导人员放弃原干部身份后竞聘上岗。

（三）完善现代企业制度，提升企业经营决策效率。一是健全完善"三会一层"，构建现代化法人治理结构。通过股东会选举了国有股东方、民营股东方和员工持股平台的董事，以民主程序推荐了职工董事，构建了多元董事会，并推荐选举产生了监事会成员和监事会主席，形成了权责清晰、机构健全的公司运行管理组织机构。目前，公司董事会成员共 9 人，其中，东方电气股份公司委派董事 5 人（其中董事长 1 人），员工持股平台董事 1 人，职工董事 1 人，三峡资本、中天碧水董事各 1 人。公司按照新的公司治理体系，顺利召开股东会、董事会、监事会等重要会议，审议决策公司章程、增加注册资本金、选聘职业经理人并决定任期制契约化方案、对外股权投资等相关议案，混改企业公司化运行模式已基本成型，决策效率及决策质量明显提升。二是探索分级授权，提升经营决策效率。集团公司要求下属国有控股股东方充分落实混改子企业董事会战略投资决策权、经理层选聘权、经理层业绩考核与薪酬管理权、企业人工成本和工资总额管理权、重大财务事项管理权等重要职权，并通过委派专职董监事，强化对东方氢能等混改企业实施治理型管控，切实推动混改企业经营机制转换。同时，东方氢能研究制订了《董事会授权管理办法》，将董事会的部分职责分级授权给董事长、总经理履行，在保证股东权益的前提下提高工作效率。董事会根据公司现阶段的经营管理需求，对固定资产投资、无形资产投资等事项按金额范围进行了分级授权。授权采取"制度 + 清单"的管理模式，可在保持制度相对稳定的同时，随企业发展阶段的不同对清单事项进行动态调整。在建立三会议事规则、修订"三重一大"办法升级版基础上，配套建立了董事会向经理层授权、经理层向董事会报告相关制度，制定落实董事会职权实施方案，进一步厘清各治理主体权责边界。

（四）坚持党的领导，以党建促进企业高质量发展。一是切实落实"党建进章程"。通过将党建工作总体要求写入公司章程，将党组织的机构设置、职责分工、工作任务纳入企业的管理机制，明确党组织在企业决策、执行、监督各环节的权责和工作方式以及与其他治理主体的关系，使党组织成为公司法人治理结构的有机组成部分，并使党组织发挥领导核心作用和政治核心作用组织化、制度化、具体化。二是明确党组织参与公司重大事项决策的相关机制。结合混合所有制企业特点，优化党组织参与决策的途径和方式，将决策事项划分为党委研究决定事项、党委前置讨论事项、党委知情和有权监督事项三类，确保党委会研究讨论是董事会决策重大问题的前置程序。制定党委议事规则，明确党委参与决策的内容和程序。三是完善"双向进入"机制。坚持"两个一以贯之"，通过建立完善"双向进入、交叉任职"机制，加强党对混改企业的领导，实现75%党委委员进入董事会，纪委人员进入监事会，确保党委与各治理主体深度融合。通过经理层成员与党组织领导班子成员适度交叉任职，保证党和国家方针政策在企业的贯彻执行。

二、东方氢能混改取得的效果

（一）创新环境全面优化，研发工作取得突破。通过实施体制机制综合改革，东方氢能技术资产权属得以明晰，团队结构加速完善，人才激励机制作用发挥，科研环境得到整体优化，企业创新活力显著增强。2020年，公司研发速度明显加快，产品开发及核心技术提升取得突破性进展。一是产品环境适应性及可靠性进一步提升。公司根据国家新政对燃料电池系统性能指标的要求，完成了OLas60/80/110三款功率等级燃料电池系统的开发并通过国家强检，标志着公司产品已实现了中重型、中远途交通领域应用的覆盖，为公司在示范窗口期抢占市场先机奠定了基础。二是关键部件核心技术提升显著。公司完成了第四代膜电极研发定型，各项技术指标均达到或优于设计值；实现低铂载量关键技术年度开发目标；完成第三代膜电极工艺定型、技术升级与批量化制备，累计生产超过20000片，铂载量下降超过30%，工况适用性显著改善。持续推进高功率密度电堆开发，通过减薄极板、提高膜电极操作点及匹配流场优化，实现样堆单堆功率≥100kW、功率密度≥3.6kW/L，较上一代电堆直接材料成本降低40%，衰减率明显下降。三是前瞻性开展技术储备。公司根据技术发展规划，提前开展千瓦级燃料电池备用电源技术储备，完成100kW燃料电池热电联供系统开发并在德阳氢能示范园区落地、首套100kW级商用氢燃料电池冷热电联供系统研发并配套华电集团氢燃料电池冷热电联供系统项目、100kW燃料电池热电联供系统研发并牵头总包南方电网氢燃料电池热电联供系统项目、200kW氢燃料电池热电联供系统研发并配套三峡集团乌兰察布"源网荷储一体化"关键技术研究与示范工程，推动燃料电池多场景应用。

（二）围绕"1+3+N"区域布局战略，产业链整合步伐明显加快。一是省内布局不断优化。立足成渝市场，参股设立东方电气氢能（成都）有限公司，启动郫都区基地建设，打造绿色氢都，进一步稳固成都市场，实现180台公交订单落地。依托车站联动开拓模式，签订西昌市 10 台、内江市 3 台公交项目订单，并初步锁定雅安市、乐山市等地综合能源站及公交市场资源。二是省外市场稳步开拓。通过在北上广三个燃料电池汽车示范城市群投资布局，推动公司在冷链物流、重卡、环卫、渣土车的推广应用，进一步拓宽应用场景、扩大市场占有率。在 N 个区域形成产业拓展，结合市场需求拓展其他区域，在阜阳以产业融合方式，推进"光伏＋氢站＋氢车"合作模式的打造，因地制宜深入推进与福建、贵州等多地共赢发展。三是产品序列持续拓展。与天路通联合完成 86kW 燃料电池 18T 洗扫车样车开发，与苏州金龙、安凯客车完成公交样车开发，计划后续在成都市开展首批氢燃料环卫车示范。四是商业模式不断创新。积极与物拉邦、中国物流、氢装上阵、雅骏汽车、长江机电等车辆运营企业开展产业协作，共同探索燃料电池重卡物流、智慧云仓物流园、环卫垃圾压缩车等多种应用场景商业模式，计划以成都为中心逐步向外拓展，积极推进项目落地。

（三）员工主人翁意识显著增强，降本增效工作取得成效。通过实施员工持股改革，企业与核心骨干建立起利益共享、风险共担机制，员工工作热情与主观能动性得以提升。一是员工活力动力明显增强。公司重点项目团队积极主动开展"周六再攻坚"，抢时间，保进度，加班加点推进工作按计划完成。在公司党委组织的征求意见活动中，公司员工通过问卷调查、谈心谈话等多种方式，踊跃发言，主动发声，针对公司领导班子整体及个人提出建议 100 余条，积极为公司的优化发展建言献策。二是降本增效不断深入。公司全体员工秉持着"公司损失就是个人损失，公司利益就是个人利益"的精神，在专项工作计划的引导下密切配合，从各个环节查找问题，杜绝浪费，提升效率，防范风险。2020 年，企业资产负债率降低至 26.25%，较 2019 年下降 32.58 个百分点；完成应收账款回收 7378 万元，应收账款降低 33%；通过拓展供应商以及价格谈判，年直接采购成本下降超过 1000 万元；强化供应商质量协议管理及索赔，现已与 38 家供应商开展质保延长协商，71% 的供应商质保期达 8 年。

借力混改建立适应市场竞争的新机制新模式

——中航（成都）无人机系统股份有限公司混改案例

中航（成都）无人机系统股份有限公司（简称"中航无人机"）成立于 2007 年，是航空工业集团无人机产业化发展的重要平台。自 2018 年重组以来，中航无人机坚持"服务国家安全、服务一带一路、服务民生福祉、服务科技创新"宗旨，深入推进混合所有制改革，改善企业治理架构，着力激发企业内生活力，在转型突破中实现了高质量跨越式发展。倾力打造"国际国内相长、军用民用互促"的市场格局，在国际军贸市场打造"中国制造"亮丽名片，完成多国批量出口交付，在同类机型中实现全球市场占有率第二、国内第一，研发实力、经营业绩、治理水平等核心能力大幅提升，营业收入从 2018 年的 0.47 亿元增长至 2021 年的 24.76 亿元，公司制造的翼龙系列无人机在全球察打一体无人机市场占有率居第二位。2022 年 6 月 29 日，中航无人机成功登陆上交所科创板，募集资金43.67亿元，成为航空工业集团史上最大规模的IPO项目。

一、打响股权改革"破局战"，注入发展新动能

中航无人机把股权改革作为混合的基础性、战略性工程抓紧抓实，按照优化股权、整合资产、员工持股、引入战投、择机上市"五步走"思路，稳步推进股权改革，同时对符合激励政策的混改公司实施员工持股，打造利益共同体。一是灵活把握引入战投的节奏。公司灵活运用减资回购、吸收合并、股权融资等多种资本运作手段，先后引进主要客户、政府平台、员工持股公司、民营企业、产业资金等各类资本超6亿元。2019年，中航无人机吸收合并公务机公司，引入集团内产业链协同企业中航技的战略投资，并同步引入员工持股。2021年，引入航空工业集团、航空工业产业基金、航证科创、成都建国、国家产业投资基金、天府弘威基金共计增资35085万元。二是合理设置股权结构。股权改革后，航空工业集团内部持股67%、政府平台持股15%、非公有资本持股10%、员工持股8%，形成了国有资本、社会资本、员工利益深度绑定、适度合理的多元化股权结构，实现了国有资本、非公有资本协同发力，为中航无人机成功登陆资本市场创造了有利条件。上市后，第一大股东成都飞机工业（集团）有限责任公司持股比例为26.41%，持有表决权未超过1/3，实现了公司所有权与经营权的分离，为公司实现市场化运作提供了良好的基础。三是创新实施核心员工持股。按照"以岗定股、动态调整、严格退出"原则，设立股份与岗位调整、绩效变动相捆绑的动态调整机制，实施"双锁定期+多类退出+有序受让"的流转机制，最大化激发员工创新创造活力，打造了一支以航空为主、多专业融合的优秀团队。混改启动以来，中航无人机人效指标逐年攀升，劳动生产率由2018年的30万元/人增长至2021年的130万元/人。

二、打赢机制改革"持久战"，激发内生新活力

中航无人机围绕"完善治理、强化激励、突出职业、提高效率"推进机制创新，以资本多元化的"混"促进体制机制的"改"，全面推动经营机制改革，激发全员价值创造活力。一是坚持政治统揽、党建引领。建立"四符合一必须"的党委前置审议机制和"双向进入、交叉任职"的领导机制，切实加强党对混改工作的领导，着力强化混改企业党建工作，实现党建和业务同谋划、同部署、同推进、同考核，确保党的领导、党的建设在改革全过程中得到充分体现和切实加强。二是建立"权责对等、运转协调"的法人治理结构。构建"国有资本董事+非公资本董事+独立董事+董事会专门委员会"互为支撑的董事会架构、国资和证监"双监管"互为融合的决策体系，有效提升公司治理水平，为混改企业科学决策提供规范制度保障。三是打通内部市场化经营机制。中航无人机从严从实抓好规范管理，完善市场化选人用人机制，建立"横向流动+小步快跑"的晋升机制、不胜任刚性退出的淘汰机制、全方位对标市场的薪酬体系，打通正负双向激励通道。聚焦"八大业务域"建立76项管理提升任务清单，按照"架构—模型—流程—IT—标准"的AOS方法论，建设流程架构和制度体系，让市场化发展的"血液"融入公司管理体系之中。自2018年以来，中航无人机营业收入增长51倍，利润总额增长162倍。

三、打好市场主体"阵地战"，开创发展新局面

中航无人机通过"混资本""转机制"，"双轮"驱动巩固市场主体地位，构建主业突出的专业化产业平台。一是聚焦主业加大科技创新。公司坚持走谱系化、系列化发展道路，建立无人机人工智能（AI）实验室，重点突破无人机智能决策、智能飞行、智能识别、智能保障及智能协同等技术，不断增强企业技术创新力。2019—2021 年，公司累计研发投资 2.31 亿元，占 3 年累计营业收入比例为 5.86%。近年来，公司聚焦"平台、应用"产品领域，成功研制出人工增雨、气象探测等多款改进改型产品，独立研发的翼龙—1E 实现首飞，翼龙—2D、翼龙—3 等新型号蓄势待发；深耕"智能、协同"技术方向，历经多年技术攻关，取得无人机防除冰技术等 18 项国内领先关键核心技术。二是探索新型厂所融合发展模式。作为中航工业集团的无人机产业化核心平台，中航无人机通过调结构、改机制、强主体等措施，打破传统军工企业研、制分离模式，以资本为纽带，推动研（成都所）、产（成飞）、销（中航技）"三点一链"形成企业发展强力支撑，促进企业全产业链发展，实现了从"生产单元"到"市场化企业"的转型升级。三是做好"链长"企业带动整个产业链发展。中航无人机按照"小核心、大协作、专业化、开放型"构建科研生产体系。在研发上，聚焦无人机系统级、分系统级等核心研发环节，并由设备级供应商完成雷达、机载卫通等配套产品的研制工作。在生产上，公司聚焦无人机系统的总装集成、试验、试飞和服务等工作，无人机系统中的机体、发动机等上百项成品均为公司向配套供应商定制采购。在销售上，中航无人机积极参与各军兵种新质作战力量建设，军用订单实现零的突破；创新气象、应急等民用领域应用新手段新方法，成为国家气象局、应急管理部等国家部委的重要战略合作单位。

立足世界一流　主动改革创新
打造全国供电领域混改试点"前海模式"
——深圳前海蛇口自贸区供电有限公司混改案例

2013 年以来，南方电网公司以国家批准设立包括深圳前海蛇口自贸片区在内的中国（广东）自由贸易试验区为契机，部署深圳供电局积极探索混合所有制改革路径，与相关合作方商谈推进深圳前海供电合作项目混合所有制改革试点工作。2015 年 11 月 30 日，深圳前海蛇口自贸区供电有限公司（简称"前海公司"）正式挂牌成立，成为全国首家增量配电业务混合所有制企业。实施混改以来，前海公司电力业务规模持续增长，年供电量突破 13 亿千瓦时，其中前海供电的年供电量达到 2 亿千瓦时。2021 年，公司关键业绩指标完成情况整体良好，管制性供电业务购电量 15.99 亿千瓦时，同比增长 20.81%，售电量 15.72 亿千瓦时，同比增长 21.02%；全年营业收入 125375 万元，利润总额 12996 万元，净利润 9640 万元。其中，市场化业务营业收入 2448 万元，完成年度目标的 133%。

一、前海公司推进混合所有制改革的主要做法

（一）以完善治理为导向，建立协调运转、有效制衡的现代企业治理结构。一是科学设计治理结构。截至 2021 年底，前海公司具体股权结构为深圳供电局有限公司 41%、招商局蛇口工业区控股股份公司（深交所上市）36%、深圳市能之汇投资有限公司（中广核全资子公司）10%、云南文山电力股份有限公司（上交所上市）8%、深圳市前海投资控股有限公司（地方投资平台）5%。其中，国有股占比约 85%，非国有股占比约 15%（根据招商蛇口、文山电力两家上市公司公众股占比折算）。在股权结构设计上，任何一方股东不直接或间接持有公司 50% 以上股权，任何单一股东不能形成对公司的实际控制权，实现各方在公司治理层面的有效制衡。二是合理设置董事会和监事会席位，确保各治理机构协调运转。前海公司董事会由 9 名董事组成，其中深圳供电局有限公司提名 4 人、招商蛇口公司提名 3 人、能之汇公司和文山电力公司各提名 1 人，董事会决策事项须经出席正式召开的董事会会议的 2/3 以上（不含本数）董事同意方可通过，任何一方对董事会重要决策事项均不能形成绝对控制权；监事会由 5 名监事组成，5 方股东各提名 1 人；监事会决议需经出席正式召开的监事会会议的 2/3 以上监事同意方可通过。三是完善信息披露制度。参考上市公司对公司治理的规范性和信息披露要求，前海公司所有重要决策事项均向相应的股东单位、董事、监事履行报告义务。作为上市公司的股东单位对前海公司重要经营情况进行了公开披露，在运作初期即对公司规范治理形成了一种形式上的倒逼，为前海公司下一步探索上市路径和策略积累了经验。

（二）坚持市场化改革，积极建立市场化劳动用人体制和激励约束机制。一是落实董事会、监事会和经营管理层职权。前海公司采取董事会领导下的总经理负责制，经营管理层由董事会聘任，在董事会授权范围内，经理层具有充分的经营自主权，实现股东、董事、监事、经理层的有效制衡，力求充分发挥"三会一层"法人治理结构优势，推动科学决策。以上设置均已在前海公司章程进行固化。二是推行市场化、社会化用工。通过实行社会化、市场化用工，前海公司员工社招率达 96%。在招聘过程中明确员工招聘选拔标准并刚性执行，实现招聘透明化，把好"入口关"，不达标准绝不录用。刚性落实试用期和劳动合同执行期的绩效考核，建立解聘机制，考核不合格的，依法依规解除劳动合同关系，近 3 年年均员工流动率 4%，实现了人员能进能出。三是实施经理层成员任期制和契约化管理。2020 年底，经理层全体成员签署年度经营业绩责任书、任期经营业绩责任书，明确权责、约束和薪酬弹性。通过强化经理层业绩考核和激励约束，有效激发了经理层的工作积极性。2020 年，4 名中层管理人员转岗退出，推动了中层的年轻化。四是推进多元化激励机制建设。对不同业务采取差异化的绩效考核与薪酬政策，如管制性供电业务重点将履职绩效与薪酬挂钩，市场化业务重点将完成利润与薪酬挂钩。同时对市场化业务实施超额提成奖励，将绩效考核结果与员工的薪酬分配、岗位调整、晋升淘汰和职业发展等相结合，显著提升了企业活力和效率。因考核不合格，2020 年有 4 名中层管理人员转岗退出，实现了人员能上能下、收入能增能减。

（三）坚持"两个一以贯之"，以党建引领激发改革发展活力。一是明确党组织在公司法人治理结构中的领导核心作用。两次研究修编公司章程，优化完善加强党的领导有关内容，确保

党组织在公司法人治理结构中的法定地位。二是建立"双向进入、交叉任职"的领导体制。7名党委成员全部进入董事会或经理层，通过董事会参与企业重大问题决策，通过经理层做好日常经营管理，党委书记、董事长"一肩挑"，形成了"双向进入、交叉任职"的领导体制。三是处理好党组织和其他治理主体的关系。制定《党委会议事规则》和《三重一大事项实施办法》，将党委会研究讨论作为董事会决策重大事项的前置程序，确保党组织发挥作用组织化、制度化、具体化。五是实施纪委派驻制改革。成立派驻纪检组，强化监督执纪问责，破解"上级监督远、下级监督难、同级监督软"难题。

二、前海公司推进混改取得的成效

（一）建成各司其职、各负其责、协调运转、有效制衡的现代企业法人治理结构。截至2020年底，前海公司已召开股东会21次、董事会30次、监事会12次，举办专题答疑会1次，累计研究和审议了190余项重要决策事项，设计合理、制衡有效的法人治理结构切实支撑了重大事项的科学决策。例如，2016年前海公司在筹划进入广东电力市场开展市场化售电业务时，部分股东和董事对市场化售电业务的经营风险存在疑虑，经前海公司股东会、董事会多次审议研讨、修改完善，最终决议对前海公司售电业务实现正收益提出了刚性要求。在前海公司努力下，有效完成了上述要求，在激烈的市场竞争中仍实现了规模和收益的逐年扩大，取得了良好效益。

（二）初步形成管理人员能上能下、员工能进能出、薪酬能增能减的市场化机制。实现社会化、市场化用工，员工招聘选拔标准刚性执行，前海公司员工社招率达96%。形成了规范的绩效考核机制，严格执行试用期和劳动合同执行期的绩效考核，近3年年均员工流动率4%，实现人员能进能出。实施了经理层成员任期制和契约化管理，经理层活力有效激发。2020年4名中层管理人员转岗退出，切实推动中层的年轻化。将绩效考核结果与员工的薪酬分配、岗位调整、晋升淘汰和职业发展等相结合，企业活力和效率切实提升。

（三）向"高品质的能源服务专家"的企业愿景稳步迈进。落实《深圳前海世界一流智能电网规划》，建成前海20千伏配电线路10余条，投运20千伏线路光纤纵差保护、二线合环运行等关键技术装备，开创全国同类配电线路常态化运行的先河。二线合环区域可靠性保持100%，达到世界领先水平。完成蛇口存量电力资产注入工作，实现了前海公司经营规模的进一步扩大。"临电共享"服务模式切实践行绿色低碳和共享经济理念，实现用户、政府、公司的共赢，入选《广东自贸试验区第四批制度创新案例》。圆满完成深圳经济特区建立40周年庆祝大会前海会场特级保供电任务，获得前海管理局和庆祝大会场馆业主单位充分肯定。

（四）创新管理推动运营效率有效提升。发挥混合所有制企业机制灵活优势，实现营销配电一体化运营，低压业务办理平均工作日1.9天，高压业务办理平均工作日7.9天，办理时长大幅低于国家规定，服务效率明显提升。根据深圳前海管理局组织的营商环境评价报告，前海蛇口自贸区"获得电力"指数位居全球第13名，有力支撑了前海蛇口自贸区创建全球一流营商环境。高度市场化的股东对前海公司的盈利能力提出了更高要求，推动前海公司形成了更强的经营意识和更加精细的成本管控能力，实现了良好的经营效益。

吹响"登顶珠峰"号角 让红色基因焕发新生

——徐州工程机械集团有限公司混改案例

一、"百尺竿头更进一步"的混改标杆

徐州工程机械集团有限公司（简称"徐工集团"或"徐工"）前身是 1943 年创建的八路军鲁南第八兵工厂，诞生于炮火之中，流淌着红色基因。在全面登上世界工程机械珠穆朗玛峰目标的引领下，其以矢志超越的决心勇气实现了改革路上的一次次自我挑战和淬炼，以勇立潮头的进取精神实现了红色基因的涅槃重生。作为全国集团化改革样板组建于 1989 年，其主要指标连续 32 年居中国工程机械第一位，2021 年首次进入英国 KHL 全球工程机械权威排行榜前三。2018 年徐工有限启动混改，先后被纳入国务院国企改革"双百行动"、江苏省首批混改试点企业和国家发展改革委第四批混改试点企业。2020 年，徐工有限混改取得关键性重大突破，当年 10 月成功引入 16 家新股东，募资达 210.56 亿元，成为近年全国装备制造业混改标杆。

二、以珠峰登顶精神开启混改新篇章

（一）制定"珠峰登顶三步走"战略路线图为混改提供强力支撑。作为老牌国企，徐工集团大力推动混改的背后，是其明确的战略发展目标的支持。通过锚定登顶世界工程机械行业"珠穆朗玛峰"的前沿战略目标，在混改过程中再一次凝聚共识，制定企业有效的战略计划，从而使企业获得持久的竞争优势和稳定的超额利润，助力其成为世界一流的工程机械企业。在此总体战略的引领下，徐工集团制定了详细的混改战略，包括企业混改的目标、战略、定位和方案等都给出了清晰指引。同时，其坚持发挥产业链协同效应的战略作用，强化集团主业的产业链竞争优势，让混合所有制企业顺应国家战略大潮和产业成长周期，把握住了每一次契机，使徐工集团始终处于行业领军企业地位。

早在 2019 年底，徐工集团就召开了珠峰登顶誓师大会，提出"76 载不忘初心，30 年创新奋斗，奋力将徐工珠峰登顶伟大事业全面推向前进"的号召，激励全体员工以改革创新和奋斗，一步步将"一年前五、五年前三、十五年登顶"的徐工集团"珠峰登顶三步走"战略变成现实，即早日实现进入全球前五、前三的目标，最终登顶世界工程机械行业的"珠穆朗玛峰"。2020 年是徐工集团"珠峰登顶三步走"战略的首战之年，徐工集团推进混改的过程中始终围绕着这一战略目标，一步步实现了混改引资落实到位、体制机制转变。徐工集团将有更多资源集中于公司智能制造的转型升级、新产业的发展、国际化拓展、并购与合资合作、补充流动资金等，进而推动战略目标的落地，以"混"促"改"焕发生机。

（二）以"改革永远在路上"的珠峰登顶精神让徐工红色血液永保鲜活。徐工集团始终勇立改革潮头，大刀阔斧推动改革进程。其挺过了 1999 年到 2003 年触碰改革的阵痛期，抓住了

2003 年到 2012 年行业十年黄金机遇期，经历了 2012 年到 2017 年的行业寒冬期，夯实了高质量、高效率、高效益、可持续的"三高一可"战略转型期，迈进了徐工有限混改、整体上市新机制业绩的释放期，始终坚持"改革永远在路上"的精神，与中国和时代的改革交织交融。从"七项专项治理"到"试水徐工改制"，从"重型科技双翼腾飞"到"徐工机械整体上市"，从"混合所有制改革"到"徐工有限整体上市"，魄力十足成功推进各项改革。

2020 年 10 月，徐工有限完成混改，形成了"红色基因＋民营机制＋国企优势"的独特核心竞争力，建立了"国有企业控股＋民营企业参股＋核心骨干持股"的三方利益共同体，既保留了红色基因文化和国企政治优势，又引进了更灵活、更具市场化的民营机制。值得注意的是，参与此次混改出资的经营管理人员、研发技术人员和营销骨干达 435 人，通过员工持股平台徐工金帆向徐工有限投资 8.69 亿元，持股比例为 2.72%。由此，435 名团队骨干通过员工持股平台成为这家工程机械龙头企业的股东。让这些团队骨干将"身家性命"与公司未来牢牢地绑定在了一起，通过建立风险共担、利益共享的中长期激励约束机制，为公司实现战略目标提供了"发动机"，实现聚力凝心。

（三）以"任期制＋契约化"的经营机制为关键激发领头羊的企业家精神。徐工有限领导班子放弃了"干部"身份，通过交流转聘的方式成为职业经理人，以任期合同、绩效合同"双合同"模式，实行任期制和契约化管理，明确责任、权利、义务，严格任期管理和目标考核，激发和弘扬企业家精神，更好发挥企业家作用。2021 年 2 月，徐工集团制定下发《徐工有限职业经理人选聘总体方案》，并按照流程完成职业经理人交流转聘。2021 年 7 月召开徐工有限董事会审议通过并落地实施《职业经理人管理制度》。

与之相配套，徐工有限推进实施"两书两合同"和绩效薪酬改革。以劳动合同、聘任合同"双合同"模式，实现对职业经理人的任期制和契约化管理。目前，徐工有限已审议通过并签订《职业经理人聘用合同》。其还制定了高管、中层干部绩效考核方案，完善公司经营业绩考核评价体系，首次实施半年度业绩评价，对 2021 年上半年完成情况进行综合评价分析。此外，徐工有限还推进实施年度、月度绩效评价。及时、精准识别不胜任人员，并将其予以转岗、淘汰，139 名不胜任人员退出工作岗位。技术人员转岗淘汰率超 5%。开展 2021 年公开选聘，总部三部门干部及助理实施公开竞聘上岗，以市场化用工导向，实现"能者上、庸者下"。在"高质量、高效率、高效益、可持续"的市场化经营理念下，徐工有限 2021 年各项经营指标迈入高质量水平，销量同比增长 24.45%，营业收入同比增长 17.15%，继续领跑行业。利润总额同比增长 78.35%，远超收入水平增幅，盈利能力大幅提升。

（四）推进"徐工有限＋徐工集团"的资产剥离，实现轻装上阵。按照计划，徐工集团将在混改完成前把旗下所有工程机械资产划归徐工有限，把现代化建筑、汽车板块、融资租赁等业务划给徐工集团。按照突出主业的原则，徐工有限将聚焦工程机械及核心零部件主业，剥离非主业资产以提高效率、轻装上阵，最终实现整体上市。

本次混改通过资产剥离重组，彻底解决了徐工集团历史包袱，主业轻装上阵。通过推进徐工有限整体上市，将实现徐工有限证券化，通过资本增值，增强了资产的流动性和价值。历时三年的徐工有限混改，从方案酝酿、用心播种，到梯次展开、纵深推进，正式步入全面落地、开花结果的收获阶段。2021年徐工挖机、起重机等支柱板块收入规模、利润水平持续攀升，起重机械、移动式起重机械、水平定向钻位居全球第一，塔式起重机跃升至全球第二，道路机械和随车起重机进位至全球第三。十大新兴战略产业收入增长49.3%，在产业板块中占比持续提升，增强发展的可持续性。

将市场机制充分应用于"混资本"和"改机制"环节
——鞍钢集团工程技术有限公司混改案例

一、依托混改打造中国冶金设计的梦之队

鞍钢集团工程技术有限公司（简称"鞍钢工程技术公司"）建于1955年，前身是鞍钢设计研究院（简称"鞍计院"），被誉为"中国冶金设计队伍的摇篮"，2009年改制为国有独资公司，主要从事工程总承包、工程设计、工程勘察、测绘和工程咨询等服务。依托鞍钢优势，围绕钢铁主业提供配套创新服务，在冶金工艺技术装备和智能化等方面处于行业领先，被纳入国家发展改革委"混合所有制改革"和国资委"双百行动"双试点。2020年12月20日，鞍钢工程技术公司"混改"成功落地。鞍钢工程技术公司引入建龙重工集团旗下天津建龙钢铁实业有限公司和中冶科工集团旗下中冶赛迪集团两家新股东，并同步实施员工持股，成功引资4.4亿元。为鞍钢工程技术公司高质量发展注入了新的活力和动力，进一步提升了企业竞争力，为创新体制机制、优化产业布局、建设国际一流创新型综合技术服务商创造了有利条件。

二、在引战环节和机制转换上充分运用市场机制

（一）打造三方共赢利益格局：采用内外融合方式优化股权结构。鞍钢工程技术公司创新引战思路，以集团内部重要战略客户、外部优质国有资本及民营企业为重要支点进行引战，同步开展核心骨干员工持股。混改后，鞍山钢铁持股14%、鞍钢工程发展公司持股25%、攀钢持股7%、天津建龙持股39%、中冶赛迪持股10%、员工持股平台持股5%。鞍钢工程技术公司充分应用了混合所有制这把"金钥匙"，通过内外融合的引战方式，让内部战略服务对象、外部行业龙头和骨干员工间形成发展合力和创新能量，同步开展核心骨干员工持股。不仅真正形成"国民共进"的融合体系，还打造了混改企业、投资者和员工三方共赢的利益格局。这些能够充分发挥相应战略作用，推动企业跨越式发展。

鞍钢系股东发挥战略引领作用。鞍钢集团赋予鞍钢工程技术公司作为鞍计院的功能定位，充分发挥国有企业平台大、渠道广、体系全等优势，为鞍钢工程技术公司拓展技术应用场景、布局销售网络等提供全方位支持，促进企业内部资源优化配置。通过多渠道赋能实现国有企业的平台效应外溢，带领混合所有制企业迈入世界一流企业发展行列。

外部战略投资者发挥要素赋能作用。以战略投资者能够在市场资源、技术提升方面提供强有力支持为标准，聚合技术资源、拓展市场空间，打通了企业原创性技术的转化通道，破解了企业增长的桎梏难题，充分发挥其在产业链上的带动作用，实现聚力发展和协同创新。

核心员工持股平台发挥内生激励作用。通过实施骨干员工持股，实现"关键少数"与企业的利益绑定，建立了长效激励机制。充分激发企业内部的发展动力和活力。建立起更加市场化的公司治理结构、更具有市场竞争力的股权架构，实现员工与企业风险共担、利益共享。

（二）探索"引战"的正确打开方式：引入高匹配度、高认同感、高协同性的战投。鞍钢工程技术公司通过"多选、优选、比选"方式，筛选出与工程技术公司的产业协同空间大、契合度高、行业知名度高的战略投资者。其引入的战略投资者不仅有全国钢铁行业中的龙头民营企业，还有钢铁冶金工程技术的领军企业。通过资本联姻集聚优质资源、补齐发展短板，实现强强联合。另外，通过相互融合产生"化学反应"，催生新的动力和发展活力。在这一引战思想的引领下，鞍钢工程技术公司在引战过程中形成了四项引战原则和三个引战要点的引战经验。

明确四项引战原则。一是坚持聚焦制约发展的问题短板，引资源、引机制、引能力、引市场，实现强强联合。二是坚持能够提供战略价值，通过资本联姻，形成协同效应。三是坚持行业地位优势明显，拥有市场化体制机制，认同公司发展理念。四是坚持必须引入一家行业知名、能够提供优势资源的民营企业。

把握三个引战要点。一是突出发展战略。分析内外部环境及行业发展趋势，明确企业发展定位、市场布局、经营模式等，制定战略投资者选定标准。二是突出匹配度和互补性。综合业务领先、股权制衡、思想融合等因素，注重在产业、资源等方面高度匹配，形成协同效应和聚合效应。三是突出优中选优。充分运用产权市场、行业协会和各类中介机构等渠道，优选有利于带动企业机制创新、主业做强、结构升级的投资者，有效提升混改企业的竞争优势和续航能力。

（三）聚焦机制的深度转换：推动混改从浅层次"混"向深层次"改"转变。鞍钢工程技术公司明确混合所有制改革是一场革命，改的就是体制机制，动的就是既得利益。其不断加速自我革新，将"引资本"与"改机制"有机融合，"六大变革"同步发力，以深化组织体系建设为抓手，将三项制度改革作为关键发力点，绘制了公司可持续发展战略蓝图。

加速推进"六大变革"。一是在思维模式上，由内部任务型为主的企业院"技术思维"向"产业思维"转变；二是在体制机制上，对创效单元充分授权，打造内部微观市场主体；三是在商业模式上，实施"产业链纵向拉伸"和"业务链横向跨界"，拓展"设计+"商业模式；四是在核心能力上，以培育技术能力为核心，强化关键技术创新；五是在人才成长上，实施递进性改革，构建知识员工成长新模式；六是在市场格局上，以"产业平台+市场窗口+基地培育"模式，实施全国市场布局战略。

以深化组织体系建设为抓手。一是以产业化思维实行"大部制"改革，整合相近职能部门、岗位业务，人员能兼则兼，业务能并则并，机关部门由7个减少到4个，机关部门人员由59个减少到42个，精简岗位向基层释放。二是围绕技术产品化、装置化，将传统设计院业务组织结构变革为市场化经营主体，打造符合科技型企业内在发展规律的高效独特的赋能体系。将外部市场化程度高、竞争力较强的 10 个创效单元，变革为独立面向市场的微观主体，按照"一部一策"充分授权，实施"承包经营 + 风险抵押"，模拟市场主体管理，按照"市场化指标、市场化薪酬、契约化考核、差异化退出"原则，全面实施模拟职业经理人管理机制。

将三项制度改革作为关键发力点。一是实行契约化任期责任制。所属事业部负责人全部"起立"，100%公开招聘，21 名新聘人员中有 13 人成功晋级任职。二是实施"赛马"机制，让"有为者有位"。对有突出贡献、有发展潜力的人才破格提拔，公司领导岗位 40 岁以下的年轻干部占比 56.9%，40 岁以下专业技术岗位带头人占比 63.3%。三是加强设计师队伍建设。坚持以重大工程、重大课题、重大平台建设为依托，建立以"能力 + 业绩"为核心要素的人才评价模型，实施设计师职级动态调整机制，形成"核心骨干 + 支撑力量 + 基础力量"的宝塔型人才梯队。四是完善向真实贡献看齐的薪酬分配机制。一方面，构建事业部当期利润贡献和合同签约的"两突出"KPI 评价体系；另一方面，构建"基本岗薪 + 浮动奖励"薪酬和"能级评价、劳动绩效评价、创新创效评价、同利共享评价"浮动奖励的薪酬分配激励机制。五是完善用工市场化退出和适应性转岗机制。建立配套的培训、管理、转岗、退出等相关制度，有效解决"进来容易出去难"的问题。

以"三个升级"为关键点顺利推进混改

——铜牛信息公司混改案例

一、在混改中成长为信息安全自主可控生力军

铜牛信息公司最早成立于 2005 年，前身为北京铜牛信息科技有限公司，是集互联网数据中心服务、云服务、互联网接入服务、互联网数据中心以及云平台信息系统集成服务、应用软件开发服务为一体的互联网综合服务提供商，可"一站式"满足用户全生命周期的 IT 服务需求。铜牛信息公司是国家高新技术企业和软件企业，2010 年 12 月，公司整体改制为股份有限公司。2013 年 7 月起公司在全国中小企业股份转让系统挂牌公开转让，挂牌期间，公司成为首批做市公司、首批创新层公司并成功实施三次定增等。2018 年 6 月，公司在全国中小企业股份转让系统摘牌，并于 2019 年启动创业板上市进程，2020 年 9 月 24 日公司在深交所创业板挂牌上市。在 20 年的发展中，从一个传统纺织企业的信息化改造部门成长为专业的互联网综合服务提供商，进而成长为信息安全自主可控生力军。铜牛信息之所以能取得成功，与 2010 年以来企业推动的混合所有制改革息息相关。正如总经理高鸿波所言，"混改让企业借助资本做大的思维走上了非线性增长轨道"。铜牛信息的案例表明，混改不仅给企业带来了资金和业务，更给企业发展带来了逻辑转变和底层重构，为国资战略调整与企业转型升级提供了样本。

二、推动主业发展战略、员工持股和再融资方案全面升级

（一）主业发展战略持续升级：做大做强核心业务是推进混改的重要基础。早期，铜牛信息公司抓住新三板多层次资本市场改革机遇，成为新三板做市和创新层企业，投资价值和市场影响力也显著提升，成功实施三次定向增发，引入社会资本，助推公司快速成长。其后，在国家"新基建"和"京津冀协同一体化发展"的国家战略背景下，铜牛信息公司加快业务布局，在位于互联网核心网络节点的北京，以及背靠京冀并辐射东北、西北、华北的天津自贸区（空港园区），建设了总面积达 1.35 万平方米的数据中心机房，并陆续启动实施"京津冀国有企业创新发展云平台"等项目，公司基础设施规模进一步壮大，服务区域范围进一步拓宽，能够更好满足用户的信息化及商业灾备需求。近年来，互联网应用量剧增，互联网数据中心（Internet Data Center，简称 IDC）行业作为互联网基础设施的细分领域之一快速兴起。数据中心数量和业务规模与日俱增，已成为我国大数据、工业互联、人工智能、移动网络等信息技术建设的重要载体。抓住了长期耕耘于 IDC 领域契机，聚焦核心业务加快拓展和创新合作，依托于互联网数据中心和云平台，铜牛信息公司开展集 IDC、云服务、互联网接入、信息系统集成、应用软件开发为一体的互联网综合服务。同时，与中国科学院软件研究所、清华大学国家 CIMS 工程技术研究中心等著名科研机构开展深度技术合作，公司研发能力得到显著增强，为公司持续发展提供了有力支撑。铜牛信息公司在每一个发展浪潮中都能紧抓主业发展机遇，不断升级主业战略，实现业绩常青，为公司成功实现混改奠定了重要基础。

（二）从员工持股 1.0 版向 2.0 版升级：员工直接持股是实现混改的重要动力源泉。铜牛信息公司设立之初即由国有资本、管理团队共同出资设立，其中国有资本保持控股地位，后续股权变动过程中，在保证国有权益和国有资本绝对控股地位的前提下，不断从管理层持股，扩大到核心业务人员持股，还不断升级员工持股方案，增强激励性。2005 年公司成立时，铜牛信息即实行员工直接持股，当时自然人持有股份占到总股本的 40% 左右。2013 年挂牌新三板之前，为调动骨干员工的积极性，公司成立了一个有限合伙企业做持股平台，在这个平台里允许原始股东与骨干员工之间进行股权转让。2019 年为满足创业板上市要求，同时正值 6 年守信期满，公司取消了持股平台，员工直接持股，截至目前，铜牛信息公司已有 26 名员工股东，持股比例达到 7%—8%，员工持股制度对公司的快速发展起到重要作用。上市后，公司通过进一步实施股票期权计划或其他员工认股方案，进一步激发员工的积极性，建立和完善了劳动者与所有者的利益共享机制，增强企业的创造力、凝聚力和向心力。为公司吸引和保留优秀业务骨干，健全公司长期、有效的激励约束机制，促进公司持续、稳定、健康发展和高速成长起到了重要作用。

（三）再融资设计方案升级：灵活适配"双规则体系"。2016 年底，铜牛信息决定以增资扩股方式再融资。此时的铜牛信息具有"双重身份"：新三板挂牌公司和国有控股企业。由于证券市场与产权市场规则存在一定差异，两个市场规则体系的适配和跨市场业务联动成为能够成功的关键。当时，铜牛信息增资项目是北京市国有企业中首个拥有以上"双重身份"进行增资的项目，没有先例可循，项目操作面临很大挑战。跨市场规则的理解、流程的梳理、进度的把

控、信披的精准、投资方的遴选等方面都需要统筹规划。而铜牛信息则给出了一套全流程解决方案。

运用原股东优先认购权明确投资者征集方式。铜牛信息在股票发行方案和增资信息中，对意向投资方提示"股票发行股权登记日在册股东享有优先认购权，通过北交所公开征集并由公司确定引入的投资者，最终获配股数需根据优先认购权行使情况而定"，从而实现了充分、精准的信息披露。

基于"双规则体系"对投资者资格进行确认。为了更好执行"32号令"要求，体现"公平、公正、公开"原则，方案设定意向投资方需在北交所提交申请，由铜牛信息确认资格。在满足后续上市要求前提下，此次增资不附加特殊条件，仅需符合《全国中小企业股份转让系统投资者适当性管理细则（试行）》要求即可。这样不仅扩大潜在投资者范围，更激发投资者的参与热情。

推动一级市场价格形成限定增资后股权比例。新增股份未确定具体发行对象的，按照《发行业务细则》要求应明确发行价格确定办法。结合"32号令"，以经北京市国资委核准后的评估报告对应每股净资产为基础，在北交所公开征集投资者后，通过竞争性谈判确定发行价格。

突出"32号令"地位完善信息披露内容实现跨市场联动。为确保增资顺利进行，北交所协助铜牛信息完善跨市场信息披露公告，将"32号令"的规则精神始终贯穿于铜牛信息增资过程。

将"混"与"改"紧密结合 稳妥推进混合所有制改革
——中国黄金集团黄金珠宝股份有限公司混改案例

中国黄金集团黄金珠宝股份有限公司（简称"中金珠宝"）是国内专业从事"中国黄金"品牌黄金珠宝产品设计、生产、销售、品牌运营的知名大型中央企业，前身中金黄金投资有限公司于2006年5月成立。2017年，中金珠宝成为国家发展改革委第二批混合所有制改革试点单位，并通过增资扩股成功引进了中信证券、京东、兴业银行、中融信托、建信信托、越秀产投和浚源资本，涵盖了国内顶尖证券公司和国际知名的互联网公司、具有市场化基因的产业集团和雄厚综合实力的金融企业。2018年入选国企改革"双百行动"企业名单。公司于2021年1月15日顺利取得中国证监会IPO批文，于2021年2月5日在上海证券交易所主板挂牌交易，股票简称"中国黄金"，股票代码600916。

一、强化突出党建工作，全面统领改革全局
一是切实发挥党委"把方向、管大局、保落实"的领导作用。始终坚持党领导一切，旗帜鲜明以党建统领改革全局。通过构建"内化式"党建模式，将党建工作纳入公司章程，明确党组织在公司法人治理结构中的法定地位，使其真正成为公司法人治理结构的重要组成部分；明

确党委会前置作为"三重一大"事项的前提条件，使党组织发挥作用组织化、制度化和具体化，使党建与公司治理有机结合；以新思路、新机制、新手段谋划和推进基层党建工作，推动党建工作与中心工作、日常工作有机融合。二是加强与同领域其他企业的党建交流，以党建促业务。明确以"双跨、双赢、双推动"为共建理念和"共建、共享、共发展"为共建愿景，以党群共建为抓手，开展党群共建全国行活动。与京东集团党委在"党建＋互联网"等方面进行探索，促成了双方在线上线下产品销售、物流、云计算等项目上达成战略协同。

二、健全法人治理结构，打好现代治企基础

结合知名度、协同程度、金融优势、国际化并购投资能力等因素，筛选出 7 家战略投资者，分别是京东、中信证券、兴业银行、中融信托、建信信托、越秀产投、浚源资本。一是充分发挥非国有股东对企业治理的有效制衡作用。通过切实完善股东大会与董事会制度等公司治理机制，使董事会真正成为多种资本意志表达和决策的平台。现董事会 9 名成员，国有大股东董事占比降至 50% 以下（黄金集团及其一致行动人推荐 4 名：其中黄金集团 3 名，含董事长及董事总经理；中金黄金 1 名；2 名外部董事；3 名独立董事），集团及其一致行动人在董事会由原来的"通过权"变为"否决权"。外部董事及独立董事在重大事项上，如公司经营范围、对外融资及其他重要事项，已开始行使一定的质询及否决权。其中，京东作为美国上市企业，其丰富的上市经验、规范的管理流程、健全的内部治理体系等优势，为中金珠宝提供借鉴的同时，也倒逼着中金珠宝的公司治理体系和内控管理制度得以进一步优化。尤其是产投的加入，让中金珠宝的战略规划、经营方案制定时，能更大限度听到来自一线市场的不同声音，为公司科学、民主决策提供重要保障，真正实现"让听到炮火的人来影响决策甚至指挥战斗"。二是真正做到同股同权，同生共赢。国资监管从管资产为主转为管资本为主，混合所有制企业中国有资本与民营资本同股同权、平等存在，决策时更关注企业资本保值增值。目前，公司监事会有 5 名监事（黄金集团 1 名，担任监事会主席；2 名外部监事；2 名职工监事）。中金珠宝通过职工大会推选出两名职工监事，保障职工知情权、参与权和监督权。两名外部监事及两名职工监事的设立，增强了监事会的独立性和权威性，进一步落实了监事会检查公司财务、纠正董事及高级管理人员损害公司利益行为等职权。三是充分利用战略投资者的优势实现产业升级。通过与京东等战略投资者在数字化管理、新零售等业务方面深度合作，充分利用京东云备份提高数据对于战略分析决策的支撑力，加速整体业务创新升级。运用中信证券在国内领先的投融资优势及国内国际化并购能力，为中金珠宝未来在资本市场的外延式并购重组及融资保驾护航。

三、建立市场化经营机制，激发员工创业热情

一是改变选人用人模式，推进三项制度改革。通过年度中层干部竞聘，使管理人员每年"站起来"，打通了干部"能上能下、能进能出、双向流动"的竞争通道，优化了中金珠宝高素质的人才梯队。2018 年共聘任中层正副职 38 人。其中副职升正职 1 人，员工升副职 3 人，正职降副职 1 人，副职降员工 8 人，推动中层干部下基层 3 人。在此基础上将竞聘范围进一步扩

大至主管层级及重点岗位，主管占比从 40.5% 下降到 30%，优化了员工结构；通过拆分、合并等手段，部门数量从 19 个压减至 14 个，优化调整组织机构，提高企业办事效率。二是打破选人用人内外藩篱，实现职业经理人的市场化选聘和契约化管理。每年组织中层干部竞聘、主管竞聘，始终保持干部队伍的竞争意识和危机意识。拓宽晋升通道，增设"高级经理"，形成了"管理职务系列"纵向发展和"专业技术职务系列"横向发展相结合的双通道。2020 年全面实行经理层成员任期管理，加快形成以客户为中心、以市场为导向的经营管理理念。针对日益增大的高端人才需求以及建立职业经理人制度的发展需要，中金珠宝 2018 年以广州旗舰店为市场化人才选聘试点单位，在全国公开招聘具有丰富黄金珠宝行业管理经验的职业经理人。

四、健全激励约束机制，充分调动广大员工的积极性、主动性

通过薪酬制度改革与骨干员工持股相结合的办法，为员工构建了工资收入和资本利得"双驱动"的增长机制。一是开展员工持股试点，绑定核心员工利益。为让员工尤其是骨干员工充分享受企业发展成果，中金珠宝最终确定员工持股比例为 6%，同时依据员工职级（40）、司龄（40）及学历（20）三项指标，将正式员工 800 余人进行打分排名，选择了前 150 人参与本次员工持股计划。同时成立了三个合伙企业，以 7 名委员组成的员工持股计划管理委员会作为日常监督管理机构。此外，还制定了详细的人员变动方案，建立健全股权内部流转和退出机制。预留 1% 公司股权用于后续核心员工股权激励，为后续引进优秀员工畅通渠道。二是开展薪酬改革试点，构建合理分配机制。建立市场化的员工绩效考核体系，形成企业经济效益和员工生产率相挂钩的工资决定和增长机制。通过采取"加重考核比例，缩减档级、拉大级差"（薪酬：中层平均上调 15%、主管平均上调 25%、员工平均上调 32%）以及实行"一岗一薪制"，不断提升薪酬外部竞争力与内部公平性，打破"大锅饭"心态。三是构建多层次养老保险体系，谋求员工长远保障。成功入围黄金集团首批年金计划企业，推行企业年金制度，落实以人为本的管理理念。通过健全短期及中长期激励约束机制，实现员工和企业利益共享、风险共担，员工流失率同比下降 4%，企业活力、凝聚力、竞争力不断提升。2018 年共吸引外部核心骨干人员 30 多名，为公司可持续发展奠定了坚实的人才基础。

以拳头产品凝聚四方力量　打出国有企业在民航互联网领域的"一片天"

——中航信移动科技有限公司混改案例

中航信移动科技有限公司（简称"航信科技公司"）是国家发展改革委确定的第二批 9 家混改试点之一。该公司成立于 2014 年 5 月，原是中国民航信息网络股份有限公司的全资子公司，其主营产品"航旅纵横"是国内民航服务信息的"集散点"，被誉为国有企业在互联网领域取得的重大突破。依托该产品，航信科技公司不断强化与相关方的战略协同，稳妥推进混改

增资，优化和完善企业治理，有效地实现了国有资产保值增值和服务效能的放大。

一、"航旅纵横"是民航服务信息的网络"集散点"

（一）航信科技公司推出的手机App"航旅纵横"是国内数据权威、功能强大的民航信息服务产品，可为用户提供全方位民航出行信息服务。依托该产品，航信科技公司搭建了民航业最大规模的实时计算平台，产生和汇聚了丰富的与民航旅客出行、航班运行保障、机场智能安检等相关的海量民航网络数据，进而通过自主开发完成了人工智能、知识图谱、区块链、大数据实时计算等技术在行业中的应用。该产品可覆盖所有移动智能终端操作系统，嵌入式开发通过了行业最高等保实践检验。

（二）"航旅纵横"实现了服务模式从"人找服务"到"服务找人"的转换。"航旅纵横"在服务提供者与用户之间建立了一条智能服务管道，解决了长期以来我国民航业存在的信息分散、创新应用难以支撑新型信息消费模式的问题。这些技术和服务模式的创新有效地提升了我国民航服务水平，"航旅纵横"是为数不多的由国有企业主导开发且在终端市场上备受好评的一款产品，被誉为改革开放40年来国有企业在互联网领域取得的重大突破。

二、强化相关方战略协同，务实推进战略合作

航信科技公司与战略投资者基于自身的发展需求，秉持互惠互利的原则，求同存异、理解互信，务实持续推进战略合作。

（一）战略投资方拥有"航旅纵横"优化服务业务的海量基础数据信息。"航旅纵横"的信息集散功能意味着基础数据对于其业务优化拓展具有极端重要性。在航信科技公司首轮引入的战略投资者中，南航、东航均是中央管理的骨干航空集团，空管局是国内唯一同时具备可合法提供航空气象数据、航空机载设备下发数据、航班动态及计划数据等能力和资质的机构，航信集团是民航信息化建设的主力军、信息服务领域的国家队，具有30多年的行业信息化运维经验，构建起了支持民航信息化发展的订座、离港、分销、结算四大商务信息系统。这些战略投资者均是具有民航行业背景的核心骨干企业。

（二）"航旅纵横"可以为战略投资者提供的价值。一方面，上述各战略投资者通过入股及业务合作的开展，可将品牌及产品服务通过"航旅纵横"这样一个行业中性市场化平台面向高品质客群进行充分展现，也为自身在互联网空间的发展打造出一个业务协同阵地。另一方面，在现有合作对接过程中，航信科技公司基于其行业背景与专业知识，可以为各战略投资者提供有价值的建议和帮助，且航信科技公司在移动开发、大数据实时计算、人工智能以及区块链技术方面都有比较成熟的经验，拥有自主知识产权的人脸识别、图像模式识别、自然语言处理技术和相应的产品，未来公司与各战略投资者在交通运行领域信息化以及新技术应用和产品创新领域等都有着广阔且开放的合作空间，有利于实现各方共赢，进而促进国有资产的保值增值。

（三）求同存异，理解互信，务实推进战略协同。中国航信高度重视航信科技公司混改工作，从2015年起便专门成立了航信科技公司改制工作小组，后者自身也成立了全面深化改革

领导小组。中国航信主要领导多次主持召开航信科技公司混改工作推进会，与三大航进行了数轮沟通，先后两次召开航信与三大航的沟通协调会。与三大航的谈判历时三年多，航空公司对移动科技业务从疑惑，到顾虑，到限制，再到思考如何协同发展，最终实现战略协同。

三、分步骤稳妥推进混改实践

2017 年 4 月，中航信移动科技有限公司被列为国家发展改革委第二批 9 家混改试点之一，国家发展改革委、国资委等领导在听取相关汇报后指出，"航旅纵横"是国有企业在互联网领域取得的重大突破，其混改具有十分重要的现实意义。航信科技混改拟采用"分两步先后增资"的方式进行。

（一）由相关战略投资者及员工持股平台采取非公开协议方式对航信科技公司增资。根据中航信股份 2016 年 12 月 21 日第六届董事会第三次会议决议及航信科技公司的发展需要，由中航信股份作为航信科技公司的唯一股东作出增资的股东决定，由相关战略投资者及员工持股平台采取非公开协议方式对航信科技公司增资。2020 年 6 月，航信科技公司新老股东共同签署了增资协议，国务院国资委批复同意了相关战略投资者采取非公开协议方式增资。2020 年 7 月增资完成，航信科技注册资本由 6000 万元增加至 18981.3350 万元。2020 年 7 月 30 日，航信科技顺利召开首次股东会、董事会、监事会，确定了新的公司章程，选举了公司董事及董事长、监事及监事会主席、总经理，不断构建股东会、董事会、监事会和经营管理层等分工明确、密切配合的法人治理结构，建立现代企业制度。2020 年 9 月 22 日，航信科技完成了工商变更，公司第一步改制引战工作圆满完成。公司完成第一步混改增资，增资后中国民航信息网络股份有限公司持股 31.61%、中航信启航资本管理有限公司持股 24.00%、中国南航集团资本控股有限公司持股 12.00%、东方航空产业投资有限公司持股 12.00%、民航空管投资管理有限公司持股 12.00%、天津易程科技合伙企业（有限合伙）作为员工持股平台持股 8.39%。

（二）进场挂牌公开交易方式向社会投资者募资。为尽早登陆资本市场，进一步激发企业活力，实现提高企业价值的目标，航信科技公司在 2020 年下半年启动了第二步增资，通过产权交易所进场交易引入新的战略投资者，同时通过非公开协议增资形式按照战略投资者的增资单价同步开展第二轮员工股权激励。目前正在积极推进，即将进场挂牌。

四、增资后顺势优化公司治理结构

（一）现代企业制度。2020 年 7 月 30 日，中航信移动科技有限公司召开 2020 年第一次临时股东会，这也是移动科技第一步引战增资后召开的首次股东会，此次股东会审议通过了《关于修改〈中航信移动科技有限公司章程〉的议案》《关于选举中航信移动科技有限公司第一届董事会非职工代表董事的议案》《关于选举中航信移动科技有限公司第一届监事会非职工代表监事的议案》，确定了移动科技公司章程，产生了公司首届董事会、监事会。股东会后，公司召开了移动科技第一届董事会第一次会议以及移动科技第一届监事会第一次会议，选举产生了董事长、总经理、监事会主席，不断构建股东会、董事会、监事会和经营管理层等分工明确、密切配合的法人治理结构，建立现代企业制度。

（二）党组织。党组织设书记一名，专职副书记一名，其他党组织委员会成员若干名。符合条件的党组织委员会成员可以通过法定程序担任董事、监事、经理，董事、监事、经理成员中符合条件的党员可以依照有关规定和程序进入党组织委员会。董事会在决定公司重大问题前，应事先听取公司党组织的意见。公司党组织根据《中国共产党章程》等党内法规履行职责。

（三）契约化管理。根据上级精神，结合公司实际情况，公司制定了《中航信移动科技有限公司经理层成员任期制和契约化管理工作方案》，明确公司经理层成员任期制和契约化管理的主要举措、监督管理的主要举措以及具体的工作程序，有序推进落实公司经理层成员任期制和契约化管理。

自 2015 年中国航信成立了专门的改制工作小组算起，航信科技公司的混合所有制改革工作已走过 7 个年头，"航旅纵横"的服务水平不断提升，受到行业内外的广泛欢迎，公司的绝大部分业绩指标均迈上了新台阶。截至 2020 年底，航信科技公司资产总额达 12874 万元、同比增加 180%，负债总额 10782 万元、同比减少 46%，所有者权益 2091 万元、同比增长 113%；营业收入 1231 万元、同比增长 63%，净利润 -7200 万元、同比减少 30%。航信科技公司被誉为改革开放 40 多年来国有企业在互联网领域取得重大突破的表率，展现了中央企业锐意进取、创新争先的先进形象，将为其他企业的混合所有制改革工作提供有益借鉴。

先上市带后上市　探索军民结合型企业的混改创新发展之路
——中光学集团股份有限公司混改案例

2018 年被确定为国家第四批混合所有改革试点企业以来，中光学集团股份有限公司（简称"河南中光学"）以高质量、高效益、高效率、高品牌为发展目标，坚持新发展理念，不断坚定深化改革的决心和信念，主动推进改革，实现了"先优质资产上市（2007 年 12 月 3 日，利达光电在深圳证券交易所正式挂牌上市）、后整体上市"的规划目标，并完成首期股权激励，母公司基本完成混合所有制改革主体任务。

一、企业情况

河南中光学是中国兵器装备集团有限公司所属的大型军民结合型光电企业，河南省百高企业、高新技术企业。河南中光学始建于 1968 年，2007 年公司优质资产在深交所率先上市，2018 年底公司整体上市。公司注册资本 2.63 亿元，员工 5000 余人，建立了国家认定的企业技术中心、河南省光学薄膜工程技术研究中心、河南省微显示工程研究中心和博士后科研工作站等。河南中光学以光学为基础，致力于光机电一体化发展，瞄准投影显示、安防监控、光电防务、功能薄膜领域，形成了从光学元组件、部件向整机与系统集成服务延伸的完整产业链，着力打造中光学"COSTAR"品牌。已具备年产 1.4 亿件光学元件、1000 万只镜头和 100 万台投影机的生产能力，并在监控系统方面建立了较强的研发能力和施工经验。

二、主要做法

（一）通过资产重组等方式提高上市公司质量。为实现资源整合，拓宽产业链，丰富产品结构，形成军品、民品业务线并行发展的竞争优势，2017 年，河南中光学开始积极筹划资产重组整体上市工作。2018 年底，公司以注入资产方式实现整体上市，母公司层面完成混改。河南中光学成立了重组工作领导小组，并聘任有关证券公司为独立顾问，历时一年多，经过了内部调查摸底，收集材料，设计重组实施方案，上报国有资产监督管理机构审批，清产核资，界定产权，拟定重组企业股权结构，通过产权交易市场确定重组资产价格，办理产权交割及法律手续，发布重组公告等一系列程序完成了重组工作。

2018 年 12 月，河南中光学资产重组方案获得中国证监会核准批文（证监许可〔2018〕2049 号）。河南中光学与利达光电股份有限公司实施资产重组，通过发行股份购买资产的方式，河南中光学 100% 股权由兵器装备集团过户至利达光电股份有限公司。2019 年 3 月，河南中光学成功向国新投资有限公司、南阳投资集团有限公司等 7 名投资者非公开发行股份募集配套资金 3.5 亿元。2019 年 6 月 26 日，完成工商登记变更。利达光电股份有限公司更名为中光学集团股份有限公司，注册资本 2.63 亿元，其中，兵器装备集团占股 46.87%（含南方工业资产）。推动公司朝着质量更高、效益更好、结构更优的发展方向迈进。

（二）以混改为契机完善企业治理结构。一是积极推进现代企业制度建设。完成党建进章程，明确把党委研究作为公司董事会、经理层决定重大问题和重大经营事项的前置程序；修订下发了董事会、"三重一大"等一系列法人治理制度，加强公司及子公司董事会建设和规范运行。二是积极推进经理层任期制和契约化管理，鼓励激励经理层敢于担当勇进取，心无旁骛干事业。统筹运用好股权激励、超利润分享、员工持股等措施，积极推动"揭榜挂帅"、项目跟投等激励制度及方案实施，充分调动各类人才干事创业的积极性。

（三）建立和完善中长期激励约束机制。实施上市公司首期限制性股票激励计划。2018 年 12 月 27 日，河南中光学限制性股票激励计划获国务院国资委批复。2019 年 4 月和 12 月分两次完成了 107 名激励对象的限制性股票授予，共计 196.3 万股。公司首期股权激励计划的落地实施，迈出了中长期激励机制改革的第一步。河南中光学正在筹划第二期股权激励计划，2020 年已形成初步框架性方案。

三、改革成效

实施混改后，河南中光学由国有独资公司变为兵器装备集团控股的上市公司，兵器装备集团持股 41.97%（含南方工业资产，截至 2020 年 9 月 30 日）。通过改革，激发了主要业务板块的发展活力和创新动力，调动了公司管理层及核心骨干的积极性，凝聚了向心力，提升了公司的核心竞争力。2018—2020 年公司经营规模不断扩大，资产规模从 2018 年的 25.9 亿元增加到

2020 年的 35.8 亿元，扩大了 34%。在面临新冠肺炎疫情影响的情况下，营业收入仍保持较快增长，从 2018 年的 25.8 亿元提高到 2020 年的 33.3 亿元，实现利润 1.5 亿元（较 2018 年略有降低），总体而言，企业的发展质量效益持续提升。

践行全面市场化机制的混改样本

——招商局资本投资有限责任公司混改案例

招商局资本投资有限责任公司（简称"招商资本"）成立于 2012 年，混改前是招商局集团有限公司（简称"招商局集团"）的二级企业，专门从事私募股权基金业务。2019 年 5 月，成为国家第四批混改试点企业，到 2020 年 5 月，成功引入另类资产投资管理机构普洛斯后顺利完成混改。混改后，招商资本成为招商局集团与普洛斯的合营公司，双方各持股 50%，招商资本不再列为招商局集团二级公司管理，重大事项决策管理由股东单位按其董事会管理模式决策，实现"董事会治理下一把手负责制"。招商资本全面践行市场化机制，深入推进混改，使公司治理机制更加优化，董事会管理决策进一步强化，实现了自身规范、良性发展，提升了风险管控能力，促进了国有资本的保值增值。

一、为什么走上混改之路

（一）行业特征决定了必须要混改。私募股权基金行业市场化程度高、国内外机构竞争激烈，招商资本作为招商局集团下属全资子企业，募集资金超过 70% 来源于政府、银行和国企；旗下管理基金持有项目整体投资回报率（年化）约 7%，投资业绩排名远低于规模排名。加之 2018 年以来，私募行业经历了野蛮生长到行业洗牌的过程，整体处于下行周期，投资业绩日益成为行业优胜劣汰的唯一标准。招商资本急需通过混合所有制改革，提升竞争力，确保公司的可持续发展，维持市场地位。

（二）企业自身高质量发展的要求决定不得不混改。招商资本混改前行业排名已居国内前列，但核心投资能力尚未受到经济长周期考验，业绩未得到市场化 LP 普遍认可。此外，招商资本的持续规模扩张将加大对招商局集团的资本消耗，同时也将制约企业远景目标的实现。这时，引入市场化战略投资者，进一步完善公司治理体制和经营机制，有利于增强其国内外市场地位，助力实现企业远景目标。

二、蹄疾步稳大胆推进改革

（一）分配引战，敢于放权。招商局集团成立战略引资领导小组，对 30 余家各类战略投资者开展路演活动后发现，有市场竞争力、能够与招商局集团强强联合的战略投资者不愿以小股东"身份"参与混改，而愿意作为小股东参与的机构，则普遍希望借助招商局集团品牌和资源优势，这样难以在混改过程中发挥战略和协同价值。因此，招商局集团采取分配引战策略，即先引入 1 家战略投资者，引战后招商局集团和战略投资者各持股 50%，招商局集团保留在机会合适时再以增资扩股形式引入 1 家持股比例不低于 10% 的战略投资者的权利。在引入 2 家战略投资者后，招商局集团保持不低于并列第一大股东地位，其中 1 名战略投资者可并列第一大股东。2020 年 4 月，招商资本引战成功并完成工商变更，混改后，招商资本成为招商局集团与普洛斯的合营公司，双方各持股 50%，注册资本提升至 20 亿元，招商资本不再列为招商局集团二级公司管理，重大事项决策管理由股东单位按其董事会管理模式决策，公司资本实力得到进一步提升的同时，也为进一步优化经营机制奠定了基础。

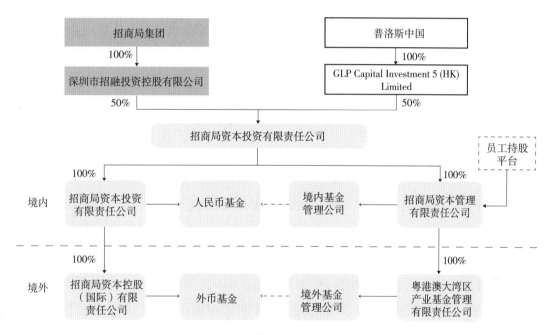

招商资本混改股权结构

（二）优化治理，建立全面市场化机制。建立形成有效制衡、协调运转的董事会。招商资本董事会每届 3 年，由 7 名席位组成，双方股东各有 3 名董事提名权，另设 1 名执行董事。董事长和副董事长分别由股东双方提名的董事轮流担任，按届进行更换。董事会决策事项由 3/4 以上董事同意方能通过。董事会真正行使了经理层选聘权力，完善以经理层为核心的经营机制。混改后，公司高管由董事会聘任，任期 3 年。其中，CEO、总经理、财务负责人由双方股东共同提名，副总经理及其他高管人员由 CEO 提名。现有高管人员暂不作调整，现有集团高管维持集团高管身份，3 年后可选择回集团任职或应用招商资本市场化机制。其他人员及新聘人员直接应用市场化机制。健全市场化激励约束机制。全面应用对标考核机制，鼓励优胜劣汰。整体薪酬激励机制和高管薪酬考核均由董事会决策，方案充分体现团队与股东利益一致化、团队薪酬与公司业绩强强联动的理念，赋予管理层更大的灵活性和自主调节的空间。通过固薪、奖金、附带权益、股权激励、专项奖等多层面的激励机制，将员工利益与企业经营业绩和基金业绩挂钩，进一步激励招商资本员工全身心地投入招商资本的事业建设中。

三、保持红色基因，党建与经营深融互促

在完善治理体制与管理架构的同时，招商资本坚决贯彻党中央决策部署和上级党委工作要求，严格落实"两个一以贯之"，在公司治理与管理中扎实推进党建，保持企业红色基因。集团党委坚持党的建设与企业改革同步谋划、同步开展，根据招商资本企业组织形式变化，同步设置或调整党的组织，成立招商资本党总支，理顺党组织隶属关系，混改后不再列为集团二级公司党组织，按照"管资本与管党建相结合"的原则，指导招商资本党建日常工作。招商资本结合混改后的实际，顺利完成党总支选举，并制定完善"三重一大"事项决策制度和动议制度，创新性设立公司"三重一大"事项动议委员会，建立管理层与党总支"三重一大"事项动议联席机制，把党的领导融入公司治理各个环节，从机制上实现思想的统一，确保行动上的看齐。党总支成立后，进一步巩固"不忘初心、牢记使命"主题教育成果，发挥党组织的政治优势，充分发挥战斗堡垒作用。紧扣企业经营管理实际创新党建活动方式，推动党建工作与经营管理更加紧密结合，探索加强公司混改后党建工作新路径。

四、改革落地成效显著

2021 年是完成混改后的第一个工作年度，招商资本坚持走高质量发展之路，取得了显著的发展成效。

（一）主要经营指标增长显著。2021 年实现营业收入 25.2 亿元，同比增长 204%，较混改前的 2019 年增长 243%；实现归母净利润 13.5 亿元，同比增长 178%，较 2019 年增长 350%；ROE15.5%，较 2020 年提升 7.7 个百分点，较 2019 年提升 10.9 个百分点。

（二）募资规模再上新台阶。2021 年全年招商资本设立基金 19 只，数量创历年之最，实现募资 260 亿元，是过去 3 年募资总额之和。2021 年底招商资本签约资产管理规模首次突破 3000 亿元，较 2019 年底复合增速达 10.5%。

（三）投资能力稳步提升。2021 年，招商资本投资的 7 个项目顺利实现 IPO 上市，2 个项目获审核过会，2021 年成为招商资本自成立以来投资项目 IPO 上市最多的一年。同时，招商资本领投或参与投资壁仞科技、灵动科技、沐曦集成等众多明星项目，并以项目投资为契机，推动招商局集团与全球最大的油气生产公司沙特阿美开展业务合作。

（四）品牌建设大步迈进。2021 年，招商资本在国内外行业权威机构排名均创历史最佳，先后获得"清科 2021 年中国私募股权投资机构 100 强"称号（排名第七）、"2021 年 PEI 全球私募股权投资机构 100 强"称号（排名第二十七，中资排名第一）、"投中年度中国最佳私募股权投资机构奖"、"投中 2021 年粤港澳大湾区最佳私募股权投资机构 TOP30"等行业重磅奖项。

招商资本混改获得成功的关键在于，切实践行全面市场化的体制机制改革。私募股权基金行业是市场化程度较高、国内外机构竞争激烈的领域，招商资本在改革前受全国资控股的身份束缚，行业地位并不稳固，投资项目整体投资回报率较低，投资业绩排名远与资金规模不匹配。为了实现打造中国一流和世界知名私募股权基金的企业愿景，招商资本主动求变，在招商局集团的大力支持下，引入与投资业务高度匹配的具有全球竞争力的市场化战略投资者——普

洛斯，由全国资控股企业转变为双方各持股 50% 的合营公司，招商资本也不再是招商局集团的二级企业，得以在没有束缚的情况下放开手脚，大力推进市场化改革，真正释放出企业发展潜能，以国资为支点，撬动战略投资者的资本杠杆，实现两大股东双赢局面。

以"混改"促"电改"探索实践国企混改新途径

——重庆长电联合能源有限责任公司混改案例

重庆长电联合能源有限责任公司（简称"长电联合"）是三峡集团所属长江电力践行电力体制改革，积极发展配售电业务新设立的混改平台，于 2017 年 4 月纳入国家第二批混改试点企业。长江电力以三峡水利为平台，通过"参股地方电网、搭建混改平台、推进重组上市"三步走，对长电联合实施重大资产重组，于 2020 年 4 月，实现重庆区域配售电业务整体上市和"四网融合"任务目标，打造了一家资产规模达 200 亿元、年售电量达 170 亿度、营业收入约 70 亿元、利润总额约 7 亿元、市值已超 170 亿元的配售电上市公司，为进一步推进国家混合所有制改革和电力体制改革作出了有益探索和积极实践。

一、三峡集团推动混合所有制改革背景及最新进展

三峡集团按照混合所有制改革的思路，推进重庆配售电业务发展，并分三步打造一个具有混合所有制特点的配售电上市平台。在此过程中，依托现有主体，不断探索实施股权多元化、法人治理规范化、激励约束市场化等改革措施。

（一）第一步：参股重庆区域 4 个地方电网。自 2015 年以来，三峡集团通过所属企业投资参股了重庆区域地方电网，建立了股权联系。一方面参与发起设立长兴电力，拓展两江新区增量配售电业务；另一方面投资参股了重庆乌江实业（集团）股份有限公司（简称"乌江实业"）、涪陵聚龙电力有限公司（简称"聚龙电力"）及三峡水利等三家存量地方电网。

（二）第二步：设立长电联合整合未上市地方电网。三峡集团在重庆地区开展配售电业务过程中，按照《国务院关于国有企业发展混合所有制经济的意见》的有关精神，与重庆市政府积极探索以混合所有制形式对重庆地方配售电企业进行有效整合，于 2017 年 2 月，新设了一个由中央企业、地方国有企业、民营资本参与的混合所有制平台——重庆长电联合能源有限公司，探索混合所有制改革。2017 年 4 月，长电联合被列为全国混合所有制改革第二批试点企业。按照国家发展改革委批复的混合所有制改革试点方案，长电联合于 2018 年 3 月对乌江实业、聚龙电力实施整合，并积极探索实施股权多元化、法人治理规范化、激励约束市场化等改革措施。

（三）第三步：实施"四网融合"，实现整体上市。为加快实施"四网融合"，三峡集团积极争取水利部、证监会支持，推动通过三峡水利实施重庆配售电业务整体上市。经过多方努

力，三峡集团和水利部签署战略合作框架协议，明确了整体上市总体方案。经过两年多的努力，三峡水利于2019年3月11日停牌，整体上市工作全面启动。2020年4月，实现重庆区域配售电业务整体上市和"四网融合"任务目标。

二、以转变体制机制为核心，初步实现混改目标

按照国家发展改革委批复的混改试点方案，三峡集团公司指导长电联合积极探索公司股权结构多元化、法人治理规范化、激励约束市场化等改革措施，充分发挥中央企业的专业化和资金优势、地方国企的资源优势、民营企业的市场化运营优势，实现各类资本取长补短、相互促进，初步实现了"完善治理、强化激励、突出主业、提高效率"的混改目标。

（一）完善治理方面。一是优化股权结构，避免"一股独大"。长电联合构建由中央企业、地方国企及民营股东"三分天下"的多元股东结构，实现了有效制衡，使任何一方股东都不直接干预日常经营，保证了长电联合作为混合所有制企业的市场主体地位，为完善治理和建立现代企业制度奠定了基础。二是落实董事会职权，提高公司治理水平和决策效率。长电联合通过公司章程明确了股东会、董事会、经理层的权责关系，在法人治理结构建设中，充分发挥董事会在公司治理中的核心地位和重要作用，确保董事会依法行使重大决策、选人用人、薪酬分配等权利。三是探索国家特殊管理股制度，维护国家和公共利益。配售电是关系国家安全和公共利益的特殊行业，长电联合在混改试点中，积极探索国家特殊管理股制度，在公司章程中明确了三峡集团方面作为代表国家利益的特殊股东，可以对涉及党的方针政策、公众利益等少数特定事项具有一票否决权，在促进国有资本与非国有资本融合的同时，又把国有资本追求的公共性政策目标与非国有资本追求盈利最大化的市场化目标相兼容。

（二）强化激励方面。一是转换员工身份，实行市场化选人用人机制。长电联合成立后，落实了以职业经理人为代表的市场化选人用人机制，包括总经理在内的所有高管及员工均通过市场化公开选聘产生，打破了行政级别，所有人员能上能下、能进能出。长电联合本部超过1/4的高管和部门负责人来自央企，全部与原单位解除劳动合同，真正实现了员工身份转换。二是转变薪酬激励方式，绑定员工利益与企业利益。长电联合明确了市场化选聘的职业经理人薪酬不受企业工资总额限制，不搞层层降薪，实行以"固定工资＋浮动工资"为主的薪酬制度，薪酬与公司效益挂钩，能升能降，薪酬水平与市场接轨，考核优、薪酬高，考核劣、薪酬低。

（三）突出主业方面。一是坚持引入主业突出的战略投资者。长电联合在组建及增资扩股引入投资者时，坚持以配售电产业发展为引领，将产业协同、主业突出的聚龙电力、乌江电力、长兴电力等重庆地方电力企业的股东作为长电联合的战略投资者，充分发挥股东优势，做强做大配售电企业。二是对非主业实施资产剥离。长电联合在整合涪陵能源、乌江实业等地方电力企业的过程中，对煤炭、铝加工、硅业、三产多经等非主业实施资产剥离，将配售电及综合能源业务作为未来主业发展方向，聚焦于做强做优做大主业。

（四）提高效率方面。混改不是目的，而是手段，混改最终目的是要提高国有资本运营效率和企业经营效率，加快实现提质增效、转型升级。一是对混合所有制企业实施差别化管控。

长电联合在混改试点中，为切实提高混改企业的管理效率，三峡集团公司党组会审议通过了对长电联合的差别化管控方式，在人力资源、薪酬激励、对外投资、财务管理等方面，积极探索国资监管从管企业到管资本转变，充分尊重企业独立法人主体资格，建立股东权利清单，对混合所有制企业不作简单的管理延伸和制度对接，而是通过"三会"参与管理，精简了管理程序，提升了决策效率。二是建立市场化的企业运行体系。长电联合的所有制特点和市场化体制机制，使企业从成立之初就具备了市场化的内生动力，极大调动了企业经营层的积极性，激发了市场主体活力，企业有压力、有动力去深挖降本潜力，止住"出血点"、找出风险点、形成利润点，明显提升了资源配置效率，提高了企业生产效益。

2017—2018 年长电联合财务情况

单位：万元

财务指标 \ 年份	2017 年	2018 年	增长率
总资产	1234881.56	1292898.34	4.70%
总负债	639877.73	683640.76	6.84%
净资产	595003.83	609257.58	2.40%
营业收入	412840.32	402375.06	−2.53%
利润总额	30610.25	34100.58	11.40%

备注：混改试点企业长电联合于 2017 年 2 月注册成立，于 2017 年底实施增资扩股引入战略投资者，整合了乌江实业、聚龙电力，并于 2018 年 2 月底实施资产交割。为比较混改前后资产财务情况，2017 年资产财务数据为模拟数据，即假设 2017 年初即完成资产整合。

三、以混改促电改，初步实现"三降一升"的电改目标，树立改革标杆

长电联合通过混合所有制改革有力地促进了重庆区域的电力体制改革，在重庆初步构建了有一定规模和市场竞争力的配售电网络和电力市场主体，实现了"降电价、降投资成本、降运维成本、服务提升"的"三降一升"电改目标，还原了电力商品属性，为国家制定出台以"监管资产合理回报"的配售电定价机制，发现电价真实成本提供了实践经验。长电联合被传统电网企业倒逼出来的市场竞争和服务意识，在重庆区域产生了"鲇鱼效应"，促进传统电网企业跟进，改善了属地化运营及服务。

一是降低了售电价格。长电联合开展售电业务，不单纯以获取购售电差价为盈利点，而是通过开展电力报装、设备运维、故障诊断维修等增值服务获利，将购售电价差让利于用户，在电力行业内率先推出以《市场化零售供用电合同》为核心的售电新模式，降低了售电价格，为企业节省了电费，公司网内用户综合平均用电成本较目录电价低 0.15 元 / 千瓦时，2018 年合计为用户节约用电成本 10.15 亿元。长电联合供区内的工业用电价格低于重庆其他区域，长电联合成为区域内重要的招商引资平台。

二是有效降低工程建设和运维成本。长电联合通过加大工程建设公开招标力度、严控设备采购成本、加大项目建设成本控制等方式，将配售电工程投资成本总体降低了 30%，为客户建设的受电工程为企业节省投资 20% 以上。在电力设施运维方面，长电联合为重庆两江新区

内市政和大工业用户提供电力、配电设施、专用线路的运维服务，园区内仅京东方一家，就节支电力设备运维、预试定检等费用300万元以上，实实在在降低了用电企业的成本。

三是提升服务质量，创新服务模式。长电联合由传统电力公司"坐等客户上门"向"上门服务客户"转变，主动上门与客户洽谈合作意向，提供从扩业报装、电力建设到预试定检、故障抢修等一条龙专业化精准服务，提升了服务质量，获得了用户的一致好评。

四、通过改革，逐步形成了三峡集团与重庆库区经济"互惠共赢、协调发展"的新格局

长电联合在参与混合所有制改革和电力体制改革的实践中，始终围绕重庆地方经济发展，以增量投入整合互补性资源，推动构建三峡库区现代经济新体系，形成与库区经济"互惠共赢、协调发展"新格局。

一是整合资源做强做大，有效保障地方能源供应。长电联合通过增量投入，有效整合重庆地方电网资源，改变了过去地方电网规模小、孤立分散、电力保障能力弱的"小、散、弱"局面，提高了供电安全可靠性和能源保障能力，在更大范围、更高层次上满足库区企业的用电需求，通过产业支撑库区实体经济发展。

二是降低要素价格，助推地方经济发展。长电联合推动重庆电改取得"三降一提升"的成效，区域内的招商引资环境得到进一步优化，为地方政府吸引产业投资和优质企业创造了有利条件。2016年以来，已成功引入了京东方、长安福特新能源车、长安汽车乘用车、大朗冶金、三磊玻纤、大数据、重庆元利等知名企业，为重庆地方经济发展注入了新动力。

三是为助力建设现代库区找到了一条新路径。长电联合作为三峡集团在重庆开展混改试点的企业，成为落实党中央、国务院要求三峡集团与三峡库区共同发展指示精神的一个重要载体。在长电联合混改取得初步成效的基础上，三峡集团与重庆市进一步深化了战略合作关系，正积极协调利用长电联合的配售电网络，新增三峡电入渝，更好地实现与库区共同发展。

开创性解决历史遗留问题
持续千年的中国盐业制度拉开改革大幕
——中国盐业股份有限公司混改案例

2016年4月，国务院发布了《关于印发盐业体制改革方案的通知》，明确提出盐业体制改革总体目标和实施方案，要求自2017年1月1日正式实施。2017年4月，中国盐业集团有限公司（简称"中盐集团"）所属的中国盐业股份有限公司（简称"中盐股份"）被列为国家第二批混合所有制改革试点。我国持续千年的盐业制度正式拉开改革大幕。中盐股份开创性地解决了历史遗留问题，完善治理、强化激励、持续提升企业内生活力，推动混改与盐改深度融合，为促进我国盐业产业链价值链提升和高质量发展、建设具有国际竞争力的世界一流的国家盐业公司开展了积极探索。

一、混合所有制改革的背景

中盐集团以中盐股份为平台实施的混合所有制改革，是基于核心主业盐业的混改，这是在盐业体制改革大时代背景下中盐集团作出的现实选择。

自古以来，盐始终是关系国计民生的基础性商品。一直以来，国家对食盐实行计划专营管理，食盐价格由国家管制。这保证了食盐质量和食盐市场供应安全，在较短时间内消除了碘缺乏病。但也导致了政企不分、市场竞争活力不足，盐业企业经营机制落后等诸多问题。2017年，盐业体制改革正式实施，取消食盐计划管理和价格管制，引入竞争机制释放市场活力，食盐市场进入竞争时代。

盐改给中盐集团带来了巨大的机遇和挑战。从长期看，盐改通过释放市场活力，促进竞争，最终将形成一批具有核心竞争力的盐业企业，促进行业高质量发展，改革红利巨大。但从短期看，在盐业产能相对过剩、产业集中度低、盐业企业小散乱多的供给侧问题没有得到有效解决之前，盐业将面临着一轮残酷的市场竞争和行业洗牌，这对传统国有盐业企业是一场巨大的生死挑战。中盐集团虽然具有最优势的资源禀赋，但受计划专营制度和历史因素影响，也存在思想观念陈旧、经营机制落后、市场竞争力不强等问题。要想适应盐改新形势，赢得未来盐业市场竞争，必须自我革命，全面推动改革。混改是突破口。通过"混"来引入社会资本，引入外来智力，这会有力地促进内部"改"的变革，推动公司治理完善，按照市场化方向完成资产结构、产品结构、运营模式和组织结构的深度调整，推动内部企业整合和行业企业联合，增强市场竞争力，提高效率，实现建设具有国际竞争力的国家盐业公司目标。

二、"三步走"实现"混"的目标

自中盐股份被正式列为国家第二批混合所有制改革试点企业以来，中盐集团专门成立混改领导小组和混改办公室，拟通过资产重组、增资引战、公开上市"三步走"的工作安排来实现混改、盐改和盐业供给侧结构性改革充分融合。目前，已经完成资产重组、增资引战两个步骤，基本实现了"混"的目标。

（一）积极进行资产重组为引战奠定基础。中盐股份是按照整体改制上市方式设立的，目前形成了制盐和盐化工的业务结构，食盐批发业务未纳入其中。基于将中盐股份打造成为国家盐业公司，使其具备完整的盐产业链，故需要将集团内食盐批发业务注入其中，并将非主业的化工资产和其他非盐业务划出，由集团公司进行整合。按照上述资产重组路径，中盐股份与中盐集团之间要进行大量的资产交换。经充分论证和多方比较，在国资委的指导支持下，最终选择了按照国有产权账面价值无偿划转的方式。由于中盐股份股东之一山西盐业公司为集体所有制企业，非国有产权，不能直接实施无偿划转方式，必须先解决其国有股东身份问题。通过多方努力，推动了山西盐业公司股权转让，实现了中盐股份股权的完全国有化，创造了无偿划转的条件。在征得中盐股份全体股东同意，并经中盐集团董事会和中盐股份股东大会审议通过，实施了无偿划转方式的资产重组。此次资产重组，划入划出 16 家企业股权，包括一家上市公司，涉及资产近 400 亿元。因多划出净资产 5.6 亿元，为集团公司净增加报表权益 4000 余万元。如果以评估值计算，为集团公司增加实际利益超过 2 亿元。

（二）公平公正引入战略投资者。中盐集团以中盐股份作为平台推进混合所有制改革，主要采用市场化的增资引战的方式。中盐股份按照"价值观契合、战略有协同、实力有保障"的标准来引入和筛选投资者。自 2018 年 9 月开始接洽投资者以来，中盐股份共会见各类投资者近 80 家，安排路演活动近 60 场，实地调研 10 余次。最终有 13 家投资者完成投资决策进场摘牌，在场内进行竞争性谈判和遴选，确定投资额度和价格。这些投资者可以分为三类：一是盐业企业，例如广东盐业、重庆化医和广西盐业等，有利于形成行业联合和业务互补；二是跨行业企业，例如广东温氏集团、陕西石羊集团等，有助于在商业模式上相互借鉴，在部分渠道资源上实现共享；三是战略性财务投资者，如国新央企运营基金、建信信托和兴业银行等，可在公司治理、财务资源、战略发展上给予支持。2019 年 9 月 19 日，中盐股份增资项目签约仪式在北交所举行，13 家投资方正式入资中盐股份，总投资额约 30.61 亿元，合计持股比例约 31.57%。

中盐集团在本次混改中将盐业务全部注入中盐股份，考虑到中盐集团的资金需求，本次混改中盐股份增资采用"增 2 配 1"方式进行，即投资者每认购中盐股份 2 股新增股份，需同时认购 1 股中盐集团所持存量股份。本次混改募集资金逾 30 亿元，其中 20 亿元由投资者投入中盐股份，10 亿元由投资者支付至中盐集团。采用增资及老股转让相结合的方式，既可支持中盐股份的未来发展，也满足了中盐集团的资金需求，有效平衡了中盐集团与中盐股份之间的发展关系。

三、开创性解决历史遗留问题，为混改奠定基础

中盐股份长期在传统的食盐专营政策下经营，历史遗留问题较多。在历史遗留划拨土地等实物资产和矿业权处置方面，做了开创性的探索，为混改奠定基础。

（一）在处理历史遗留划拨土地等实物资产方面。中盐集团采取"一企一策""因地施策"的原则，采用了 6 种划拨土地的规范方式。一是将中盐集团全资主体持有的划拨土地及地上房屋无偿划转至中盐集团下属其他全资主体；二是将中盐股份控股主体（国有全资企业）持有的划拨土地及地上房屋无偿划转至新设公司，该新设公司与原持有方股权结构一致；三是将中盐股份控股主体持有的划拨土地及地上房屋按评估结果协议转让至其他中盐集团控股主体；四是在产权交易所挂牌出售划拨土地上房屋；五是退还至当地政府机构；六是对生产经营性划拨土地办理协议出让。按照上述方式处理划拨土地，既保证了中盐股份生产经营所需的必要用地需要，也有效节约了中盐集团及中盐股份对此进行规范的成本，并全面提升了资产质量。在处理历史遗留划拨土地等实物资产工作中，中盐集团共解决瑕疵资产疑难问题 200 余个，涉及 31 宗划拨土地，涉及地上房产 93 处，土地面积 112.13 万平方米，土地及地上房产账面价值金额 2.59 亿元。

（二）在矿业权的处置方面。中盐股份下属企业包含我国盐行业的诸多重要制盐企业。制

盐企业主要为井矿盐生产企业，生产经营依赖盐矿资源。各地方制盐企业取得盐矿矿业权时，国家尚未执行统一的矿业权有偿使用政策，故未在当时缴纳价款。由于相关政策调整，部分原本无须进行有偿处置的矿业权需补缴矿业权出让收益。按照最新政策解读处理，相关企业需缴纳的出让收益将超过百亿元。如因为混改而导致企业成本剧增无法生存不符合改革初衷，但又不能因为该历史遗留问题导致混改工作夭折。为此，在混改资产评估过程中，中盐股份积极与上级沟通协调，按照最有利于实现国有资产保值增值的方式来进行处理，最终确定了对基准日已有偿处置资源储量进行评估调整为对基准日保有资源储量进行评估的方式。以上评估方式具有创新性，合理地解决了企业难题，也符合相关文件对矿业权监管规定的要求。

四、完善治理，将"混"向"改"深入推进

"混"是基础，"改"才是关键。盐业体制改革使得中盐集团所处政策环境发生重大改变，中盐集团急需转变治理模式，企业治理模式的改革是中盐股份混改能否成功的关键。

一是转变中盐股份领导体制。混改后，中盐股份从原来国资委备案管理下放为中盐集团公司党委管理，实现了中盐集团领导层与中盐股份领导层的分离，这为混改后实现规范治理、做活机制奠定了基础。

二是形成了较为均衡的股权结构。混改后，中盐集团向股东身份回归，持股比例从92.47%降至62.49%，中盐集团与其他18家持股股东形成了较为均衡的股权结构，强化了不同"东家"的相互制衡。中盐股份进一步做实，逐步成为真正自主经营的法人主体。

三是建立有效制衡的公司治理。混改后，中盐股份建立了由战略投资者参与、结构合理、专业化的董事会。中盐股份董事会共设11个席位，其中中盐集团提名4个，本次混改引进投资者提名3个，同时设置4个外部董事席位（上市后为独立董事席位）。这样的董事会构成有助于建立权责对等、运转协调、有效制衡的决策执行监督机制，既确保中盐集团的控股地位，保证国家盐业公司的运营安全，又能够保证战略投资者在治理上有自己的话语权。

四是落实董事会职权。中盐集团明确和规范了对提名的董事、监事的授权事项，中盐股份股东会也明确了对董事会的授权放权事项，从而真正落实了董事会职权，确保股份公司董事会拥有企业中长期发展权、投融资决策权、经理层业绩考核和薪酬分配权、职工工资分配权等权利。

五、完善机制，强化激励，持续提升企业内生活力

中盐股份充分认识到混改工作中"混"只是形式，"改"才是实质，也认识到通过"改"激发微观市场主体和个体活力的重要性，着力调动员工积极性、主动性和创造性，发挥企业整体合力。

一是不断完善市场化经营机制，激发企业活力和动力。中盐股份已建立企业高质量发展的人工成本自我调控机制，通过经济效益、人工成本、投入产出等三大类指标，每季度通报中盐股份人工成本对标，对异动企业进行分析及提醒。积极推行公开招聘制度，印发《关于加强和规范中盐股份所属企业员工招录管理工作的通知》，计划2021年建立"劳动合同"与"岗位合

同"相结合的市场化用工制度；在绩效考核办法（实行）中规范化地建立了员工退出渠道和正常流动机制，实现员工"能进能出"。积极推行经理层成员任期制和契约化管理，目前中盐股份及其所属两家"科改示范企业"中盐金坛、中盐研究院已率先实现经理层成员任期制和契约化管理，并初步建立相关制度、签订岗位协议及绩效考核责任书。

二是加快内部薪酬分配制度改革，不断健全激励约束机制。已建立《职务职级管理暂行办法》《本部薪酬管理试行办法》《绩效考核办法（试行）》，严格按照绩效考核结果落实收入能升能降的"强激励、硬约束"机制，合理拉开工资分配差距；并建立"不看身份、不看级别，只看岗位、只看贡献"的市场化、差异化薪酬分配体系。中盐股份按照"业绩升、薪酬升，业绩降、薪酬降"原则，对所属（托管）企业工资总额决算数据进行审核，对分配结构低效、薪酬水平不合理的企业进行严格调控；根据各企业预算经济效益，对所属（托管）企业年度工资总额预算进行审核，加强收入分配管控力度。推进中长期激励机制建设，中盐股份所属的中盐研究院已制订、实施项目分红激励方案；中盐金坛已制订激励方案，但是方案需要进一步分析论证并听取职工意见建议。

六、联合重组，整合资源，推动混改与盐改深度融合

基于将中盐股份打造成为具有国际竞争力的世界一流国家盐业公司，具备完整盐产业链体系，中盐集团多次组织内外部机构、单位研讨盐改后盐业商业模式和中盐股份发展计划，最终形成了"内整外和、统分结合、创造价值"的业务发展思路，加快推动了区域产销一体化整合和产品专业化整合，推动了营销管理体系变革，不断提升了市场化营销能力和经营效率。

一是加快内外整合重组，推动混改与盐改深度融合。加快推进盐业联合重组，推动行业资源整合、区域整合、产销整合，提高产业集中度和资源综合利用水平，淘汰落后产能，引领有序竞争。对外：加快央地合作，获取盐和市场资源。中盐集团与重庆化医集团达成并购重组协议，打开了中盐集团在西南地区的市场大门。中盐西南盐业有限公司已于 2019 年 5 月 17 日正式挂牌运营，是盐改以来，央企和地方企业首例整体重组案例。2020 年，中盐股份深度参与内蒙古额吉淖尔盐业公司增资混改项目并顺利摘牌，获得国内唯一的草原湖盐资源，集团高端盐业资源掌控力得到进一步增强，同时也加大了中盐品牌的影响力。对内：加大盐业务内部区域产销一体化和资源整合力度。中盐股份已完成京津冀、中部、西南三个地区的业务整合，区域产销一体化格局已初步形成。中盐股份积极推进专业化公司运营，大力整合营销渠道和各类资源及同类业务，已实现了食盐营销策略和品牌策划宣传的统一管理；实现了生产计划、新品研发计划、科研计划与销售计划、市场推广计划的无缝衔接以及对大型商超、电商、大客户优质高端盐品统一销售和市场推广。同时，推动了中盐研究院与中盐国本的业务融合，实现了技术研发、盐与健康服务及供应链管理资源的有效整合。

二是加快盐业全产业链的构建，不断促进我国盐业产业链、价值链提升。集聚各类资本优势，拓展延伸盐业产业链和价值链，推动产品创新、市场创新、商业模式创新和服务创新，充分发挥集团化优势，持续提升中盐产品的市场占有率，从而引领行业发展，重塑盐业新生态。

中盐集团作为基础民生业务范畴的中央企业，其开展混合所有制改革意味着国企改革正在从充分竞争性商业领域向承担重大专项任务商业领域纵深推进。而且，按照中盐集团和中盐股份现有的组织架构和管理体制，中盐股份的混改实质上意味着中盐集团的混改，这也是继中国联通后又一家在集团层面开展混改的央企，由此形成的示范效应对于推进国企混合所有制改革具有借鉴意义。中盐股份的混改也取得了较为显著的成效，2020 年，中盐股份实现利润总额 7.34 亿元，同比增长 28.66%；净利润 5.66 亿元，同比增长 27.84%；归母净利润 3.59 亿元，同比增长 28.66%。同时，国有资本回报率明显增加，2020 年比 2019 年提高 2.85 个百分点。

传统养殖企业借混合所有制改革抢占农业产业制高点

——北京首农股份有限公司混改案例

北京首农股份有限公司（简称"首农股份"）成立于 1975 年，前身为北京市畜牧局，1996 年改制为北京华都集团有限责任公司（简称"华都集团"）。华都集团原本是 20 世纪我国第一个引进白羽鸡规模养殖和加工的企业，一直是白羽鸡市场的领军者。然而，公司存在传统国企的决策效率低、生产运营效率不高、抵御充分竞争行业能力弱的问题，无法适应市场竞争的需要，同时，在同类企业的竞争下，市场占有率快速下降，2013 年在全国已跌出前 50 名，转型迫在眉睫。自 2014 年开始，首农股份通过引入战略投资者增资的方式进行了两次混合所有制改革。2019 年，首农股份经营业绩达到前所未有的高度，公司资产总额达 66.93 亿元，利润总额达 5.82 亿元。

一、首农股份推进"引资本"的主要做法

（一）初次引资，引入民营战略投资者进行所有制改革。为探索国有企业混合所有制改革机制，首农股份作为北京市国有企业改革试点企业进行了机制改革。2014 年 3 月，首农集团与北京友山衡融亚农投资管理中心、北京友山圣跃投资管理中心、上海京西投资有限公司签署增资协议，三家战略投资者投资 7.5 亿元占股 46%，完成首农股份混合所有制改造。完成引资后，首农股份股权结构为：首农集团持股 54.389%、珠海友山持股 12.163%、衡融亚农持股 12.163%、上海京西持股 21.285%。2016 年 4 月，华都集团更名为首农股份，公司性质由"有限责任公司"变更为"股份有限公司（非上市公司）"。

友山圣跃、衡融亚农、上海京西作为民营资本，其市场化机制非常成熟，且公司配备强大的投资团队，其高效的市场化运作方式为首农股份进一步市场化运作提供了有利条件，同时其强大的投资团队协助首农股份在多次国际收购项目中获得成功。

（二）再次引资，引入央企背景战略投资者进一步优化股权结构。为增强企业竞争力，提

高企业在行业的影响力，同时解决首农股份融资问题，2018 年首农股份进一步深化公司混合所有制改革，引进在农业行业具有较大影响力的战略投资者——中信集团所属中信农业科技股份有限公司（简称"中信农业"）和宁波梅山保税港区丙申投资合伙企业（有限合伙）（简称"鲲信丙申"）成为新股东。完成引资后，首农集团出资国有法人资本金 38072.42 万元，持股 45.3244%；中信农业出资 14000 万元，持股 16.6667%；上海京西出资 14899.5364 万元，持股 17.7375%；友山圣跃出资 8094.0207 万元，持股 9.6357%；友山衡融出资 8514.0207 万元，持股 10.1357%；鲲信丙申出资 420 万元，持股 0.5%。

首农股份与中信系两家战略投资者的融合经历了一个过程，两方相互认同的过程始于 2014 年携手出海并购，而后经历了 4 年不断合作和相互影响的过程，到 2018 年资本层面结合，实现了从理念到目标方向的融合，这是在引资后双方良好合作、不断推动企业沿着既定战略方向前进的重要前提。

二、首农股份推进"改机制"的主要做法

（一）建立健全现代企业制度。一是始终坚持党对企业的全面领导。在企业改革发展中，始终加强党对企业的全面领导，修订《首农股份党委会议事规则》《关于贯彻落实"三重一大"决策制度实施办法》，落实党组织研究讨论是董事会、经理层决策重大问题的前置程序，重大经营管理事项必须经党组织研究讨论后，再由董事会或经理层作出决定，党委会、董事会、董常会等决策会议运行顺畅、科学高效。二是持续完善公司法人治理结构。首农股份在引资后逐步完善现代公司管理制度，形成了股东会、董事会、监事会、经理层各负其责的公司法人治理结构。公司董事会由 11 位董事构成，其中 5 位由国资委委派，4 位由友山系委派，2 位由中信农业委派。友山资本的优势在于运作能力，中信的董事侧重于国际化视野。各方董事积极配合，在董事会上形成了积极讨论、科学决策的氛围，非首农的董事借助自身特长，推动企业科学决策，国资委委派的董事也非常积极，帮助献计献策，提升与首农集团沟通和项目进展的效率。三是落实董事会职权。对派出董事充分授权，对于授权董事会的事项，大部分董事都可以自己根据判断投"个人票"。只要与股东权益无关的，都可以自己定；与股东权益有关的，要获得股东同意，由科学化的管理团队为董事提供日常支持。此外公司还有评估和风控制度，每三个月董事要向股东会报告。

（二）推动内部经营机制变革。一是推动职业经理制度改革。以首农股份经营层职业经理人试点改革为基础，建立首农股份经营管理团队市场化选聘、市场化薪酬、市场化考核的激励约束机制。目前首农股份职业经理人制度改革初见成效，公司已有两位职业经理人，对职业经理人未设置薪酬限制。二是建立健全中长期激励制度。主要包括首农股份层面的员工持股、下沉到子公司层面的员工持股、新项目的跟投机制。其中，强制跟投制度，要求项目管理人都要跟投项目金额的 10%—30%，以此将项目与管理人的利益相绑定，激励项目管理人提高项目绩效，改善了项目受益人与管理人之间的委托代理问题，使得项目管理人做到为项目全力付出，风险共担，利益共享。

三、首农股份混合所有制改革取得的主要成效

（一）国际国内的战略布局和产业布局得到重大改善。首农股份已经形成以鸭板块、生猪板块、蛋鸡板块、北京油鸡板块、白羽肉鸡板块和社区生鲜便利板块为主的业务板块，拥有从育种到屠宰加工的完整产业链，肉用分割型樱桃谷品种市场占有率全球第一。首农股份设立全资子公司北京首农未来生物科技有限公司，以基因编辑、分子标记育种、全基因组选择、大数据育种等现代生物技术为手段，开展育种攻关，切实解决种源"卡脖子"问题，着力赶超世界领先育种公司。

（二）企业经营管理效率得到显著提升。自 2014 年首农股份混合所有制改革后，公司重新梳理发展战略，经过近三年调整，首农股份自 2016 年开始，业务基本整合完毕，2017 年首农股份开始急速扩张业务。2019 年，首农股份经营业绩达到前所未有的高度，公司资产总额达66.93 亿元，利润总额达 5.82 亿元。受新冠肺炎疫情影响，2020 年，首农股份资产总额达到73.91 亿元，利润总额 −0.98 亿元。

（三）企业核心竞争力得到显著增长。混改以来，首农股份逐步按照"微笑曲线价值链"战略执行，业务有进有退，即聚焦种业和市场渠道，有计划调整、优化产业布局。首农股份建立了世界先进、国内领先的前沿生物育种技术平台，实现了跨物种、跨学科的动物育种技术融通。2017 年成功收购了樱桃谷公司 100% 的股权，大大提升了种鸭市场控制力。2019 年设立全资子公司北京首农种猪科技有限公司落地优质种猪育种及推广业务。

借力混改打造现代服务业龙头企业

——天纺标检测认证股份有限公司混改案例

天纺标检测认证股份有限公司（简称"天纺标"）为天津纺织集团（控股）有限公司所属新三板挂牌企业，是一家综合性第三方检测机构，检测领域覆盖服装、轻工、特种纺织、一次性卫生用品、运动防护、医用防护、医疗器械、食品接触、阻燃等。2019 年，天纺标被列入国有企业混合所有制改革第四批试点企业，正式开启了混改之路。天纺标将"引资"与"引治"密切结合，混改后，借助两名股东的专业技术能力，引入与主业深度协同的优质资产、专业人才等战略资源，聚焦产业、深耕主业，积极谋划内部治理改革和战略布局调整，经济指标实现了倍增，法人治理结构持续优化，检测能力不断增强，科技创新实力稳步提升，改革成效显著。

一、天纺标开展混合所有制改革的主要做法

（一）找准"引战"方向，公开优选战略投资者。天纺标将"引资"与"引治"密切结合，按照"战略高匹配、发展高协同、文化高认同"原则，采取在天津产权交易中心公开挂牌交易

方式依交易程序公开择优选择投资者，最终成功引入华测检测认证集团股份有限公司(简称"华测检测")和深圳市架桥资本管理股份有限公司（简称"架桥资本"）作为战略投资者。华测检测是中国首批、深圳市首家在创业板上市的公司，也是国内检测行业首家上市公司，是目前国内最大的民营综合性检测服务机构；架桥资本是一家专注于先进制造领域的精品投资机构。两家战略投资者在核心技术、市场资源、资质方面各具优势，为公司带来强大的技术支持、市场资源和管理经验。

（二）围绕改革重点，全面完善法人治理。一是发挥公司党委领导作用。坚持正确政治方向，充分发挥企业党组织把方向、管大局、保落实领导作用，把建立党的组织、开展党的工作，作为国有企业推进混合所有制改革的必要前提，在党建工作整体要求写入企业章程的基础上，进一步加强党的领导。坚持全面从严治党方针，加强反腐倡廉建设，强化纪委对混改工作的全程监督，依法依规、严格把关、纪挺法前，为国企改革发展提供坚强有力的政治和组织保证。二是完善公司治理机制。公司制定了"1+3"权责表，进一步明确股东大会、党委会、董事会、经理层的权责划分，凸显党委会的政治核心作用，促进董事会的科学决策，以及经理层的高效执行。混改后，股东按照出资比例分别委派了董事、监事。公司董事会现有董事9名，包括3名独立董事。依法落实董事会职权，不断增强董事会履职的独立性、自主性和权威性；董事会下设4个专门委员会，有效提高董事会规范运作、科学决策水平。

（三）突破改革难点，深度转换经营机制。一是坚持市场化选人用人机制，严格退出管理。天纺标是天津纺织集团首家推行职业经理人制度的试点单位，通过市场化选聘职业经理人，组建公司高管团队，打破传统经理层"委任制"模式，高层管理人员结构进一步优化，并将职业经理人选聘办法延伸到中层管理人员，实现中高级管理人员市场化选聘、契约化管理。通过设置"竞聘＋考核"模式，每年对中层以下员工实施全员竞聘上岗，评分低于及格线或竞聘失败的人员按照《员工待岗办法》集中培训后，重新上岗或解除劳动合同，真正实现"能者上，平者让，庸者下"。二是树立业绩导向，合理拉开薪酬差距。公司通过实行与企业经济效益相挂钩的工资分配办法，用公司产值来锁定工资总额，员工薪酬和公司业绩联动，实现业绩升薪酬升、业绩降薪酬降；通过职业经理人签订"三书两办法"，设立"必保、力争、挑战"三档目标，根据完成情况兑现绩效年薪，压力与动力并举，激发核心骨干人员干事创业热情，激励员工"跳起来才能摘到桃子"；通过"技术＋行政"双通道岗位设置，为管理人员和专业技术人员提供各尽其能的发展平台，公司技术级数上不封顶，突破技术人员上升的"天花板"，核心技术骨干薪酬可高于公司高管，激发员工的干劲与潜能。三是健全中长期激励机制。公司作为天津市科技型中小企业，建立了经营班子和骨干职工增资持股的股权激励机制，制定了股权激励方案，激励对象为与公司签署劳动合同的中高级管理人员、核心技术人员、业务骨干。2017—2018年，65名激励对象以评估价格3.67元，认购310.66万股，占公司总股本的5.85%，锁定期5年。2020年公司又实施第二次股权激励，24名激励对象以评估价格6.64元，认购104.95万股。目前，股权激励对象持股占公司总股本的6.06%。实施股权激励以来，公司利润逐年上升，经营业绩保持平稳增长，股东收益持续提高，多次进行利润分配绑定了职工与公司的利益，达到了联股联心，让职工共享企业发展红利的目的。

二、天纺标混改的主要成效

（一）规模效益稳定增长。实施混改后，天纺标 2020 年实现"五突破"，即产值突破创历史新高、监测能力突破传统服装领域、三个子公司突破亏损转盈利、新三板突破转入创新层、资本结构突破单一化。面对新冠肺炎疫情，天纺标第一时间扛起口罩防护服检测使命，迅速扩项评审，成为国际互认的国内为数不多的具备防护产品 CNAS、CMA 资质的全项检测机构之一。全年营业收入较上一年度同比增长 43.93%，净利润同比增长 132.36%，人均创收 53 万元、人均创利 21 万元。

（二）检测能力持续增强。公司在做精做深传统纺织检测根基的同时，洞察市场形势，结合社会热点，积极增扩箱包、鞋类、阻燃、特种纺织品、医用口罩、医用防护服、民用口罩、消毒剂、轻工（头盔）等检测能力，创新开发电商检测业务。初步形成了防护用品、特种纺织等长期检测业务专线，检测业务覆盖纺织、服装、防护用品、羽绒、皮革、鞋类、箱包、玩具、阻燃、口罩、医疗物资等领域。仅 2020 年共为全国 16000 多家企业提供了检验检测服务，出具检测报告 26 万份。

（三）行业影响不断加强。天纺标充分发挥信息、标准、技术、研发的资源优势，利用信息渠道及 5 个专家队伍优势，及时获取行业上下游关于新工艺、新材料的最新动态，利用标准制订优势与科研技术能力，构建品牌价值。天纺标及所属企业累计参与制定标准 30 余项，累计自主研发项目 50 余项，公司拥有专利 31 项，软件著作权 5 项，荣获科技进步奖 8 项。在行业中具有一定的竞争力，引领着行业的技术进步和质量提升。

（四）创新能力稳步提升。创新客户开发模式，公司市场业务人员向品牌及产业聚集地前移，成立 VIP 大客户部，为客户提供专业化、定制化服务。创新技术服务模式，打造天纺标大数据平台，为客户定制企业标准，帮助客户规避市场风险，提高客户黏度。创新智能化检测模式，启动精益化管理项目，成立现代纺织技术工程中心，打造"天纺标测试智能化研发平台"，启动客服样单智能物流系统，实现样品、单证自动传递，为建立全流程、智能化检测实验室奠定了基础。

央地合作共发展　企业混改破瓶颈

——中国航发湖南南方宇航工业有限公司混改案例

中国航发湖南南方宇航工业有限公司（简称"南方宇航"）起源于 331 厂，是中国航空发动机集团有限公司（简称"中国航发"）所属二级企业。混改前，南方宇航发展优势不突出、获得资源少、生存靠自己，面临着生存难题：一是南方宇航从事的航空发动机及燃气轮机零部件和高精传动系统两个主营业务不属于中国航发的核心主业，在中国航发聚焦主业的战略背景下，南方宇航的主营业务优势无法突出，无法形成核心竞争力；二是对南方宇航资本金投入不足，带息负债偏高，混改初期资产负债率达到83.70%，严重制约企业发展壮大，连续两年亏损；三是南方宇航作为以民品为主的企业，在军工行业"保军首要"的管理背景下，缺乏市场化竞争优势，盈利能力较弱。南方宇航被纳入国有企业混合所有制改革第四批试点企业（简称"试点企业"），混改完成当年，南方宇航资产负债率下降至65%左右，有效解决了南方宇航负债偏高、盈利能力较弱的难题，实现扭亏为盈，打破发展瓶颈，同时带动地方相关产业链迅速发展，实现央地协调共赢发展。

一、南方宇航推进"混资本"的主要做法

（一）央地合作推进启动混改，顺利让渡控股权。高质量引入战略投资者让渡控股权，是实现混改目标的基础。引战初期，南方宇航按照"卖羊羔"的常规方式设计混改方案并实施引资，但受新冠肺炎疫情影响，资本市场观望情绪浓厚，直接引资面临巨大困难。面对困难，中国航发党组牢牢把准改革方向，在困境中另辟蹊径，指出要用"养孩子"的创新方式推进混改，即：联合具有产业合作基础的地方政府，用地方优势补齐南方宇航发展短板，用航空发动机主业优势锻造南方宇航技术长板，共同以航空发动机区域供应链的方式推进混改。南方宇航找准企业和地区发展的最大公约数，最终选定工业基础深厚、管理机制灵活、具有市场需求的广州市作为第一合作对象，并与广州工业投资控股集团有限公司（简称"广州工控"）正式达成合作意向。2020年底，中国航发与广州市签署战略合作协议，中国航发向广州工控让渡南方宇航控股权，南方宇航高质量引入战略投资者的目标全面实现。

（二）市场认可合作深化混改，超额引进外部资金。随着混改的深入推进，南方宇航加大引资力度，沿产业链、供应链、价值链、资本链的上中下游深入挖掘吸引投资者。一是用产业化思维讲清央地合作推进混改的优势。中国航发与广州市合作推进混改、共同支持混改企业发展，打开了南方宇航风电产业、海工产业的市场空间，产生航空发动机产业链的带动效应、溢出效应。二是用市场化思维挖掘混改后的企业价值。南方宇航具备完整的军品科研生产资质、完备的科研生产能力和稳定的市场配套关系，混改后由中央军工企业控股变为地方工业企业控股，继续依托主业优势，创新体制机制，适应市场需求，激发主体活力。三是用资本化思维回应投资者的关切。从投资者的角度，统筹考虑招商引资条件的公允性和竞争力，在市场化大前提下，支持南方宇航混改。南方宇航央地合作推进混改的模式受到资本市场认可，以3.55亿元的净资产，成功引入超过10亿元投资资金。

（三）获得地方配资支持，攻克员工持股难关。混改初期，面对试点企业的员工持股优惠政策，因南方宇航连续亏损，骨干员工对持股的反应并不积极。在获悉株洲市政府建立了员工持股政策性支持基金的消息后，中国航发经与株洲市反复沟通，争取到株洲市按照配资比例和配资总额的双上限，给予南方宇航7500万元员工持股配资支持。株洲市国有投资平台更加看好南方宇航未来发展，作为原股东追加投资8500万元，以保持持股比例不变。员工的信心空前高涨，骨干员工共拿出 1500 万元参与持股，在持股平台已经满额的情况下，南方宇航对关键业务人员和优秀技术工人又成立了两个持股平台，承接员工持股。

二、南方宇航推进"转机制"的亮点

（一）坚持"两个一以贯之"，党的领导全面加强。南方宇航在混改伊始就按照中国航发党组要求，始终坚持"两个一以贯之"。混改谋划过程中，始终坚持"四同步"原则，把建立党的组织、开展党的工作作为推进混改的必要前提，做好党的建设和企业治理四个对接：体制对接、机制对接、制度对接、工作对接。混改实施过程中，充分发挥好三类主体作用：党委的领导核心和政治核心作用、基层党组织的战斗堡垒作用、党员的先锋模范作用，党的建设真正成为南方宇航改革发展的"压舱石"和"稳定器"。南方宇航充分发挥党组织作用、做好职工思想工作、加强政策宣传沟通，混改最终获得员工理解支持，改革过程安全平稳。控股权让渡过程中，中国航发与地方深入沟通加强南方宇航党的建设工作，将党的建设写入公司章程，明确四个坚持：坚持"双向进入、交叉任职"的机制，坚持党管干部原则，坚持"一岗双责"，坚持重大决策事项党委会前置讨论制度，落实党组织在公司法人治理结构中的法定地位，实现加强党的领导和完善公司治理有机统一。

（二）利用股东资源合力，不断完善治理机制。混改后，南方宇航形成了背靠两大军工央企、依托两大地方国资平台、骨干员工持股、社会资本参与的多元资本架构，形成了共赢合力：广州工控、中国兵器集团投资平台的控股和加入，极大拓宽了南方宇航在海上风电、船舶制造、战车传动等领域的市场；株洲市投资平台的新增投资，代表所在地政府持续支持；中国航发所属基金的加入，坚定了外部投资者信心；非公有资本的加入，将发挥其在企业治理中的"鲇鱼效应"。通过规范公司治理和调整管控模式，南方宇航经营机制更加贴近市场、主业优势更加巩固突出。中国航发作为第二大股东，和其他股东共同组建了以广州市属控股股东为主，军工央企、地方国企和员工持股共同组成的专业化董事会，构建了权责对等、运转协调、制衡有效的公司法人治理结构。

（三）依法合规安全稳定，实现混改平稳有序。一是在集团管控层面，中国航发审计与法律等有关部门全程参与，对混改全流程监管，确保南方宇航混改严格遵守国家法律法规和相关政策文件要求。二是在内部管控层面，南方宇航组织合规性自查，同时聘请独立第三方法律机构对混改全流程进行检查，出具法律意见，确保混改依法合规。三是在中介管控层面，中国航发所属资产管理公司充分发挥经济服务平台作用，混改增资扩股项目通过上海联合产权交易所公开挂牌，及时披露相关信息，通过市场发现、合理确定资产价格，自觉接受社会监督。

（四）以市场化为导向，持续推进用人机制变革。一是建立了职业经理人制度，通过市场化方式选聘，实现现有经营管理者与职业经理人身份的顺利转换，充分尊重、发挥企业家作用。二是实施职业经理人任期制、契约化管理和市场化退出，建立以董事会为考核主体、以经营业绩为导向的市场化管理体系，严格任期管理和绩效考核，实施超额利润分享计划，激发和保护企业家精神。三是形成了市场化的选人用人、劳动用工机制，中管层以竞聘方式选聘，员工市场化公开招聘。四是构建了劳动合同、岗位合同双向管理机制，劳动合同解决身份问题，岗位合同解决进出问题，实现员工流动"能进能出"，让企业能够紧跟市场需求变化灵活高效运转。

（五）坚决理好历史旧账，解决混改发展隐患。面对历史形成的众多难题，中国航发不藏不掖，直接向广州市、投资者说明情况，取得理解、建立信任，同时直接上手，确保问题在混改完成前得到解决。例如，解决南方宇航大额负债问题。混改初期，南方宇航负债超过 15 亿元(其中中国航发借款超 10 亿元)，而净资产仅为 3.55 亿元。面对既要确保国有资产保值增值，又要抢抓企业混改机遇，还要促进企业长远发展的多目标决策，中国航发抓住超 10 亿元国有全资企业借款这个主要矛盾，用发展的增量价值解决历史的存量问题，提出了"增 + 换 + 缩"的一揽子方案。"增"：用新股东信用的增量，增加南方宇航的信用存量，释放南方宇航的融资能力；"换"：引入金融机构贷款的增量，置换中国航发的借款存量，确保了国有资产保值增值；"缩"：用混改投资资金的增量，偿还金融机构贷款的存量，促进企业长远发展。南方宇航的大额负债问题得到圆满解决。

三、南方宇航混改成功的关键要素

（一）牢牢地把握了正确的混改方向。中国航发党组坚决贯彻落实十六字方针，高度重视南方宇航混改，历经数次方案论证、多轮引战引资，尤其是面对突如其来的新冠肺炎疫情、错综复杂的国际形势，中国航发党组坚强领导，牢牢把握正确的混改方向，正视困难，周密部署，深入一线，积极推进，全面实现南方宇航打破发展瓶颈、完成改革转型的混改目标。

（二）高标准高质量央地合作发挥了共赢发展的乘数效应。中国航发、广州市委市政府找准企业和地区发展规划的结合点，积极开展高标准高质量的合作，在推动中央企业高质量发展的同时，促进了地方产业结构调整和经济社会发展。中国航发聚焦发展战略，聚焦主责主业，在央地合作推进混改中，锻长板补短板，促进企业高质量发展。广州市依托广大的市场需求和深厚的工业底蕴，在央地合作推进混改中，通过市属企业引入"工业皇冠上明珠"——航空发动机的高端制造优势和中国航发 AEOS 管理优势，积极构建有利于提升产业基础能力和供应链现代化水平的生态体系。在项目实施中遇到困难和问题，得到了南方宇航所在地——株洲市委市政府的大力支持。央地大力协同、共赢发展，使各项改革措施在混改实施过程中相互促进、形成合力，在混改成效上相得益彰，发挥了乘数效应。

以"四步走"持续深化混合所有制改革

——南方电网综合能源股份有限公司混合所有制改革案例

南方电网综合能源股份有限公司（简称"南网能源"）成立于 2010 年 12 月，由南方电网及其下属五省区电网公司持股 72%，广东省能源集团有限公司（简称"广东能源集团"）持股 18%，广东省广业集团有限公司（简称"广业集团"）持股 10%，主营业务为节能服务、新能源和能源综合利用。2019 年，南网能源通过"股权划转—股东同比例增资—引入战略投资者—首发上市"的"四步走"战略成功实施混合所有制改革，并持续推进制度、机制和管理创新，走出了一条行之有效的改革发展之路。

一、立足"四步走"不断深化混合所有制改革

为厘清与控股股东南方电网集团之间的权责边界，确立南网能源董事会的法定职权，加快完善现代法人治理，南网能源实施"四步走"的混合所有制改革举措。

第一步：系统内股权划转。2019 年 3 月，南方电网下属五省区电网公司持有的南网能源 44% 股权统一划转至南方电网集团，解决了上下两级法人持股问题。第二步：股东同比例增资。完成股权划转的南方电网，与其他两名股东广东能源集团、广业集团同比例增资 10 亿元，南网能源的资本金增至 20 亿元。第三步：公开引入战略投资者。2019 年 7 月，南网能源公开挂牌引入了绿色能源混改股权投资基金（广州）合伙企业（有限合伙）、广东省广业绿色基金管理有限公司、特变电工股份有限公司、广州智光电气股份有限公司等 4 家战略投资者，一共释放了 34% 股权，募集资金 15.25 亿元。其中，引入的民营企业特变电工和广州智光，与南网能源均具有较强的产业协同效应，助力南网能源开发建设了多个综合能源优质项目，对推动能源产业价值链整合、增强公司发展新动能具有重要价值。第四步：资本证券化整体上市。2019 年 9 月，南网能源完成股份制改造。2021 年 1 月，在深交所首发上市，南网能源的股权结构进一步调整为：南方电网集团持股 40.29%、广东能源集团、广业集团分别持股 10.56%、1.85%，4 家战略投资者合计持股 27.21%，公共投资者持股 20%。

二、立足职业经理人管理体系深化三项制度改革

一是实施"效果决定用人"的职业经理人管理体系。为解决国有企业长期以来存在的"难下""难出"问题，南网能源自 2016 年就率先试点职业经理人制度。2018 年底，16 家子公司的经理层成员全面实施职业经理人制度，提前完成经理层成员任期制和契约化全覆盖的改革要求。近三年，南网能源共有 12 名管理人员因竞聘失败、放弃竞聘或未完成考核指标而被降岗、降薪或主动离职。实施混合所有制改革后，南网能源进一步完善了职业经理人制度的配套措施，建立起职业经理人三级管理机制，包括"试用期考核 + 年度考核 + 聘期考核"的评价考核体系、"基薪 + 年度绩效 + 聘期激励"的薪酬管理模式，以及管理人员岗位、职级脱钩机制，全面畅通管理人员"上""下"机制渠道，确保管理人员选用市场化操作。

二是落实市场化选人用人机制。南网能源借助混合所有制改革契机，大胆破除国有企业原有的"身份""终身制""职级"等观念束缚，全面实行市场化招聘和契约化管理，90% 以上员工来自市场化招聘。制定《劳动用工管理办法》《岗位管理办法》等制度，明确岗位任职资格和胜任能力标准，实行依能上岗、按岗定薪、定期考核、动态调整、优升劣降、岗变薪变的岗位管理机制。加强业绩考核过程管理和结果应用，对业绩考核不合格的员工及时予以降岗、调岗，建立了试用期、日常考核、年度考核、任期考核等多渠道退出机制。近三年，南网能源的

人员流动率保持在 10% 左右，做到了不看身份、不看级别、"能进能出"。

三是建立以价值创造为导向的人工成本管控机制。建立经营单位预算、绩效考核与薪酬分配一体化机制，明确各经营单位业务发展目标、财务预算与人工成本的量化关系，引导各经营单位精确掌握人工成本指标，做到量化透明、有章可循、有据可依。优化薪酬结构，构建"基薪 + 业绩薪酬"的分配模式，加大业绩薪酬的激励强度，员工的业绩薪酬占比最高可达薪酬收入的 80%。实施差异化的薪酬决定机制，各级职业经理人实行年薪制，职能部门人员实行岗位薪点制，业务人员实行"市场化协议工资 + 业绩提成分享"制，突出考核的量化与刚性要求，严格按照绩效考核结果兑现薪酬，真正做到了薪酬分配差异化、"算得出"。优化各经营单位内部分配管理机制，加大对职业经理人的员工绩效薪酬分配授权，同时，按季度对各经营单位开展工资总额发放情况监控分析，强化过程监控及后评估。

三、立足决策权限清单全面加强内控管理与监督

一是建立起全覆盖的决策权限清单。南网能源及时修订了"三重一大"决策实施细则、授权与审批权限管理制度，进一步规范"四会一层"决策权限清单和衔接流程。同时，结合下属各经营单位发展阶段，按照"一企一策"原则，对各分子公司的投资、采购、合同审批进行差异化授权，构建起覆盖南网能源各经营单位的分层分类决策权限清单。凡涉及南网能源的生产经营管理事项，对照决策权限清单即可清晰找出决策主体和决策路径，既能确保规范决策，又可切实提高决策效率。

二是以投资管控为重点强化内控管理。南网能源先后印发《关于建立投资项目全过程管理责任链的指导意见》《投资管控方案建议》等内部规章，形成投资项目履职评价、考核、激励与追责等全过程管理机制。编制《内部控制管理手册》《内部控制评价手册》，印发合规义务清单、重大合规风险应对表、重点合规岗位手册，更新发布 43 份合同标准文本，健全以合规为基础、以风险管理为重点、以内控为手段的内部控制体系。

三是强化审计监督和责任追究。南网能源将审计整改落实情况纳入有关责任单位年度目标责任考核，促进管理闭环，充分发挥审计对公司健康发展的"质量检验"作用。同时，南网能源还印发了《违规经营投资责任追究实施细则（试行）》，在进一步加强和规范对违规经营投资责任追究的同时，建立了明晰的容错机制。

2021 年末，南网能源的总资产达到 135 亿元，营业收入、利润总额分别为 26 亿元、6.1亿元，较 2018 年改革前分别增长了 102%、113% 和 163%，其中，人工成本利润率同比增长83.24%，运营效率大幅提升。

第二章 第二类：中央企业混合所有制改革典型案例

混改铺路 市场搭桥 共建国家智慧能源大脑
——中能融合智慧科技有限公司混改案例

"双碳"目标下，数字经济成为能源企业转型发展的关键增量。为解决能源行业工控网络信息安全问题，2018 年 11 月，国家电力投资集团牵头联合其他能源领域国有企业和民营高科技企业，共同出资组建了"国有资本控股、民营企业参股、市场机制运作"的混合所有制企业——中能融合智慧科技有限公司（简称"中能融合"）。中能融合始终秉承"共商、共建、共享"原则，以"混改"为发展契机，充分激发各方活力，积极探索国有企业优势与互联网企业特质有机融合的改革发展之路。2021 年底，按期完成国家级能源工业互联网平台建设阶段性任务，广泛覆盖国有各主要发电场站和部分重点煤炭、石油、天然气场站，有力加固能源场站工控网络安全，首次实现能源大数据全方位汇聚，为能源行业数字化、智能化转型升级构筑坚实底座。

一、以混合所有制模式共同组建中能融合

（一）建设"国家智慧能源大脑"的愿景提出。作为国民经济命脉，能源行业已经成为网络攻击首选领域之一，如果我们的能源场站、输电线路、油气管道的网络遭到入侵，严重程度不亚于粮食种子出了问题，后果不堪设想。因此，中国需要这样一家公司，既可以保障国家能源安全，又能提升能源效率、连接"数据孤岛"。正是基于这个考虑，2018 年 11 月 9 日，在国务院国资委等五部门的推动下，国家电投牵头联合能源骨干央企、地方国企和民营高科技企业，共同出资组建了混合所有制企业中能融合，提出建设"国家智慧能源大脑"的愿景。

（二）充分发挥骨干国企、高科技民企的各自优势。中能融合成立之初即确立了国有控股、民营参股、市场化运作的混合所有制模式运营与发展路径。2019 年 6 月完成了第一轮增资扩股工作，引入了中核集团、中国华能、中国大唐等 14 家国有能源企业，为公司持续壮大注入了强劲新动力。民营高科技企业充分发挥技术优势，采用空、天、地一体化融合组网，运用人

工智能、大数据、区块链、5G、隐私计算等技术，对能源行业全景数据加工处理。

（三）明确建设国家能源工业互联网平台的企业使命。中能融合以整合能源数据、服务国家战略、支撑能源行业绿色转型为使命，重点开展能源工控安全态势感知、能源大数据应用服务、智慧能源项目服务和智慧能源衍生服务等四类业务。以发电行业安全态势感知平台为基础，逐步向石油、天然气、煤炭等领域延伸，最终目标是建成覆盖全国能源领域、标准体系统一、生态体系完备的国家级能源工业互联网平台。该平台于 2019 年纳入国家重大专项。2021 年完成阶段性任务。现有 3000 多条专线将能源场站、所属总部、数据平台、国家部委密切相连，实现场站边缘节点数据上传、应用下发和远程管理等功能。以安全类数据为例，通过电力安全态势感知系统，全国已有 3600 余家场站将安全分析数据传送到中能融合，实现 31 个省份及其水、火、风、光、核主要电力品种全覆盖。

二、"引资源"与"引资本"相结合

（一）持续引入资源型股东。中能融合以股权为纽带，打造共享开放的实体平台，成立之初即由骨干国有企业和 1 家地方国企带来重要数据信息资源，高科技民营企业带来信息技术资源。2019 年，中能融合引入发电类、电建类以及发电主机制造类企业，包括中核集团、中国大唐、中国华能等 14 家能源国有企业入股；2020 年已推进煤炭、石油、天然气、两网等 6 家能源国有企业入股工作，稳步实施"引资源"的战略，强大的股东资源为中能融合带来投资的同时也带来了重要发展资源。

（二）持续引入民营企业合资新设混合所有制子公司。在中能融合发展起步阶段，民营企业股东为公司注入了市场活力，将市场化运行的基因注入了企业。中能融合按照混改要求成立了控股混合所有制子公司，截至目前，中能融合共设立 3 家混合所有制子公司，吸引了一批优质人才，包括中能数玑（北京）科技有限公司、中能融安（北京）科技有限公司和中能智慧（天津）资产管理有限公司。混合所有制的机制优势充分激发了 3 家子公司经营活力。

三、"改机制"与"强激励"相结合

（一）充分授权、自主决策。国家电投充分授权，通过相关工作规则和权责清单的制定，清晰界定中能融合"四会一层"职责边界，党委会、股东会、董事会、监事会以及公司经理层各负其责、各尽其职，通过公司章程、董事会议事规则或董事会授权管理办法，强化可操作性，充分发挥经理层经营管理作用。完善董事会对经理层的授权管理制度，实现清单化管理，严格落实总经理对董事会负责、向董事会报告的工作机制，强化工作监督机制。

（二）实现职业经理人制度全覆盖。人才是企业发展的第一资源和第一动力，激发人才活力是创新驱动发展的重要保证。人从市场来。中能融合本级及 3 家控股子公司 12 名经理层成员全部由董事会选聘，实行市场化管理。目前，职业经理人制度已在公司本部及所属子公司经理层实现全覆盖，并同步带动全员市场化选聘工作。自 2019 年起，新员工全部面向市场选聘。截至 2021 年底，公司已有员工 272 人，较 2019 年底增加 2.5 倍。"一人一表"签订业绩责任书。

在人员管理上，中能融合变劳动合同约束为契约化管理，变身份管理为岗位管理，抓住关键岗位职责，与经理层成员签订《劳动合同》《保密协议》《岗位聘任协议》《年度综合业绩责任书》《任期综合业绩责任书》等契约文件，以契约文件作为履职依据，明确各方权利、义务与责任。推行职业双通道试点。结合科研人员工作难以定量、成果不易直接测量和评价、工作时间无法准确估算等特点，遵循定性和定量相结合、兼顾一般和突出重点、系统性和可操作性的原则，制定适用于科研人员的绩效考核管理办法，进一步增强重要管理岗位和关键技术岗位激励效果，提升选人用人精准性。

（三）实施骨干员工持股。在激励股权来源上，按照公司股权架构顶层设计，由民营股东向员工持股平台出让 10%股份（属非公主体之间的股份转让，不涉及国有股东权益变化）。在激励岗位和额度上，依据岗位价值评估结果确定关键岗位，核定激励额度，确保有效激励。在激励对象上，开展人才测评选定骨干员工，结合人才发展规划分步实施，将 6%股权用于在岗骨干员工激励，预留 4%股权激励后续符合条件的员工。

（四）实行全员绩效考核和薪酬行业对比。统一基础薪资标准，提高绩效薪酬的比重，切实营造"不看身份、不看级别，只看岗位、只看贡献"的浓厚氛围。实施薪酬水平行业对标。选取行业内 15 家主营业务相近的特定样本，以"专业技术人才薪酬具有较强行业竞争力、职能管理人才薪酬具有一定市场竞争力"为目标，对标行业薪酬水平，对外增强薪酬市场竞争力，对内确保同类岗位人员薪酬公平性。核心关键人才实施协议制薪酬。围绕专项工程建设需要，有针对性引进拥有华为、腾讯等头部互联网企业工作经历的高端人才和大数据、人工智能、工控安全等领域急需紧缺人才。"依岗议薪、一人一薪、按绩付薪"。构建"1+3"荣誉表彰制度体系。以《荣誉表彰管理办法》为总，以《建功创一流先进集体、杰出奋斗者评选表彰管理办法》《科技奖励管理办法》《员工奖惩管理办法》3 个实施办法为支撑，在建设国家级能源工业互联网平台的实践中，打造矢志专项任务、勇于创新创造的优秀人才队伍。同时关注员工职业成长、保持员工薪酬水平合理增长，从物质生活和文化生活等方面关心关爱员工，建立多维度员工关爱机制，不断增强企业凝聚力和员工归属感。

经过 4 年的不懈探索与实践，中能融合始终秉承"共商、共建、共享"原则，以混改为发展契机，以防止国有资产流失为"生命红线"，通过建立清晰的授权清单、市场化选人用人机制、薪酬考核激励制度等方式方法，充分激发了企业内生动力，在"四会一层"建设、人才激励、业务发展方面取得一系列成果，为国企混改积累了大量有益经验。2020 年 1—12 月，公司实现营业收入、利润总额、净利润分别同比增长 246%、222%和 249%。公司混改取得成功的关键要素或亮点有：一是以国有控股、民营参股、市场化经营机制打造"信息共享"平台；二是充分利用优势股东资源搭建业务桥梁；三是市场化改革不断优化公司人才结构，提供企业发展原动力。

改革攻坚　先难后获　找到公司战略与投资者核心能力的契合点

——中海油田服务股份有限公司混改案例

中海油田服务股份有限公司（简称"中海油服"）成立于2002年，是中国近海市场最具规模的综合型油田服务供应商，服务贯穿海上石油和天然气勘探、开发及生产的各个阶段。中海油服早在2002年就通过上市方式实现混合所有制。2018年，以入选"双百企业"为契机，聚焦经营困难的业务板块深化混改，较好地找到了公司战略和投资者核心能力的结合点，推进了引资本和布局生产运营基地的结合。中海油服推进混改更注重经营管理机制的变革，深入探索推进党的领导融入公司治理，建立完善的董事会和规范化公司治理结构，深入推进管控模式变革，积极探索三项制度改革，取得积极成效。2021年营业收入为292.03亿元，净利润为3.22亿元。2022年上半年实现净利润11.08亿元，同比增长37.08%。

一、选择经营困难业务板块实施混改

油技机加工是中海油服油田技术服务领域的重要业务板块。近年来，随着国内油气企业加速"增储上产"，油田技术装备服务需求持续旺盛，但中海油服油技机加工产能有限，严重制约了公司技术产品的规模化应用，使得油技机加工业务长期亏损，成为公司四大业务领域中经营比较困难的业务板块。因此，中海油服选择油技机加工业务实施混合所有制改革，旨在扭转该业务板块亏损局面。

二、试行"托管"，突破油技机加工产能瓶颈

在组建混改公司推进混合所有制改革之前，中海油服首先以"托管"方式将油技机加工业务委托中南机械运营，突破油技机加工产能瓶颈，加快推进技术产品的系列化、产业化，实现设备工艺质控全覆盖，积累相关经验。2018年12月24日，中海油服在燕郊举行了机加工达产开工揭牌仪式，标志着机加托管业务顺畅运行并进入发展的"快车道"。机加工员工人数由之前的31人增加到145人，15台套关键设备实现了两班制运行，车间设备利用率由托管前的40%大幅提升至83%。得益于人机匹配、全工序能力提升和佛山配套工厂建成投产等，托管车间产能稳步提升。托管前最大产能为170万元/月，托管后现有产能达800万元/月。

三、新建混改企业，立足公司战略和战略投资者核心能力契合点推进混改

为了发展油田高端技术装备生产制造业，实现科研成果的商业价值，中海油服需要引入能够弥补公司相关能力不足的投资者。作为以生产高精度、高品质的机械产品为主体的企业，中

南机械已经发展成为广东省内跨领域的大型专业设计和精密制造中心。2020 年 8 月，中海油服再同中南机械进行深度合作，共同组建混改公司，进一步开展混合所有制改革。中海油服基于油技机加工牵头成立混改公司——广东中海万泰技术有限公司（简称"中海万泰"），出资人包括中海油田服务股份有限公司、佛山市南海中南机械有限公司（简称"中南机械"）、佛山市产业发展投资基金有限公司（简称"发展基金"）、佛山市南海盈天投资有限公司（简称"盈天投资"），认缴出资额分别为 10400 万元（占比 40%，实缴 8320 万元）、8580 万元（占比 33%，实缴 6864 万元）、2340 万元（占比 8.9%，实缴 1872 万元）、4680 万元（占比 18%，实缴 3744 万元）。其中，中南机械为民营资本、发展基金为地方政府产业基金、盈天投资为外资（港资）企业，充分实现股权多元化原则。中海油服通过混合所有制改革，利用 40% 的资本实现了对 60% 的资本引入，实现相对控股地位，充分放大了国有资本。从股权的视角来看，中海油服股权占比达到 40%，处于相对控股地位，拥有公司决策的否决权；并且，中海万泰公司章程明确中海油服的一票否决权地位。通过成立混改公司深入推进混合所有制改革使得中海油服在确保国有资本保值增值的前提下，进一步放大国有资本功能。

四、以混促改，推进内部机制转变

一是完善法人治理结构。中海油服召开股东大会，所属四家独立法人单位全部完成"党建入章"。在修订公司章程基础上，修订"三重一大"决策制度、权限手册，明确党委决策前置程序与权限，将党的领导融入公司治理。制定《公司党建工作责任制实施细则》《容错纠错实施细则（试行）》，营造勇于改革、敢于创新、鼓励干事、合理容错的良好氛围。同步强化海外党建工作力量，向境外派驻三个合规监督组。实施《境外道德合规体系》，推动"三重一大"向基层、海外延伸。二是优化总部职能和减少管理层级。系统设计优化方案，聚焦"引领发展、促进发展、管控风险、保障发展"的总部职能。截至目前，总部部门由 14 个整合为 9 个，编制由 245 个调控到 185 个，在职人数由 232 人减少至 179 人。国内分公司"瘦身"，减少管理岗位 200 余个；海外"实体化"转型，将原 33 个海外机构整合为 25 个，压缩编制 53%；事业部两级部门优化，平均压减幅度 35%。三是推动劳动用工制度市场化改革。大力推进自有用工与市场化用工比例由 3∶1 向 1∶3 转变，推动市场化程度高的业务整体外包。大力推行海外 3/6 年干部交流轮换制。建立了以提高劳动生产率和人工成本投入产出率为导向的工资总额分配机制，即"基本薪酬（50%）+ 效能薪酬（30%）+ 绩效薪酬（20%）"的组合分配方式，既考虑了不同专业、不同行业运营的差异的公平性，也考虑到经营效益和效率的激励性，以效能薪酬部分为例，最高与最低奖金标准相差 80%。四是推行职业经理制度。为提高改革工作的科学性和系统性，根据公司发展需要，结合国有企业改革行动计划，抽调人员成立三项制度改革专项研究组。现已形成任期制和契约化管理工作方案，将按照集团三项制度改革整体进度推进。中海油服已执行 2019—2021 任期（2019 年签订的业绩合同），集团公司三项制度改革方案落地实施，又组织相关人员签订岗位聘任协议和领导人员业绩考核责任书。五是大力推进"2050"科研人才引进计划。加快科研队伍建设，每年拿出 1 亿元作为专项基金，吸引行业顶尖科研人才汇聚中海油服。加大猎头、媒介等外部资源的引入，自启动"2050"科研人才引进计划以来，完成引进 161 人，其中领军人才 4 人，核心人才 28 人。六是建立中长期股权激励。大胆尝试企业管理层及核心骨干员工股权激励，聚焦国际化和技术发展骨干员工，选取 120 名骨干科研人才纳入正在实施的股权激励计划，将高端科研人才与公司发展绑定。并且突出差异化考核，精准激励高价值创造的群体，先后推出技术产品产业化成果转化激励、市场开拓即时奖励等专项激励措施，以技术产品产业化成果转化激励奖为例，某科研团队通过兑现科研转化和市场销售目标，一次性给予带头人 40 多万元的奖励。

中海油服混合所有制改革取得成功的关键要素：一是坚持党建和业务融合是基础。中海油服积极推动党的建设和治理机制相融合，组建党建工作部，并同步强化海外党建工作力量，推动党建工作同业务融合由战略决策融合向基层业务、海外业务延伸，实现了党建工作和业务工作全方位融合，为开展混合所有制改革打下了坚实的基础。二是协同推进引资本和改机制改革是核心。既注重资本多元化和建立科学规范的公司治理结构，在形式上实现混合所有制改革的第一步；也注重股权多元化之后公司内部运营管理机制的变化，在实质上推动建立同混合所有制企业相匹配的公司管控模式、劳动制度、人事管理制度、收入分配制度等。三是分层分步稳步推进是关键。在分层推进混合所有制改革方面，中海油服在成立之初就通过上市的方式实现了股权多元化和运营管理机制的变革，以油技机加工这一亏损业务为焦点，通过组建混改公司进一步推进混合所有制改革。四是凝聚最大共识是保障。通过混改，公司的经营得到明显的改善和显著的提升，2020 年在全球新冠肺炎疫情和低油价双重挑战下，公司仍然实现高效运营，在全力支持国家能源安全战略同时，实现收入、利润双丰收，形成全体员工支持混改的强大力量和群众基础。

合资新设混合所有制企业拓展产业板块

——中煤科工清洁能源股份有限公司混改案例

2014 年底，中国煤炭科工集团有限公司（简称"中煤科工"）为抢占绿色发展高地，进一步发挥节能环保产业优势，与中关村发展集团联合民营资本、骨干员工共同出资 3 亿元成立了中煤科工清洁能源股份有限公司（简称"煤科洁能"）。通过合资新设混合所有制企业，中煤科工成功开辟了节能环保产业板块，拓展了集团利润空间。煤科洁能创立以来，聚焦节能环保主业，立足科技自强自立，国资与民资深度融合、相得益彰。经过多年的发展，形成了"清洁热力供应服务"和"煤化工节能服务"两大核心主营业务。截至 2020 年底，公司资产总额 5.8 亿元，2020 年实现营业收入 2.6 亿元、净利润 3683 万元，在绿色发展、能源转型和清洁技术等领域都取得了突破性的进展。

一、合资新设多元制衡的股份所有制企业

煤科洁能采取的是合资新设的模式，在确保国有资本占主导地位的基础上，引进具有共同的价值观和信任基础的战略投资者，建立相对多元、相对均衡、相互制衡的股权结构，同时实施骨干员工持股。目前企业股东中有国有资本 2 户，合计持股比例 38.33%，中煤科工为第一大股东，持股比例 33%；民营资本 4 户，合计持股比例 48%，湖南超牌是企业主营业务核心专有设备协同开发的战略合作伙伴，晨辉昆仑与中元恒硕是股东且均是与创始团队长期合作的财务投资者；骨干员工合计持股比例 13.67%。建立完善的现代企业制度，党组织、股东大会、董事会、经理层、监事会权责清晰明确，各司其职，相互制衡。董事会层面按照股比设立席位，充分保障民企的话语权，公司 5 名监事中有职工代表监事 2 名，民资合作方湖南超牌也派驻了监事会主席。在治理机制上充分发挥董事会的决策作用、监事会的监督作用、经理层的经营管理作用，有效避免了个别混改企业董事会形同虚设、"一把手"说了算的问题，实现规范的公司治理。在党建与公司治理融合上，煤科洁能始终把企业党组织内嵌到公司治理结构之中，坚持做到党建理论标准化与管理实践同步共频。公司及时修订公司章程将党建工作融入公司治理，同时制定《"三重一大"决策制度管理办法》，从制度上确保党组织研究讨论作为重大事项决策的前置程序。2019—2020 年累计召开党总支会议 53 次，审议了涉及组织机构调整、干部职务任免、投资项目、利润分配等重大事项。

2020 年底煤科洁能股权结构

序号	股份持有人名称	持股数量（万股）	持股比例（%）
1	中国煤炭科工集团有限公司	9900.00	33.00
2	北京开元承道咨询管理有限公司	1600.00	5.33
3	北京晨辉昆仑科技中心	7200.00	24.00
4	北京中元恒硕投资有限公司	3600.00	12.00
5	宁波怡文股权投资合伙企业	1600.00	5.33
6	湖南超牌科技有限公司	2000.00	6.67
7	骨干员工	4100.00	13.67

二、建立以市场化为基准的现代企业激励机制

以市场化选聘和薪酬制度实现价值激励。煤科洁能确立了市场化的选人用人和薪酬分配导向，通过制定《领导干部管理暂行办法》做到了干部选拔公开化、透明化，实现了竞争上岗和能上能下。通过完善《业绩考核管理暂行办法》《员工薪酬管理办法》等制度，将业绩考核结果作为工资管理、优秀评选、职务任免的重要依据，形成了薪酬与业绩考核结果同向联动、能增能减的工作机制。以员工持股实现长效激励。煤科洁能 2014 年成立时的 15 名员工全部以现金出资入股，2017 年全体高管向骨干员工转让股份，扩大了员工持股范围和持股比例，目前骨干员工持股人数 65 人，占总人数的 30%，基本实现骨干员工持股全覆盖。通过员

工持股，核心骨干员工干事创业的活力动力得到进一步激发，主动投身于市场开拓、技术研发与管理革新中。股权长期激励举措将企业命运与非可替代性人才资源进行捆绑，充分挖掘内部成长原动力。以职业规划实现内生激励。煤科洁能设立了管理、科研和营销三大岗位序列，打造科学家、管理者和营销精英三支专业化人才队伍。企业打破论资排辈，畅通职业晋升通道，加快了员工成长和实现自身社会价值的职业化进程，充分激发了年轻人才和高端人才的进取积极性，激活了企业内生动力。以搭建平台实现荣誉激励。煤科洁能重视后备力量，注重发展年轻团队，吸收了清华大学、中国科学院大学、北京化工大学等国内著名高校毕业生，为留住高端人才，不断打造发展平台，大力支持年轻团队参与相关领域技术攻关，并获得了中国煤炭工业协会科学技术奖一等奖等高层次荣誉。形成了特别能吃苦、特别能战斗、特别能奉献的人才团队，培养了一大批懂专业、懂管理、懂经营的高层次复合型人才，进入了"引进—培养—使用—激励—提升—创新"的人才队伍良性循环。

三、提升主业竞争优势和盈利空间

明确主业发展战略。煤科洁能在发展之初就紧盯节能环保主业，致力于主业的深耕细作，避免企业盲目"铺摊子"、主业不突出的状况出现。企业明确提出"横向成网、纵向成链"发展战略，并以此为指引进行产业链优化整合，形成"清洁热力供应服务"和"煤化工节能服务"两大核心主营业务，使得资本、技术和高精尖人才优势要素向主业集聚。2020年，清洁热力供应业务实现营业收入1.6亿元，占营业收入60%，是企业利润的最重要来源和支撑。聚焦主业自主创新。煤科洁能紧盯主业发展前沿，围绕煤炭清洁利用、节能减排、可再生能源及余热利用技术等领域进行自主创新。目前已拥有主业相关的授权专利59项，近年来转让专利使用权的收入就高达3000万元。其申报国家重点研发项目"煤化工固废源头减量及清洁高质利用新技术与示范"获得成功立项，"煤浆粒控提浓系列技术与装备研究及产业化"项目获得省部级科学技术一等奖。目前还在进行煤浆提浓后续气化技术科技攻关，以巩固其国际领先优势，助力企业节能减排业务做强做优。拓宽主业发展路径。煤科洁能围绕主业进行转型升级，以产业链优势构建新增长点。其专注延伸焦化领域，研发精细破碎专用装备，破碎效率、节能降耗成效显著并居行业领先水平，不到两年已签署22套破碎机合同。其还精耕煤浆提浓业务，最终获得了3.6亿元的行业历史大单。通过逐步延伸产业链、创新主要经营模式等方式全面拓展了主业盈利空间，增强了主业竞争优势。

四、全面实施市场化运营和内部质量管理

煤科洁能顺应市场化和现代化新形势，把握混改契机，通过管理变革和模式创新，实现了企业经营质量的持续快速提高。2015—2020年，公司营业收入从561.34万元上升至2.65亿元，年均复合增长率116.22%。净利润从109.31万元上升至3980万元，年均复合增长率105.23%。资产总额从1.81亿元上升至5.64亿元，国有资本权益从4932.36万元上升至1.38亿元，实现了国有资本的高质量保值增值。不断提升企业内部管控效率。企业通过内控建设改

善公司经营绩效，在市场开拓、生产组织、成本控制、安全管理方面成效显著。还通过在质量体系、环境管理体系、职业健康安全管理体系等方面着力，形成了完善高效的管控体系。风控体系逐步完善。通过一系列制度建设、对标看齐、内外审计、巡视检查，煤科洁能已具有与中煤科工接轨的健全制度体系和规范化管理体系，做到了事事有流程、人人有权责。

煤科洁能作为一家新设混合所有制企业，推进混改的经验主要有：一是多元制衡的股权结构和董事会是规范治理的保障。要确保国有资本与非公有资本同股同权，股权比例相对均衡，从体制上有效地解决国有资本一股独大造成的"所有者缺位"问题。董事会成员中各方董事数量相对均衡，实现董事会内部科学合理决策，切实保障落实董事会职权和各方股东权益，从机制上解决公司决策层面的"内部人控制"问题。二是内生式激励激活企业微观动能。以"能上能下"为原则，适当落实混改企业管理人员任用的淘汰机制和聘用机制，探索适度下放企业长效激励审批权限。以破除薪酬激励的"天花板"为导向，推进薪酬预算分配调控和弹性调整，鼓励企业开展多元化、复合式的激励方式。建立一套科学有效、长短期激励相结合的激励机制，激发员工敢闯敢干的内生动力。三是聚焦式发展夯实企业主业根基。以混改为契机，通过多种方式实施横向联合、纵向整合和专业化重组，在产业协同上下苦功，在自主创新上开新局，实现产业链上创新资源的战略性互补，加快与主业相关的核心产业技术攻关，积极填补主业产业链高端空白。

上市央企再出发　二次混改焕新生

——中粮包装控股有限公司混改案例

中粮包装控股有限公司（简称"中粮包装"）是中粮集团有限公司（简称"中粮集团"）"十八路军"之一，是国内综合消费品包装龙头企业，2009年在香港上市，业务经营一直处于良好状态。2013—2015年，我国包装行业发生了巨大变化，多家民营企业进行股份制改造，并陆续完成企业上市，筹集大量资金后大幅扩充产能，国际包装巨头也增加了在华业务的产能投入，行业产能严重过剩。面对严峻的行业竞争局面，中粮包装积极推进混合所有制改革，实现公司股权多元化，大力推动行业资源整合，并推动骨干员工持股，将核心员工利益与公司利益结合起来。一系列改革举措改善了企业内部管理机制，提升了公司竞争力，让中粮包装焕发出全新的生命力。

一、引入战略投资者与员工持股"双轮驱动"

（一）引入战略投资者，让渡股权，企业治理实现有效制衡。2015年11月，中粮香港与奥瑞金包装达成协议，中粮香港出让中粮包装27%的股份给奥瑞金包装，交易金额达16.16亿港元。奥瑞金包装同样为中国包装行业的领先民营企业，于2012年成为A股第一家金属包装上市公司。交易完成后，中粮香港持股比例降低到 33.1%，奥瑞金包装持股 27%，其他公众投资者持股 39.9%。

（二）积极推进员工持股，公司与公司员工利益紧密捆绑。2016 年 9 月 9 日，公司顺利完成 1.77 亿股的定向增发，203 名骨干员工通过自筹资金和抵押贷款，完成认购持股。在定向增发与员工持股完成后，中粮集团、奥瑞金包装、管理层及骨干员工分别成为公司的前三大股东，持股比例依次为 28.2%、22.9%、15.1%。

二、资本融合与业务互补同频共振

（一）公司治理机制进一步优化。新股东奥瑞金包装是包装行业龙头企业，其加入有利于推进中粮包装治理结构的优化和制衡。引资后，中粮包装董事会共设置 11 名董事：2 名执行董事、6 名非执行董事、3 名独立非执行董事，其中奥瑞金包装获得 2 个董事会席位，确保董事会决策与企业治理的科学高效与有效制衡。

（二）业务领域实现有效协同优势互补。作为国内金属包装行业的两大巨头，双方在多方面优势互补。在业务方面，中粮包装擅长金属以及面向医疗、化工、日化的塑料包装用品，奥瑞金包装擅长金属包装制造、设计和智能包装；在客户资源方面，中粮包装的核心客户有加多宝、华润、可口可乐、达利集团等，奥瑞金包装则有红牛、青岛啤酒等；在区域布局方面，因过去的竞争形成的差异化选址自然形成互补格局，双方的深入战略合作将有效改善行业竞争格局，提升行业集中度。

三、强强联合助力企业高质量发展

通过一系列改革措施，中粮包装引入行业龙头，扩大业务版图，实现公司与公司员工利益的紧密捆绑。在充分竞争的包装行业，当主要竞争对手大都处于盈亏平衡点附近时，中粮包装 2021 年实现营收 95.8 亿元，营业利润 5.03 亿元，分别较混改前增长 87% 和 31%。

（一）人的积极性得到充分激发。一是工作更加努力。员工持股使个人利益与公司利益捆绑，员工转而站在公司股东的角度来思考问题，并努力争取通过良好的业绩表现取得分红收益。当公司股价小幅下跌时，持股员工的部分工资和奖金将会按照承诺用于补仓操作，当股价大幅下跌超过一定幅度时，全部托管股份会被平仓。为此，全体员工齐心协力，全力提升投资回报。二是推进工作和参与项目决策更加积极主动。员工能够更加主动地全力推动项目开展、更快更及时地落实和反馈各项工作进展，并更积极地参与项目论证与决策。例如，2016 年钢桶平湖项目经过多次市场情况调研和三次上会讨论后才得以通过；单片罐新增生产线项目，员工通过对客户、市场等情况进行深入分析、反复论证，最终在权衡项目风险和投资回报情况后暂停了项目推进。三是队伍更加稳定。中粮包装通过开展员工持股计划，有效绑定了核心员工利益与公司长期业绩表现，在实现风险共担、利益共享的同时，更提高了公司骨干员工的忠诚度，避免因追求高薪等短期利益而出现员工跳槽现象，防止了业务骨干人员的流失。

（二）企业管理运行机制进一步优化。一是优化了人员结构。持股员工成了公司股东，更加关注企业内部各项成本的控制及人员结构的优化，积极推进各项减员增效改革举措。中粮包装总部率先取消前台人员，所有员工一律刷卡进出，来访人员由对应部门接送，所有会议由参会部门自助做好茶水准备，减少专门服务的工作人员。改革举措试行效果良好后在所有下属公司推广实施，最终全部撤销公司前台、专职秘书及专职司机岗位。2016年，实现对标减员417人，优化了人员结构，降低了用工成本，节约了开支，提升了运营效率，提高了经营业绩。二是支撑了刚性考核制度落地实施。在员工持股的激励下，更加刚性的考核制度得以顺利实施。中粮包装在以往6S考核评价的基础上，严格按照全年销售收入、经营利润、ROIC等经营数据指标，对25个利润点、12个产品业务线进行排名和公示；召开会议时，各利润点负责人、各业务负责人的座位排序参照排名确定，业绩表现突出但职务较低人员也可以排在职务较高的员工之前；员工和管理层的收入与业绩直接挂钩，根据业绩目标、参照相关KPI指标考核，奖惩并重；按照岗位需求与人员素质契合情况，更加大刀阔斧地开展人员调整，让能者上、平者让、庸者下，以最优化的团队搭配推进工作的开展。

（三）行业整合加速推进。中粮包装和奥瑞金包装通过强强联合，在双方保持自身优势的基础上，进一步深化在市场营销、技术创新、产能布局和供应链等多领域的交流合作，同时多措并举，推动行业资源整合，以少量资金控制更大市场。2017年上半年，中粮包装联合奥瑞金包装通过控股海宁纪鸿、全资收购成都高森，提升区域两片罐产能，优化产业布局。另外根据市场及客户需求变化，采用合资运营、厂中厂、租赁经营等多种模式组合，加强与重要客户的利益绑定，实现合作共赢。

中粮包装在引入奥瑞金包装之前已经在香港上市，具有天然的混改"基因"，在此基础上的二次混改让其占据了天时、地利、人和重要条件。天时：当包装行业竞争加剧，进入变革期之时果断采取二次混改行动，占据了主动先机；地利：利用行业地位引入同样具有国际竞争力、业务高度协同且优势互补的战略投资者，及时抢占行业龙头地位；人和：通过员工持股进一步增强了内部凝聚力与向心力。万事俱备的条件下，中粮包装取得改革成功自然水到渠成。

中外合资企业深化混合所有制改革　探索差异化监管的一个样本

——卡斯柯信号有限公司混改案例

20世纪80年代，随着改革开放的浪潮涌来，为加快引进先进技术、实现轨道交通控制自主创新，中国铁路通信信号集团有限公司（简称"中国通号"）审慎研究后决定与美国通用铁路信号公司（GRS）合资新设企业。1986年3月，中国铁路行业第一家中外合资企业中美信号有限公司成立，中美双方各持股50%，这也是卡斯柯信号有限公司（简称"卡斯柯"）的前身。承担铁路行业国际技术交流与市场合作重任的卡斯柯陆续从美国通用铁路信号公司引进燃轴系统、驼峰自动化控制系统和VPI计算机联锁系统，并培养起一批掌握相关技术的行业专家。1994年、1998年，经历两次股权变更后，法国阿尔斯通集团（ALSTOM）成为卡斯柯的外资股东，股权仍维持50：50结构。2014年，中国通号成功收购了阿尔斯通持有的1%股权，中外股东的持股比例变更为51：49，卡斯柯由中外合资企业变为国资控股的混合所有制企业。卡斯柯深化混合所有制改革、探索差异化监管的实践，尤其是将党的领导融入公司治理的做法，对有外资参与的混合所有制企业具有重要参考价值。

一、完善现代公司治理，实现监管模式差异化

完成控股并表后，中国通号与阿尔斯通充分协商，立足于卡斯柯的可持续健康发展，探索形成了一系列行之有效的差异化监管措施。一是明确"三个自主化"的差异化监管理念。遵循依法合规原则，中外股东决定对卡斯柯实施"投资决策有限自主化、人事决策分级自主化、生产经营决策完全自主化"的监管模式，既做到充分授权，又确保有效监督。二是提升董事会履职能力。卡斯柯设7名董事，其中中国通号推荐4名董事，阿尔斯通推荐3名董事，董事长由外方股东委派。董事会严格按照我国公司法和公司章程运行，遵循市场化、专业化原则自主决策。三是明晰经理层职责。卡斯柯的董事会与经理层边界清晰、不相互替代，董事会以授权和信任为原则，支持经理层充分行使经营自主权，发挥经营管理作用，经理层在董事会授权范围内执行董事会各项决定、组织日常经营管理工作。

二、健全经营管理机制，实现激励、用人市场化

卡斯柯承袭中外合资企业长期实施的市场化选人用人和差异化薪酬分配机制，持续强化内部市场化管理。一是全面推行经理层成员任期制和契约化管理。卡斯柯对经营管理人员实施"一对一"契约考核，与15位中层以上领导人员签订岗位聘任协议及年度经营业绩责任书，严格考核、聘任及薪酬兑现，强化对经理层成员的强激励硬约束，不断提高经理层成员创新创业意识，释放经营活力。二是全面推行市场化用人制度。中国通号赋予卡斯柯充分的人事自主权，除极少数"董监高"人员由股东推荐外，卡斯柯所有人员劳动关系均以市场聘用为基础，实现用工总量与经营效益挂钩。推行管理人员全面竞争上岗，形成管理层量化业绩责任书，以经营业绩为考核导向，以考核结果兑现差异化薪酬，实施末等调整和不胜任退出。打造技术管理双轨化通道，建立能力和绩效综合评价体系，形成有效的晋升和淘汰机制，近三年共有264人进入管理和技术骨干团队，107人退出。三是健全完善市场化薪酬分配机制。卡斯柯建立了以价值评估为基础的岗位序列，明确薪酬市场策略，形成不同类型、层级岗位横向和纵向可衡量的薪酬体系，一岗一薪、易岗易薪。实施基于目标管理的全员绩效考核制度，形成目标设定、辅导、考核、应用的闭环管理过程，考核结果作为主要依据在薪酬调整、岗位变动、培训发展、劳动关系等方面全方位应用。执行"薪效联动"，整体薪酬与企业预算完成情况直接挂钩，个人薪酬与绩效考核结果直接挂钩，同职级员工考核后的薪酬调整幅度最高达到50%，实现薪酬差异化、市场化。

三、坚持创新驱动发展，实现核心技术自主化

卡斯柯聚焦轨道交通列车运行控制领域，坚持技术国产化和品牌自主化，每年研发投入强度保持在 10% 以上，加大核心主业和基础性前瞻性技术研究投入，大力推进"卡脖子"关键核心技术攻关。一是健全科研开发组织体系。新设产品中心，建立以产品线商业成功为标志的全生命周期管理体系，形成以产品战略决策委员会为最高决策机构，以规划、开发和生命周期管理三个团队为核心的产品线开发组织模式，优化开发流程，实现职能部门与业务线高效协作、并行开发，提高科研效率。二是探索实施多元化中长期激励工具。面向关键职务科技成果的主要完成人，重大开发项目的负责人，对主导产品或核心技术、工艺流程作出重大创新或改进的主要技术人员，建立人才引进机制和重要岗位分红机制，确保对核心人才的吸引力。授权子企业实施骨干员工持股、岗位项目分红等多种中长期激励，持续激发科研技术骨干的创新力。三是构建创新生态集群，强化协同创新。卡斯柯聚焦轨道交通发展需求，与产业链上下游企事业单位和科研院所联合建立上海轨道交通无人驾驶列控系统工程技术研究中心、上海市铁路智能调度指挥系统工程研究中心、高可信智慧城轨工程研究中心、铁路智能列控实验室等一系列科技创新平台，以"产学研用政"模式整合各方优势资源，强化协同创新，共同推动行业科技创新研发、技术攻关、产品工程化及工程实施、高端人才培养，加快提升科技成果转化能力和产业创新生态集群影响力。

四、运用"四融合"实现党的领导与公司治理有机统一

中国通号和卡斯柯牢牢把握"两个一以贯之"要求，积极探索形成了中外合资混合所有制企业党建"四融合"模式。一是推进党的领导与公司治理体系融合。实现控股并表后，按照中国通号的要求，卡斯柯从法律规定、控股原则、政治要求、现实利益等角度反复与外方股东阿尔斯通进行沟通，成功召开董事会，审议通过将党建工作总体要求纳入公司章程的修订案，2017 年 2 月完成章程修订，是中央企业系统第一家完成党建进章程的中外合资企业。根据公司章程，董事会始终是卡斯柯的最高权力机构，董事会闭会期间，公司运营管理主体由原来的总裁办公会转变为党委会、总裁办公会。二是推进党支部规范化建设与日常管理、生产经营融合。2019 年，根据职能相近原则，卡斯柯将原来按地域划分的 4 个党支部优化调整为 22 个党支部，积极发挥党支部在日常学习、轮岗值守、日常防疫、项目攻坚、复工复产方面的重要作用，有效提升了生产经营效能，进一步赢得了外方股东的信任和支持。三是推进党管人才与市场化选人用人融合。卡斯柯临时党委成立后，着力强化党组织在选人用人中的领导把关作用，在管理人员招聘、竞聘、任职等环节增加党委研究讨论、组织考察环节，通过落实前置研究、严把廉洁入口关、坚持双向培养等制度，将党管人才的作用实化。四是推进纪检监督与既有管控体制融合。公司临时纪委牢牢抓住监督基本职责，从完善监督制度、紧盯监督重点、融入监管流程三方面入手，重点推动纪检监督融入卡斯柯既有管控体系，守住双方股东资产不流失的底线，有效保障了中外双方资产安全。

在持续深化混合所有制改革过程中，卡斯柯已经发展成为城市轨道交通控制领域的领军企

业，成为首批"国家服务型制造示范企业"和"两化融合管理体系贯标工作试点企业"，成功掌握百余项具有完全自主知识产权且与国际先进水平相当的系统技术和产品，树立众多行业标杆。其自主研发的国铁运输调度集中及指挥系统市场占有率超过 60%，地铁 CBTC 列控系统市场占有率达 30%，均居行业首位。自主研发的列车自主运行系统（TACS）"启骥"成为业内首个商用 TACS 系统，有望带动我国城市轨道交通控制领域从多年追赶到实现超越。

践行国有资本投资公司战略使命
国投探索推进混合所有制企业差异化监管
——国家开发投资集团推进出资企业混改案例

作为专业化、市场化运作平台，国有资本投资、运营公司是混合所有制改革的重要推手。身为中央层面的国有资本投资公司，国家开发投资集团（简称"国投集团"）聚焦高技术领域投资和战略性新兴产业培育，从资本和机制两个维度积极推进出资企业混合所有制改革，创造性探索出国有相对控股混合所有制企业差异化监管的可行路径，为国有资本投资、运营公司深化出资企业混合所有制改革提供了良好示范。

一、立足优化布局、产业引领积极稳妥推进混合所有制改革

国投集团立足于服务国家战略，践行产业培育使命，将有限的资源更多投入到战略性新兴产业，努力培育若干有竞争优势、有核心技术、有市场影响力的"专精特新"和"隐形冠军"企业。近年来，国投集团先后投资控股了中国水环境集团、神州高铁、波林股份、美亚柏科、西安鑫垚等一批行业龙头企业，实现了国有资本在先进制造、新材料、智能科技等战略性新兴产业的快速布局。2018 年，以 48.48 亿元收购中国水环境集团 43% 股权，通过内部业务整合，推动打造环保产业投建营平台。2019 年，以 19.5 亿元收购美亚柏科 15.79% 股权，打造电子数据取证行业龙头企业、网络空间安全"国家队"。同年还收购了专注关键机械摩擦副材料企业波林股份 39.78% 股权，助推我国关键基础材料与基础零部件的国产化进程。2020 年收购陶瓷基复合材料西安鑫垚 28.03% 股权，加快培育新材料领军企业。参与中科寒武纪第 2、3、5 轮融资，出资 3.04 亿元布局芯片研发设计行业。截至 2021 年底，国投集团旗下基金累计投资新材料、新技术、智能制造等战略性新兴产业项目 638 个，投资额达 867 亿元。

二、聚焦完善治理、有效制衡，注重发挥协同优势

在投资入股民营企业、推进混合所有制改革的长期实践中，国投集团摸索形成了一套"混资本、改机制、管资本"的有效模式。

（一）科学设置股权结构，让战略投资者在股权结构上有分量、在治理结构上有话语权。

截至 2020 年底，国投集团出资的混合所有制企业中，非国有股东持股比例超过 1/3 的企业户数占比 56.4%，资产总额占比 52.4%。应对中国水环境集团原股东中信产业基金要求分步骤退出的操作难题，国投集团创新设计交易方式，将股份转让款的支付与股权转让方的违约责任挂钩，最大可能保证国投集团作为受让方的权益。考虑上市公司美亚柏科的民资股东每年受让股份数量受限的实际情况，国投集团研究制定了原股东转让股权与转让表决权相结合的混合所有制改革方案，获得对方高度认可。

（二）积极实施中长期激励，强化激励约束相融。国投集团先后支持神州高铁、亚普股份实施了股票期权激励和限制性股票激励计划，同意合肥波林实施企业创始人及高管团队直接持股和核心员工平台持股，促进出资企业高管、核心骨干与企业形成利益共享、风险共担共同体。国投集团还引入"业绩薪酬双对标"制度，优化出资企业工资总额管理机制，以市场化手段确定工资总额基准，建立按业绩贡献决定薪酬的分配机制。

（三）强化投后管理，促进国资民资优势互补。国投集团利用中央企业的品牌及资源、信用优势，先后推动中国水环境集团成功签约国家首个水环境领域类技术创新中心，帮助美亚柏科在军工业务及电子数据取证等多领域进行业务拓展，引导神州高铁从单一的运维设备供应商向轨道交通运营管理与维修保养综合服务商战略转型，将西安鑫垚纳入国投授信体系，顺利解决其发展资金问题，加速推进国家重大科研项目进程。同时，国投集团还积极推动所出资的混合所有制企业借鉴中央企业规范的制度体系和管理要求，切实加强内部制度建设，提高规范内控和风险管理水平。

三、以管资本为核心，探索实施灵活高效的差异化监管

针对混合所有制企业资本结构多元化、股东组成多样化、章程规定差异化的特点，国投集团结合具体出资比例，对相对控股的混合所有制企业探索实施灵活高效的差异化监管，形成了一些管用的经验做法。

（一）坚持党建全覆盖，探索党组织发挥作用的有效方式。坚持党的领导、加强党的建设不仅是国有企业的"根"和"魂"，也是混合所有制企业的独特制度优势。国投集团坚持"国有资本流动到哪里，党的建设就跟进到哪里、党组织的作用就发挥到哪里"，加强党的组织和开展党的工作全覆盖。投资入股美亚柏科后，国投集团帮助公司从无到有建起了企业党委，明确了党委研究讨论事项清单，重大事项决策、重要人士任免事先征求党委意见，党委研究讨论意见在董事会及经理层决议中体现，充分发挥政治引领作用，打造美亚柏科"蓝海红帆"党建品牌。

（二）坚持试点先行，从无到有搭建差异化监管制度。按照"方向正确、大胆探索"的原则，2019 年，国投集团研究制定了国有相对控股混合所有制企业管理的试行意见，提出国投集团或其子公司作为国有单一第一大股东、非国有资本合计持股超过 50% 且在董事会中占有董事席位或具有独立董事提名权的出资企业，可选择其中法人治理有效、市场化程度较高、管理运行规范的试行差异化管理。经国务院国有企业改革领导小组同意，国投集团率先在旗下 8 家

相对控股的混合所有制企业试行差异化监管。2020 年，国投集团进一步健全差异化监管制度，形成了以党的建设、信息披露、监督管理、派出董监事管理为支撑的差异化监管制度体系。

（三）坚持治理型管控，探索以管资本为主的有效手段。国投集团从决策机制、管控内容、信息披露、监督约束 4 个方面，对相对控股的混合所有制企业探索有别于国有及国有控股企业的差异化监管。决策机制方面，国有股东以股东角色和身份参与企业决策和经营管理，对于国有相对控股混合所有制企业的重大经营决策事项，通过董事体现派出单位意志，实施以股权关系为基础、以派出股权董事为依托的治理型管控，避免发文、审批等行政化管控。管控内容方面，在人力资源管理、投资决策、运营管理、财务管理等方面，实施更加市场化的差异化管理。例如，实施差异化监管的企业工资总额在国投集团单列，由公司自主决策；主业范围内、金额不超过合并报表归母所有者权益 2%、不附带借款担保等特殊形式的非金融类投资，由公司股权董事独立表决。信息披露方面，聚焦重大经营事项和国资监管要求事项，整合简化披露事项，大幅缩减报送信息的范围，统一信息报送接口，由"多管齐下"转变为"一管对下"。监督约束方面，按照事先约定的监督权限和事先明确的监督内容，依托法人治理结构提出计划、实施监督、推动成果运用，以审计监督为主要手段，统筹各职能部门监督需求，实现一审多项、一审多果。

一企一策推进业务板块混合所有制改革
中车株洲电机全力提升核心竞争力
——中车株洲电机有限公司混改案例

中国中车集团有限公司下属的全资子公司中车株洲电机有限公司（简称"中车株洲电机"），是我国唯一一家同时承担牵引电机、牵引变压器两项高速，重载铁路装备核心技术的企业。在维持集团层面国有资本独资的前提下，中车株洲电机充分考量自身应用场景复杂、专业化程度高、行业竞争激烈等特点，坚守高端机电装备主业，确立了以"全面市场化"为核心、"体制改革 + 机制创新"为两翼、"资源、治理、机制、激励"为突破口的"一核两翼四突破"改革思路，在其下属业务板块蹚出一条"定业务、引资本、变机制、健体制"的混合所有制改革路径，极大激发了企业活力和创新动力。

一、聚焦主责主业打造专业化产业平台

中车株洲电机聚焦核心技术能力，构建主业突出的专业化产业平台，全力培育细分行业中的龙头企业和"隐形冠军"企业。针对成熟业务，注重引入市场化体制机制破除发展瓶颈。例如，在风电业务板块，通过增资扩股方式实施混改，建立科学高效治理主体"决策—执行—监督"体系，进一步完善法人治理结构，深度转换市场化经营机制，重点谋划布局海外和海上风

电市场，致力于打造世界一流的绿色能源装备企业。针对创新业务，注重抢抓政策机遇加大培育支持力度。例如，积极引入外部产业投资者和设立员工持股平台，对新能源汽车电驱动业务实施混改，成立合资公司，中车株洲电机作为第一大股东参股经营，进行表外培育，借助资本、政策和市场的力量快速推进新能源汽车零配件产业发展。

二、多管齐下构建多元利益共同体

中车株洲电机根据业务发展的战略方向，积极与非国有资本进行股权合作、资源整合，灵活设置股权结构，同时对符合激励政策的混改公司实施员工持股，打造利益共同体。

一是广泛对接资本市场。在厘清业务边界前提下，中车株洲电机积极主动与整机企业、供应商、技术协同企业以及头部券商、产业基金等战略投资者和财务投资者进行深入沟通，寻找合作契机，广泛开展尽职调查，加快混改实施步伐。二是引入相对集中的战略投资者。中车株洲电机所属江苏电机公司、湖南尚驱公司、浙江尚驰公司、广州骏发公司分别选择与自身业务具有市场、技术、资本以及供应链互补关系的战略投资者，分别释放了 15.13%、49%、63.4%、25.99% 的股权。以上 4 家混改子企业先后引入 19 家战略投资者，累计引入各类资本 8.63 亿元。"十四五"末有望形成 100 亿元的增量产业，实现 5 年规模效益再翻一番的目标。三是规范实施核心员工持股绑定"关键少数"。按照"增量引入、利益捆绑"的原则，选取湖南尚驱、浙江尚驰、广州骏发等 3 家"改革意愿强烈、符合激励政策、持股条件成熟"的混合所有制企业实施员工持股计划，持股比例分别为 18%、8.5%、17.1%，重点绑定高级管理人员、中层管理人员和核心骨干人才，确立"以岗定股、岗变股变、股随绩调、人离股退"的持股原则，实现员工持股"能高能低、能进能出"。

三、利用市场化导向激励全员价值创造

中车株洲电机以市场化为方向，以动力机制为核心，以资本多元化的"混"促进体制机制的"改"，全面推动经营机制改革，激发全员价值创造活力。一是改革用人机制。坚持党管干部原则与董事会依法选择经营管理者、经营管理者依法行使选人用人权相结合，制定中层管理人员"两制一契"管理办法以及中层管理岗位任期制管理办法，以制度形式固化"三年一考核，六年一竞聘"任期管理模式，定期推进全体中层管理岗位"全体起立，归零重来"，中层管理人员重新竞聘后签订聘任（任职）协议书和年度及任期目标责任书，契约化率达到 100%。二是盘活人力资本。搭建内部人力资源市场，推进人才竞争、选择和共享机制，传递内部竞争压力。探索柔性人才引进新模式，采取差异化协议工资、购房补贴和职级待遇等多种方式，先后引入磁浮轴承、高速永磁等多个领域博士 16 人。自 2018 年以来，中车株洲电机共引入各类成熟人才 72 人，淘汰绩差人员 87 人，员工队伍结构持续改善。三是完善薪酬分配机制。积极探索工资总额备案制，初步构建起符合公司经营特点的工资总额决定机制和管理制度。优化内部分配制度，构建"岗位价值＋工作业绩＋职业能力"的新型价值分配体系，将资源向关键管理、技术岗位倾斜，有效拉开收入差距。推动薪酬分配与价值输出紧密挂钩，提升绩效工资占比达

到 70%，员工收入随业绩表现"上得去、下得来"，产业单元同层级年收入差距最高达 4 倍，职能单元最高达 2.5 倍，做到"干多干少不一样"。四是丰富激励手段。按照"存量重点用分红、增量重点用股权"的总体思路，在中车株洲电机本级采用岗位分红的方式对核心技术和经营骨干实施激励。围绕岗位价值、业绩贡献，着力盘点"人"与"激励"，73% 的核心激励对象均为技术人员，同时注重激励经营、管理等其他领域核心骨干，彰显以价值创造为核心的利益共享机制。

四、加快完善中国特色现代企业制度

在推进混合所有制改革过程中，中车株洲电机始终坚持党的领导、加强党的建设，立足于"党建工作做实了就是生产力，做强了就是竞争力，做细了就是凝聚力"的原则要求，切实加强党对混合所有制改革工作的领导，着力强化混合所有制企业党建工作。一是建立科学完善的决策制度。按照"权责法定、权责透明、协调运转、有效制衡"要求，中车株洲电机建立起"一本公司章程 + 一个'三重一大'决策制度实施办法 +'股东会、党委会、董事会、总经理办公会'四项议事规则"的"1+1+4"决策制度体系，为企业科学决策提供规范制度保障。二是分级分类开展差异化监管。针对下属混合所有制企业所属行业特点、治理水平、经营能力以及市场竞争力，对国有股权比例低于 50% 且其他所有制股东能够有效参与公司治理的国有相对控股混合所有制企业，在确保党的领导不涣散、党的建设不放松的前提下，赋予企业董事会选人用人、薪酬分配、投资决策等重大经营事项自主权，全方位支撑产业加速发展。三是创新一体化、常态化监督体系。中车株洲电机梳理建立了审计、纪检监察、法律、财务等部门监督协作机制，探索建立数据共享中心，利用网络技术对混合所有制企业实施动态跟踪和分析预警，全面提升内部管控能力和事中事后监管效能。

2021 年，面对大宗原材料暴涨和客户持续降价等不利因素，中车株洲电机下属的多家混合所有制企业均能积极应对、抢抓市场机遇。江苏电机公司全年累计新签合同 78 亿元，销售收入较上年增长 7.2%。浙江尚驰公司通过市场订单排产优化、项目成本管控、工艺流程优化等途径，不断降低制造及管理成本，销售收入同比增长 4.5 倍。湖南尚驱公司加快布局暖通、制冷、医药、环保等领域，销售收入同比增长 3 倍。广州骏发公司一改过去盲目接单的经营方式，通过选择性接单提高订单质量，扭转了增收不增效的困境。

积极引入民营资本　创新运营模式　推动企业发展焕发生机

——中国联合网络通信有限公司云南省分公司混改案例

中国联合网络通信有限公司云南省分公司（简称"云南联通"）成立于 1995 年 10 月，下辖 16 个州市分公司，自 2010 年以来，面对激烈的市场竞争，经营困难，连年亏损，截至

2016 年累计亏损 58 亿元, 2016 年资产收益率(ROA)为 -12.6%、经济增加值(EVA)为 -11.38 亿元，是中国联通乃至全国电信行业亏损最严重的省级分公司。"不改革就没有出路"，深陷困境的云南联通迫切需要一种全新的、强有力的体制机制来打破艰难的生存现状。2017 年，在中国联通集团层面混改的大背景下，云南联通通过引入民营资本，创新运营模式，建立市场化激励机制，"混"出最大化学反应，"改"出最强生机活力，显著改善了经营业绩。截至 2020 年，云南联通主营业务收入累计完成 29.6 亿元，累计增长 41.5%，经营现金流较 2017 年增长 2.6 亿元，国有资本权益较 2017 年增长 3.64 亿元，移动用户日均发展 1.3 万户，较 2017 年增长 45%。

一、引入行业内民营资本，搭建"双主体 +16 个公司"运营架构

2017 年以来，云南联通积极引入民营资本，在省级公司和州市公司层面加快推进混合所有制改革。一是省级公司层面，引入云南沃联投资（持股 39.43%）、江苏亨通光电（持股 29.76%）、北京中电兴发（持股 25.82%）等民营资本，组建云南联通新通信有限公司(简称"省运营公司")，民营企业、中国联通分别持有 85% 和 5% 股权。省运营公司与云南联通主体公司共同构成"1+1"双主体，省运营公司负责承包运营全省网络建设、维护与市场经营业务；主体公司负责对两级运营公司进行监督考核。二是州市公司层面，云南联通在 16 个州市，引入民营企业组建州市运营公司。州市运营公司负责本地网络建设、维护与市场经营业务，并对州市利润标的负责。截至 2020 年，原联通公司 90% 的员工辞去国有企业员工身份，加入新成立的民营化运营公司。两级运营公司均设立员工进入的股东会、董事会、监事会，并下设经营管理层，其中经营管理层全部由原联通人员组成。各方按公司法、公司章程规定的职权分工履行职责。

二、以党建为统领谋划改革，充分发挥党组织的领导作用

云南联通在改革进程中，始终坚持党的领导不动摇，充分发挥党委"把方向、管大局、保落实"作用。一是云南联通省级主体公司、省运营公司、各州市运营公司均设置党委，确保党的领导不削弱，并在云南联通全域委托承包运营中发挥统领作用。二是省主体公司党委主导企业的重大决策、执行"三重一大"制度，对云南联通的发展把关定向；省运营公司党委履行抓实党建、服务生产经营大局的职责，为企业发展和领导决策提供政策和组织支持。三是坚持主体公司党委对运营公司关键干部任免，联通集团公司党组及省主体公司党委均可以否决各级运营公司总经理人选。四是各级运营公司支部书记均在部门负责人中推选产生，确保公司各级党组织全面参与公司生产经营活动的决策与管理。

三、建立健全运营公司授权考核机制，实现效益捆绑和发展共赢

云南联通主体公司在对运营公司充分授权放权基础上，构建系统完备的考核体系，实现效益绑定和共同发展。一是运营公司按照"三年现金流转正、五年扭亏"的目标，开展以"利润

为标的"的承包运营，利润溢出部分作为"投资方投资效益分成和运营公司内部效益分享"。二是主体公司对运营公司实行职责清单、监控清单、负面清单管理，充分授权运营公司在当地进行"业务销售代理、末梢网络代建代维、末梢资产代管"等，给予运营公司独立的经营自主权。三是主体公司对运营公司实行年度考核，重点考核"坚持党的领导，国有资产保值增值，保障收入、用户、资金、网络和信息安全，经营利润"等方面，合作期内若出现两次考核不达标，则解除运营合作关系，仅保留投资合作关系。首期运营合同期限为 7 年，如利润水平好于其他未改革地区，可再续签 5 年。

四、深化市场化选人用人改革，充分激发企业员工内生动力

云南联通大刀阔斧推进企业内部选人用人改革，推动实现"干部能上能下、员工能进能出、收入能多能少"。一是开展中长期股权激励。对加入省、州市两级运营公司的原联通人员开展股权激励，管理人员和骨干员工认缴各级运营公司股权 18881 万元，认缴参股比例达 24.5%。二是实行职业经理人制度。省运营公司总经理与各单位职业经理人签订年度业绩合同，明确年度任务目标和相关责权利。职业经理人绩效年薪与业绩考核强关联。年度考核等级为待改进的降职使用，不称职的予以免职，考核得分 40 分以下的，依法解除劳动关系。三是建立规范化人员流动机制。一方面畅通招聘渠道，保障高素质人员和创新型人才"能进"，另一方面建立退出通道，明确四种不胜任退出情形，实现员工"能出"。此外，通过建立员工轮训及转岗培训机制，实现员工有效"流动"。四是推行以效益创造为核心的薪酬机制。建立个人与组织业绩考核相挂钩制度，形成以业绩考核为核心的奖金分配制度。授予各部门绩效分配权，拉开同类岗位、不同业绩人员之间收入差距。2019 年，省运营公司非管理序列员工最高绩效与最低绩效比值为 3.84 倍。

云南联通在推进混合所有制改革过程中，充分运用民营机制和管理理念，创新构建"双主体 +16 个州市公司"运营模式，探索形成了与之相适应的授权考核体系，实现转型升级，经营业绩和投资状况大幅改善，员工积极性显著提高，对于电信等重点领域子公司混合所有制改革具有重要示范意义。

激活企业发展体制机制动力　打造央企"品牌实力 + 民营机制"新优势

——中化学交通建设集团有限公司混改案例

中化学交通建设集团有限公司（简称"交建公司"）成立于 1994 年，前身为山东省公路建设（集团）有限公司，是全国第一批获得公路工程施工总承包特级资质企业之一。交建公司所处的公路等基础设施建设市场竞争激烈，随着业务承接模式由建设单位投资、施工企业承建向建设单位投资、"施工企业垫资 + 施工"的转变，公司缺乏足够的资金支持，企业发展受阻，

交建公司开始思考在改革中寻找出路，按照"混资本、增资质、改机制"的思路推进企业混合所有制改革。此时，山东省国资委正在积极推进央企与地方企业的战略合作，在山东省国资委牵线搭桥下，2018年3月，中国化学工程集团有限公司重组交建公司，成为其控股股东。随后，交建公司又创新以私募股权基金的形式引进31家战略合作伙伴。通过引进源头活水，积极利用央企品牌和资源优势以及民营资本的灵活性，加快推行三项制度改革、完善市场化机制，切实增强了企业发展活力、内生动力和市场竞争力，建设成为覆盖基础设施建设全领域的工程投资、建设、运营、管理的企业集团，促使企业进入高质量发展"快车道"。

一、交建公司开展混合所有制改革的主要做法

（一）充分利用战投优势，打造竞争新优势。一是创新方式引入优质战略合作伙伴，优化股权结构。成立私募股权基金（山东瑞和股权投资基金）吸引战略投资者，自2019年以来已吸引全国10余省市的30家具有一定行业地位、财务实力的企业入股，募集资金5.3亿元，共持有公司34%的股权，成为第二大股东，公司股权结构由"国有资本＋员工持股"优化调整为"国有资本＋社会资本＋员工持股"，促进"央企品牌实力＋民企机制"优势有效发挥。二是系统构建战略合作伙伴管理体系，充分发挥战投功能。制定出台8个管理办法和21条管理细则，涉及战略合作伙伴的选择、利益分配、分级管理等内容。通过鼓励战略合作伙伴入股和跟投，放大资本功能，成功撬动总投资150亿元的安庆产城融合项目落地实施；依靠战略合作伙伴属地经营资源，实施联营联建，放大资源整合功能，成功中标四川名山区火车货运站道路项目、四川名山区临溪河综合整治项目等。

（二）健全中国特色现代企业制度，提高法人治理水平。一是落实"党建入章"要求。交建公司及所属10家独立法人企业全面完成"党建入章"工作，明确和落实党组织在公司法人治理结构中的法定地位，实现党委书记（党组织书记）、董事长"一肩挑"全覆盖。同时，明确党委研究讨论为董事会、经理层决策重大问题的前置程序，确定"三重一大"事项清单52项，其中党委前置审议事项43项。二是加强董事会建设、落实董事会职权。积极落实董事会职权，发挥董事会定战略、作决策、防风险的作用。交建公司董事会由7名董事组成，除1名职工董事外，其余6名董事分别由各股东方提名。7名董事中4名为来自公司外部的投融资、风控、企业管理等领域专家，实现了外部董事占多数，有效提升了董事会决策的专业性和科学性。坚持党管干部原则与董事会依法选择经营管理者相结合，7名经理层成员均由董事会聘任。三是建立授权放权动态机制。股东会对董事会充分授权，2020年公司股东会授权董事会行使经理层超额利润分享、重大资产处置、参股股权转让等15项权力。同时逐步对所属单位进行授权，发布授权清单，定期评估效果并进行动态调整。授权内容包含公司治理、战略决策、财务金融、综合管理、市场开发、工程管理六大类事项，条线管理事项30余项，具体授权内容120余项，减少审批事项60余项。四是创新构建公司治理指标体系。创新发布《公司治理指标评价体系》，从党的领导与公司治理的融入度、公司治理结构的完善度、董事会建设的成熟度、激励管理的有效性等8个维度，设置34个一级指标，78个二级指标，量化公司治理关键

要素。交建公司定期对所属 10 家独立法人企业公司治理建设进行评价。

（三）着力完善市场化机制，有效激发企业内生动力。交建公司以市场化选人用人机制为基础推进企业内部运营市场化，逐步将市场化经营机制内嵌到企业改革发展中。一是大力推行经理层职业经理人制度。相继完成交建公司本级和 8 家所属企业经理层职业经理人选聘工作，推行职业经理人制度的企业户数占比达到 82%，未推行职业经理人制度的 2 户所属企业，也已进行任期制和契约化管理。30 名所属企业经理层职业经理人，外部选聘 14 人，占比 47%。2021 年，交建公司董事会与总经理、总经理与其他 6 名经理层班子成员分别签订本年度及 2021—2023 年经营业绩责任书，按照考核兑现奖惩，实施差异化薪酬，经理层最高和最低收入差距倍数至少为 3.9 倍，不符合续聘条件的将解除劳动关系退出企业。二是稳步开展"全体起立"、全员竞聘。全面完成了总部 13 个部门正职、23 个部门副职公开竞聘，82 个一般管理岗位的公开竞聘，外部人员占比达 28%。结合组织机构改革，对原有 13 家子（分）公司进行整合，重新选聘领导班子成员，12 人退出公司党委管理的领导班子序列。通过绩效考核、契约化管理、市场化运作等方式，实行末等调整和不胜任退出机制，实现干部和员工有序流动、进出通畅。2020 年，管理人员退出比例为 26.0%，员工退出比例为 15.7%，实现了管理人员能上能下、员工能进能出。三是探索建立差异化分配的宽带薪酬体系。建立以岗位价值为基础，充分兼顾绩效驱动和个体差异性的宽带薪酬体系。宽带薪酬的设置将薪酬与绩效紧密联系，增加员工的弹性收入，适度加大浮动工资比例，实现员工个人收入与公司业绩、个人绩效双挂钩，打开了高绩效员工获取高薪酬待遇的通道。四是探索建立以正向激励为导向的绩效考核体系。切实发挥绩效考核"指挥棒"作用，积极探索超额利润分享等中长期激励方式，以"业绩和价值贡献"为导向，建立自上而下、全面统一的以战略规划和年度经营目标为依据的可量化的绩效考核体系。考核结果与薪酬高低直接挂钩，业绩突出者将获得 1.5 倍的绩效收入，开设重大贡献者特殊奖励，逐步形成了"晋升靠业绩、收入比贡献"的良性机制。

（四）持续优化员工持股制度，强化与员工的利益共享、风险共担。早在 2006 年，交建公司就实施了员工持股制度，但多年来一直存在一些不完善的地方，例如，持股标准不统一，管理制度不健全，未能建立起灵活的流转机制。为充分发挥员工股权的激励作用，交建公司深入分析公司现状，总结持股经验，对员工持股进行优化。一是优化持股范围和标准。本着自愿的原则，将公司关键岗位、对公司经营业绩和持续发展有直接或较大影响的企业领导班子成员、高管、企业中层、骨干员工纳入员工持股范围。同时，根据岗位不同，设置 7 类持股标准，实行以岗定股的差异化激励，先后有 252 名核心人员参与员工持股计划，占总人数的 13%。二是搭建新的管理平台。通过构建两层有限合伙架构持有公司股权，形成合伙人会议、员工持股管理委员会、管理公司三级管理体系，使持股管理更加规范。三是建立进退流转机制。遵循"股随岗设、岗变股变、人离股转"原则，健全股权内部流转和退出的动态调整机制，每年 4 月和 10 月集中调整两批次，避免持股固化僵化。2021 年已经开展两批次股权调整，对不符合继续持股的 16 人办理了退出手续，为符合条件的 20 人办理了持股手续。2020 年，公司人员净增加 340 人，骨干队伍进一步稳定，人员流失率由 12% 降至 9%；本科及以上学历人员占比由 78% 提高至 84%，中级及以上职称人员占比由 31% 提高至 36%，人才队伍的学历层次、业务能力、人员结构得到明显提升。

二、交建公司混改的主要成效

（一）业绩水平大幅提升。通过创新"投资＋建设＋产业导入"的商业模式，成功中标总投资 150 亿元的安庆产城融合项目。积极利用战略合作伙伴资源，开展联营联建，夯实了区域市场经营布局，成功中标四川雅安工业园项目一期 1.3 亿元，后期滚动至 5 亿元。截至 2020 年底，交建公司资产总额增加 23.11 亿元，增幅 35.45%；净资产增加 8.45 亿元，增幅 326.25%；资产负债率下降 8.52 个百分点。公司主体长期信用评级提升至 AA，授信额度达 114 亿元。2020 年新签合同额、营业收入、利润总额分别同比增长 290%、75%、894%，三项指标均创历史新高。

（二）管理效能及施工生产水平显著提升。混合所有制改革后，企业加快市场化经营机制的建立。通过市场化招聘职业经理人，并严格签订契约，提升了经理层的专业程度及履职能力。通过全员竞聘优化了人员结构，减少冗员，提升了效率。通过组建作业实体，夯实基层生产施工能力，有效降低用人成本，提高项目履约能力，形成新型的、高效有序的施工承包体系。2020 年，1 个在建项目被评为"2020 年度安全文明标准化工地"、1 个项目部被评为"安徽省 AAA 级环保施工示范单位"；2021 年，4 个高速公路项目荣获公路工程质量最高奖项——李春奖；创收由 2019 年的 362 万元 / 人提高到 2020 年的 468 万元 / 人，增幅达 30%。

（三）研发创新能力大幅提升。强化创新体系改革，落实创新驱动发展战略，创新能力和水平得到了大幅提升。2020 年，在首届全国公路"微创新"大赛上喜获 1 金 3 铜好成绩，成功获批 1 个山东省工程实验室，承建的山东省第一条边通车边施工的济青高速改扩建项目荣获 2020 年国际道路联合会颁发的杰出工程奖，累计获得授权国家发明专利 18 项、实用新型专利 64 项，主编和参与制订国家、行业及地方标准 10 余项。

三次持续"混＋改"推动企业跃升行业龙头

——通用环球医疗集团有限公司混改案例

通用环球医疗集团有限公司（简称"环球医疗"）成立于 1984 年，是中国最早的一批融资租赁公司。20 世纪 80 年代，受到外部行业环境和内部机制束缚的影响，环球医疗经营情况持续恶化，2001 年，公司进入破产清算程序。2006 年，央企通用技术集团向环球医疗的境内平台——环球租赁注资，环球租赁成为通用技术集团的全资子公司，并重新组建公司领导班子，从零起步并慢慢步入正轨。为了加快发展，从 2012 年开始，环球医疗进行了 3 个阶段的引资混改，根据不同发展阶段的需要，引入不同的投资者并借此推动内部体制机制改革，逐步发展成为国内领先的医疗健康集团，业务包括金融服务、医疗服务及医疗延伸业务，旗下拥有 56 家医疗机构，开放床位数超过 15000 张。回顾环球医疗 20 余年改革与发展的历程，可以看到每一次通过"混合"推动"深化改革"、助力企业迈上新台阶的经验。

一、第一阶段引资混改："引入战略资源 + 初步构建市场化"的体制机制

20 世纪 80 年代开始，中国的信用环境尚待完善，融资租赁行业举步维艰，加之经营不善，2001 年，环球医疗进入破产清算程序。通用技术集团高瞻远瞩，充分认识到融资租赁金融牌照的潜在价值以及融资租赁行业的发展前景，因而没有放任让公司破产，而是毅然决定收购其他股东所持股份，从而实现对环球医疗 100% 控股。通用技术集团成为控股股东后，加大了公司管理体系的建设力度，并不断加大支持力度，伴随着行业开始出现起色，环球医疗逐步步入正轨。然而，融资租赁的行业特点决定了公司需要不断注入资本才能发展壮大。为此，通用技术集团和环球医疗开始考虑引入具备强有力的资本市场对接能力和国际化资源的战略投资者。

（一）引入中信资本牵头的战略投资者。中信资本是中信集团旗下公司，成立于 2002 年，是一家主攻另类投资的投资管理及顾问公司，在医疗行业的投向涵盖医药、医疗服务和器械／耗材，主要投资企业包括哈药集团、环球医疗、世纪康瑞医疗集团等，拥有丰富的资本市场经验，在国内资本市场上具有广泛深远的影响力。与此同时，中信资本也十分看好环球医疗的成长性。基于双方的互信和对行业前景的判断以及对管理层的认可，中信资本最终同意采取参股方式入股环球医疗。2012 年 4 月，通用技术集团以资产出资持股环球医疗 51% 的股份（通用香港资本持股 46%、通用咨询持股 5%），中信资本和聚宝龙现金增资 2500 万美元分别持股 41% 和 8%。

（二）推动建立具备现代企业制度特点的治理结构，构建顶层设计。引资后的董事会由 6 位董事组成，其中通用技术集团委派董事 3 位（2 位执行董事、1 位兼职董事），中信资本 2 位，聚宝龙 1 位。虽然通用技术集团在董事会占半数，但考虑到中信资本董事长张懿宸在业内的口碑和对行业的认知，同意推选张懿宸担任环球医疗的董事长。在此基础上，由三方董事组成的董事会对公司战略进行重塑，并要求公司管理层持续而严格地执行这一战略。

（三）推动劳动人事分配三项制度改革，激发组织发展活力。一是推动建立市场化的用人机制。引资后，环球医疗首先进行了"全体起立"，各层级员工都采用市场化选聘方式和合同制用工形式。随后，公司不断强化市场化用人机制，通过试用期转正评估、年度绩效考核评估等管理手段对员工履职履岗能力进行持续的阶段性评估，加大优胜劣汰力度，及时清理不作为、不干事的低绩效人员。二是探索市场化选聘引入高级管理人才。2014 年 10 月，环球医疗首次通过市场化选聘方式聘用了公司副总经理级高管干部，并在高管团队中选聘 1/3 的职业经理人，中层以下管理人员全部取消编制，由总经理办公会聘任，逐步建立了"市场化选聘、契约化管理、差异化薪酬、市场化退出"的机制。三是打破薪酬总额固化限制，推动内部 PBT 考核。在中信资本的推动下，通用技术集团对环球医疗的薪酬总额进行了调整，并争取获得了优惠政策，将薪酬与利润总额（PBT）挂钩，对标行业龙头远东宏信 PBT29% 的水平，为环

球医疗制定了 23% 的标准。在此基础上，在薪酬的内部分配中，坚持"效益优先、注重实绩"的薪酬绩效激励机制，实行员工收入与公司经济效益、个人业绩双挂钩的薪酬体系。在能增能减的内部分配机制的引导下，环球医疗内部形成了"按劳分配、优绩优酬"、不搞"大锅饭"、旱涝不保收的良性循环。

（四）通过管理人员持股计划，保留核心管理人才。2012—2014 年，环球医疗发展很快，中信资本认为十分有必要尽快推行管理层持股，于是拿出 3% 的股权由符合条件的员工认购。基于公司制定的标准，在所有员工中筛选，最后有 11 个人符合条件，其中 CEO 入股 1.2%，CFO 入股 0.6%，其他核心员工入股 1.2%。通过实施管理层持股计划及股权激励计划，有效调动核心人员干事创业的积极性。

二、第二阶段引资混改："港股上市 + 构建上市公司"的体制机制

基于对融资租赁行业需要持续资本金补充的行业认识和对环球医疗发展前景的乐观估计，引资后，中信资本开始协助环球医疗制订 3 年上市计划，并帮助环球医疗搭建红筹上市架构、设计上市路径并利用其资本市场经验推动落实，同时协助环球医疗走国际化道路，打开国际资本市场融资。2014 年底，环球医疗进一步引进工银国际、周大福和建银国际三家投资者，公司股权结构更加多元化。

（一）成功登陆港股市场，进一步优化股权结构。2015 年 7 月 8 日，环球医疗成功在香港联交所挂牌上市，实现了各方股东既定的上市目标，融资规模达到 34.62 亿港元。上市后，环球医疗完成从初步的股权多元化到国有控股上市公司的转变。其中，通用技术集团对环球医疗持股 39.67%（通用香港资本持股 35.97%、通用咨询持股 3.7%），中信资本持股 3.7%，其他公众持股 56.63%。

（二）进一步完善法人治理结构，不断提升公司依法治企能力。一是公司股东会、董事会、管理层授权体系更加清晰。公司董事会根据上市规则及公司章程组建，共拥有董事 11 人，其中独立董事人数占比超过 1/3，均由在审计、医疗、金融、法律等领域具有专长的资深人士担任。二是董事会按照香港联交所上市规则及公司章程合规运行，负责对公司有关重大事项进行决策。董事会下设 5 个委员会，分别为：战略委员会、风控委员会、审核委员会、提名委员会、薪酬委员会。各委员会就公司发展战略、业绩报告、风险管理、薪酬总额和高管薪酬、董事会架构以及内部规范性运作等领域的相关事项，适时向董事会提出建议，为董事会的有效运行提供支持。公司管理层依法由董事会聘任或解聘，并接受董事会管理和监督。管理层依法行使经营管理各项职权，组织实施董事会决议，并及时向董事会报告工作。与此同时，通用技术集团加快推动自身在授权放权制度方面的改革，为环球医疗董事会决策提供了保障。三是将党的领导融入公司治理。环球医疗党委发挥领导作用，把方向、管大局、促落实，公司坚持党委研究讨论是董事会、管理层决策重大问题的前置程序，依照规定讨论和决定企业重大事项。坚持和完善"双向进入、交叉任职"的领导体制，符合条件的党委班子成员通过法定程序进入董事会、管理层，董事会、管理层中符合条件的党员依照有关规定和程序进入党委。

（三）在深化"三能"改革基础上，进一步强化激励。2018 年底，环球医疗实施了人才盘点，根据对组织架构的重新建立，对不合适的人进行调整，其中包括中层正职调整为副职。在此基础上，2019 年，环球医疗进一步实施上市公司股权激励计划。首期计划所涉及标的股票数量为 1606.5 万股，相当于公司发行股本的约 0.936%，激励对象为中高层核心管理团队成员，期权行权价为每股 5.97 港元，行权期为 5 年。通过股权激励，实现了激励对象与公司、股东利益的一致性，确保激励对象从公司、股东的利益出发进行决策，有力地防控风险并推动公司业绩稳健提升。

三、第三阶段引资："上市后增资扩股 + 推动改革"再上台阶

2021 年初，环球医疗启动了上市之后的新一轮战略引资，包括 1.5 亿美元可转债和 1.5 亿美元定向增发，认购方除中信资本外，又引入第三大股东广东元知科技有限公司（简称"元知集团"）。元知集团是一家依托大数据和人工智能等核心技术打造的大型科技产融平台公司。

借助于新资本的注入和新战略投资者的引入，环球医疗正着眼于深化体制机制改革，并进一步推进下属医疗机构投入管理提升工作，围绕学科建设、运营管理、组织管理、服务体系创新及医院信息化建设等多条线，全面提升成员医疗机构的医疗技术、管理效率和服务能力。同时，进一步开发和投资互联网医疗、管理和提升专科医疗、探索医学检验与技术服务、医疗设备维保服务和医养结合服务，以构建医疗产业生态系统，实现与旗下医院业务的协同。

四、环球医疗通过三次混改取得了显著的改革成果

自 2012 年以来，伴随着环球医疗历次引入战略投资者的注资及 IPO 上市，公司有效充实了资本金；同时，改革推动公司深耕医疗行业，持续夯实经营基础，实现了经营业绩快速增长，更是实现了放大国有资本功能的目标，充分发挥了国有资本的控制力、影响力、带动力。

（一）经营业绩快速增长，资产负债表健康状况不断改善。2012 年到 2020 年，公司营业收入年复合增长率达到 39%，利润总额年复合增长率达到 33%。同时，伴随着资本的持续注入，公司资产负债水平从高负债的 85.46% 下降到 75.66% 的健康水平。

（二）资本回报保持较高水平，国有资本实现显著增值。2012 年以来，历经多次增资扩股，环球医疗的净资本回报率始终保持在 12% 以上的水平，体现其业绩增长的强劲动力。与此同时，截至 2020 年底，通用技术集团累计向公司投入资金 70247.31 万元，累计从公司获得分红 79006.8 万元。此外，通用技术集团持有公司 39.67% 的股份，折算市值约 35 亿元人民币，有力实现了国有资产的保值增值。

（三）劳动生产率得到持续提升。2012 年至今，环球医疗的劳动生产率从 129.05 万元提高到 402.95 万元，年复合增长率达到 15.3%。

以步步为营的股权优化战略打造智慧物流开路排头兵

——中储发展股份有限公司混改案例

一、混改孕育壮大的智慧物流"明星"

中储发展股份有限公司（简称"中储股份"）是国企改革"双百企业"、第四批国企混合所有制改革试点企业，是中国物流集团有限公司的成员企业。2014年7月，为运用现代科技整合社会物流资源，升级运输业态提高物流效率，降低社会物流整体成本，中储智运与北京里山信息科技中心（有限合伙）实际控制人共同出资设立了中储南京智慧物流科技有限公司（简称"中储智运"或"公司"）。自2017年进行混合所有制改革以来，中储智运先后成为国家发展改革委、工信部、中央网信办"共享经济典型平台"，交通运输部第三批多式联运示范工程联合单位，国家发改委物流业制造业深度融合创新发展典型案例，交通运输部重点联系道路运输企业，商务部、工信部等8家单位全国供应链创新与应用示范企业，商务部、国家市场监督管理总局国家级服务业标准化试点（商贸流通专项），全国首批5A级网络货运平台。

二、持续升级优化股权结构，推进混改走深走实

中储智运通过连续多轮混改引战，持续调整优化股权结构，不断做强做优做大。2017年底至2022年初，通过科学谋划和持续调整股权结构，中储智运先后完成五轮融资，实现投后企业估值达43.63亿元，实现公司的跨越式发展。

（一）以货"换"股，引进A轮产业战略投资者，实现突破性增长。2016年8月，交通运输部在全国启动了无车承运人试点，物流行业自此进入了"新模式、新技术"的激烈竞争阶段。诸多民营互联网物流平台依靠社会资本，不惜严重亏损，"烧钱"获取"流量运力"，形成"以车找货"的主流商业模式，抢占市场。而此时，中储智运作为国有控股企业，考虑到探索主流商业模式可能受限于机制灵活性和风险性，另辟蹊径，决定充分利用控股股东中储股份在仓储物流资源上的优势，寻找拥有充足货源的首批战略投资者，形成独有的"以货控车"商业模式。2017年，中储智运与行业中有运输货量的企业达成业务合作，约定各合作企业在中储智运平台上达到约定的交易金额、业务量条件时，可获得参与中储智运A轮投资的资格。最终中储智运通过"增资方式"成功引进满足条件的5家产业战略投资者，实现当年营业收入突破56亿元，较2016年营业收入增长321.84%。

（二）趁"势"追"机"，B轮引入中国国有企业结构调整基金（简称"国调基金"），实现爆发式增长。继中储智运A轮融资之后，形成高速增长的势头，在当年交通运输部全国无车承运人试点综合监测评估中，中储智运的交易额和运输量指标均排名第一。2018年上半年，中储智运认为此时利用增长势头进行股权融资，既是提升公司市值、优化股权结构的机遇，更

是补充资金继续快速扩展的机遇。最终，通过 B 轮融资引入国调基金，实现投后企业估值达 10 亿元，打开资本市场知名度。下半年，采取公开征集投资者方式引入共青城智鹏腾骧投资合伙企业（有限合伙），完成 B+ 轮融资 1.72 亿元。2018 年，B 轮和 B+ 轮融资后，全年平台交易额达 114 亿元，营业收入为 85.90 亿元。2019 年，C 轮融资后，全年平台交易额达 170 亿元，营业收入为 147.15 亿元。随后又先后通过资本公积转增股本和老股东增资，进一步实现股权结构调整和优化，实现爆发式增长。

（三）以"融"升级，D 轮引战促进战略升级，实现高质量增长。中储智运凭借多年深耕经营，在行业内具有一定的知名度和影响力。而 2021 年，随着竞品公司成功在美国完成上市融资，对行业产生了巨大冲击，各竞品公司纷纷开始加速战略升级，寻求资本市场发展机遇。此时，中储智运也在年初制定了五年发展规划，确定了由"网络货运平台战略"向"智能供应链综合服务平台战略"升级，旨在构建供应链数字化转型、智能化升级、集成化创新的智能供应链一体化服务模式，再次引来行业及资本市场的高度关注。中储智运决定再次以融资为抓手，驱动战略升级，于 2022 年 3 月以公开征集投资者方式成功完成 D 轮融资，引进中国国有企业混合所有制改革基金有限公司、装备有限公司、粤高资本控股（广州）有限公司、河南远海中原物流产业发展基金（有限合伙）、远海（青岛）产业投资基金中心（有限合伙）5 位战略投资者。

充分发挥"改机制"的乘数效应

——宁波中远海运物流有限公司混改案例

一、基本情况

宁波中远海运物流有限公司（简称"宁波中远海运物流"）成立于 2002 年，隶属于中国远洋海运集团有限公司（简称"中远海运集团"），是其旗下三级控股子公司，主要经营港口物流、进出口全程供应链、冷链物流等业务。2020 年 4 月，宁波中远海运物流以"双百行动"为契机，充分利用混合所有制改革、核心骨干员工持股及三项制度改革等工具包完成混改工作，成为国有控股（中远海运物流有限公司，简称"中远海运物流"，持股 70%）、民营和员工持股相结合的混合所有制企业。市场微观主体活力得到有效激发，内生发展动能进一步得到快速释放。

二、发挥"改机制"的牵引作用实现混改初衷

（一）公司治理机制全面优化：从顶层设计到落实方案全方位健全。全面加强党的领导，准确界定权限边界。坚持习近平总书记对于国企改革提出的"两个一以贯之"，公司章程明确党委研究讨论是董事会、经理层决策重大经营管理事项的前置程序；建立健全"四会一层"治理结构，通过完善公司章程和内控制度，推动各方履职行权，实现"党委统领、股东会授权、

董事会审批、经理层落实、监事会监督"。

夯实董事会职能，确保职权依法依章落实到位。公司章程明确落实和维护董事会依法行使重大决策权，授权董事会审批公司一定额度内的各类投资及处置事项。公司董事会有 5 名董事组成，其中国有股东派 3 名董事，民营股东派 1 名董事，员工持股平台派 1 名董事。董事会下设战略委员会和薪酬委员会，分别对公司战略制定和高级职业经理人等考核方案具有建议权，为董事会提供决策支持，在保障企业科学决策的同时，提高了企业运营效率。

明确授权清单，保障经理层经营自主权。中远海运集团根据"双百九条"文件精神，直接对宁波中远海运物流下达了授权清单，在人事管理、投融资、资产处置等方面给予了宁波中远海运物流更大的权限。宁波中远海运物流总经理充分行使对公司副总经理的提名权和否决权，公司在履行相关组织及董事会程序后，组建了混改后的公司经营管理班子，企业凝聚力和执行力显著提升。

优化组织运营架构，提升运营效率。在新的法人治理体系下，宁波中远海运物流推进组织架构调整，成立了单证数据共享中心、营运中心、财商共享中心、综合事务中心四大共享中心。通过共享中心的协同共享机制，宁波中远海运物流为各业务单元赋能，提供从战略制定、资源配置到业务、管理和后勤保障的集约化一站式服务体系，"长板效应"得到有效发挥。宁波中远海运物流实现管控模式从金字塔式向矩阵式的扁平化、集约化方向转变，避免了各下属法人公司重复设立相关机构，节约了人员投入，提升了效率，降低了成本。

（二）激励机制实现深度捆绑：从持股范围的规定到动态调整细化持股方案。核心骨干员工持股，树立正确的价值导向。按照与战略投资者同股同价同权的原则，宁波中远海运物流员工持股平台持有公司 15% 的股份，其中预留 5% 用于人才引进、岗位晋升、绩优奖励等股份授予。宁波中远海运物流首期 10% 的股份由 160 名经营管理人员和核心骨干员工持有，占公司总人数的 20% 左右，不搞人人持股，避免了走新形势下"大锅饭"的老套路；将持股条件与对企业的贡献挂钩，进一步营造了以奋斗者为本的拼搏向上、乐于奉献的企业氛围。

坚持岗变股变，建立股份动态调整机制。宁波中远海运物流职工职务晋升增加持股份额，职务降低相应减少持股份额，对于引进的急需紧缺人才，则给予相应的持股资格。通过动态调整员工所持股份，宁波中远海运物流避免"躺在股份上睡大觉"情况的发生，进一步激发了持股职工的工作积极性和创造性。

强化利益绑定，同舟共济理念深入人心。通过员工利益与企业利益紧密绑定，宁波中远海运物流员工积极维护企业利益、主动严控经营成本的意识明显增强，真正将"企业是我家、发展靠大家"的理念融入日常工作的点滴之中。

（三）三项制度改革向纵深推进：企业内生动力迸发。建立分级管理、覆盖广泛的职业经理人体系。职业经理人除包含领导班子外，范围还扩大至各所属公司总经理助理以上人员（不含党务干部）和大项目负责人。宁波中远海运物流对所有职业经理人均按照"市场化选聘、契约化管理、差异化薪酬、制度化退出"的原则予以管理，对业绩不达标的职业经理人将按照合同约定予以退股、退职、退企。

按照"横向到边、纵向到底"的原则建立清晰的岗位职责体系。宁波中远海运物流对职业经理人、一般员工均设置了明确的工作目标和任务，考核结果不但与薪酬直接挂钩，还与岗位调整、劳动合同解除等紧密相关，形成了一级考核一级、层层压实责任的良好局面。同时，宁波中远海运物流建立了标准化的岗位数据库，公司及所属单位统一岗位名称、统一岗位要求、统一岗位薪酬，有利于职工在公司内部的有序流动，实现人力资源更合理的配置。

合理设置市场化的薪酬体系。宁波中远海运物流根据企业规模、收入能力、收益质量等方面的对标结果，将总体薪酬水平对标市场的 50 分位，努力达到 60 分位，建立了市场化的薪酬体系。同时，宁波中远海运物流建立了董事会特别奖励、存量业务超额利润分享、新项目超额利润提成等激励措施，将个人薪酬与个人贡献、个人绩效紧密挂钩，打破了副职按正职一定比例定薪的惯例，充分体现了"多劳多得、少劳少得、不劳不得"的分配原则。

从提升决策运营效率出发严格核定岗位编制。宁波中远海运物流将公司领导班子由 10 人压缩到 7 人，并进一步压减管理人员，2020 年 1—10 月，公司中层以上干部退出 13 人，占中层以上干部总人数的 18.1%，真正实现了干部"能上能下"。同时，进一步强化人力资源配置，着力解决冗员等历史问题，截至 2020 年 10 月底，职工总人数净减少 46 人（约占总人数的 6%），企业发展新旧动能顺利转换。

依法依规开展混改　激发企业内生动力

——中铁工程设计咨询集团有限公司混改案例

中铁工程设计咨询集团有限公司（简称"中铁设计"）是集工程规划、勘察、设计、咨询、监理、总承包、产品和科研开发于一体的特大型综合勘察设计咨询企业。2004 年 7 月 1 日，由铁道专业设计院、北京铁路局北京勘测设计院、北京铁路局太原勘测设计院、郑州铁路勘察设计研究院、济南铁路勘测设计咨询院有限公司 5 家企业重组改制成立，注册为现名，总部设在北京。2017 年，中铁设计作为首批 10 家中央企业员工持股试点企业之一，成功引入了新华联控股有限公司和比亚迪股份有限公司两家非公有资本，以增资扩股的方式同步完成员工持股及混合所有制改革其他工作。混合所有制改革后，公司各项业务快速发展，企业市场竞争力、创新力逐步增强，国有资产实现保值增值。

一、中铁设计开展混合所有制改革的主要做法

（一）以实施员工持股计划为契机，引入战略协同、优势互补的战略投资者。一是采取增资扩股方式开展员工持股。中铁设计遵循"立足增量、不动存量"的原则开展员工持股。员工持股范围为在关键岗位工作并对公司经营业绩和持续发展有直接或较大影响的科研人员、经营管理人员和业务骨干。为落实同股同价原则，员工按照战略投资者购股价格认购股权，取得

注册资本比例为 20%。同时，由于持股员工数量多，中铁设计采用资产管理计划作为持股平台，通过设立专项资产管理计划来管理员工持股，中铁设计员工全额认购资产管理计划的份额并委托中信证券进行管理。二是引入两家行业影响力突出、业务关联度高的战略投资者。除了将战略协同性强、行业影响力突出、与公司业务关联度高作为基本的引入条件外，还要求意向投资者入围中国企业 500 强，入围中国民营企业 100 强，为上市公司或拥有上市公司。中铁设计在上海联合产权交易所挂牌公开征集战略投资者，最终引入知名企业比亚迪股份有限公司和新华联控股有限公司。在引资和员工持股计划实施过程中，依法合规完成审计和资产评估各项工作，严格履行员工持股方案决策程序，成为国有控股、民营参股、骨干员工持股的股权结构多元化的公司。中国中铁股份有限公司（简称"中国中铁"）占比 70%，员工持股计划占比 20%，新华联控股有限公司占比 6%，比亚迪股份有限公司占比 4%。

（二）完善法人治理结构，建立现代化治理机制。混改后，中铁设计积极构筑健全的法人治理结构、优化治理机制。一是建立有效制衡的治理结构。中铁设计董事会成员编制 9 名，由非公产权代表、员工代表与国有代表共同组成，其中外部董事 2 名，中国中铁委派董事 5 名，股东中信证券股份有限公司员工持股计划委派董事 1 名，职工代表大会选举职工董事 1 名。两名外部董事分别为新华联和比亚迪的高级管理人员。两名外部董事在履职过程中，结合自身丰富的公司治理和企业管理经验，独立、审慎、客观、科学地发表意见并进行表决，提高了董事会决策的科学性和有效性。目前，董事会成员席位分布合理，结构较为完善，促进了中铁设计法人治理结构规范化。二是积极完善和落实"三会一层"治理结构。根据注册资本、股权结构和法人治理结构的变化，不断建立健全企业制度体系，保证了公司治理制度的有效性和一致性。同时，进一步规范治理主体权责，厘清股东会、董事会和经理层的权责边界，实现股东会、董事会、监事会、经理层各司其职、各负其责、协调运转、有效制衡，充分发挥董事会"定战略、作决策、防风险"的相应职能作用。董事会还设立了薪酬与考核委员会等专门委员会，为董事会决策提供专业咨询及建议。此外，还实施董事会决策执行跟踪检查制度，有力确保董事会决策事项落实到位，有效实施。三是将党的领导和建设融入公司治理中。充分发挥党委把方向、管大局、保落实的职权，将党的领导和建设融入公司治理各环节，实现了"四个同步"，即工作同步规划、机构同步设置、人员同步配备、活动同步开展。研究修订了党委常委会议事规则，明确企业党委是公司治理结构中的领导核心和政治核心，明确党委常委会与各治理主体的权责边界、议事范围和规则流程。将党建工作相关要求纳入公司章程，并完成所属 6 家全资子公司党建工作进章程的修订工作，明确党组织在企业中的法定地位和领导地位，后续成立的子公司也将党建工作纳入章程。落实"双向进入、交叉任职"要求，混改后党委书记与董事长由一人担任。严格遵守党委常委会议事规则，将党委前置研究作为重大生产经营事项决策的重要依据。进入董事会、经理层的党委班子成员在董事会、经理层决策时，均充分表达党委会研究讨论的意见和建议，并将决策及执行情况及时向党委报告。

（三）建立市场化经营机制，提升企业运营效率。一是以市场化为导向加快企业转型发展。引入积极股东后，充分挖掘并利用其优势，不断拓展市场业务。战略投资者比亚迪公司近年积极投身我国城市轨道交通事业的发展，研发了新型跨座式单轨车辆——比亚迪"云轨"。中铁设计积极发挥其在跨座式单轨系统规划、设计及系统集成上的领先优势，推动比亚迪"云轨"系统规划和部分城市试验线建设。二是以建立市场化选人用人制度为基础推进企业内部运营市场化。探索市场化选聘职业经理人机制。以控股子公司作为试点，坚持党管干部原则，按照董事会选择、市场化选聘、契约化管理的方式，选聘职业经理人。创新干部选拔任用、淘汰退出和交流制度。畅通职业发展通道，不拘一格使用人才，打通"纵向"渠道，坚持人岗相适原则，构建管理、技术、经营、技能四类人才多元晋升通道。健全完善干部日常履职考察制度，加大对领导干部的问责力度，及时调整不适宜担任现职的领导干部。严格执行干部正常退出规定，优化中层领导干部年龄及专业结构。进一步加强了公司本部与异地、异地之间、职能部门与生产单位之间的人员交流。建立人才的市场化进入和退出机制。根据"专业对口、岗位需要、综合考核、择优选拔"的总体原则招聘高校毕业生。由于员工持股计划的实行，近年来招聘的本科及研究生中 90% 以上都毕业于"985""211"院校，人员结构持续优化，员工素质不断提高。构建人员的市场化退出机制，加强员工绩效考核评价，强化考核结果应用，考核不合格的员工实现退出，依法清理非在岗员工。

（四）建立中长期激励约束机制，吸引和留住骨干人员。一是建立动态中长期激励。坚持岗变股调原则，建立了完善的包括与经营绩效挂钩的多项动态调整与流转机制，防止股权固化、僵化影响激励效果。另外，坚持自愿入股原则，在充分自愿的前提下，强调风险共担、利益共享，建立风险共担机制。同时，为积极发挥员工持股计划激励作用，设定持股 36 个月的锁定期。锁定期满后，中铁设计董事、高级管理人员每年可转让股份不得高于所持股份总数的25%。二是完善薪酬制度。根据各单位收入、利润指标完成情况，合理分配工资总额。企业在实施骨干员工持股后，及时调整内部经济责任制分配政策，以控制领导干部的工资水平、向一线员工倾斜为目标实施薪酬制度改革，推进工资职级改革，完善薪酬结构，健全各单位负责人薪酬与考核评价结果紧密挂钩制度。实现在企业效益增长时，全体员工收入得以同步提高，更进一步激发了员工的干事热情。

二、中铁推动混改成功的关键要素

（一）形成最大公约数是开展混改的重要前提和保障。要想顺利开展混合所有制改革，必须保证员工知情权，在改革中形成最大公约数。例如，中铁设计在试点工作推进过程中，充分保障员工的知情权和监督权，做到规则公开、程序公开、结果公开。员工持股方案在充分听取广大职工意见建议的基础上，经职工代表大会的无记名投票，以 96.77% 的同意率高票通过。广大职工认同和支持员工持股，有效保障了企业的稳定和员工队伍的稳定。

（二）改革中必须规则合法、操作合规。推进混合所有制改革必须严格遵守《中华人民共和国公司法》《国务院关于国有企业发展混合所有制经济的意见》《关于国有控股混合所有制企业开展员工持股试点的意见》《企业国有资产交易监督管理办法》等法律法规和政策，规范履行内部决策和审批备案等各项程序。这样，在改革的进程中才能有效保证混改方案和员工持股方案内容合法、操作程序合规，进而避免混合所有制改革的失败以及国有资产的流失。

（三）制订科学的员工持股计划是激发骨干员工和企业内生动力的关键。开展员工持股，必须要坚持因地、因业、因企制宜，规范资产评估，严格审批程序，持续跟踪指导，加强评价监督，确保目标明确、操作规范、公开透明、过程可控。同时，坚决不搞"人人持股、平均持股、福利持股、强制持股"，持股范围应该仅为公司董事、高级管理人员以及对经营业绩和持续发展有直接影响的管理人员与技术骨干等核心员工。坚持"股随岗设、岗变股变、人离股转"，应根据岗位价值、业绩表现等因素，建立员工持股比例确定机制，分档制订岗位持股系数和持股份额。在制订员工持股方案时，应针对持股员工因离职等原因退股、因岗位变动和绩效考核等调整持股比例、新引进人才持股等不同情形，科学设计股权流转和退出机制，实现员工持股动态调整，避免持股固化僵化，更好激励骨干员工。为杜绝"一次性套现"等短期行为，应该实施严苛的解锁条件，如合理安排员工持股计划的解锁目标、解锁期以及解锁比例等，这样才能留住关键岗位的技术、管理人才和核心业务骨干。同时，坚持自愿入股原则，在充分自愿的前提下开展员工持股。另外，如果持股员工数量多，公司可选用资产管理计划作为员工持股平台。以资产管理计划作为持股平台，既满足《公司法》和《关于国有控股混合所有制企业开展员工持股试点的意见》的要求，又有利于员工股权的集中统一管理，还可以避免因员工股权流转而引起公司频繁进行工商变更登记。

多元化股东结构　大范围员工持股　持续性推动上市
诚意打造钢铁互联网的第三方平台
——欧冶云商股份有限公司混改案例

2015 年 2 月，中国宝武整合原有电子商务优质资源，以全新商业模式建立第三方产业互联网科技平台——欧冶云商。从最初商业模式、机制体制等受到业界质疑，到获得众多产业链相关战略合作伙伴的认同、赢得业界的支持，并最终成为行业龙头企业的过程，实施混合所有制改革对欧冶云商来说具有极为重要的意义。

一、持续强化第三方属性，赢取业界支持

欧冶云商成立时恰逢中国钢铁行业发展处于低谷时期，全行业在盈亏边缘挣扎，其深层次原因是国内钢铁流通领域发展混乱。由于信息不对称性、市场不确定性导致传统钢铁产业链效率低、成本高，重整钢铁流通领域、服务创造价值的需求愈加强烈。同时，随着互联网对我国制造业渗透的日益深入，新业态、新产业不断出现，产业互联网平台可通过数字化赋能传统产业，促进智慧营销和数字消费发展，拓展数智化共享运营服务，构建线上和线下协同、业务和数据协同的新业态，助力实体经济高质量发展。在这一背景下，中国宝武积极推动平台经济、

产业互联网和智慧服务升级转型，于 2015 年 2 月发起设立第三方钢铁服务平台——欧冶云商，以期用数字经济改造传统产业，推动企业转型升级，促进行业效率的提升，探索"互联网+"转型之路。

第三方形象能否树立是欧冶云商能否取得进一步突破的关键。钢铁产业互联网是一个充分竞争的行业。欧冶云商成立之初，业内大大小小的钢铁电商有 300 多家，其中不乏出身于资讯、互联网、金融资本、大型流通企业等各类背景的公司，分别具备着在各自领域的独特优势。借助中国宝武深耕行业多年的优势，欧冶云商迅速形成了线上、线下的强大服务能力，两年时间便跻身钢铁产业互联网第一梯队。但是欧冶云商作为中国宝武全资控股子公司，市场上很容易把欧冶云商定位为中国宝武的第二方平台，在对外合作时经常受到其他钢铁企业的质疑和顾虑。

坚定战略愿景，着力打造第三方平台形象。欧冶云商成立伊始即明确了"共建、共享、值得信赖"的发展理念，以实现"构筑最具活力的大宗商品共享服务生态圈"的战略愿景为使命。在坚定的战略指引下，欧冶云商梳理了公司发展的战略路径、业务目标、盈利模式、存在短板等，确定了公司资本运作的总体思路。欧冶云商既定的资本运作总体思路是：引进业内大型品牌钢厂、战略投资者以及财务投资者，整合业内力量，共建共享生态圈，探索核心员工持股，最终成为一家公众化的互联网平台公司，并在若干年内，通过多轮股权开放和 IPO 来分步实施。通过不断引入国有、民营、外资及员工持股，构建多元化股权结构，提前启动 IPO 筹备工作，争取成功上市成为公众公司，欧冶云商树立并不断强化"共建、共享"第三方平台的形象，在行业内的认可度不断增强。2019 年，欧冶云商实现 GMV 交易量 2.3 亿吨，同比增长 92%；2020 年，实现 GMV 交易量 3.6 亿吨，同比增长 56%。平台广泛连接钢铁生态圈各方资源，目前合作钢厂（含分支机构）超过 300 家，中小用户超过 10 万家，合作仓库超过 2000 家，合作车辆超过 2 万辆，生态集聚效应显著。

二、完成两轮股权融资，形成多元股东结构

在树立第三方平台形象的过程中，进行股权多元化改革无疑起到了举足轻重的作用。同时，推动混合所有制改革也是欧冶云商解决资金不足、调整激励机制的重要战略路径。

（一）2017 年，完成首轮股权融资。2017 年 5 月，欧冶云商完成首轮股权融资，募资约 10.5 亿元，引入了本钢集团、首钢基金、普洛斯、建信信托、沙钢集团和三井物产等 6 家战略投资者以及 126 名核心骨干员工持股，成为国务院国资委首批 10 家央企员工持股试点企业之一，在行业内及资本市场取得了较好反响。本次融资引入的战略投资者主要包括四类：一是本钢、首钢及沙钢等 3 家有影响力的钢铁企业，在战略布局上也与中国宝武形成互补，本钢在东北、首钢在华北、沙钢在华东，与中国宝武在上海、武汉、新疆、广州、湛江的布局相呼应，覆盖全国的服务网络将更加高效，沙钢作为民营钢企，为欧冶云商带来了民营资本的活力和机制；二是全球领先的物流地产企业普洛斯，可在大宗商品物流设施建设运营上与欧冶云商展开进一步合作；三是金融企业建设银行，作为欧冶云商长期以来重要的银行合作伙伴之一，首轮融资以建信信托入股，双方在金融领域开展深度合作；四是国际知名商社三井物产集团，通过

遍布全球的经营网络，将助推欧冶云商的跨境经营。

本次股权融资后，中国宝武及所属公司持股比例由 100%降至 72%，本钢集团、首钢基金、普洛斯及员工持股平台持股比例均为 5%及以上，3 家外部股东均获得了董事提名权，积极参与公司治理，为公司发展建言献策。

（二）2019 年，完成第二轮股权融资。欧冶云商于 2018 年 5 月至 2019 年 10 月成功实施第二轮股权融资，募集资金约 20.2 亿元。本次融资新引入 8 家战略投资者，包括太钢集团、广西盛隆、建龙重工等知名钢铁产业投资者，上市物流企业中国外运、国有企业结构调整基金、中信证券投资、招商局创投等知名财务投资者，以及地方城投平台盐城海兴。同时 3 家宝武股东、本钢集团与建信信托等 5 家老股东同步增资。

与首轮融资相比，本次融资更加具备市场化特色，如提前进行了反向尽调、搭建估值模型、与 50 余家意向投资者沟通谈判等。本轮融资后，中国宝武及所属公司持股比例降至 62.38%（含太钢创投）。

（三）2020 年，启动上市工作。通过两轮股权融资，欧冶云商新引入的股东成分覆盖国有企业、民营企业、外资企业及员工持股平台，行业分布覆盖钢铁、物流、国际商社及金融机构，已基本实现资本运作规划中上市前融资目标，具备进一步开展资本运作的条件。2020 年 3 月，欧冶云商正式启动上市工作，一直积极筹备创业板上市，上市申请已于 2021 年 6 月获交易所正式受理，向成为公众公司又迈进一步。

三、积极争取政策试点，引入员工持股平台

欧冶云商策划实施首轮混改并推进员工持股工作恰逢国务院国资委颁布《关于国有控股混合所有制企业开展员工持股试点的意见》（"133 号文"）。在中国宝武的大力支持下，欧冶云商于 2016 年 11 月成功获批进入国资委"首批员工持股试点企业名单"。经过反复研究，欧冶云商结合企业和员工队伍特点，加强顶层设计，探索出一条适合创业初期企业员工持股的实施路径。2017 年 5 月，欧冶云商成功实施员工持股。

（一）持股范围（定人）。根据监管规定：员工必须于公司（或下属控股子公司）任职并领取薪酬，且已与任职单位签署劳动合同。员工不得包括由党中央、国务院和地方党委、政府及其部门、机构任命的企业领导，也不得包括外部董事、监事（含职工监事）。如直系亲属多人皆在公司（或下属控股子公司）任职的，只能一人持股。

按照公司党委会、股东会、董事会审定的可参与员工持股计划的资格条件，欧冶云商员工持股范围覆盖公司（及其下属控股子公司）的董事（执行董事）、高级管理人员、核心技术（业务）骨干。2017 年 5 月基准日核定首批具备持股资格员工中，按照自主选择、风险自担的原则共 126 人参与持股计划。

（二）持股数量（定量）。欧冶云商员工持股计划与公司首轮混改同步实施，员工持股总共持有欧冶云商（首轮混改增资后）5%的股份，计 16666.67 万股（缩股前）。每个岗位层级设置差异化的可持股标准，员工可在对应的最高可认缴的有限合伙份额、最低可认缴的有限合伙

份额两个之中书面选择一个个人认缴额度，作为"归属于该员工的可认缴有限合伙份额"，该份额一经选定不再进行调整。

（三）持股价格（定价）。员工认缴出资的价格以欧冶云商经备案的资产评估价格为基础确定，并与同期外部投资者进场挂牌交易价格保持一致。

（四）持股平台（定持股载体）。员工持股的方式为：设立 4 个有限合伙企业作为持股平台（1+N，伞形结构）；成立 1 家有限责任公司作为普通合伙人（GP），履行员工持股平台的日常管理职责。全体持股员工组成"持股人会议"，作为最高议事机构。

（五）持股资金（定认购资金来源）。欧冶云商员工持股坚持规范操作，持股平台认购股份的资金来源为员工合法薪酬和其他自有资金。欧冶云商及其国有股东不得向员工无偿赠与股份，不得向员工提供垫资、担保、借贷等任何财务资助。员工不得接受与欧冶云商有生产经营业务往来的其他企业的借款或融资帮助。

（六）员工持股动态调整（定调整机制）。欧冶云商员工持股平台首次开放认缴的时间为 2017 年，同时预留一定份额用于后期动态调整。随着公司的快速发展，部分持股员工发生了岗位调整或工作调动，同时随着业务领域不断拓展，涌现出更多新的骨干人才，对持股员工范围的动态管理提出了新的要求。欧冶云商按流程制定了员工持股动态调整工作方案，对持股员工岗位变化后的持股调整规则以及新加入持股员工入围条件进行具体明确，并同步优化持股平台管理规则。

（七）风险控制。坚持规范操作，注重风险控制，严格履行企业决策程序、严格按程序进行资产评估、严格按规定出具法律意见书、严格按民主监督程序提交公司职代会审议。同时，做好风险和维稳应急预案，提前识别矛盾，防患于未然，维护好改革稳定大局。

在坚定开展多元化股东结构、大范围员工持股的同时，欧冶云商持续优化公司治理体制、建立科学决策体系，坚持"赛马机制"、深化管理人员人事制度改革等系列配套改革，混合所有制改革为欧冶云商的发展提供了强劲的内在动力，公司各项业绩指标进步明显。一是战略协同不断增强，国有资产保值增值。各股东方均积极推进与欧冶平台的业务协同，两轮市场化股权融资后，欧冶云商投后估值超过 100 亿元，与首轮股权融资估值 34 亿元相比，公司价值增长 2.35 倍。二是服务规模持续增长，经营绩效大幅改善。2019 年，欧冶云商首度实现扭亏为盈。2020 年以来继续保持盈利态势，全年营业收入 747 亿元，同比增长 34%；净利润 2.98 亿元，同比增长 345%；综合平台钢铁交易及服务量 4762 万吨，同比增长 76%，充分体现了混改成效。三是模式创新，成果卓著，品牌影响显著扩大。中央企业电子商务联盟统计显示，在央企电子商务公司中，欧冶云商的"规模实力指数""创新能力指数""产业影响力指数"均名列前茅。在商务部发布的《关于全国供应链创新与应用试点城市和企业评审结果的公示》中，欧冶云商是唯一入选全国供应链创新与应用试点企业的钢铁产业互联网平台。四是持股激发创业活力，奋斗意识有效增强。欧冶云商持续完善市场化激励机制，吸引了一大批行业精英人才，2018 年、2019 年、2020 年，公司分别引进了外部专业人才 28 人、67 人和 106 人。

有序剥离军工资产 站在混改子公司"肩膀"上"再混改"

——中国电子系统技术有限公司混改案例

中国电子系统技术有限公司（简称"中电系统"）是20世纪70年代成立的国有控股企业，主要从事电子信息工程建设业务。为解决企业面临的业务毛利率走低、工程垫资风险增大、回款周期拖长等问题，自2016年起积极实施混合所有制改革。中电系统充分结合混改前的实际情况，有序剥离军工资产，在下属子企业已经进行了混改的基础上"再混改"，通过混改为企业发展注入了强大动力，实现了经营业绩跨越式增长，2020年中电系统及其子企业的营业收入较2016年增长2.69倍、利润总额增长3.56倍、员工人数增长2.49倍。目前，中电系统已成长为所在行业的龙头企业，是国内领先的工业建筑及洁净室工程系统服务商。

一、有序剥离军工资产，轻装上阵

（一）中电系统隶属于军工集团，部分资产涉敏感信息暂不适宜进行混合所有制改革。中电系统的前身为中国电子系统工程总公司，可追溯至1975年经国务院批准成立的中国通信工程公司。1984年由原电子工业部牵头组织，以中国通信工程公司为班底，调整组建了中国电子系统工程总公司（简称"总公司"）。2000年9月，经中电办〔1999〕059号文批准，中国电子系统工程总公司的隶属关系由电子工业部变更至中国电子信息产业集团公司（即中国电子信息产业集团有限公司前身，简称"中国电子"或"集团公司"）。混改前，总公司的部分军工资产事关国家核心利益和战略安全，对其进行混合所有制改革仍需要更加深入研究和论证。

（二）剥离军工资产，总公司轻装上阵推动混合所有制改革。针对当前的混合所有制改革发展任务来说，其中一个关键是要引入民营资本乃至境外资本，剥离军工资产是必要环节，这也是中电系统推动混改的第一步。混改前，中国电子独资控股中电系统、中电系统独资控股军工资产；第一步混改后，中电系统下辖的军工资产划归中国电子独资持有，同时中国电子对中电系统的股权由100%下调至41%。

二、充分结合实际，在子公司混改的基础上"再混改"

混改前的中国电子系统工程总公司，包括总公司本部以及下属的中国电子系统工程第二建设有限公司（简称"中电二公司"）、中国电子系统工程第三建设有限公司（简称"中电三公司"）、中国电子系统工程第四建设有限公司（简称"中电四公司"）。在整体混改之前，下属的中电二公司、中电三公司、中电四公司均已完成了混合所有制改革。但是这三个子公司的混合所有制情况也不尽相同，其中，总公司绝对控股中电二公司和中电三公司，在中电四公司的股权占比为28%，且在中电四公司中陈士刚个人持有部分股权。通过混改，一揽子理顺公司股权结构，为企业增资融资打好基础。

一是理顺股权结构，解决"上持下"问题。在剥离了总公司下属的军工资产后，根据改制评估基准日下原中国电子工程总公司按照成本法评估的净资产值，由全民所有制企业先改制成一人有限公司，折合实收资本4100万元。进而，按照评估基准日下收益法评估的净资产值，通过公开市场挂牌，引入战略投资者和核心团队持股平台进行增资，增资价格通过公开市场挂牌竞价的方式确定。同时，按评估值增发10%股权，结合支付部分现金收购陈士刚（改制后任中电系统总经理）持有的原中电四公司股权，在实现中电系统增持、控股中电四公司的同时，解决了"上持下"的问题。改制前后的股权结构对比如下图所示。

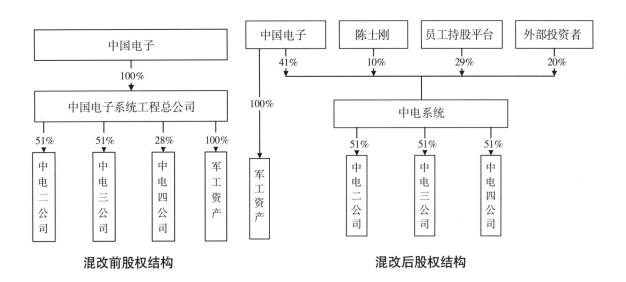

混改前股权结构　　　　　　　　**混改后股权结构**

二是在理顺股权结构后，中电系统再次顺利实现增资。2019年12月，中电系统通过实施市场化债转股，引入中国电子下属企业、中国电子参与出资的基金以及工银投资等优质股东，在进一步提高国资控股比例的同时，为中电系统业务扩张、降低负债水平筹措"弹药"，合计向中电系统增资20亿元。增资后的股权比例如下图所示。

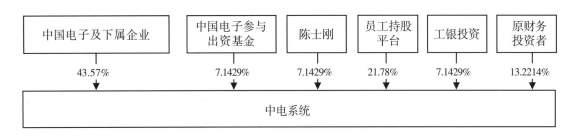

2019年12月增资后股权结构

至此，中电系统基本理顺了混合所有制改革的股权结构问题，完成了"混"的工作。在进一步完善现代企业治理结构后，企业活力得到进一步释放。2020年开始，在中国电子的统一筹划下，中电系统开始启动与中国电子集团内上市公司的资产重组事项，为进军资本市场作准备，本次重组事项现已顺利通过中国证监会重组委的审核。

三、健全企业治理体系，完善企业经营制度

一是完善法人治理结构，健全现代企业制度。改制以来，中电系统设立了股东会、董事会、监事会和经营班子决策的"三会一层"公司治理体系。其中，按照公司股权结构情况，构建了集团公司委派董事、员工持股平台委派董事、外部独立董事相结合的董事会结构；董事会按公司章程规定，履行管理层聘用程序，并执行董事会领导下的总经理负责制。各机构之间权责明确、各司其职，规范运作、互相制衡，确保生产经营工作顺利推进。

二是强化用人分配机制改革，打造人才高地。一方面通过优秀毕业生招聘和社会招聘相结合，不断招募高水平人才加入，打造人才高地，支撑企业快速发展。另一方面，中电系统积极探索用人、分配机制改革。在用人方面，坚持"看德、看能力、看业绩，不看资历、不看年龄"，营造积极向上的用人氛围；在分配方面，强化结果导向，看业绩、看责任，坚持"人人背指标，过程追指标，分配看指标"的考核分配机制，管理班子分配与整个公司利润挂钩，销售团队看销售业绩及回款情况，交付团队看净利润、安全等考核指标实现情况。

三是强化总部经营班子、职能队伍的专业能力和履职效率。不断调整本部职能设置，优化职能队伍，在人力、财务、党建、纪检、审计、法务等职能实行垂直赋能，强调专业履职的一致性。同时，对准公司的核心业务，以信息化推动流程不断优化，支撑核心业务快速发展。以业务规模提升、重大项目投资、资本运作、降低管理成本等为目标，以提质增效为抓手，全方位对标先进企业，扎硬马，下笨功夫，狠抓技术提升和管理改善，切实增强总部职能部门履职能力。

四、实施员工持股，强化长期激励

为了保障中电系统股权结构相对稳定，在改制时设置了5个员工持股平台，其中中电系统总部两个，中电二、中电三、中电四公司各设置一个。具体员工持股范围为：中电系统总公司核心管理团队，包括管理层、中层经理、业务主管、技术骨干等；控股子公司中电二、中电三、中电四公司核心团队，包括经营班子成员、中层经理、业务单元负责人等。除了陈士刚因中电系统收购其持有的中电四公司股权而直接持股外，其他核心团队不直接持有改制后公司的股权，均通过持股平台间接持有。持股平台的形式为有限合伙企业，由各公司总经理担任有限合伙企业的GP（普通合伙人），其余团队人员作为LP（有限合伙人）。在员工持股平台中各员工根据所在岗位的贡献度差异化出资，通过合伙协议明确员工新进、调整、退出引起的出资份额流转。

通过引入中电系统本部及所属中电二、中电三、中电四公司的管理层及骨干员工持股，加强了中电系统的整体凝聚力和控制力，为融合发展打下了坚实基础。通过员工持股，将核心团队和骨干人才的利益同企业的长远发展牢牢捆绑在一起。建立股权随岗位变化而调整的动态机制及退出机制，实现股权的持续激励。

以混改和机制改革为动力　推动科技创新探新路、见实效

——中化国际（控股）股份有限公司混改案例

中化国际（控股）股份有限公司（简称"中化国际"）通过实施混合所有制改革，加快完善现代企业制度，扎实推进各项制度建设工作，企业的经营、管理等方面综合实力得到全方位提升，经营业绩得到显著改善。

一、企业概况

中化国际成立于 1998 年 12 月，是中国中化集团有限公司控股的上市公司，主营业务涵盖化工新材料及中间体、聚合物添加剂、天然橡胶等多个领域，是一家以精细化工为主业的大型国际化经营公司，客户遍及全球 100 多个国家和地区。自 2000 年在上海证券交易所挂牌上市以来，公司连续多年被《财富》杂志评为中国上市公司 100 强，并荣获"中国上市公司治理百强榜首"等诸多荣誉。

二、借力资本市场调整优化企业股权结构

一是非公开发行 A 股股票引入战投。2013 年 12 月，中化国际完成非公开发行项目并正式公告发行结果，引入三峡财务、京投公司等战略投资者，募集资金 37.37 亿元，用于收购江苏圣奥股权。这是中化国际自 1999 年 IPO 上市后首次在资本市场进行正式的股权再融资，是公司自成立以来规模最大的一次资本运作，通过调整优化企业股权结构，切实提升公司发展质量和效益。

二是向公司高管和关键岗位实施股票增持计划。通过实施股票增持计划，有效引导高管、关键岗位员工更加关注公司的经营业绩及市值表现。2018 年，共 72 人自愿通过二级市场集中竞价方式增持中化国际 342 万股股票，其中高管人均增持 14.18 万股，人均增持金额达 100 万元。有效激发高管、关键岗位员工价值创造内生动力，促进公司高质量发展。

三是向激励对象定向发行公司 A 股股票。2019 年 9 月，中化国际首次推出限制性股票激励计划，激励对象包括 8 名高管、249 名关键岗位及其他核心骨干员工，约占公司总人数的 1%；共授予 5324 万股限制性股票，约占公司总股本的 2%，充分激发了一线经营者和核心科研人员的创新创业活力，形成了核心人才与公司利益共享的良好局面。

四是合资新设企业加快新兴产业布局。2019 年，中化国际完成了中化（宁波）润沃膜科技有限公司、中化高性能纤维材料有限公司两家合资公司的设立，合计引入非国有资本 1.65 亿元，既减少了公司资本支出，又实现了技术团队与投资项目的利益绑定，有效保障了项目落地与持续改进。

三、推进以科技创新激励为核心的激励机制改革

推进以科技创新激励为核心的激励机制改革，逐步形成涵盖"现金＋股权""短期＋中长期""从孵化到产业化全周期"的多维度激励体系，充分调动员工创新热情。

一是建立了贯穿产业化全过程的科技创新奖励机制。在项目的不同阶段对作出创新贡献的员工给予不同额度的奖励：通过小试、中试闸门的项目，项目团队可获得最高50万元奖励；成功实施产业化的项目，完成人员可连续5年获得产业化成果的收益分成。2017—2020年，中化国际共兑现包含闸门激励、专利创新、成果转化、科技服务、资源获取等科技激励共计2975.6万元，有效提升了科技工作人员的科研热情。

二是探索"三类"创新项目风险抵押金考核激励机制。中化国际对投资大、挑战性高、存在一定风险的"三类"创新项目实施风险抵押金制度，鼓励科研人员以奖金延递或现金出资等形式缴纳风险抵押金。当项目失败时，以风险抵押金为限承担风险；当项目成功时，可获得最高不超过风险抵押金3倍的奖励，激励项目团队全力攻克难关。针对"三类"创新项目实施风险抵押金，总预算额度9650万元。通过实施风险抵押金机制，中化国际芳纶中试项目团队克服困难，成功达到预期目标。

三是针对高技术壁垒的创新项目实施技术入股。中化国际打破传统技术买断和授权的合作思路，吸引外部团队以技术入股方式参与项目，既减少了初期资本支出，又促进了技术团队与项目目标长期统一。目前，中化国际已通过技术入股形式引入多项国内外先进技术，包括专利14项、专有技术46项，快速切入膜材料、高性能纤维、锂电池正极材料等市场，为公司发展提供了新的业绩增长点。

四是设立创新激励基金。2018—2020年，中化国际安排2亿元工资总额用于奖励科技创新、商业模式创新、产品及组合创新、成果产业化等项目，牵引创新目标达成。中化国际现已兑现19个科技创新和成果产业化项目，奖金合计5960万元，有力激发了项目团队攻坚克难的决心和动力。

五是设置新业务孵化与培育平台。中化国际搭建了创新工坊，设立"双创"平台上海瞻元股权投资基金，在新材料、新能源、生物产业等战略领域，推动从"创意"到"初步商业化"阶段的项目孵化，鼓励内部技术人员持股，激发了员工创业活力。上海瞻元孵化还投资参股电子化学品新设公司，实现中化科技员工创新创业项目的落地。

四、完善市场化经营机制

持续强化核心人才队伍建设，不断优化关键岗位队伍配置，着力打造一支有情怀、有担当、能成事，并具有高度向心力的核心队伍。

一是加强关键岗位管理。中化国际形成TOP100关键岗位管理方案，发布并实施《关键岗位选拔任用管理办法》，推动关键岗位人员管理工作的科学化、制度化、规范化。持续加大关键岗位轮岗力度，促进关键岗位队伍专业化和年轻化。同时，加强关岗绩效管理，持续强化绩效导向，2020年全体关键岗位年度绩效基本实现活力曲线分布。此外，中化国际于2019年实

施总部职能关键岗位竞聘，超半数竞聘岗位实现调整，进一步营造公平、公正、公开的选人用人氛围，实现关键岗位能上能下、能者居之，落实任期制，激发干部的紧迫感和危机意识，打造企业发展所需的"狼性铁军"。

二是推行经理层成员任期制和契约化管理。中化国际 2020 年率先实现经理层任期制和契约化管理，与公司董事会聘任的全体高管签订《任期聘任协议》和《任期经营业绩责任书》。

三是全面推进用工市场化。中化国际 2020 年已完全实现市场化用人，招聘方式以网上公开招聘和线下招聘会为主，内部推荐为辅。员工入职后签订劳动合同并明确试用期，对不符合企业要求的及时终止劳动合同，并对招聘资料实施电子化存档。对内部通用型职能岗位内外部同步发布招聘需求。

五、完善中国特色现代企业制度

中化国际持续完善法人治理结构，健全内部管理制度，厘清各治理主体的权责边界，进一步规范议事程序，为公司正常运营和健康发展保驾护航。

一是修改完善内部管理制度。2019 年，中化国际修订并发布《公司章程》《股东大会议事规则》《董事会议事规则》《总经理工作细则》等公司治理文件，进一步完善公司经营事项的决策权限、分工、流程，确保公司各类重大事项决策合法高效，满足公司经营的实际需要。

二是把党的领导融入公司治理各环节。中化国际制定了总部及所属各级党委工作规则、前置研究讨论重大经营管理事项清单，进一步厘清总部及重点子企业党委、董事会、经理层等各治理主体的权责边界。

自开展混合所有制改革以来，中化国际的创新动能持续增强，取得了一系列卓有成效的改革成果。目前，中化国际的股权结构为：中国中化股份有限公司 54.28%，中化资产有限公司 0.09%，北京中化金桥贸易有限公司 0.31%，公众投资者 45.32%。经过多年来的产业转型发展，中化国际 2020 年资产总额 564.56 亿元，比 2012 年增长了 87.03%；资产负债率 50.34%，比 2012 年下降了 16%；利润总额较 2012 年增长 143.2%，净资产收益率 6.48%。在企业规模快速发展、产业转型加速推进的同时，财务结构不断优化，盈利规模稳步增长，凸显了混合所有制改革带来的显著变化。未来中化国际将持续聚焦核心主业，进一步推动全面深化改革，不断提升企业市场化经营水平，促进业务持续健康发展。

发挥混合所有制优势　以市场化机制改革驱动转型发展

——武汉中铁伊通物流有限公司混改案例

武汉中铁伊通物流有限公司（简称"中铁伊通"）成立于 2004 年，是中国铁路物资集团有限公司（简称"中国铁物"）的物流板块与日本伊藤忠商事株式会社旗下的企业共同出资组建的围绕生产型企业与铁路综合物流服务两大领域的专业第三方物流企业。公司是国有控股混合所有制企业，现股东为中铁现代物流科技股份有限公司(出资占比 53.6%)、伊藤忠物流(中国)有限公司（出资占比 26.4%)、中铁物总武汉工业有限公司（出资占比 20%)。中铁伊通充分发挥混合所有制优势，紧紧依托铁路背景深耕特色物流，成为中国铁物发展现代物流的一个专业化公司。2004 年成立以来，公司每年销售收入和利润持续增长，净资产收益率持续保持在 15%—35%，员工平均收入增长了 500%。公司从 2006 年开始，每年按照净利润 50%以现金向股东支付红利，持续为股东实现了较好的投资回报。

一、中铁伊通深化机制改革的主要做法

（一）以完善公司治理为着力点，建立健全中国特色现代企业制度。一是加强党建引领。中铁伊通经与日方股东进行深入交流沟通，获得了日方股东的充分理解与支持，于 2018 年完成了将党建工作相关内容写入公司章程的工作。在党建进章程的基础上，明确了党总支对"三重一大"问题参与讨论研究，党员领导班子成员进入党总支委员会。同时，将党建作为"硬指标"纳入领导班子考核。中铁伊通经理层及中层管理人员在签订年度经营责任书的同时，将党建工作作为重要内容，并签订党风廉政建设责任书，落实"一岗双责"，层层压实责任。二是完善公司治理。中铁伊通明确股东会、董事会、党总支会、经理层治理主体界限，制定了公司"三重一大"集体决策制度，制定了党总支前置研究清单，完善了决策流程。发挥监事、纪检监察、审计及职工群众等监督力量的作用，形成权责对等、运转协调、有效制衡的决策执行监督机制。

（二）全面推行经理层成员任期制和契约化管理，建立"能上能下"的约束机制。一是全面落实经理层成员任期制。中铁伊通董事会以 3 年为一个任期对经理层进行聘任并签订契约。契约由聘任合同书、经营业绩责任书组成。总经理任期考核以利润与营业收入的增长额为重要指标，年度考核以财务类、业务类、管理类及党建类指标为主实行全覆盖，突出利润总额、经济增加值等指标权重。二是对经理层实行严格的考核选任。董事会依据契约对经理层开展年度和任期考核，并根据考核结果兑现薪酬。经理层成员年度与任期考核均设置了安全生产、经营风险、党风廉政建设方面一票否决项，并与董事会、中层干部及职工代表的测评结果挂钩。对经营业绩考核结果不满足条件，或出现重大决策失误、重大资产损失、重大安全事故、严重违纪违法、业绩连续考核不符合任职要求等否决性事项的经理层成员，终止任期，免去现职，建立能"下"的硬约束机制。

（三）逐步建立与市场化相适应的激励约束机制。一是高管层试点以业绩为导向的当期激励和增量分红机制。总经理的绩效年薪与公司整体经营业绩挂钩，副总经理年薪与分管业务的利润完成情况挂钩，职能副总绩效年薪与分管部门数量、年度重点工作数量及年度考评结果挂钩，突破"天花板"。经理层浮动的绩效年薪占年度薪酬比重平均超过 75%，经理层内部薪酬差距可进一步拉大至两倍以上，真正建立了以业绩为导向的薪酬激励体系。针对超额完成的增量利润部分，经理层可提取一定的比例进行分红。为约束经理层短期经营行为，绩

效年薪与增量分红实施延期兑现。新机制有效调动了经理层人员不断开拓市场、提升经营管理水平的积极性，鼓励经理层提升公司发展质量、注重中长期发展战略的实现。二是各业务单元建立有约束的全业绩挂钩机制。中铁伊通业务团队负责人每年层层签订经营责任书，设定利润基准值与目标值，明确约束性事项，根据实际完成利润情况核兑年薪，薪酬水平与利润直接挂钩，业务部门负责人之间的薪酬差距可达 2—3 倍。业务团队按完成利润情况计提绩效奖金包进行二次分配。中铁伊通每年根据业务发展情况，适时调整机制，并鼓励业务单元制定灵活的内部绩效机制，经审批备案后实施。业务单元的绩效机制有效激发了员工业务开发活力，效果显著。三是创新职能部门薪酬决定机制。针对公司职能部门存在的"大锅饭""死工资"现象，中铁伊通职能部门负责人每年需签订经营业绩责任书，设立全年重点工作任务目标，以目标完成情况进行年度绩效考核，考核结果与部分薪酬挂钩，打破了以职务职级定薪的"固定"模式。

（四）建立市场化的选人用人机制，以绩效考核为基础合法实现员工能进能出。一是建立机构精简化、编制科学化、招聘市场化、退出规范化的"四化"用工机制。公司以合同管理与绩效考核为基础，实现员工规范化退出。采取"老人老办法、新人新办法"的用人机制，对现在职的 40 名原"国有员工"通过加强职业与岗位培训提高技能，对新进员工全部采取市场化招聘。其中，2018 年至今，以市场化薪酬对标方式引进紧缺人才、应届毕业生储备干部共 20人。因绩效考核不合格，经培训、转岗仍无法胜任岗位要求的，或严重违反公司规章制度而依法解除劳动关系的人员共 5 人，落实了市场化的用人用工体系。二是在区域业务单元中试点职业经理人机制。中铁伊通通过市场化选聘，针对上海区域业务聘任了一支职业经理人团队，通过契约建立团队成员岗位聘任、绩效考核、薪酬分配及退出机制，将公司作为创业平台，吸引行业创效团队共谋发展。2020 年和 2021 年，该职业经理人团队在上海区域相关业务开发及运行上取得了良好效果，连续两年完成经营目标，并实现两年利润翻番。经对该机制试点经验的总结与完善，将在公司布局其他区域的业务中适时复制应用。三是进一步完善中层干部绩效考核与竞聘上岗机制。全体中层干部"先起立、再坐下"，最终共 24 名中层干部竞聘成功上岗，1 名从原岗位退出；制定出台了《武汉中铁伊通物流有限公司中层干部绩效考核与薪酬管理办法》，从关键指标、重点工作、职业素质、否决项对中层干部进行全面考核评价，结果与薪酬、评先评奖及续任挂钩，严格执行不胜任者退出。

二、中铁伊通推进混合所有制改革的经验

作为一家国有控股的混合所有制企业，中铁伊通自成立以来，便充分发挥混合所有制体制机制优势，深耕生产型企业物流及铁路综合物流服务市场，核心能力进一步突出，集成服务能力、一体化综合物流解决方案能力持续提升，成为公司发展的基石。回顾公司作为混合所有制企业改革的成功历程，总结以下几点经验。

（一）坚持选人用人事业为上，建立了良好的正向激励导向模式。"干多干少一个样，干好干坏一个样"是很多老国企的管理痼疾。中铁伊通解决这个问题的做法是构建多元化正向激励

机制，激发企业创新创效动力，通过新机制让岗位薪酬动起来，让绩效薪酬活起来。针对公司经理层建立以业绩为导向的当期激励与任期激励模式，针对业务部门实行全成本核算制，建立以利润为导向并受约束的激励机制，同时对安全生产、风险防控、党风廉政方面实行一票否决制。此外，集团公司、现代物流公司全力支持中铁伊通，在内部政策、工资总额上向中铁伊通倾斜，成为中铁伊通市场化改革的坚强后盾。

（二）充分发挥中日股东背景与资源优势，对公司的业务发展及管理提升持续支持。中铁伊通紧紧依托铁路背景深耕生产型企业物流与铁路综合物流市场，同时汲取日方股东精益化生产管理经验，在精品钢材物流、汽车零部件物流、快速消费品物流等领域，以精细化、高品质的物流服务在细分市场取得竞争优势。中铁伊通注重与中日股东各方之间的过程沟通，中日股东方在公司中长期发展战略方向上达成共识。在党建进章程、党组织对重大问题前置研究讨论决策程序等问题上，公司与日方股东进行了深入沟通，争取到了日方股东的充分理解与支持，公司多年来也以优秀的经营业绩回报股东方的大力支持。

（三）聚焦主业提升公司竞争力，推动公司持续发展。中铁伊通不断围绕主业开发业务板块，在钢铁物流、进出口物流、铁路工程物流、快速消费品物流、化工物流等核心板块方面取得的成效显著，跨境物流业务量保持稳定增长，中欧班列年均发运标准箱量7000—8000箱，公司充分发挥自身市场开发优势，与供应链集团协同，成功开行从武汉发往新西伯利亚、布达佩斯、塞尔维亚、拉脱维亚、里加等地的定制化专列。此外，公司不断激发创新活力，成功实现武汉—广州4000吨大型直航船每月往返的常态化运行，成功开发运作了丰田汽车"日本—武汉—蒙古"的海铁联运业务，打通了东北亚经武汉过境到中亚的过境业务，通过武汉这一中转站，首次贯通形成了一条江海直达对接中亚班列（武汉）、横跨东亚的国际物流新通道。

以混促改　激发活力　引领中茶公司新时期高质量发展
——中国茶叶股份有限公司混改案例

中国茶叶股份有限公司（简称"中茶公司"或"中茶"）是中粮集团旗下经营茶品类业务的专业化公司，成立于1949年，是国内茶叶行业市场份额第一的龙头企业。2016年启动混改后，中粮集团一次性将持股比例减少至40%，通过增资及产权转让的方式引入厚朴基金（25%）、中国人寿（7%）、中粮信托（7%）、中信农业产业基金（3%）、三井物产（3%）等新股东，同时中茶管理层及核心骨干员工通过设立持股平台持有公司15%股权。混改完成后，中茶公司完善法人治理机制，科学制定战略发展规划、重塑业务发展模式、搭建与市场接轨的组织架构、优化激励机制和人才政策，持续提升经营管控水平，经营业绩和效率逐年大幅提升，总资产由混改前的13.9亿元提升至2021年30.76亿元，销售收入由12亿元提升至24.34亿元，净利润由0.2亿元提升至2.91亿元，净资产收益率由2.97%提升至17.69%，公司业务结构全面优化、行业综合实力显著提高。

一、中茶公司"引资本"的主要做法

中茶公司结合自身实际，以习近平总书记提出的"三个有利于"为原则，以确保国有资产保值增值为改革目标，科学评估国有资本价值，增量引入战略投资者，务求实效、扎实推进资产评估、股权设置、合规交易等各项工作。在混合所有制改革"引资引战"环节创造出很多特色做法。

（一）实现股权多元化过程中，同步实施了员工持股。中茶公司在混改过程中同步实施管理层及骨干员工持股，是公司混改的最大特点。公司通过设立 4 家有限合伙制员工持股平台，持股员工全部以增资入股的方式现金出资中茶公司，持股员工入股价格与各投资方入股价格保持一致。员工持股范围以总部领导班子为核心，以职能部门干部、业务单位经营班子、业务骨干为半径，推进关键技术岗位、管理岗位和业务岗位人员广泛持股，员工持股总人数 190 人，持股员工根据岗位价值、贡献度、业绩表现等综合评价确定持股数量、比例及出资额，实现骨干员工与公司发展高度绑定的改革目标。

（二）选择多元化的专业社会资本大比例入股。在战略投资方选择方面，中茶公司为实现打造核心竞争力、引领茶产业资源整合、提升国有资本投资回报能力的混改发展目标，设定过往投资业绩、在农业尤其是茶叶领域的行业经验、投后管理能力、股东背景和实力、全平台综合服务能力和市场口碑等六大维度的潜在投资者选择评价指标体系。按此方式，最终选择了在资本运作方面具备丰富经验的厚朴基金、中国人寿，具备先进制茶技术也同时是公司重要海外客户的日本三井物产，具备农业产业整合经验的中信农业产业基金、中粮信托等 5 家战略投资者，5 家战略投资者合计持股 45%，中粮集团作为单一最大股东持股比例由 100% 下降至 40%。股权结构的多元化、股东背景的专业化为公司后续一系列体制机制改革奠定了重要基础。

（三）混改推进全过程稳步高效、扎实推进。中茶公司的混改及员工持股改革全程在上级部门的支持和指导下稳步高效推进。实施路径上，中茶公司筹划制定了"出售老股 + 增资"的交易路径，同时，坚持依法合规、公开透明，严格落实国有资产的审计、评估等工作程序，并按照规定在北京产权交易所增资挂牌。中茶公司在混改推进中坚持增量引入，以国有资本价值提升为目标，合理设置股权架构，保证了国有资本相对控股，放大了国有资本功能。考虑公司调整增资、分红等因素后，相较基准日账面归属净资产，混改项目最终交易实际溢价 1.58 倍，国有资本保值增值成果显著。

二、中茶公司"改机制"的主要做法

（一）完善法人治理结构，将党的领导有效融入公司治理中。一是坚持把党的领导有机融入公司治理。公司建立了党委前置研究、以董事会为决策主体、经营层负责日常经营管理的公司治理机制。对于公司高质量发展、战略规划、产业布局、原料管控、品牌推广、产品打造、

渠道建设、风险控制等重点工作，经党委前置审议后提交中茶董事会决策，充分发挥党委"把方向、管大局、保落实"的领导作用，保证中茶公司的战略方向与国家发展方向、中粮集团整体战略保持一致。二是不断推动公司治理体系的深化改革，董事会构成进一步完善。目前中茶公司董事会由9名董事组成，其中3名董事由中粮集团及员工持股平台提名人员担任，3名董事由外部战略投资者提名人员担任，3名外部董事则由行业专家担任。董事会积极发挥市场化、专业化决策的作用，从资本市场、行业竞争和运营管控等角度多维度贡献商业智慧，提出有效建议和更高发展要求。外部董事在公司治理中也充分拥有发言权、决策权，在完善公司治理、优化公司决策机制方面发挥了重要作用。由行业专家、专业专家、资本专家构成的多元化董事会结构，形成不同专业角度相互协同的科学决策机制，更体现了党领导下的国有资本与非国有资本的兼容发展。

（二）在中粮集团授权更加灵活的投资管理机制下，通过资本扩张带动业务跨越式发展。一是建立了灵活高效的投资管理机制。在中粮集团深化国有资本投资公司改革的大背景下，为了推动中茶公司市场化机制改革，中粮集团批准了中茶公司投资项目审批及管理参照非并表企业执行。在集团充分授权的基础上，中茶公司制定并形成了根据项目投资额度分级审批的投资管理体系，明确了股东大会、董事会、总经理办公会的投资审批权限。二是以资本扩张带动业务布局不断完善。在灵活高效的投资管理机制下，混改后中茶公司通过资本扩张不断完善业务布局、带动业务发展，先后收购六大茶山凤庆工厂、浙江龙冠公司，设立闽北原料中心、云南普洱原料中心，设立中茶网络科技、中茶潮州公司，投资建设中茶黄山（谢裕大）茶产业园项目。一系列投资项目使得公司产业布局更加完善，行业影响力持续扩张，资产回报显著提升，行业龙头地位更加巩固。

（三）坚持党管干部与市场化选聘相结合，优化激励机制。一是全面实施市场化选人用人。坚持党对选人用人的领导和把关作用，以市场化选择、契约化聘用、目标考核管理为核心手段，大胆尝试职业经理人选聘。混改后中茶公司以总经理岗位为试点，经过党组织筛选把关，由董事会选聘总经理，确保岗位与人才匹配、需求与能力匹配，中茶公司成为中粮集团第一家公开选聘总经理的企业。之后，公司陆续开展了湖南安化第一茶厂总经理、中茶云南总经理等多个重要岗位的公开选聘，将市场化用人制度改革引向深入，并先后制定出台《中国茶叶领导人员管理办法（试行）》《中国茶叶有限公司职业经理人管理办法（试行）》《中国茶叶专业技术序列管理办法》，完成总部管理经理人及员工岗位职级发展的通道搭建，完善与之配套的薪酬标准体系，不断加大专业人才引进力度，持续推进用工市场化。二是推进差异化薪酬分配。公司以员工持股为契机，激发公司各层活力，完善考核激励机制，进一步明确刚性考核原则。一企一策制定考核激励政策，从考核单一业绩指标向考核分解指标的经营举措、支撑指标的重点工作进行转变。公司出台《中国茶叶薪酬激励管理指导意见》《中国茶叶二级单位领导班子和领导人员考核评价办法》，鼓励各经营单位根据本单位实际情况，设立多样化激励方案，提升核心人员薪酬竞争力水平；制定《中国茶叶年度奖项评选办法》，表彰优秀团队与个人，进一步激发干部职工的积极性和主动性，推动中茶公司战略目标落地；设置阶梯式超额利润分享机制，制定超预期目标奖励办法，将长期股权激励与短期激励相结合，激发团队活力。

（四）积极推动公司上市，按照上市企业要求进一步深化公司管理机制改革。混改完成后，公司即启动上市相关工作，按照上市公司标准，不断完善相关制度体系，按照《公司法》《证券法》和《公司章程》，参照《上市公司治理准则》，以维护公司和股东的利益最大化为行为准则，勤勉尽职，强化董事的义务和责任，提高董事会的战略决策能力、风险与内部控制能力，为股东、员工、客户和社会创造更多的价值。同时，中茶公司进一步完善董事会、监事会、总经理办公会的各项制度建设，不断提高公司法人治理水平。在完善专门委员会运作方面，按照各专门委员会工作规则，参照对上市公司的要求，通过专门委员会的专业职能作用，为董事会决策提供更多的依据，提升董事会的决策效率。中茶公司还逐步建立日常信息披露、特别事项信息披露制度，加强信息披露规范管理。中茶公司从公司长远发展、股东长远利益角度出发，不断加强与外部股东的沟通交流，董事会规范高效运作，公司治理机制持续完善。目前，上市相关工作正在紧锣密鼓推进。

三、中茶公司混改取得成功的关键要素和亮点

（一）中粮集团党组分类授权、放活机制，为中茶营造良好政策环境。在中粮集团国有资本投资公司改革背景下，中粮集团党组以"管好资本、放活企业"为原则，加快从管资产向管资本转变，从顶层设计层面为中茶混改后深化机制改革保驾护航。一是党组全力推动中茶领导班子市场化改革。二是推进分类授权，在管理方面给予中茶董事会更大决策权，中粮集团党组考虑到混改后中茶公司业务高度市场化，以深化投资决策管理机制改革为突破口，按照非并表企业的方式对中茶投资决策给予授权。三是党组重新明确茶叶业务"品牌消费品"公司定位，将"中茶"品牌确立为中粮集团重点打造的品牌之一。四是党组全力支持中茶业务模式创新，推动中茶与中粮资本共同设立"中粮茶产业投资基金"，利用社会资本加快企业发展，茶产业基金也成为中粮集团第一家资本与产业相结合的基金。五是党组全力推动中茶IPO上市，自2018年9月中茶正式启动IPO工作以来，中粮集团党组高度重视，重点督办，全力支持中茶按照资本化、市场化方式规范管理，加速履行上市合规审批。

（二）混改过程中坚持党建引领，服务党和国家工作大局。混改以来，中茶始终围绕国家战略、围绕党和国家工作大局开展工作，在思想上政治上行动上同党中央保持高度一致。公司深入学习贯彻习近平总书记关于茶产业的重要指示，以推动茶文化走出去和海外业务拓展落实"一带一路"倡议及"茶叙外交"理念，以茶原料布局和管控为抓手，践行乡村振兴战略及"三农"政策，以完善茶产业链布局、优化资产结构推动供给侧结构性改革，以品牌拉动、产品提升、渠道拓展贯彻新发展理念，切实将党中央各项决策部署落实到公司经营管理中。

（三）混改推进中同步实施员工持股，员工主人翁意识明显增强。混改后，随着员工持股、激励机制市场化、人才政策市场化等工作的不断深入开展，员工干事创业激情得到明显提振、主人翁意识普遍增强。公司在实践中形成了《新中茶文化十条》，强调抓业绩、强执行、重实效；提出"始终如一、心细如发、行动如风、和谐如一"的"四如文化"，团队精神状态、思

维方式、行为方式、工作方式有了新变化。在一系列体制机制改革的带动下，干部员工主动下沉业务一线，主动到业务单位轮岗、挂职；员工成本管理理念和节约意识增强，精简办公区域，优化办公资源，合理控制管理费用，降本增效成果显著。这些配套举措的实施，有效推动了中茶公司混改的成功，是公司改革发展的重要保障。

利用职业经理人撬动专业化公司做强做优做大
——北京易华录信息技术股份有限公司混改案例

北京易华录信息技术股份有限公司（简称"易华录"）是中国华录集团有限公司（简称"华录集团"）控股的上市公司，主要从事大数据存储、智能交通、人工智能等新兴产业，为构建数据驱动、人机协同、跨界融合、共创分享的智能经济形态提供生态运营服务。从2001年成立以来，易华录就坚持混合所有制的基因和特色，将国有资本的资源优势、规范管理优势和民营资本的灵活机制及人才优势有机融合起来，一步一步实现做强做优做大。易华录混合所有制改革的做法及经验，对轻资产、人才密集型国有企业混改具有较高的参考价值。

一、多层次深化混合所有制改革

一是集团层面持续优化股权结构。2001年4月，华录集团与自然人林拥军等人共同出资设立易华录，注册资本800万元，华录集团持股65%，自然人股东合计持股35%，一成立即选择了混合所有制的形式。随着经营发展持续向好，国资、民资股东进行了多次增资，易华录于2008年整体改制为股份有限公司，注册资本增至5000万元。2001年，易华录通过首发上市登陆深交所创业板，引入社会资本，股权进一步多元化，注册资本增至6700万元。2015年，易华录通过非公开发行股票，在一级市场募资13.92亿元，其中，2.32亿元为非公有资本，不仅有效降低了企业负债率，也为后续进一步扩张发展提供了有力的资金保障。华录集团现持有易华录34.41%股份，为第一大股东和实际控制人。

二是子公司层面积极引入战略投资者。易华录通过以在产权交易所公开挂牌方式，先后在下属国富瑞数据系统有限公司、华录易云科技有限公司实施混合所有制改革，引入北京百度网讯科技有限公司等优质战略投资者，加快拓展新领域、新业态及新的经济增长点，持续优化易华录的资产结构和业务布局，在有效放大国有功能的同时提升公司核心竞争力。

三是运用混合所有制模式推进项目落地。易华录采取与兄弟央企、地方国企、民营企业实施项目合作、成立项目公司等形式，积极实施"数据湖"战略。现已累计在江苏徐州、吉林延边、天津津南、山东泰安、山东临沂、山东德州、湖南株洲、江西赣州等地布局34个"数据湖"项目。招募400余家"数据湖"生态伙伴，覆盖五大行业领域的37个细分行业方向，对接中国移动、华为、新华三、腾讯、百度、华大基因、鹏城实验室、三六零及中国国信等大型科技创新企业，推出10余款生态融合产品，全力构建"数据湖"生态联盟。

二、多渠道强化中长期激励

一是实施限制性股权激励。易华录严格筛选中高层管理人员、核心业务人员、核心技术人员等激励对象158人，分两批授予股票739.5723万股，占授予时总股本的2%，定期2年，在3年内分3期匀速解锁。解锁业绩条件包括3个考核年度净利润复合增长率高于22%并不低于对标企业75分值，同时经济附加值达到要求目标，且经济增加值改善值为正，树立鲜明的业绩考核导向，强化对"关键少数"的激励约束。

二是推动下属子企业开展多种形式的核心团队持股。针对下属企业多为区域性、专业性公司的特点，易华录秉持"资源共享、合作共赢、共同发展"的理念，允许45%的子企业在成立伊始便引入核心骨干团队持股，形成国有控股、战略投资者参股、经营团队持股的多元化股权结构，国有控股比例通常不超过66.6%，赋予少数股东一定话语权，充分激发经营团队的创造力和积极性。

三是深入开展重大专项奖励。物质奖励方面，设立科技研发、市场开拓、工程管理、降本增效等专项激励计划，对成绩突出且在推动企业业绩增长、技术攻关、流程优化、成本节约等方面作出较大贡献的团队和个人进行专项奖励，授权项目负责人根据贡献程度合理确定奖励人员及分配比例。精神奖励方面，推荐优秀骨干参与中央及地方政府机构、行业协会各项荣誉申报。近年来，企业累计实施专项奖励3个、兑现奖金292.25万元，推荐10余人次荣获省部级以上荣誉，形成了良好的比学赶超氛围。

三、深入推进三项制度改革

一是实施市场化管理，推动员工"能进能出"。易华录自成立起就全面实施以合同管理为核心、以岗位管理为基础的市场化动态用工制度。通过校园招聘、社会招聘、猎头选聘等多种方式吸引优秀人才，既动存量又引增量，持续提高人力资源配置效率。近两年来，易华录的总部人员更替率接近28%，共引进大数据、人工智能等中高端人才351人，人才队伍结构不断优化，为公司的高速发展提供了源源不断的动能。

二是实施任期制管理，推动干部"能上能下"。将任期制和契约化管理紧密结合，打破现有经理层不犯错误不"下"、不到年龄不退的传统观念。强化考核的刚性，开展日常、年度、任期相结合的全方位动态考评机制。将经理层的考核结果作为聘任及解聘的主要依据。近两年来，易华录共竞聘上岗干部10人，淘汰7人，所出资的企业全部实行经理层任期制契约化管理，形成了人才涌流、活力迸发的良性用人格局。

三是实施差异化分配，推动薪酬"能高能低"。充分发挥考核导向和分配杠杆作用，引入360度全方位考核体系，实现员工上下级和岗位贡献等多维度绩效评价。实施业绩考核与绩效强耦合，根据考核结果刚性兑付薪酬，同岗级全薪全勤员工的月薪酬绩效差距达1.4万元，年度总收入差距达到48万元，严格做到"业绩升、薪酬升，业绩降、薪酬降"，将差异化的薪酬分配机制进行到底。

经过多年的发展，易华录持续做强做优，主要经济指标长期向好，"十三五"期间，易华录总资产年均增长率达到24.37%，净利润年均增长率高达37.89%，国有资本权益年均增长幅度达到11.74%。华录集团通过与"能人"合资设立混合所有制企业、充分调动创始自然人股东积极性的做法，不仅为企业推行市场化机制打下了坚实的基础，也造就了如易华录林拥军、北方华录刘观伟、华录新媒刘小杰等一支治企有方、兴企有为的高素质职业经理人队伍，形成了有利于职业经理人制度落地生根的良好机制与土壤。

推重组　改机制　中航沈飞实现持续健康高质量发展

——中航沈飞股份有限公司混改案例

中航沈飞股份有限公司（简称"中航沈飞"或"沈飞"）始建于1951年6月29日，是中国航空工业发祥地之一，是我国航空防务装备的主要研制基地，先后生产40多个机型、8000余架飞机，创造了中国航空史上多个"第一"，为国防建设作出卓越贡献。作为航空工业集团军工龙头企业，公司现有员工1.4万余人，是集科研、生产、试验、试飞于一体的大型现代化飞机制造企业，主营业务为航空产品制造，主要产品包括航空防务装备和民用航空产品，核心产品为航空防务装备。其中，航空防务装备以歼击机为主导产品，民用航空产品包括国内外民机零部件。沈飞于2017年底完成重组上市，在资本层面实现了军民融合和混合所有制改革，为创建军工企业发展新格局作出有益探索。

一、以重组上市践行国企混改部署

沈飞前身为国营松陵机械公司，承担我国重点型号航空防备装备的研制工作，涵盖研发、试验、试飞、生产、改型等全部工艺流程。1985年更名为航空工业部沈阳飞机制造公司，1989年更名为沈阳飞机制造公司，1994年6月更名为沈阳飞机工业（集团）有限公司。2017年，公司经过资产重组后，借壳中航黑豹（股票代码：600760）实现军工核心资产整体上市，中航沈飞成为中航黑豹的全资子公司，被誉为"中国战机第一股"。2018年1月12日，公司发布关于变更证券简称的实施公告，将"中航黑豹"更名为"中航沈飞"。

沈飞公司成立以来，从单一的制造工厂，到多业务组合的公司，再到集团化的母子公司，最终发展为核心资产的上市公司。通过重组上市，中航沈飞实现了两个目标。一是精化主业资产。通过存续分立剥离非主业资产，处置历史遗留问题、完成资产规范，实现核心主业整体重组上市。围绕军民航空领域的技术及产品优势，不断拓展军品主业的产业链、供应链、价值链，着力做强做优主业。二是拓展融资渠道。公司重组上市前主要依赖国家投入及银行间接融资，重组上市后充分利用资本市场的政策和工具，通过非公开发行配套融资为新机研制能力建设项目募集 16.68 亿元。经过募投项目的实施，有效提高新机研制效率，加快型号研制进度，大幅提升公司科研生产能力，进而增强公司持续盈利能力。

二、以"改机制"支撑公司持续健康高质量发展

中航沈飞重组上市后，坚持"三因、三宜、三不"原则，积极稳妥深化混合所有制改革，严格遵守外部监管要求，结合内部实际情况，将治理要求贯穿于决策、执行、监督各环节，促进"三会"规范运作，深度聚焦航空领域主业。

（一）持续完善公司治理结构。中航沈飞深入贯彻建设中国特色现代企业制度的有关要求，利用市场的刚性力量解决企业体制机制问题，借助上市公司平台作用吸收社会资本，借助资本市场的刚性力量完善公司治理结构。建立以公司章程为统领，符合自身特点的公司治理体系，各级权力机构责权清晰、运转流畅。坚持"两个一以贯之"，将党的领导有机融入公司治理，明确党委（党组）在公司治理中把方向、管大局、保落实的领导作用，通过完善党委、经理层、董事会的"双向进入、交叉任职"领导体制，实现党的政治核心作用与企业法人治理机制的有机结合。围绕"1+4+N"即公司章程 1 个牵引，质量、安全、保密、环境 4 条红线，供应链管理等多个重点领域，推进公司治理及合规管理体系建设，提高生产效率和效益，增强发展动力和活力。

（二）建立多元、专业化的董事会。中航沈飞董事会发挥定战略、作决策、防风险的作用，全面依法落实董事会各项职权。清晰划分股东会、董事会、监事会、经理层、工会组织等治理主体权责边界，确保董事会决策科学、制衡有效。引入非高管董事和非高管军工董事，充分发挥股东方董事和独立董事在决策中的独立、专业和客观判断作用。引入具有与公司业务相关联的上下游企业工作经验的内部董事，发挥内部董事的行业专家作用。引入由控股股东推荐的高管董事、监事，充分发挥集团高管的战略优势和信息优势。

（三）实施限制性股票激励计划。为充分调动对公司经营业绩和持续发展有直接影响的管理、技术和业务骨干员工的工作积极性，中航沈飞重组上市后第一年，发布了首个军工总装上市公司限制性股票中长期激励计划，并实施了第一期激励计划。建立了完善的业绩考核体系，制订能够反映股东回报、价值创造和成长能力的股权激励业绩增长目标，并承诺在考核期相关业绩指标在 12 家军工总装上市公司中要达到 75 分位水平。2020 年，公司顺利完成业绩指标，第一期激励计划第一个解锁期顺利完成。

（四）深度聚焦航空领域主业。通过产业链的前向、后向整合，实现中航沈飞从研发、制造到维修、服务保障的全产业链布局，主责主业进一步聚焦到军用航空领域和民用航空领域，将更多员工从一般能力产业充实到核心主业产业，竞争优势显著增强。统筹加强产业链补齐建强，增强产业链的完整性、核心业务的自主性，促进公司由制造企业向新型产业集团发展，构建航空产业链新体系。强化央地合作，推动属地配套航空产业协调发展，带动相关配套产能建设升级，有效提升供应链的安全性、可靠性和经济性。

航空工业沈飞实施重组上市，是央企推进混改工作的积极探索，促进了公司治理水平的提

升和经营机制的转换，加速了企业实施高质量发展。公司营业收入、净利润呈现持续、向上增长态势，2020 年收入、利润均创历史同期最好水平，净资产收益率军工主机厂排名第一。公司治理日趋完善，连续两年获得上交所信息披露综合评价 A 级优异成绩，夯实质量发展基础，提升了支撑公司持续健康发展的软实力。资本市场对公司业务能力、行业地位、发展前景予以广泛认同，吸引了相关知名主动、被动投资机构关注和投资；公募基金、社保、保险等机构投资者合计占有较高的流通股持股比例。重组完成后，航空工业所持沈飞股权价值由 33 亿元增至 2020 年末 700 亿元左右，国有资产增值 2121%，未来随着沈飞的快速发展，将会推动国有资本进一步做强做优。通过优异的经营业绩和规范的投资管理工作，获得了资本市场的信赖和认同，公司连获资本市场殊荣，公司市值多次突破千亿，创历史新高，国有资本流动性及保值增值率均获得大幅提升。

华能秦煤瑞金公司通过混合所有制改革实现煤电实质性联营

——华能秦煤瑞金发电有限责任公司混改案例

华能秦煤瑞金发电有限责任公司（简称"瑞金公司"）成立于 2008 年 6 月，是中国华能集团有限公司（简称"华能集团"）支持江西革命老区建设的"红色"项目。2019 年，为扭转瑞金公司连续两年亏损的不利局面，促进产业链上下游协同联动，瑞金公司通过上海联合产权交易所公开挂牌引入战略投资者陕西秦煤集团运销有限责任公司（简称"秦煤集团"），华能集团、秦煤集团各持股 50%，探索出发电领域首家"央企＋民资"煤电实质性联营新模式。瑞金公司推进混合所有制改革的做法，对运用改革的思路和方法维护能源安全、服务保障民生具有借鉴意义。

一、以股东双方优势互补增强能源保供能力

一是通过长协煤保障原料供应。瑞金电厂的煤炭消耗量约为每年 460 万吨，秦煤集团的煤炭年产量约 300 万吨。引入秦煤集团后，瑞金电厂与秦煤集团连年签订协议保障煤炭供应，2020 年签订长协煤 20 万吨，2021 年 50 万吨，2022 年 100 万吨。得益于民营股东秦煤集团强有力的煤炭生产与保障能力，在 2021 年底至 2022 年初的煤价高企时期，瑞金电厂免于无煤可用的窘境。2022 年前三季度，瑞金电厂成为华能集团在江西区域唯一一家盈利的火电厂。2021 年，瑞金电厂的营业收入较 2018 年改革前增长了 47.93%。2021 年下半年，瑞金电厂二期两台 100 万千瓦超超临界二次再热煤电机组建成投产，大幅增强了赣南乃至江西省的电力安全保障水平，从根本上解决了赣南苏区振兴发展的电力需求。二是推动资源、体系、业务效能聚合。发挥华能集团的技术、管理及人才优势，导入华能管理制度，强化规范化管理，促进瑞金公司安全管控、生产维护、营销采购、区域协同、科技创新、合规治企、监督监管等持续完

善。利用秦煤集团的资源及管理优势，全力提升瑞金公司燃料购、运、卸、化、存、用业务的精益化管理水平，编制燃料采购、运输、配煤、加仓、掺烧一体化解决方案，统筹促进"量"（电量、供热量）、"价"（电价、热价）、"燃料市场"及"检修技改"等要素协同，强化燃料、营销、生产部门协作联动，提高运营效率。

二、以清单式管理完善现代公司治理

基于国资、民资各持50%股权的对等结构，瑞金公司立足于妥善平衡股东权益、切实提升治理效能，探索形成一整套清单式管理方法。一是建立行权履责的议事规则体系。本着股东双方充分协商、合理表达意见的理念，瑞金公司制定详尽的公司章程，对涉及公司治理、冲突解决、规划发展等各类问题，逐一明确议事规则及程序，形成以公司章程为核心，股东会、董事会、监事会、总经理办公会、党委会等各治理主体议事规则配套支撑的议事规则体系，对议事原则、范围、内容、形式、规则、程序、纪律、监督保障措施等都作了详细规定。二是划清股东会、董事会、经理层的权责边界。股东以出资比例享受权利、承担义务，通过派出董事表达意愿、参与决策。瑞金公司建立了股东高层会晤机制，对重大事项进行预沟通。完善董事会决策流程，强调高效决策、公正管理。建立经理层授权管理制度，实施重要事项要点报告机制。民营股东秦煤集团委派主管燃料、财务的副总经理，充分发挥专业优势及市场机制作用。三是强化内部风险管控。以财务监督为核心，综合运用监事列席会议、定期访谈座谈、受理举报等方式，全面及时掌握瑞金公司重大决策执行及生产运营情况，聚焦重要业务、关键环节及风险源点进行有针对性的监督检查。建立可追溯、可量化、可考核、可问责的监事履职记录制度，作为业绩考核评价和责任追究的重要依据。

三、探索推行职业经理人制度

瑞金公司采纳民营股东的意见，探索推行职业经理人制度。一是明确与职业经理人签订"三份契约"。以劳动合同为纽带，建立岗位职级、权利义务的"法律契约"；以业绩合同为纽带，建立具体绩效任务的"管理契约"；以华能集团文化为纽带，建立思想认同、职业操守的"文化契约"。二是明确激励约束细则。瑞金公司与职业经理人签订年度经营管理目标责任书，明确KPI指标、经营管理绩效责任等要素，从职业操守、职业化能力、业绩表现三方面确定职业经理人薪酬结构及水平，实施绩效考核结果与绩效薪酬强力挂钩。实施经济责任审计、信息披露、延期支付、追索扣回等约束机制，以解决风险防控和道德失范等问题。三是明确多维度考核评价制度。建立基于"效果、行为、品质"为导向的职业经理人考核框架，从任务绩效、管理效能、公认度、战略重点导向等四方面着手设计考核评价要点，对重大责任事故实施一票否决。

目前，瑞金公司已通过市场化方式聘用2名职业经理人，聘期3年。其中，负责燃料采购的职业经理人破解了瑞金公司无进口煤配额难题，争取到铁路和码头运费优惠下调政策，开创了进口煤炭采购异地配额报关新模式，引入了煤炭期货工具，帮助瑞金公司采购标煤单价同比下降 5.13%，节约燃料成本 1 亿元。负责财务及预算的职业经理人探索出融资租赁等融资新途径，帮助瑞金公司成功与国网租赁公司签订 10 亿元融资租赁合同，累计节约财务费用 9677 万元。

四、以精益督导师管理体系激发员工积极性和创造力

为激发人力资本潜能，推动三项制度改革，瑞金公司创造性地开展了精益督导师管理体系建设，共设置了精益大师、精益黑带、精益绿带、精益黄带 4 个层级。其中，精益大师负责公司精益管理实施战略目标、资源协调及课题实施的策划和监督，统筹公司精益管理活动；精益黑带负责在特定领域或部门开展精益管理；精益绿带负责公司各个精益课题及精益项目实施；精益黄带是参与精益课题及项目的基层管理人员及优秀员工。瑞金公司还在网络平台开设了"点子库"，鼓励各级精益督导师参考华能集团江西分公司"1+7"精益管理体系的专业分类，寻找改善核心业务环节及模块中的精益改善机会汇入"点子库"。

按照"摆擂台，搭舞台，多赛马，少相马"的思路，瑞金公司在内部公开进行四级精益督导师选拔，既看参与选拔的员工业绩、能力等"历史"要素，更看重员工提出的精益改善课题及项目的实用性、价值性、可操作性等"未来"要素。结合精益督导师年度考核、聘期考核结果，相应发放津贴和奖励。对不符合精益督导师任职要求的，及时予以解聘。对照精益课题及项目的不同阶段，瑞金公司分步骤释放"设备、测试环境、专项培训和咨询、小组导师、奖金"等公司资源。

第三章 第三类：地方国有企业混合所有制改革典型案例

国企混改"投出去、引进来"
——甘肃德福新材料有限公司混改案例

有色金属产业是甘肃省的重点支柱产业。2017 年，白银有色集团股份有限公司（简称"白银集团"）联合甘肃省国有资产投资集团有限公司（简称"甘肃国投"）、兰州新区投资控股有限公司（简称"新区投控公司"），采用"基金投资＋产业投资＋招商引资"的合作模式，积极推进国有资本与民营资本跨区域合作，引入江西九江德福科技股份有限公司（简称"九江德福"）电池级高档电解铜箔项目落户甘肃，设立甘肃德福新材料有限公司（简称"甘肃德福"），合作建设电池级高档电解铜箔项目。合作加深了彼此的了解和信任，2018 年，白银集团、甘肃国投与九江德福再次"联姻"，和新区投控公司共同出资，在兰州新区设立混合所有制企业甘肃德福新材料有限公司。这种通过产业延伸"投出去"选择投资者，再"引进来"补短板的混合所有制模式，已初步显现出成效，对于地方国有企业尤其是工业企业通过混改实现优势互补、延链补链具有较强的示范意义。

一、混改初衷：产业链、供应链、价值链延伸"补短板"

白银集团是国内重要的有色金属生产基地，在有色金属产业主体方面，依托"白银炼铜法"及"新型白银铜熔池熔炼炉"工艺，铜冶炼领域原料适用能力强、工艺技术具备独特优势，具备年产铜 20 万吨能力，"十四五"期间将形成年产铜 40 万吨能力。但是白银集团在铜产品下游的深加工方面，存在明显短板。相比江西铜业各种铜加工材总产能 218 万吨和铜陵有色 47.8 万吨的差距较大，并且装备技术严重落后，高、精、尖深加工产品短缺，产品附加值不高。白银集团一直在追求产业链、供应链、价值链的延伸和增强，寻找匹配度高、认同感高、协同性强的战略投资者。白银集团充分发挥上市公司资本运作方面的优势，在矿产资源、有色金属深加工、新材料等领域加大招商引资工作力度，力争借助非公有资本的管理、技术、资金和市场优势，提升产品附加值，培育新的增长点和增长极，推动公司价值链向高端迈进。

二、混改方式：“基金投资＋产业投资＋招商引资”引高端制造业入甘发展

白银集团充分发挥上市平台作用，联合甘肃国投共同作为基石投资者，发起设立了总规模 10 亿元的甘肃拓阵股权投资基金合伙企业（简称“拓阵基金”），发挥基金的杠杆作用和精准寻找项目的专业优势，着力投资培育技术领先、市场广阔、成长性好的优质项目。拓阵基金对九江德福的战投成为白银集团推进混改的基础环节。白银集团是国内重要的有色金属生产基地，九江德福是国内生产电解铜箔的领军企业，双方分别处于铜产业的上下游，具有高度的产业协同性。2017 年 7 月，拓阵基金战略投资九江德福 1.8 亿元（持股 18%），支持九江德福研发、建设行业领先的电池级高档电解铜箔项目。甘肃德福的成立是白银集团推进混改的又一重要环节。基于白银集团铜产能大、品质好的优势，立足发挥产业协同效应，以拓阵基金战略投资九江德福，与九江德福建立起良好的战略合作关系为基础，2018 年 6 月，白银集团联合甘肃方股东积极引入九江德福到甘肃投资建厂，合资设立甘肃德福新材料有限公司（简称“甘肃德福”），规划建设年产 5 万吨电池级高档电解铜箔项目。当时，甘肃德福注册资本金 2 亿元。其中，九江德福持股 51%、白银集团持股 34%、甘肃国投持股 10%、新区投控公司持股 5%。甘肃德福 5 万吨电池级高档电解铜箔项目总投资概算 32.5 亿元，规划分期建设。其中，一期年产 1.2 万吨电解铜箔项目已于 2019 年 10 月建成投产，2020 年实现达产达标。二期年产 1.8 万吨电解铜箔项目 2020 年 9 月开工建设，2021 年底建成投产，形成年产 3 万吨产能。

三、混改优势：四方股东协同合作

甘肃德福成立之后，全力推进公司做大做强。九江德福充分发挥自身技术、产品、市场等方面的优势，在一期项目建设及试生产阶段，先后抽调各类专业技术人员 60 余人（次），全力支持项目建设与达产达标。甘肃方各股东积极落实甘肃省“六稳”“六保”决策部署，发挥大型国有企业和省属国有资本的平台和资源优势，在原料保障、产业链协同、税收优惠等方面对甘肃德福给予大力支持，保证了企业的正常运营。作为省属大型国有企业，白银集团为甘肃德福提供了可靠的原料保障和生产组织建议及融资支持；作为甘肃省国有资本投资运营平台，甘肃国投发挥了国有资本战略投资布局导向作用；作为项目所在地国有投资公司，新区投控公司协助落实了兰州新区招商引资相关优惠政策，积极争取地方支持。另外，四方股东按照出资比例为甘肃德福融资提供担保，有效解决了融资难、融资贵问题。甘肃德福项目开工当年就实现低成本融资 4.45 亿元，二期 1.8 万吨项目建设融资 3 亿元，流动资金融资 1.8 亿元。放大民营资本出资规模。为加快推进二期年产 1.8 万吨项目建设，支持甘肃德福健康发展，2020 年 9 月，甘肃德福股东决定按持股比例实施增资扩股，甘肃德福注册资本由 2 亿元变更为 5 亿元。2021 年 6 月，经白银集团协调，各股东完成增资，其中民营企业九江德福增资 1.53 亿元，总计出资 2.55 亿元，放大了民营资本出资规模，也坚定了九江德福在甘肃做强做优做大铜箔产业的信心，为后续建设年产 10 万吨高档电解铜箔，打造全国知名铜箔生产基地夯实了基础。同时，白银集团承接了新区投控对甘肃德福增加注册资本的认缴权，甘肃德福股权结构变为：九江德福持股 51%，白银集团持股 37%，甘肃国投持股 10%，新区投控公司持股 2%。进一步优化

了混改企业股权结构。

四、混改裂变：治理结构的健全和经营管理的高效

各股东遵循市场化、法治化原则，共同制定章程条款，把企业党组织内嵌于公司治理结构之中，按照公司章程明确股东责权利，明确重大事项的特别规定，明确相关议事规则，为公司决策管理提供重要保障。健全法人治理结构。公司董事会共设7名董事。其中，九江德福委派4名，白银集团委派2名，甘肃国投委派1名。董事长由九江德福推荐。白银集团作为战略股东，持有甘肃德福37%股权，在重大事项决策中拥有一票否决权。甘肃方股东依据公司章程参与公司决策，维护投资者权益，保障企业市场主体地位。建立市场化运营管理机制。甘肃德福董事会依据公司法及公司章程履行法定职权，不参与公司运营管理，生产经营完全由经理层负责。公司经理层由7人组成，其中白银集团推荐2人，其余高管人员包括公司总经理均为市场化选聘职业经理，白银集团还推荐1名财务负责人，主要加强对财务资金的管理和监控。白银集团通过派出管理人员，参与企业管理、规范化运营和各类风险防控。甘肃德福作为九江德福的控股子公司，按照民营控股的拟上市公司标准，建立了民营主导的市场化经营管理模式。九江德福作为控股股东向甘肃德福选派30多名技术、管理和业务骨干，全面支撑甘肃德福生产经营管理。建立市场导向的生产组织体系。坚持以订单为导向，材料按订单采购，生产按订单组织，根据市场订单及时调整产品结构，强化调度组织，灵活配置资源，从而有效保障了公司的运营活力和市场竞争力。建立职业经理人制度和市场化选人用人机制。目前，除国有股东委派的管理人员外，公司经理层、中层管理人员全部由市场化方式选聘。坚持因事设岗、因岗定人，员工全部通过市场化方式招聘，依据劳动法与公司签订劳动合同，合同期限3年，期满实行双向选择。按照民营企业的特点设置管理机构，压缩管理层级，优化人力资源配置，公司员工总数约400人，机关管理人员不到30人，管理机构灵活高效。严格执行差异化薪酬制度，员工薪酬收入与工作岗位及工作业绩紧密挂钩，机关岗位与一线岗位存在较大差异，同一岗位、不同人员薪酬收入也因工作质量和工作任务的完成情况拉开差距。

五、混改成效：国企的实力 + 民企的活力 = 企业的竞争力

白银集团主导甘肃国资股东，以资本为纽带，以项目为载体，通过"基金投资 + 产业投资 + 招商引资"模式，在九江德福母公司和甘肃德福项目公司两个层面实施战略投资，形成国有与民营资本的跨区域合作，促成九江德福在甘肃规划建设产业基地，也实现了白银集团进一步延伸铜产业链条、调整优化产业结构。这种通过产业延伸"投出去"选择投资者，再"引进来"补短板的混合所有制模式，成效已初步显现。2020年，甘肃德福累计生产各规格铜箔产品9944吨，其中标箔6573吨、锂电箔3371吨，累计销售产品8100吨，实现销售收入约5.8亿元。2021年1—8月，甘肃德福生产各类铜箔8200吨，销售各类铜箔7922吨，实现销售收入8.4亿元，实现利润总额1.35亿元。

白银集团协同甘肃国投，发挥国有企业及国有资本的产业和资金优势，立足甘肃传统产业

"调结构""补短板"，瞄准行业龙头九江德福铜加工产业"投出去""引进来"，是有色产业上下游优势互补的现实选择，是资本跨区域互利协作的有益探索，也是国有资本与民营资本混改融合的成功实践。甘肃方股东通过引进先进技术，进一步延伸和拓展了有色金属产业链条，填补了甘肃省优质电解铜箔生产空白，促进了产业聚集，增强了国企活力。而民企九江德福依托甘肃国资国企的优势，通过在甘项目建设，实现了企业规模扩张、生产成本优化、进一步提升企业竞争力的目的。甘肃德福股东各方优势互补、有效嫁接形成了甘肃德福高效率、低成本的运营管理模式，充分诠释了"国企的实力＋民企的活力＝企业的竞争力"的混改真谛，形成了协同发展的共赢模式和"国民共进"的发展格局。

借改革卸包袱　企业焕发新生机
——上海自动化仪表有限公司混改案例

上海自动化仪表有限公司（简称"上海自仪"）系上海市国资委所属的上海电气集团全资子公司，主要从事自动化控制系统、检测仪表及执行器的设计制造等业务。上海自仪历史悠久，最早可以追溯到1925年，是中国第一家仪器仪表制造企业。1993年，上海自仪改制为股份公司并发行A、B股上市，成为最早一批上市的国有企业之一。然而，由于受一系列内外部因素的影响，企业经营不善，并于2014年被迫退市。虽然如此，上海自仪没有就此退出历史舞台，而是卧薪尝胆，借混合所有制改革的契机，积极处理历史遗留问题，轻装前进，走出了一条重生之路。

一、历史包袱沉重，企业发展步履蹒跚

上海自仪20余年的发展过程中，受到内外部因素影响，导致企业面临一系列困难。在行业上，多年来，自动化仪表行业有大量企业涌入，目前有5000多家企业，市场集中度低，竞争激烈。在传统国有体制机制下，上海自仪运营机制僵化，薪酬水平低，保留和引进高技术专业人才的手段也很有限，多年大量人员流失，很多岗位无后备人选。

在自身经营上，一方面，上海自仪没有能够与时俱进。上市之初，上海自仪将上市募集的2亿元资金没有用于公司自身的经营，而是都用于投资25家合资企业。当时外资以技术换市场，均以合资形式进入中国。但后来外资开放带来了外资增资，而上海自仪没有同步增资，因而股权逐步被稀释，至今只剩下3家合资公司，盈利点逐步收窄。另一方面，在治理不完善情况中出现一系列经营决策失误。上海自仪曾经坏账达近3亿元，最高负债达到9亿元，财务费用压力大，每年利息达到4000万元至5000万元。此外，伴随着企业厂址数次搬迁，办公地点越来越远离城市，导致大量人员流失，同时自有房产变成租用土地厂房，租赁费用达200万元。种种因素叠加，上海自仪业绩逐年下滑，最终在2014年被迫退市。

二、不服输精神驱动，企业抓住机遇图发展

虽然退市，但上海自仪憋着一股"不服输"的精神，一直在寻找新的发展机遇。管理层认为，上海自仪在大行业，底子厚，具有重生的希望。一是行业前景仍然广阔，自动化仪表制造行业具有"多品种、少批量"的特点，产品种类众多，技术更新速度快，对技术和人才的依赖度较高，由此其产品所带来的附加值也高（如电动执行机构毛利率可达 30% 以上，DCS 等高端控制系统、军工产品的毛利率在 25% 以上）。二是自仪品牌价值高，作为曾经的行业龙头，自仪产品质量在行业内尤其是军工领域广受赞誉。三是虽然退市，但上海自仪作为上市 20 年的公司，规范运作的架构和制度得到了良好的传承。四是企业的员工结构比较年轻化，容易接受新事物。

与此同时，管理层也清醒地认识到企业面临的问题，一方面，历史形成的沉重包袱需要尽快消化；另一方面，要抓住新的发展机会，更需要学习借鉴行业内优秀企业灵活高效的运营机制，加快与市场对接。

2017 年，上海市开始实施员工持股试点工作。上海自仪认为这是"再出发"的机会，在控股股东上海电气的大力支持下，上海自仪获得员工持股试点资格，希望通过改革卸下历史包袱，激发员工活力，再次推动企业快速发展。

三、处置包袱，产业链对接，企业再出发

上海自仪意识到，积极处理历史包袱，对战略方向、产品线进行重塑，是开展员工持股的前提，更是企业长久发展的基石。因此，在开展员工持股之前，上海自仪首先完成了这两项重要工作。

首先采取存续分立的方式对产业结构、人员结构进行大幅优化，确保企业轻装上阵、快速反应。公司保留了发展型、培育型且符合产业发展方向的业务及资产，分立剥离了保留型、淘汰型且技术依赖度不高的业务及资产。产业结构的优化直接促进了员工数量的精简，公司从1300 余人减至 700 余人，为推进改革和持续健康发展夯实基础。同时，在上海电气的大力支持下，剥离了上海自仪 7 亿元左右的贷款，每年节省 3000 万元的利息，彻底搬开了压在上海自仪身上的"大山"。

与此同时，上海自仪积极物色战略投资者，希望通过引入业务相关联、能带来市场的战略投资者，实现产业链的强强联合。经过细致分析，上海自仪将引资对象的范围聚焦于火电、核电、轨道交通、智能制造、环保行业的业主、总包方、设计院、研究院、集成商。最终，上海电气和上海自仪决定引入上海电科创业。一方面，上海电科创业主要从事机电及成套设备、工业自动化及控制系统行业，与上海自仪具有较强的协同作用；另一方面，上海电科创业脱胎于国有体制，2004 年改制从体制内走出去，了解并认同国企文化，改制的经验比较丰富。

四、先后两次实施员工持股，形成绑定和持续激励

在资产重组和引入战略投资者的同时，上海自仪分别于 2018 年和 2019 年成功实施两次员

工持股，第一次共有 154 人入股，第二次共有 160 余人入股。引入员工持股的过程中，上海自仪的管理层始终秉承审慎的态度，既重视方案设计，也关注实施细节、优化实践路径，经过多次摸底，采取了自上而下和自下而上相结合的方式。

首先，上海自仪聘请第三方专业咨询和法律机构，共同研究设计混改和员工持股方案，确保员工持股计划科学合理、依法合规。全体持股员工均以自有资金现金增资入股公司，并约定 3 年锁定期，建立长期合作捆绑关系。为避免股权固化僵化，公司非常重视股权流转和退出机制的设计，在编制具有可操作性的退出机制相关文件时，按照是否在锁定期及是否正常退出等划分为四个象限，建立数学模型进行定量分析，对今后可能发生的情况一一比对测试，确定各种情况适用的退出价格。退出价格兼顾到非正常情况退出的惩罚性措施和分红等因素，既保证员工利益，也防止国有资产流失。同时，上海自仪强调要保障员工的知情权和监督权。注重信息公开，对持股员工范围、持股比例、入股价格、审计评估等重要信息一律上墙上网公示，接受职工民主监督。公司注重沟通交流，分部门分片区召开员工座谈会，掌握每一位参与持股员工的诉求，专门集中安排四场政策解读会进行混改和持股方案的解读，与员工进行充分沟通，听取其意见建议。此外，公司也注重风险控制，尊重员工入股意愿，对员工进行充分的风险揭示，主动开展混改与员工持股的社会稳定风险评估，制定相应的工作预案。同时，针对历史上员工持股的经验和不足，上海自仪对员工持股强化组织管理。公司设立统一员工持股平台实施员工持股，全体合伙人组成持股员工大会，并下设持股管理办公室，主要负责持股平台授权办理的事项和日常管理事务，制定股权管理相关制度，明确公司与平台的管理关系、股权内部流转机制、持股人员管理职责、股权收益分配等重要约定。

2018 年 6 月第一次引资之后，战略投资者和员工为上海自仪注入强大的发展动力，同时也获得上海市国资委和控股股东上海电气的认可和支持。2019 年，上海自仪完成了第二次引资，所有股东进行同比例增资，增资 1.7 亿元，员工再次出资 5000 万元。鉴于第一次引资的良好效果，员工积极性更高，监管机构（国资委）在批准第二次引资的时候也更放心让上海自仪探索更多创新举措。国资委同意作两个创新：不需要一次性缴付，在 12 个月内出资完成就好；试点预留，预留 3% 股份为下一步吸引人才使用。

上海自仪两轮员工持股情况

	第一轮	第二轮	公示
班子	0.5%—1%	0.35%—0.7%	0.627%、0.6%
核心管理人员	0.2%—0.5%	0.15%—0.35%	中层：0.15%—0.35% 其他：0.15%—0.25%
技术、销售	0.05%—0.2%	0.05%—0.15%	0.05%—0.13%
普通（7 人）		0.05%—0.15%	0.05%

五、以混促改，上下联动深化体制机制改革

混改引资和员工持股实施后，上海自仪的股权结构得到优化，在此基础上，上海电气和上海自仪认识到，"混"只是手段，"改"才是目的，因而完善公司治理是上海自仪改革的应有之义，这需要上海电气、上海电科创业和上海自仪上下形成合力。

首先，在董事会结构上，上海自仪的董事会构成得到了优化，董事会由5位董事组成，上海电气3位，上海电科1位，员工持股平台1位，形成了有事大家商量的局面。

其次，双方股东通过积极协商，形成了各主体规范运作的议事规则与运作流程。上海自仪通过修订公司章程、完善公司管理制度的方式，将上述规则落实到制度中，从而建立其国有股东、外部投资者股东、员工股东的相互制衡监督机制，积极探索有别于国有独资公司的治理机制和监管模式，进一步激发了企业的活力和动力。

伴随着改革的推进，上海电气逐步形成征求其他股东意见、加强沟通的习惯，有效制衡、协调运转的董事会决策机制逐步落实到位。与此同时，为配合上海自仪的改革，上海电气也在积极推动自身管控模式的改革，并进一步激发上海自仪自身的内驱力。改革前，每年集团下发改革指标，其中分流人数是一个重要指标。改革后，上海电气调整了管控模式，不再下发要求，反而是上海自仪自己提出改革，董事会根据企业发展情况设立上海自仪的员工分流指标。再如，上海电气曾经为上海自仪设置了13.5亿元的利润指标，而上海自仪董事会根据企业发展态势提出14.5亿元的更高目标。与此同时，上海电气不再对上海自仪的薪酬进行管控，并鼓励上海自仪探索超额利润分享等多种中长期激励手段。

六、改革成效彰显，传统企业实现"二次"发展

引资后，上海自仪在上海电气和上海电科的支持下，在员工的推动下，企业重新出发，改革成效显著。

首先，员工对企业的关切程度显著提高。例如，干部大会员工可以申请列席；在职代会上员工也更积极地提出问题，职代会由报告改成了解答问题的形式。同时，持股员工获得较强的认同感，主人翁意识非常强烈，更加自觉地参与公司的生产经营管理，更加关注公司三项制度的执行效果、供应商的选取、公司存货和应收账款的资金占用以及销售、管理、财务等费用情况。暂时不符合持股条件的员工也努力进取，希望通过自我提升和工作业绩进入骨干员工行列，进而获得持股资格。公司内部已经表现出良好的业绩竞赛，企业凝聚力和向心力得到了较大的增强和提升。员工持股实施后，企业员工主动请战的多了，推诿扯皮的少了，员工自愿加班加点完成工作任务，主动性和积极性有了显著提升。员工干事创业的热情高涨，部分核心员工拒绝市场上高薪诱惑，部分离职骨干主动回归公司，引才聚才效果显现。

其次，企业的发展方向更加明确。混改完成后，上海自仪修订完善企业的产业发展规划，进一步细化"阀门、传感器、工业软件"三个基地建设的落实方案，从而加快优势产业扩张步伐，加快新兴产业布局发展，探索实施并购计划，积极寻找新的利润增长点。目前，上海自仪正聚焦火电与环保、核电与军工、智能制造等领域，加快拓展、培育关键高端阀门、MEMS

传感器、智能制造关键智能传感器、工业软件等新产品、新产业，成为"符合国家战略、突破关键核心技术、市场认可度高"的科技创新企业。

第一次引资后，改革红利已经显现，前两年的分红达到了 10% 的水平，集团以前没拿到过分红，这两年拿到 10% 分红，而且资产评估溢价，总收益已经超过 15%。分红覆盖员工的入股成本一倍以上，员工也享受到改革红利。随后，伴随着第二次引资，上海自仪将募集资金用于收购与自身具有很强协同性的上海金桥阀门厂，推动扩张性发展。

体现在业绩中，自混改以来，上海自仪的市场拓展力度明显加大，业务增长迅速。2018 年、2019 年连续两年实现主营业务收入和净利润同比增长超 30%。2020 年，由于新冠肺炎疫情的影响，主营业务收入虽没再次达到 30% 增长，但保持住利润 30% 增长的预期目标。而今，上海自仪重新谋求在科创板或主板上市，实现跨越式发展，真正做到国有资本和员工双赢。

七、上海自仪的案例特点和启示

很多国有企业具有悠久的历史，但历史形成的遗留问题有时反而成为企业前进的巨大障碍。上海自仪成为一批历史悠久的国有企业代表，在激烈的市场竞争中逐渐掉队，虽心有不甘，但沉重的负担压得企业喘不过气来。这样的企业借混改的机会轻装前进，激发出企业家精神和广大员工的活力，能够焕发新生机。从上海自仪的混改过程中，我们得到以下几点启示。

一是妥善处理历史遗留问题是很多国有企业迈开改革步伐的前提，而这一问题的解决需要政府和国企集团的担当。对于上海自仪而言，将历史形成的负债、人员等负担适当摘除，企业轻装前进，是改革取得成效的重要原因。这一问题的解决需要强有力的政府协调和国企集团的担当。调研中我们同样看到很多国有企业的改革无法推进，其原因在于没有协调解决好历史遗留问题。

二是国企集团的改革是二级公司混合所有制改革得以落地的关键前提。由于混合所有制改革往往发生于国企集团下属二级或三级子公司的层面，如果国企集团的"旧体制"不变，那么混合所有制企业中努力构建的"新体制"就难以落地，这是我们在调研中混合所有制企业普遍反映的痛点问题。在对上海自仪和上海电气的调研中，我们不仅体会到上海电气全力支持上海自仪试点的魄力，也看到集团主动推动自身改革，积极实施向上海自仪董事会和经营层授权、放开薪酬总盘子限制等一系列举措，这都是上海自仪改革能够取得积极进展的重要前提。

三是案例的推进也是对改革树立信心的过程，好的改革案例能够为周围的企业甚至是全社会树立改革信心，为更广泛、更灵活的探索奠定基础。上海自仪混改取得积极成效后，上海电气集团要求众多子公司都来学习其经验，很多兄弟企业也在 1—2 年间从改革初期的怀疑转而真正认识到改革的效果，并开始学习实践，产生了良好的示范效应。

从濒临破产到浴火重生：百年钢企史无前例的混改再造之路

——重庆钢铁股份有限公司混改案例

重庆钢铁股份有限公司（简称"重庆钢铁"）成立于 1997 年，前身为 1890 年湖广总督张之洞创办的汉阳铁厂，是亚洲最早的钢铁企业，有着百年历史，分别在香港联交所、上海证交所上市。然而，曾经辉煌的老牌国企却一度陷入破产重整危机，最终，重庆钢铁通过引入市场化战略投资者破产重整，用一年时间成功化解风险并扭亏为盈，探索出一条上市公司、大型企业、传统产业等多种复杂因素叠加的国企改革新路，为大型国有上市公司重整提供了可复制的范例，具有极其重要的参考价值和借鉴意义。

一、破产清算还是司法重整——生死时刻孤注一掷

2011—2016 年，由于产品结构与需求错配、市场持续低迷、管理粗放等原因，重庆钢铁实际亏损累计达 238 亿元，总负债达 417 亿元，整个集团深陷资不抵债、资金链断裂、濒临破产的危机，处于被强制退市的边缘。在异常严峻的形势下，摆在重庆钢铁面前的只有两条路：要么破产清算，要么司法重整。然而，一旦破产清算，将引发一系列灾难性的连锁反应，如普通债权清偿率将低至 16.64%，多家地方国企将承受高达 210 亿元的债权及担保损失，当地多家银行拨备率将被用光，8000 多名员工将失业，17 万户股东的股票价值归零……重庆钢铁破产将直接影响金融稳定，社会面影响极大。生死存亡的危急时刻，重庆市委、市政府果断决策实施司法重整，通过引入有资本实力和运营能力的战略投资者进行混合所有制改革，一次性解决债务问题和发展问题。

二、产业基金介入市场化重整——独特的第三选择

重庆钢铁破产重整正式启动后，曾有两个备选方案：一是单纯的债转股，直接降低负债率；二是直接交由民营钢铁企业接盘。然而，单纯债转股治标不治本，如企业无法继续盈利，未来仍会资不抵债。对于第二个方案，重庆市政府不愿将重庆钢铁直接交给民企。迫在眉睫又举棋不定之时，四源合基金成为第三选择。四源合基金由宝武集团牵头，中美绿色基金、招商局集团、美国 WL 罗斯公司共同出资组建，是国内首家钢铁产业结构调整基金，是成功化解重庆钢铁危机的关键。

第三选择有其独特性，特殊之处在于：一是接盘方为市场化运作的私募基金，而非钢铁企业，与其他破产重整案例有本质区别；二是四源合基金以"第三方"身份代表国有和民营股东以市场化方式直接投资和管理重庆钢铁，形成了一种"市场化基金＋国企＋民企"的独特混改模式；三是混改后，占有控股地位的宝武钢铁放弃了"并表权"，让混改后的重庆钢铁能够

从一个标准国企回归成为一个真正的公众公司，能够快速完成体制机制转换，在一年内扭亏为盈。

三、大刀阔斧促改革——真正实现四大变革

重庆钢铁以混改为契机，真刀真枪推进市场化改革，优化公司治理、转变经营机制、精细化管理、推动技术升级，迅速完成了从"止血"到"造血"的华丽转身。

（一）公司治理之变——高效运转，系统重构。加强董事会建设，发挥监事会作用，是重庆钢铁改革的亮点。董事会成员由具有钢铁冶金、会计等专业素养和企业管理实践、资本运作等多方面丰富经验的人士组成，下设4个专业委员会，均由具备专业特长的董事会成员组成。此外，重庆钢铁还引入职业经理人，对其在机构设置、技术改造等方面予以充分授权。同时董事会明确经营目标，建立严肃追责体系和市场化薪酬激励机制，细化、明确并落实经营层责任，以此推动重庆钢铁在一年内即成功"止血"、扭亏为盈。2018—2020年，分别实现净利润17.8亿元、9.2亿元、6.3亿元。

（二）经营机制之变——利益共享，风险共担。重庆钢铁借鉴宝武钢铁经验，重构岗位体系，打通员工职业生涯晋升通道，形成管理、技术业务、操作3个序列14个层级职位体系，推行岗位任职资格管理，引导员工自我完善、自我提升，与公司共同发展。深化人事制度改革，推行"赛马"选人用人机制，激活职工队伍内生动力。同时，重庆钢铁顺应市场，变革薪酬激励机制，将分配由"员工身份决定"改为"岗位价值决定"。探索员工绩效评价模式，组织开展全员年度绩效评价工作，引导员工立足岗位，不断改善工作业绩。2018年，员工月均收入同比增长26%，并逐年稳步增长。员工获得感、幸福感大大增强，企业焕发出蓬勃的内生动力。

（三）精细管理之变——对标一流，降本增效。重庆钢铁全面对标全国一流钢企找差距，通过精简组织机构设置、集中一贯制管理、减少管理层级等，逐步建立起精简、专业、高效的管理机制。一方面，优化整合组织机构，按"大部制，大厂制"及"集中一贯制"的管理模式，大力精简组织机构，二级组织机构由20个精简为15个，三级组织机构由93个精简为82个。另一方面，推行"赛马"选人用人机制，厂部管理人员精简20%，室级管理人员精简63%；全面推行"厂管作业区"模式，加强现场管理，大幅提升了效率。

（四）技术升级之变——智能引领，绿色示范。重庆钢铁紧抓数字化智能化变革浪潮，加快发展智能制造和数字工厂，实施绿色化升级改造，积极培育发展新动能。智能制造方面，以工业大数据平台建设项目为抓手，将信息化、智能化技术与钢铁技术相结合，逐步建设自动化、数字化、网络化、可视化和智慧化的智能制造体系。绿色制造方面，大幅提升资源回收利用率，有效减少各种能源介质"跑冒滴漏"，推动综合利用效益最大化。目前，重庆钢铁环保指标全面达标，完成了2号、3号烧结烟气脱硫系统超低排放改造，废水等主要污染物达到了一级清洁生产指标要求，钢铁冶金渣综合利用率100%。

经过司法重整和引入战略投资者，重庆钢铁不仅资产负债率降至32%、职工债权全部得

到清偿、在岗职工全部承接、退休人员移交社会化管理，还创造了史上多个"之最"：第一家 A+H 股上市公司司法重整案件、第一家重大资产重组不成功直接转为司法重整的上市公司、第一家采取全网络形式召开重整债权人大会的上市公司等"七个第一"，资产和负债规模、债权人数和股东人数均为目前国内上市公司重整案件之最，出资人权益调整方案在出资人组会议上的通过率为同类案件中最高，等等。

重庆钢铁的涅槃重生主要得益于三个方面：一是国家供给侧结构性改革的政策支持；二是混合所有制模式独特而灵活的机制优势；三是全体员工勠力同心、奋力拼搏的精神。通过司法重整，企业基本面发生了根本变化，体现为债务化解、资产夯实和效率提升；通过混合所有制改革，真正建立了现代企业治理结构；通过三项制度改革和激励机制变革，有效协同了股东、管理层和员工利益，为企业注入了活力，激发了广大员工的积极性。从濒临破产到涅槃重生，重庆钢铁成为国有企业推进供给侧结构性改革和混合所有制改革成功的典范。

北满特钢运用破产重整方式实施混合所有制改革取得阶段性成效

——北满特殊钢有限责任公司混改案例

北满特殊钢有限责任公司（简称"北满特钢"）于 1957 年建成投产，是我国"一五"期间苏联援建的唯一一家特种钢铁企业。受创新能力与核心竞争力不足、历史包袱较重等因素影响，北满特钢自 1994 年起业绩开始持续下滑，2003 年严重亏损至一度停产，2004 年与辽宁特钢合并成立东北特钢后，又因东北特钢债务危机爆发，于 2016 年被判破产。为挽救"老字号"钢铁企业，避免将两万余名离退休职工推向社会，北满特钢以破产重整方式引入钢铁行业头部民营企业建龙集团实施混合所有制改革，积极整合黑龙江钢铁产业上下游优质资源，成功实现扭亏为盈，营业收入比改制前增长 489%，产品销量比改制前增长 715%，出口规模居特钢企业前四，实现了"生存"向"发展"的关键一跃。北满特钢的案例及后续实施的黑龙江钢铁产业混合所有制改革，对深化东北地区国有企业混合所有制改革实践具有示范效应。

一、重组整合改机制，"老字号"钢企焕发活力

历经停产、破产、重整的北满特钢通过引入高质量战投、精简内部机构人员、深化市场化机制改革、加大技改创新力度、推动企业文化融合，深入推进混合所有制改革，复产 4 个月即实现扭亏为盈，生产指标不断刷新历史纪录，探索出一条以混改激发活力的脱困发展路径。

（一）创新债务清偿方式。2017 年，北满特钢破产管理人审慎研究、打破常规，创新设计清偿方案，相应确定质押及抵押债权人优先受偿质押及抵押物评估价值 67%、北满特钢重要供货商等敏感债权人先行受偿 20% 以及小、众普通债权人受偿 5% 的债务清偿方案，最大限度争取各方面债权人对破产重整的支持。黑龙江省委、省政府积极对接国内头部钢铁企业，助力

北满特钢成功引入民营钢铁龙头企业北京建龙集团，重组成立了建龙北满特种钢有限责任公司（简称"建龙北满"），建龙集团持股 92.7%，齐齐哈尔国宏投资持股 7.3%。建龙集团入主北满特钢后，坚持以市场需求为导向，对其原有组织架构、生产车间、销售团队、财务管理等进行全面流程再造，实现整体转型升级，并陆续重整西林钢铁、阿城钢铁、哈轴集团等黑龙江省内长期亏损的钢铁产业链上下游企业，打通黑龙江钢铁产业链的堵点痛点。恢复与舍弗勒、铁姆肯等全球顶级汽车轴承供应商合作，加速推进工业用钢向高端化、本地化、零部件化延伸，逐步提升建龙北满在钢铁细分市场的竞争力。

（二）竞争上岗打破论资排辈。建龙北满成立后，为解决老国企机构臃肿、管理层级多、人浮于事的问题，大力精简机构，一级机构由 35 个优化为 15 个，二级机构由 197 个优化为 90 个。同步开展公开竞聘，进行定岗定员，全体人员"起立""抢座"，建立配套晋升机制和退出机制，真正破除传统国企能上不能下、能进不能出的问题。对分流职工，通过转岗培训、解除劳动合同等方式进行双向选择，自愿决定去留。经过改革，企业中层以上干部由 65 人减少为 52 人，职工人数由原来的 4685 人减至 3755 人，初步建立起精干高效的管理和生产队伍。

（三）分配制度改革激发积极性。建龙北满积极贯彻"定目标、分责任、建机制"的管理思路，引入建龙集团先进的 ERP（Enterprise Resource Planning，企业资源计划）预算目标管理系统，推动企业的目标、责任层层分解，实现责、权、利对等。引入建龙集团成熟的薪酬分配管理制度后，建龙北满员工的薪酬大幅上升，由改革前人均应发工资 2430 元上升至 6185 元，实现倍增，极大鼓舞了员工士气。建龙北满还建立超额利润分享机制，将企业 20% 利润用于奖励全体员工，让全体员工共享企业发展成果，进一步激发员工积极性。

（四）重视技改形成公司竞争力。建龙集团入主北满特钢后，加大技术改造力度，充分利用互联网、大数据、人工智能等新一代信息技术实施全面智能化改造，累计投入技改资金超过 30 亿元，建龙北满的生产规模由改革前的 1.5 万吨/月提升至当前 16 万吨/月左右，特钢装备水平达到行业先进。新增的特殊钢线材生产线更是填补了黑龙江省特钢线材产品空白。建龙北满高度重视科技创新，设立专项科研合作基金，以打造优质、高效、低耗产线为目标，以轴承钢产品开发、产线配套、产品转型升级、安全及环保提升改造为重点，加快推进钢材产品升级。公司研发投入达到销售收入的 3% 以上，已获得专利授权证书 37 件，完成 5 项国标及军标发布，超纯净高稳定轴承钢关键技术创新等一批科技成果总体达到国际先进水平，其中部分指标实现国际领先。

（五）始终发挥党组织作用。建龙北满注重发扬国企红色基因优势，探索发挥民企党组织战斗堡垒作用，目前公司设有 1 个党委，15 个总支部委员会，31 个支部委员会，实现党组织 100% 全覆盖。新冠肺炎疫情暴发后，党员职工带头放弃休假返岗，全体员工打响"战疫情、保生产"战役，2020 年全年实现营收增长 233% 的优异成绩。建龙北满本着建龙集团"尊重人、培养人、激励人、成就人"的人力资源理念，着力营造有利于员工成长成才的工作氛围，累计投资 2000 余万元用于改善员工浴池、食堂、公寓、停车场、体育馆等公用设施，每年投入 1000 余万元用于发放员工节日福利、体检餐补、爱心基金等，实现了国企民企的优势互补和文化融合。

二、北满特钢混合所有制改革的启示

北满特钢通过破产重整方式实施混合所有制改革成功自救的案例，让同样面临破产困局的西林钢铁、阿城钢铁看到了希望。2018 年，建龙集团重组西林钢铁，对原有组织架构、生产流程、销售团队、财务管理全面再造。2019 年，建龙集团整合阿城钢铁，形成人力资源管理、生产计划管理、全面预算管控、能源中心管控的新型管理模式。2020 年，建龙集团重组哈轴集团，形成上下游原料、市场协同创新优势。至此，黑龙江省几近瘫痪的钢铁产业依托混合所有制改革成功盘活，形成了一条千亿级的钢铁原料、生产、销售产业链，实现了传统钢铁产业的协同创新和转型升级。回顾北满特钢的混合所有制改革历程，可以得出以下几个关键启示。

（一）设计好债务清偿方案是关键。破产重整前，北满特钢债务高达 165 亿元，资产负债率超过 270%，意向战略投资者认定的企业资产价值最高为 35 亿元，企业已经陷入绝境，如照搬《企业破产法》规定，质押、抵押债权人的优先受偿权尚且无法保证，更不用说大量普通债权人无优先权的债权了。为最大限度争取各方对重整方案的广泛支持，北满特钢债权管理人结合资产评估价值、战投认定价值和各类债权额度，创造性设计了债务清偿方案，有效平衡了优先债权人、敏感债权人和普通债权人的利益，既赢得了各方债权人的支持，又稳固了企业后续生产经营的重要供货渠道，还确保普通债权人有所收益，最终破产重整方案顺利获得 2/3 债权人同意，避免了破产清算。

（二）要引入高质量的战略投资者。引入战略投资者是实施国有企业混合所有制改革的要件，也是北满特钢这类老国企实现破产重整的前提。全球钢铁企业第八位、全国钢铁企业第五位、全国民营钢铁企业第二位的建龙集团，正是着眼于企业长远发展、追求长期战略利益、深度参与公司治理、能够与黑龙江"老字号"钢铁企业产生战略协同效应、实现优势互补的高质量战略投资者。建龙集团入主北满特钢，不仅带来了资本，植入了市场化基因，也强化了技术更新与研发投入，激发了人力资本潜能，还在维护职工队伍稳定、履行社会责任方面多有亮点。为顺利做好北满特钢重整工作，建龙集团额外拿出 4 亿多元资金用于全体在册职工的工龄买断和身份转换补偿金，确保职工队伍稳定。重整西林钢铁时，建龙集团也主动支付比评估值高近 10 亿元的资金用于清偿债务，确保职工债权和税款债权本金部分获得 100% 清偿。

（三）因企施策是有效的工作手段。在推动北满特钢破产重整的关键时刻，地方政府、债权管理人等在内的各方力量都能从实际出发，实事求是、一企一策研究提出切实可行的解决方案，规范有序推动混合所有制改革不断走深走实。在对意向战略投资者尽职调查期间，地方政府"开门"配合，详细对接引战需求，避免只"混"不"改"、一"混"了之。破产重整进入关键阶段时，通过多方筹资拿出 1 亿元用于发放离职人员补偿金及拖欠工资，解决了 4365 名员工安置问题，对化解债务、帮扶企业渡过难关起到了关键作用。完成重整后，作为参股股东

的地方国资监管机构能够切实履职尽责，发挥积极股东作用，在加强企业党组织建设、稳定职工队伍、做好安置人员转岗培训等方面出力献策，确保各类所有制资本优势互补、共赢共进。

从国家级科研院所转型 创新引领型混合所有制企业

——中联重科股份有限公司混改案例

中联重科股份有限公司（简称"中联重科"）是原建设部长沙建设机械研究院 1992 年改制孵化的企业，主要从事工程机械、农业机械的研发制造。在 20 多年的改革探索中，中联重科依托混合所有制改革完成了从国家级科研院所向行业领军混合所有制企业的转型。自 2000 年 A 股上市以来，中联重科累计向股东分红 153.2 亿元，累计纳税额 343.48 亿元，年均创造就业岗位超 5 万个。中联重科不仅在工程机械行业全部实现进口替代，而且几乎在每个产品领域都实现了世界之最或者世界首创，有力支撑我国装备制造业的技术进步和快速发展，是当之无愧的"大国重器"。中联重科的混合所有制改革历程，对科研院所转制企业具有借鉴意义。

一、中联重科混合所有制改革的做法和特点

中联重科始终牢牢抓住建立完善现代企业制度这一核心，聚焦装备制造主业，持续在产权、治理、机制层面开展探索创新，积极发展混合所有制经济。

（一）在引进战略投资者上，突出互补协同。中联重科引进的战略投资者，不仅要认同、支持中联重科的核心价值、企业文化和发展战略，还要实现管理模式、资本运作、国际并购、企业文化等方面的创新与互补，进而激发企业活力，助力主业发展，带来优势资源，实现新的突破。例如，中联重科 2020 年新引入的战略投资者基石资本等，能够在行业资源、区域资源和智能制造升级等方面与公司形成良好的协同效应。

（二）在股权结构设置上，突出多元平衡。中联重科在持续推进混合所有制改革的过程中，始终坚持形成多元制衡的股权架构，既避免一股独大，也注重防范内部人控制。经历 20 多年的发展，国有资本始终居于第一大股东地位，是中联重科改革发展的主心骨；社会资本作为极具活力的变量，持续为公司发展提供禀赋及机制优势；核心管理团队和骨干员工持股，实现了个人与公司风险利益的长期绑定。

（三）在公司治理上，突出机制制衡。中联重科注重规范公司股东会、董事会、监事会和经营管理者的权责，形成有效的制衡机制。一是董事会真正成为资本意志表达和决策平台。国有股东、战略投资者、管理层和员工持股平台、外资等各类资本，均以董事会为平台，在严格遵守现行法律法规的前提下，按股权比例表决决策，实现同股同权、共生共赢。二是国有产权代表切实履职。湖南省国资委专门制定了针对直接持股上市公司的管理办法，在尊重市场化原则的前提下，以管理国有产权代表为主线，使国有股东意志在董事会中得以充分表达，实现国

有资本有效监管。三是独立董事勤勉尽责。中联重科 7 名董事会成员中，独立董事 4 名，占比超过半数，分别为财务、管理和战略方面的专家，拥有充分的话语权，广泛代表公众投资者利益。

（四）在市场化经营机制上，突出效益质量。以"混"促"改"，关键在"改"，通过混改不断提升企业发展质量和效益。一是经营机制市场化。中联重科推进事业部模拟股份制，将更多经营自主权、薪酬分配权授予各事业部，建立起高度统一的权责规则和体系，确保制度层面最大限度释放各个经营单元的活力。二是管控模式市场化。各事业部建立市场化的"内部转移定价"和"超额利润分红"模式，按产品盈利能力核算内部结算价格，超额利润和节余成本由经营单元分享，从而实现以利润目标牵引经营单元上规模、降成本、控风险，传导市场竞争压力的同时激活全员活力。三是激励方式制度化。公司对员工以按劳分配为主、辅之以股权期权激励，对公司股东实行同股同权按资分配，形成共创、共享、透明的分配模式。对骨干员工实施股权激励，对科研人员实施"模拟股份"激励，对技术工人实施"计时制"薪酬激励，对市场人员实施"绩效合伙机制"激励，确保调动各层级人员积极性、主动性。

（五）在资源配置上，突出产融结合。一方面，积极推进重组并购。中联重科以市场化、专业化方式先后并购了湖南机床厂、浦沅集团、陕西新黄工、湖南车桥、华泰重工等企业，大幅整合行业资源，并在老企业植入新机制、新技术，以自身规模发展促进全行业竞争力提升。中联重科还成功收购了意大利、德国、荷兰等国家的行业内企业，实现了文化融合、市场融入、技术协同，探索形成了重组并购的"中联模式"。一方面，积极借助资本力量。中联重科借助 A 股上市、定向增发、H 股上市和发行美元债、中票、公司债等多种融资工具充实资本，满足发展需求。先后通过两次上市、两次增发募集资金 200 多亿元。尤其是 2020 年，中联重科再次成功非公开发行 A 股股票，募集资金 51.99 亿元，为企业智能制造升级获得宝贵资金支持。

（六）在强化党的领导上，突出思想政治引领。中联重科在改革过程中，始终强化思想政治引领，充分发挥党组织的领导作用。一是毫不动摇加强党组织建设。中联重科 1/6 的员工是党员，真正做到把党组织建在车间、建在片区、建在海外，实现党组织和党的工作全覆盖，确保党和国家的重大方针政策和决策部署在企业生产经营中得到全面贯彻落实。二是切实弘扬社会主义核心价值观。中联重科走向成功的一条重要经验，就在于混改过程中注重在社会主义核心价值观的统领下，塑造统一的企业文化与核心价值理念。通过文化入模、团队淬炼、文化融合，形成向心力、增强凝聚力、提升执行力，最终转化为发展动力。

二、中联重科混合所有制改革的经验

纵观中联重科的混合所有制改革历程，我们发现，中联重科始终在引进战略投资者、完善法人治理结构、创新市场化经营机制、坚持党的领导加强党的建设等方面不断探索创新，做到方向正确、方式创新、方法到位。

（一）党的领导是根本。中联重科在 20 多年的改革发展中，牢牢坚持党领导一切工作的原则，着重发挥好党组织的政治核心作用，让改革的实践与党和国家的方针政策保持高度一致，把坚持党的领导、加强党的建设贯穿于混合所有制改革全过程，确保改革方向正确、措施得力、效果显著。同时，中联重科也在不断探索创新混合所有制企业的党建工作模式，持续增强混合所有制企业党建工作的生机和活力，培育富有特色、充满活力的企业党建文化。

（二）创新是源泉。混合所有制改革本身就是一个不断创新的过程。改革中面临的很多问题，需要靠创新来解决；改革后企业也需要依靠创新来保持发展的活力和后劲。中联重科始终将创新摆在改革发展的中心位置，打造科研创新平台，加强研发投入，实施有针对性、制度化的中长期激励约束，强化知识产权管理，营造良好的创新循环生态，持续为产业转型升级赋能。

（三）企业家精神是灵魂。一个国家、一个民族、一个企业的繁荣取决于创新活动的广度和深度。作为市场经济中的"关键少数"，企业家的关键意义也在于创新。从没有规则到创造规则，从简单模仿到创新发明，企业家带领企业不断追求产品创新、技术创新、市场创新、组织和制度创新，以创新创造价值。当前，中国实体经济处于转型升级的攻坚阶段，比以往任何时候都更加渴望企业家精神，比以往任何时候都更加需要激发企业家的强大创新能力。

（四）人才是保证。中联重科早在20世纪90年代就提出"安居乐业，融洽祥和，知书达理，生机勃勃"的企业愿景。近年来，中联重科集中精力培养造就了一大批具有国际水平的战略科技人才、战略领军人才、青年科技人才和高水平创新团队。新一届高管团队顺应新技术、新市场、新经济的要求，进一步年轻化、专业化、职业化，45%以上是70后，68%具有硕士以上学历。高质量的人力资源为中联重科的持续健康发展提供了不竭的内生动力，已经成为中联重科的核心竞争优势之一。

改革促发展　创新谋未来　实现高端制造企业涅槃新生

——福建福光股份混改案例

2020年3月，习近平总书记在视察福建福光股份有限公司（简称"福光股份"或"福光"）时强调，抓创新不问"出身"，只要能为国家作出贡献，国家都会全力支持。这家曾经国有独资、濒临破产的企业，抓住了混合所有制改革契机，走出了一条国有经济和民营经济融合发展的道路。其前身是1958年成立的国有独资八四六一军工厂，由于市场化研发运营不足，连年亏损、濒临破产。2006年，福建省电子信息集团根据"宜控则控、宜参则参"原则，出让70%控股权，引入何文波作为民营大股东。通过混改，福光股份成为光学镜头制造领域的引领者和核心关键技术的开拓者，目前已成长为国内光学镜头行业的龙头，安防镜头销量居全球第三，通过混改成为专精特新科技"小巨人"企业，充分彰显了混改企业自主创新的"硬核"实力。福光实现浴火重生的重要原因就是通过混合所有制改革，融合各种所有制资本优势，全面建立市场化经营体制机制和差异化激励约束机制，通过持续创新不断提升企业竞争力、实现高质量发展。

一、企业风貌与改革成效

（一）从濒临破产的国资工厂转变为价值70亿元的科创企业。福光股份发源于军工企业国营八四六一厂，曾有"北有长光、南有福光"之称。然而，20世纪90年代后期开始，由于企业研发能力不足，管理及生产能力弱，2004年亏损超过1300万元，净资产为-200万元，资不抵债。混改仅一年后企业生产效率大幅提升，通过工艺升级和技术引进，福光股份扭亏为盈。2006—2020年，福光股份的收入增长了100倍，利润增长了90倍。2019年，福光股份成功登陆科创板，上市当天市值超过75亿元。经历15年的快速发展，福光股份现已成为专业从事特种及民用光学镜头、光电系统科研生产的高新技术企业，在全球光学镜头制造领域占有一席之地。

（二）从研发不足的军工厂转变为光学制造领域的佼佼者。混改前，福光股份由于投资门槛低、专利保护意识差，大量设计图纸还没投入生产就被泄露出去，竞争对手以更低成本获得优势，使其一直处于被动地位。混改后，福光股份管理层基于对行业发展趋势的前瞻性判断，果断退出民用望远镜领域，制定进入高端民用安防监控领域的战略。依靠自主开发和引进技术消化吸收，从改革前的"零"专利到目前拥有授权专利561件，还建成世界上第一套自动化装配镜头生产线。以自主知识产权的变焦镜头技术取代日本主导的一体机技术方案，正在加速赶超欧洲尖端水平。2020年，福光股份兴建的核心器件研制基地建成，实现自主研发、制作、试做、验证的全流程贯通，在光学镜头领域实现跨越式发展。混改充分激发福光的自主创新活力，使其产品广泛应用于"神舟系列""嫦娥探月""天问一号"等国家重大航天任务及高端装备，成长为国内光学镜头行业的龙头企业。

二、主要做法

（一）改革聚焦融合。形成相互信任的公司治理机制。改革后，福光形成了以民资股东控股、国资股东为积极股东的股权结构。清晰完善的治理机制为相互信任构建了坚实基础，双方秉持协作共赢的理念，充分融合国企平台大和民企体制活的优秀基因，使企业原先沉睡的军工资源获得了新生，让企业"混"出了活力，"改"出了闯劲。民资股东主导企业发展，国资股东坚持管资本原则，通过派出董事体现出资人意志，不干预福光日常经营。充分发挥民资股东市场化优势。改革前，福光陷入困境的原因在于市场化不足。改革后，民资股东将市场化机制融入福光发展基因，抓住转型发展机遇，聚焦民用安防领域，实现快速发展。同时，混合所有制身份为企业推动内部市场化改革扫除了障碍，市场化选人用人、激励机制等陆续建立起来。充分发挥国资股东军工领域资源优势。改革后的福光继承了军工研发资质技术，具备相应的科研、生产基础，在生产线沿用国军标质量管理体系，确保产品质量。同时，国资股东多次带领福光参与兵器装备集团等军工企业商务会谈，为福光打开市场渠道提供重要条件。

（二）创新不问"出身"。大力实施"揭榜挂帅"式创新激励。福光股份提倡"创新面前，人人平等，工艺创新和研发创新一视同仁给予奖励"。不再将创新拘泥成研发团队的"专利"，一线工人靠工艺和流程创新同样能获得"出头"机会，使每一位创新者都能赢得尊重，在各个环节上都激发出创新内驱力。充分运用联合、集成和转换创新等多重模式。公司与多家科研机构建立创新联盟。福光以国家重大技术攻关为己任，注重产业链上下游联合创新，与上游设备供应商联合进行国产化离子束加工设备研发，大幅提升了从原材料和生产设备到产成品和测试技术的全链条国产化率。重视研发投入聚焦创新发展。福光聚焦光学镜头关键技术攻坚，持续增加创新研发投入，2016—2019 年，研发投入从 2317.19 万元增长到 3753.89 万元，增长幅度高达 62%。2020 年上半年，研发投入占主营收入比例更是达到 9.56%。高强度研发投入确保福光在竞争激烈的电子信息领域勇立潮头，其在全国首创 4K、8K、10K 超高清镜头，产品率先实现进口替代，多次获得军队科技进步一等奖、二等奖。推崇"始终求变"的创新文化。福光股份秉持"企业唯一不变的主题就是始终求变"的理念，形成了创新牵引力、集聚力和推动力。促使福光股份实现了从"零"专利到取得 561 件专利的辉煌跨越，造就了其"上助嫦娥探月，下助航母窥海"的骄人业绩，逐渐步入"变革—创新—成长—再变革—再创新—再成长"的良性循环。

（三）激励不看资历。活用"向真实贡献看齐"的薪酬激励机制。改制后，福光股份在工资薪酬上针对顽疾真下猛药、动真碰硬，完全打破论资排辈。工资制度以个人业绩为核心依据，实际中专注创新发展、弘扬工匠精神，出现了一线员工比部门主管奖金还高的情形，彻底实现了"要我发展"到"我要发展"的实质性转变。善用"压担子""搭台子"式的精神激励。公司高度重视提拔后备力量，给年轻人搭建自由施展的平台，提出了"重用 80 后、培养 90 后和 00 后"的目标，畅通年轻人晋升通道，夯实人才储备，激发人才队伍活力。并通过"师傅责任制"等扫除"传、帮、带"体系中的观念障碍。妙用"以退为进"的股权激励。2013 年，公司以低于市场估值的价格，将 10% 的股份转给公司 100 多位管理和技术骨干，充分激发员工的主人翁意识，使其产生强烈的归属感和责任感。员工持股的"金手铐"做到了激励约束并重，企业发展的内生动力活力充分迸发，短短两年，福光年销售额就突破 5 亿元，净利润近 1 亿元。巧用"因材设岗"的价值激励。为了稳定员工队伍，改制后公司对全体员工进行了科学详细的评估，大幅提升人力资源与工作岗位的匹配度，最大限度地发挥人力资源效能，实现改制后人员零离职。同时，在经营中形成了岗位的动态调整机制，将"职位能上能下"落到实处。

（四）企业家精诚合作。民营企业家以家国情怀和开拓精神为企业注入了灵魂。福光股份董事长何文波以国家战略需求为己任，以敏锐的战略眼光、先进的经营理念和创新求变的精神，始终致力于攻克光学领域"卡脖子"技术难题，在全国首创 4K、8K、10K 超高清镜头，率先实现进口替代，推动了企业从跟跑到领跑的跨越。同时，在他的带领下，公司牢牢把握"听党话，跟党走"这条命脉，通过设备引进、吸收再创造的模式，实现了研发、实验、验证、生产全流程国产化，满足国防领域自主可控的战略需求。国有企业家以责任担当和锐意进取为企业提供了强劲动力。福建省电子信息集团派驻的国有企业家始终以崇高的理想信念、遵纪守法的意识和艰苦奋斗的精神风貌，引领企业创业奋进、开拓进取，在资源融合等方面发挥了国企"压舱石"、中流砥柱的关键作用。其充分运用创新思维打破了束缚公司改革中的条条框框，与民营企业家默契协作、交洽无嫌，形成战斗力和凝聚力极强的战略联盟，紧扣时代脉搏，掌握发展节奏，尊重企业成长规律，使企业成长为光学镜头行业的开拓者和引领者，向世界一流企业迈进。

企业要保持竞争力、实现高质量发展，必须把创新放在突出重要位置。推进国有企业混合所有制改革、发展混合所有制经济，必须推动企业加大创新要素投入，推进有利于创新的企业制度改革，加强科技成果转化应用，实现各类所有制股东创新要素优势互补，不断提高自主创新能力和行业引领力，聚焦具有决定性、枢纽性、通用性、前瞻性的重大关键技术进行研发创新，努力掌握关键核心技术，打造自身主导的产业链、供应链和价值链。

引入多元投资者　通过混改"两步走"实现整体上市

——广西柳工集团有限公司混改案例

广西柳工集团有限公司（简称"柳工集团"或"集团"）是广西壮族自治区直属国有全资公司，是国内领先的工程机械企业及广西机械工业二次创业龙头企业。2019 年以来，柳工集团积极推进混合所有制改革，成功实施主业整合、引入投资者、员工持股、高管身份转换、主体资产上市等工作。柳工集团将主业资产（占柳工集团资产和业务规模 95%）整合至柳工集团机械有限公司（简称"柳工有限"），以柳工有限为平台引入 7 家高质量战略投资者，同步开展员工持股，实现直接融资 34.15 亿元，完成混改第一步工作。2021 年 1 月，启动集团主业整体上市，以下属上市公司广西柳工机械股份有限公司（简称"柳工股份"）反向吸并柳工有限，柳工集团主业资产全部进入上市公司，集团资产证券化率由 85% 左右提升至 99%。2022 年 3 月 4 日，完成整体上市，柳工集团走出混改"第二步"。

一、整合主业资产

柳工集团拥有柳工股份、中源机械、欧维姆、柳工农机、柳工建机、柳工压缩机等 6 家机械制造主业公司以及其他 3 家非主业公司。6 家主业子公司中既有核心上市公司柳工股份，也有极具科技实力和发展潜力的欧维姆公司，还有公司重点发展的新兴产业农业机械、工业机器人业务等，在产业链、价值链等方面有较好协同性。为整合主业资产、提高资源配置效率和主业核心竞争力，2019 年 11 月，柳工集团注册新设混改主体柳工有限，将持有的 6 家主业子公司股权以国有股权无偿划转方式整合进入柳工有限。

二、引入高质量战略投资者

柳工集团从支持广西经济发展、支持柳工改革发展、认同柳工价值观、产业资源协同、股东背景等多角度考量，经公开征集筛选，引入广西招工服贸投资合伙企业（持股 15.21%）、国新双百壹号基金（持股 10.07%）、国家制造业转型升级基金（持股 5.45%）、广西国有企业改革发展一期基金（持股 4.38%）、建信金融资产投资（持股 5.02%）、诚通工银股权投资基金（持股 5.24%）和中信证券投资有限公司（持股 0.43%）等 7 家高质量战略投资者，出资合计 31.92 亿元。同步开展骨干员工持股，柳工有限 1274 名骨干员工与外部战略投资者"同股同价"，出资 2.23 亿元，参与员工持股计划，投后股比为 3.2%。引资后，形成了柳工集团持股 51%、外部投资者持股 45.8%、员工持股 3.2% 的柳工有限新的股权结构。

柳工有限混改后各股东出资情况

序号	股东名称	股比	出资额	股东背景
1	广西柳工集团有限公司	51%	35.53 亿元	广西国资委
2	广西招工服贸投资合伙企业	15.21%	10.6 亿元	招商局集团
3	国新双百壹号基金	10.07%	7.02 亿元	中国国新集团
4	国家制造业转型升级基金	5.45%	3.8 亿元	财政部、工信部
5	诚通工银股权投资基金	5.24%	3.65 亿元	诚通集团、工商银行
6	建信金融资产投资	5.02%	3.5 亿元	中国建设银行
7	广西国改一期基金	4.38%	3.05 亿元	宏桂集团
8	中信证券投资有限公司	0.43%	0.3 亿元	中信证券
9	常州嘉佑合伙企业	3.2%	2.23 亿元	员工持股平台
	合计	100%	69.68 亿元	

2022 年 3 月，整体上市后，柳工集团通过更低的持股比例（持股 25.87%）实现对资产规模更大的上市公司的相对控制，进一步放大国有资本控制力。7 家高质量战略投资者顺利成为整体上市后新柳工股份的股东，通过资源共享、业务协同的方式赋能柳工产业转型和新业务发展。

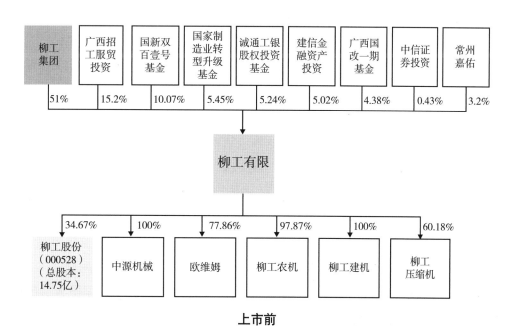

上市前

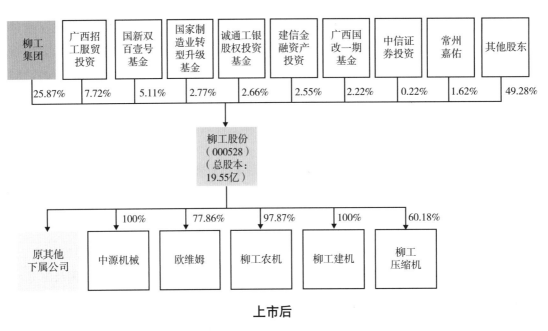

上市后

主业整体上市前后柳工集团股权结构对比图

三、建立有效制衡的治理结构

柳工集团充分发挥外部战略投资者作用，混改后柳工有限9人董事会结构中，2名董事分别由柳工集团董事长、柳工有限董事长担任，1名董事为职工董事，4名董事为自治区国资委专家库内的外部董事，2名董事分别由新增的第一、第二大战略投资者委派。监事会由3人组成，其中柳工集团委派1名，职工监事1名，战略投资者委派1名。另外，根据两家投后股比超过5%的银行系（工银、建银）股东有参与治理的政策要求，公司创造性地在章程中设立了无表决权的"董事会观察员"席位。制定市场化的公司章程落实董事会职权，无论是哪个股东委派的董事，对公司"三重一大"事项都享有平等的投票权，无论持股比例大小，每个股东都享有平等的投票权。整体上市后，第一、第二大战略投资者提名的董事顺利进入新上市公司董事会，第三大战略投资者提名的监事顺利进入新上市公司监事会，多元的董事会、监事会结构提高了新上市公司法人治理结构市场化程度和治理能力，提高了重大事项决策的科学性。

四、深化市场化选人用人改革

柳工集团以混合所有制改革为契机，深入推进集团内部市场化改革，推动实现柳工干部能上能下、员工能进能出、薪酬能增能减的有效落实。一是集团班子带头"脱马甲"。混改后，集团4名班子成员辞去行政职务，以市场化身份在柳工有限任职。柳工有限董事会以市场化方式聘任高管团队并确定年度和任期目标，实现管理层任期制和契约化管理。二是推动干部能上能下。完善干部管理制度及流程，针对干部的选拔机制、考核机制、管理监督机制、退出机制等进行了完善，形成核心管理者进出通道，强化"干部能上能下"的改革原则。三是以混改为核心的组织变革。集团总部完成了7个职能部门的整合，集团及子公司各层级人员优化924人，优化率达7.31%，其中总监人员优化32人，优化率10.56%。全集团人均销售收入181.05万元，同比提升 11.31%。四是深化考评和激励机制改革。启动基于混改机制的绩效激励体系变革项目，拉开业务之间不同贡献的收入差距，激活内部管理活力；创新公司的激励机制，推动柳工有限、欧维姆、中源机械和农机公司中长期激励计划落实。

柳工集团高标准引入战略投资者，持续完善公司治理，推进内部市场化改革，以混改"两步走"，推动主体资产上市，探索形成"中央和地方国企优势＋市场化机制＋战略伙伴协同＋主体资产上市"的混合所有制改革路径，既保证自治区对优势国企的控股地位，又批量引入优质外部战略投资者，为地方国有混改作出有益探索和实践。

老国企东北制药依托混合所有制改革焕发新生机

——东北制药集团混改案例

诞生于 1946 年的东北制药集团被誉为我国民族制药工业的摇篮，曾援建了全国 19 个省份的 52 家医药企业。进入市场经济后，企业发展几经波折，一度面临生产线全线停滞、经营大幅亏损的不利局面。近年来，东北制药集团通过引入民营控股股东持续推进集团层面混合所有制改革，在股权结构上"真混"，在体制机制上"真改"，企业和员工的面貌焕然一新。东北制药深化混合所有制改革的做法，对传统国有企业借力改革重塑发展动能具有重要参考价值。

一、"三个转变"为混合所有制改革保驾护航

东北制药集团混合所有制改革能够顺利推进，离不开前期的三项关键性思想转变与制度转变。一是转变产权观念，在充分竞争领域放开国有股比限制。基于深入调研和"一对一"指导，沈阳市国资委认识到，利用混合所有制改革推动传统老国企完善治理、转换机制、实现振兴，必须保障社会资本平等准入和自由参与的权利。为打消社会资本顾虑，沈阳市人民政府印发了《关于沈阳市国有企业混合所有制改革的实施意见》，明确规定，"竞争类国有企业实施混合所有制改革不设股权比例限制，国有资本宜控则控、宜参则参"。这一重大的思想观念转变与政策取向，一定意义上促成了民营企业辽宁方大集团通过参与东北制药集团定向增发和在二级市场增持，成为东北制药第一大股东。二是转变监管方式，由"管资产"转向"管资本"。沈阳市围绕建设科学有效的国有资产监管体系，推进经营性国有资产集中统一监管，组建了金控、城投、产投及资产管理等平台公司，成为管资本的重要抓手。混改后，东北制药集团的国有股由产投、金控平台公司持有，保障了国有资本的持续流动和优化布局。三是转变人事管理，打通国有企业负责人与职业经理人身份转换通道。混改前的东北制药集团是沈阳市属一级企业，班子成员中 8 名领导干部由沈阳市委组织部统一管理，组织部及国资委分别考核，企业经营效益与班子成员的薪酬分配不挂钩，企业的"关键少数"既没有积极性，也没有危机感。在推进混合所有制改革过程中，经过深入研究逐级论证，沈阳市决定同意东北制药集团 8 名市管干部

辞去职务，交由集团董事会开展市场化聘任，扭转了长期以来竞争性国企领导班子非市场化考核和行政化管理的做法，率先建立起市场化选聘、契约化和任期制管理、市场化退出的职业经理人制度。

二、"五项机制"将混合所有制改革引向深入

（一）健全所有者监督、经营者主导的现代企业治理机制。完成引资后，东北制药集团随即召开股东大会改选了董事会和监事会，完善27项股东大会、董事会、监事会制度，并在董事会下设提名、战略、薪酬、审计4个专业委员会，健全权责对等、运转协调的法人治理体制。辽宁方大集团作为新引入的民营控股股东，充分行使监督建议权，在深入调研的基础上就东北制药集团财务、采购、工程、人力资源、生产、销售、技术、子公司管理及经营管理层考核等方面存在的突出问题一一提出查改建议。同时，打破传统国有企业领导干部"铁交椅"，集团董事会以市场化选聘方式聘任了总裁、副总裁等经营管理层，实行严格的契约化管理、市场化薪酬激励和市场化退出机制，真正形成了所有者监督、经营者主导的市场化、专业化决策运营和监督机制。

（二）实施"对标先进、结果导向"的业绩评价模式。东北制药集团按照行业标准确定了自身业务所处水平，以江苏恒瑞医药为整体发展标杆，相应明确了各产品、各专业线的对标目标，使各项工作都有了清晰的标准和市场定位。在此基础上，集团重新匹配各层级员工的责、权、利，严格考核，责任到人，彻底告别传统国有企业的"大锅饭""公式化"评价模式，一切以市场为准则，以竞争为导向，推动各项指标向历史最优、行业最优、世界最优的水平迈进。

（三）强化规范严格管理、一视同仁执行的运营管理制度。东北制药集团梳理完善了300多项内部制度，明确各项工作流程的规范化要求及考核标准，组织全体员工按照自身岗位职责对照学习，做到准确理解、严格执行。对制度不落地、不执行或执行有偏差、不到位的行为，一视同仁予以考核问责，依情况给予取消考核绩效奖、进入待岗站、全公司问责通报、开除处理。实施混合所有制改革仅半年，东北制药就按此标准考核问责了违反制度的副总裁级人员22人次、总经理级人员119人次，分别给予取消绩效奖、进入待岗站等处罚，全面强化员工制度意识。

（四）建立全面覆盖、全程监管的风险预警防控机制。东北制药集团引入控股股东辽宁方大集团的成本管控模式，对公司合同、超期应收账款、投资立项、招标采购等各环节进行资金收支和成本管控的日报告，让财务管控全覆盖、无死角。同时，设立纪委举报信箱，公布举报电话，在员工论坛设立监督板块，对公司存在的隐患点、风险点进行排查整治，有效查找、暴露、堵塞、消除传统国有企业"跑冒滴漏"等经营风险，提升公司健康发展指数。

（五）完善创造分享、末位淘汰的激励约束机制。按照控股股东辽宁方大集团要求，东北制药集团启动了分阶段、分层次、分专业的创造分享机制，公司每年完成利润目标后，将拿出当年利润总额的30%与全体员工分享，让员工不仅成为实现利润的责任主体，也成为分享利

润的利益主体。东北制药还开展"赛马"排名，围绕质量、数量、价格开展综合降本增效，排名靠前的提成奖励，排名末位的淘汰。短短 3 个月，体现在公司财务报表和资金使用效率提升方面的降本增效成果就达 4000 万元。

三、从混合所有制改革收获"四大变化"

东北制药集团秉持"经营企业一定要对政府有利、对企业有利、对职工有利"的价值观，按照市场运行规律和企业发展规律积极推动混合所有制改革以来，"混"出了动力，"改"出了活力，企业上下发生了显著变化，由内而外焕发了勃勃生机。

一是思想观念变了。这是最根本的变化，也是全体员工感受最深的变化。改革前，企业是公家的，公家要办的事，时常可以等一等、推一推，甚至有个别人还能从中"捞一把"。改革后，企业是出资人所有的，经营者必须对出资人负责，否则就要下岗，员工必须对经营者负责，否则就要被淘汰。业绩第一，效益第一，只有撸起袖子加油干、扑下身子拼命赶，才能在激烈的市场竞争中占据优势，创造更美好的生活。

二是工作效率变了。在严格的业绩考核和制度管理下，所有重要事项都纳入督办和考核体系，一事一督办，件件都考核，责任到人，时限清晰，干好干坏再也不是一个样。从公司高管到普通员工，大家都铆足了劲、上足了"发条"，以市场为战场，以高效率、快节奏应对客户需求，接受任务马上办，一日事一日毕，"不仅干满 8 小时，更要干好 8 小时"成为工作的新常态。

三是薪酬待遇变了。东北制药集团引入战略投资者，由国有控股公司转变为民资控股、国资参股公司后，全员定岗工资上涨 50%，只要公司盈利即可兑现，让全体员工有改革的获得感。同时，控股股东向经营管理层实施股权激励计划，与"关键少数"实现利益绑定，向全体员工落实医疗资助福利、重大节日福利、手机及话费福利、工作餐福利和助学养老福利等六大福利，不仅提高了员工自身待遇，更将员工的配偶、子女、父母也纳入福利范围，大大增强了全体员工的归属感和自豪感。

四是发展动力变了。作为一家老牌国有企业，东北制药集团曾长年面临大幅经营亏损，靠着早年研发的几款畅销产品勉力维持。通过混合所有制改革，员工士气得以大幅提振，经营管理层的积极性与创造力充分激活，公司整体搬迁改造和智能制造产业升级进入关键阶段，改革红利已进一步升华为发展动能。

混合所有制改革助推大集体企业重获新生

——南昌市政建设集团有限公司混改案例

南昌市政建设集团有限公司（简称"南昌市政"）成立于 1981 年，注册资本 1.3 亿元，是一家以市政公用工程、房屋建筑工程、建筑装饰装修工程为主业的集团化建筑企业，也是南昌市政公用投资控股（集团）有限公司所属国有控股企业，建立之初就存在体制僵化、对政府依附性强、员工文化水平和专业素质不高等先天缺陷。随着经济体制转轨和改革开放的加快，公司内外交困，陷入前所未有的困境。2011 年，公司净资产为-75.4 万元，在册职工 400 余人，但由于退休等种种原因，实际在岗员工不到 100 人，有 300 余人未纳入正常的企业管理，实际负担却全在公司，公司累计拖欠"五险一金"达 450 余万元。在生死存亡的关键时刻，2015 年，公司通过整体出让、员工持股的方式，在完成公司制改造后同步实施员工持股，实现了股权多元化。2018 年，公司通过增资扩股的方式，引进了战略投资者，进一步改善了股权结构，增强了发展后劲。2019 年，公司以优化法人治理结构改革为契机，构建起了权责明确、管理科学、运行高效的现代企业制度。混改后，公司产业链纵向推进，经营业绩稳步提高，市场竞争力显著增强，成功"变身"现代企业。

一、南昌市政开展混合所有制改革的主要做法

（一）着力优化股权结构，激发发展活力。体制机制障碍是制约大集体企业改革发展的拦路虎，要推进公司改革，其先决条件就是公司及员工的"身份转变"。第一步：大集体制变公司制，为发展扫除障碍。经清产核资、财务审计、资产评估后，南昌市政公用集团在南昌市公共资源交易中心通过公开"招、拍、挂"程序成功摘牌公司整体产权，实现了从大集体企业到国有企业第一次变身。第二步：员工变股东，为发展提供动力。按照经南昌市国资委批准的改制方案，实施员工持股及股权内部流转机制改革。公司经营层及技术骨干以公司净资产评估价值为依据共同以货币资金形式出资 3400 万元设立员工持股平台——江西房路园投资有限公司，从而使员工拥有了劳动者和所有者的双重身份，为激发员工主观能动性铺平了道路。第三步：国有独资变混合所有制，为发展奠定基础。由南昌市政公用集团及员工持股平台按照公司净资产评估价值，共同对公司增资扩股。增资后，公司注册资本为 1 亿元，其中，南昌市政公用集团出资 6600 万元，占股 66%；江西房路园投资有限公司出资 3400 万元，占股 34%。2015 年 11 月，注册成立改制后的新公司——南昌市政建设有限公司，公司混改雏形初现。

（二）着力引入战略投资者，实现产业协同。在完成以员工持股为标志的混合所有制公司雏形搭建后，坚持有利于拓展业务和向产业链纵深发展为寻求突破的方向。2018 年，公司通过增资扩股的方式，经"招、拍、挂"程序，成功引进江西伟梦控股股份有限公司作为战略投资者，实现向"混改 2.0"升级。增资后，公司股权结构为：南昌市政公用集团占股 50.77%，江西房路园投资有限公司占股 26.15%，江西伟梦控股股份有限公司占股 23.08%。战投的加入使公司进一步优化了股权结构，完成产业链纵向布局，拓展业务资源，扩大营业收入，提高市场竞争能力，增强公司发展后劲。

（三）推动完善治理，从"形混"到"神混"。一是科学设置了较为均衡的股权结构。增资扩股引入战略投资者后，南昌市政形成了以国资股东控股、民营股东和员工股东为积极股东的多元股权结构，并且让民营股东和员工股东在股权架构上有分量有话语权，真正发挥了"战略"的作用。二是构建有效制衡的公司治理结构。建立了有战略投资者参与、结构合理、专业化的

董事会，董事会共设5个席位，其中南昌市政公用集团3名、江西伟梦控股股份有限公司1名，江西房路园投资有限公司1名。这样的董事会构成有助于建立有效制衡的决策机制，既确保国有股东的控制地位，同时又能够保证战略投资者在治理上有自己的发言权。三是形成了各司其职、各负其责、协调运转、有效制衡的现代企业治理机制。制订完善"三会一层"议事规则和制度，理顺了各个治理层级的权责和边界，编制党委会、股东会、董事会和经营管理层权责清单。在运行过程中突出党委把方向、管大局、保落实的领导作用，深化股东会定目标、定战略、作决策的决策作用；提升董事会强审核、抓考核、防风险的代理人作用；落实经营层谋经营、抓落实、强管理的执行作用。

（四）建立健全中长期激励约束机制是激发企业发展的动力源泉。构建符合企业经营实际的多元化、系统性、多层次的中长期激励约束体系，在企业内部形成了浓厚的干事创业气氛，促进了企业更好更优更快发展。一是推进骨干员工持股。坚持不搞平均持股、福利持股，重点对与公司经营业绩和持续发展有直接或较大影响的重要工程技术人员、经营管理人员、业务骨干和科研人员推行员工股权绑定，并按照贡献实现差异化分配和激励。目前，员工持股人数为45人，占总人数比例为28%。同时，遵循"股随岗设、岗变股变、人离股转"原则，科学设计股权流转退出机制，实现员工持股动态调整，打破员工持股"易进不易出"的局面，让更多优秀员工有机会成为公司股东。明确了股东离职、股东不履行股东义务、股东退休、股东身故时股份流转的办法以及新的骨干员工取得股权的规定。二是构筑差异化、市场化的薪酬体系。根据岗位价值、工作能力和业绩贡献，确定所有员工的薪酬标准，强化绩效考核，搭建起差异化、市场化的薪酬体系，破除"平均主义"和"大锅饭"现象。针对公司紧缺的投融资、企业管理、工程技术、科技研发等高精尖人才，充分与市场接轨，打破现有薪酬体系的限制，采用协议工资等方式，加大招引力度并调动其工作积极性。同时，以业务强弱相关性原则为指导，将各部门划分为强业务部门和弱业务部门，并根据业务关联性进行岗位价值评估，确定各岗位职级间的价值差异，实现同岗不同薪，对在薪酬上充分体现差异化，起到了有效激励作用。

（五）聚焦主业推动创新，保持并提升企业竞争力。一是重视研发投入。混改以来，公司持续加大科研经费投入，研发费用年均增长率均保持在70%以上。2019年公司成功申报国家高新技术企业、江西省级企业技术中心和南昌市博士科研中心。高强度的研发投入确保公司在建筑设计、结构设计、给排水设计、电气设计、暖通设计、节能设计等工程领域取得多项技术突破，获得国家发明专利1项、实用新型专利4项以及江西省省级工法1项。二是充分运用联合创新模式。积极开展产学研深度融合，公司与华东交通大学协作重点攻克城区复杂工程条件下超浅埋矩形大断面顶管施工路基预加固、路基变形控制与预警关键技术。与南昌大学共同开展江西省建筑信息模型技术应用及标准研究，完成了江西省建筑信息模型技术标准体系中《交付标准》的相关研究内容。三是加快技术创新成果运用。积极探索技术创新加应用实践的模式，以技术中心和博士科研中心为依托，重点打造建筑垃圾回收再利用项目及装配式构件产业园，将研究成果运用到公司产业链上下游，更好地实现了公司内外部产业协同效应。为顺应国家建筑装配式发展，公司创新地将建筑垃圾材料回收利用衍生产品与装配式建筑相结合，通过新工艺研发和新技术应用，将建筑垃圾制成符合标准的装配式部品构件，成为行业内第一家建筑垃圾与装配式建筑融合发展的企业，为公司高质量发展奠定了坚实基础。

二、混合所有制改革产生的效果

通过实施公司制改造和混合所有制改革，南昌市政明晰了产权关系，实现了从大集体企业到国有企业再到混合所有制企业的"逆袭"。通过融合各类资本的优势，不断放大了国有资本功能，突破了体制机制的束缚，提高了经营决策效率，拓展和优化了产业链，实现了各种所有制资本取长补短、相互促进、共同发展。

（一）经营业绩跨越式增长。南昌市政总资产从 2015 年的 3.64 亿元增长到 2019 年的 18.02 亿元，增长了 4.95 倍；净资产从 2015 年的 1.15 亿元增长至 2019 年的 2.37 亿元，增长了 2.06 倍；营业收入从 2015 年的 3.51 亿元增长到 2019 年的 15.5 亿元，增长了 4.42 倍；利润总额从 2015 年的 1396 万元增长到 2019 年的 4500 万元，增长了 3.2 倍，各项经营指标均实现了连年跨越式增长。

（二）管理效能全面提升。引入社会资本后，南昌市政理顺了混合所有制企业的法人治理结构，党组织与"三会一层"的职责权限更加清晰，形成了企业各治理主体之间权责明确、各司其职、有效制衡、协调运转的良性态势，战略投资者在股东会、董事会中的作用能够得到有效而充分的发挥，破除了原有的僵化、形式化的决策治理机制，使得企业决策效率和管理运行效率显著提高。

（三）企业发展的内生动力得到增强。通过推动用人机制改革，淘汰了一批不能胜任岗位的中层管理人员和普通员工，打破了干部能上不能下、员工能进不能出的恶性循环；通过构筑差异化、市场化的薪酬体系，破除了"平均主义"和"大锅饭"现象；通过实施员工持股，公司与员工形成了"利益共分享、责任共担当"的命运共同体，员工自觉地将个人的荣辱得失与公司的兴衰成败联系起来，对公司的一切事项、一切生产经营活动都更加关心。这些制度的实施，使得企业内生动力得到增强，公司迅速走上了发展的"快车道"。

（四）产业链、创新链得到完善和提升。通过集聚和发挥各类资本优势，进一步拓展了业务领域，在产业链上形成了"瀑布效应"。混改后，公司不断增强创新意识，加大科研经费投入，强化与省内外高校的合作，不断提升了公司自主创新能力。由公司独立编写的《季节性湖泊地区路基施工工法》填补了国内多项施工技术和技术应用的空白。该工法能有效缩短工程施工工期和提高劳动力及机械设备使用效率，降低了工程成本，提高了工程质量，取得了良好的社会和经济效益。该工法应用在工程项目后，南昌市政荣获了"南昌市优质工程奖""江西省工程建设质量管理小组二等奖"等多项荣誉。

三、南昌市政开展混合所有制改革的经验

（一）科学设置股权结构和治理关系，有效发挥战投作用。南昌市政目前的股东既有国有

股东，也有持股员工和民营企业股东，国有、民营、员工的持股结构比例为 5：2.5：2.5，这样设置既可以充分发挥国有股东的政策优势，又增加了民营股东带来的市场化管理理念以及机制的灵活性和高效性，也可以全面激发员工股东的干劲，释放出了"1+1+1>3"的改革协同效应。公司整合三方股东的资源，在 2018 年中标金额就突破了 47 亿元，中标金额超过了公司自成立以来中标金额之和。

（二）科学设计员工激励，充分发挥"金手铐"作用。根据岗位价值、工作能力和业绩贡献，确定所有员工的薪酬标准，强化绩效考核，搭建起差异化、市场化的薪酬体系，进而有效破除"平均主义"和"大锅饭"现象，充分调动和激发员工工作的积极性、效率和潜力，真正在企业内部形成了浓厚的干事创业氛围，从而有利于提高企业效益。实施的员工持股激励计划的对象主要是对公司经营业绩和持续发展有直接或较大影响的重点工程技术人员、业务骨干和经营管理人员，杜绝平均持股、福利持股。持股比例设定也遵循"股随岗设、岗变股变"的原则，实现按照贡献获得股权。同时，还科学设计股权流转退出机制，打破员工持股"易进不易出"的局面。

（三）围绕"班子、路子和笼子"，确保改制平稳推进。大集体企业改革具有复杂性和特殊性，在改革过程中，都需面对产权关系复杂、职工安置困难、改革资金缺乏、经营管理粗放、员工素质不高、市场竞争力下降、技术相对落后等共性问题。所以，在改革过程中，大集体企业需要"配强班子、找准路子、扎紧笼子"，积极稳妥地推进改革。"配强班子"就是要任命有担当、有能力的企业干部任职，完善好人事机制，形成一支精干、高效的队伍；"找准路子"就是要规划好企业的发展战略和方向，发挥自身优势，拓宽发展空间；"扎紧笼子"就是要在改革中坚持和加强党的全面领导，加强督促指导，维护职工合法权益，防止国有资产流失。同时，企业要根据实际，精准施策，分类推进。对改革的风险与收益进行综合权衡，对各阶段的任务目标进行策略性安排，制定切实可行、职工满意的改革方案，改革中确实保证员工知情权和参与权，形成改革的最大公约数。

精准引入战略投资　充分发挥深圳"地利"优势　以活思维打开新局面

——深圳市特发服务股份有限公司混改案例

深圳市特发服务股份有限公司（简称"特发服务"）成立于 1993 年，是深圳市特发集团有限公司（简称"特发集团"）控股企业。2014 年，当公司发展面临较大瓶颈时，特发服务启动混合所有制改革。通过围绕相关产业链引入战略投资者、解放思想大胆开展商业模式创新、发挥深圳"地利"优势并抓准注册制改革契机成功上市等系列举措，特发服务重新焕发生机。2014—2019 年，特发服务营业收入增长 279%、净利润增长 1040%、管理面积增长 642%。2018 年，特发服务完成股份制改造，2020 年成功登陆创业板（股票代码：300917），成为创业板实施注册制以来全国首批上市的国有企业之一。

一、围绕相关产业链引入战略投资者

（一）战略转向。2014年，特发服务统筹考虑内外部发展形势，重新进行市场定位并制定向高端物业管理运营商转型的发展战略，确定"打造中国高端物业服务品牌供应商"的战略目标。同时，将其管理项目聚焦于高新科技园区、甲级高档写字楼、大型住宅小区等多种类型。为适应新的发展要求，特发服务亟须引入新的战略资源，而因势利导推动混合所有制改革成为实现公司转型的重要抓手。

（二）引入南通三建的战略投资，有效发挥双方资源的协同增效作用。2014年下半年，在深圳市人民政府国有资产监督管理委员会以及特发集团的支持和指导下，特发服务正式启动公司混合所有制改革。为配合企业发展战略，特发服务将引入战略性资源、丰富业务模式、优化治理结构、增强核心竞争力等设为战略投资者入围门槛，紧密结合实际合理遴选战略投资者。经多方综合分析，南通三建进入引资视野。南通三建是一家有着58年发展历史，以建筑施工为主营业务，集投资、房屋开发、工程管理、运营服务于一体的大型综合性现代建筑集团，在国内及世界各地都有着极高知名度和广泛社会资源，是全国建筑行业龙头企业。通过合理设定股权转让比例及竞争性谈判手段，特发服务最终引入南通三建作为战略投资者，实现国有资本与民营资本的融合。南通三建也充分发挥战略投资者协同增效的作用，给特发服务带来更多的物业管理项目，其中包括南通三建公司总部项目、绿岛江湾城项目、青岛锦绣江山项目、如皋龙湖丽园项目等。

二、大胆开拓业务新蓝海，打造特发服务新品牌

特发服务所处的物业管理行业属于充分市场竞争行业，在全国拥有各类物业管理服务企业超15万家。2014年，经过对市属物业企业经营情况及竞争力的全面摸底和对标分析，特发服务认为其与市属其他物业企业相比处于中等水平，总体呈现"管理规模小、商业模式单一、市场化项目渠道窄、全员劳动生产率偏低"的发展困境，缺乏市场竞争力。同时，公司内部经营也面临困境：一是公司在国资系统、集团内部排名较后，无法得到上级重视和资源倾斜，未来或面临被吞并的危机；二是公司管理层薪酬偏低，管理团队活力不足、干劲不够，公司无法保留、引进高端人才，失去了持续保持核心竞争力的机会。转换公司经营机制、激发企业经营活力成为特发服务迫切的发展要求。伴随着混合所有制改革的进行，企业重新焕发强劲的内生动力，特别是在新市场新业态上进行了大胆的探索创新。

（一）由传统物业服务企业成功转型为华为、腾讯等顶尖科技创新企业集成服务商。2015年12月，特发服务全面完成引进战略投资者同时实施管理层和核心骨干持股改革工作，公司从以传统物业管理服务为主，转型为为企业园区客户提供个性化、一体化的综合物业管理服务。公司依托服务华为基地多年积累的经验，制定了一套可操作可复制的、具有特发特色的标准化科技园区物业管理体系，内容涵盖综合管理、安全、环境、VIP、品质、设施、综合服务

七大模块，共计 45 项一级服务标准，275 项二级服务标准。统一的服务标准和管理体系，有利于在管项目的协调整合和未来的市场拓展，有利于树立自身独特的品牌形象和市场影响力，有助于打造公司的核心竞争力。

（二）大胆创新服务模式，开拓新的业务领域。特发服务首创政务服务外包模式，打造"特发政务"独特品牌。特发服务近 3 年政务服务收入分别为 5183.09 万元、8319.01 万元和 11406.55 万元，三年平均实现了 40% 以上的增长。政务服务项目数量从最初的 37 个增加到 98 个，主要服务区域在湖北武汉，另外在湖北恩施、黄石、荆门，广东深圳、汕头，山东东营以及天津等地也先后承接了政务业务。公司通过创新应用"互联网＋政务服务"手段，自主研发了 13 项政务服务领域信息化专利，为智慧政务、数字政府建设贡献了特发智慧，李克强同志在 2017 年考察中国（湖北）自由贸易片区时，为特发服务研发应用的政务助手 App 点赞。同时，特发服务深挖客户需求，创新进入 IDC 运维领域，全面承担华为数据中心华北、华南和华西三个大区的 IDC 运维业务；深耕阿里巴巴集团商务接待服务，并不断拓展湖畔、杭州滨江区政府展厅接待服务；聚焦城市运营管理，开启城市管家服务等创新业务领域。

三、背靠"地利"深圳资本市场，抓准时机完成 IPO 上市

深圳市属 30 余家国资上市公司，活跃的资本市场对特发服务的壮大发展有着潜移默化的影响，在做好自身改革工作的同时，特发服务时刻做好试水资本市场的准备。2015 年，特发服务全面完成引进战略投资者同时实施管理层和核心骨干持股改革工作，企业内部活力持续迸发，效益效率提升明显，公司发展实现量增绩优。2017 年，特发服务乘势而上，提起股份制改造及 IPO 上市的立项申请工作。2018 年 3 月召开上市工作启动会，正式开启 IPO 上市申报的进程。2018 年 10 月完成股份制改造。2020 年 6 月，公司紧抓创业板注册制改革契机，向深交所提交创业板注册制申请并获得正式受理，成为创业板注册制实行以来首批获得受理的拟上市企业之一。2020 年 12 月 21 日，特发服务揭牌敲钟上市，成为第 32 家深圳市属国资上市公司，同时也是创业板注册制实施以来首家国资上市公司。

四、强化内部体制改革，为企业长远发展提供制度保障

一是不断建立健全企业法人治理结构。在 9 名公司董事中，通过控股股东委派 4 名，战略投资者和员工持股平台各委派 1 名，另外引入会计、法律、物业管理等 3 名行业资深专家作为外部独立董事，有效构建各司其职、各负其责、协调运转、有效制衡的董事会结构，同时重点加强董事会履职能力建设。发布《三会一层权责清单》，系统梳理近 400 条事项，进一步明晰界定公司各部门、各经营单位的权责关系，避免各层级决策权限混乱的问题。

二是进行市场化选聘，契约化管理。特发服务启动领导班子市场化选聘工作，2018 年 4 月对符合岗位任职要求的现任领导班子成员商谈转聘，同时面向社会开展选聘工作。通过契约化管理，实现领导班子"市场化选聘、契约化管理、差异化薪酬、市场化退出"，覆盖范围包

括董事长、总经理、专职党委副书记和副总经理岗位。10月完成整体市场化选聘工作，完善专业岗位经营管理人员增配机制，合理调整班子结构。

三是综合运用中长期激励工具。公司按照"股按岗定、以股揽才、岗变股变、股随绩调、人离股退"的原则，创新搭建员工持股平台——深圳市银坤投资股份有限公司（持有特发服务15%股权），通过实施管理层和核心骨干持股，组织上形成利益共享、风险共担的责任共同体。积极推进团队人员利益分配机制改革。2015年，特发服务打破原先"铁饭碗"局面；自2016年以来，持续推进激励与约束机制"两手抓"，一方面增设业绩增长奖，适度拉大中层员工收入差距，另一方面对考核位次靠后的中层员工实行末位淘汰制。2016—2020年，经营单位"一把手"最高年薪涨幅达147%；2015—2020年，中层免职1人、降职8人。通过用好"考核指挥棒"，公司逐步实现"员工能进能出、管理人员能上能下、薪酬能增能减"的目标。

吸引外资　放权外资　探索中西合璧的混合所有制改革发展道路

——云南云天化股份有限公司混改案例

云南云天化股份有限公司（简称"云天化公司"或"公司"）是全国优秀的磷肥、氮肥、共聚甲醛制造商，年化肥总产能达1000万吨，居亚洲首位。自1997年在上海证券交易所挂牌上市以来，云天化公司持续拓展业务领域，优化股权结构，走出一条"吸引外资、放权外资、中西合营"的混合所有制改革道路。中西合璧的管理理念持续提升公司管理和研发水平，激发内生动力，企业驶入高质量发展的"快车道"。

一、引入外资成为公司混合所有制改革的"重头戏"

（一）早期产业多元化发展。1997年，云天化公司由云天化集团有限责任公司（简称"云天化集团"）独家发起组建并在上海证券交易所挂牌上市。利用上市后的发展机遇，公司由原来单一的氮肥产业拓展到有机化工等领域，初步实现产业多元化。2013年5月，云天化集团将磷矿、磷肥、磷化工、商贸物流以及公用工程等优良资产重组注入云天化公司，实现云天化集团主营业务整体上市。资产重组完成后，公司拥有化肥及现代农业、磷矿采选及磷化工、工程材料以及商贸物流四大业务板块。

（二）引入以色列资本。2014年，公司引入以化投资有限公司，向其非公开发行股票1.99亿股，募集资金16.42亿元人民币。2016年1月，该事项获中国证监会核准通过，以化投资成为持有公司股权15%的第二大股东。同时，公司与以色列化工集团共同出资成立云南磷化集团海口磷业有限公司、云南云天化以化磷业研究技术有限公司，双方各自持股50%，由以化方面实际管理，通过在二级公司层面的深入合作，双方战略合作更加深入，持续提升公司管理和研发水平。截至2020年9月30日，公司前10名股东持股情况如下表所示。

云天化公司前 10 名股东持股情况

序号	股东名称	股份类别	持股数量（股）	持股比例（％）
1	云天化集团有限责任公司	人民币普通股	617022121	43.27
2	以化投资有限公司	人民币普通股	156382488	10.97
3	云南省投资控股集团有限公司	人民币普通股	41155046	2.89
4	全国社保基金一零七组合	人民币普通股	25198808	1.77
5	云南省工业投资控股集团有限责任公司	人民币普通股	15500000	1.09
6	中国长城资产管理股份有限公司	人民币普通股	10387060	0.73
7	耿晓奇	人民币普通股	9758723	0.68
8	徐开东	人民币普通股	6916440	0.49
9	金国新	人民币普通股	5841439	0.41
10	邢西明	人民币普通股	5479864	0.38
合计			893641989	62.68

（三）在资本市场持续发展壮大。2020 年 11 月，公司实施 2020 年度非公开发行股票事项获中国证监会审核通过，公司非公开发行 A 股股票 4.12 亿股，募集资金 19 亿元。本次非公开发行股票成功获得数十家投资者关注，最终由包括公司控股股东云天化集团、共青城胜帮凯米投资合伙企业（有限合伙）、中国农垦产业发展基金（有限合伙）等 14 家合格投资者认购完成。本次非公开发行股票实施完成后，公司股权更加分散多元，云天化集团持股比例下降至 38.46%，仍为公司实际控制人，公司持股大于 5% 的股东新增一名，公司新增 10 多位具有战略投资潜质的机构投资者；公司董事会更换引入 1 名外部董事，董事会、股东大会运行也将更加优化，治理水平持续提升。

二、中西合璧推动企业现代治理

引入以色列资本并放权让其参与实际管理，中西方经营管理理念碰撞、融合、协同发展，持续激发企业改革发展效能。

（一）推进组织变革，提升组织和人力资源效率

一是实施组织机构改革。针对机构臃肿、流程不畅、协同效率低下等问题，公司以打造运作精良的新型组织为目标，从总部开始，大刀阔斧实施组织机构改革，构建"集约化管理 + 共享型平台 + 专业化制造"组织构架。总部层面，突出打造为运营决策、赋能支持、价值集成的价值创造型"后台"，着实推进去行政化、去机关化，职能部门从 16 个精简到 11 个；制定总部与下属单位职责权限清单，开展各职能部门角色定位和职业化、专业化水平提升专项行动。下属单位层面，突出打造为实现业务成长和商业成功的专业化"前台"，实施大部门、大车间制度，大幅压缩管理层级，精简组织机构，主要单位组织机构数从 201 个精简到 99 个。为了推进全产业链协同和全价值链提效，设立装备技术、研发、采购、财务、信息等共享中

心，实现资源共享、功能复用，为前台提供专业服务和"火炮"支援，有效提高组织效率。

二是实施事业部制改革。针对部分产品在生产、管理、市场等方面协同不足，市场竞争力弱等问题，公司打破单位和部门界限，在工程材料、复合肥等产品板块实施事业部制改革，先后将 4 个部门整合为聚甲醛产品事业部、3 个单位整合为复合肥产品事业部，建立新的经营主体。事业部定位为"利润中心"，按照统一原料采购、统一产销协调、统一财务管理、统一绩效考核的"四统一"模式运营。通过"清单式"责、权体系设计，明确各事业部权限边界、经营目标及考核激励措施，有效转换经营机制，持续改善经营业绩。以复合肥产品事业部为例，2018 年云天化公司整个复合肥产品板块亏损 1.67 亿元，2019 年成立复合肥产品事业部后当年减亏达 0.44 亿元，到 2020 年底减亏达 1.42 亿元，减亏比例达到 86.23%。

三是完善市场化劳动用工机制。针对用工总量大、机关管理后勤冗员多、员工结构不合理、员工能进不能出等问题，公司建立内部人力资源市场，完善员工流动和退出通道，按照自上而下的方式，大力推行竞聘上岗制度。从总部开始，组织机构改革所涉及的单位或部门，按照大职能、大岗位重新定岗定员，全体员工"卧倒重来"，通过公开竞聘、"组阁"等方式竞争上岗。落聘或暂时没有岗位的员工，通过新项目分流、协商解除劳动合同、内部退养、停薪停职、进入内部人力资源市场等通道进行分流或安置。在此基础上，为进一步完善市场化劳动用工机制，在总部推行以能力积分为核心的职位晋级制度，员工年度能力积分低于下限标准者，将下调职级，打破员工职级只能升不能降的常态；在营销和新业务单位实施末等调整、不胜任退出制度，每年员工岗位调整和退出率不低于 5%；在制造单位建立人力资源配置标准，通过内外部对标方式，明确管理、技术、操作、后勤事务等人员配置总量及比例。针对研发、物流、资本运作等领域关键人才缺乏问题，2018—2020 年，持续开展"猎英"专项行动，从院校、科研机构、知名企业市场化引进管理和专业人才 100 余人，进一步改善人才结构，补齐人才短板。

通过"强组织、控总量、调结构、降成本、活机制"一系列改革"组合拳"，在岗员工总量、组织机构数量、干部人数、机关管理后勤人员均较 2016 年压缩 50% 左右，劳动生产率从 2017 年的 32 万元 / 人提高到 2020 年的 47 万元 / 人，增幅达 47%，三项费用与 2018 年相比下降 10 亿元。以"激情、变革、创新"为核心的进取型组织文化正逐步形成，改革内生动力明显增强。

（二）全面推行职业经理人及契约化管理制度，建立市场化经营新机制

一是存量转换和增量引进相结合，做实身份市场化。在存量转换上，公司经理层成员、主要职能部门负责人及下属分子公司经理层成员共 67 名领导干部，按"本人申请""资格审核""身份转换""重新聘用"程序，就地转变为市场化管理的职业经理人，按职业经理人管理制度，不再保留国企干部身份和纳入现行干部管理体系。对不提出申请者，退出经理层，重新安排岗位；符合内部退养条件的，可申请办理内部退养。职业经理人实行首任 1 年试用期制度，试用期满后考核合格者办理聘用手续；不合格者，不予聘任。增量引进上，根据经营发展和加强职业经理人队伍建设需要，把转机制和调结构相结合，通过外部公开选聘、人才中介机构推荐等方式，总部及下属单位中高层管理岗位新引进 27 名职业经理人，进一步改变管理机制，改善人才队伍结构，提升经理层职业化、专业化水平。

二是建立"五化"模式，做实管理契约化。职业经理人按照"市场化选聘、契约化考核、对标化薪酬、合同化管理、制度化退出"的"五化"模式进行管理。选聘方面，按照确定选聘职位、制定选聘方案、组织实施选聘、决定聘用人选、履行聘任手续等5个步骤，实行职业经理人公开选聘，提高人岗匹配性。考核方面，按"一岗一责一考核"的方式，签订年度和任期业绩合同，实行高目标管理，制定具有挑战性的考核目标值，激励职业经理人自我驱动、自我超越。薪酬方面，按"一岗一薪""业绩薪酬双对标"原则，合理确定薪酬水平，强化高目标、硬约束、强激励管理，业绩增、薪酬增，业绩降、薪酬降，与业绩挂钩考核年薪占比达到60%以上。合同管理方面，身份转换或新聘任的职业经理人解除原劳动合同，签订新劳动合同，同时签订聘任合同，明确责任、权利、义务及续聘、解聘条件等事项。制度化退出方面，根据职业经理人综合考评结果，采取降职、免职、辞退等退出方式，强化行为、业绩约束，如在任期考核得分70分以下的予以降级聘任；考核得分低于60分的，予以解聘，只保留普通员工身份；考核得分低于50分的，直接解除劳动合同退出企业。

2019年，根据职业经理人年度考核结果，涨薪14人，降薪30人，同比降薪幅度最大者达51%，薪酬最高者与最低者差距达到4倍，真正做实能高能低；结合职业经理人业绩表现，按职业经理人管理程序，升职5人，调整3人，免职退出企业1人，真正做实能上能下、能进能出。

（三）构建短、中、长期相结合的多元化、精准化激励体系，全面激发组织活力

一是针对8%的"关键少数"实施股权激励。2018年，公司启动实施限制性股票激励计划。按公开透明、突出核心、程序合规要求，经过严格遴选，对公司经营业绩和未来发展有直接影响的高级管理人员、核心管理人员、技术和业务骨干共977人参加了股权激励，占在岗员工人数的7.8%。共授予限制性股票11105.56万股，占总股本的8.4%，个人最高授予量占总股本的0.055%。坚持激励与约束并重，激励计划制定极具挑战性的业绩目标，以2017年为基准，2019—2021年，公司净利润增长幅度必须依次达到增长10%、50%、150%，激励对象获授股票对应份额才能解禁。激励计划实施，充分点燃"关键少数"干事创业的激情，成为"共创、共担、共享"的事业合伙人。

二是针对20%的骨干员工实施超额利润分享、业绩捆绑激励。一方面，为有效落地"以奋斗者为本、以价值创造者为本"的"两本"文化，公司于2019年开始实施超额利润分享计划。超额利润分享实行两级提成、两级分享机制，即在兼顾云天化整体经营目标的前提下，各子公司通过协同经营取得的超额利润，按一定比例提成，由公司按各子公司不同的协同效率和经营业绩进行分配。超额利润分享部分纳入各级公司工资总额统一管理，主要用于激励贡献突出的骨干员工，激励人数不超过本级公司总人数的20%。两年来，公司对超额完成业绩目标的分子公司，兑现超额利润分享奖励2000多万元，1000多名骨干员工参与分配。另一方面，为有效推动新项目、新业务的快速成长，2020年，制定《初创及创新型业务激励管理办法》，对重大投资项目、技术创新项目或新业务单位团队中的骨干员工，以其缴纳的业绩捆绑金为标的，根据约定周期的业绩目标达成情况，按照0.5—3倍返还兑现捆绑金，强化精准激励，有效激

发骨干员工成为"价值创造者"。

三是针对全体员工实施"双效"激励。公司自 2017 年开始推行"效率＋效益"导向的"双效"工资总额管理办法，进一步强化薪酬激励作用。落实工资总额与经营结果直接挂钩、同向联动，坚持增效必增资，减效必减资，扭转工资总额"普升普降"的低效模式。在二次分配上，用好有限资源，以"双效"为核心，加大向关键岗位核心人才倾斜力度，打破"低水平大锅饭"，提高关键核心人才薪酬市场竞争力。以研发人员为例，2020 年建立研发人员收入与项目进度、研发成果挂钩的考核激励机制，关注价值创造，研发人员整体增资达到 28%，最高与最低差距达 5 倍，"高业绩、高收入"激励文化真正落地，激励每一名员工成为"奋斗者"。

（四）不断完善公司法人治理结构

公司不断完善现代企业制度，持续提升公司治理水平，规范运作。为适应公司发展，持续推进股东大会、董事会、监事会和经理层之间权、责、利的清晰对等、相互匹配，充分发挥独立董事、各专门委员会的职能。公司先后修订了《内部控制评价手册》《总经理办公会议事规则》《投资管理制度》《董事会议事规则》《股东大会议事规则》等治理制度。为健全专门委员会治理体系，公司董事会根据相关规定，调整了部分专门委员会的成员，对 5 个专门委员会的实施细则进行修订；进一步体现各专门委员会的专业职能，已达到与公司发展高度契合管理架构。同时，进一步强化公司对股权投资的管理，规范分子公司重大事项的审批流程，公司制定《分子公司重大事项审批流程管理制度》；为加强分子公司治理，充分发挥公司外派董事、监事的作用，修订《外派董事监事管理办法》，以维护公司合法权益。

经过持续不断的改革发展，特别是 2014 年以来的混合所有制改革以来，云天化公司已成长为全国优秀的磷肥、氮肥、共聚甲醛制造商。公司化肥总产能达 1000 万吨，为亚洲第一，服务国内耕地面积超过 5 亿亩。磷矿采选能力达 1500 万吨，聚甲醛产能 9 万吨，是我国规模最大的磷矿采选和聚甲醛制造企业。公司拥有 30 余家分子公司，在云南、重庆、内蒙古等 10 余个省份建有生产基地，销售网点分布于世界各地，在岗员工人数 1.2 万人。2020 年，公司总资产 538.7 亿元，净资产 85.1 亿元，营业收入 520 亿元；全年实现利润总额 6.3 亿元，同比增长 54.41%；归母净利润 2.7 亿元，同比增长 77.63%，企业驶入高质量发展"快车道"。

多途引资　转变机制　接通战壕　打造城市市政公用行业混改新样板

——成都燃气集团股份有限公司混改案例

成都燃气集团股份有限公司（简称"成都燃气"）始建于 1967 年 3 月，前身为成都市煤气总公司，是国内大中城市中最早经营城市天然气的专业公司之一，业务涵盖城市燃气供应，燃气工程规划、设计、施工安装，燃气输配、应用、管理，燃气智能化系统研发、设备制造，燃气专用设备、压力容器、计量装置检测，燃气具及设备销售等。2004 年实施改制成立成都城市燃气有限责任公司（简称"成燃有限"），并引入战略投资者成为混合所有制企业，2017 年 9 月完成股份制改造，2019 年 12 月在上海证券交易所主板挂牌上市。通过混合所有制改革以及转型融合创新发展，公司创造的经济社会效益显著提升，综合实力居国内同行业领先水平，服务客户达 300 余万户，年销售天然气逾 16 亿立方米，日供气能力达 1130 万立方米。

一、积极稳妥推进混合所有制改革

为破解体制机制弊端、顺应市场竞争趋势，成都燃气通过引入战略和业务协同的战略投资者、实施员工持股计划以及上市，积极推动混合所有制改革，"以混促改"转变经营机制，"接通战壕"突出主业发展，让改革成为企业发展的"发动机""助推器"。

（一）出于破解体制弊端以及增强竞争能力，激发混改动力

作为城市公用事业单位，成都燃气存在着企业市场主体地位不明，法人治理结构不完善，企业的决策权、经营权落不到实处等问题。同时，随着城市发展的日新月异和燃气供气规模的不断扩张，陈旧的管理机制和低下的生产效率已成为制约成都燃气平稳健康发展的最大阻碍。

基于此，为打造成为市场上富有活力和竞争力的市场主体，改变城市市政公用行业单一的政府投资模式，吸纳更多社会资本参与公用事业服务，实现公用事业特许经营权的资本化，成都燃气于 2004 年开始着手混合所有制改革，将产权结构多元化与国有资本有序退出相结合，将完善法人治理结构与建立现代治理机制相结合，将推进公司构建富有活力的企业经营机制与建立中长期激励约束机制相结合，系统性地解决企业发展的深层次问题，为稳步实现企业整合地方燃气市场、打造西部燃气行业龙头企业的战略目标奠定基础。

（二）采用"员工持股 + 引入战略投资者 + 首发上市"的路径综合推进股权结构上的充分混合

一是推动企业改制和实施员工持股。2004 年 6 月，成都市煤气总公司完成改制，整体改制并成立对外引资的市场化主体成燃有限，注册资本 8 亿元。同时，为充分调动员工的积极性，增强公司的内部凝聚力，形成有利于公司长远发展的动力机制，在改制的同时，实施员工持股计划。成都城投集团出资比例 90%，同时具备认购资格的员工自愿以核定的安置费或经济补偿金和自筹资金出资认购 10% 的公司股权，并由工会代为持有。

二是积极引入合适的战略投资者。2004 年 9 月，经成都市人民政府批准，同意成都城投集团以公开竞价方式转让成燃有限 49% 的股权，且国有股权应向两家以上战略投资者转让，单家受让股权额度不超过成都城投集团持股数。经公开拍卖程序，成都城投集团以公开竞价方式将其持有的成燃有限 36% 和 13% 的股权分别转让于香港华润石化（集团）有限公司（2014 年变更为华润燃气）和百江燃气控股有限公司（后更名为港华燃气投资有限公司）①，引入其作

---

① 2004 年 10 月，香港华润石化（集团）有限公司以 2.291 元 / 股的最高报价竞得成都城投集团持有的成燃有限 36% 的股权；2004 年 11 月，百江燃气控股有限公司以 1.638 元 / 股的最高报价竞得成燃有限 13% 的股权。

为战略投资者。

三是推动股改并上市。2017 年 3 月，成燃有限启动股改工作，以原有四方股东作为股份有限公司的发起人，采取整体变更的方式设立成都燃气。股改完成后，成都燃气建立了以股东大会、董事会和监事会为核心的公司治理体系，为 IPO 上市打下坚实基础。2019 年 12 月 7 日，成都燃气在上海证券交易所挂牌上市。

通过"员工持股 + 引入战略投资者 + 首发上市"的方式综合推进混合所有制改革，引入包括中央企业、外资企业、员工持股、社会资本等在内的多渠道资金，形成目前成都城投集团持股 36.90%、华润燃气持股 32.40%、港华燃气持股 11.70%、社会公众持股 19.00% 的股权结构，股权结构得到显著优化，既保障了城投集团相对控股，又夯实了股东相互制衡、充分发挥作用的基础，让华润燃气、港华燃气在股权架构上有分量，真正发挥"战略"作用。

（三）推动建立市场化经营机制，实现资本"形混"和制度"神混"的统一

一是将党的领导与公司治理有机结合。混改后，成都燃气积极推动党建与混改同步谋划、同步实施，把党建工作写入公司章程，把党的领导融入公司治理各环节，把党组织内嵌于公司治理之中。积极落实"三重一大"事项党组织研究讨论是董事会、经理层决策重大问题的前置程序，充分发挥党"总揽全局、协调各方"的作用。同时，完善党委会、董事会、经理层的"双向进入、交叉任职"制度。

二是建立有效制衡的治理机制。在股东大会层面，明确股东的法律地位和股东在资本收益、企业重大决策、选择管理者等方面的权利，股东依法按出资比例和公司章程规定行权履职；在董事会层面，设置 5 名独立董事、1 名中小股东代表董事和 1 名职工代表董事，同时控股股东成都城投集团、华润燃气和港华燃气分别提名 3 名、2 名、1 名董事候选人，这样的董事会构成让战略投资者在治理结构上享有充分的话语权，也充分保护了中小股东与员工的合法权益。在监事会层面，设置职工代表监事，明确监事会的职权范围，充分保障监事会的监督职能。

三是深入实施市场化选人用人制度。成都燃气借助积极股东的专业资源、先进管理经验以及优秀的企业文化，树立竞争意识，坚持"海纳百川、唯才是用，业绩导向、能上能下"的用人理念，对高级管理人员探索实施职业经理人制度，按照市场化、专业化要求公开竞聘、择优录用，同时对企业员工进行身份转换，按照劳动合同管理。

四是建立有效激励约束机制。建立绩效薪酬激励机制，全面推行绩效管理，按照劳动岗位的责任大小、个体技能以及完成工作的质量、数量确定员工薪酬，打破平均主义、"大锅饭"，调动员工的积极性和创造性。

二、混合所有制改革的效果

实施混改以来，公司资产、经营规模与经济效益同步增长，主业资源得到优化，逐步成长为管理效率、技术水平、综合实力位居国内行业前列的大型燃气集团。

（一）经济效益稳步增长

一是资产规模持续增长，国有资产成功实现增值。公司总资产由混改前不足 14 亿元，增长至 2020 年的 62.32 亿元，累计增幅达 350.58%，年均复合增长率为 10.56%，不断放大国有资本功能。二是企业盈利能力不断增强，经营成果显著。公司营业收入由 2004 年的 9.79 亿元增长至 2020 年的 36.52 亿元，累计增幅达 272.96%，年均复合增长率为 9.17%；同期利润总额由 0.54 亿元增长至 4.41 亿元，年均复合增长率为 14.97%；净利润由 0.45 亿元增长至 3.95 亿元，年均复合增长率为 15.53%。三是主业资源得到优化，经营规模迅速增长。目前，成都燃气管网规模不断扩大，已形成以一、二、三环路环状管网为主，以城市道路枝状管网为辅的输供气管网体系，全面覆盖成都平原中心区，公司已有管网长度 7155 千米。公司经营规模稳步扩大，年销气量由 2004 年的 6.3 亿立方米增长至 2020 年的 15.42 亿立方米，服务民用户数由 90 万户增长至 300 余万户，基本覆盖成都市主城区范围。四是股东权益迅速增长，股东共享发展成果。从 2004 年至 2020 年底，公司净资产由 8.46 亿元增长至 34.60 亿元（包含历年分红 78.84 亿元），账面增长率为 308.72%，含历年分红后的实际增长率 825.72%；同时期公司向股东累计分红达 43.75 亿元，为股东带来持续的投资收益。

（二）社会效益不断增强

一是安全生产管理工作得到显著加强，为"安全用气"保驾护航。公司安全风险控制能力持续提升，总体安全生产经营保持了良好态势，实现改制以来零安全事故。二是提供优质服务，全力服务民生。服务意识持续增强，服务体系不断完善，入户安检率、投诉处置率等客户服务指标逐年提高，客户满意度有效提升，连续三年位列成都市文明热线 12 个窗口服务单位第一名。

三、成都燃气混合所有制改革的典型经验

（一）为市政公用行业领域的企业开展混合所有制改革提供样板

成都燃气属于城市市政公用行业领域，这些领域的企业大多是国有独资企业，企业的经营机制与市场经济发展的要求差距较大，市场竞争力不强。面对上述问题，成都燃气主动作为，通过改制、引入积极股东、实施员工持股、上市等，将自己打造为股权多元化的市场化主体。同时，将"混资本"与"改机制"相结合，构建有效制衡的公司治理和建立灵活高效的市场化经营机制。最为关键的是，无论是股权结构还是治理结构，均保障了积极股东的话语权。

（二）充分注重调动员工积极性和创造性

成都燃气在改革工作推进过程中，充分保障了员工的知情权和监督权，做到规则公开、程序公开、结果公开，在改革中形成最大公约数；通过深化企业用工制度和薪酬与绩效考核制度改革，调动了员工的积极性；通过实施员工持股，使员工与企业"绑定"，成为公司的投资者和资产的所有者，享有劳动者、投资者和所有者的权利，增强了员工对公司长期发展的关切度和管理的参与度，形成了相互制衡、利益共享、风险共担机制，增强了企业的凝聚力和向心力；上市后，公司持股职工可更加灵活、方便地通过二级市场对所持股份进行交易，投资者权

益得到充分保障，进一步激发了持股员工的干事创业热情。

（三）充分利用战略合作伙伴的资源优势、管理理念和企业文化

混改以来，成都燃气结合公司实际需求与业务特点，积极利用积极股东方的资源优势，延伸产业链、提升价值链，促进企业由传统燃气运营服务商向综合能源供应商转变；引入股东方先进的管理理念和优秀企业文化，加快企业管理能力的提升。在业务上，全面推行股东方价值创造型安全生产管理体系和客户服务理念。在人力管理方面，推行"海纳百川""能上能下"的用人机制，推动人力管理模型落地。在战略与财务管理上，持续推行商业计划管理、全面预算管理等，将学标杆、行动学习、精益管理运用到公司生产运行的各个环节中。

（四）充分利用上市手段增强企业发展潜力与品牌影响力

通过上市手段构筑资本运作平台，可进一步提高国有资本配置和运行效率，不断强化经营管理水平，提升企业核心竞争能力，增强企业发展潜力与品牌影响力。上市后，成都燃气由地方性企业变为在 A 股主板市场挂牌的公众公司，进一步扩大企业在资本市场的影响力和融资能力，再加上社会公众投资者的治理与监督，更好地促进公司不断做好生产经营，进一步提升公司的业绩以及品牌影响力。

通过混合所有制改革巩固军工企业脱困成果

——陕西航空硬质合金工具有限责任公司混改案例

在国有企业混合所有制改革中，"靓女先嫁"一直被许多人看作是应该遵循的原则。这一方面是因为只有"靓女"才能吸引非国有资本进入；另一方面，拿"靓女"做混改更容易做出成绩，有利于混改的推进。在这种看法的主导下，"混改"总是与优质资产如影随形，而与"特困""亏损"企业无缘。但陕西航空硬质合金工具有限责任公司（简称"陕硬公司"）的案例表明，混改在巩固企业的改革脱困成果方面具有显著成效，未来可以让更多脱困企业通过混改实现涅槃重生。

一、军工三线特困企业走上混改之路

（一）公司化改制让特困企业卸下了沉重的包袱。陕硬公司始建于 1969 年，地处陕南勉县李家沟，是典型的军工三线独立工矿企业。建厂初始定位为航空工业主机厂所的专业配套工具厂，专门从事硬质合金制品、硬质合金刀具等产品研发生产，是汉中航空工业（集团）有限公司（简称"汉航集团"）所属单位。2016 年，陕硬公司被国资委列为"处僵治困"挂牌督办的特困企业。其间，也曾采取过加强管理等措施，但都收效甚微，未能从根本上改变公司的困难状况。2017 年，航空工业集团明确对陕硬公司实施改革脱困目标责任，以汉航集团为责任主体，对陕硬公司实施改制脱困工作。在陕硬领导班子和干部职工的共同努力下，2018 年通过

市场开拓、流程再造等一系列管理提升措施，陕硬公司一举扭转连续多年亏损局面，当年实现盈利，为打好"体制机制创新攻坚战"奠定基础，提振了员工对企业发展的信心。经过两年多不断的深化改革、"瘦身健体"、提质增效，公司经营状况得以改善。

（二）通过混合所有制改革激发体制机制活力。完成脱困后的陕硬公司股权结构单一，在经营管理上未能摆脱原有的国企弊端，责、权、利不对称，缺乏有效的约束和激励机制，企业和职工干事创业活力不能完全被激发释放。为适应市场竞争，推动企业可持续健康发展，实现脱困从完成治表向根治转换，汉航集团充分认识到：只有坚定不移推动体制改革和机制创新，坚定走混合所有制改革之路，才是"大病初愈"后"强身健体"的最优选择。为巩固陕硬公司前期改革脱困成果，增强自身"造血"功能，汉航集团和陕硬公司顺势而为，加快体制机制创新攻坚步伐，主动向集团和通飞公司请缨，进行混合所有制改革。2019 年 8 月制定完善的《混合所有制改革方案》于当年 12 月获得集团公司批复，并于次年 12 月全面完成混合所有制改革。这家走上混改之路的军工三线特困企业，终于在生产经营方面获得良性发展，成功地从濒临破产的全民所有制企业脱胎换骨为充满生机的混合所有制企业。

截至 2021 年 6 月，陕硬公司资产总额 8945.26 万元，负债总额 5782.17 万元，净资产 3163.09 万元，资产负债率由改革脱困前的 190.7% 降至 64.64%，实现营业收入总额 3692.04 万元，利润总额 453.79 万元。实施改革脱困以来，陕硬公司持续保持盈利态势，职工收入逐年改善，尤其是在推进混改后，员工干事创业积极性、主动性更加凸显，对企业归属感、认同感增强。

二、探索"分立重组 + 多元股权 + 机制转换"的混改路径

陕硬公司的混改是以企业刚刚完成脱困目标为起点的，此时的公司资产和债务庞大，资产回报率低，先后与多个有投资合作意向的外方投资者进行合作洽谈无果，企业机制改革更是无从谈起。为了不让 2017 年以来企业改制、人员分流安置、债务处置的成果付诸东流，汉航集团和陕硬公司逐步探索出一条适合三线特困企业的混改路径——"分立重组 + 多元股权 + 机制转换"。

（一）通过公司分立、资产剥离为引入战投创造条件。这是陕硬公司混改的最大创新点，也是关键突破点。其核心内容是存续分立、剥离资产，由新设陕硬资产公司承接需要剥离的厂房、土地、部分与主业关联度不高的设备、低效无效资产及历史遗留问题等，将非主业所需的土地、厂房、低效无效资产等装入陕硬资产公司，以租赁形式交给混改企业使用。分立后的陕硬公司与陕硬资产公司就资产租赁、管理工作等签订了《租赁协议》《委托管理协议》，确保陕硬资产公司规范开展租赁经营、资产管理业务，确保不出现亏损。陕硬公司则集中优势资源发展主营业务。这个做法贴合三线企业的实际情况，推动了存续陕硬公司的轻资产改造，有利于后续的增资扩股，使混改后的企业可持续发展能力有了大幅提升。华融资产公司 7183 万元债务剥离至陕硬资产公司，解决了混改公司一直难以解决的债务风险问题。

（二）选择引入与企业协同共进的战略投资者。陕硬公司的一系列轻资产运行操作，为公司后续引入战投、增资扩股、核心员工持股跟投以及做强做优主业创造了优势条件。原股东不

参与本次增资，以净资产作为国有股，引进外部投资者对公司增资，公司核心员工成立有限合伙公司持股参与跟投。在具体操作中，考虑陕硬公司混改股权设置及引资对企业协同发展的作用，经过论证，基本确定引入外部资本投资主体 1—2 家；公司在职核心骨干员工成立有限合伙企业作为员工持股平台跟投。为了确保战投质量，陕硬公司明确要求优选财务状况良好、资金力量较强、与公司发展理念一致、能够为公司运营水平和管理能力提升提供专业支撑的产业投资者，同时还能为公司后续的资本运作、股改上市等给予充分支持，并且还需具备长期投资意向，投资期限不低于 8 年。通过在上海综合产权交易中心进行公开交易，最终引入两家外部投资者：天津银龙预应力材料股份有限公司、汉中市绿色循环发展科技投资基金管理合伙企业（有限合伙）。

同时，公司还针对核心骨干员工开展员工持股，持股员工包括对公司经营业绩和持续发展有直接或较大影响的技术人员、经营管理人员、业务骨干等，约占全体员工的 25%。最终，成立了两个有限合伙企业，57 名核心员工参与持股跟投，以非公开协议方式同股同价对陕硬公司增资。增资完成后，国有股持股比例由增资前的 100% 降至不低于 42%，引入的外部投资者持股比例不超过 37%，合伙企业持股比例不超过 21%。

（三）深度实施经营机制市场化改革。一是将党的政治核心作用融入公司治理。在混改实施中，公司党委充分发挥"把方向、管大局、保落实"的领导作用，深入各业务部门、党建联系点展开调研分析，解决问题、改进工作方法和措施，保证混改工作按期完成。混改后将党的领导作用和党建工作在公司章程中予以明确。通过完善党委、经理层、董事会的"双向进入、交叉任职"的领导体制，实现党的政治核心作用与企业法人治理机制的有机结合。二是持续完善公司法人治理结构。建立健全公司从"三会"至经理层的法人治理机构，明确各层级的权利义务，制定各层级各项审议事项及议事规则，搭建能够发挥各类股东相互监督和制衡、最大化实现机制体制优势互补的治理结构。三是深化人事、劳动、分配三项制度改革。混改后的陕硬公司领导班子成员全面实行聘任制，领导能上能下、员工能进能出。经营责任制考核由"上级考评"转变为"经营业绩"考核。2021 年开始，公司以价值创造为目标，对销售和干部经济责任考核进行调整。后续将继续完善公司各项管理制度及经济责任考核目标，深入推进人事、劳动、分配三项制度改革，积极开展引智工作，吸纳外部技术专家、销售精英加入陕硬公司。

三、混改的经验与启示

陕硬公司改革发展历程表明，混改在促进企业脱困方面具有显著成效，为更多脱困企业通过混改实现涅槃重生提供了经验和启示。

（一）特困企业实施混改需要扫清一些障碍。改革脱困前，陕硬公司由于多年沉积的痼疾，虽先后与多个有合作意向的投资者洽谈，但都无果而终。2017 年以后，陕硬公司通过企业改制、人员分流安置、债务处置、低效无效资产处置等历史遗留问题的解决和不断深化改革，甩掉了多年亏损的包袱，割下附在企业身上的赘瘤，堵塞"出血点"。同时，企业于 2020 年完成了"三供一业"分离移交、退休人员社会化管理、职工医院关闭等剥离办社会职能和解决历史遗留问题的改革工作，根除了长期依附企业的社会负担和费用包袱，营造了良好的社会氛围。上述工作为特困企业完成脱困并开展混改扫清了障碍。

（二）特困企业实施混改需要广泛听取意见。与一般企业实施混改不同，特困企业的历史包袱较重，需要剥离的不良资产与亟待处理的债务关系比较复杂，若不广泛听取各方意见贸然行事，容易导致脱困引发次生金融风险。汉航集团成立陕硬公司改革脱困专项工作组，明确工作职责，落实工作责任，深入细致地调研分析论证，改革方案力求既不损害职工利益，让职工能有归属感，又能稳步实施，真正见到成效。经过多次上下反复、研讨论证，与企业干部职工座谈交流，在集团和通飞公司大力帮助指导下，分流安置公司 571 名冗余人员，豁免集团公司内部债务 8026 万元，偿还了历年社保欠费 5370 万元，剥离了华融资产公司债务 7187 万元。

（三）特困企业实施混改必须提高资产质量。特困企业之所以"困"，核心症结是资产质量不高。要提高资产质量，必须从优化主营业务、强化经营机制入手。陕硬公司作出公司分立、资产重组的安排，为提高资产质量注入了核心动力。存续的陕硬公司集中优势资源发展主营业务，为后续引入战投、增资扩股、核心员工持股跟投以及做强做优主业"筑巢引凤"创造了条件。

改革只有进行时，脱胎换骨的陕硬公司已经走上了良性发展的道路，今后为了提升生存能力和发展潜力还需要持续不断深化改革，提高技术创新和管理创新能力，打造技术领先、反应迅速、具有核心竞争力的经营主体。

战略引领 改革创新 打造全国领先的 ETC 产业生态圈
——山东高速信联科技股份有限公司混改案例

山东高速信联科技股份有限公司（简称"信联科技"）成立于 2019 年 7 月，由原山东高速信联支付有限公司（简称"信联支付"）拆分设立。为引入外部资源，激发企业活力，信联科技在 2019 年通过增资扩股的方式引入战略投资者，同步实施员工持股，不断优化市场化经营机制与创新机制，为企业发展注入不竭动力，是"改革"与"创新"在经营策略上的具象化体现，也是推动公司实现跨越式发展的关键举措。

一、战略协同加合力，产业布局不断优化升级

（一）"千挑百选"确定合适的战略投资者

2019 年 8 月，为引入外部资源，做强 ETC 产业服务生态圈，激发企业活力，信联科技引入上海云鑫创业投资有限公司（蚂蚁金服全资子公司，简称"蚂蚁金服"）、深圳市金溢科技股份有限公司（简称"金溢科技"）、北京万集科技股份有限公司（简称"万集科技"）3 家战略投资者。蚂蚁金服是行业内超级独角兽企业，拥有强大的客户触达和金融科技创新能力，同时拥有完善的产业生态布局。金溢科技为中小板上市企业，是领先的车辆身份识别与电子支付提

供商，也是 ETC 设备制造龙头企业，是业内少数全面掌握 ETC、V2X、RFID、5G 等先进技术，并在智慧高速、智能网联、智慧停车等智慧交通领域完成产业布局的企业。万集科技为创业板上市公司，是领先的智慧交通与物联网解决方案提供商，也是 ETC 设备制造龙头企业，在 ETC 停车、汽车前装、车路协同、车车通信、智能驾驶等领域走在智能交通技术前沿。

（二）通过开展员工持股激发人的积极性

员工持股是信联科技成功混改的重要举措之一。在引进战略投资者的同时，信联科技在中高层管理人员和技术业务骨干中实行员工持股。持股员工共有 108 人，约占总人数的 35%。其中，管理层 8 人，中层人员 68 人，业务技术骨干 32 人。在持股方案设计上，信联科技采取了"以岗定股"的方式，持股员工的资格范围和持股比例根据任职岗位来确定，以关键的管理岗、技术岗和业务岗为重点激励对象，按照岗位对企业经营业绩和持续发展的重要性确定持股比例，确保持股人员都是企业的骨干员工。同时，为了保障国有资产保值增值，混改实行同股同价政策，对股权价值进行合法评估，在山东产权交易中心公开挂牌交易，公平公正，公开透明，共引入资金 2.8144 亿元，其中战投资金 19700.8 万元，员工持股资金 8443.2 万元。

二、机制创新增动力，富员强企再筑新梦想

信联科技以混改为契机，积极促进混合所有制企业转换市场化经营机制，改革员工激励约束机制，优化业绩考核方式，推动企业主体更具活力、产业运营更有效率。

（一）完善中国特色现代企业制度，不断提升组织效率

一是全面加强党的领导。将党建工作写入公司章程，明确党委在企业决策、执行、监督各环节的权责和工作方式。完善党委会前置研究清单，进一步明确公司党委参与重大问题决策事项的范围和程序。科学设置公司党委和董事会、经理层等治理主体的关系，建立健全"双向进入、交叉任职"的党组织领导体制，切实发挥公司党委"把方向、管大局、促落实"的领导作用。二是不断完善公司法人治理体系。进一步明确股东大会、董事会、监事会以及管理层的职权边界，逐步建立起权责法定、权责透明、协调运转、有效制衡的公司治理机制，推动制度优势更好转化为治理效能。科学设置董事会，6 个董事会席位中国有资本占 4 席，有利于保持国有资本的控制力和影响力；同时积极发挥战略投资者的优势，股东大会引入特别事项表决机制，对个别重大事项，给予战略投资者否决权，以协同运作、有效制衡来提高企业科学决策效率。三是加大组织结构改革力度。适应全国化业务布局及混改需要，梳理优化总部定位，打造决策中心、资源配置中心、投融资中心和风控中心，构建"小总部、大产业"的现代组织结构；优化总部机构设置，撤销运营管理部，新设投资企管部，强化企业投融资和管控一体化；整合营销资源，撤销全省 17 个地市分公司，设立华东、华西、华南、华北和华中 5 个大区分公司，实现营销业务全国一盘棋，实行大区负责人竞争上岗、末位淘汰等制度。

（二）优化激励约束机制，三项制度改革推动企业更具活力

一是深化劳动用工制度改革，构建市场化选人用人机制。加强行业高端人才和特需人才引进培养，重点引进技术研发、资本运作等方面高精尖人才，持续引入人才 46 人。全面建立以

职能管理、业务技术为主的多序列职业发展体系，畅通员工职业晋升通道，激发员工成长成才热情，不断完善留才机制。开展任期制及契约化管理，对公司 8 名高级管理人员实行任期制及契约化管理，让"能者上、庸者下、劣者汰"成为常态。混改两年来，信联科技公开招聘人员比例、劳动合同签订率、全员绩效考核覆盖率、员工薪酬与考核结果挂钩率均达 100%，良好的选人用人机制成为确保公司保持不竭发展动力的"源头活水"。二是全面推进干部人事、考核激励等方面的改革。公司在内部推行高绩效文化，强调业绩导向与执行，建立具有市场竞争优势的薪酬激励机制，没有绩效就没有发言权，机会和资源向高绩效者倾斜。通过以岗定级、以级定薪，人岗匹配、易岗易薪，以科学、全面、量化的业绩评价体系为基础，实行奖金分配、薪资调整、职业生涯与绩效考核结果直接挂钩；通过公司战略绩效目标的层层传递与执行，使每个员工的行为统一于公司的战略绩效目标，为了公司战略目标的实现，任何人都不能懈怠，都要承担挑战性的绩效责任。

三、混合所有制改革实施的效果

混改前，截至 2018 年底，公司资产 23.34 亿元，负债 18.84 亿元，所有者权益 4.5 亿元，净资产收益率 5.99%，国有资本权益 4.5 亿元。混改后，进一步扩大了国有资本功能。截至 2020 年底，公司资产 30.12 亿元，两年平均增幅 14.52%；负债 21.17 亿元；所有者权益 8.95 亿元，两年平均增幅 49.45%；净资产收益率 19.82%，两年平均增幅 115.44%；国有资本权益 5.37 亿元，平均增幅 9.67%。

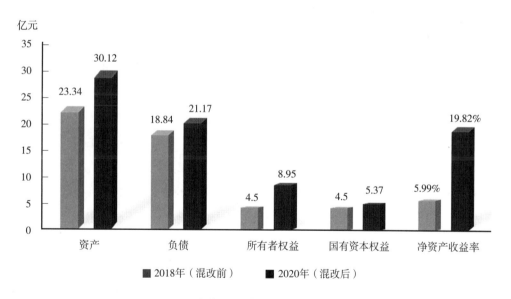

混改前后资产情况对比图

同时，给信联科技带来了较好的经营成果，促进了国有资本保值增值。混改前，2018 年公司实现营业收入 7.13 亿元，利润总额 3854.37 万元，净利润 2559.94 万元，劳动生产率 158.77 万元／人。混改后，2020 年公司实现营业收入 8.98 亿元，两年平均增幅 12.98%；利润总额 2.55 亿元，两年平均增幅 280.98%，改变混改前 2018 年利润同比增速负增长（-30.02%）

的局面；净利润为1.77亿元，两年平均增幅295.71%，2018年同比增速仅为-27.56%；劳动生产率为162.83万元/人，混改后劳动生产率明显提高。

另外，在充分利用战略投资者各类资源禀赋优势，实现战略协同发展基础上，信联科技ETC用户总量从全国第六位上升到全国第一位，占据全国ETC服务行业的龙头地位。同时，在货车数据科技业务、互联网加油、智慧停车业务、智能洗车市场等领域具有较大的市场份额，已成功打造了独特的ETC产业生态圈。

四、示范带动范围及可借鉴之处

信联科技作为一家竞争性较强的高科技企业，其成功混改的经验，如严把"引入关"、严把"进入关"、严把"机制和创新关"，为高科技企业推行混合所有制改革提供了一个可借鉴的样本。

（一）严把"引入关"，高标准选定战投资源

引入战投资金不是混改的真正目的，混改的出发点是寻找合适的事业"合伙人"，有效弥补企业发展中存在的问题和劣势，最终助力企业长远发展。信联科技基于自身发展的不足，明确提出引入的战略投资者必须具备以下优势：拥有庞大的用户群体和强大的触达能力，能为公司业务推广提供重要支撑；拥有完善的生态链和强大的创新能力，能够有效增强公司客户触达、业务创新和金融风控等能力；能够协助公司打通ETC行业上下游产业链，实现较强的协同效应。基于以上原则，最终选定了核心资源突出、与企业战略高度协同的蚂蚁金服、金溢科技、万集科技作为战略投资者，蚂蚁金服能够弥补信联科技在金融科技领域以及渠道拓展方面的掣肘缺陷，金溢科技、万集科技能够弥补信联科技在产品创新与产业链优化和延长方面的不足。

实践证明，高质量战投的进入，为信联科技的ETC业务插上腾飞的翅膀。一是用户规模拓展方面。一方面借助金溢科技、万集科技这两个战略投资伙伴，保证了上游的货源供应；另一方面借助蚂蚁金服的流量资源，将支付宝转化为信联科技引流下游客户的超级入口，实现上中下游的产业联动。全年拓展ETC用户1300万户，用户总量从全国第六位上升到全国第一位，一举奠定了信联科技在全国ETC服务行业的龙头地位。二是产业链完善方面。依托蚂蚁金服在金融科技领域完善的生态链和超强的创新能力，对公司的货车金融产品进行优化升级，完善风控管理体系，推出完善的货车ETC解决方案，在同行业单位因风控问题而纷纷退出该业务之时，乘胜追击，拿下了全国35%的市场份额。三是ETC前装方面。2020年，在ETC前装业务推广过程中，充分利用股权纽带与金溢科技、万集科技组成ETC前装联盟，实现了硬件设备技术先发与发行服务完善的优势互补，与奔驰、一汽大众等17家汽车厂商确定合作关系，公司市场占有率达50%以上，为公司长远发展发挥了至关重要的作用。

（二）严把"进入关"，员工持股共建"命运共同体"

为了提高企业的发展动能，在选择持股员工时，应避免平均主义、"大锅饭"，应将关键的管理岗、技术岗和业务岗的员工作为重点激励对象，将重点岗位的员工与企业绑定，形成"命运共同体"。在确定持股比例时，应严格采取"以岗定股"的方式，不同岗位员工持股比例应

有所差异。另外，为了防止股权固化、僵化影响激励效果，应建立股权动态调整与流转机制。同时，为了保障国有资产保值增值，应充分对股权价值进行合法评估，并实现员工持股股价与战略投资者股价相同。

通过实施员工持股，密切了员工与企业的联系，不仅极大减少了骨干员工流失，更激发了广大职工干事创业的热情。无论是 ETC 发行推广，还是 ETC 汽车前装推广，骨干员工都冲在前面，攻坚克难，取得了重大成绩，作出突出贡献。特别是面对艰巨的 ETC 发行任务和历史性发展机遇，骨干员工"以企为家"，放弃周末和假期，产品创新、渠道拓展、客户服务"三箭齐发"。2019 年，信联科技完成全国 ETC 销售量 1600 万台的良好业绩。

（三）严把"机制和创新关"，强企再筑新梦想

信联科技以混改为契机，积极促进混合所有制企业转换经营机制，深化实施市场化选人用人机制，强化激励，硬化约束，推动了企业更具活力、产业运营更有效率。同时把创新放在突出重要位置，实现各类所有制股东创新要素优势互补，不断提高自主创新能力和行业引领力。2017—2020 年，研发投入从 1723.14 万元增长到 4764.54 万元，年均增长幅度高达 40.4%。2020 年研发投入占主营收入的比重更是高达 5.31%。混改后共新增知识产权 40 项，其中，发明专利 5 项、实用新型专利 2 项、软件著作权 33 项，这个新增量远远多于截至 2019 年 6 月公司取得的知识产权数量总和。与此同时，充分运用联合创新模式，依托战略投资伙伴在科技领域完善生态链和超强的创新能力，对公司的数据科技产品进行优化升级，不断打造自身主导的产业链、供应链和价值链。

一个"三国五方"共建的现代企业典型

——格盟国际能源有限公司混改案例

山西国际能源集团有限公司（简称"国际能源"）所属格盟国际能源有限公司（简称"格盟国际"）是一家典型的国际混合所有制企业，成立于 2007 年 4 月。该企业是经商务部和山西省政府批准，由"四国六方"共同出资组建的国际化公司，自成立伊始，格盟国际就自带国际化经营的基因。近年来，格盟国际引入新的合作伙伴，股权更加优化，形成当前"三国五方"共建的国际化混合所有制公司，国际能源对企业相对控股，但外方股东拥有一票否决权，国际化的治理理念持续为公司发展赋能。

一、积极寻求与国外知名企业合作，坚定走国际化混改之路

国际能源自 2004 年成立以来，积极寻求与国外知名企业合作，先后接触美、英、法、德、日、韩等近 50 家外商企业，于 2007 年选定了具有国际影响力的世界 500 强企业韩国电力公社、德意志银行。2007 年，经商务部和山西省政府批准，由国际能源与韩国电力公社、德意志银

行合资成立格盟国际。国际能源、韩国电力公社作为格盟国际的实业投资者，分别持有47%、34%的股权；德意志银行为格盟国际的财务投资者，持有19%的股权。尽管国际能源对格盟国际相对控股，但外方投资者股份超过50%，这极大地提振了外商投资信心，确保外方股东具备充分的话语权并享有相应的出资人权利，推动公司实现市场化运作。

2009年，格盟国际引入在脱硫技术超临界机组方面具备世界先进经验的日本电源开发株式会社和日本中国电力株式会社（两户企业在日本行业分别排名第五和第六），分别购买德意志银行所持格盟国际7%与3%的股权。2014年，韩电友利斯普罗特基金收购德意志银行所持格盟国际8%的股权。2020年初，国际能源三个独资子公司——照耀投资公司、格盟中美清洁能源研发中心、照晋置业公司分别收购德意志银行持有格盟国际0.98%、0.01%、0.01%的股权。目前，格盟国际股权结构为：国际能源持股占比47%，韩国电力公社持股占比34%，韩电友利斯普罗特基金持股占比8%，日本电源开发株式会社持股占比7%，日本中国电力株式会社持股占比3%，照耀投资公司持股占比0.98%，格盟中美清洁能源研发中心持股占比0.01%，照晋置业公司持股占比0.01%。

二、国际化的治理理念持续为公司发展赋能

（一）建立国际化的法人治理结构。建立了适合中国国情的国际化法人治理结构，形成架构完善、决策科学、执行高效的管理机制。一是实行"双向交叉制"，董事长兼任党委书记，党委成员兼任董事、经营层职务，所有领导班子均采取"双向进入、交叉任职"，实现了党的领导与董事会决策的双融合。二是格盟国际董事会配备3名中方董事，3名外方董事，所有重大事项都要经过董事会决策，所有决策至少有5名董事通过方可执行。推行一票否决制，目前，根据股比，韩方股东拥有一票否决权，中方仅相对控股，彻底避免了国有企业一股独大的弊端。三是实行中外"双签制"，韩方股东派驻5名人员常驻格盟国际，直接参与公司运营和日常监督，所有对外支出实行"双签制"，保障了资金的安全，是真正意义上的股东和公司治理模式。

（二）采用欧美国际知名企业普遍采用的母子公司管控模式。格盟国际与外国资本、国内五大发电集团、地方投资企业、外资企业、民营企业先后组建60多户参控股企业。各参控股企业根据企业的合资合同、章程约定，设有党组织、董事会、监事会、经营层。集团明确党组织在公司法人治理结构中的法定地位，国际能源的党委委员全部兼任格盟国际的中方高管，格盟国际"三重一大"事项由国际能源党委会前置研究，控股企业党组织均隶属国际能源党委，对本企业"三重一大"事项前置研究，保证党对格盟国际及控股企业的全面领导。董事会决策企业投资、融资、利润分配、章程修订、人事任免等重大事项，经营层执行董事会的决策及企业日常管理，监事会监督董事会及经营层的各项行为，形成权责明确、相互制约、协调运转和科学决策的有机联系，实现了利益各方的激励相容，确保公司健康平稳运行。出资设立的全资、控（参）股企业均直接隶属于集团公司，董事会对管理层享有决策、监督、指导和任免职责，成为股东方和经营层之间便捷高效的公司决策机制。通过国际能源党委会、格盟国际董事会的有效管控，既能在重大问题决策、重要干部任免、重大项目投资决策、大额资金使用

（"三重一大"）上实现把控，又不干涉企业经营自主权。对所出资企业派驻董（监）事，各控股、参股企业董事会、监事会成员均由各投资方根据公司章程的约定委派，经营层由董事会聘任。格盟国际派出的董事、监事从现有高管中选派。实施"抓大放小"，各企业的投资、融资行为等重大事项由经营层提出，董事会审核同意后，方可执行。所出资企业决策权由母公司制定，其他具体的经营管理权下放出资企业。母公司通过委派到出资企业的董事、监事实现有效管控，不干预企业的经营自主权。集团全部子公司实现董事会外部董事原则上占大多数。

（三）建立健全市场化激励机制。格盟国际率先在所属子公司普丽环境尝试新的激励形式，通过组建持股平台公司、增资扩股的形式引入员工持股，并预留3年内新引进人才的激励份额。10名技术骨干和管理骨干认购对应公司总股本2.66%的股份。探索出一条适合企业发展的新模式，提高了公司凝聚力和市场竞争力，实现了员工与公司风险共担、利益共享。格盟国际还积极通过公开平台，对所属普丽环境和盂县正阳污水公司市场化选聘职业经理人。职业经理人采取任期制和契约化管理，严格任期管理和目标考核，实行市场化薪酬，由格盟国际对其岗位职责和岗位管理方式提出要求，有效提升了子公司的管理水平。

（四）创新合资企业党建新模式。从上层来说，加强党对合资公司的全面领导。集团明确党组织在公司法人治理结构中的法定地位，国际能源的党委委员全部兼任格盟国际的中方高管，格盟国际"三重一大"事项由国际能源党委会前置研究，控股企业党组织均隶属国际能源党委，对本企业"三重一大"事项前置研究，保证党对合资公司及控股企业的全面领导。从下层来说，以高质量党建引领高质量发展。建设"智慧党建"平台，以"一个驾驶舱、两个工作台、三大业务模块"为核心，通过数字化的党建工作流程、党费管理流程、电子模板、公式逻辑等实现党建工作规范化标准化；通过"一杆子插到底"的任务督导督办，实现任务分解到人到岗，工作进度跟踪监督，工作落实闭环反馈，工作成效一目了然，真正做到党建与生产经营深度融合。在国内率先建立并推广实施"党建+阿米巴"模式，把党建引领融入精细化管理，提质增效、提效增效，进一步增强基层党组织战斗堡垒和党员先锋模范作用。

持续深化的国际混合所有制改革为企业的发展注入强大活力，格盟国际成立之初的注册资本100亿元。截至2020年底，格盟国际总资产496亿元，净资产170亿元，营收113亿元，净利润5亿元。相对于格盟国际成立初期，总资产增长2.5倍，净资产增长1.7倍，营收增长3倍，净利润增长3倍。

聚焦转型发展　激发内生动力　华泰证券全面推行职业经理人制度

——华泰证券股份有限公司混改案例

华泰证券股份有限公司（简称"华泰证券"）是一家国内领先的大型综合性证券集团，具有广泛且紧密的客户资源、领先的数字化平台和敏捷协同的全业务链体系，各项主要业务均位居行业前列。然而随着公司的发展，其面临的市场化经营机制和激励约束机制不够健全的瓶颈问题日益突出。为此，华泰证券以实施职业经理人制度为突破口，全面深化混合所有制改革，为公司实现跨越式发展持续注入新动能。

一、公司具有持续深化市场化改革的良好基础

华泰证券前身是 1991 年 4 月成立的江苏省证券公司，是中国证监会首批批准的综合类证券公司之一。2007 年 12 月整体改制成为股份制公司，2010 年 2 月在上海证券交易所挂牌上市，初步进行了混合所有制改革。2015 年 6 月在香港联交所挂牌上市，募集资金 378.97 亿港元，成为香港联交所历史上募资规模最大的前十大 IPO 项目之一。2019 年 6 月，公司作为"沪伦通"首单在英国伦交所发行全球存托凭证（GDR），成为国内首家在 A+H+G 三地上市的金融机构。2019 年 7 月，公司分拆境外子公司 AssetMark 在美国纽约证券交易所成功上市。目前，华泰证券已经形成中国内地、中国香港、美国三地联通、战略协同的国际化发展新格局。通过持续改革，公司规范治理和市场化经营水平不断提升，员工市场化意识不断强化，为继续深化混合所有制改革奠定了坚实基础。

二、全面实施职业经理人制度，切实提升公司的经营活力和竞争力

在发展过程中，公司面临的市场化经营机制和激励约束机制不够健全的问题日益突出，这既不利于公司内部管理人才梯队建设，也不利于从外部成熟市场招募到高素质、复合型、具有国际视野的高级经营管理者。为破解发展难题，公司明确提出将实施职业经理人制度作为改革的重点内容，以期通过优化经营管理者配置和管理方式，建立市场化导向的选人用人和激励约束机制，切实提升公司的经营活力和竞争力。

（一）准确把握改革方向。在资本市场和证券业开放步伐明显加快，金融机构混业发展和交互渗透领域不断延伸的全新竞争态势下，拥有一流的职业经理人队伍是证券公司保持市场竞争优势、激发高层管理人员活力的关键。近年来，华泰证券受制于传统国有企业的制度约束，市场化机制、激励约束机制不健全已成为制约企业向更高层次发展的一个"瓶颈"。为破解发展难题，2018 年 8 月，华泰证券被列入"双百行动"综合改革企业名单和江苏省第一批混合所有制改革试点企业。根据省委、省政府批准的改革总体方案，确定在华泰证券开展建立职业经理人制度试点，按市场化方式选聘公司经营管理层并确定薪酬。董事会加强对经营管理层业绩考核，建立健全科学合理的奖惩机制，调动经营管理层积极性。经营层市场化选聘工作由省委组织部牵头，会同省国资委等相关部门制定工作方案，报省委研究同意后实施；有关职业经理人考核机制、薪酬机制、奖惩机制等具体办法，由华泰证券党委会同董事会拟订，省国资委、省财政厅进行全面严格审核把关后，提交省国有企业改革领导小组研究同意后实施。

（二）科学制定工作方案。试点任务目标确定后，在充分调研的基础上，结合企业实际，深入推演，反复论证，研究制定市场化选聘工作方案，明确选聘职位、选聘条件、选聘流程等，为市场化选聘职业经理人提供基本遵循。在制定工作方案过程中，华泰证券把遵循市场及

行业的运行规律贯穿于制度体系设计全过程。在选聘职位设置上，参照国际投行实践，不设总裁、副总裁，设置执行委员会；在绩效考核上，实行契约化管理，考核维度多样化、考核内容差异化，以经营业绩为主、兼顾社会责任和政治责任，考核指标全面对标市场和行业，选取具有典型意义、行业通用的指标，并根据行业情况设定具有挑战性的目标值；在薪酬激励上，实行年薪制，充分考虑证券行业特征，绩效年薪等与个人年度绩效完成情况和公司年度整体经营业绩挂钩，并结合市场数据对职业经理人的薪酬水平进行动态调整。

（三）精心组织市场化选聘。一是严格把关定向。始终坚持把党的领导贯穿于市场化选聘职业经理人全过程，省委组织部、省国资委党委、省财政厅党组等派人全程参与，在确定标准、规范程序、审核把关等方面切实发挥好应有的作用。华泰证券党委认真执行"三重一大"议事决策制度，严格落实重大问题前置程序，选聘工作方案、选聘实施方案及职业经理人薪酬考核方案均经党委前置研究并报上级机关审批或备案，严格把关后实施。二是坚持规范操作。华泰证券发布公告，首次全球选聘职业经理人。经过层层把关和严格筛选，于2019年10月召开第四届董事会第二十五次会议，董事会聘任了首席执行官、执行委员会主任。2019年12月16日召开第五届董事会第一次会议，根据首席执行官、执行委员会主任提名，董事会聘任6人为公司执行委员会委员。新选聘的执行委员会委员，既有深耕通信行业多年、对金融与科技结合颇有经验的跨界精英，也有金融行业任职多年、管理经验丰富的专业人士；既有在公司任职20年以上的原公司高管转任，也有历经市场前沿一线检验的中层管理人员提任。一支背景多元、能力全面的高素质专业化经营管理团队初步形成，为公司战略转型和国际化及高质量发展奠定坚实基础。三是确保安全稳定。为有序推进选聘工作，华泰证券成立职业经理人市场化选聘委员会，由执行委员会主任担任选聘委员会主任，公司党委副书记担任副主任。选聘委员会严格按照有关规定和规则程序，依法合规推进选聘，重大问题、重大事项及时请示报告。同时，注重做好干部职工的思想政治工作，及时了解思想动态，妥善解决苗头性、倾向性问题，确保市场化选聘期间干部队伍整体稳定。

二、按照现代企业制度要求，坚决以市场化为引领，稳步推进实施混合所有制改革工作

一是通过非公开增发引入阿里巴巴、苏宁等战略投资者，优化了公司股权结构，增强了公司资本实力。2018年8月，公司非公开发行股票顺利完成，共发行A股股票10.89亿股，募集资金总额141.33亿元。引进了包括阿里巴巴、苏宁、中国国有企业结构调整基金等战略投资者，合计持股比例占发行后总股本的13.19%。本次增发完成后，公司净资本增加至650亿元，行业排名从第八位提升至第四位；净资产突破千亿元，增加至1040亿元，不仅为公司各项业务持续健康发展夯实了资本保障，而且通过与相关战略投资者的战略协同与业务合作，为公司各项业务拓展了新的发展空间。通过引入战略投资者，也充分展示了公司市场化改革的决心，进一步提升了公司的市场品牌形象，为公司后续各项改革举措的落地实施奠定了良好基础。

2019年6月，公司发行的"沪伦通"下首个全球存托凭证（GDR）产品在伦交所挂牌交易，

共发行 8251.50 万份 GDR，每份 GDR 代表 10 股 A 股股票，募集资金 16.92 亿美元，吸引了国际投资者的极大关注，创造了多项英国乃至欧洲资本市场的融资纪录，公司股权结构进一步多元化，公司资本实力和国际市场参与度进一步提升，为公司加快国际化发展布局创造了有利条件。

二是构建结构多元、优势互补的董事会，优化公司法人治理结构。在合法合规的前提下，引入阿里巴巴和苏宁等新的战略股东代表担任公司董事，优化董事会组成结构。2019 年董事会换届，招商银行提名的董事顺利进入新一届董事会。国资、民营及独立董事等不同背景的董事进入公司董事会，给董事会议事带来新的视角，引入新的观念，使公司经营发展决策更加科学规范，进一步提升了市场化经营管理水平。

三是探索实施核心骨干员工股权激励计划，完善中长期激励约束机制。2021 年 2 月 8 日，公司临时股东大会审议批准《关于〈华泰证券股份有限公司 A 股限制性股票股权激励计划（草案）及其摘要〉的议案》等系列议案，启动实施股权激励改革工作；截至当年 4 月 6 日，顺利完成向 810 名核心骨干员工授予不超过 4564.00 万股 A 股限制性股票，不超过公司股本总额的 0.503%，标的股票来源为公司从二级市场回购的公司 A 股普通股，标志着公司市场化的中长期激励约束机制建设取得重大突破，为公司进一步完善市场化的体制机制和发展平台，集聚前沿业务稀缺人才、领军人才和高端人才，加快打造国际一流投行提供了新动力。

证券行业是典型的知识密集型行业，市场化程度高、竞争激烈，必须加大市场化改革力度，构筑经营发展长久基石，才能在瞬息万变的资本市场立于不败之地。得益于市场化改革的持续深入推进，华泰证券打造了一支业务精湛、素质优良、精干高效、能力卓越的人才队伍，人力资源这一最具活力的生产要素被充分激活，为公司加快转型发展，打造国际一流投行注入了强大动力。截至 2021 年 12 月 31 日，按合并口径，公司总资产 8066.51 亿元，行业排名第二，归属于上市公司股东的所有者权益 1484.23 亿元，行业排名第三；2021 年，公司实现营业收入 379.05 亿元，行业排名第四，归属于上市公司股东的净利润 133.46 亿元，行业排名第三。

老牌百货华丽转身为新能源新锐

——金开新能源股份有限公司混改案例

天津津诚资本国有投资运营有限公司（简称"津诚资本"）是天津市国资委所属国有资本投资运营公司。2020 年，津诚资本按照天津市委、市政府和市国资委"提升上市公司质量、推动国有上市公司脱困、实现高质量发展"的部署要求，结合国企改革三年行动的发展战略，顺利完成国有上市公司天津劝业场（集团）股份有限公司（简称"津劝业"）重大资产重组工作，将其成功转型为一家从事新能源领域的战略新兴发展型企业，并更名为金开新能源股份有限公司（简称"金开新能"，股票代码：600821）。在化解津劝业退市风险的同时，成功实现企业重大战略转型。

一、放手一搏实现老牌百货华丽转身

资产重组前，津劝业控股股东为天津劝业华联集团有限公司（简称"劝华集团"），公司主业为"劝业场"商场经营，但在新业态对传统零售业的冲击下，由于转型速度较慢导致经营每况愈下。2016年亏损，2017年虽实现微利，暂时得以保壳，但企业基本面未有根本性改善，致使2018年继续亏损2.7亿元、2019年1—8月亏损1.7亿元，企业濒临退市危局。

2017年7月，津诚资本成立，同期劝华集团股权注入津诚资本。同步，天津市国资委指导津诚资本制定上市公司整体解决方案。鉴于上市公司退市压力和劝华集团整体混改艰难的现实情况，最终决定在战略上通过重大资产重组彻底扭转上市公司困局，在战术上分"三步走"有序推进。津诚资本实现对津劝业和国开新能源实际控制后，于2019年8月启动重大资产重组，上市公司将与原商业零售相关的全部资产、负债、业务和人员置出，与津诚资本持有的国开新能源股权等值部分进行置换。置出与置入资产差额部分的股权由上市公司向津诚资本及国开新能源其他股东发行股份购买，同步募集配套资金。天津市国资委组织多次专题研究，并带队赴证监会协调沟通，最终于2020年5月20日获证监会并购重组委员会一次性通过审核。实现上市公司原有全部资产和负债置出，国开新能源100%股权全部置入。

通过上述工作，津劝业实现了从传统百货业向立足于光伏、风电领域的综合清洁能源服务商转型，资产总额由亿级迈入百亿级，盈利能力、持续经营能力和抗风险能力大幅提升，彻底扭转了濒临退市的危局。

二、瞄准新能源产业链引入战略投资者，优化股权结构

在资产重组的过程中，为瞄准新能源整体产业链的发展，国开新能源还同步引入金风科技、上海电气等战略投资者。随着重组完成，国开金融、普罗中欧、金风科技、上海电气、中日节能这些在能源、金融、投资领域有丰富经验和资源的战略投资者与津诚资本、津联控股、津融集团等天津市属国有企业共同构成上市公司新的治理结构。股东资源优势相互补充，共同推动新的上市公司为新能源产业做"增量叠加"。截至重组完成的当年年底（2020年底），上市公司资产总额143.2亿元，全年营业收入13.6亿元，较重组前增幅达173.45%，并在弥补原上市公司当年1.09亿元亏损后，年底净利润达到2.1亿元，实现扭亏为盈。

三、建立现代企业制度，优化决策体系及激励机制

自重组后，公司项目回报良好，超过80%的项目资本金内部收益率（IRR）超过12%，更有接近40%的项目能够达到16%的水平，这一方面得益于公司多年的电站运营管理经验，另一方面也依赖于公司建立的科学高效的决策体系和激励机制。

（一）公司目前已建立"股东大会—董事会—总经理—国开新能源执行董事—投资决策委员会"的五级授权决策体系；公司投资事项在评审及决策过程中均需提交投委会审议；一般项目投委会审议决策，重大项目按上市规则经投委会审议后提交上市公司董事会或股东大会决策。

（二）国开新能源在引进津诚资本增资时，就同步完成了公司管理层及骨干员工持股，有

效吸引和保留住核心人才队伍，初步实现公司与骨干员工风险共担、利润共享。

（三）公司设置了超额利润奖，每年以公司净资产收益率为考核指标，以距考核时间点最近的一版国资委公布的《企业绩效评价标准值》中的电力生产业同等规模企业之净资产收益率指标为基数，超出该指标行业平均值以上部分的公司利润，按标准以超额累进的方式计算奖金包。

四、站在新起点，把握新机遇，企业高质量发展在路上

2021 年是我国"十四五"规划的开局之年，也是上市公司改革重组后的第一个完整运营年度。上市公司在天津市国资委及津诚资本的推动下，牢牢把握"碳达峰、碳中和"机遇，立足京津冀、面向市场蓬勃发展，取得了显著的发展改革成效，同时也为我国新能源产业发展作出应有贡献。

一是通过重组盘活上市平台，财务情况有效改善。在互联网的巨大冲击下，近年来百货零售行业普遍陷入困境，上市公司通过资产重组的深化改革，引入具有良好前景的新能源产业，不仅有效盘活上市公司平台，打开成长空间，同时资产质量极大提升，各项财务指标显著优化，国有资产得以保值增值。2021 年，营业收入 19.08 亿元，净利润 4.06 亿元，装机容量 4775MW。

二是修炼内功，上市公司基本面显著优化。完成更名摘帽工作。2021 年 5 月 19 日，证监会撤销上市公司退市风险警示，股价日涨跌幅恢复至 10%，资本市场作出积极反应，上市公司市值大幅提升；6 月 29 日，上市公司更名为金开新能源股份有限公司，向市场树立主业鲜明、专业领先的形象。资本实力进一步增强。2021 年 4 月，上市公司取得 2020 年度非公开发行股份批准，5 月完成非公开发行簿记工作，发行配售获圆满成功：上市公司拟募集 13.35 亿元，实际有效认购金额 16.79 亿元，认购倍数 1.26 倍。激励约束机制逐步健全。为加快构建现代化企业治理体系，形成市场化的委托代理机制，进一步做大股东权益，上市公司组织专业机构研究制定股权激励方案，同时纳入国务院国资委"双百企业"名单，全方位深化内部机制改革。

三是拓展外功，上市公司市场竞争力有效提升。积极遴选投资机会，市场份额扩展迅速。重组后上市公司重点发展光伏、风力发电等新能源电力产业，截至 2021 年底，上市公司在运及在建发电项目 79 个，核准装机容量 4.6GW，实际并网容量 3.8GW。其中，光伏发电项目 60 个，实际并网容量 2.42GW；电项目 19 个，并网容量为 1.16GW。"十四五"期间，上市公司还将发挥现有股东作用，并积极拓展与川发展、新城控股等其他行业实力企业合作，进一步拓展市场份额。着眼关键技术关键节点，核心竞争力有效提升。在优化提升发电主业的同时，打造研产一体的产业体系。加强与高校及科研机构合作，在智慧能源、增量配网、智能运维和电力交易等数字化技术，以及碳基新材料、储能、氢能等领域，积极推动成果转化。推进数字化发展，支撑能力稳步加强。加速开展数字化转型，积极参与电力交易、碳市场交易等新型业务，重点推进智能运维业务，以公司的运营规模为基础，利用技术创新提升智能化运维水平，并积极拓展对外运维的光伏电站规模。

心无旁骛攻主业　科学治理促发展　持续提升上市公司质量

——潍柴动力股份有限公司混改案例

潍柴动力股份有限公司（简称"潍柴动力"）是由潍柴控股集团有限公司（简称"潍柴集团"）控股的 A+H 上市公司，现已发展为业务覆盖动力系统、汽车业务、智能物流、农业装备等板块协同发展的国际化集团。近年来，潍柴动力持续深化企业体制机制改革，创新打造"机制科学、程序规范、运行高效"的上市公司治理体系，加强上市公司市值管理，实现了高质量发展。

一、断臂求生，做国企混合所有制改革的笃行者

20 世纪 90 年代，随着从计划经济向市场经济转轨，我国国有企业取得了明显的发展，但产能过剩、机构臃肿、体制落后等严重弊端也侵蚀着国有企业，潍柴集团未能独善其身。1997年，潍柴集团工业总产值由巅峰时的 8.5 亿元降到 5.9 亿元；企业主打产品 6160 柴油机销量由 6530 台暴跌为 1257 台。进入 1998 年，经营业绩持续恶化，成了山东潍坊最困难的企业——内外债高达 3.6 亿元，已难以保证正常生产，企业走到了破产边缘。在此背景下，潍柴集团以极大的勇气坚定推行"定岗、定编、定员"的"三定"改革，人事、用工、分配三项制度改革，主辅分离、直面市场的"三三制"改革，砸碎了"铁饭碗"，打破了"大锅饭"。"三定"改革成功地精简了机构、裁撤了冗员，集团直属单位从 53 个减到 12 个（10 部 1 室 1 中心），干部由 750 人减到 219 人，在岗职工总数由 1.36 万人减至 8000 人。"拆庙搬神"，为潍柴集团"脱胎换骨"赢得主动。

"三三制"产权改革助推潍柴集团建立现代企业制度。所谓的"三三制"，是将占企业资产1/3 的高速机业务剥离出来，成立潍柴动力股份有限公司，并运作在香港上市；将占 1/3 的中速机业务和职工留在原有集团，形成国内最具竞争力的船舶动力和发电设备生产基地；将其余 1/3 非主营业务全部推向社会。这个改革方案着眼于建立现代企业制度，引入多元投资主体，打破单一国有资本构成格局，实现混改上市，彻底摆脱计划经济体制的束缚。2002 年，潍柴集团在行业内率先通过混改成立潍柴动力，国有股比例从 100% 降到 40%，不再一股独大，引入境内外战略合作伙伴和行业主导客户等多元化战略股东持股 53%，核心人员通过股权激励持股 7%，多元化的股权结构由此建立。2004 年，潍柴动力在香港上市，进一步打通资本国际化道路。

二、聚焦短板，走出一条国内与国际相结合的创新道路

潍柴动力的混合所有制改革坚持以服务于企业的科技创新为导向，激发最强劲的内生动力，调动最广泛的外部资源，以最快的速度突破短板弱项，积极打造具有完全自主知识产权的中国"动力心"。

一是以"真金白银"激发科技工作者创新动力。探索实施"揭榜挂帅"竞标项目激励、股权激励、科技创新重大激励等，打造行业最具竞争力的薪酬水平格局，让创造价值的科技人才实现价值与名利双收，营造了"万马奔腾搞创新"生态。2022年4月，潍柴集团召开2021年度科技激励表彰大会，以6441万元重奖近两年取得突破性成果的科技工作者，会上授予3位博士"潍柴高端人才特别贡献奖"，每人奖励200万元；授予高热效率柴油机研发、国六柴油机研发等两个项目"潍柴技术发明特等奖"，各奖励500万元；同时，对"潍柴科技创新优秀工作者""科技进步奖""技术发明奖""工人技术革新成果奖"等一并奖励。相应地，企业的科技成果成效显著，"重型商用车动力总成关键技术"荣获国家科技进步一等奖，柴油机本体热效率全球首次达到51.09%，引领国内燃机行业向高端化迈进。

二是围绕补短板、调结构探索实施海外并购。潍柴动力坚持"补短板、调结构、强主业"，聚焦"企业急需、技术高端、国家瓶颈"，开展系列国际投资并购。收购法国博杜安，填补大缸径高速发动机空白；重组凯傲和德马泰克，打造智能物流黄金产业链；并购林德液压，打造"潍柴发动机＋林德液压"液压动力总成，打破我国高端液压被国外垄断局面；重组奥地利威迪斯，填补我国大型农业装备CVT动力系统技术空白。为加快新能源战略布局，2018年投资全球领先的固态氧化物燃料电池公司英国锡里斯动力、氢燃料电池公司加拿大巴拉德；重组德国欧德思，补齐电机控制系统短板，成功构筑起"电池＋电机＋电控"为一体的新能源动力总成优势。

三、合规高效，持续完善上市公司治理体系

一是股权结构多元化。发起时即建立了由境内外战略投资者、财务投资者和高管团队共同参与的多地域跨文化的股权结构，实现了混合所有制改革和股权结构多元化，为后续发展奠定机制基础。二是董事结构多元化。制定董事会成员多元化政策，董事在年龄、国籍、文化及教育背景、专业经验等方面保持多元化，为战略落地和科学决策提供有力保障。三是规范董事会运行。制定《董事会议事规则》，明确董事会职责定位、组织结构和议事规则、董事的权利义务等事项，全面依法落实董事会6项职权。近年来，先后荣获中国上市公司协会"董办优秀实践案例""年度最受投资者尊重的上市公司""上市公司2020年报业绩说明会最佳实践案例"；荣获上市公司董事会"金圆桌"企业最高奖项"公司治理勋章"等荣誉。四是创新多地信批一致性。搭建"A+H+Dax"的特色信息披露体系，兼顾我国内地、香港地区与德国三地监管差异，秉持从严原则，开展信息披露工作，确保信息披露的一致性和及时性，切实保障投资者权益。在深交所上市公司信息披露考核中连续5年、累计9次荣获A评级。五是规范子公司治理。优化子公司董事会结构，除平台及功能单一子公司外做到董事会应建尽建，并在重要子公司建立专门委员会。规范子公司科学决策，建立议案表决、董事会规范运作、外派董事管理等制度，指导规范子公司运作和董监事履职，落实议案合规性审查，明确各类公司议案审批程序。对子公司提交的重大议案，需经系统评估并形成专项报告，供外派董监事参考。规避董事会对公司董事会履职尽责考核评价制度，从运作规范性、决议落实有效性、子公司业绩指标及监事评价等维度对董事会履职情况进行量化评价，提升董事会履职效果。

四、价值创造，开展全周期市值管理

潍柴动力以企业经营为基础，从价值投资出发，搭建全方位沟通体系，科学合规地开展全周期市值管理。一是不断提升运营水平。始终坚持产品经营、资本运营双轮驱动运营策略，持续提升经营水平和盈利能力。截至2022年4月18日，A股较发行价上涨约11倍，H股较发行价上涨约24倍。二是坚持与资本市场保持有效互动。讲好资本市场故事，以优势业务龙头地位稳固、新业态接续发力、结构调整逐步到位等为主线推介思路，吸引价值投资者。搭建多渠道沟通模式，秉持真诚专业沟通原则，搭建业绩发布会、路演、调研接待、电话会、投资者热线、互动易等全平台沟通，增进投资者对公司全方位和立体化认知。三是强化资本运作。持续跟踪股价走势，发生价值偏离时，运用股份回购、股东增持、定向增发等工具，推动市值向公司内在价值的回归。紧盯资本市场动向，研判宏观大势、行业趋势和竞争格局，为经营决策提供有效输入；运用资本市场思维，为规避风险提供支撑。

"改制、引资、上市"三步走　做老工业基地国企改制的排头兵
——富奥汽车零部件股份有限公司混改案例

东北地区是"共和国长子"，但在改革开放、市场经济的大潮中逐渐落后于经济发达地区。国有企业改革的意识不强、混改项目的吸引力不足、一些主管部门对混改工作的认识存在偏差等问题突出。在这样的背景下，富奥汽车零部件股份有限公司（简称"富奥股份"）大胆尝试、敢于创新，"改制、引资、上市"三步走，极大地激发了企业活力，助推企业成长为国内知名的汽车零部件制造业集团企业。

一、"改制、引资、上市"三步走，做国企改制的先行者

富奥股份的前身为富奥汽车零部件有限公司（简称"富奥有限"），成立于1998年9月，由一汽集团所属的9家全资和8家合资零部件企业组建而成。为突破体制的制约、解决发展资金问题、破解发展瓶颈，富奥有限踏实做好"改制、引资、上市"三步走工作。

（一）富奥有限改制为富奥股份。1998年9月，一汽集团组建全资子公司富奥有限，注册资本为8.47亿元。2002年10月，根据一汽集团部署，将富奥有限车轮分公司的经营性资产划归一汽集团直接管理，富奥有限减少注册资本为6.93亿元，一汽集团仍是富奥有限的唯一股东。2007年12月，按照国务院国资委关于国企改制的有关文件精神和一汽集团主辅分离、改制分流的整体方案部署，富奥有限完成了企业的整体改制，引入宁波华翔及76名自然人投资者，成立富奥股份。改制前，富奥有限由一汽集团100%控股；改制后，富奥股份由民营企业宁波华翔相对控股，同时实施员工持股。

（二）引入具有业务协同能力的战略投资者。2009年、2011年、2012年，富奥股份通过

股权变更和增资扩股，优化股权结构，引入地方国企亚东投资、天亿投资，控股股东先从宁波华翔变更为一汽集团，后从一汽集团变更为亚东投资，成为央企、地方国企、民营企业共同持股的企业。该次股权变更后，富奥股份的股权结构如下表所示。

富奥股份的股权结构

股东名称	股份数（万股）	股权比例（％）
亚东投资	14000	12.50
天亿投资	22000	19.64
一汽集团	35000	31.25
宁波华翔	20000	17.86
中久资管	5000	4.46
太钢投资	4000	3.57
叶凡、甘先国等 122 位自然人股东	12000	10.72

（三）借壳上市，登陆资本市场。2013 年，广东盛润集团股份有限公司（＊ST 盛润）以新增股份换股吸收合并富奥股份，富奥股份实现借壳上市，成为国有控股的上市公司，央企、地方国企、民营企业和社会公众共同持股。2016 年 8 月 17 日，根据《股份转让协议》，富奥股份控股股东亚东投资购买其一致行动人吉林省天亿投资的 100% 股权。本次股权购买未导致富奥股份股权结构变化，亚东投资仍为公司控股股东，吉林省国资委仍为公司实际控制人，且持续至今。

二、深度转换经营机制，持续放大混改成效

（一）持续优化治理结构，促进企业规范高效运行。富奥股份成功上市，使得公司的现代企业制度进一步优化。在管理架构上，富奥股份建立了以股东大会、董事会、监事会及经管层为主体的决策、监督及经营管理体系，形成了权责明确、各司其责、有效制衡、协调运作的法人治理结构。公司董事会兼顾各方利益，确保吉林省国有资本运营公司、一汽集团、宁波华翔席位设置均衡，各方利益相关者从公司战略决策、经营管理和监督检查等各个层面积极表达股东诉求，有效地促进各方意见的充分交流，有利于提升公司决策效率和效果。全面建立了独立董事制度，独立董事在关联交易、对外担保、年报披露、内部控制以及股权激励等制度建设方面独立履行职责，不受公司主要股东、实际控制人以及其他与上市公司存在利害关系的单位或个人的影响，提供多角度、多领域的建议，协助经管层规划和执行公司发展战略，加强公司内部的监督制衡。积极建立董事会专门委员会，包括薪酬与考核委员会、战略委员会、提名委员会和审计委员会，为公司发展提供决策支持。独立董事制度和董事会专门委员会规范高效地运作，对于提高上市公司治理水平、维护中小股东权益起到了良好的促进作用。

（二）推行任期制和契约化管理，释放高质量发展新活力。富奥股份分别在 2017 年 11 月和 2020 年 10 月进行了两次全公司范围内的人事改革工作。人事改革工作自上而下开展，从公司经管层成员到一般管理人员全员参与改革，采取组织配置、公开竞聘、市场化选聘等多种形

式进行，持续激发干部队伍活力。公司结合战略规划，制定各单位的任期目标和重点工作任务，公司总经理与董事会签订了目标承接承诺书，各事业部和各公司的主要负责人与公司经管层签订了目标承接承诺书，按照董事会的要求，实现了压力层层传导、责任层层落实。在改革过程中，有 3 名高管和 15 名高级经理转为高级专务或专务，不再担任专职高级管理岗位职务；有 5 名高级经理经过竞聘，退出高级经理序列，进入人岗匹配中心，另行安排其他非高级经理岗位工作；有 9 名高级经理经过市场化选聘入职富奥股份，到职业化高级经理岗位任职。

（三）开展多种方式的中长期激励，激发内生发展动力。人才是富奥股份持续发展的原动力，多年来，公司一直关注人才、重视人才、激励人才，探索开展多种方式的中长期激励，建立了年度超额利润奖励机制、任期奖励机制，针对营销、研发、采购等体系的专项激励机制，2021 年上半年谋划并开展了上市公司股权激励。股权激励范围包括董事、高级管理人员、高级经理类管理人员和研发骨干人员，人数多达 97 人。通过设定具有挑战性的公司层面业绩考核目标，将个人绩效得分与行权额度进行挂钩，有效地将个人价值与公司价值紧密结合，形成风险共担、利益共享的机制，打造"利益共同体"；在达成公司经营目标、实现公司利益和股东利益的同时，能够满足激励对象的个人追求，大大激发了这些骨干人员的工作热情，增强了他们对公司的向心力和凝聚力，为公司留住了大量优秀人才，为公司"十四五"战略目标的实现奠定了坚实的人才基础。

三、改革成效显著，为东北老工业基地其他国企的混合所有制改革提供有益借鉴

富奥股份的混合所有制改革实践为吉林省乃至整个东北老工业基地的国企改革工作提供了样板。

（一）体制机制规范运作，为公司发展打下了良好的治理根基。富奥股份法人治理体系基本完善，各治理主体权责清晰、作用得到有效发挥。建立了市场化经营机制，基本实现了"岗位能上能下、员工能进能出、工资能增能减"，"能者上、庸者下、劣者汰"的观念深入人心。通过体制机制的优化，为后续改革举措的落地提供了制度前提、架构基础和人员保障，为改革的深入推进打下良好的基础。

（二）业务布局快速升级，向"轻量化、电动化、智能及网联化"方向转型提速。富奥股份秉持"绿色、智能、安全"的战略发展理念，在轻量化、电动化、智能及网联化产品发展方向上，布局符合未来技术发展趋势的产品。近年来一批具有重大战略意义的项目相继建成和启动，板块布局更加全面，为公司的长远发展提供了充足后劲。经过"十三五"期间发展，富奥股份已经从传统零部件企业，初步转型成为适应新技术趋势、新发展要求的零部件集团，为富奥股份"十四五"期间向"轻量化、电动化、智能及网联化"方向全面发展，成为国际化零部件集团奠定了坚实基础。

（三）经营业绩显著提升，逐步实现跨越式发展。"十三五"期间，富奥股份合并口径主营业务收入和利润复合增长率分别达到 21.1% 和 12.4%，在汽车行业连续三年负增长、新四化转型升级、新冠肺炎疫情冲击的多重压力下，2020 年实现全口径销售收入 413 亿元，合并口径

销售收入突破 100 亿元，整体经营业绩创造了历史最好水平。同时，富奥股份还进入中国汽车工业零部件 30 强、中国制造业企业 500 强，竞争实力进一步提升。

"混改上市"创造"浙江速度""二次混改"深化"三更革命"

——物产中大集团股份有限公司混改案例

2015 年 11 月，物产中大集团股份有限公司（简称"物产中大集团"）挂牌成立，标志着浙江省物产集团有限公司的整体上市目标圆满实现，也标志着浙江省首家整体上市的省属企业正式诞生。这家浙江国资国企改革的先行者，在不到一年的时间完成了大多数公司需要两三年才能完成的整体上市工作。整体上市后的物产中大集团再接再厉深化"二次混改"，进行了一场"市场机制更健全、股权结构更多元、股权调整更灵活"的"三更革命"，企业发展的制约因素持续被破除、市场活力持续被激发，助推其实现了从中国 500 强到世界 500 强的跨越。

一、市场导向孕育"混改"基因

20 世纪 90 年代，伴随改革开放的深化和扩大，我国生产资料流通领域也发生了深刻变化：大型制造商开始建设自销体系，民营流通企业迅速壮大，国外生产资料流通行业大鳄加速进入……当时的国有物资企业可谓步履艰难，许多老牌国有物资企业纷纷转产或面临倒闭。正是在这样"内外交困"的背景下，1996 年，物产中大集团（时为"浙江省物产集团"）在原浙江省物资局基础上改制组建成立。几乎没有政策倾斜、没有垄断资源、没有准入门槛，这家在诞生伊始就身处完全竞争领域的"三无"国企坚定地选择了改革，大力推进旗下企业进行混合所有制改造。

（一）以产权多元化为目标进行产权制度改革。1998 年，在浙江省委、省政府的支持下，物产中大集团在省属企业中率先推行以产权多元化为目标的产权制度改革，按照"扶优、活小、拓新"的指导思想，大力推进旗下企业的混合所有制改造。2003 年，集团完成了当时全部一级成员企业投资主体多元化的公司制改造。同时，以绩效为中心推进分配激励制度改革，通过实施经营层和员工持股，建立起"既参与经营管理，又分享发展成果"的互动机制。以集团旗下成员公司物产金属公司的改革经验为例，2003 年 1 月 1 日，物产金属的股本结构由全资国有改制为：企业总股本 3 亿元，其中集团国有法人优先股 2.2 亿元，占总股本的 73.33%；普通股 8000 万元，占总股本的 26.67%。普通股中，集团国有法人股 4080 万元，以公司占用的资产出资，占普通股的 51%。职工持股会以货币方式出资 2320 万元，占普通股的 29%；经营层以自然人身份、以货币方式出资 1200 万元，占普通股的 15%；社会法人股东出资 400 万元，占普通股的 5%。

（二）通过改制孕育了集团的混改基因。通过改制，物产中大集团改变了一直以来成员企业国有独资的体制，形成了国资、集体、民营及个体多种所有制共存共融、相互渗透的格局，尤其是高管团队和员工持股，使广大员工真正有了"主人翁"的意识，由此带动企业在改革浪潮中快速稳健发展。更为重要的是，集团成立之初的混改实践，不仅形成企业内部尊重市场、激励创新的氛围，更孕育了集团的混改基因，为后续深化改革奠定了基础。

二、深入推动混改，只用一年时间实现集团整体上市

物产中大集团不懈探索更好与市场接轨、使公司基业长青的路径。在2013年6月集团人事调整后，以"资产证券化"为核心的改革发展要求成为集团的共识。

（一）坚定不移推动集团整体上市。集团决策层形成共识：在目前的体制环境下，上市公司是股权多元的混合所有制公司的最佳形态，国有资产证券化是未来发展的最正确方向，推进集团整体上市、借力资本市场激发更强动力，成了物产中大集团改革的主攻方向和突破口。集团充分抢抓浙江省大力推动国企改革的契机，在2014年9月浙江省委、省政府印发《关于进一步深化国有企业改革的意见》一个月后，物产中大集团即决定率先启动整体上市工作。集团层面成立政策组、资产组、人事组和报批组4个工作小组，均由集团领导担任组长，董事长作为总协调人；各成员公司也均成立相应的工作组，由其主要领导担任协调人和组长。工作组通力协作、加班加点、压茬推进，在不到1年的时间，完成了大多数公司需要2年至3年时间才能完成的工作，创造了国企整体上市的"浙江速度"。在推动整体上市的进程中，物产中大集团始终坚持"四个不动摇"原则，即：坚守依法合规底线不动摇，确保国有资产保值增值不动摇，坚持调动各方积极性不动摇，坚持为企业基业长青、做强做大做久服务不动摇。

（二）建立与竞争类国企相适应的市场运行法则。以市场化为导向深入混改并整体上市，其最大意义就是使集团建立起与竞争类国企相适应的市场运行法则。集团在整体上市方案中设计形成"资产两分，人随资产；首次引战，资产平衡；中大平台，吸收合并；配套融资，管理层骨干入股"的总体思路。

资产两分，人随资产。由浙江省国有资本运营有限公司（简称"省国资公司"）收购集团持有的另一家上市公司物产中拓以及其他非上市资产，评估价近40亿元。

首次引战，资产平衡。浙江省国资委将所持集团62%的国有股权无偿划转至省国资公司，剩余38%的国有股权协议转让给浙江省交通投资集团有限公司，获得现金价款约40亿元，由省国资公司专项用于支付上述非上市资产的收购对价，形成整体交易的闭环流动。

中大平台，吸收合并。由集团旗下上市公司物产中大发行股份吸收合并集团。

配套融资，管理层骨干入股。向9名特定投资者非公开发行股份募集配套资金，配套融资规模约为23.3亿元。整体上市中，物产中大集团在保留原有部分成员公司高管及员工持股不变的前提下，将职工持股会改造成有限合伙企业，实施2015员工持股计划，高管及员工骨干计1062人在上市公司层面入股，与市场化运作的战略投资者同股同价。为增强发展后劲，集团还在整体上市中引入具有丰富资源的战略投资者，上市完成后的股权比例为省国资公司33.81%，省交通集团20.72%，员工持股计划7%，联想君联资本、天堂硅谷、赛领资本、三

花集团等战略投资者 6.66%，公众股 31.81%。

（三）建立现代企业制度并上市是企业成功的最好制度安排。整体上市后，集团治理体系更加完善，董事会、监事会、高管相互制衡的运行体系，大大提高了决策的科学性和监督的有效性。同时，上市公司管控流程的刚性约束确保了公司的规范运行，集团全面覆盖、分工明确、协同配合、制约有力的经营管理机制和内控规范体系得以进一步健全，并切实承担起对投资者和外部监管机构的信息披露义务。整体上市还为集团做了"全面体检"，通过将低效及不符合上市条件的资产剥离置换现金流，使企业"瘦身强体"，确保注入上市公司的资产质量好、盈利能力强。集团按照现代企业治理要求，通过恰当方式解决好历史问题，为企业上市后的高效规范运行提供了资本、组织、管理等方面的有力支撑。

三、"二次混改"绑定命运共同体

"上市不是国企改革的终点，而是一个新的起点。"整体上市后，物产中大集团在母公司层面已经完成了混合所有制改革，但在成员公司层面，股权结构相对单一的现状多年不变，企业需要权责利更趋一致的运营机制，需要更强的动力、活力和控制力，来适应市场化和全球化的挑战。为此，一场"市场机制更健全、股权结构更多元、股权调整更灵活"的"三更革命"在集团内部全面开展。

（一）以市场化选聘方式延揽人才。集团认为，企业家是稀缺资源，培养、引进、保护企业家队伍是企业发展的重中之重。经浙江省委组织部和省国资委同意，集团以市场化方式选聘 2 名职业经理人担任本级高管副职，本次市场化选聘职业经理人的层级之高，也开创了浙江省属企业的先河。而在此之前，集团已经以市场化选聘的方式，在集团中层和成员企业高管层面，招揽了 3 个紧缺岗位的高端人才。

（二）加快推动投资主体多元化。引进央企、外资、优秀民企等战略投资者，共同参与相关成员公司的改革重组，充分发挥各方股东所拥有的资金、技术、市场、人才等资源优势，最终实现合作共赢。对人才和技术要素贡献占比较高的企业，优先支持其开展高管和骨干员工等持股，这一思路与国务院国资委、财政部、证监会联合印发的《关于国有控股混合所有制企业开展员工持股试点的意见》精神高度一致。

（三）对股权结构进行动态调整是重中之重。以前的全员持股和骨干持股改革，在当时是一种成功尝试，但不出力的股东不能再坐享其成，真正出力的骨干持股要增加，新的股权结构不应是一成不变的，而是应该随着企业发展，根据员工价值贡献大小而动态变化。在此思想指引下，物产中大集团探索设立"深化混改基金"和员工持股"下翻上"机制，建立合理的激励约束机制，从而保证在所有权和经营权分离的情况下，经营者和所有者利益一致，实现员工与企业的"共创共担共享"。以旗下物产环能公司为例，其方案为：设立有限合伙公司作为员工间接持股环能公司的平台，将原有自然人股东股份平移转至新设的有限合伙公司，通过非在岗自然人股东和大股东物产中大集团股份减持方式实现公司骨干新增股份份额的需求。同时，对员工持股份额实施三年一周期的动态管理，建立合理的退出机制。

"混改—整体上市—二次混改"，脉络清晰的改革思路和举措，让物产中大集团在股权结构不断多元化过程中，持续增强发展活力。集团构建起现代企业制度，完善了法人治理结构，制定了"一体两翼"战略，创新了商业模式，国有资产不仅没有流失，反而更好地实现了保值增值。2016 年，集团实现营业收入 2068.99 亿元，利润总额 33.01 亿元，创历史新高，归属于上市公司股东净利润 21.54 亿元，同比分别增长 13.46%、49.2% 和 55.6%。集团整体上市后的利润分配方案更是连创物产中大股票 20 余年来新高。2015 年，物产中大年度利润分配方案为每 10 股转增 3 股并派发现金股利 2.5 元；2016 年的方案则达到了每 10 股转增 5 股并派发现金股利 5 元。据统计，2015—2016 年间，仅国有股东获得的现金分红就达到 10.84 亿元。

持续深化混改　聚焦主业加速创新　力争行业领军

——大连冰山集团有限公司混改案例

大连冰山集团有限公司（简称"冰山集团"）成立于 1985 年，前身是始建于 1930 年的大连冷冻机厂。历经两次混合所有制改革，冰山集团由一家国有独资公司发展成为国资、外资、骨干员工团队、民资共同持股的混合所有制企业，不仅在集团层面持续强化创新引领、完善治理，子公司层面也通过混合所有制改革强化战略合作。同时，冰山集团还利用自身影响力打造大连智能制造示范基地、绿色智能能源应用示范基地"5G+ 工业互联网"应用示范工厂，全力构建冷热技术产业生态。冰山集团深化混合所有制改革的做法，对主业处于实业领域的地方国有企业集团具有较大参考价值，对东北地区国有企业深化改革、转型升级也具有示范效应。

一、集团层面持续深化混合所有制改革

针对国有企业法人治理不完善、决策层和经营层权责边界模糊、生产效率不高等问题，冰山集团利用区位优势，果断实施第一次混合所有制改革，引入了日本三洋电机株式会社、大洋有限公司、亿达集团有限公司以及由经营管理层出资设立的大连中慧达制冷技术有限公司，大连市国资的持股比例由 100% 降至 30%，外资、民资各持 30%，经营管理层持股 10%，初步形成了多元化的股权结构，提升了经营管理效率。随着公司业务拓展和发展壮大，出现了研发及技术骨干激励不足、职业经理人团队作用发挥不充分等新问题。2015 年，冰山集团进一步深化混合所有制改革，包括研发、业务及管理骨干组成的"关键少数"以现金方式增持股份至 20.2%，可推荐董事名额由 1 名增至 2 名，持股人员也从原来的 46 人增至 163 人。由此，形成了更加制衡的公司治理结构，公司章程也对董事会、监事会的权限作出全面细致的规定，推动公司决策更加科学有效，管理更加规范透明。2021 年，冰山集团的股权结构进一步优化调整，形成了国有股权 33.25%、外资股权 33.25%、经营团队股权 20.2%、民营股权 13.3% 的结构。与冰山集团有着广泛深入战略合作的外资股东持股比例与国资持股比例同比例增加，民营

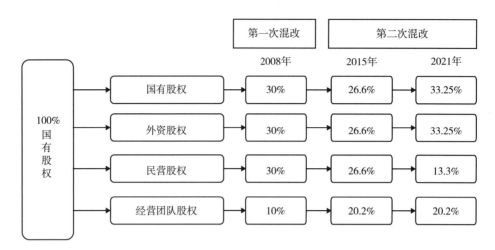

冰山集团历次混合所有制改革股权变动图

股东作为财务投资者的持股比例相应减少，国资、外资、骨干团队三足鼎立的局面，有利于冰山集团持续健康发展。

二、子公司层面通过混合所有制改革打造核心竞争力

冰山集团的混合所有制改革并未停留在集团公司层面，而是进一步深入到业务板块和子公司层面。通过实施混合所有制改革强化长期稳定的战略合作，冰山集团构建了完备的制冷空调产业链。与松下电器合资组建4家混合所有制企业，其中，松下冷链专注于为客户提供冷热综合解决方案，通过整合资源、技术创新，已成为我国行业领军的冷热解决方案提供者。与德国林德集团合资设立的林德工程（大连）有限责任公司，具有生产最大容量为20万Nm³/h大型空气分离装置设备的能力。与美国巴尔的摩冷却系统公司开展战略合作，推动该公司在中国的大连分公司与苏州分公司实施战略性整合，新设美国巴尔的摩冷却系统中国分公司，总部设在大连。整合以后的美国巴尔的摩冷却系统中国分公司，可为亚太地区暖通空调、工业冷冻及过程冷却领域提供业界领先的节能型蒸发冷却设备及应用解决方案。与日本三菱重工合资新设菱重冰山制冷（大连）有限公司，生产大冷量高效节能离心式冷水机组，达产后规模年产500台大型离心机。与东京盛世利株式会社合资新设华慧达融资租赁公司，以传统融资租赁为基础，融入售后回租、应付债权保理等新形式，为冰山集团的新事业发展和企业转型升级提供了宝贵的资金支持，已协助冰山集团完成超过5亿元的设备销售收入。

三、聚焦主业加速转型升级

冰山集团坚持跨界不越界，充分整合资源，积极发展生物科技、融资租赁、工业互联网、能源环境、产业金融等新事业。一是依托智能制造改造传统产业，实现制造设备更新、设计制造软件升级和产品升级换代同步匹配。关键核心设备更新投资近3亿元，软件升级投资近5000万元。通过制定产品技术路线图和制造升级改造规划方案，全面对接客户大规模非标定制化的需求。增资扩建国际领先的智能自动售货机的智能制造工厂，并以冰山装备制造和商品

制造两个智能制造工厂为样本，推进全集团转型升级，向智能生产和智慧服务稳步迈进。二是加速智能制造、绿色制造进程。实施数字化战略，建设冰山工业互联网平台，打造智能制造工厂，率先实现 5G 技术在冷热服务事业上的应用。依靠智能制造技术和信息技术等，全面规划公司生产、物流、工艺及库存等流程，提升工厂运行效率，推动产业优化和升级，优化制造流程，应用绿色低碳技术建设厂房，集约利用厂区空间。三是对原有 18 万平方米的旧厂区进行升级改建，建设集工业设计、文化创意、大数据应用于一体的"冰山慧谷"智慧创新园区，加快拓展新领域、发展新业态。目前，园区已吸纳 200 余家小微企业、3000 多名创业者入驻发展，初步形成冷热服务的产业创新生态。

四、坚持自主创新，提升核心竞争力

冰山集团坚持以企业为创新主体，依托 1 个国家级企业技术中心、4 个博士后工作站、31 个性能实验室和 1500 名研发人员，加快冷热技术自主创新步伐。一是围绕冷热产业链实施创新，推动集团从冷热装备制造商向冷热综合解决方案提供商转型。冰山集团依托 43 家出资的混合所有制企业，围绕"-272℃—430℃"温度区间率先推出"冰山深焓能源系统解决方案"，在余热余压回收工业节能领域实现技术领先，蒸汽螺杆膨胀发电机组获 2019 年中国制冷展创新产品奖。二是围绕新领域拓展创新空间。冰山集团创新发展了冷链物流、新零售、乳品加工、空气分离、船舶制冷、人工环境模拟、冷热节能控制、冰雪工程等细分优势市场，并在煤矿热能改造供热领域、天然气工业领域、水蒸气压缩领域、热泵领域等形成国内领先的技术优势。三是持续开展产学研协同创新。冰山集团与清华大学、西安交通大学、大连理工大学、中科院大连化学物理研究所等持续开展产学研创新合作，在工业制冷制热、空调与环境、商用冷冻冷藏、工业互联网、生物科技等核心事业领域，围绕机械、电子、材料、智能制造、数字技术等学科领域累计提出 40 多个对接项目。其中，冷水塔降噪和热回流特性分析项目成功落地，累计助力冰山集团中标项目 8000 多万元。

冰山集团持续深化集团层面及子企业层面混合所有制改革的做法，带给我们几点启示。第一，混合所有制改革是随着企业的发展需要不断渐进深化，不是一蹴而就的。改革过程中，需要坚持一企一策的原则，周密谋划好拟引入的战略投资者、改革的范围、实施路径，以及引资后的体制机制改革重点，最大限度释放改革的红利。第二，与战略合作者深度合作开展技术创新和模式创新以提升核心竞争力。通过与战略合作者合资新设混合所有制企业，冰山集团不断创新冷热服务的商业模式，依托互联网、云平台、大数据的智能服务网络，加速服务产业化发展，不断推进技术创新和模式创新，积极向综合解决方案提供商转型，走出了一条具有鲜明特色的创新发展之路。第三，利用资本市场募集发展资金。冰山集团利用其控股的上市公司冰山冷热科技股份有限公司持续融资，累计募集资金 14.6 亿元，其中，3.2 亿元用于技术改造，5.8 亿元用于与战略投资者开展合资合作，5.6 亿元用于厂区整体搬迁和旧厂区改建，有效放大了国有资本功能，实现了国有资产保值增值。

"混"成事业共同体 "改"出核心竞争力

——深圳市建筑科学研究院股份有限公司混改案例

深圳市建筑科学研究院股份有限公司（简称"建科院"）最早可追溯到 1982 年的深圳市建科中心。1992 年按照"研究人员进入研究所、设计人员划归总院"的原则，其与深圳市建筑设计研究院等单位合并成立深圳市建筑设计研究总院，2006 年由事业单位转为国有企业，2007 年改制为有限责任公司。2011 年，在全国尚无先例可循的情况下，深圳市国资委将建科院列为第一个科研院所转制企业的混合所有制改革试点。2012 年底，建科院正式启动混合所有制改革，2013 年改制为股份有限公司，2017 年在深圳证券交易所创业板上市。从一家地方科研院所，华丽转身成为绿色建筑和生态城市建设领域的明星上市公司。建科院的混合所有制改革历程及经验，对轻资产、人才密集型的国有企业及转制科研院所具有参考借鉴价值。

一、选准选好战略投资者

建科院立足通过混合所有制改革打造事业共同体，按照国有资本控股、战略投资者积极参与治理、骨干员工持股绑定"关键少数"的思路，聚焦绿色节能环保等战略新兴产业链，确定了拟引入的三类战略投资者所应具备的资质条件。A 类战略投资者需要持有深圳市以外的土地，帮助建科院拓宽服务市场；B 类战略投资者可向建科院提供全产业链支持，助力建科院做强做优；C 类战略投资者需要深耕资本市场，为后续改制上市作准备。通过在深圳联交所公开征集战略投资者，结合竞争性谈判，最终选定"中关村发展集团股份有限公司""深圳市英龙建安（集团）有限公司""深圳市创新投资集团有限公司"为 A、B、C 类战略投资者。事实证明，三家战略投资者对建科院的跨越式发展予以积极赋能。中关村发展成功协助建科院拓展了北京、洛阳等新市场业务，获得中海油和金融街等新客户；英龙建安在业务牌照和影响力上具有明显优势，对建科院形成全产业链的支持，成功为建科院提供大量建筑检测业务；深圳创新投拥有投资并推动上百家企业实现 IPO 上市经验，其后为建科院提供上市辅导经验，帮助建科院顺利实现首发上市。

二、稳慎推进骨干员工持股

建科院始终秉持实施企业与员工共同成长的经营理念。按照深圳市出台的《深圳市公司内部员工持股规定》《深圳市国有企业经营管理者持股工作指导意见》，在引入战略投资者同时实施了核心骨干员工持股，以与战略投资者"同股同价"的方式增资入股，有效解决了入股时间和价格这两个当时国企改革实践中的现实难题。通过实施骨干员工持股，建科院留住了对公司业务发展最为关键的 113 人（占当时员工总数 22%），员工离职率从接近同期全国同行业均值的 13% 大幅下降至 8%，稳住了公司持续健康发展不可或缺的关键人力资本。在实施骨干员工持股过程中，持股人员范围、持股资格及数量标准和最终持股方案均由建科院职工代表大会讨论制定并审议通过，公司纪委和监事会全程参与监督职工代表大会过程，会后严格履行公开程序，确保员工知情权、参与权和监督权。

三、完善公司治理及经营机制

按照国资持股 60% 保持控股、战略投资者持股 25%、核心骨干员工持股 15% 的股权结构，建科院确定控股股东推荐 4 名董事、3 家战略投资者及骨干员工持股公司分别推荐 1 名董事，由此组建了各方参与、制衡有效的公司治理体系。同时，按照上市公司监管规则，建科院慎重选择中科院院士、知名会计师和律师担任公司独立董事，共同参与公司治理。持续深化内部三项制度改革，自 2000 年起就实行"不挂靠、不承包、流程化、扁平化"的管理模式，此后又进行系统性的全员能力测评，建立起"4 个职位族，每族各 21 级，各族各级无缝对接"的职位矩阵，充分激发员工能动性，将市场化导向的业绩考核制度内化为公司文化。

四、做强做优核心主业

实施混合所有制改革后，建科院创新提出以"中国绿色城市价值创造者"为使命，推进单点技术服务向绿色科技集成服务、全过程服务转变，基于"绿色建筑—社区—城区—低碳生态城市"4 个层面，构建集"生态诊断、平衡规划、动态实施、智慧运营、实时评估"于一体的城市绿色建设运营服务业务模式，涵盖科研、规划、设计、咨询、检测、项目管理及运营等多业务内容，提供全过程的综合解决方案。为持续做强做优核心主业，建科院还在各大区域公司、重点城市公司中设立生态规划设计业务中心、建设项目管理业务中心和公信检测服务业务中心，并围绕重点项目组建项目团队，既增强客户的服务体验，又通过项目负责制进一步激发团队的创新活力、工作动力和担当能力。

循着"混合所有制改革—拓展并做强核心主业—首发上市"的步伐，建科院走出了一条价值培养、能力提升、人才强企的持续发展道路。作为深圳市国资委通过"资源资产化、资产资本化、资本证券化"培育上市的第一家转制科研院所企业，建科院的混合所有制改革积累了以下经验。第一，股权层面的混合不是混合所有制改革的终点，更不是其目的。不能将"混股权"视作改革完成，也不能让股权合作仅仅停留在"利益共同体"层面。建科院通过 10 年的改革探索，摸索出"国家投资源、股东投资金、员工投职场生命"的"事业共同体"路径，为公司的持续健康发展奠定了坚实的基础。第二，善于运用增量的思路推进改革、推动发展。在长期的事业单位运转模式下，建科院的领导层已经意识到，过分注重存量利益分配只会引发内部不适乃至"内卷"。利用混合所有制改革的契机，建科院果断转向增量发展，不仅从设计领域成功转型为综合解决方案提供商，还为更多员工提供了广阔的增量发展平台，收获了事业的成就感。第三，持续"借力"以推动公司跨越式发展。建科院的成功，首先是借力深圳市国资委对国有企业混合所有制改革试点的支持与推动，能够在顶层制度设计尚未出台之前，就准确把握引入战略投资者、实施骨干员工持股等关键改革环节的核心要义与行为规范，严格改革程序，避免走弯路、犯错误。其次，建科院也非常善于借助不同战略投资者的优势，通过赋能、合作等方式不断拓展延伸产业链和价值链，聚焦主业做强做优。最后，建科院的成功也借助了事业单位改革的铺垫。正是提前 10 余年的市场化、差别化业绩考核与"以岗定薪"、按贡献分配的内部管理模式，为建科院混合所有制改革尤其是骨干员工持股计划的顺利实施作足了准备。反观我国不少转制的科研院所企业难以推进混合所有制改革，很重要的一个原因就是此前的事业单位改革不到位，员工没能对市场化的改革理念形成共识。

改革无止境　发展不止步

——郑州煤矿机械集团股份有限公司混改案例

郑州煤矿机械集团股份有限公司（简称"郑煤机"），成立于 1958 年，是中国第一台液压支架的诞生地，目前是我国规模最大的煤矿综采装备研发、制造企业，世界最大的液压支架研制基地。2008 年，郑煤机注册成立为国有股份有限公司；2010 年和 2012 年分别在 A 股主板和 H 股主板上市；2014 年成为河南省发展混合所有制经济改革和职业经理人制度改革的"双试点"单位；2018 年入选国务院国资委国企改革"双百行动"企业。进入新世纪以来，郑煤机始终坚持以改革引领发展，从三项制度改革，到引入外部战略投资者，再到产业并购推进下属企业混改，在大力改革、持续变革中真正实现了从几近破产到行业龙头的跨越式发展，树立起中国高端装备制造业大旗，成为国有企业改革的典范。

一、三项制度改革——吹响改革冲锋号

20 世纪 90 年代，受煤炭行业形势不景气的影响，郑煤机资产负债率超过 117%，处于半停产状态，濒临破产。2000 年起，郑煤机突破传统观念束缚，打破思想藩篱，坚持探索和尝试保持企业活力的机制模式，陆续启动了以"干部制度改革、分配制度改革和用工制度改革"为主要内容的三项制度改革。实现公司干部能上能下，收入能高能低，员工能进能出。

（一）干部制度改革，取缔"终身制"。自 2002 年底开始，郑煤机推行以"竞聘制、任期制、岗薪制、末位淘汰制"为主要内容的干部制度改革，打破工人和干部的身份界限，坚持公开竞聘上岗。一是竞聘制。中层干部每两年一届，届满全部下岗，除个别特殊岗位外，面向全公司公开招标竞聘。二是岗薪制。一岗一薪、易岗易薪。以年度为单位，依据企业经营业绩和个人岗位贡献，确定中层干部薪酬，中层干部薪酬由基薪与绩薪（40%基薪 +60%绩薪）构成，调动了各部门领导班子的积极性。三是任期制。中层干部任期一届两年，到期必须下岗重新竞聘；同一人在同一岗位最多三届，届满后不得再竞聘本岗位。四是末位淘汰制。年度考核结果末位和连续两年考核结果倒数第二名的干部，自然退出中层岗位。干部制度改革的持续推进，

从制度层面解决了传统国有企业中层管理干部终身制问题，激活了干部队伍的活力，加快了干部队伍的交流速度，强化了中层干部的创造力和执行力。

（二）分配制度改革，掀翻"大锅饭"。在保障公司生产任务基本饱满的前提下，郑煤机在干部层面推行"岗薪制"，在员工层面分类逐步推进以"协议工资制""项目工资制""提成工资制""计件工资制""岗薪制"为主要内容的分配制度改革。员工层面，分配政策向技术一线、销售一线、生产一线"三个一线"倾斜。在技术一线人员中实施协议工资制和项目工资制相结合的分配制度；在销售一线人员中实施"提成工资制"，即零起薪，按照合同订货额和回款总额按一定比例提成；在生产一线员工中实施计件工资制、单元工作量日薪制。以能者多劳、多劳多得、不劳不得为导向的分配制度改革，让郑煤机在危机时刻留住了技术、销售、生产一线、经营管理等方面的关键核心人才，并吸引了大批优秀人才回流和加盟郑煤机，为企业后续发展积攒了"火种"。

（三）用工制度改革，打破"铁饭碗"。全面推行公开招聘制度，变过去单一的固定用工模式为合同制、劳务派遣制、专业顾问制等多种用工形式，针对不同时期的员工及不同时期对劳动力的需求，采取不同措施，使劳动用工更加灵活，形成人才市场化流动机制。对各部门空缺岗位参照中层干部制度采取竞聘上岗制度，同时，每年对全体在岗的一般员工进行绩效考核，并设立相应的奖惩措施。对于考核优秀的员工，给予一次性现金奖励，颁发荣誉证书，同时作为内部晋升、竞聘中层干部的参考依据，其中考核优秀且符合相关条件的生产一线劳务派遣制员工，可直接转为合同制员工。对考核末位的，结合实际情况，劳务派遣制员工退回劳务公司，合同制员工采取人员流动转岗交流、培训、降薪，直至解除或终止劳动合同等办法。

二、混合所有制改革——打响改革关键一枪

（一）持续推进产权制度改革，实现从工厂制到A+H上市公众公司的转变。郑煤机以改制重组为基础，引入战略投资者和员工持股，实现整体上市，推动企业扭亏脱困、做强做大、培育全球竞争力。公司由全民所有制的国有工厂制先后改制为国有独资的有限责任公司，国有股权51%和职工持股49%的有限责任公司，河南省国资委控股51%、社会资本和管理团队持股49%的股份公司，最终实现A+H上市，拥有了国际化的投融资平台。党的十八大以来，河南省持续推进国有资本投资公司改革试点，将郑煤机的国有股份由河南省国资委划归河南机械装备投资集团持有和运营。目前，郑煤机形成国有相对控股30.08%、境内外社会公众股、企业核心骨干持股相结合的股权结构，企业竞争力大幅提升，国有资本大幅增值，国有资本影响力和控制力不断放大。

（二）不断强化党的领导和完善法人治理结构，探索建立中国特色现代企业制度。郑煤机始终坚持强化党的领导和党的建设，牢牢把握正确的改革发展方向，以混合多元的股权结构为基础，建立健全党委会与董事会、监事会、经理层主要负责人"双向进入、交叉任职"的治理结构。董事会方面，成员由股东推荐，并经股东大会选举产生，执行董事分别具备投融资、煤

机、汽车零部件业务背景；独立董事在董事会中占 1/3，具备投资、审计、法律等知识背景，符合郑煤机业务转型、打造世界级企业的要求。监事会方面，成员由内部职工代表监事、外部股东推荐监事相结合，充分发挥监督作用。经理层方面，选聘采用外聘与市场化选聘相结合方式，充分提升经理层执行能力。同时，将党建工作写入了公司章程，明确党委前置研究讨论是董事会、经理层决策重大问题的前置程序，使党委发挥领导作用组织化和制度化，确保党委把方向、管大局、保落实。规范各个治理主体的权责关系，按章程行权，靠市场选人，依规则运行，形成了定位清晰、权责对等、运转协调、制衡有效的中国特色社会主义国有企业法人治理结构。国资股东充分授权放权，推动董事会职权落实到位。公司控股股东河南机械装备投资集团将经营方针、部分对外投资项目、所出资企业的处置及改革改制、工资总额、债权发行、资产转让、经理层选聘等 9 项职权下放给郑煤机董事会，减少对郑煤机的行政性管控和直接干预，使公司董事会成为决策主体和责任主体，实现了国资监管体制和上市公司运作机制的有机统一。

（三）经理层全面开展职业经理人改革，探索建立市场化经营机制。2014 年初，郑煤机率先在省管企业中开展职业经理人选聘试点工作，引入一名职业经理人。2015 年 2 月，公司在经理层试点实行市场化选聘职业经理人制度。目前，公司经理层成员 100% 实现了职业经理人市场化选聘、契约化管理。公司总经理曾担任跨国公司的总裁，财务总监、人力资源副总分别来自巴西淡水河谷中国公司、德国博世中国公司的相应岗位，具备跨国公司高级管理工作经历和同行业背景，熟悉国际政策法规，具备跨文化沟通管理能力，建设了一支具有国际视野的高级管理团队。

三、推动下属产业板块混改——改革浪潮全面铺开

郑煤机鼓励下属各产业板块引入各类投资者，利用国内外多层次资本市场，在新三板挂牌、主板市场上市，实现参股企业产权多元，促进企业的市场化规范运作。郑煤机下属煤机服务板块郑州速达工业机械服务股份有限公司（简称"速达股份"），由郑煤机与外部投资机构、管理团队合资设立，主营业务是为煤机提供维护修理、配件供应、全寿命周期管理的专业化服务以及液压胶管的加工和销售。郑煤机原为其第一大股东，鉴于煤机服务是充分竞争的市场，速达股份在股权层面积极引入民营资本和管理团队，使其以民营化的运营机制适应快速变化的市场竞争环境。速达股份于 2015 年 8 月在新三板挂牌，现已从新三板摘牌并向中国证监会申报创业板 IPO 材料。速达股份并非简单的股权混合多元，而是建立了真正市场化的经营体制机制，其董事会由各方股东按持股比例推荐，以董事会为治理平台，建立灵活、高效的市场化决策机制，推动企业快速发展。速达股份从 2009 年成立时零起步到 2021 年营业收入 8.19 亿元，净利润 1.01 亿元，为郑煤机集团及二级企业的混改积累了经验。

20 多年来，郑煤机通过深化机制、体制改革，由濒临破产边缘成长为行业龙头企业，在液压支架领域以绝对优势位列世界第一。国际市场上，公司液压支架产品与世界两大煤机巨头

JOY、CAT 竞争，国际市场份额逐步扩大，企业在行业内的地位变化是自身改革带来的切实成效。面对经济新常态和行业低谷期，郑煤机的案例证明了改革是决定企业命运的关键。郑煤机借助深化改革，不断创新，通过并购转型升级，以国际化的视角努力打造具有世界影响力的装备集团，探索出行之有效的做法，积累起可复制可推广的改革经验。

混合所有制改革促使"僵尸企业"重新焕发生机

——山东兖矿国际焦化有限公司混改案例

山东兖矿国际焦化有限公司（简称"国际焦化"），成立于 2004 年 12 月，是山东能源集团化工板块主要生产单位之一，是国家工信部公告准入的焦化企业。初始建厂是承接国家"十一五"发展规划，整体原拆原建德国凯撒斯图尔焦化设备、配套国内甲醇装置建成。国际焦化建厂早期，由于国外炼焦工艺与国内煤炭原料匹配度、经营管理等多方面原因，导致企业连年亏损、举步维艰，一度被列入山东省 14 家重点亏损治理企业和"僵尸企业"名单，到了将被政府关停的境地。2018 年 6 月，山东能源集团与省内民营百强企业永锋集团联合，对国际焦化实施混合所有制改革。混改后，国际焦化主要经济指标大幅跃升，截至 2020 年，累计实现利润 13.64 亿元、上缴税金 4.91 亿元，引资当年就还清了外部银行贷款 6 亿元，资产负债率由最高时的 160.4% 下降至 2020 年底的 43%，利润总额由 2017 年的 0.39 亿元上升至 2020 年的 5.13 亿元。

一、积极引入战略投资者，完善公司治理

（一）出于战略考量引入外部投资者。面对困境，为保障国有资产免受损失，山东能源集团以推动国有资本保值增值、彻底激发企业发展活力、保障千余名员工根本利益为出发点，以有利于上下游产业链融合、实现省内资源优化配置、引入优质资本为落脚点，按照"国际焦化污损治理首推合资合作"的方向，在进行企业治理的同时，选择长期耕耘钢铁冶金行业，且与莱钢等国企有过合作经验的山东民营百强企业永锋集团联合。永锋集团作为一家实力雄厚的民营企业，给国际焦化带来了灵活高效的经营管理经验和有力的资金支持。2018 年兖矿集团与永锋集团联合后，对国际焦化实施股权重组，双方各持国际焦化 50% 股权。兖矿集团和永峰集团分别通过减免集团内债务、注入资金等方式，推动国际焦化再启动改革。

（二）构建合理法人治理结构。引资完成后，国际焦化依法设立股东会、董事会（共 5 名董事，其中山东能源集团 3 人、永锋集团 2 人）、监事会（共 3 名监事，其中山东能源集团 2 人、永锋集团 1 人），股东双方签署股东会、董事会、监事会、经理层议事规则等文件，各主体定位清晰、权责对等、协调运转、制衡有效，有效保障了董事会决策作用、监事会监管作用、经理层经营管理作用的发挥。

兖矿和永锋达成的一系列协议

	协议名称
1	公司章程、股东会议事规则、党委议事规则、董事会议事规则、监事会议事规则、总经理工作细则
2	党委关于做好混改机制下党建工作的意见、关于创建精益党建工作模式的意见
3	产权交易合同
4	增资扩股协议
5	授权经营管理暨业绩承诺协议
6	内资股权出质登记通知书
7	债务偿还暨担保协议
8	永锋解除连带担保责任承诺函
9	股权质押合同
10	兖矿化工关于印发兖矿化工对国际焦化实施管理的权责界限清单的通知
11	永锋关于公司超额利润激励有关事项的函
12	兖矿集团关于永锋关于公司超额利润激励有关事项的复函

（三）形成灵活高效的决策机制。股权重组后，建立了灵活高效的决策管理体系，严格按照双方签订的《公司章程》《授权经营管理暨业绩承诺协议》《权责界限清单》《党委会议事规则》等开展日常经营，建立了权责明确、分工合理、灵活高效的企业运行机制。股权重组后的国际焦化公司，由永锋集团组建经营管理团队负责集团的经营管理，财务报表由兖矿集团合并，企业的国有性质和员工身份保持不变，实行"国有体制、民营机制"的发展模式，真正实现"国民共进"。按照授权规则，企业低于 5000 万元的固定资产投资事项，由董事会或授权总经理决定，不需要向集团报批，覆盖绩效薪酬、安全、环保、生产、采购、销售等多个方面。新的决策规定有效地解决了原有决策过程中流程繁琐、时间长等一系列问题，决策效率大大提高，将以往 3—6 个月才能完成决策流程的事项缩短到 1 个月完成，使一些重大项目得以迅速开展。

二、把党建融入生产经营全过程，全面提升党建工作质量

（一）推动具有资格的民营高管进入国际焦化党委会。混改后的国际焦化在公司章程中对公司党委与"三会一层"的职责范围进行了规定。成立以党委书记任组长，党委委员、纪委书记和部分领导班子任副组长的党的建设工作领导小组，进一步强化党委主体责任和领导干部"一岗双责"。完善"双向进入、交叉任职"的领导机制。党委书记兼任副董事长，一名副总经理兼任党委委员，纪委书记兼任党委委员和公司监事，形成了更为规范的领导治理体系。其中，现任永锋派出的总经理曾经长期在莱钢担任党政干部工作，进入公司党委会，进一步提高

了党委会在把关定向上的专业性。

（二）推行党管事项清单化管理。混改后的国际焦化由上级党委向下级党委下发权责清单，明确管理的程度与范畴，在确保"管方向、把大局、促落实"的同时，赋予企业根据自身条件安排生产经营的自主权。例如，对于干部任命，兖矿集团规定国际焦化聘任干部不需要再向集团报批；在选拔过程中，一方面规定国际焦化符合国企任用干部标准化 19 个步骤的人员，可以认可符合国企干部条件，未来可以调入兖矿集团系统内；与此同时，国际焦化可以根据企业自身情况选拔干部，以岗定人。

（三）做好党建工作为改革保驾护航。针对混改前部分企业员工存在怀疑、迷茫等情绪和混改后部分员工存在转变不及时、思想有波动等问题，国际焦化充分发挥党建的作用，稳定员工情绪。一方面，公司承诺"五不"原则：对员工不欠薪、不减员、不降薪、不把员工推向社会、不让一个员工掉队；另一方面，积极开展"四新"主题教育活动，开通"美丽国焦"公众号等，提高员工的认同感和归属感。对于涉及职工切身利益的重要问题审慎推动，在制定《员工违规违纪考核办法》过程中，首先股东双方沟通，再交董事会审议，然后经员工代表团长会议审议通过，既有效维护员工的利益，也教育督促员工正视问题、遵章守纪。

（四）建立精益党建工作模式。围绕公司改革发展和生产经营，将党组织嵌入公司治理的各个环节，运用精益管理手段，把党建工作融入生产经营全过程。加强党支部建设，明确政治过硬、班子过硬、队伍过硬、作风过硬、制度过硬、业绩过硬的建设标准，要求各党支部在组织生活"十条"标准上更加"精确""精美"。将"一支部一亮点"作为创建过硬党支部的主要考核内容，每年组织党支部书记述职，并将述职情况纳入党支部书记考核和党支部评先树优的标准。开展"我是党员我带头""2020 我承诺"等活动，号召党员在自主改善、服务生产、遵纪守法、弘扬正气上当先锋作表率。

三、健全市场化经营机制，充分激发人的积极性

（一）全面推进市场化选人用人机制。引资后，国际焦化建立了较为完善的人才选拔机制，经总经理推荐后，党委对任职资格进行审查，查档案认定后进行民主考察和定向考核，通过后进行公示聘用。建立健全职业经理人制度。通过市场化的方式，选聘一名焦化领域专家任总经理，经理层由总经理提名、董事会聘任，聘期三年。公司的人才选拔效率得以大大提高。混改以来共调整干部 51 人次，占全体中层总数的 94.4%，其中提拔 10 人次、降职使用 16 人次，使公司改革发展的中坚力量时刻保持危机感和拼搏动力。优化现有岗位安排。技术编制增加 18 人、班组长减少 28 人。车间级技术人员和班组长岗位全部重新竞聘上岗，45 名一线员工通过竞聘走上技术员和班组长岗位，使得基层管理技术人员活力大幅提升。

（二）建立强激励、硬约束的激励机制。制定混改过渡期的薪酬管理办法，所有人员普涨1000 元改革激励金，严格按照"产量、成本、利润"完成情况核定、发放绩效。对现有岗位

价值进行评估，参考美世国际岗位价值评估体系，从影响、沟通、创新、知识、危险5个维度对全部岗位进行评估，重建岗位职级体系。完善薪酬管理体系，编制实行新的薪酬方案，实现薪酬水平能高能低，以及考核方式的灵活多样，员工考核包括所处岗位、全年绩效以及述职情况。实行动态考核，将单项考核纳入整个动态考核当中，实行激励到人的差异化激励策略，充分调动员工的积极性，公司现行的员工工资水平波动最高可达到35%，每月工资总额与企业经营效果的关联度更加紧密。中层干部、员工收入之间的平均差距分别达到2.35倍、2.7倍，真正实现了多劳多得，避免了"大锅饭"。注重公司绩效结果运用，个人收入、工资晋档、职务晋升、评先选优全部与绩效挂钩。2020年底评选出20名年度突出贡献基层员工，每人奖励金额从6万元到10万元不等，共计奖励142万元。2020年两次集中发放精益运营核心攻关项目奖励100余万元。

四、推行精益化改革，强化成本管理

（一）推动精益化改革落地实施。搭建精益运营平台，以公司级速赢项目为抓手，从流程、制度、体系、效率、效能等方面开展现场诊断，形成诊断报告，挖掘出提升效益的潜力改善点。开展全员精益培训，公司针对员工的不同需求，实行差异化的员工培训，对于高管团队，开展统一思想、激励斗志、领导团队、管理变革专项研讨会8期；对于中层队伍，开展领导力和精益运营培训12期；对于员工骨干，开展精益运营工具和方法、项目管理等专项培训135期；对于基层班组，开展实用技能培训262期，累计4270余人次，促进全员学精益、讲精益、会精益、用精益。

（二）对标国际先进强化成本控制。引资后，国际焦化对标行业先进，逐年提升降本目标，从2019年120元/吨焦到2021年315元/吨焦。围绕年度降本目标，确定降本重点和利润潜力点，形成多个精益降本大项目承接，并由公司领导分别牵头挂帅，以项目为抓手，细化、量化降本任务。每年年初制定精益降本管理办法，作为全年降本工作纲领性文件进行落实。搭建KPI业绩看板体系，实现对产量、成本、质量等关键性指标的精准监控，利用红、黄、绿看板分区呈现，使问题浮现更加鲜明。建立成本"日统计、周通报、月考核"工作制度。每周对大项目进行通报排名，每月以单位组织绩效进行兑现。

国际焦化在短时间内成功从负债高、成本高、效益低的"僵尸企业"转变为业绩好、效益高、成本低的优质企业，关键在于坚决彻底地推动混合所有制改革，引入与经营理念高度协同的战略投资者，以"混"促"改"，突破传统国企在决策、管理、用人、薪酬等方面的种种束缚和弊端，在"三会一层"建设、三项制度改革、激励机制建设等方面放开手脚，彻底地推进各项改革举措落地实施，对于深化国有企业改革，特别是推动"僵尸企业"通过改革焕发生机具有重要示范意义。

以"混合所有制 + 员工持股"改革为突破口
有效激发企业高质量发展活力动力

——黑龙江省公路桥梁勘测设计院有限公司混改案例

黑龙江省公路桥梁勘测设计院有限公司（简称"设计公司"）作为一家轻资产和知识密集型企业，是黑龙江省建设投资集团有限公司的孙公司，权属二级企业龙建路桥股份有限公司（简称"龙建股份"）的全资子公司。设计公司按照国务院国资委"双百行动"综合改革相关规定，通过"混合所有制改革 + 员工持股"方式开展试点改革。目前，公司在优化股权结构基础上，突出完善治理的根本要求，着力构建各司其职、各负其责、协调运转、有效制衡的公司治理机制，全面提升企业治理水平。

一、改革主要做法

（一）充分遴选战略投资者。设计公司成为混改试点企业以来，龙建股份充分挖掘嫁接外部战略性优势资源，基于国有资产保值增值和放大国有资本功能战略考量，以"是否能够同企业业务发挥协同效应、是否能够对企业未来业务发展提供技术与智力支持"为遴选标准，经论证和比选，中设集团、苏交科、惠州设计院等经营业绩突出的民营企业先后进入备选视野。龙建股份以增资扩股方式在省产权交易平台公开挂牌交易，2020 年 12 月 25 日，惠州市道路桥梁勘察设计院成功摘牌，同步完成龙建股份、惠州设计院、员工持股平台、设计公司增资协议和股东协议签署，12 月 28 日完成工商登记变更。

（二）依法依规推进改革工作。在改革过程中，龙建股份严格按照法律法规政策规定，严格执行国有资产交易制度，坚持"三因三宜三不"原则，依法依规操作，聘请会计师事务所、资产评估公司、律师事务所提供全程咨询服务。注重发挥内外部监督合力，坚决防止国有资产流失。龙建股份实施"混合所有制改革 + 员工持股"，致力于构建员工与公司"命运共同体"，坚持"自愿投资、自主决策、自担风险"的原则，赢得了广大干部员工对改革的充分理解和支持，特别是核心骨干员工参与员工持股的热情高、意向强，为同步实施员工持股奠定了基础。"混改 + 员工持股"实施方案先后经设计公司、龙建股份、建投集团党组织会议、总经理办公会、董事会等会议审议，经设计公司职工代表大会审议通过，最后经龙建股份股东大会审议后实施。

（三）针对核心骨干人员，精准实施员工持股。一是坚定改革信心，迅速统一思想。设计公司通过中心组学习、党课、会议、讲座、座谈、调研等多种渠道、多种形式，就什么是员工持股、为什么持股、怎样持股等问题，先后对全体干部职工进行 10 多次专题宣讲，迅速统一职工思想，解除疑惑，坚定信心。二是确定员工持股方式。根据《关于国有控股混合所有制企业开展员工持股试点的意见》等政策文件规定，综合考虑战投方和员工持股对象实际出资能力等因素，通过增资扩股方式解决激励标的股权来源，入股价格按照战略投资者实际入股价格确定，实行同股同价。三是明确员工持股标准。纳入本次员工持股计划的对象包括设计公司中、高级管理人员和核心业务骨干。具体遴选标准：担任设计公司中高级管理岗位或关键业务岗位工作、工作时间需满两年及以上。共有 26 人自愿参与、自筹现金入股。四是科学确定股权分配原则。以对设计公司战略发展的重要性和岗位价值为基础，主要考虑持股对象的职级、工作年限以及对设计公司利润的贡献高低等因素来确定股权分配比例，单一员工出资比例最高不超过混改后总股本的 1%。五是设立员工持股平台。成立哈尔滨达臻投资中心（有限合伙）间接持有股权作为员工持股平台，持股比例占公司总股本 15%，其中实缴资金 372 万元，占总股本 10%，预留 5% 股权用于未来引进高端骨干人才。六是加强激励对象管理。持股平台不得从事除持股以外的任何经营活动，激励对象自取得股权之日起，锁定 36 个月不得转让、捐赠；在锁定期内，激励对象因本人提出离职或者个人原因被解聘、解除劳动合同，或因公调离、退休及死亡等原因离开公司，取得的股权应当在 12 个月内全部退回，按上一年度经审计的净资产价格返还本人（或亲属）。

二、混改成效

（一）实现国有资产保值增值。通过此次混合所有制改革，引入非公有成分优化股权结构，以增资扩股方式引入战略投资者，募集资金约 1207.17 万元，设计公司由单一股东（龙建股份）变成由龙建股份、战略投资者和员工持股平台三方组成的多元化公司，其中龙建股份占比 65%，战略投资者占比 20%，员工持股占比 15%（其中预留 5% 左右股权给未来满足员工持股条件的参与者）。2021 年，设计公司充分发挥混合所有制改革形成的体制机制优势，在抢抓机遇中乘势而上，混改后的第一年即取得明显的成果成效。截至 2021 年 12 月底，新增合同订单金额 5500 万元，同比增长 9.23%；实现主营业务收入 4003 万元，同比增长 14.37%；实现利润 781 万元，同比增长 13.19%。

（二）增强专业市场竞争能力。通过此次混合所有制改革，引入优质惠州设计院战略投资者，充分发挥其在行业内的品牌、资质、业绩、技术、人才等方面优势，引进先进的管理理念和设计技术，培养专业技术人员，提升整体设计水平，2021 年成功取得高新技术企业认证，同时完善设计资质体系，增强了设计公司市场竞争力。

（三）支持龙建股份产业布局。通过此次混合所有制改革，实现引入技术先进、管理高效、有丰富市场经验和技术能力的战略投资者，补齐了设计公司在技术资质、业绩积累、人才培养等方面的发展短板，2022 年顺利晋升公路工程咨询甲级资信，为龙建股份未来开展国内外PPP 项目、EPC 项目提供技术支撑。

（四）促进企业内部管理优化。通过此次混合所有制改革，进一步健全公司法人治理结构，混改后设计公司董事会由 3 名董事组成，其中龙建股份推荐 1 名董事，战略投资者推荐 1 名董事，员工持股平台推荐 1 名董事。董事长由龙建股份推荐，董事会选举产生，董事长为设计公司法定代表人。完善内部三项制度改革，逐步建立市场化薪酬分配体系，以此有效激励设计公司核心业务团队，吸引外部优秀人才，为设计公司未来可持续发展提供人才保障。

三、改革体会

（一）"混"只是手段。推进混改前，需要对企业未来的战略定位、发展方向、中长期目标及行动计划、关键举措等有比较清晰的谋划，只有深入思考"我是谁""要到哪里去""怎么去"这三个核心问题，混改才能忠于自己的内心，不偏离初心。在选择战投时，也需要综合评估合作方的价值创造，无论是出于做大规模、开拓新兴市场考虑，还是出于引进技术或人才考虑，都要与企业战略布局相吻合，进而实现"1+1>2"的效果，达到增强企业整体"活力、影响力和抗风险力"的最终目的。

（二）"改"才是核心。坚持"以资本为纽带、以产权为基础"完善治理结构，形成以董事会为核心，构建"三会一层"治理结构，规范治理主体的权责。梳理管控界面和授权范围，坚持市场在优化资源配置中的决定性作用，避免走"行政化"和"机关化"的老路。引入职业经理人，构建经理层成员的市场化选聘、契约化管理、市场化退出机制。建立市场化的薪酬激励约束机制，通过构建价值创造、价值评价和价值分配的价值管理模型，以保证组织活力和激发个人创造力。

（三）"融"便是实效。混改在股权层面进行了优化组合，这是混改的初级阶段，只有达到文化层面的融合，混改才算进入实质性阶段。文化的融合是一个循序渐进的过程，在战投引入时，就要考量是否能与合作方成为志同道合的伙伴；在合作过程中，需要双方求同存异，保留双方的优秀文化基因，摒弃不利于企业发展的因素，互相包容、相互促进，最终实现优势互补、协同发展、长期共赢的效果。

公益性国企探索市场化发展方向的样板

——广州地铁设计研究院有限公司混改案例

广州地铁设计研究院有限公司（简称"地铁设计院"）成立于 1993 年 8 月，原为广州地铁集团的全资子公司，作为国家高新技术企业，是地铁集团对外业务拓展的重要平台和核心骨干企业，是业内最富创新精神、最有设计活力、最具增值服务的高新技术企业。地铁设计院通过引入战略投资者，推动实施股权激励，将地铁设计院改制为地铁集团绝对控股、战略投资者及核心员工持有部分股权的产权结构，使地铁设计院的股东更加多元化，建立起更加符合 IPO 上市要求、更加市场化的公司治理结构，实现员工与企业风险共担、利益共享，并借助国内资本市场的力量推进地铁设计院做强做优做大。

一、通过混改引入优质战略投资者，成功实现国内主板首次发行上市

为通过产业投资和资本运作推动地铁设计院做强做优做大，广州地铁集团将广州地铁设计院作为国有企业改制主体，通过引入战略投资者和实施员工股权激励实施混合所有制改革，同时积极推进 IPO 并成功上市，成为国内首家在 A 股上市的地铁设计研究院。

（一）主动选择优势战略投资者。地铁集团结合地铁设计院业务特征及战略发展需要，科学论证，主动优先引入具备国资背景且具有轨道交通相关产业运作经验、战略合作资源以及资本运作经验优势的战略投资者，综合考虑以战略投资者的业务资源带动业务扩张，以战略投资者的资金和标的资源驱动未来产业并购整合。战略投资者以非公开协议增资的方式引入，同时结合 IPO 上市等考虑，为充分发挥市场调控机制作用，定价方面引入资本市场市盈率市场化定价机制，保证国有资产保值增值。

（二）创新实施股权激励计划。地铁设计院作为技术密集型企业，科研创新是企业立足之本，人才是企业核心竞争力。地铁设计院在广州市国资委和地铁集团的大力支持下，以改制上市为契机，积极贯彻落实国家深化国有企业改革、建立长效激励机制等相关政策。针对国有非上市公司股权激励没有先例可循的情况下，地铁设计院敢为人先，以当时新颁布的《国有科技型企业股权和分红激励暂行办法》（简称"4 号文"）为依据推动实施员工股权激励，将公司的发展同员工的利益进行深度结合，有效激励科研技术创新，实现企业与员工利益共享、风险共担，增强员工对企业的归属感和责任感，也有助于企业的长远发展。

（三）成功实现深市主板首次发行上市。地铁设计院完成引入战略投资者和实施股权激励计划后，具备了股份制改造和 IPO 上市的条件，历经上市辅导、规范治理、发行审核等环节，顺利通过 IPO 审核并成功上市，登陆资本市场。地铁设计院通过引入战略投资者和实施员工股权激励计划完成企业混合所有制改革，并引入资本 3.22 亿多元；通过发行上市，募集资金总额超过 5.37 亿元。同时，地铁设计院进一步盘活了国有资产，激发了企业活力，企业各项业绩指标进一步增长，实现了国有资产的保值增值。截至 2020 年 9 月，地铁设计院总资产超过 33.03 亿元；2020 年前三季度，地铁设计院实现营业收入 13.33 亿元，净利润达 2.38 亿元，分别较上一年度同期增长 10.54%、21.68%。截至 2020 年 12 月 31 日，地铁设计院总市值超过 74 亿元，成为 A 股工程勘察设计类上市公司中市值最高的公司。

地铁设计院混合所有制改革严格依法按照政策法规要求，采用将引入战略投资者、实行股权激励和改制上市三个事项合并统一申报、一次报批的方式，明确混改目标，提高审批决策效率，推进企业混合所有制改革迅速落地实施，也为公司顺利通过中国证监会 IPO 审核并上市奠定了坚实基础。地铁设计院严格依法推进混合所有制改革，采用调研、座谈、培训等多种形式与员工充分沟通，充分了解员工诉求，使员工充分理解混合所有制改革的充分性和必要性。混改程序依法合规，员工合法利益得到充分保障，混改过程中没有出现一单投诉。

二、通过混改实现体制机制改革创新，有力增强企业核心竞争力

地铁设计院通过混合所有制改革，不断创新机制改革，建立现代公司治理机制，健全市场

化经营机制，提高企业核心竞争力，促进企业健康可持续发展。

（一）治理机制：建立现代公司法人治理结构。地铁设计院在混改过程中，按照《公司法》《证券法》等法律法规，依法依规建立股东大会、董事会、监事会和经营管理层的"三会一层"现代公司法人治理架构，引入独立董事决策机制，制定公司章程、"三会"议事规则等现代公司治理基本制度，明确规定股东大会、董事会、监事会和经营管理层的权益和职责，保证公司治理结构协调运转、有效制衡、规范运作。

（二）经营机制：完善独立规范的市场化经营机制。地铁设计院按照现代公司治理结构和上市公司规范运作相关要求，有序推进公司独立规范经营，通过完善各项制度和流程，有效保证了公司资产完整、人员独立、财务独立、机构独立和业务独立，同时建立了精细化的收入成本核算体系和工时系统，保障企业能够独立自主开展市场化生产经营活动，有利于进一步合理深化劳动用工分配机制改革，有效提高企业活力和生产效率，促进企业创新可持续发展。

（三）分配机制：建立中长期股权激励机制。地铁设计院通过实行股权激励和优化核算方式，调整公司分配机制，在实现长效激励的同时促进了分配的公平、公正。通过建立企业与员工利益共享、风险共担的机制，增强公司经营团队对实现公司未来成长的责任感、使命感，实现长效激励。在实施员工股权激励计划的过程中，在没有先例可循的情况下，地铁设计院结合自身情况，不断探索研究相关政策，积极争取市委市政府、广州市国资委和地铁集团的大力支持，成为广东省首个按照"4号文"实施员工股权激励的国有非上市公司，成功完成混合所有制改革，为公益性国企市场化经营、实施混合所有制改革及上市等国企改革提供有益范例。

（四）发展机制：以混促改谋发展。完成混改不是终点，而是起点。地铁设计院将以"混"促"改"，通过资本市场谋求更深远的发展。地铁集团和地铁设计院将积极贯彻落实党中央、国务院和广东省、广州市关于深化国有企业改革相关决策部署，积极探索发展混合所有制改革，扎实推进国有企业改革，借助资本市场的力量进行收购兼并重组，推进地铁设计院做强做优做大，为地铁设计院在国内外行业和市场竞争以及对外技术输出等方面提供有力支撑。地铁设计院将继续深化落实国有企业改革相关举措，有序推进股权激励，进一步完善长效激励机制；利用资本市场，加快生产服务能力和研发创新能力提升，适时开展兼并重组细分领域龙头企业，推进企业快速发展；聚焦主责主业，与时俱进，同时推进5G、互联网、物联网、大数据、人工智能等前沿技术创新应用，提高企业核心竞争力，致力发展成为卓越的城市轨道交通一体化技术服务产业集团。

地铁设计院实现广州市首个国有公益性企业下属市场化业务板块的成功混改上市，成为广州公益性国企下属企业探索市场化发展方向的样板。地铁设计院作为公益性国企下属市场化业务板块，坚持深化国有企业市场化改革不动摇，通过混合所有制改革，不断完善中国特色现代企业制度，加快建立健全市场化经营机制，增强企业的竞争力、创新力、影响力和抗风险能力，实现企业成功混改并上市，为地铁设计院未来充分参与市场化竞争并取得优异业绩奠定了坚实基础。

盛安公司以"混"促"改"迅速实现脱困发展

——黑龙江龙煤集团盛安公司混改案例

黑龙江龙煤集团盛安公司（简称"盛安公司"）是黑龙江省最大的国有民爆企业，于 2007 年 5 月 17 日成立，注册资本 1.6 亿元，由龙煤集团控股。公司资产总额 4.3 亿元，净资产 2.7 亿元，公司成立以来，累计实现净利润 5579 万元，上缴税金 3.6 亿元。作为盛安公司的控股股东，龙煤集团在混合所有制改革上进行了大胆有益尝试，把盛安公司作为混合所有制改革的重点突破口，引入相契合的战略投资者，变"竞争者"为"一家人"，迅速实现脱困发展。

一、盛安公司引入相契合的战略投资者，变"竞争者"为"一家人"

从 2016 年起，黑龙江省民爆市场竞争加剧，各生产商大打价格战，特别是在与抚顺隆烨集团的价格拉锯战中，盛安公司销售和效益大幅下滑，2019 年经营亏损达 2735 万元。按照国家推进民爆行业高质量发展相关要求，盛安公司属于将被淘汰的低端过剩产能和小散低民爆企业，如果不与其他民爆企业整合，就只能停产撤线，破产注销。盛安公司已经到了非改不可、不改不行的历史关口。

龙煤集团作为盛安公司控股股东，积极寻找能够给盛安公司带来重要战略性资源且双方能够实现长期共同战略利益的高匹配度、高认同感、高协同性的战略投资者，坚持与国内排名前 15 名企业进行重组整合。先后与省内外多家企业商谈，多方寻找合作机会。在寻求合作过程中始终坚持选择相契合的战略投资者：必须是生产性企业，以便充分释放改制后企业炸药、雷管等火工产品产能；能够保证改制后企业现有管理层和职工队伍稳定，职工收入稳定增长；接受盛安公司股权转让协议、职工安置方案、资产及债权债务处置方案。

盛安公司最终与抚顺隆烨集团在合作上取得共识。2020 年 1 月 6 日，在黑龙江联合产权交易所，隆烨集团以 1.4 亿元成功摘牌，取得盛安公司 51% 的股权，龙煤集团占股 49%。混改后隆烨集团又以净资产 2785.3 万元的银峰公司对盛安公司增资，银峰公司成为盛安公司子公司，所承租的青化公司同时划归盛安公司管理，隆烨集团在盛安公司的股权比例由原来的 51% 增至 58.24%。

二、盛安公司坚持在"改"上下功夫，实现"引资本"和"转机制"有机融合

（一）建立健全规范的法人治理结构。混改后，盛安公司建立了董事会、监事会、经理层。董事会由三人组成，董事长由隆烨集团在盛安公司选任，总经理由龙煤集团在盛安公司选任，隆烨集团派出一人任董事。监事会由三人组成，主席由龙煤集团派人出任，配备了职工代表监事。党的领导写进了公司章程，制定了董事会、监事会、党委会议事规则，公司章程明确将党

的领导融入法人治理，组建党委会，配备了党委书记、副书记，落实了党委会研究是董事会、经理决策的前置程序。混改后，两家股东不再参与盛安公司管理，董事会是公司的决策机构，决定公司的经营计划、投资方案和内部管理机构的设置，制定公司的年度财务预算方案、决算方案、利润分配方案、基本管理制度等。

（二）推进三项制度改革。在人事制度上，要求做到能上能下，任人唯能唯才。重新设置管理岗位，有 5 人从车间主任的岗位走上公司高管岗位。在劳动用工上，转变职工身份，真正实现能进能出。改制后职工变更了劳动合同，全部采取市场化选聘方式录用工人，形成新的劳动用工机制。在薪酬分配上，要求做到岗变薪变，按岗按劳取酬。突出市场化方向，与企业经营效益挂钩，使职工薪酬真正体现其实际贡献。新公司重新制定了岗位工资标准，两级机关人员全部定岗定薪，按照岗位贡献实行岗位工资；生产一线人员按照计件核算，真正体现多劳多得。

（三）建立灵活高效的运营机制。改制后，一是进行生产布局调整。按照提高经济效益的原则，对产能利用率低、经营亏损严重的鹤岗分公司、鸡西分公司实施拆线撤点，为盛安公司释放了扩大经营规模的空间，盛安公司 3.4 万吨产能得到全部释放（2019 年仅生产 9000 吨）。将鹤岗分公司工业雷管生产许可能力 6800 万发、塑料导爆管生产许可能力 800 万发，转移至青冈化工公司，预计年可实现利润 2000 多万元，扭转盛安公司雷管停产亏损局面。二是投资新建和技术改造。隆烨集团对双鸭山分公司乳化炸药生产线和青化公司数码电子雷管生产线分别投资 4000 万元，进行改造、新建和改建。双鸭山分公司乳化炸药投资改造生产线后，实际生产量可增加到 1.7 万吨，当年实现利润 2544 万元。青化公司建成投产后，当年实现利润 2148 万元。三是搞活销售。按照黑龙江区域划分，成立 5 个销售片区，销售人员实行底薪加提成政策，2021 年比 2019 年多销售乳化炸药 1.85 万吨。搭建了全省物流平台，利用自身民爆运输车辆，进行返程搭货，两年共计节约运费 1083 万元。

（四）尊重历史，妥善安置职工。按照国家民爆行业产业政策，鹤岗和鸡西分公司属于将被淘汰的落后产能，需要马上撤线并点。因此，职工群众情绪激动，反映极为强烈，坚决反对。集团召开各层级座谈会，广泛听取干部职工意见和建议，研究制定撤线并点企业专项政策，并成立盛安公司改制留守处，负责安置拆线撤点后的全部职工。职工原劳动合同和身份保持不变，职工工资按照盛安公司 2018 年各层级在岗职工平均工资的 90% 执行，所需费用全部由改制后企业承担。同意参加改制并到改制后异地企业上岗的，由改制后企业安排上岗工作；不愿在异地工作的，可返回留守处享受内部退养生活费标准，按改制后企业上年各层级在岗职工月平均工资的 70% 执行。

三、盛安公司混改成功的关键要素

（一）引入相契合的战略投资者，是混改成功的首要环节。混合所有制要实现各类资本"共赢"的目标，必须要求引入的战略投资者与混改企业之间具备战略协同效应，能够成为产业链、供应链、价值链上中下游深入合作的战略伙伴。隆烨集团控股盛安公司后，实现了在黑龙江的战略布局，省内市场占有率由 2019 年的 50%提高到目前的 90%。在全国民爆行业综合排名由第 9 名提高到前 6 名，进入行业骨干企业行列，极大提升了市场影响力和竞争力。盛安公司也因改制，与隆烨集团由"竞争者"变为"一家人"，实现了产能的充分释放，避免了激烈的价格竞争，改变了连续 4 年亏损的局面，实现了浴火重生。

（二）建立灵活高效的市场化经营机制，是增强企业活力、提高效率的重要途径。混合所有制改革，就是既要发挥国有资本的规模优势、技术优势和管理规范优势，又要发挥非公有资本的市场机制灵活优势、追求效率效益优势，推动企业建立灵活高效的市场化经营机制，达到"1+1>2"的混改效果。混改后，盛安公司董事会是公司的决策机构，管理的扁平化使决策效率明显提高，2020 年盛安公司对双鸭山分公司乳化炸药生产线进行改造，从决策到施工建成投产仅用了 3 个月时间。由于炸药产销量增加，现有运输车辆能力满足不了需要，经董事会决策，投资 300 多万元增加 14 台炸药运输车辆、增加 3 台雷管运输车辆，从决策到购买仅用了半个月时间。

（三）充分调动人的积极性，是凝聚改革共识、形成改革合力的关键。人力资本是企业发展的核心要素，充分激发人的主观能动性，是释放国有企业发展活力的关键一环。隆烨集团有 83 个分（子）公司，高素质管理及技术人员在这些分（子）公司的合理配置，打通了人才流动及上升空间。实施与企业绩效和岗位贡献挂钩的薪酬分配机制，针对不同类别人员设计的定岗定薪、计件工资，打破了传统国企的"大锅饭"，坚持多劳多得，充分调动了员工的积极性。

通过混改，盛安公司迅速实现脱困发展，成为全省规模最大、市场竞争力最强、经济效益最好、员工幸福指数最高的民爆优势骨干企业。2020 年企业收入 2.86 亿元，同比增长 45.9%，实现利润 322 万元，一举扭亏为盈。2021 年收入 3.65 亿元，同比增长 27.5%，实现利润 746 万元，同比增长 1.3 倍。

第四章　第四类：民营企业混合所有制改革典型案例

国有资本风险投资基金布局新能源领域民企
打造"国民共进"新生态的"代表之作"

——孚能科技（赣州）股份有限公司混改案例

孚能科技（赣州）股份有限公司（简称"孚能科技"）2002 年成立于美国加州硅谷，2009 年落户江西赣州，创始人为入选"千人计划"的王瑀博士，专注于三元动力锂电池研发超过 15 年，是全球极少数掌握具有最高能量密度的三元锂电池技术的制造商之一。孚能科技作为科创板上市企业，是中国国新控股有限责任公司（简称"中国国新"）积极发挥运营公司资源赋能优势，利用中国国有资本风险投资基金（简称"国风投基金"）投资的民营企业。孚能科技通过引入国有资本风险投资基金，反向推动了孚能科技混合所有制改革，在市场开拓、产能扩大、授信融资、产业链协同方面得到了全方位赋能，资金实力、技术实力和市场影响力不断提升，逐步向世界一流的动力电池企业迈进，已经营造出"国民共进"的良好新生态。

一、混改起因：从拓市场、扩产能、增授信等角度积极引入国有资本

（一）孚能科技面临着资金、产能、市场、管理等方面的诸多挑战和制约。一是突出主业发展的需要。随着规模不断增长，孚能科技开始面临从中小企业到大型跨国企业转变过程中的各种挑战。一方面，下游客户结构单一，大客户占比高，客户结构亟须调整；另一方面，产能布局主要位于江西赣州，由于受地域所限，产能不足，产业链上下游也缺乏协同效应。二是转变经营机制的需要。混合所有制改革前，孚能科技存在战略规划不清晰、公司治理不完善、管理效率低下等问题，面临经营性风险。三是大量资金投入的需要。动力电池行业存在着较高的资金门槛，孚能科技在引入战略投资者时，正处在技术已经成熟但是需要快速扩充产能的时期，急需大量资金的投入。

（二）国有资本风险投资基金有助于孚能科技拓展上下游资源。我国新能源电动汽车市场

高速增长，是汽车行业未来发展的大趋势之一。动力电池又是新能源汽车产业链的核心环节，有着较高的技术、资金、研发门槛。因此，想在动力电池行业中做强做优做大，需要得到国家的支持。引入国有资本，有利于有效解决资金需求问题。只有引入具有国有背景的投资者，才能有雄厚的实力对孚能科技进行大规模投资。引入国有资本，有利于获得客户和市场资源。在新能源汽车行业中，引入国有资本更有利于获取上下游合作伙伴、金融机构以及地方政府的信任与支持，顺利进入国企的"朋友圈"，加强与具有国有背景的主机厂、供应商等上下游企业的联系，也能够加强与各类金融机构的合作，进一步开拓市场以及获得信贷。引入国有资本，有利于健全企业治理机制。通过引入国有资本，可有效对接国有企业先进的管理经验和有效的治理机制，取长补短，进而提升自身的经营管理能力和水平。

（三）国风投基金推动国有资本在新能源领域布局。考虑到高性能锂离子动力电池是新能源汽车的"卡脖子"技术以及国有资本在新能源电池领域布局相对薄弱，中国国新积极发挥国有资本运营公司资源赋能优势，以打造世界一流动力电池企业以及推进新能源汽车产业升级为目标，通过旗下国风投基金等国新系基金，于 2018 年初作为战略投资者进入孚能科技。目前，其累计投资孚能科技 37.1 亿元，成为孚能科技除联合创始人外单一持股比例最大的机构投资者。

二、混改过程：积极财务型国资股东赋能支持

国新系基金投资之前，孚能科技的创始人王瑀及 Keith 合计持有 54.92% 的股份，其余股东主要为投资者及预留期权池。国新系基金投资完成后，公司创始人合计持有股份降至 33.80%，国新系基金持股 28.80%，共同投资方兴业银行及其关联基金持股 11.54%。国有资本运营公司以财务性持股为主。

孚能科技股权结构表

股权方	股权占比（%）
原创始人股东	33.80
国新系基金	28.80
兴业银行及其关联基金	11.54
兰溪新润	4.46
上海止水	3.24
江西立达	2.66
香港领尚	2.56
无锡云晖	2.46
北京立达	1.90
Apollo	1.53
盈富泰克	1.31
共青城立达	1.20
嘉兴恒昊	1.13
宁波弘微	0.77

续表

股权方	股权占比（%）
百富源	0.60
赣州裕润	0.50
赣州善达	0.44
NEGC	0.34
赣州博创	0.24
金葵花资本	0.23
赣州精创	0.17
赣州孚济	0.13

作为有较大影响力的股东，中国国新协助孚能科技明确了以"世界一流动力电池企业"为发展目标，以"深孚众望，为国赋能"为使命，以"自主创新，全球视野"为核心，以"为客户创造价值"为宗旨的战略定位。为加强对孚能科技等战略性项目的管理，中国国新专门成立了公司战略项目管理委员会，由总经理担任主任委员，组织推动孚能科技等项目的投后管理和赋能工作。中国国新通过自身资本优势、人才优势、资源优势，从开拓市场、扩大产能、融资授信、产业链协同等方面，为孚能科技提供了多维度、全方位的专业投后，推动其持续深化混合所有制改革，不断提升资金实力、技术实力和市场影响力，加快打造成为世界一流的动力电池企业。在中国国新的赋能式投资支持下，孚能科技的混改做法及工作成效主要体现在以下几个方面：

（一）完善法人治理结构，建立现代企业管理制度。投资之初，孚能科技作为科技创新型企业，存在战略规划不清晰、公司治理不完善、管理效率低下等问题，面临经营性风险。中国国新投资后，其主动承担积极股东责任，协助孚能科技完善法人治理结构，按照上市公司规范治理要求，建立与高科技制造企业相适应的现代企业管理制度。中国国新向孚能科技派出2名董事、推荐2名独立董事，并协助招聘财务负责人、董秘等高管，协助董事会设立审计、战略、提名、薪酬与考核委员会。此外，中国国新还积极引介国新行政办公系统制度体系建设的成熟实践及资源，协助孚能科技完善组织体系和管控模式，提升孚能科技内部行政运营规范性和效率；同时通过运营双旬报、管理建议书、投后协同管理报告等，及时复盘企业运营状况、识别问题和风险、提出专业解决方案。在中国国新的大力推动下，孚能科技建立起健全完善的股东大会、董事会、监事会等治理架构，构建形成了与高科技制造企业相适应的现代企业管理制度，逐步由原来的初创型创业公司转变为具备规范现代企业治理结构及管理机制的高科技上市公司。

（二）深化三项制度改革，健全市场化经营机制。在人才吸引方面，按照市场化薪酬水平在全球范围内延揽优秀人才；在人才激励方面，实施股权激励计划，创始人团队向核心员工转让了公司2%的股份，激励对象覆盖包括高级管理人员、核心技术人员及核心业务人员在内的各部门共258位核心骨干员工。进一步优化调整组织架构，建立起以业绩为导向的人力资源管理体系和考核评价机制，激发调动了干事创业的活力动力。

（三）发挥各自优势，协同破解业务发展瓶颈。一是协同"引战"，协助孚能科技打造上下游"生态圈"。中国国新积极行使股东职责，多次出具运营建议书，协助引进上下游战略投资者，优化股东结构，拓展"朋友圈"。特别是积极助力孚能科技与国内外知名车企深度合作，获得来自知名车企的资本、市场、技术、研发等领域的全方位支持以及对公司未来产能爆发和市场占有率提升的坚实支撑。中国国新积极支持孚能科技接洽戴姆勒集团高层，消除戴姆勒对孚能科技在供应链稳定性和资金保障等方面的顾虑，增强戴姆勒选择孚能科技进行深度合作的信心，成功推动戴姆勒于2018年11月与孚能科技签订为期7年、价值逾百亿欧元的140GWh动力电池订单，并于2020年7月斥资9亿元战略投资孚能科技以深化战略合作，为进一步拓展全球市场奠定了良好基础。此后，中国国新还多次与吉利控股进行深入交流，积极推动孚能科技与吉利建立战略合作关系。2020年12月，孚能科技与吉利科技签署战略合作协议，设立合资公司建设动力电池生产工厂，并约定吉利优先采购孚能科技生产的动力电池，为孚能科技带来大量新增订单。

二是协同市场拓展，助推企业走向国际市场。积极推动孚能科技与一汽、东风、长安等央企对接，协助深化其与北汽、广汽、吉利等车企的合作，并支持孚能科技接洽戴姆勒集团高层，推动戴姆勒选择与孚能科技合作。投资一年后，孚能科技销售额增长61%，达21亿元，第一大客户占比下降35%，已获订单数量超过2000亿元，实现从单一客户依赖的内销企业向国际动力电池市场迈进。

三是协同推动产能布局优化，帮助增强全球供应能力。投资之初，孚能科技产能不足，产能均位于江西赣州，地域上受限。为帮助孚能科技尽快扩大产能，中国国新协助孚能科技制定了产能布局规划，帮助其迅速对接全国13个市、区地方政府，实地考察地块及厂房27处，发挥协调优势，为孚能科技争取最优的建厂选址和投资条件，最终选定江苏镇江。此外，中国国新旗下国新国际还发挥境外投资的经验优势、渠道优势和资源优势，在孚能科技建立欧洲工业园区过程中，为其提供园区定制开发、租赁和管理等服务，同时引进配套上游供应商入驻园区，支持孚能科技全球产能布局。

四是协同加速技术研发，不断提升科技创新能力。中国国新投资后，积极协助孚能科技将持有的30余项核心专利及时从美国转移到国内，避免了知识产权纠纷。同时，积极推进孚能科技与10余家高校、科研机构合作，搭建互补共赢的科技创新平台，促进企业加强科学技术成果转化，突围关键核心技术，形成具有自身特色的技术路线，有效增强了科技创新能力。

五是协同打造投资生态圈，增强所投企业间的产业生态效应。国新系基金先后对汽车动力电池上游关键节点进行了多笔投资，从钴矿、锂矿到前驱体，再到正极材料、电池的下游运营和应用，全产业链都有所布局；同时，建立"中国国新新能源汽车产业协同平台"，打通内部业务信息共享通道，构建业务协同"呼叫应答"机制，搭建后台统计分析系统，实现信息共享、协同撮合、统计分析、规范引导等，促进所投企业互补协同、合作共赢。此外，中国国新与孚能科技共同发起设立新能源汽车产业基金，推进新能源汽车产业生态圈建设，充分发挥产业和资本的纽带作用，通过整合产业链等方式降低采购成本、确保供应链安全。

（四）探索参股混改企业党建工作有效途径，推动加强党的建设。按照"国有资本流动到哪里，党的建设就跟进到哪里、党组织的作用就发挥到哪里"的要求，中国国新制定了《中国国新基金管理人党建工作指引（试行）》，在聚焦加强基金管理人党组织自身建设的同时，积极探索推动国新系基金参股的混合所有制企业加强党的建设，建立符合实际、有效管用的党建工作新模式，实现党的领导更好融入公司治理、引领业务发展。投资孚能科技后，中国国新基金管理公司派出领导担任孚能科技副董事长及党支部副书记，加强孚能科技党支部与中国国新党组织的联系与交流。通过指派专人建设维护"国新系基金所投企业党建工作群"，每日向孚能科技等所投企业传达党中央重要指示、最新政策、业务动态。

三、混改成效：各种所有制资本取长补短、相互促进、共同发展

孚能科技的实践证明，混合所有制作为一种富有活力和效率的资本组织形式，是增强微观主体活力的一盘活棋。资产规模持续增长。公司总资产由混改前不足 22 亿元，增长至 2020 年的 154.18 亿元，累计增幅达 350.58%，年均复合增长率为 10.56%，不断放大国有资本功能。经营业绩逐步提升。公司营业收入由 2017 年的 13.39 亿元增长至 2019 年的 24.50 亿元，累计增幅达 82.97%，年均复合增长率为 35.27%；同期利润总额由 0.199 亿元增长至 1.31 亿元，年均复合增长率为 256.6%；资产负债率由 81.15% 下降至 39.29%。核心主业大跨步发展。混改后的孚能科技加大研发投入力度，实现产能快速提升和成本有效降低，巩固与北汽、江铃、奔驰、蔚来等国内外企业的合作关系，并通过加入央企新能源汽车联盟，强化与一汽、东风、长安等传统央企汽车企业的战略合作，为快速成为具有全球竞争力的一流动力电池企业奠定了基础，也成为我国汽车产业集群实现"换道超车"的新助力。企业综合能力逐步提升。中国国新通过自身资本、人才和资源优势，在开拓市场、扩大产能、融资授信、产业链协同等方面，为孚能科技提供了多维度、全方位的专业投后赋能支持，不断提升了孚能科技的资金实力、技术实力和市场影响力。

孚能科技混改案例的三点经验和启示：一是以财务投资为主，不追求控制，通过做好积极股东推动混改企业规范化、市场化发展。国有资本运营公司以财务性持股为主，在支持企业混改过程中，以股东身份开展赋能工作，能够发挥基金投资在放大国有资本功能、分散投资风险、开展跨产业跨行业跨所有制布局等方面具有的独特优势，与控股经营、产业培育的企业相比，投资布局、资本运作的"进退流转"更加灵活高效，更易于被民营企业所接受。二是围绕推动混合所有制经济发展，把握好投资参与混合所有制改革的正确方向与重点领域。国新系基金在选择投资标的过程中，严格履行项目筛选程序，注重把好"三关"，即"技术关、财务风险关、战略关"，在关注项目本身投资回报能力的同时，坚持聚焦科技创新领域，重点布局涉及关键核心领域"卡脖子"环节的优质标的，特别是国资布局暂时还相对薄弱的领域。三是着力建设专业的投后赋能体系，将其打造具有国有资本运营公司基金投资的核心竞争力。混合所有制的重要优势之一就是能够将各方的优势资源有机整合，而专业化的投后赋能管理正是资源整合的重要抓手，实现了"民营企业的技术创新优势"与"国有资本的资源整合优势"有效结合。

全球玻纤行业"隐形冠军"是如何炼成的？

——中国巨石股份有限公司混改案例

有这么一家混合所有制企业，20 世纪 90 年代末由中央企业和民营企业出资设立。20 多年来，立足企业发展需要，持续"引资本""转机制"，深化混合所有制改革，从一个作坊式小企业发展成为全球最大的玻璃纤维生产商，成为全球玻纤行业"隐形冠军"。截至 2020 年，企业净资产增长近 33 倍、净利润增长近 70 倍，国有资本从投入的 0.84 亿元增加至 242.73 亿元，保值增值达到 300 余倍。这家因混合所有制改革而实现跃变的企业，就是中国巨石股份有限公司（简称"中国巨石"）。

一、中国巨石到底是一家什么样的企业

中国巨石成立于 1999 年，是由中央企业中国建材集团（简称"中国建材"）和民营企业振石控股集团（简称"振石集团"）等四家股东共同发起设立的混合所有制企业。要真正弄懂中国巨石，需要了解它的"前世今生"。

历经坎坷的"前世"。中国巨石的前身最早可追溯到 20 世纪 60 年代末浙江桐乡的一个集体所有制企业——"石门东风布厂"。1972 年，为了维持生存，石门厂决定尝试转产玻璃纤维。1989 年，石门厂吸收职工入股，组建为浙江省桐乡市振石股份有限公司，成为浙江首批股份制改造试点企业，其中，公司董事长兼总经理张毓强持股 18%，是第一大股东，职工集体持股 82%。1993 年，桐乡撤县建市，建立经济开发区，希望引进优秀企业，而振石公司也计划引入外部资金来引进先进的池窑拉丝技术。为此，桐乡市财政局、农业银行、供电局、桐乡市经济开发区和振石公司共同组建成立"桐乡巨石玻璃纤维有限责任公司"，振石公司控股，张毓强任董事长兼总经理。从 60 年代末的作坊式小厂到 90 年代巨石集团的组建成立，中国巨石在创始人、员工和地方政府的不离不弃、精诚合作中走过 20 多年的发展历程，经历了数次改革，成长为国内玻纤行业的龙头。

混改的抉择。1998 年，亚洲金融危机爆发，全球玻纤市场低迷，巨石集团销售额大幅下降，陷入严重亏损的局面，发展举步维艰，迫切需要寻找到合作伙伴和资金支持。巨石集团有两种选择。一是与美国知名玻纤企业合资；二是与中国建材（原名"中新集团"）混改上市。当时，与美企合资已完成尽调，合同文本也准备齐全，甚至连创始人的薪酬都已谈妥。但出于对中国民族工业的情怀和企业家的责任担当，创始人张毓强迟迟未作出最后决定。与此同时，中国建材向巨石集团伸出了橄榄枝。1998 年，中国建材也面临市场需求低迷等问题，亟须引入优良资产、布局新兴业务。中国建材和巨石集团企业负责人出于高度的责任担当和家国使命情怀，从企业发展的长远利益出发，经过多次谈判协商后，决定联合重组。1999 年，中国巨

石正式成立并成功上市，中国建材持股 40.17%、振石集团持股 22.26%，IPO 募集的 2.1 亿元大多投资于 1.6 万吨池窑拉丝项目，解决了资金难题。自此，中国巨石开启了 20 余年的混合所有制改革之路。

混改后实现跨越式发展。中国巨石的混改上市，是新一轮深化改革的起点。混改后，中国巨石进入发展"快车道"。20 多年来，中国巨石持续深化改革，充分发挥中央企业的规模、技术、人才等优势，以及民营企业灵活市场化经营优势，经历了"打基础、上规模、全球化、智能化"四次创业，实现了跨越式发展。全球玻纤行业市场占有率第一，达到 22%，人均生产效率全球第一，产品单耗水平全球最低，彻底打破国外技术垄断，拥有一批具有自主知识产权的世界一流核心技术，在埃及、美国、印度建立生产基地，走出了一条"以外供外"的盈利新模式。特别是随着中国巨石的发展，中国建材投入的国有资本大幅升值，增值达 300 余倍。

总的来看，中国巨石的发展离不开改革，特别是离不开混合所有制改革。可以说，中国巨石具有改革基因，是因改革而兴、因混合所有制改革而发展壮大的。

二、混合所有制改革给中国巨石带来了哪些变化

混改后中国巨石的跨越式发展，有外部行业发展原因，但更多的是企业内部治理管理发生了变化，从而实现了国有资本和民营资本的优势互补、相互促进，显著提升了企业竞争力。

规范制衡的公司治理机制。混合所有制改革的关键在于完善公司治理，首先在于科学合理设计股权结构。中国巨石在实践中不断探索适度多元股权结构。2000 年以来，中国巨石持续引入外部资本壮大自身发展，2001 年引入外资机构索瑞斯特，2007 年引入战略投资者弘毅投资，2011 年、2015 年两次定向增发，进一步优化股权结构，中国建材持股比例从 40.17% 降至 26.97%，振石集团持股 15.59%，弘毅投资持股 4.20%，其他流通股 52.63%。以股权结构为基础，中国巨石构建了有效制衡的法人治理结构，9 名董事会成员中，中国建材 4 名并提名董事长人选，振石集团 2 名，另有 3 名独立董事均是战略、财务、管理方面的专家。这种董事会构成，没有一方股东能独断专行，重大事项均需在各方充分沟通的基础上进行决策，从而保证公司的重大决策科学合理，实现股东共同利益的最大化。同时，中国建材充分授权放权，注重财务、重大投资、资本运营、法律和风险管控等事项，通过委派董监事履行董事会职权，对企业投资决策、选人用人、薪酬分配等日常经营给予最大自主权，不干预企业日常经营，有效保障了公司治理机制作用的发挥。

灵活高效的市场化经营机制。国企改革中，建立市场化经营机制一直是难啃的"硬骨头"。中国巨石自成立之初，就立足于引入真正的所有者来设计经营机制。民资股东振石集团创始人、董事长张毓强担任中国巨石总经理，创始团队担任主要管理层，真正让所有者到位。同时，中国巨石全面实施职业经理人制度，公司 6 位管理层人员全部实行经理层任期制和契约化管理；实施竞聘上岗的人才选拔机制，从厂长经理到车间主任再到班组长均需竞聘上岗，每届任期 2—3 年，6 位高管中有 3 位是从基层晋升而来；建立全员覆盖、全面覆盖的经济责任制考核体系，从公司领导到一线员工、从职能部门到生产分厂，从产量、成本到质量、管理，从定

性指标到定量指标，做到人人身上有指标，每时每刻有考核，充分调动员工的积极性；制定出台《超额利润分享方案（2021 年—2023 年)》，按照一岗一定、价值优先、突出增量的原则确定分配比例，对公司核心骨干人才（不超过员工总人数的 30%）实施超额利润分享，是上海交易所首家实施超额利润分享的企业。

全球领先的技术创新水平。技术创新需要大量资金投入和灵活机制。央企的资金优势加上民企的灵活机制，催生了中国巨石强大的创新力。中国建材给中国巨石的技术创新带来了资源和资金。2000 年以来，中国巨石持续扩大窑炉规模，年均研发投入达到 3% 以上，生产能力、硬件设施、技术水平和装备工艺持续保持国际领先。特别是 2004 年在时任中国建材董事长宋志平的大力推动下，中国巨石建成了世界规模最大、技术最先进、年产 10 万吨无碱玻纤池窑拉丝生产线，为技术持续性创新夯实了基础。张毓强对此感慨颇深："如果不是加盟中国建材集团，我就是拼命干到 200 岁，也不会实现这一飞跃。"民企灵活机制促进中国巨石通过管理提升激发内部的创新效能，采用"增收节支降耗"项目管理方法，根据项目内容组建跨部门项目组，依据项目完成情况对项目组进行单独考核，在薪酬体系之外，为员工提供内部创业机会和绩效激励，有效提高了创新效能。2020 年，共有 1731 位员工提出了 1183 个创新项目，降低成本 8.64 亿元，公司累计奖励 1698 万元。

强大的抵御风险能力。中央企业的规模、资金优势是中国巨石抵御外部风险的有效保障。中国巨石在中国建材的支持和帮助下，抗风险能力得到显著提升。最典型的就是 1998 年以来的两次金融危机。1998 年，面临亚洲金融危机的冲击，中国建材和振石集团合资设立中国巨石，危机随着中国巨石的成功上市而化解。2008 年，面对来势汹汹的国际金融危机，中国巨石面临两难境地。玻纤生产属于不间断连续作业行业，不停产，产品卖不出去、积压严重，一旦资金链断裂，后果无法想象；停产，成本将大幅上升，甚至可能会损坏生产设备，给企业带来巨大损失。在关键时刻，中国建材董事长宋志平选择不离不弃，给予大力支持，成为中国巨石的坚强后盾，和中国巨石一起渡过危机，保住了生产能力，为国际金融危机后的快速发展打下了基础，做到了"留得青山、赢得未来"。张毓强感慨道："岁寒知松柏，患难见真情，这段经历将镌刻在中国巨石的发展历程之上。"

三、中国巨石混合所有制改革的经验启示

中国巨石的混合所有制改革有着自身的突出特点，是随着企业发展而持续深化的过程，这为深化国有企业混合所有制改革带来了一些经验启示。

一是股权结构和治理结构要科学合理。中国巨石混改的一大特点就是立足企业发展需要，持续优化并科学设计合理的股权结构。这种合理的股权结构，是较为均衡的，既不是国有股一股独大，也不会过于分散。以股权结构为基础，中国巨石构建了合理的法人治理结构，形成了规范制衡的治理机制，既有主导方，又能发挥积极股东作用，还有外部专业的独立董事，保证了重大决策的科学合理和快速高效。推进混合所有制改革，要立足企业实际，合理设置股权结构和法人治理结构，形成有一定制衡权的积极股东，让积极股东在公司决策中能真正发挥作用。

二是国有股东和民营股东要共识互信。中国巨石混改的成功离不开国有股东和民营股东的长期默契合作。这种默契合作的基础是共识和互信。一方面，中国建材和振石集团在经营目标、经营理念、企业文化等方面相互认同，合作的初衷就是为了发展，能够形成有效共识；另一方面，双方秉持着越负责、越信任、越授权的理念，在合作中形成了高度信任的关系，从而才会有中国建材充分授权放权、振石集团主导企业管理经营的安排。可以说，这种共识互信是中国巨石能够充分发挥"央企实力＋民企活力＝企业竞争力"这一混改公式功效的关键。推进混合所有制改革，国有股东和民营股东要充分沟通交流，要在企业发展目标等方面形成深度共识，在实践中相互负责、相互信任，在推动混改企业改革发展中形成有效合力。

三是企业家作用要充分发挥。企业家是最稀缺的要素资源，是决定企业发展的"关键少数"。混合所有制改革是国有企业和民营企业的股权合作，核心是国有企业家和民营企业家的合作。配好一位企业家，改革就成功了一半。中国巨石成功的关键因素之一就是中国建材原董事长宋志平和振石集团董事长张毓强这两位优秀企业家对公司治理的深刻理解以及厚植于振兴民族实业的相互支持。两位企业家均有一线工作经历，深知企业生产经营之道，围绕做强做优做大中国巨石的共同目标努力奋斗。正是在宋志平的大力支持下，20多年来张毓强才能一直担任中国巨石总经理、长期负责公司生产经营，中国巨石才能实现几次重大技术飞跃，才能在两次金融危机中全身而退；正是在张毓强的管理下，中国巨石才能持续深化改革，不断完善体制机制，充分发挥国有资本和民营资本的互补优势，提升企业效益效率，才能抓住市场中转瞬即逝的发展机遇，以足够的勇气和底气面对企业发展的问题困难，实现规范高效的跨越式发展。推进混合所有制改革，要选好用好企业家，给予企业家政治上的关心和爱护、制度上的稳定和保证、机制上的激励和安排，推动国有企业家和民营企业家形成有效合力，更好发挥企业家作用。

"逆向混改"助力企业核心竞争力提升
——矿冶集团株洲公司混改案例

株洲火炬工业炉有限责任公司（简称"株洲公司"或"公司"）是街道企业出身，后来转为股份制民营企业，是专业从事先进有色冶金流程装备、冶金固废资源化利用和无害化处理工艺及装备、节能环保装备及服务的国家高新技术企业。在株洲公司发展历程中，经历过集体企业、民营企业时期，人员结构不合理、产业基础不牢固、市场能力待提升、企业凝聚力不强等问题加速凸显。为了解决民营企业在生产经营方面遇到的瓶颈，为企业发展打开一片新天地，企业开始将解决问题的思路放在混改上。2011年5月，矿冶科技集团有限公司（原北京矿冶研究总院，简称"矿冶集团"或"集团"）对株洲公司实施战略重组，增资后矿冶集团持有株洲公司51%的股权，株洲公司成为矿冶集团控股子公司。2013年5月22日，公司通过国有资本金注入进行第二次增资扩股，矿冶集团出资比例增至60.06%。矿冶集团通过整合已有冶金技术研发与工程转化、装备研究与制造等资源，以株洲公司的业务平台为基础，加大在有色冶炼装备方面的科技投入，提高有色冶炼行业整体装备水平，双方联手打造了国内最大的有色冶炼装备制造基地。

一、"改机制"为实现混资本目标保驾护航

建机制和促改革成为矿冶集团控股株洲公司取得成功的关键，"改革是破解发展难题的关键一招，只有解放思想改革创新，公司才能迸发蓬勃活力"，这已经成为工业炉人的共识。

（一）完善法人治理结构。在组织架构上，建立了董事会领导下的经理层负责制以及"以市场为导向，以业务为驱动"的组织体系。一是完善法人治理结构。制定修订《株洲火炬工业炉有限责任公司董事会议事规则》和《株洲火炬工业炉有限责任公司总经理工作细则》，明确公司董事会向经理层授权的工作机制，严格落实总经理对董事会负责、向董事会报告的工作机制。公司按照党委会、股东会、董事会、总经理办公会决策权限管理办法，进一步厘清各治理主体权责边界，形成各司其职、各负其责、协调运转、有效制衡的公司治理机制。二是强化党建引领。将党的领导融入公司治理各环节，发挥党委"把方向、管大局、促落实"的作用，在原公司章程中增加党建工作内容，坚持党管干部原则，从严选拔公司中高层，建立市场竞争需要的选人用人机制。三是规范员工持股。通过调研、意见征询、问卷调查、股东表决、公司党委会、董事会、股东会、集团报批程序，组建两个合伙人企业，实现原工会持股委员会下的72名自然人股东向两个合伙企业的平稳过渡，规范原工会股东的法定持股地位，解决了历史遗留问题。

（二）深化三项制度改革。紧紧围绕激发活力、提高效率，切实深化三项制度改革，实现管理人员能上能下、员工能进能出、收入能增能减。一是强化末位淘汰。努力拓宽"选、育、用、管"渠道，实施精准科学选人用人及末位淘汰制，真正做到"把合适的人用在合适的岗位"。混改以来共选拔培养年轻干部11名，解聘或退出中高层管理人员5人，让真正想干事的有机会，能干事的有舞台，干成事的有地位。二是畅通员工发展通道。进一步完善以劳动合同管理为关键、以岗位管理为基础的市场化用工制度。所有员工采取市场化招聘，签订劳动合同，同时建立分类考核机制，推行员工职业发展通道建设，营造员工良好的成长成才环境。2018—2020年，公司共有近10人考核不合格，被予以辞退或下调一级岗位进行再教育再学习。三是完善绩效考核。公司制定《株洲火炬工业炉有限责任公司负责人考核与薪酬管理办法》，董事会根据不低于集团下达的经营业绩考核建议书要求的原则确定年度考核目标，由董事长每年与总经理签订年度经营业绩考核责任书，与岗位薪酬紧密关联，同时公司负责人还接受公司全体员工和集团的双向考核考评。积极推进薪酬制度改革，构建以基本工资、岗位工资、保密工资、绩效工资为要素的结构性工资，其中绩效工资占比不低于年度薪酬总额的40%，合理拉大分配差距。员工工资分配突出正向激励，坚持"业绩升、薪酬升，业绩降、薪酬降"，并坚持价值导向原则、市场化原则、体现员工能力差异原则、绩效导向原则、与公司经济效益和支付能力相结合原则等 5 项原则。

（三）建立健全现代化管理体系。逐步建立健全以集团制度体系、内控体系、质量管理体系、HSE 管理体系、廉（联）控工程体系指导下的管理体系。一是强化建章立制。修订完善各类制度，编制形成《株洲火炬工业炉有限责任公司制度汇编》，强化制度管控及制度刚性要求。二是完善标准体系。持续完善公司质量体系、环境管理体系、职业健康安全管理体系、CCC 认证体系，建立公司内控体系，强化生产经营各大领域的流程规范和风险管控。三是推动制度全覆盖。公司各项业务管理制度与廉洁风险管控和监督措施紧密结合，全面覆盖公司十大关键领域，通过从严管理、从严治企，把"用制度管人、以制度办事、按流程执行"的理念根植于员工内心。

二、混改让企业更能创新、更能聚才、更能发展

混改后经过 10 年的发展，公司经济效益持续增长，总体实力显著增强，生产经营实现跨越发展，特别是近 5 年销售收入、利润总额保持平均每年 12% 左右的增长，2020 年底公司资产总额达到 20549 万元，深化改革打开了良好局面。事实表明，矿冶集团的引进实现了株洲公司的初心，在创新、引才和发展三个方面均取得了巨大成功。

（一）混改点燃企业技术创新发展引擎。一是技术攻关显效。在高效感应熔炼技术与装备、高效直流电极冶炼技术与装备、高效燃烧技术与装备、智能铸锭生产线等方面持续创新，助推有色金属冶炼行业高效、绿色、智能生产高质量发展。积极与国内高校、研究设计院所和生产企业开展卓有成效的产学研合作研发创新工作。株洲公司作为中南大学能源科学与动力工程学院研究生实习基地，与该学院合作成立了炉窑研究所；与五矿集团、中国恩菲、中铝长沙有色冶金设计研究院、昆明有色冶金设计院等单位保持长期技术合作关系。二是创新平台增多。公司成为工信部认定的绿色制造系统解决方案供应商、智能制造系统解决方案供应商，是国家发展改革委、工信部首批节能服务企业，是无污染有色金属提取及节能技术国家工程研究中心组成单位，是湖南省首批创新方法工作试点单位及战略性新兴产业领域企业知识产权试点单位。公司拥有矿冶过程自动控制技术国家重点实验室、过程流程工业节能技术湖南省重点实验室、湖南省工程研究中心等高水平创新平台。公司新技术装备广泛应用于黑色、有色、黄金、建材、化工等行业，产品遍布全国 20 多个省份。

（二）混改校准企业人才战略发展航向。一是加强科技研发人才的引进和培养，增强了公司的研发能力。公司产品研发中心实行项目负责人制，只要有思路、有能力，每个人都可以成为项目带头人。公司放手让年轻科技人员参与实际项目建设，承担研究任务，为青年人提供施展才华的机会和平台。在项目实施过程中发现人才、选拔人才，大胆使用，老中青结合。在职务晋升、物质奖励等方面优先考虑作出成绩的科研人员。二是加强横向和纵向的合作交流，人才服务科技研发的基础更加坚实。通过参与矿冶科技集团内其他兄弟单位开发自动剥锌机组、钨铁炉等项目，提高了公司开展科技攻关的能力；通过与中南大学合作对大功率感应电炉、直流矿热电炉、蓄热燃烧化铅炉进行仿真优化设计，提升公司技术和产品的品质；通过与

奥图泰、日本三井、ABB、库卡、意利派克等公司进行合作交流和学习，加快走向国际市场的步伐。

（三）混改开启企业高质量发展新局面。一是企业财务指标明显优化。公司资产规模、净资产快速增长，资本结构更加优化。2020 年资产总额（20549 万元）较混改前三年平均值（3551 万元）增长了 478.70％。2020 年所有者权益（14162 万元）较混改前三年平均值（1356 万元）增长了 944.40％；2020 年资产负债率（31.08％）较混改前三年平均值（63.99％）降低了 32.91 个百分点。二是新项目牵引新格局。2020 年 8 月，株洲公司搬迁至位于株洲田心高科园的新基地，新基地全面践行绿色制造理念，采用先进技术与材料，最大程度节约资源，提高效能，投入运营后实现年销售收入 1.5 亿元，上缴税收超 1500 万元。公司将大力推动大宗工业固废及城市矿产资源规模化逆流焚烧 / 电炉熔融无废处理成套装备的产业化，打造国内最大、全球一流的有色金属熔铸及固废处理装备制造基地。

三、株洲公司逆向混改的三点启示

（一）聚焦初心是确保逆向混改成功的首要条件。在株洲公司的案例中，逆向混改的初心是"借力央企、优势互补，最终实现了企业的长远发展"，也正是因为聚焦这一初心，株洲公司才有力借助了矿冶集团以株洲公司的业务平台为基础的机会，通过整合已有冶金技术研发与工程转化、装备研究与制造等资源，加大在有色冶炼装备方面的科技投入，不断提升自身在有色冶炼行业中竞争力的发展目标。

（二）优化管控方式可以提高逆向混改的成功率。逆向混改本质是要为民营资本赋能，优化管控方式成为赋能能否成功的关键。在株洲公司的案例中，严格实行决策权、监督权、执行权"三权分离"。矿冶集团在现代企业制度框架下按照市场化规则，以股东角色和身份参与公司决策和经营管理，不干预企业日常经营，依法保障公司自主经营权。集团通过股东会表决、推荐董事和监事等方式行使股东权利，实施以股权关系为基础、以派出股权董事为依托的治理型管控，加强股权董事履职支撑服务和监督管理，确保国有股权董事行权履职体现出资人意志。

（三）逆向混改不能"混"掉斗志、"改"掉机制。株洲公司紧紧围绕激发活力、提高效率，切实深化三项制度改革。建立绩效管理制度和员工激励机制，在制度安排上充分考虑责、权、利到位，在明确责任、赋予权力的同时，制定考核、奖惩的制度，根据职责和绩效，使干部能上能下、薪酬能高能低、责任权力和利益分配到位，充分调动全体员工的积极性。公司经理层成员实行任期制、契约化管理，严格任期管理和业绩考核，逐步探索市场化选聘及退出机制，聘期届满，经考核合格可以连聘连任，不再续聘的其职务自然免除。

央企与民企合作的成功典范

——重庆市泽胜船务（集团）有限公司反向混改案例

重庆市泽胜船务（集团）有限公司（简称"重庆泽胜"）成立于 2001 年，注册资本为 7914 万元，主要经营长江干线及支流成油品、化学品运输业务，目前拥有各类油品、化学品船舶 62 艘，船舶总运力 28 万吨，是长江干线最大的液体化危品运输企业。2008 年，中国航油物流有限公司（简称"中航油物流"，为中国航油二级全资子企业）通过股权收购及增资扩股的方式入股重庆泽胜，使重庆泽胜成为混合所有制企业。混合所有制改革后，运力质量逐步升级、船舶运力结构和业务结构实现优化、运营效率大幅提高，重庆泽胜实现了船舶标准化、大型化和专业化发展，主要经营指标连年攀升，规模实力逐步壮大。2020 年，重庆泽胜公司资产总额达 9.23 亿元，营业收入 4.02 亿元，净利润 4712.7 万元，净资产收益率达 11.8%。

一、推进混合所有制改革首先"混"资本

重庆泽胜与中航油物流出于保障航油供应安全、实现优势互补、提升市场整体竞争力的目的，稳妥推进了混合所有制改革。

（一）重庆泽胜与中航油物流开展股权层面合作符合各自利益。一是出于保障航油供应安全和拓展业务考虑，中航油物流愿意进入重庆泽胜。长江航运是中国航油航空油料供应保障体系的重要组成部分之一，中航油物流进入长江航运市场，实现对航油船舶从建造到运营的直接控制，可以加强对航运安全运营管理体系的管控，从而有效地降低长江航运的 HSE 风险，并保障航油运输的质量与数量。同时主要考虑中国航油西南地区的水运航油主要从重庆港上岸，以及重庆将正式迈入"一市两场"的双机场时代，选择以重庆介入长江航运市场。二是出于实现优势互补、提高市场竞争力的需要，重庆泽胜选择了中航油物流。泽胜愿意将中国航油良好的央企品牌效应、市场优势、战略意识、资金实力和规范化管理能力与其专业的内河船舶管理经验、市场开拓能力、灵活的运营机制进行有效结合，实现优势互补，从而不断提高重庆泽胜的市场发展和安全营运能力，促进公司顺利成长和快速发展。另外，重庆泽胜也认可中国航油关于组建长江航运公司的战略构想，双方具有成功合作的必要条件，同时双方混合所有制改革也得到了重庆市政府的大力支持。

（二）采用股权收购和增资入股的方式稳妥开展混合所有制改革。开展混改前，重庆泽胜剥离了泽胜非航运业务。重庆泽胜进行全面谨慎的尽职调查，评估企业资产，强化企业财务和内控制度，起草股权转让合同和新公司章程，建立新的公司治理架构，预见性地制定并购整合对策，为混合所有制改革打下基础。2008 年 8 月，中航油物流与重庆泽胜原股东签订《股权

转让及增资协议》，投资 16667 万元，实现持股占比 50%。①

二、在"混"的基础上深化"改"

中航油物流进入重庆泽胜后，重庆泽胜全面推动企业综合性改革，在优化法人治理结构、完善市场化经营机制、健全激励约束机制等方面进行了尝试和有益探索，企业质量和效益大幅提升，员工活力明显增强。

（一）完善法人治理结构，不断提升组织效率。坚持以转换机制为核心，按照现代企业制度的要求，构建了权责对等、运转协调、有效制衡的决策执行监督机制。一是形成相互信任的公司股权结构。改革后，中航油物流持股 50%，重庆泽胜投资集团有限公司（民营）持股 50%。中航油物流通过董事会席位数量、所占股比等获得对重庆泽胜重大事项的否决权。该股权结构让战略投资者在股权架构上有分量，真正发挥了"战略"作用，这样确保重庆泽胜在重大事项上得到中国航油的把关，进一步降低了经营风险。二是建立了多元制衡的董事会。重庆泽胜董事会设有 7 名董事，其中 4 名由中航油物流推荐选举，另外 3 名由重庆泽胜投资集团推荐选举。这样的董事会构成充分发挥了民营股东和国有股东在治理结构上的话语权。三是推进分层放权。在规范治理的基础上，全面依法落实董事会行使重大决策、薪酬分配等权利，增强了董事会的独立性和权威性，推动了董事会工作常态化、系统化、标准化。明确了董事会对经理层的授权原则、管理机制、事项范围、权限条件等主要内容，充分发挥了经理层经营管理作用，充分保障了经理层经营自主权。四是加强党建引领。将党的领导融入公司治理各环节，完成党建内容进章程工作，确保公司党建工作有章可循、有法可依。严格遵循"三重一大"民主决策实施办法等管理制度，将党组织研究讨论作为董事会、经理层决策的前置程序，切实履行公司党支部在"三重一大"重要决策事项过程中的指导和监督作用。

（二）建立市场化选人用人机制，激发企业活力动力。按照"市场化选聘、契约化管理、市场化退出"的原则，全面推行市场化选人用人机制。一是对经理层人员实现任期制和契约化管理。与经理层成员全面签订考核责任书及任期聘用合同，通过合同形式明确经理层成员的聘任期限、岗位职责、薪酬福利、履职待遇及续聘、解聘条件等条款，加强对经理层的制度约束、组织约束、契约约束。通过保证契约化协议的刚性约束，有效实现经理层的优胜劣汰。二是对岸基管理人员开展了分级分类岗位竞聘及末等调整，改善人员流转不畅的状况。三年来累计调整 21 名中层管理干部，招聘 10 名管理人员，降级或淘汰 7 名管理人员；所有 600 余名船员均为市场化招聘人员。目前已经做到干部能上能下，员工能进能出，用工结构实现优化，人员配置效率逐步提高。

（三）强化激励硬化约束，激发员工干事创业的积极性。一是积极推动内部收入分配制度改革。不断建立健全以市场为导向、激励与约束相结合的薪酬体系，将企业经营业绩与工资总

---

① 重庆泽胜属于民营企业，原股东为三个自然人股东。任泽胜出资 2490.0248 万元，占注册资本 41.95%；任泽友出资 2100.0495 万元，占注册资本 35.38%；叶汝贵出资 1345.6225 万元，占注册资本 22.67%。

额挂钩。通过健全绩效评价指标和方法，深化绩效评价结果运用，推动薪酬分配向重要岗位、关键岗位、突出贡献人才倾斜。例如，重庆泽胜公司经理层人员薪酬差距最大达26%，岸基管理人员同业务岗位人员薪酬差距最大达22%。创新性实行船舶A、B、C分级管理。按照"严考核、强激励"的工作思路，建立船舶分级标准共六大类300项，拉开了不同船舶等级之间的船员薪酬差距，A级船舶员工较C级船舶员工相差17%。二是实行考核机制常态化。定期开展"回头看"检查，充分调动了船员的积极性和主人翁精神，使得船容船貌大为改观，为公司安全运营和拓展第三方航运市场打下了良好的基础。

（四）借助战投相关优势，突出主业发展。积极借助中国航油的资源优势，整合其物流板块内相近业务单元，有效延伸产业链，实现业务拓展与提升。一是保障航油供应安全。紧密围绕物流公司的发展战略，切实沟通连接航油资源与市场，大力发展水上运输，全力保障西南地区航油供应。随着民航旅客吞吐量和货物吞吐量的持续增长，西南地区重庆、成都等沿江机场航油需求量持续递增。作为长江内河危化品运输龙头企业以及西南地区航油水路运输唯一承运商，承担起了重庆乃至整个西南地区航油供应的重要责任。二是努力拓展第三方市场。在保障长江沿线航油供应安全的同时，按照"东进""西扩"的战略，通过运力结构调整和优化，不断开拓第三方市场，实现由混改前客户散、多、杂，逐渐向混改后以少数优质大客户为核心的业务模式转变。在航油承运价格低于其他成品油承运价格的情况下，重庆泽胜的利润还能逐年大幅增长，这与逐年增长的第三方物流业务的收入息息相关。目前重庆泽胜已与包括中国石化、中国石油、泸天化、川维、扬子BP、建滔化工、蓬威石化在内的多家大型优质企业建立起长期战略合作关系。三是践行业务绿色发展。坚持"生态优先、绿色发展"的工作思路，新建船舶均以CCS标准建造，"船舶主机冷却水余热利用系统"改造项目成为交通部首批"交通运输行业绿色循环低碳示范项目"，在长江航运企业中率先完成公司船舶主机重油改轻油，每年节约燃油成本约1000万元；率先完成了所有船舶的火星熄灭器加装和生活污水处理装置技术改造。

三、混合所有制改革取得的主要成效

混合所有制改革以后，重庆泽胜的主要经营指标连年攀升，业务结构不断优化，社会责任意识不断增强，企业整体市场竞争力得到加强。

（一）经营业绩全面提升。资产总额从2008年的3.6亿元增长到2020年的9.23亿元，复合增长率为8.21%。年收入从2008年的2.0亿元增长到2020年的4.02亿元，复合增长率为5.94%。年利润总额从2008年的3502万元增长到2020年的5500万元，复合增长率为3.83%。国有资本权益从2008年的1.19亿元增长到2020年的1.99亿元，复合增长率为4.38%。12年累计运量超过2900万吨，累计营业收入42.7亿元，累计利润9.02亿元，上缴国家税费超3.1亿元，向双方股东分配利润5.2亿元，实现了国有资产的保值增值。此外，劳动生产率大幅提升，从2008年的25.1万元/人提高至2020年的28.3万元/人。

（二）业务结构不断优化。混改后，积极树立"东进""西扩"的市场开拓思路，充分利用"双

百行动"的改革机遇，不断做大做强做优危化品水路运输业务。2019 年，重庆泽胜完成收入 4.4 亿元，同比增长 18%，其中第三方业务收入同比增长 30%。重庆泽胜被中国石化化工销售华中分公司评为"2019 年度优秀物流供应商"，并获得集团公司 2019 年度"市场开拓先进单位"殊荣。2020 年，在满足航油运输的同时，公司调整运力结构，加大化工品市场拓展，克服疫情对全行业带来的影响。在成品油板块，贸易客户运输量达到 80.76 万吨，同比增长 4.4%。新开发的贸易客户 13 家，完成运量 11.13 万吨，实现收入 1241.14 万元，同比增长 17.74%。同时按"东进"的战略，新增中下游业务 9.27 万吨，实现收入 762.6 万元。

（三）员工激励效应初步显现。通过实施差异化的薪酬激励办法，员工积极性得以调动。2020 年，重庆泽胜安全管理部门现场监管时间达到 200 天以上，圆满完成了"零事故、零污染、零伤亡、零滞留"的安全目标；通过专项考核，平均等装等卸天数下降到 2.79 天 / 航次，平均等闸时间下降到 2.19 天 / 航次（剔除洪水影响），平均修理时间下降到 7.28 天 / 艘。船舶运营效率大幅提高，有力地支撑和保障了公司经营目标的顺利完成。

（四）不断提高企业精细化管理水平。混合所有制改革后，重庆泽胜引进中国航油的规范管理理念，以实现企业科学持续发展为目标，大力提升企业管理水平。根据部门业务性质进行重新分工，将岸基部门的岗位分为业务开拓、业务支持和后勤管理三类，有效理顺部门之间的横向沟通和统一协调问题，进一步优化工作效能。强化成本管控，创新船舶运营模式，推行燃油定额管理，通过制定燃油定额标准、推行经济车速、科学规划船舶加油周期及地点等措施，有效降低燃油成本。推行船舶信息管理，利用 ERP（企业资源计划）系统统一管理公司物料和资产，实现对近 2000 种船舶常用备品备件进行购、用、存全生命周期管理，有效降低船舶维修费用。通过加强运费催收管理、合理安排结算周期、精细编制资金使用计划等方式加强精细财务运作，有效提高现金管理水平。

优选战略投资对象　优化国有资本布局

——山河智能装备股份有限公司混改案例

山河智能装备股份有限公司（简称"山河智能"）于 1999 年由中南大学何清华教授创办，成立之初即以一款液压静力压桩机打开市场知名度，从此走上了一条产学研一体化的创新发展之路。经过 20 余年的发展，山河智能已经成为装备制造领域具有一定国际影响力的技术领军企业，其研发的双动力头强力多功能钻机、随钻跟管钻机、深孔大直径（超大直径）正（反）循环潜孔锤钻机、旋扩钻机、自行式全回转全套管钻机等均为国内首创，5G 智能旋挖钻机、5G 高空作业平台均为全球首创，自主研制的"山河阿若拉 SA60L 轻型运动飞机"荣获首届"中国优秀工业设计奖金奖"，在同级别机型中国内市场占有率排名第一。2019 年，广州工业投资控股集团（简称"广州工控"）通过二级市场增持方式成为山河智能第一大股东，成功实施混合所有制改革，不仅帮助山河智能的创始团队化解了股权质押风险，解除了发展资金压力，也实现了广州国资在高端装备制造领域的全链条布局，实现了双赢。广州工控主动投资入股山河智能实施混合所有制改革的做法，对地方积极推进国有经济布局优化和结构调整具有较强的示范意义。

一、广州工控以混合所有制改革优化区域国有经济布局结构

按照广州市国有经济战略布局的整体规划，结合广州工控立足于制造实业的考虑，广州工控确定了5项拟主动投资控股的企业标准：一是企业处于先进制造业领域，拥有领先的技术，发展前景可期；二是企业需处于细分行业龙头，具备一定知名度；三是企业的主营业务要与粤港澳大湾区紧密相关，与广州市的国有企业能够产生互补和互促的积极作用；四是企业的财务状况和经营效益良好；五是根据可投资金额，拟投资的企业需处于百亿元市值内。经过深入的尽职调查和论证分析，广州工控锁定山河智能。一方面，山河智能的核心技术优势和创新优势明显，其所在高端装备制造行业属于国家战略性新兴产业和关乎国民经济未来的支柱产业，与国家战略安全息息相关。从未来发展看，山河智能作为工程机械行业龙头企业，能够促进广州国有经济产业结构优化，发挥强链、补链、延链的作用。另一方面，拟实际持股的广州工控下属广州万力集团，拥有轮胎、化工等制造业板块，是广州市为数不多专注制造业投资运营的国有企业。其拥有大量的工业用地，可与山河智能共建智能装备产业园，合力拓展大湾区、东南亚等市场。

二、广州工控实际控制山河智能的具体做法

一是运用市场化方式实施逆向混改。广州工控希望以最小的金额实现实际控制，创始人何清华则希望通过减持化解迫在眉睫的债务风险。经过反复磋商，双方最终决定，由广州工控购买何清华在最近两次定向增发中承担兜底承诺的7个基金股权实现控制权转移。为此，广州工控联合广州市的国资并购基金发起设立恒翼基金，专门用于收购山河智能相应股权。针对何清华需交易的股权数量较多、超出每年可交易上限的情况，双方约定2019年先交割一部分股权，未交割部分的股权质押至广州工控名下，同时将公司8%的表决权转让给广州工控。整个交易过程持续一年零八个月，涉及金额20.5亿元。广州工控持有山河智能24.84%股权，成为第一大股东和实际控制人，创始人何清华为第二大股东，继续担任董事长和首席专家。

二是依据出资比例相应完善公司治理。2019年5月，山河智能召开第七届董事会第一次会议和第七届监事会第一次会议，提前进行董事会和监事会换届。其第七届董事会由9名董事组成，其中非独立董事6名，独立董事3名；实际控制人广州工控提名4名非独立董事，2名独立董事。第七届监事会由3名监事组成，因单一股东提名的监事不超过公司监事总数的1/2的要求，广州工控提名1名监事。同时，高级管理人员也相应作了调整，广州工控委派公司总经理兼法人代表，并提名了财务总监。2020年10月，第七届董事会召开第十次会议，广州工控委派1名分管投资的副总经理。由此，广州工控对山河智能的大额投资及财务状况委派专人

管理，并采取定期、非定期汇报机制实施日常监管。

三是实施限制性股票激励。2019 年，实现实际控制的广州工控对山河智能 548 名高管团队和技术、业务骨干开展了限制性股票激励，行权对价 2.97 元 / 股，其中，50%限制性股票绑定期 18 个月，剩余 50%的绑定期为 36 个月，进一步绑定对公司持续健康发展具有重要影响的"关键少数"。

三、混合所有制改革取得显著阶段性成效

实现混合所有制改革后，山河智能充分吸收广州国资的规范管理和资源优势，同时按照公司法和证券法规定，持续健全现代法人治理，公司基本面持续向好。一是创新成果不断涌现。山河智能工程机械数字样机及孪生技术被列入 2021 年湖南省十大技术攻关项目。减震降噪、耦合式节能技术、5G 技术等一批前瞻性技术研究取得突破，开发了国内首台 5G 智能遥控旋挖钻机。山河智能已形成地下工程装备、挖掘机械、矿山设备三大优势产品集群。其中，地下工程装备整体技术水平与产品门类位居世界前列，挖掘机在欧洲的保有量居国内品牌第一，矿用凿岩设备多项技术填补了国内空白。二是强势进军通用航空领域。山河智能率先开发出国内首款碳纤维复合材料整体成型的轻型飞机与无人机，实现两座运动飞机保有量全国第一。目前，已拓展形成航空装备研发、制造、租赁、运营、维修业务全产业链。三是国防领域保障装备取得新突破。山河智能的特种装备先后攻克了无人平台高机动越障、自主导航控制、空地协同复合探测、远距离遥控防爆挖掘、激光 / 机器人射流销毁等关键技术，探、排、扫、运、打、保等 6 类无人智能装备均取得显著进展。智能施工作业、危险品探排销和危化辐射污染压制等均实现国内领先。军民两用领域的工程化应用在细分市场占有率位居国内第一。2020 年 9 月 17 日，习近平总书记考察公司并发表重要讲话，对山河智能的创新、创业精神给予高度评价和肯定。

广州工控对山河智能实施逆向混合所有制改革的成功探索和实践，将国有经济的竞争力、创新力、控制力、影响力、抗风险能力和民营经济的活力有机结合起来，充分彰显了混合所有制这一资本组织形式的勃勃生机。同时，广州工控甄选拟投资对象的思路及标准、取得实际控制权的方式、规范参与公司治理的操作等，也非常值得其他国有企业借鉴和学习。

混合所有制改革"宜参则参"的破题和平衡
——深圳市地铁集团有限公司入股万科混改案例

万科企业股份有限公司（简称"万科"）成立于 1984 年 5 月，是中国最大的专业住宅开发企业之一。1988 年进入房地产行业，1991 年成为深圳证券交易所第二家上市公司。2017 年，深圳市地铁集团有限公司（简称"深铁集团"或"地铁集团"）先后受让华润和恒大所持万科股权，转让完成后，深铁集团持有万科 29.38%的股权，成为万科的第一大股东。国有第一大股东"积

极不干预"，形成了经营者支配、所有者监督的混改企业样本，支撑万科发展成为中国持续盈利、增长年限最长的混合所有制企业。成为混合所有制企业以来，万科从一家 1989 年全年收入仅 2350 万元的小企业，成长为世界 500 强（2020 年排名第 208 位）。自 1991 年上市以来，营业收入由 4.2 亿元增长至 2020 年的 4191.1 亿元，年营业收入复合增长率约为 26.9%；归属于股东的净利润（权益净利润）由 1991 年的 0.2 亿元增长至 2020 年的 415.2 亿元，复合增长率约为 29.0%。

万科也是行业内财务指标最为稳健的企业。国际三大评级机构标普、穆迪和惠誉长期给予公司 BBB+、Baa1 和 BBB+ 的长期企业信用评级，属国内同行中最优之列。

主营业务。万科于 1988 年以公开拍卖方式获得第一块土地，进入房地产行业。经过 20 年的发展，在 2008 年成为全球最大住宅供应商。截至 2020 年底，万科总资产约 1.87 万亿元，净资产约 2245 亿元，员工总人数达 14 万。从 2012 年开始，万科以"城乡建设与生活服务商"为战略定位，除了已有的住宅开发和物业服务业务之外，也在有序拓展长租公寓、物流仓储、商业运营、教育、食品、冰雪度假等与生活服务相关的经营性业务。其中，万科开发业务销售金额位居全国前三，物业服务连续 10 年位列全国综合排名第一，集中式长租公寓开业间数全国第一（14 万间），物流仓储业务的可租赁面积位列全国第二（万科同时是位列第一的物流仓储服务商普洛斯的第一大股东），商业管理面积全国第二。

股权架构。万科总股本为 11625383375 股，其中 A 股占比为 83.65%，H 股占比为 16.35%。深铁集团持有万科 27.89% 的股份，是万科第一大股东；万科事业合伙人计划共计持有万科 5.04% 的股份，其他股东持股比例均低于 5%。

一、万科混合所有制改革历程

在国内 4000 多家 A 股上市公司中，万科率先践行混合所有制改革。从 1988 年改制至今，虽经历了深特发、华润集团、地铁集团三位国资为第一大股东的阶段，但国有资本占上市公司总股本的比例始终低于 30%，始终保持了无控股股东，国有资本为第一大股东，走国有与员工、机构与个人、国际资本等各类资本混合的道路。

（一）对混改的先行探索。1986 年，作为中国改革开放的"探路者"，深圳率先吹响了国有企业股份制改革的号角。10 月，印发实施《深圳经济特区国营企业股份化试点暂行规定》。1988 年，为打造一家"简单透明规范"的现代企业，也为了当未来市场更加规范时，万科仍可生存下去甚至成为优秀标兵，原本隶属国有企业深圳经济特区发展公司（简称"深特发"）旗下的万科进行了股份制改造（整体改制），并向社会以每股 1 元的价格公开发行股票。发行完成后，国资股比例下降 19.23%，企业股占比降 12.82%，公众股占比近 70%，深特发之下属子公司为万科第一大股东，由此完成了混合所有制改革的"关键一跃"。

（二）追求业务协同，变换第一大股东。1997 年，有别于专注于房地产业务的万科，第一大股东深特发明确了自身业务以旅游、科技为主业，这意味着双方难以在产业上产生协同效应。2000 年，华润集团承接深特发所持有的万科股份，持股 15.08%，成为万科第一大股东。

华润集团当时的五大业务中，包括"以住宅开发带动地产、建筑、装修及建筑材料生产和分销"，其入股不仅与万科在业务上有所共赢，而且作为港股上市公司，也能够为万科提供国际市场的先进做法。从 1993 年至 2015 年，万科第一大股东持股比例从未超过 16%，股权极度分散。

（三）深铁集团入股万科。2015—2016 年，以险资为代表的社会资本对万科股权构成巨大威胁。地铁集团和万科均为深圳本地企业，地铁集团按照市场化、法治化原则于 2017 年 1 月和 6 月先后两次分别从华润、恒大受让万科股份，共出资 664 亿元，其中自有资金 269 亿元，并购贷款资金 395 亿元，合计受让万科 A 股股份 32.43 亿股，占比 29.38%，成为万科第一大股东。长达两年之久的"宝万之争"以地铁集团入股万科告终，是当年中国资本市场极具标志性的事件。

随着华润、恒大的退出和地铁集团的入局，宝能系开始在二级市场逐步减持万科股份，截至 2019 年底，宝能系的持股比例已降至 5% 以下，不再是万科的重要股东。截至 2020 年底，地铁集团持有万科股份的比例为 27.91%，与深圳市国资委全资公司深圳市投资控股有限公司（简称"深投控"）合计持股比例为 28.58%，深圳市属国资对万科的控制力稳固。按照企业会计准则，地铁集团持股比例低于 30%，不符合财务并表条件，因此地铁集团按权益法核算对万科的投资收益，万科继续保持"无实际控制人"的公司治理结构。

二、国有大股东"管资本"："四个支持"定义"舒适距离"

深铁集团明确以"管资本"方式参与万科公司治理，明确对万科的"四个支持"，即支持万科的混合所有制结构，支持万科的城乡建设与生活服务商战略，支持万科的事业合伙人机制，支持万科管理团队按照既定战略目标实施运营和管理。4 年来，深铁集团始终遵守初始承诺。2020 年，在万科股东大会上，深铁集团董事长表示未来深铁集团仍将全面支持万科的发展，不干预万科自主经营。

（一）遵照法律法规和上市公司章程参与公司治理。深圳市国资委于 2018 年印发《关于规范和加强市属国有股东以管资本参与公司治理的工作办法（试行）》，明确以管资本方式规范和加强市属国有股东参与上市公司治理，强化上市公司市场主体地位，保持上市公司活力、创造力、市场竞争力，坚持所有权与经营权分离。目前，万科董事会结构中，代表深铁集团的董事共有 3 位，监事 1 位。深铁集团按照法律法规和上市公司章程参与公司治理，行使股东权利，履行股东义务，维护股东权益。深圳地铁集团入股万科后，万科共召开 6 次股东大会。每次会议之前，万科均会就议案与深铁集团进行事前充分沟通，深铁集团在股东大会上予以表决。

（二）尊重万科的自主经营权，尊重企业家精神。深铁集团入股后，未派出任何人员担任万科高级管理人员。对万科日常经营事项，坚持市场化、法治化原则，由董事会集体审议，授予管理团队一定范围内的融资、投资、对外财务资助、理财、对外担保、对外公益捐赠等权限，尊重企业家精神，充分发挥经营管理团队的主观能动性和工作热情。同时，支持万科延续和更新激励机制，每届董事会均就团队激励制度进行检视、迭代，对项目跟投机制也及时予以更新迭代。对于属于股东大会和董事会审议权限事项，依法提出建议，予以表决。

（三）市场化原则对接国企合作，制度相互借鉴，促进国有资产经营提效。深圳市国资委及下属国企多次前来万科考察项目，就事业合伙人制度进行交流，希望能将万科的市场化机制与国企的制度优势有机结合。同时，遵循市场化原则，引荐万科参与深圳国企混改，对接合作机会。例如，2021 年 6 月 23 日，万科与深业集团合作，以总地价 81.9 亿元成功竞得中山市翠亨新区未来之门项目。万科也发挥自身的专业能力，为国有资本运营提效提供帮助。深铁集团也与万科携手走出深圳，于 2020 年 4 月在佛山获取 TOD 项目。

（四）注重国有资本回报，保障国有资本安全。深圳国资关注行业变化和投资回报，希望万科在确保经营发展的前提下，保持相对稳定的分红比例。从深圳国资入股至今的 4 年，万科营业收入分别为 2428.97 亿元、2976.79 亿元、3678.94 亿元和 4191.12 亿元，同比分别增长 1.01%、22.55%、23.59% 和 13.92%。归属于母公司所有者的净利润分别为 280.52 亿元、337.73 亿元、388.72 亿元和 415.16 亿元，同比分别增长 33.44%、20.39%、15.10% 和 6.80%，公司的净资产收益率分别为 22.80%、23.24%、22.47% 和 20.13%。自深铁集团入股以来，累计获得分红 162.2 亿元。从财务报表看，2018 年至 2020 年分别为深铁集团报表增加投资收益 99.2 亿元、111.5 亿元和 115.9 亿元。

三、完善法人治理结构：多元、均衡的混合持股结构

万科自 1988 年进行股份制改造开始，股权较为分散，不存在控股股东及实际控制人。长期以来，万科股东既有持股数量位居第一的国有资本，也有民营资本；既有内资也有外资；既有机构投资者、社保基金，也包括为数众多的个人投资者，还包括管理团队和业务骨干等。多元、均衡的混合持股结构，一方面使万科能充分发挥机制的灵活性，又有多方制衡的作用，另一方面也对公司治理提出了更高要求。

（一）保持"4+3+1+3"的架构。2000 年至今，万科董事会保持"4+3+1+3"的架构，其中，独立董事人数 4 位，股东董事 3 位，外部董事 1 位，内部执行董事 3 位。董事会一直积极吸纳认可万科文化，具有全球视野、大型企业管理经验，在所在领域具备影响力，愿意投入时间精力谨慎勤勉维护公司整体利益和相关方权益的各界精英人士加入，支持万科健康可持续发展。深铁集团入股之后也继续维持万科的上述董事会架构。监事会由 1 名股东代表、1 名管理团队代表和 1 名员工代表组成。公司股东大会、董事会的决策机制均严格遵守公司法规定。多元、均衡的董事会结构，保证了万科董事会中既有股东视角，也有公司业务视角，还有独立的社会第三方视角，多方立场为万科董事会带来的是更全面的视野和思考。万科过去 30 年的发展整体比较稳健，几乎未犯方向性错误。万科的独立董事始终占据董事会 1/3 的席位，这样的设置既可充分发挥独立董事的中立作用，也能使董事会决策更能代表全体股东的利益，而非"少数人的游戏"。在万科企业发展史上，曾出现过多位声名鹊起的独董，打破了社会对独董是"花瓶"的刻板印象。

（二）充分发挥公司章程在公司治理中的基础性作用。国有股东与其他中小股东、管理层

充分协商，建立各方参与、有效制衡的董事会和监事会，切实维护各方股东权利，形成按章程行权、依规则运行、定位清晰、权责对等、运转协调、制衡有效的法人治理结构。

四、建立事业合伙人制度：经营管理团队与股东同舟共济、共创共享

2014 年，万科推出事业合伙人制度，以打造更加扁平高效的组织架构，进一步激发经营管理团队的主人翁意识、工作热情和创造力，强化经营管理团队与股东之间同舟共济、共创共享的关系。基于"共识、共创、共担、共享"的机制创新更大地解放生产力，激发和凝聚更广泛的事业合伙人，为更广大的利益相关方创造更持续的真实价值。2015 年 11 月，万科事业合伙人机制成为企业制度创新的典范。事业合伙人制度包括：经济利润奖金及合伙人持股计划、事业跟投计划、基于事业合伙人理念创新的管理机制。

（一）2010 年引入经济利润奖金制度。2008 年，万科一跃成为全球最大的住宅企业。同年，万科的 ROE（净资产收益率）降低到 12.65%，仅略高于社会平均股权回报水平。这意味着，如果用 EVA 来衡量的话，万科这一年几乎没有为股东创造真实价值。2010 年 10 月 21 日，万科第十五届董事会第十二次会议审议通过了《关于完善整体薪酬体系的议案》。这个议案的主要内容，就是调低销售奖、年终奖的计提比例，同时将砍掉的这部分奖金，用经济利润奖金替代。以 A 股上市公司的平均 ROE 为及格线，公司利润中超过上市公司平均 ROE 的部分为经济利润，按 10% 提取经济利润奖金，鼓励创造更高的 ROE 水平。新旧奖金制度转换的基本思路是，如果万科的 ROE 达不到优秀水平，那么在新的奖金制度下，万科团队获得的奖金，将低于旧的奖金体系。经济利润奖金提取后需封闭运作 3 年。如万科某年 ROE 低于上市公司平均水平，则当年经济利润奖金为负，需从此前 3 年提取的经济利润奖金中相应扣除。经济利润奖金的递延发放机制，可以约束控制和引导万科管理团队及骨干人员更加关注公司的长期健康发展。

（二）2014 年启动合伙人持股。万科事业合伙人持股计划是经济利润奖金制度的延续和迭代。2014 年，万科的 ROE 达到 1993 年以来的历史高位。但与业绩增长形成鲜明对比的是股市的持续低迷，万科 A 股价格在 2014 年 2 月一度跌至 2010 年中期以来的最低点。尽管时任公司总裁郁亮在年初将其 2013 年全年收入购买了万科股票，但投资者仍然希望万科团队能有更大力度的增持行为，更加重视股价，把管理团队利益和股价更紧密结合在一起。为了顺应股东呼声，提振市场信心，同时也鉴于 B 转 H 工作的重要意义，万科的经济利润奖金奖励对象从万科的整体利益出发，一致同意将递延的集体奖金加上杠杆，在二级市场买入公司 A 股。截至目前，万科经济利润奖金持有万科 5.04% 的股份。

（三）2014 年启动即售项目跟投。2014 年始，对于万科所有新的即售项目，员工必须跟投，并以自身收益对万科股东劣后。如项目 IRR（内部收益率）不高于 WACC（加权平均资本成本），员工不得分配跟投收益。原则上项目所在区域及一线公司管理层和该项目管理人员为项目必须跟投人员，除万科董事、监事、高级管理人员以外的其他员工可自愿参与跟投。员工跟投份额不超过项目资金峰值的 10%。跟投机制使公司规避激进拿地的风险，加快项目周转，降低成

本，促进销售，员工和公司利益紧密捆绑。

（四）2017年万科董事会主席和总裁薪酬的劣后担当。无论是经济利润奖金方案还是项目跟投方案，均是按劣后担当进行方案设计。2017年，在深铁集团入股后，万科也对高管薪酬方案进行了适当调整，从而体现劣后特性。目前万科董事会主席和总裁年度即时现金薪酬总额与万科实现的净利润增长幅度挂钩，即以15%为净利润增长率及格基准线，净利润增长率超过15%时，年度即时现金薪酬总额方可增长；净利润下滑时，年度即时现金薪酬总额同比例下降。

（五）2021年的非开发业务跟投。2021年6月，万科股东大会审议通过《关于补充完善复杂项目及非开发业务跟投机制的议案》，确定非开发业务跟投机制，从跟投人员、跟投资金来源、跟投比例、价格和资金资源等方面对商业、物流、长租等经营性业务跟投机制提出新要求。本机制旨在激发非开发业务经营管理层和骨干员工的责任担当意识，通过让业务前线员工真金白银的投入，推动非开发业务的加速发展，也表明万科期望孵化成长期业务，实现有质量发展的坚定决心。

五、健全市场化经营机制：共担共享，激励先进

（一）资源向可打胜仗的团队倾斜，鼓励价值创造。万科在面对多元化、大体量业务的管理中，坚持组织资源向战略重点倾斜，坚持给予能打胜仗的团队和个人更多发展空间，从而鼓励员工创造更大价值。万科七大区域BG新增投资额度与回款额锚定，多回多投，少回少投，将资源向实现更多回款的团队倾斜，以督促区域BG积极销售回款。根据万科的投融资要求，各月度将区域BG上月全口径销售回款的一定比例，累加到区域BG的投资额度当中。若额度为负，则暂停区域投资；各区域额度不透支、区域间额度不拆借。简而言之，地产区域BG新增投资额度与本区域上月销售回款额锚定，地产区域BG为了能获取项目必须先努力实现销售回款。在万科内部各业务分配奖金方面，也按照实现业绩情况进行分配。例如，在区域BG分配奖金额度方面，会综合考虑结算收入、结算利润、销售回款、创造利润等指标来确定各自BG的奖金额度，以激励员工努力创造更高的回报，使员工利益和股东利益同步实现、紧密结合。

（二）通过共担共享的激励机制，将员工和公司利益紧密绑定。回款达标奖以地产区域BG完成总体回款目标作为触发条件，各地产区域BG完成总体回款目标后，方可分配回款达标奖，若因某地产区域BG未完成目标，导致万科集团未完成回款目标，地产区域BG均无法获得奖金，体现责任共担。这一机制激励地产区域BG最大化地挖掘各自项目上的资源，达成总体回款目标。同时，即使整体完成回款目标，但某区域BG自身未实现回款目标，则其分配的回款达标奖将直线下降，以此避免个别区域BG懈怠，以助力万科达成最大的经营业绩。

（三）目标与过程管理双轮驱动，加强对各业务单元的目标牵引及动态管理。万科已形成一套内部完善的运营管理办法，即"1—3—6—3"运营体系，将万科的中短期战略目标与各业务单位日常的经营动作耦合起来，形成闭环，确保万科整体发展目标逐一实现。"1—3—6—3"具体为，每月1次月度例会、解决未来3个月经营安排、设定6个季度的滚动经营计划、设定

未来 3 年的事业计划书每年检讨一次。每年、每季度、每月、每周设置不同经营观测事项，通过监测、扫描各业务单元经营情况，判断并预警经营偏差。通过向业务单元发布经营提示函，提示经营风险与关注事项，一周内业务需完成纠偏方案，保障了业务的动态、灵活调整。通过在内部进行持续的业务晾晒，奖优惩劣，确保经营在轨，时刻督促各业务单位以实现万科整体发展为目标。

六、混合所有制改革实施成效

万科成为混合所有制企业迄今 33 年，事业取得了长足发展。自 1991 年上市以来，由 1991 年的 4.2 亿元营业收入增长至 2020 年的 4191.1 亿元，年营业收入复合增长率约为 26.9%。自 1991 年上市以来，归属于股东的净利润（权益净利润）由 1991 年的 0.2 亿元增长至 2020 年的 415.2 亿元，复合增长率约为 29.0%。万科年纳税金额复合增长率为 40%。万科的健康稳定发展为股东创造了良好的投资收益。2017—2020 年，地铁集团累计实现投资收益 410.51 亿元，累计收到现金分红 121.57 亿元。万科以其良好的盈利水平，助推地铁集团成为全成本口径核算下盈利水平最高的城市轨道交通企业。2019—2020 年，地铁集团实现的净利润已连续两年超过行业标杆港铁，树立了城市轨道交通企业财务稳健可持续的"深圳样本"。扩大企业社会影响力。2018 年，万科与中国光彩事业基金会合作发起设立"光彩·万科精准扶贫与乡村振兴专项基金"，加大对"三区三州"深度贫困地区的帮扶力度，持续为助力脱贫攻坚、全面建成小康社会积极贡献万科力量，获得了良好的帮扶效果和社会效益，并得到中央统战部及广东省、深圳市相关部门的高度肯定。2019 年 9 月，万科集团董事会主席郁亮获全国脱贫攻坚奉献奖。2020 年，万科荣获民政部颁发的"中华慈善奖"。

万科发展的实践证明，国有资本为第一大股东的混合所有制，国有股东坚持以管资本方式参与万科公司治理，保障万科公司治理体系的有效运作和持续稳定发展。万科案例的重要意义在于，国资如何恰如其分地处理其与入股企业之间的关系。一些国企参股后，频频在重大决策上与民营企业出现分歧；一些国企在选择职业经理人制度后，采用"任职制"增加管理层的危机感，但对于已经过长期实践检验的企业及其管理层，"任期制"会促使管理层和团队追逐任期内的短期表现，容易忽视企业的长期健康发展。万科国资大股东"积极但不干预"的态度，对公司重大事项，均是按照市场化、法治化原则，通过董事会集体表决和审议，授予管理团队公司运作的自主权，有效保持了万科的发展活力。

以混改跨越发展　打造特种纸业领军企业

——广东冠豪高新技术股份有限公司混改案例

广东冠豪高新技术股份有限公司（简称"冠豪高新"）是中国诚通控股集团有限公司（简

称"中国诚通")所属三级公司,成立于1993年,是国内以纸、膜为基材的涂布新材料行业的领军企业,是央企序列中唯一一家特种纸企业,肩负着民族特种纸产业发展的重任。冠豪高新拥有特种纸工程技术研发中心和企业技术中心等多个省级创新平台,开发几十种新产品,填补多项国内空白,先后获得13项技术发明专利,荣获国家、省、市级科技奖励20项。冠豪高新从引入地方国资广东粤财投资控股有限公司,到完成股份制改造A股上市,再到引入央企中国诚通控股,通过一步步的混合所有制改革,推动企业实现跨越式发展,以强大的技术能力和优异的经营业绩成为行业领军企业,最终让冠豪高新原民营股东实现从100%控股,到作为战略股东参股,再到完全退出,取得了丰厚的投资回报。

一、引入战略投资者,优化公司股权结构

(一)引入地方国资实施股份制改革。1998年,冠豪高新引入了广东粤财投资控股有限公司,并于第二年对公司进行股份制改造,变更为国有控股的广东冠豪高新技术股份有限公司,实现体制的首次突破,为上市奠定了良好的基础。2003年,冠豪高新公开发行A股,在上海证券交易所正式挂牌上市,成为湛江地区沪市主板第一家上市公司。

(二)非公开发行股票引入央企控股。2009年,冠豪高新向中国诚通子公司中国纸业投资有限公司非公开发行6000万股A股,转变为由一个央企控股,同时包含省国资、民营资本以及其他投资者多种所有制混合的企业。2011年,冠豪高新再次成功非公开发行8190万股A股,为扩展项目提供了充足的资金支撑。2015年,公司又成功非公开发行8103万股A股,筹建浙江冠豪不干胶生产基地,总股本也增至12.7亿股。

(三)吸收合并上市公司"粤华包"重组。2020年9月,冠豪高新积极贯彻落实国务院国资委和中国诚通关于国企改革工作的重要部署,启动吸收合并民营企业粤华包重组工作,通过优化产业战略布局,整合优质资产,充分利用双方在采购、研发、生产及物流渠道等方面的协同效应,发挥产业规模化优势,提升南方基地核心竞争力和持续盈利能力。

自中国诚通控股以来,冠豪高新通过非公开发行A股股票、换股吸收合并粤华包重组项目等方式引入战略投资者,实现股权结构的不断优化,持股比例逐步优化至26.1%。在切实加强党对国有企业的全面领导、坚决防止国有资产流失的前提下,按照高质量发展要求,冠豪高新进一步深化市场化改革,重点在完善公司治理、市场化选人用人、强化激励约束等方面探索创新、取得突破,为推进国有资本布局优化和结构调整作出贡献。

二、建立中国特色现代企业制度,完善公司治理

(一)坚持"两个一以贯之"原则。把加强党的领导和完善公司治理统一起来,落实党委与董事会、经理层"双向进入、交叉任职"领导体制。科学界定党委会、董事会、经理层在重大事项决策过程中的职责权限,梳理、明确"三重一大"事项清单。落实"三个区分开来"要求,建立企业容错纠错机制。

(二)明确国有控股股东与公司管理边界。冠豪高新持续深化混合所有制改革,进一步完

善公司法人治理结构。明确国有控股股东与公司的管控边界，切实减少对公司的行政审批事项，制定《向股东单位申请授放权事项清单》和《非执行董事独立履职事项清单》，落实董事会重大决策、投资、人事任免、资产管理、日常经营五方面六项职权，支持非执行董事独立履职。

（三）做实建强董事会。优化董事会职数，调整董事来源，明确董事任职资格，建立外部董事占多数的董事会，增加专职外部董事，提高董事履职能力，加强董事履职和考核激励管理。加强董事会专门委员会建设，为董事会规范运行、科学决策提供专业支撑，董事在发展战略、经营管理、改革发展等重大事项上履职尽责，建言献策，董事会专业性和制衡性明显增强。

三、全面实行市场化经营机制，激发管理层和员工活力

（一）实施经理层任期制和契约化管理。冠豪高新已实施本级经理层任期制和契约化管理，签订"两书两办法"，董事会依据协议约定开展年度和任期考核，落实"一岗位一考核""一岗位一薪酬"，根据考核结果兑现薪酬，实现以上率下。将公司经营业绩指标自上而下分解，由总经理分解至副总经理，由副总经理分解至相关部门及分子公司，主动压实各层级责任，保证各项经营业绩指标的完成，实现指标层层分解、压力层层传递和绩效层层考核。经营班子成员实施超额利润分红和薪酬差异化管理，2020 年经理层收入高低差距达 1.8 倍，绩效薪酬差距达 2.0 倍。

（二）健全创效激励体系。持续加强考核机制的优化创新，打破"大锅饭"现象，打造"经营型"部门。近年来，公司生产三部、物流部先后实行"仿公司"承包制改革，通过利润考核与效益增量分红机制，激发员工主动性。生产三部实现了供汽供电量上升下的生产成本节降，物流部则在工作量同比增加的情况下完成减员 19 人，人均效益与收入获得提升。强化业绩挂钩，经营层设置工效挂钩奖罚、职能部门人员设置利润指标奖罚、生产系统直接与毛利润挂钩，全年共实施奖励 157 万元。以"谁创效谁收益"为原则，建立健全创效激励体系，相继修订新版《合理化建议管理办法》《创效成果奖励办法》，制定《设备系统仿商项目奖励办法》和增设生产系统临时用工支援津贴机制，营造了浓厚的业绩创效氛围。采购部、技术研发中心等业务部门率先设置项目奖励机制，2020 年奖励金额约 70 万元，奖励 32 人次。

（三）建立扁平化组织架构。顺应市场变化，撤销原营销管理部，成立营销中心。通过组织架构扁平化实现销售、客服、计划、市场的职能分立，强化竞争意识，提升各模块的工作积极性，整体提升营销总部服务反应能力。推进设备部架构重组，通过人员混搭与岗位 AB 角制打破车间、专业壁垒，实现团队高效运作。创新委外业务仿商模式与高峰用工互派支援机制，提高员工收益回报，部门人均收入同比上涨 20%，实现公司与员工互利双赢。

（四）市场化选人用人。坚持人才强企，构建良性人才生态圈。建立实施"后备人才""岗位任职资格""卓冠计划"培养机制，在发展中引进和培养出一批优秀人才。2020 年，主管以上管理岗位提拔 7 人，解聘 6 人，66 人实现学历提升，20 人通过职称评聘，培养 30 名后备

人才，其中 3 名未达标退出。2019—2020 年，开展专业技术职务评聘，累计 151 人报名评聘，101 人通过任职资格评聘获得晋升，晋升人员中 1 人因年度考评不合格予以解聘。2015—2020 年，累计市场化引进管理人才和专业技术等高端人才共 84 人，其中管理人才 43 人和专业技术人才 41 人。推行五级考核机制和减员增效，挖掘人力效益新潜能，公司在职总人数由 2015 年的 1897 人下降至 2020 年的 1545 人，完成精简 352 人。人工成本利润率从 2015 年的 25.8% 提升至 2020 年预测的 97.76%，提高了将近 72 个百分点。

（五）实施超额分红机制。积极与上级单位沟通，制定业绩对标奖励薪酬机制。2020 年公司利润预计超额完成 33%，已达到行业良好水平，对超出特种纸行业利润平均水平的部分提取一定比例作为业绩对标奖励薪酬，作为公司核心骨干员工的当期激励，公司兑现超额分红奖励约 750 万元，大大提高了核心骨干员工的积极性和活力。薪酬向研发类人员倾斜，研发人员薪酬定位及薪酬增长趋势均在市场中占据优势。2020 年，公司研发人员薪酬同比增幅达 49%，较公司其他人员薪酬高约 80%。

（六）探索建立股权激励机制。为解决中长期激励问题，公司积极筹划股权激励计划，推动董事、高管及核心骨干人员（技术、业务等）与公司形成利益共同体，大大激发员工的创新动力和活力，为公司高质量发展奠定基础。

四、坚持创新驱动发展，挖掘技术新潜能

（一）加快研发成果转化，增强核心竞争力。2020 年，公司实现高速涂布技术突破，进一步提升热升华转印纸生产车速，最高车速从 600m/min 提升至 900m/min，产能大幅提升，吨纸成本大幅下降，年销售额 5.9 亿元以上，同比增长 20.41%，占营业总收入的 24.18%，同比增长 4.1 个百分点，国内市场占有率从 2019 年的 33% 提升至 41%，有效地促进产品结构向绿色环保转型。同时，公司坚持大范围使用中性施胶、酶转化淀粉等替换原辅料，优化配方工艺，在不断提升产品性能指标的同时，近 5 年实现年均成本节降 600 多万元。

（二）加快搭建开放式科创平台，挖掘技术新潜能。冠豪高新发挥产学研一体化开发优势，加强技术合作，强化产学研融合，形成科技组网，积极探索精密涂布、环保新材料等创新领域开发，建立专业化、市场化、开放型科技创新平台，推动创新成果的孵化、转化。2020 年，启动 9 项研发项目，申报 8 项专利，其中发明专利 5 项、实用新型 3 项。"可降解无纺布材料"已完成研发成果转化，开始量产，目前已经开始小批量供货。同步制定并实施《改革创新容错纠错管理办法》《退休科研和专业人才返聘管理办法》《科研项目揭榜挂帅管理办法》等，为激发创新动能提供有效保障。2020 年，经广东省人力资源和社会保障厅批准，公司成功设立博士站。

经过 27 年的发展，冠豪高新通过混合所有制改革实现了多次跨越式发展，公司法人治理结构逐步完善，市场化经营机制逐步健全，企业发展活力和创新动能显著增强，正式步入可持续、高质量发展"快车道"。经营业绩逆势上升。近 5 年，冠豪高新实现高速增长，营业收入从 12.95 亿元增长至 25.94 亿元，利润总额从 0.43 亿元增长至 2.15 亿元，增长近 5 倍。2020

年虽受新冠肺炎疫情、全球经济低迷等不利因素影响，冠豪高新迎难而上，逆势突破，实现营业收入 24.40 亿元，较 2019 年仅下降 5.97%；在优化产品结构的基础上，持续压减经营成本，实现利润总额 2.15 亿元，同比增长 6.24%；实现净利润总额 1.76 亿元，同比增长 5.80%。另外，公司资产负债率下降至 26.82%，较 2019 年下降了 5.54 个百分点，低于同行业优秀值水平。创新驱动价值凸显。自 2019 年以来，冠豪高新共有研发技术人员 220 余人，新增研发经费 2.5 亿元，推进数码膜、水转印纸、无纺布材料、热敏医疗胶片涂料、高渗透热升华转印工艺等 5 个新产品新工艺的研发及推广，加快研发成果转化输出，扩张业务市场，打造经济效益新增长点。2020 年，大力推广 WT043A、SL208、45 克超低克重及高松厚热敏纸新产品，合计销售 2.2 万吨，有效以新增量弥补疫情冲击市场份额，创新驱动价值逐渐凸显。激励机制成效明显。近 5 年，冠豪高新人均劳动生产率从 68.28 万元提升至 156.41 万元，增幅达 129%，充分释放产能，提高劳动生产率。2020 年，90% 员工实现了收入增长，共实施创效项目 23 项，创效奖励总金额近 200 万元，奖励 234 人次，有效凝聚人心，集思广益，调动全员创效热情，提升公司管理水平，为高质量发展奠定坚实基础。

变革创新　奋楫笃行

——广东兴发铝业有限公司混改案例

一、兴发铝业的混改背景、方式

（一）基本情况

兴发铝业为香港上市公司，注册地为开曼群岛，实际运作总部位于广东省佛山市，现为广东省广新控股集团有限公司的下属企业，国有股权占比为 31.56%（截至 2022 年 1 月 21 日）。兴发铝业发源地为广东省佛山市南庄镇，是中国最早生产铝型材的企业之一，现已成为中国著名的专业生产建筑铝型材、工业铝型材的大型企业，是国家高新技术企业、住房和城乡建设部铝合金建筑型材定点生产基地。兴发铝业参与起草制订 1 项国际标准、71 项国家标准、28 项行业标准和 12 项团体标准，集团获得 1700 多项国内外专利的授权，提供覆盖铝合金各大领域的 20 多万种产品规格型号，涉及建筑门窗幕墙系统、电子设备、机械装备、轨道交通、航天航空、船舶等领域的铝型材产品和工程解决方案。公司现在广东、四川、江西、河南、浙江共有 6 个成熟生产基地和 1 个在建生产基地，总占地面积约 200 万平方米，员工近 9000 人，产品有 4 万多种规格型号，主要分为建筑门窗幕墙类铝型材和工业铝型材两大类。过去 30 多年里，兴发铝业在中国及世界各地建立了广泛而稳定的销售网络，产品覆盖全国并远销 30 余个国家和地区。2015 年起，兴发铝业实现了高新技术企业的全覆盖，总部及各子公司均通过高新技术企业认定。截至目前，兴发铝业共申请专利 1803 项，其中发明专利 132 项，共获得省部级以上荣誉和奖励 152 项，连续三次蝉联中国建筑铝型材 20 强第一名。2018 年入选国家第三批制造业单项冠军示范企业名单，荣获"2018 年度国家技术创新示范企业"，2019 年荣获"改革开放 40 周年制造业功勋企业"。2020 年在"广东省制造业 500 强"榜单中排行第 57 位，在"中国制造业 500 强"榜单中排行第 472 位，兴发铝业"基于 IoT 的铝型材行业设备智能管理云平台"项目入选 2020 年广东省智能制造试点示范项目名单。2021 年入选国务院国资委国有重点企业管理标杆创建行动标杆企业，公司两个项目分获 2021 年度中国有色金属工业科学技术奖一、二等奖，再次获评"国家制造业单项冠军示范企业"。

（二）历史沿革

1984 年，伴着改革开放的春风，广东兴发铝业有限公司（简称"兴发铝业"）在广东南海的南庄镇应运而生，凭借当时先进的铝材生产线、高质量产品与灵活大胆的市场策略，迅速在行业内脱颖而出。

1999 年，兴发铝业顺应市场经济变化，加入乡镇集体企业改制潮流，从原有的集体企业改制为民营企业，经营利润不断攀升。

2008 年，实现在香港主板上市（股票代码：00098.HK）。

2009 年，为满足不断扩大的市场需求，在扩建广东佛山三水分公司的同时，相继在江西宜春、四川成都、河南沁阳、佛山南海拿地建厂，形成了全国五大生产基地，执行统一的产品质量标准和服务标准，实现了生产在本土、用户在本土、服务在本土的零距离战略，成为行业内最早实现全国合理布局的企业。

2010 年后，面临国际金融危机余波震荡和自身产能迅速增加但客户群体未全面打开的双重压力，兴发铝业一度陷入困局，现金流压力较大。2011 年 11 月，广东省省属国有企业——广东省广新控股集团有限公司（简称"广新集团"）以较低的交易对价，受让三位发起人股东的合计 29.43% 股权，以单一最大股东的身份入主兴发铝业，兴发铝业自此成为国有相对控股的混合所有制企业。2011 年至 2019 年，广新集团通过二级市场分次小额增持，持股比例由最初的 29.43% 上升至目前的 31.56%（截至 2022 年 1 月 21 日）。

2018 年 4 月，兴发铝业三位发起人股东中的两位因年事已高，将其余下股份合计 26.28% 转让给中国联塑集团控股有限公司（简称"联塑集团"）旗下领尚集团控股有限公司。联塑集团作为中国塑料管道市占率最高的企业，和兴发铝业具有较高重合的市场渠道和客户群体，可相互激发在建筑材料板块的协同效应。

2020 年，坐落于佛山市三水工业园区、占地约 240 亩的广东兴发精密制造有限公司作为第六个生产基地开始试产。该子公司除生产和销售高端建筑铝型材及铝型材深加工产品外，还侧重面向交通轻量化新材料和智能电子产品配件制造。精密工厂围绕着"精密智造"为核心进行筹备和建设，设计铝型材年产能 13 万吨，依托数字化工厂顶层规划和分步实施的理念，采用数据驱动的生产模式，在研发设计、生产制造、供应管理、服务与运营管理上力图达到数字化和智能化，力争成为铝合金制造行业的数字化标杆工厂。

2022 年 1 月，为更好服务于高端建筑铝型材市场集中且增量需求巨大的江沪浙及周边客户，提高公司竞争实力以及巩固行业领先地位，兴发铝业全资子公司兴发新材（浙江）有限公司注册成立，第七个生产基地以数字化工厂高标准筹建。

（三）背景、方式

2008 年 10 月，兴发铝业在香港上市后，利用募集资金先后投资新建了江西兴发、成都兴发、河南兴发三家全资子公司，开始了全国生产基地的战略布局。2010 年，三个子公司陆续建成，但当时国际金融危机余波未平，市场需求不振，公司的销售订单跟不上产能扩张，而用于固定投资的银行项目贷款陆续到期，资金周转情况十分严峻。2008—2010 年，广新集团积极选择购入有潜力的上市公司股权，在成为星湖科技和佛塑科技的控股股东后，充分发挥国有股东的担当作用，有效化解了上述两家企业的重大危机。当时兴发铝业的创始人兼董事长罗苏了解到情况后，主动找到广新集团主要领导，提出是否可以通过类似方式，引入国有企业作为大股东，帮助企业走出困境。双方经过认真研究、积极磋商，在完成了审慎的尽职调查、资产评估、各类上报审批后，2011 年 7 月 8 日，广新集团（买方）与兴发铝业的三名发起人股东（卖方：罗苏、罗日明、廖玉庆）签订股权转让协议书，约定买方受让卖方持有的兴发铝业股权合计 1.23 亿股（总股本 4.18 亿股，占比 29.43%），成为兴发铝业第一大股东。

二、混改主要做法

（一）混合所有制促进公司治理完善

在混改过程中，国企和民营股东始终以公司发展大局为重，坚持"互利双赢、诚信公平、处事客观、求同存异、换位思考"的原则，充分发挥各自优势，为企业助力。

在董事会层面，公司共 12 名董事成员，公司重大决策需要 2/3 董事同意方能通过。其中，执行董事 6 人（其中广新集团委派 2 人，分别为董事局主席和专职董事；发起人股东 1 人，为董事总经理；联塑集团委派 1 人，职业经理人出任董事 2 人），非执行董事 2 人（广新集团委派 1 人，联塑集团委派 1 人），独立非执行董事 4 人（1 位香港律师，1 位香港会计师，1 位中国有色金属协会前领导，1 位内地律师）。有效制衡、配置合理的董事会构成，为公司的科学规范治理打下坚实基础。各位董事充分发挥专长，积极协调各方股东的诉求，勤勉尽责维护股东共同利益，确保了董事会战略指导和科学决策的作用。

在经营层面，公司的发起人廖玉庆留任董事总经理，作为职业企业家，继续发挥经营核心作用，同时基本保留了原来的优秀专业团队，并在社会上持续广纳贤才，尊重专业、科学考核、留人留心。10 年来，无论股东如何变化，都未造成经营层的人为变动。

（二）混合所有制改革带动企业管理变革和绩效提升

广新集团入主后，兴发铝业进一步强化党建引领、现代企业管理、规范高效运作，员工精神面貌焕然一新。兴发铝业将国有机制独特的政治优势、合规运作、集中管控优势与民营机制的高效运作、市场化考核有机融合，实现了"1+1>2"。

（1）强化党建引领作用，推动党建与经营深度融合。基于混合所有制企业产权多元化的特性，党委如何做好顶层设计、找准角色定位，处理好各方关系，避免党建与经营"两张皮"尤为重要。兴发铝业在上级党委的正确领导下，坚持党铸根魂、强化政治立企，推动党建工作深度融入企业经营管理全过程，切实探索出了一条适合自身实际的混合所有制企业特色的党建创新之路。一是发挥党组织的"把方向、管大局、保落实"的领导作用，全面落实党建主体责任。找准角色定位，实行党委会、董事会和经营班子"双向进入、交叉任职"的"一岗双责"的领导机制。党委书记积极履行"第一责任人"的职责，把党建工作与生产工作同安排、同部署、同实施、同检查，做到党建与生产经营两手抓两手硬，既有分工，又有合作，将责任层层分解落实到各支部，形成齐抓共管、上下联动的工作机制，确保党建工作落到实处，充分发挥党组织的政治核心和领导核心作用。二是聚焦先锋工程，发挥党员先锋模范作用，提升干事创业"引擎力"。依托"党员先锋示范岗"和"劳模和工匠人才创新工作室"双培实践基地，在生产一线培养一批懂技术、善经营、会管理的复合型党员先锋。开展"党建＋项目"新模式，把党建工作嵌入攻坚克难的行径中，成立"挤压数字化模型项目推进党小组""营销冲锋队"等项目党小组，让广大党员在各自领域、各自岗位破解难题、攻坚克难。以"安全生产党员责任岗"为抓手，结合"党员先锋岗、党员标杆车间"等方式，开展"党员身边无违章""安全实践主题月"等活动，带头做到身边无事故、身边无违纪、身边有温暖，推动党建与生产经营高度融合，营造全体员工创先争优的良好氛围。

（2）实施集团化管控，整合有效资源，发挥协同效应。2012 年起，兴发铝业逐步在原来较为松散的管理模式中导入集团化的管控模式，在销售、财务、采购、信息和质量 5 个核心领域实行总部集中统一管理。

在销售方面，通过向各地子公司派驻销售团队，全力开拓围绕各生产基地的周边区域市场，务求更好贴近市场，迅速掌握市场需求，更好贴近客户，提升服务水准。各区域的销售总监同时兼任各生产基地的销售副总，在考核指标上，既要承担其所在生产基地的销售任务，又要承担其所在区域销售总监的销售任务，避免了本位主义，最大限度地发挥销售团队的作用。

在财务资金管控方面，实施总部对授信、资金、账户的统筹管理、统一调拨、实时监控。在确保资金安全，提高资金使用效益的同时，大大减轻了各子公司经营团队的后顾之忧，让其能更加集中精力于生产经营。

质量标准统一方面，通过建立统一的质量标准体系，要求兴发铝业各公司生产的产品均要达到总部制定的品质标准，解决了原来绝大部分客户要求在总部下单生产，不肯到各个子公司下单的被动局面。

在采购方面，对大宗物料、生产设备、基建投资实施集团统一招投标，有效增强集中议价能力，特别是在近年来原材料不断上涨的情况下，采购价格一直控制在合理范围。更重要的是，通过采购环节的总部管控，实现了原、辅材料在质量上的统一，产品的质量统一才有了可靠的保证。

在信息化统一方面，兴发铝业的信息化投入、自主研发能力都在同行中处于较优水平。大部分信息系统能贴近个性化的生产流程和管理要求，实现自主研发，数据同源，系统集成。特别是 2019 年初公司将"数字化转型"列为第一战略子项目，聘请了西门子工业咨询团队，完成了集团 IT 顶层规划和精密数字化工厂顶层规划。在顶层规划与整体规划的理念中，采取"点面结合""高阶规划与基础信息化架构同步建设"的思路进行推进，制定"数字化工厂"的清晰蓝图，并逐项落地实施。

（3）推行全面预算管理及事业部精准考核。2012 年起，兴发铝业开始在内部推行全面预算管理，建立了以销售预算为基础的生产预算、财务预算、资金预算及固定资产投资预算的全面预算体系。并将预算目标层层分解，层层落实到每个车间班组和每个部门，同时建立了与预算相结合的业绩考核体系，根据绩效考核的结果坚决执行相关的奖惩，有效调动企业全体员工的积极性。2013 年开始，兴发铝业建立了以目标成本管理为核心的单位生产定额标准，定期召开生产经营分析会议，对单耗较高的成本进行对比分析，制定优化和改进措施。2020 年开始，在目标成本考核几乎无空间的情况下，公司将生产环节的主要目标从"控制成本"转变为"增加效益"，通过重新进行内部组织划分、在各工序引入市场定价、实现生产一线数据的全面整合和自动取数，每日准确反映各事业部创造的经营效益，再通过把准确的指标数据应用到具体考核激励上，让每一名员工都关心企业的利润，提高员工参与经营的积极性和创造性。从实施效果看，推行上述措施后，虽然铝型材行业竞争日益加剧，但兴发铝业仍能保持毛利率的稳定增长。

（4）推行精益制造，突破瓶颈问题。2016 年兴发铝业正式启动精益生产，将精益理念全面推广至各生产环节，通过优化生产流程，合理利用人员及设备配置，提高员工之间的有效配合，不断顺滑衔接、减少停顿、提升质量、提高效益，产能利用、交货周期、单耗成本等核心指标年年提升。

（5）理清战略目标，走内延式和外延式发展相结合的道路。2018 年，兴发铝业聘请了专业管理咨询机构梳理公司战略，各分（子）公司、事业部、职能部门都积极参与公司发展的战略研讨，经过对行业机会、企业定位、经营短板多次多维度的深入剖析，明晰了公司的战略定位和突破方向。兴发铝业制定基于"1234"的总体发展思路，即"1 个核心"——稳固提升建筑铝市场地位；"2+1 个突破"——突破汽车用铝、电子用铝、光伏用铝；"3 维度、阶段目标"——从营收、市值、建筑铝市场占有率 3 个维度，制定短、中、长 3 个阶段目标；"4 种能力"——专业的营销服务能力、市场导向的研发创新能力、快速灵活的产品交付能力、强大的资本运作能力。基于总体发展思路，公司进一步制定总体发展战略："上下游延伸战略""同心圆战略"和"创新驱动战略"。"十四五"期间，兴发铝业将立足建筑材、突破工业材、延伸相关产业链，走内延式和外延式发展相结合的道路，打造成为创新驱动、智能制造、绿色循环、产品结构合理的具有现代企业管理体系的铝材加工领先企业。

（6）战略逐层分解，重点举措扎实推进。2019 年开始，公司进一步细化并开始推进为达成战略的十大短期关键举措项目，每个项目均由一名以上副总经理为项目负责人牵头扎实推进，每年根据实际情况滚动增减。其中，IT 顶层规划子项目在西门子的协助下，搭建了 16 个子系统的应用架构；工艺标准化完成后，公司通过"数字孪体"系统在多台试点挤压机上完成了数据采集、分析、建模、反向控制工艺参数的流程闭环，实现真正将挤压数字孪体的数据采集到数据中心，为后期数据分析打好基础，在提高单机产能的同时，确保持续稳定的高品质产出；营销服务体系建立后，规范了客户分类及评级管理，并与销售政策捆绑应用，在稳定重点客户、扩大销售规模的同时，尽可能减少信用风险；产品标准化的逐步推广，增加了与各集采地产单位合作的深度，促使兴发产品对集采单位更具竞争力及服务黏度。

（7）建立全面风控体系，关键流程系统控制。兴发铝业不断建立健全了全面风险防控体系，对各层级的风险进行深入梳理，提出了具体管控目标，并持续监测，跟踪风控指标变化及时应对处置。在加强制度建设的同时，公司开发与全面风控及全面预算管理要求适配的线上管理模块，确保制度落到实处，贯穿经营全流程。

（8）持续加大研发投入，创新提升企业核心竞争力。兴发铝业专门设立研发准备金制度，研发投入预算不低于企业营业收入的3%。近年来，兴发铝业逐年增加研发投入，积极打造创新平台，已建立4个国家级研发平台，即"国家级企业技术中心""国家认可实验室""博士后科研工作站""交通用轻量化铝型材机加工产品绿色设计平台"；5个省部级研发平台，即"广东省省级企业技术中心""广东省重点工程技术研究开发中心""广东省工业设计中心""广东省高端铝合金材料研究院""企业科技特派员工作站"；4个校企联合示范基地，即"广东省铝镁轻金属材料产学研战略联盟""广东省教育部产学研结合产业化示范基地""轨道交通用高性能铝合金材料研究基地""物联网与智能制造示范研究基地"。一个个创新平台吸引和聚集了一批科技人才，带动了一批优势项目，推动了产业转型升级和自主创新的良性互动。兴发铝业以技术创新带动产品升级换代，在高端建筑铝型材市场占有率不断提升。同时，公司精准发力冷藏集装箱铝材、散热器、新能源汽车电机外壳、高速船舶及海洋平台用铝合金、地铁和隧道工程导电汇流排以及建筑铝合金模板等优势工业铝型材产品研发，改变了兴发铝业只生产建筑铝型材的局面，成为近年来兴发铝业强劲的利润增长点。

三、混改主要成绩

（一）产销两旺，经营业绩持续飘红

混改10年来，兴发铝业坚持"两个不变"与"两个变"。"两个不变"，一是执着追求"好产品主义"不变；二是坚持"只做铝型材相关业务"不变。"两个变"，一是不断深化国有和民营优势互补，股东合力不断变大；二是创新驱动产品升级和规范治理持续变革。10年来，兴发铝业连续实现营业收入及净利润的良好增长，销售收入由2011年度的30亿元提升至2020年度的119亿元，复合增长率16%；净利润由2011年度的1481万元提升到2020年度的7.6亿元，复合增长率55%。

（二）带动就业，企业税收贡献增加

混改以来，随着品牌价值的日益彰显以及销售布局的全面铺开，兴发铝业积极稳妥地推进产能扩张，相应带动就业机会增加，公司员工人数由2011年度的近3000人发展到2022年1月的近9000人。随着兴发精密数字化工厂的建成投产，带来新就业机会的同时，大大改善了一线工人在传统铝型材制造现场的工作环境。

兴发铝业规范运作、诚信纳税，税收贡献与经营业绩同步增长，缴纳税费总额由2011年度的 6370 万元增加至 2020 年度的 49545 万元，切实践行了社会责任。

（三）共创共享，激励到位，焕新活力

"创造价值，共同分享"是兴发铝业长期坚持的核心价值观。为此，公司积极通过分红和人才激励机制，与股东和员工们共享丰硕成果。自上市以来，除不断提升业绩为股东创造价值外，兴发铝业还通过不断提高分红与股东分享经营成果。2021 年 3 月，兴发铝业分派 2020 年度股息每股 0.36 港元，混改 10 年的股息年复合增长率达 26.2%。

同时，公司为进一步健全公司长效激励机制，吸引和留住优秀人才，构建稳定核心团队，在 2018 年推出了股权激励方案，让公司骨干团队以股东的身份参与企业决策、分享利润、承担风险，大大增强了团队的归属感和荣誉感。该方案分三次匀速行权，目前已达第一、二次行权条件，第一次行权已完结，第二次行权于 2021 年 10 月 15 日开始。

（四）实力彰显，产品用于标志建筑

世界第一高楼迪拜哈利法塔、南亚第一高塔斯里兰卡莲花塔、北京大兴国际机场、北京人民大会堂、新中国成立 70 周年天安门广场"红飘带"与党徽年号彩虹桥、中国共产党历史展览馆、上海东方明珠电视塔、广州西塔、深圳国际会展中心、香港特区政府总部、港珠澳大桥口岸旅检大楼、中山五院凤凰山院区——国内首个永久结构形式应急医院等全球众多大型重点建设工程项目均使用兴发铝材。

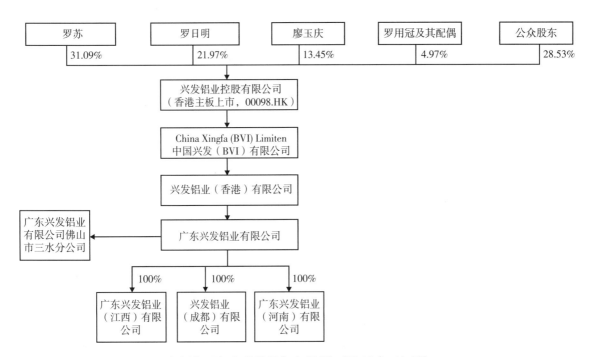

广新集团入主前的股权架构图（2011 年 11 月）

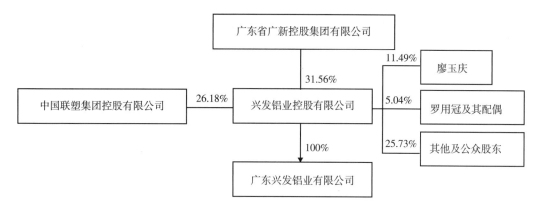

目前的股权架构图（截至 2022 年 1 月 21 日）

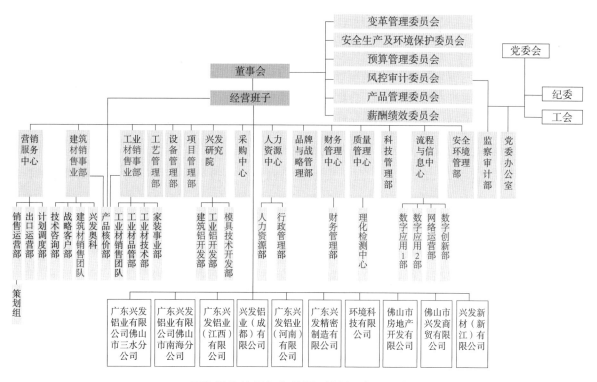

兴发铝业的组织架构图（2022 年 2 月）

国有资本投资民营企业并实施差异化管理
"国民融合"做大数据安全企业

——厦门市美亚柏科信息股份有限公司混改案例

厦门市美亚柏科信息股份有限公司（简称"美亚柏科"，300188.SZ）成立于 1999 年 9 月 22 日，是全球电子数据取证行业两家上市企业之一。美亚柏科先后被认定为国家高新技术企业、国家规划布局内重点软件企业、国家知识产权示范企业、中国软件和信息技术服务综合竞争力百强企业、全国网络安全企业 50 强等；获评国家科学技术进步奖二等奖，公安部、福建省科技进步奖一等奖；设立国家企业技术中心、博士后工作站、福建省院士工作站、福建省重点实验室等众多科研机构；承担国家重点研发专项、国家"十二五""十三五""十四五"科技计划项目等共 40 余项。2019 年 7 月，国家开发投资集团有限公司（简称"国投"）所属国投智能科技有限公司（简称"国投智能"）收购美亚柏科，成为控股股东，国投智能直接持有美亚柏科股份比例 15.55%，拥有表决权比例 22.59%。2019 年 10 月，美亚柏科被美国纳入"实体清单"后立即推出"破冰计划"，加速国产化研发进程。

一、国投智能反向混改美亚柏科

（一）国有资本布局新基建发展数字经济的需要。美亚柏科原为自然人控股的民营上市公司，在电子数据取证行业占有龙头地位。随着公司网络安全大数据资质问题的解决，而我国信息安全投入具有较大增长空间，美亚柏科的业务迫切需要由区域性市场拓展至全国市场。对国投智能而言，作为国投在互联网和大数据产业的战略投资平台，控股收购美亚柏科控制权符合国投智能主业发展方向，抓住"新基建"契机，进一步深耕数字经济领域，积极探索传统行业信息化转型升级，全力打造"国投"品牌的数字经济发展新引擎。

（二）民营资本拓展市场空间。对于美亚柏科而言，国投入局也为业务开展提供更加广阔的空间。过去，作为一家致力于为各级司法机关打击犯罪提供电子数据取证产品及网络信息安全解决方案的民营上市公司，开展相关业务面临盈利能力与抗风险能力不足、社会公众投资信心不足等问题。国资投资后，将进一步增强美亚柏科在电子数据取证、网络安全和大数据信息化的综合竞争实力，提高其行业地位，提高对社会公众股东的投资回报。

（三）部分股东表决权委托国投高新实现国有资本相对控股。国投智能虽然在持股数量上仍低于郭永芳与滕达母子 22.83% 的股份，但由于《表决权委托协议》的签订，将拥有董事候选人的股东资格由持有公司 3% 以上股份的股东修改为持有 3% 以上有表决权的股东，同时每持有表决权股份总数的 3% 即有权提名一名董事候选人的比例，确定其最多提名人数，通过这种设计一方面保证了国投高新拥有更多的董事提名权，同时能根据持股比例的变化及时调整各股东提名股东的数量，切实维护各股东的合法权益。据此，国投智能拥有表决权的股份占比 22.59%，成为公司实际控股股东。

二、建立国有相对控股的管控模式和公司治理

3 年多来，美亚柏科按照国投及国投智能的管理要求，积极探索国有相对控股混合所有制企业管理模式，在制度建设、公司治理、考核激励、党的建设等方面开展深度融合，促进业务发展。

（一）以制度建设为基础，在实践中不断细化明确管理边界。国投搭建国有相对控股混合所有制企业差异化管理制度体系以来，美亚柏科积极与国投智能全面梳理管理制度和流程，明

晰管理边界。在董事会层面，修订公司章程、董事会议事规则、董事会专业委员会工作细则、领导班子绩效考核等 7 项制度流程；在经营管理层面，修订行政办公、法律、人力、投资、财务、党建等 19 项关键基础制度，保证了美亚柏科与国投智能、国投制度的上下衔接。与国投智能反复沟通、共同梳理，形成国投智能对美亚柏科的管理事项清单，明确了 10 类 28 项管理事项和管理方式，进一步明晰管理范围和管理边界。

（二）做实董事会专业委员会，将国有股东内部审批程序和企业法人治理有效衔接。美亚柏科进入国投系统后，及时进行董事会改组，董事会把关决策重大事项，管理层负责日常经营，保持了原生经营管理班子的稳定和独立性。做实美亚柏科董事会专业委员会，国投智能将派出的股权董事分别推荐进入美亚柏科董事会的战略、审计、薪酬考核和提名等四大专业委员会，实现国有股东内部审批程序和企业法人治理有效衔接。修订董事会专业委员会的议事规则，通过制订年度工作计划、推进专项工作、听取专题汇报等方式，将国有股东的管理要求和法人治理无缝衔接。截至目前，美亚柏科董事会各专业委员会已开展了"十四五"规划编制、后备干部队伍建设、全面预算管理、规范关联交易、经营班子考核等工作，在管理实践中运转效果良好。

（三）坚持市场化的考核和激励机制，保持企业创新创业活力。差异化管理以来，国投对美亚柏科工资总额实行计划单列。国投智能通过美亚柏科的董事会薪酬与考核委员会，审议年度绩效考核和薪酬分配方案，建立了"年初策划、年中评估、年底结算"的动态调整机制。在对员工的绩效考核中，尊重原生治理结构，保持创新创业活力，按照"以结果为导向，创造更多价值"的激励原则，围绕全员劳动生产率、人工成本利润率的提升，有针对性地搭建员工考核激励指标体系，强化对员工的多维度激励。截至 2021 年底，美亚柏科采用限制性股票和股票期权相结合的方式，共实施了三期股权激励，激励对象总人数控制在总人数的 30% 左右，其中科研骨干人员在激励对象中占比为 75%。初步测算，第一期激励对象平均收益为 53.86 万元，第二期为 13 万元，第三期为 5 万元，通过加大对核心干部的激励力度，近三年干部离职率平均稳定在 7%，干部队伍保持整体稳定。

（四）树立标杆，打造党建特色品牌。美亚柏科长期服务于国家行政执法部门，在党建方面有一定的基础。2016 年，作为非公企业党建典型，美亚柏科党委被中共中央表彰为全国先进基层党组织。加入国投后，国投智能与美亚柏科共同探索由非公企业党建向国有相对控股混合所有制企业党建转变，结合美亚柏科董事长为民主党派人士且董事会中党员比例较低的实际情况，在国投指导下明确党委研究讨论事项清单，重大事项决策、重要人事任免事先征求党组织意见；董事会聘任的 2 名高管人员、监事会主席为党委委员，通过出席董事会、监事会和股东大会，表达党组织对发展战略、管控制度等重大事项的意见；党委研究讨论的意见，在董事会或经理层的决议中予以体现。创立"蓝海红帆"党建新品牌，形成了以"红色旗帜""红色堡垒""红色动能""红色警示""红色沃土"为主要内容的党建工作新体系，成为美亚柏科的立企之根、强企之魂。

三、形成"国民共进"的良好治理和发展效果

（一）服务国家战略的能力得到极大提升。通过实施差异化管理，美亚柏科既保持了企业的创新活力，又结合了国投的品牌、管理规范性和政府资源等优势，服务国家大数据战略、网络安全战略的能力得到了极大提升，先后承担了公安部大数据平台、战略支援部队云平台和中央纪委电子数据实验室等国家部委重要系统的建设工作，单笔订单规模突破亿元，业绩保持快速增长，成为名副其实的公共安全大数据的国家队。

（二）业务协同效应大幅提升。充分利用国投协同资源，积极对接国投战略合作伙伴，拓宽发展空间，2021 年，经国投批准，国投智能、国投所属电子工程院和美亚柏科三方共建"国投智慧城市创新研究院"，合作打造智慧城市生态体系。国投、国投智能协助公司拓宽科技项目申报渠道，先后获批工信部 2019 年、2020 年大数据应用示范项目等多项荣誉。发挥资源和技术优势，积极参与国投内部的信息化业务；借助国投多元化的业务特点，探索与国投兄弟单位合力开拓"一带一路"市场。

（三）科技创新和抗风险能力明显提升。国投智能通过考核引导，鼓励美亚柏科加大科技创新力度，特别是自 2019 年被美国商务部列入出口管制"实体清单"以来，美亚柏科启动"破冰计划"，每年新增研发投入 1 个多亿，加速产品国产化研制进程，持续加大关键核心技术装备自主研发和国产化替代，现已形成稳定可靠的电子数据取证装备、国产大数据操作系统及大数据平台国产替代方案，并实现"卡脖子"关键技术的阶段性突破。

（四）党建工作与业务发展的融合深度明显提升。美亚柏科党委主动转变党组织功能定位，在探索"蓝海红帆"美亚党建工作中，总结形成了"三个着力点""七个融合""六个起来""五争""四当"等一系列经验做法，有效推动党的政治优势、组织优势和群众工作优势转化为企业的竞争优势、创新优势和科学发展优势，党建工作正引领促进着企业发展，营造了风清气正、人合心齐的干事创业氛围。推动混合所有制企业加强党的领导和党的建设的经验做法，也得到了中组部的肯定和推广。

国企实力与民企活力的强强联合

——北新集团建材股份有限公司混改案例

北新集团建材股份有限公司（简称"北新建材"）是中国建材集团旗下三级 A 股上市公司，1979 年根据邓小平同志发展新型建材的指示精神成立，1997 年在深圳证券交易所上市。2004 年以来，推动混合所有制改革，目前已发展成为中国最大的绿色建筑新材料集团、全球最大的石膏板产业集团（石膏板业务布局规模 34 亿平方米）。北新建材在一个充分竞争、完全开放的制造业领域拥有全国超过 50% 的市场份额和全球约 20% 的市场份额，其在混改中的"三次重组整合""三大变革""三个融合"等经验，对于充分竞争领域国企混改具有重要借鉴意义。

一、"三次重组整合"扩大产业规模和优化股权结构

作为中国建材集团旗下的老牌 A 股上市公司，北新建材一直注重通过混合所有制改革实现资本优化重组和产业整合，提高市场占有率，增强企业核心竞争力，引入民营企业家，激发企业活力，促进新业务开拓与发展。

（一）收购泰山石膏股权，促进产能扩大和股权多元化。2005 年，北新建材为实现在 3 年内石膏板产能从 4500 万平方米扩大到 3 亿平方米，成为石膏板产业全国第一的目标，决定联合重组山东一家地方国企泰和集团。北新建材分别通过增资、现金收购的方式直接和间接持有泰和集团（现为泰山石膏有限公司，简称"泰山石膏"）65%的股权，成为控股股东，实现中国石膏板行业的重大资源整合，公司成为中国最大的石膏板产业集团。2016 年，发行股份购买泰山石膏 35%的少数股权。第一次重组扩大了主营业务规模，巩固了公司在石膏板行业龙头地位，促进了公司股权结构的多元化，为公司未来进一步全面深化改革和可持续发展奠定了坚实基础。

（二）联合重组山东万佳，蓄力全球产业布局。2018 年，通过设立合资公司梦牌新材料有限公司，联合重组国内产能第二大石膏板民营产业集团——山东万佳建材有限公司（简称"山东万佳"）下属 3 家石膏板企业。其中，北新建材持股 70%，山东万佳持股 30%。联合重组后，山东万佳管理团队加入合资公司，为合资公司输送优秀人才，提升公司竞争力；山东万佳 1.9 亿平方米产能的石膏板生产线重组进入合资公司，巩固了公司在石膏板行业的领先地位，使合资公司兼具国企的实力和民营企业的活力，同时提高了公司在东北、东南沿海等地的市场占有率，增加了公司产品线的多样化，为实现石膏板产能达 50 亿平方米的全球产业布局蓄力。

（三）联合重组防水区域龙头企业，成功进军防水行业。防水、涂料和石膏板具有相同的客户群体，在业务上具有较大的协同性，对石膏板业务有协同和支撑作用，不想被石膏板业务所局限的北新建材，开始寻找新的经济增长点。2019 年，北新建材继续推进混改，联合重组四川及河南 9 家区域龙头企业，正式"进军"防水业务。联合重组后，北新建材持股 70%，被重组的 9 家企业持有 30%的股权。北新建材迅速形成覆盖全国的十大防水材料产业基地布局，成为中国防水行业领军企业之一。通过此次混改，北新建材引入多位优秀的民营企业家，培育了新的业绩增长点，为企业发展注入了新活力，进一步提高了企业的竞争力。2021 年，公司又联合重组上海台安，北新建材持股 70%，上海台安原股东持股 30%，开启第二轮战略重组和全国布局。

二、"推进三大变革"加快体制机制转型

北新建材坚持"审慎投资、稳健经营、严控风险、有机增长"的经营理念，坚持按照市场化竞争需要建立健全组织体系，不断深化选人用人制度和薪酬激励体系的市场化机制改革和文化变革。

（一）"三个要求"和"三七模式"，吸引民营企业加盟。中国建材对旗下拟混改企业提出"三个要求"：一是合理定价，不欺负民企；二是民企可留下 30%股份做股东，股东不分"高

低贵贱"，只分规模大小；三是人留下来做企业的职业经理人"带枪参加革命"。在股权结构上，探索出"三七模式"，即"正三七"和"倒三七"。前者指原公司持有核心上市公司的股份 ≥ 30%，其他投资商持股与流通股之和 ≤ 70%；后者是指在下属混合所有制企业里，国有资本持股 70%，给机构投资者或原创业者留 30% 的股份。上市公司由于股权比较分散，很多流通股股东并不参与公司治理，所以 30% 以上的股权足够控制一家上市公司，不需要绝对控股。

（二）总部机构精干化，创新"双线择优"管理模式。北新建材根据战略与发展需要，按照适应市场化竞争的原则持续调整优化组织机构。2012 年，面对行业竞争加剧的不利局面，将 8 个事业部作为一级利润中心，"聚焦"主业和经营一线，并加快人才梯队建设，实现整体优势发展与业务协同。2014 年，全面转型为"以客户为中心"，将经营部门组建成以虚拟区域公司为旗舰的扁平化快速反应"战斗群"，为客户提供节能环保的绿色建筑一揽子解决方案。2016 年，以区域公司为利润中心构建"小总部、大业务"，打破部门边界，压减机构和优化流程，将总部职能部门由原先的 25 个整合重组为 12 个，并逐步撤并二级机构。2018 年，启动"全球化产业布局"，成立国际公司，全面推进石膏板产业全球布局、建设和行业整合。通过组织机构变革，公司机构减少 50%，总部人员连续三年每年减少 30%，总部职能部门编制压减为 50 人。探索形成总部和业务单元之间"双线择优"管理模式，将经营决策权下放至各区域，每个区域公司都是一个独立的利润中心，实现了经营阵地前移，加快市场反应速度。

（三）市场化选人用人，完善差异化的薪酬体系。2018 年，推动完善重点人才库管理办法，制定核心业务岗位流动机制，启动核心业务岗人员的轮岗。2019 年，全面启动市场化选人用人机制改革，实施"全体起立、全员竞聘"，不设年龄、资历、学历、职级的门槛，从上到下全面落实"能上能下、能高能低、能进能出"。既有年轻干部脱颖而出破格提拔，也有老同志活力不减"勇冠三军"。2020 年，对新增部门正职管理岗位采取管理人员竞聘上岗。通过上述措施，人才配置不断优化，逐步实现人尽其才的合理配置。建立绩效考核评价机制，通过员工胜任力考核，实现员工能进能出。推进全员绩效考核，完善经营业绩考核办法，坚持业绩导向，将预算考核、对标考核与专项考核相结合，将区域公司经营业绩考核结果同薪酬总额挂钩，切实做到"业绩升、薪酬升，业绩降、薪酬降"。从 2005 年开始对经营单位实行"营运资本"管理，并进一步扩展为"全资金成本考核"。不仅考核初始资本金投入，还考核其经营过程中所占用的营运资本，对所有资金占用收费，实现区域公司经营观念转变。同时，在引入市场化职业经理人的同时引入市场化考核激励机制，形成以岗位目标责任为核心的年度考核和以战略绩效为核心的任期考核体系，从"推力"和"拉力"两方面共同促进职业经理人为企业带来效率的提升和活力的激发。

三、"三个融合"将党建贯穿于生产经营全过程

北新建材充分发挥党委领导作用，把方向、管大局、促落实，坚持"使命引领、创新驱动"，以高质量党建引领企业高质量发展。

（一）党建与考核融合。开展年度基层党组织书记抓党建述职评议考核，将党建工作考核与经营业绩考核相融合，同检查、同考核；强化考核结果运用，将考评结果与干部任免、薪酬、奖惩挂钩，有效激发了公司党建工作活力，提升了公司党建工作科学化水平。

（二）党建与生产经营融合。将新发展理念融入公司发展战略。2019年，确立了"使命引领、创新驱动"党建文化总品牌，将"红色标杆计划"党建工作品牌、"颗粒归仓"廉洁文化品牌作为两大支撑，并落实到公司的发展战略、生产经营中，努力打造世界级工业标杆。坚持把"党建账"和"经营账"合为"一本账"，形成围绕生产经营中心工作发挥党组织和党员作用的长效机制，扎实推进各项业务工作，实现党建、业务双丰收。2020年，实现石膏板主业逆势增长，完成33亿平方米石膏板布局任务；防水业务第一年实现经营业绩开门红，全国30个防水产业基地全面启动。

（三）党建与文化建设融合。坚持党建文化与企业文化、廉洁文化、安全环保文化"四化融合"，多角度、多形式宣传党的路线方针政策，营造创先争优的浓厚文化氛围。加强"人和石""标杆墙"建设，在每个生产基地建设富有北新建材特色的"人和石""标杆墙"，让员工在潜移默化中加深对北新建材企业文化的理解和认同。

北新建材混改的实施，不仅实现股权结构的调整变化，更促进了公司治理、经营管理科学发展，推动了公司产业拓展和升级。2021年，北新建材实现营业收入210.86亿元，同比增长25.15%；实现利润总额37.94亿元，同比增长13.50%；净利润35.52亿元，同比增长17.40%。将不低于销售收入的3%用于科技投入，促进研发与企业发展良性循环，拥有国家级院士专家工作站、博士后科研工作站等创新平台。先后引入泰山石膏、山东万佳、金拇指防水、新疆佰昌和上海台安等民营资本，探索出吸引民营企业加盟的"三个要求"和"三七模式"，这些对于充分竞争领域国企混改具有重要借鉴意义，推动实现了国企实力与民企活力的强强联合。

理论篇

LILUN PIAN

　　10 年来，无论是国家在重点领域开展的混改试点，还是从央企到地方国企广泛开展的混改实践，改革取得显著成效，实践充分彰显了混合所有制的制度优越性，凝聚了全社会对混合所有制改革的广泛共识和信心。实践的成功离不开科学理论的支撑。党的十八大以来，混合所有制改革越来越受到学者们的关注，大量学者就新时代的混合所有制改革进行深入研究。一些学者将混合所有制改革置于改革全局的框架中展开讨论，进一步深化了对混合所有制改革的认识。比较有代表性的如：张卓元（2013）认为，发展混合所有制经济，为深化国有企业改革、国有资本战略性调整进一步指明了方向，为非公有制资本参与国有企业改革改组、与其他资本平等竞争进一步指明了方向，是完善基本经济制度的重要着力点；厉以宁（2014）认为，建立和发展混合所有制经济是中国特色社会主义经济理论的重大理论创新，使国有资本和民间资本都能因参与混合所有制经济的建立和发展而增加活力，提高效率，增加收益，从而切切实实地使中国经济登上新的台阶；常修泽（2014）认为，可以从"包容性体制"这一更高的层面、更宏观的视野来发掘混合所有制经济的价值，从经济体制改革、社会体制改革和政治体制改革三方面指出混合所有制经济呼应的是"包容性体制"；谢鲁江（2014）认为，混合所有制经济是解决当前发展矛盾的体制性通道，是三重意义上的体制平台，即是多种经济成分共同发展的微观体制平台，真正发挥市场资源配置决定性作用的体制平台，推进资本化经营、整合资本资源、释放资本能量的体制平台。在深化混合所有制改革，发展混合所有制经济，完善中国特色现代企业制度，加快建设世界一流企业的大背景下，更多学者从公司治理、企业激励、企业投资、技术创新、企业效益效率、国资监管体制、国有资产保值增值、经济增长等具体实践层面对混合所有制改革进行研究，混合所有制改革理论呈现出与时俱进的新的发展。

一、关于混合所有制改革与公司治理

　　学者们关于混合所有制改革对公司治理影响的研究主要围绕改革后企业的股权结构和治理结构两个方面展开。普遍认为，推进混合所有制改革对推动企业完善公司治理具有积极作用。

　　在股权结构方面，学者们提出混合所有制改革要释放足够股权比例，引入足量非公有制资本，避免公司治理中出现"一股独大"的现象，可将上市和引入大宗非国有股份结合起来，为良好公司治理奠定基础。臧跃茹、刘泉红、曾铮（2016）认为，配置合理的股权结构是混合所有制的关键所在。必须把优化股权结构作为发展混合所有制经济的突破口。除国有资本必须保持独资、绝对控股的红线底线外，国有企业混合所有制改革要突破"限制股比"的思维方式，积极引入各类投资者，使投资者真正到位，建立"用手投票"而不是"用脚投票"的机制，让其他股东在公司决策和有效治理中发挥关键作用。探索建立国有股东"金股"机制，通过约定对特定事项行使否决权，保障国有资本在特定领域的控制力。张文魁（2017）认为，对于混合所有制企业存在一个股权结构拐点，跨越这个拐点对于公司治理和经营机制的转变具有实质性意义，这样的混合所有制改革可以成为实质性混改。对于股权结构拐点，一般情况下至少有一个持股比例较大的非国有股东，它能够发挥制衡力量和参与作用，成为积极股东。在一个股权结构简单的混合所有制企业中，有一个非国有股东的股比达到33.4%，从而成为能够发挥制衡力量的积极股东，而国有股比例降到66.6%。项安波（2018）认为，推进混改，需要把优化股权结构作为核心工作，这样才可能引入具有制衡能力和提升企业发展能力的股东。同时，国有资本可根据适用情况采取不同创新方式参与混改，如采取"金股"保障国有资本在不控股情况下对特定事项的影响力，采取特殊管理股保证国有资本对特殊企业的有效控制，采取优先股保障布局在一般竞争领域的国有资本的收益权。

在治理结构方面，学者们从董事会的构成与运行机制来分析混合所有制改革促进公司内部治理效率的机制。黄速建（2014）认为，混合所有制改革引入非公有制资本参与公司的治理，改善"内部人控制和监管失效"等突出矛盾性问题，进一步改善国有企业的治理模式，更好地屏蔽政府部门对国有企业的直接干预，有利于国企更好地市场化运作。非国有股东参与经营者的选聘，杜绝了组织部门以行政方式选择经营者的可能性，有助于推动国有企业"去行政化"、有助于打破"玻璃门""旋转门""弹簧门"等问题。杨红英、童露（2015）提出，在混合所有制企业中，除了股权结构外还要考虑话语权的分配问题，关键在于应根据股权结构允许非公有制资本参与混合所有制企业的公司治理，否则非公有制资本就有可能成为纯粹的财务投资者。在董事会结构设置上，给予非公有制资本参与决策的权限，让非公有制资本在董事会中占据一定席位。高明华（2015）认为，混合所有制改革需要形成权力分散且相互制约的内部治理机制，应当增加外部董事在董事会中的占比，使外部董事占多数席位，从而发挥董事会的监督作用和独立性。黄群慧（2020）认为，混合所有制改革是否完成，不能仅体现在是否引入非国有股东上，还要体现在是否构建起有效的企业治理结构上。混合所有制企业成功的关键，不仅仅在于产权是国有和非国有的混合，更为关键的是构建有效的公司治理机制能够充分发挥国有股权和非国有股权的独特优势，这是发挥社会主义基本经济制度优势的微观基础所在。郑志刚（2020）认为，混合所有制改革一方面需要在股东层面通过引入盈利动机明确的民资背景的战略投资者以解决以往的所有者缺位问题；另一方面，通过混改形成主要股东之间的竞争关系，建立一种自动纠错机制，以有效避免大股东一股独大容易导致的监督过度、决策失误和形成对经理人的制约，避免内部人控制问题。孔泾源（2019）认为，以资本为纽带的混合所有制引入后，产权结构和权能关系的变化深刻影响着国有企业的管理者和劳工层的权利关系。既要防止某种经济成分"一股独大"引起权能及利益倾斜，又要防止委托与代理关系中的"内部人控制"甚或所谓"经理革命"，还要防止借"职工利益""社会责任"之名，故意违反或随意改变契约规则。混合所有制企业的产权分工优化、权能结构均衡和利益关系调整等，将是其发挥潜力释放、竞争优势形成的关键所在。王悦（2021）对1000余家国有控股上市公司进行研究分析，认为国有控股上市公司"二次混改"对于完善公司治理具有重要作用，提出适度放松支持引资的条件，支持引资的股比提升到 7.5% 的"门槛"，推动"引入增量"和"激活存量"并举，更好发挥积极股东作用。

二、关于混合所有制改革与企业激励

人是生产力中最活跃的因素，解放和发展社会生产力，必须充分调动人的积极性。激发企业活力，必须充分调动员工积极性。"强化激励"是中央对混合所有制改革提出的明确要求。在理论研究中，学者们对混合所有制企业开展短期薪酬激励、中长期激励等进行深入研究，认为通过有效激励可以充分调动企业员工内生动力和活力。

在激励方式选择方面，李春玲（2016）的研究表明，国企混合所有制改革中不同控股方式下股权激励和薪酬激励对企业业绩的影响不同，在国家相对控股方式下两者都可以提升企业价值，在国家绝对控股方式下股权激励未能发挥效果，薪酬激励可以提升企业价值。吴怀军（2016）认为，混合所有制改革后，经理人薪酬激励能够改善企业经营效率，董事薪酬激励同样也能改善企业经营效率，可见货币薪酬激励收到了良好的效果，高管薪酬激励是混合所有制提升企业绩效的路径之一。任天龙等（2017）、鲍晓娟（2017）的研究表明，混合所有制上市公司高管显性激励对公司绩效有显著提升作用，货币薪酬激励和股权激励都发挥了积极效果，且两者之间存在互补关系；混合所有制上市公司的高管隐性激励（在职消费）与公司绩效呈现倒"U"形关系，货币薪酬激励和在职消费激励具有显著的协同效应，而股权激励对超额在职消费有抑制作用。

在员工持股等中长期激励方面，黄群慧、余菁、王欣、邵婧婷（2014）认为，员工持股是一种"激励与治理双效应"的制度安排。采用混合所有制的一般商业性国有企业比其他类型的国有企业更适宜推行员工持股制度；同一类型企业中，员工的人力资本对企业竞争力影响越显著的国有企业，越适宜推行员工持股制度。成功实行员工持股制度，应坚持激励相容、增量分享和长期导向三项基本原则。杨瑞龙（2018）认为，应该逐步扩大员工持股制度的试点范围，员工持股制度作为混合所有制改革的一种形式，既可以推进产权多元化，改善国有企业的股权结构，也可以通过股权激励经营者与员工，还可以从利益上激发员工从公司内部监督经营者行为，但对自然垄断行业开展员工持股应持慎重态度。李红娟、张晓文（2017）认为，推进国有企业混合所有制改革和实施员工持股，关键是要建立员工利益与企业发展紧密结合的激励约束长效机制，持续调动员工积极性。要丰富激励手段，以增量利润分享计划、期权等多样化的手段进行员工激励，多渠道实现对管理层的激励作用；建立分层持股方案，让企业各级中高层骨干直接持有企业股权，而不是面向集团层面持股或者仅仅面向子公司层面持股，加大股权激励的针对性，提高激励与约束效果。张孝梅（2016）认为，国企改革的目标是在股权多元化的基础上建立独立的法人治理结构，通过混改进一步提高资源配置效率。而员工持股有利于股权结构优化，可以在国资、民资及员工持股之间形成相互利益制衡。推行员工持股需要注重效率与公平的同步实现，在发挥员工持股长期激励作用的同时，促进企业内部民主管理的实现。严国莉等（2019）认为，混改中的员工持股不是人人持股，而是管理层和其他骨干员工持股，这样更能激发企业员工的积极性，帮助企业提高创造价值的能力。孔泾源（2019）认为，对混合所有制改革中的"员工持股"，应在企业产权依法设定、资产价格市场形成、资本持有途径合规、利益界定边界清晰等方面，保持清醒头脑、坚持规范操作，并设置相关的风险防范。

三、关于混合所有制改革与企业投资

大部分研究都认为混合所有制改革有助于抑制国有企业过度投资问题，对提高国有企业投资效率能够起到积极作用。

在抑制过度投资方面，学者研究发现混合所有制改革可以显著降低国有企业负债水平，对于缓解国有企业的过度投资问题具有显著的效果。齐平、李彦锦（2017）认为，国有企业投资效率不高的主要原因在于其内外部治理机制不完善。混合所有制改革为解决国有企业投资存在的问题提供了良好机遇。微观层面，混合所有制改革有助于缓解投资软预算约束，增强国有企业投资能力。宏观层面，发展混合所有制经济有助于降低市场壁垒，推进市场公平，优化行业所有制结构，增强国有企业投资面临的竞争压力，倒逼其投资体制机制改革。许为宾、周建（2017）基于2001—2013年中国沪深A股上市公司的相关数据，分析了国有企业实行混合股权结构与过度投资之间的关系。研究发现，提高混合主体的股权制衡度对于缓解国有企业的过度投资有着显著的积极效应，但不同类型的混合所有权方式对过度投资的影响存在差异。吴秋生、独正元（2019）以2013—2017年沪深A股国有上市公司为样本，实证分析混合所有制改革程度对国企过度负债的影响，认为国有企业混合所有制改革程度越高，国企过度负债水平越低，并且相较于股权结构维度，高层治理结构维度的混合所有制改革更有助于缓解国企过度负债。姚震等（2020）选取2010—2018年国有上市公司的1983个样本数据，实证检验混合所有制改革、会计信息质量、投资效率之间的关系，研究表明，混合所有制改革的推进能够提高国有上市公司的投资效率，也能够显著抑制国有上市公司盈余管理程度，提高国有上市公司会计信息质量。

在提高投资效率方面，学者研究发现混合所有制改革可以显著提高企业投资效率，并在治理"僵尸企业"方面也发挥着重要作用。李春玲等（2017）以2007—2015年沪深两市A股国有上市公司为样本，测度了2009—2013年5年间进行混合所有制改革公司的投资效率，认为混改后国有企业投资效率有所提高，由绝对控股变为相对控股方式的混改国企投资效率提高最为明显，但混改后股权制衡度越高，则国企投资效率越差。方明月、孙鲲鹏（2019）通过比较国企控股、国企参股以及转制民企这三种混合所有制改革策略治疗"僵尸国企"的效果，认为，相对于国有全资或独资企业，混合所有制改革对"僵尸"国企具有显著的治疗效果；混合所有制改革治疗"僵尸国企"的主要渠道，是降低了国企的期间费用。许晨曦、金宇超、杜珂（2020）以2003—2017年国企上市公司为样本的经验研究发现，国有企业混合所有制改革显著提升了企业投资效率，且国有企业混合所有制改革对投资效率的改进主要集中于抑制国企投资过度，对国企投资不足的缓解作用则较为有限。进一步研究认为，在竞争程度较低的垄断性行业和市场化水平较低的地区，国有企业进行混合所有制改革对投资效率的提高作用更加明显。还有学者从上下游的角度，研究了混合所有制改革对企业过度进入和产能过剩等方面的作用。叶满城（2017）认为上游国有企业进行混合所有制改革有助于减少下游民营企业成本，并提升其经济绩效，从而促进下游民营企业的健康发展。皮建才、赵润之（2018）对企业产能过剩的研究发现混合所有制改革对产能过剩的影响具有不同效果，但上游国有企业进行混合所有制改革减少了下游民营企业的过度进入问题。

四、关于混合所有制改革与技术创新

创新是企业竞争力的源泉。对于混合所有制改革是否有助于促进企业创新这一问题，学术界主要有两种观点。一种观点认为混合所有制改革有利于提高企业创新能力。李永兵等（2015）以我国上市银行 2007—2013 年的面板数据为样本，研究混合所有制与银行业务创新及市场绩效的关系。认为股权所有制混合程度越高越有利于商业银行业务创新与转型；与国有商业银行相比，股权所有制混合对股份制商业银行业务转型的促进效果更为明显；银行业务创新与财务绩效表现之间呈正相关关系。朱磊等（2019）从股权多样性与股权融合度两个维度出发，基于委托代理理论，研究了混合所有制改革对企业创新的影响，认为国有企业混合所有制改革与企业创新显著正相关，地方所属、政府放权意愿强以及竞争性行业企业，混合所有制改革对企业创新的促进作用更强。进一步研究表明，混合所有制改革可以通过抑制股东资金侵占行为，提升国有企业的创新水平。张斌等（2019）研究发现，无论从混合深度还是混合广度来说，所有制混合均能够显著提高企业创新绩效；在国企与非国企中，所有制混合深度对创新绩效的影响并无明显差异，而非国企中所有制混合广度对创新绩效的积极作用比国企更强；在制度发展水平较高地区，所有制混合对创新绩效具有更强的积极作用。同时，一些研究还发现混合所有制改革在提高企业创新效率方面也具有显著的作用。赵放、刘雅君（2016）研究发现，混合所有制改革对于我国国有及国有控股企业的创新效率具有促进作用，但对不同区域而言差异较大。其中，在创新研发效率方面，对东、中、西部地区均具有促进作用，东部地区更为显著。在创新产出效率方面，混改只对中部地区国有及国有控股企业具有一定促进作用，对于东、西部地区影响不显著。相比于创新产出效率，混改对于企业的创新研发效率影响更为显著。王业雯、陈林（2017）以新产品销售收入占销售总收入的比值来衡量创新效率，研究国有企业混合所有制改革对企业创新效率的影响，认为混合所有制改革能显著提升企业的创新效率，与其他所有制企业相比较而言，国有企业混合所有制改革后的创新效率要高于外资企业、民营企业和港澳台企业。另一种观点则认为混合所有制改革与企业创新之间具有倒"U"形关系。陈秋星、陈少晖（2020）选取 2013—2017 年沪深 A 股上市公司中符合混合所有制条件的企业为样本，

研究股权混合度 ①、企业税负和技术创新投入间的关系，认为股权混合度与企业技术创新投入呈倒"U"形关系，股权混合度低于 58% 时，股权混合度提高有利于技术创新投入增加，股权混合度高于 58% 时，股权混合度再提高反而会减少技术创新投入；企业税负反向影响技术创新投入；股权混合度对企业税负的作用在国有企业中显著而在民营企业中并不显著；在国有企业中，企业税负在股权混合度和技术创新投入的关系中起到中介作用。

五、关于混合所有制改革与企业效益效率

企业效益效率是否提高是衡量混合所有制改革的重要标准。综合来看，大部分学者从企业绩效和企业效率角度的研究都认为混合所有制改革可以提高企业绩效和效率，尤其是在竞争性行业中，混合所有制改革的效果更加明显。

在企业绩效方面。张维迎（1999）指出在国有企业中引入非国有经济，有益于形成有效的管理者选择和利益激励机制，从而优化公司治理机制，提高国有企业绩效。郝阳、龚六堂（2017）基于 2004—2014 年中国 A 股上市公司数据，对国有和民营参股股东对公司绩效的影响及其作用机制进行研究，认为国有资本之间的混合对企业绩效没有显著作用，不同所有制资本的混合才会显著提高企业绩效。进一步研究发现，民营参股增强了国企管理层的薪酬和离职对业绩的敏感度，国有参股减轻了民企的税负和融资约束，并且在市场化越低时异质性参股股东对绩效的影响越积极。杨萱（2019）研究发现，混合所有制改革对提高企业绩效具有显著正向作用，且垄断性行业的混合所有制改革效果不如竞争性行业。另一些学者研究发现混合所有制企业股权集中度与企业绩效呈倒"U"形关系。钱红光、刘岩（2019）选取 2011—2016 年 240 家中央企业上市公司，分析了混合所有制对公司绩效的影响，以及混合所有制企业的股权结构对公司绩效的影响，认为在中央企业上市公司中，混合所有制企业的公司绩效显著优于非混合所有制企业；混合所有制企业的股权混合度与公司绩效呈显著正相关关系；混合所有制企业的股权集中度与公司绩效呈倒"U"形关系。高明华、郭传孜（2019）基于 2014—2017 年 A 股上市公司数据研究发现，股权集中度与企业绩效呈倒"U"形关系；股权制衡度当期效应与企业绩效之间的关系集中在"U"形关系的后半段，股权制衡度滞后效应与企业绩效呈倒"U"形关系，即股权制衡度高的企业绩效越好，但较长远来看，股权制衡度过高的企业股东博弈过多，较难妥协，不利于作出有利于提升企业绩效的决策。

在企业效率方面。刘晔等（2016）使用双重差分倾向得分匹配法（PSM-DID）对中国工业企业进行研究发现，混合所有制改革对提高企业全要素生产率有显著效果，且保留国有控股权的混合所有制改革的效果更好。吴万宗、宗大伟（2016）基于国家统计局工业企业微观数据

---

① 股权混合度：论文中，以公司前十大股东中国有股比例和非国有股比例的比值衡量，两者总较小者为分子，较大者为分母。

（1998—2007），深入考察不同混合所有制形式的企业效率差异问题，认为混合所有制企业的全要素生产率显著高于单一公有制或非公有制资本的企业，所有制越多元化效率优势愈加明显。陈林（2018）在对自然垄断行业的混合所有制改革研究中，发现在竞争性环节进行混合所有制改革能够显著提高企业全要素生产率。张云等（2019）对A股上市公司的研究发现，混合所有制改革对企业效率具有显著促进效果，且不同资本混合模式之间的作用没有显著差异；对国有控股混合所有制企业，适当降低国有股比例，缩小国有股和非国有股之间的占比差距有利于提高企业效率。

六、关于混合所有制改革与国资监管

学者对混合所有制改革与国资监管有关问题进行大量研究，普遍认为混合所有制改革与国资监管体制改革关系密切，推进混合所有制改革需要相适宜的国资监管体制。杨瑞龙（2014）认为，应该重构与混合所有制相适应的国有资产管理与经营体制。如果国有资产监管部门继续习惯于扮演政府的角色，国有企业很难成为真正独立的市场主体。臧跃如、刘泉红、曾铮（2016）认为，应以混合所有制改革为契机，通过组建或新建国有资本投资运营公司，推动实现国资管理从"管人管事管资产"向"以管资本为主"转变。从近期来看，要完善国有资本管理方式，减少行政干预，进一步提升国有资本管理效能；从远期来看，要构建国有资本统一管理新体制。张文魁（2017）认为混合所有制改革进程之所以慢于预期，根本原因在于混合所有制与现有的国资监管体系无法有效兼容，建立健全国资监管体系的本意是推行政企分开，实现国企的所有权与经营权相分离，但结果与初衷背道而驰。当前国资监管体系对公司治理和公司经营造成了不良影响。推行混合所有制改革，建立真正的现代企业制度，应对国资监管体系进行根本性改革，改革的方向是"去监管、行股权；降比重、搭便车"。胡锋、黄速建（2017）指出，建立国有资本投资运营公司可以促进混合所有制改革的推进，从而有助于发挥混合所有制改革的效果。从混合所有制改革的制度条件出发，既有研究认为完善国资监管体制为混合所有制改革提供了条件，混合所有制改革在"管资本"的国资监管体制下才能更有效地推行。王勇、邓峰、金鹏剑（2018）研究认为，混合所有制改革的重点之一，就是改革国有资本监管体制，推动建立国有资本投资运营公司，形成以管资本为主的国有资本监督管理的新体制，加强分类监管、分类考核，分类推进混合所有制改革，推动国有资本做强做优做大。李政、艾尼瓦尔（2018）认为，国有资产管理体制改革与混合所有制改革相辅相成。混合所有制改革能够促进国有资产管理体制改革，国有资产管理体制改革也能够为混合所有制改革扫清障碍。刘泉红、王丹（2018）认为，通过发展混合所有制经济，可以倒逼国有资产管理方式和监管机构自身的改革。项安波（2018）认为，要避免将混合所有制企业等同于传统国有企业来管理。对国有资本不控股的混合所有制企业，不再沿袭对传统国有企业的管理，避免传统体制阻碍混改企业转变机制。同时，重构国有资本出资人代表机构与混合所有制企业的关系，减少行政干预；直接面对实体企业的国有股东要从强调集团管控向重视公司治理转变、从构建业务体系向管理投资组合转变。廖红伟、杨良平（2018）研究认为，深化国有企业混合所有制改革可以促使国资监管机构依据国有资本股份份额以资本为纽带管理国有企业，有利于实现国资监管方式由以管资产为主向以管资本为主转变。

七、关于混合所有制改革与国有资产保值增值

促进国有资产保值增值是混合所有制改革的题中之义。学者们对混合所有制和国有资产保值增值的关系进行研究，普遍认为，混合所有制改革推动国有企业和民营企业优势互补，提高资源配置效率，有利于实现国有资产保值增值。祁怀锦、刘艳霞、王文涛（2018）基于我国 A 股国有上市公司 2008—2017 年的经验数据，考察国有企业混合所有制改革的效应，认为混合所有制改革通过促进不同股权性质的资本进行有效融合，提升公司治理水平，进而促进国有资产保值增值。进一步研究认为，混合所有制改革对国有资产保值增值的促进作用在国有股控股、非国有股东持股比例介于 1/3 至 2/3 之间、垄断行业和经济政策不确定性较低的情境下更显著。周绍妮、郑佳明、王中超（2020）以 2012—2017 年国有上市公司为研究对象，对国企混改、社会责任信息披露对国有资产保值增值的关系及作用机制进行了分析，认为混合所有制改革通过提升社会责任信息披露质量进而实现国有资产保值增值的目标。独正元、吴秋生（2020）以 2013—2017 年沪深 A 股商业类国有上市公司为研究样本，从股权结构和控制权结构两个维度实证分析了非国有股东治理对国有企业资产保值增值的影响，认为在混合所有制改革中引入非国有股东参与国企治理，可以使双方的资本优势和市场机制灵活性优势结合起来，从而有效克服国有产权性质及政治关系给国有企业带来的诸多缺陷，促进国有企业资产保值增值目标的实现。同时，相较于非国有自然人持股，非国有机构持股代表着更高的专业能力和管理水平，其监督和参与国企治理的动力更大，也更能促进国有企业资产保值增值。廖志超、王建新（2021）以 2009—2019 年我国 A 股商业类国有上市企业为样本数据，研究了混合所有制改革引起的股权结构和控制权结构变化对国有企业资产保值增值的影响，认为混合所有制改革通过提升国有企业资本配置效率，有益于实现国有资产保值增值，在外部制度环境较为完善或市场化程度较高的地区，混改对国有企业资产保值增值的提升作用更为明显。朱和平、吴梦雪（2021）研究发现，在竞争性国有上市公司中，随着股权结构中非国有股比例的上升，混合所有制改革取得的资产保值增值提升效果越明显，高管薪酬业绩敏感性在混改资产保值增值效应中起部分中介作用，中央国有上市公司相比地方国有上市公司在改革中表现出的资产保值增值效果更为明显。郑辛如、郑辛迎（2022）以 1998—2013 年中国工业企业数据为样本开展研究，认为混合所有制改革有利于国有资产的保值增值；相比于国有控股企业，国有参股能更好地降低企业生产成本，提高投资收益，促进国有资产保值增值；国有参股在非自然垄断行业或竞争行业都有较好的表现，能促进这些行业企业更好发展。

八、关于混合所有制改革与经济增长

除研究混合所有制改革对微观企业的影响外，学者们还研究了混合所有制改革对经济增长的作用，普遍认为混合所有制改革对推动经济增长具有积极作用。阎衍（1999）基于对地区间所有权结构转变的研究，认为区际经济增长差异的 64% 可以由所有权结构变化来解释，地区间所有权结构的差异是导致区域间非均衡增长的重要因素。许召元、张文魁（2015）基于理论模型进一步就改革对经济增长的影响机制进行了分析，认为混合所有制改革对经济增长有明显的促进作用；混合所有制改革通过提高资本边际产出、改善资本动态配置效率、促进全要素生产率增长和发挥对其他企业的外部溢出效应等途径提振经济增速。测算显示，如果每年有 5% 的国企进行混改，经济增速可提高 0.33 个百分点左右；如果每年有 10% 或 20% 的国企进行混改，经济增速可提高 0.47 个百分点或 0.5 个百分点左右。

马光威、钟坚（2016）基于社会收入最大化的目标，认为混合所有制改革的比例存在上限和下限，经济增长压力和社会稳定分别决定了改革比例的下限和上限。为保持经济持续增长，必须进行足够比例的国有企业混合所有制改革，提升国有企业资本回报率，增强国有企业进行持续投资的能力，实现社会闲置资本的利用。董梅生、洪功翔（2016）从效率和社会福利的视角，构建混合所有制企业和民营企业的古诺竞争模型，认为混合所有制企业不仅能获得较高利润，还能给社会带来较高福利。庄序莹、丁珂（2016）认为，混合所有制改革通过推进产业结构优化升级、强化企业的利润激励机制、促进民间资本和国有资本的有效融合等途径，提高企业效益效率和竞争力，从而有力促进了经济增长。任毅、东童童（2016）以 255 个地级以上城市 2003—2013 年的面板数据为基础，对所有制结构以及不同所有制经济对城市经济增长的长短期效应及其区域差异进行研究，认为混合所有制经济能够有效推动城市经济增长，但混合所有制经济的发展具有明显的区域差异性，应在合适的地区选择合适的产业发展混合所有制经济。熊爱华、张质彬（2020）以国有制造业上市企业 2008—2017 年间的样本数据，考察了国有企业混合所有制改革与金融化程度对全要素生产率的交互影响机制，认为引入非国有资本提高了国有企业全要素生产率，却加剧了企业金融化对全要素生产率的挤出效应，在规模较小、盈利能力较弱或市场化水平较低的国有企业中挤出效应更明显。

附 件

混合所有制改革理论研究论文选编

一、关于混合所有制改革理论意义的研究论文选编

1. 张卓元:《混合所有制经济是基本经济制度的重要实现形式》

2. 厉以宁:《中国道路与混合所有制经济》

3. 常修泽:《现代治理体系中的包容性改革——混合所有制价值再发现与实现途径》

4. 谢鲁江:《混合所有制经济:三重意义上的体制平台》

二、关于混合所有制改革与公司治理研究论文选编

5. 藏跃茹、刘泉红、曾铮:《促进混合所有制经济发展研究》

6. 张文魁:《混合所有制的股权结构与公司治理》

7. 黄速建:《中国国有企业混合所有制改革研究》

8. 杨红英、童露:《论混合所有制改革下的国有企业公司治理》

9. 高明华:《公司治理与国企发展混合所有制》

10. 黄群慧、杜创、杨新铭、汤铎铎、欧阳耀福、王世强、王泽宇:《"十四五"时期我国所有制结构的变化趋势及优化政策研究》

11. 郑志刚:《国企混改的逻辑、路径与实现模式选择》

12. 孔泾源:《混合所有制改革政策与创新要点》

13. 王悦:《非金融国有控股上市公司以"二次混改"推动完善治理的分析研究》

三、关于混合所有制改革与企业激励研究论文选编

14. 吴怀军:《高管薪酬视角下混合所有制对企业绩效的影响》

15. 任天龙、马鹏程、李一鸣、康澍雨:《国企高管激励方式协同配置:薪酬、股权与政治晋升》

16. 鲍晓娟:《国企混合所有制改革轨迹与现实例证》

17. 李春玲:《国有企业混合所有制改革的投资效率》

18. 黄群慧、余菁、王欣、邵婧婷：《新时期中国员工持股制度研究》

19. 杨瑞龙：《国有企业改革逻辑与实践的演变及反思》

20. 李红娟、张晓文：《员工持股试点先行：值得期待的国企混合所有制改革》

21. 张孝梅：《混合所有制改革背景的员工持股境况》

22. 严国莉、王保林、杨丽丹、王胜利：《国企混合所有制改革中员工持股创新研究》

四、关于混合所有制改革与企业投资研究论文选编

23. 齐平、李彦锦：《混合所有制改革与国有企业投资效率提升》

24. 许为宾、周建：《混合所有制、股权制衡与国企过度投资：基于政治观和经理人观的解释》

25. 吴秋生、独正元：《混合所有制改革程度、政府隐性担保与国企过度负债》

26. 姚震、郑禹、孙雪晴：《混合所有制改革、会计信息质量与投资效率》

27. 方明月、孙鲲鹏：《国企混合所有制能治疗僵尸企业吗？》

28. 许晨曦、金宇超、杜珂：《国有企业混合所有制改革提高了企业投资效率吗？》

29. 叶满城：《国有企业改革、纵向产业结构与民营企业发展》

30. 皮建才、赵润之：《上游国有企业混合所有制改革与下游民营企业产能过剩》

五、关于混合所有制改革与技术创新研究论文选编

31. 李永兵、袁博、骆品亮：《混合所有制、业务创新与绩效表现》

32. 朱磊、陈曦、王春燕：《国有企业混合所有制改革对企业创新的影响》

33. 张斌、李宏兵、陈岩：《所有制混合能促进企业创新吗？——基于委托代理冲突与股东间冲突的整合视角》

34. 赵放、刘雅君：《混合所有制改革对国有企业创新效率影响的政策效果分析》

35. 王业雯、陈林：《混合所有制改革是否促进企业创新？》

36. 陈秋星、陈少晖：《股权混合度、企业税负和技术创新投入》

六、关于混合所有制改革与企业效益效率研究论文选编

37. 郝阳、龚六堂：《国有、民营混合参股与公司绩效改进》

38. 杨萱：《混合所有制改革提升了国有企业绩效吗？》

39. 钱红光、刘岩：《混合所有制、股权结构对公司绩效的影响》

40. 高明华、郭传孜：《混合所有制发展、董事会有效性与企业绩效》

41. 刘晔、张训常、蓝晓燕：《国有企业混合所有制改革对全要素生产率的影响》

42. 吴万宗、宗大伟：《何种混合所有制结构效率更高》

43. 陈林：《自然垄断与混合所有制改革》

44. 张云、刘丽娟、尹筑嘉：《股权结构特征与混合所有制企业效率》

七、关于混合所有制改革与国资监管研究论文选编

45. 杨瑞龙：《以混合经济为突破口推进国有企业改革》

46. 张文魁：《混合所有制与国资监管如何兼容》

47. 胡锋、黄速建：《对国有资本投资公司和运营公司的再认识》

48. 李政、艾尼瓦尔：《新时代"国民共进"导向的国企混合所有制改革：内涵、机制与路径》

49. 刘泉红、王丹：《我国混合所有制经济的发展历程与展望》

50. 项安波：《国企改革的制度基础与主攻方向》

51. 廖红伟、杨良平：《以管资本为主新型监管体制下的国有企业深化改革研究》

八、关于混合所有制改革与国有资产保值增值研究论文选编

52. 祁怀锦、刘艳霞、王文涛：《国有企业混合所有制改革效应评估及其实现路径》

53. 周绍妮、郑佳明、王中超：《国企混改、社会责任信息披露与国有资产保值增值》

54. 独正元、吴秋生：《非国有股东治理与国有企业资产保值增值》

55. 廖志超、王建新：《混合所有制改革程度对国有企业资产保值增值的影响研究》

56. 朱和平、吴梦雪：《混合所有制、薪酬业绩敏感性与资产保值增值》

九、关于混合所有制改革与经济增长研究论文选编

57. 郑辛如、郑辛迎：《混合所有制改革能实现国有资产保值增值吗?》

58. 阎衍：《所有权结构转变中的区际经济非均衡增长》

59. 许召元、张文魁：《国企改革对经济增速的提振效应研究》

60. 马光威、钟坚：《经济增长、稳定约束与国有企业混合所有制改革》

61. 董梅生、洪功翔：《发展混合所有制经济的内在机制研究》

62. 庄序莹、丁珂：《混合所有制改革对经济增长的作用机制及效应分析》

63. 任毅、东童童：《混合所有制经济有效推动了城市经济增长吗?》

64. 熊爱华、张质彬：《国有企业混合所有制改革、金融化程度与全要素生产率》